HISTOIRE
DE LA
PHILOSOPHIE
CARTÉSIENNE

Tout exemplaire non revêtu de notre griffe sera réputé contrefait.

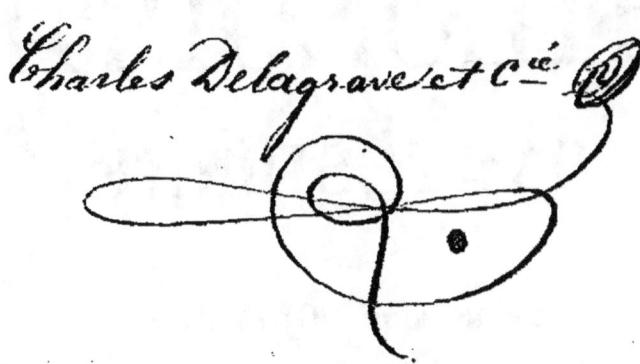

DU MÊME AUTEUR :

Le Principe vital et l'âme pensante. 1 vol. in-8, chez *J.-B. Baillière.*

Du Plaisir et de la douleur. 1 vol. in-18, chez *Germer Baillière.*

Méthode pour arriver à la vie bienheureuse, par Fichte, traduite de l'allemand par M. Francisque Bouillier, in-8, chez *Ladrange.*

Notions d'histoire de la philosophie. 2ᵉ édit. 1 vol. in-18, chez Ch. Delagrave.................................... 2 fr. 50

Corbeil, typ. et stér. de Crété.

HISTOIRE

DE LA

PHILOSOPHIE

CARTÉSIENNE

PAR

Francisque BOUILLIER

DIRECTEUR DE L'ÉCOLE NORMALE SUPÉRIEURE,
CORRESPONDANT DE L'INSTITUT

Troisième édition

TOME PREMIER

PARIS

CH. DELAGRAVE ET Cie, LIBRAIRES-ÉDITEURS

78, RUE DES ÉCOLES

1868

A M. VICTOR COUSIN [1]

Nourri de votre enseignement, honoré de votre amitié, je vous dois ce témoignage d'admiration, de reconnaissance et d'affection. Je vous le dois surtout pour un livre dont la pensée première vient de vous, et qui jamais n'aurait été achevé sans les encouragements, les conseils et les secours que vous m'avez prodigués. N'est-ce pas vous, d'ailleurs, qui avez réhabilité cette philosophie du grand siècle dont j'ai entrepris l'histoire? N'est-ce pas vous qui avez renversé les idoles métaphysiques du xviiie siècle, et rétabli sur leurs ruines le grand Descartes presque oublié? A vous la gloire d'avoir discerné ce qu'il y a de vrai dans les idées innées de Descartes, dans la Raison de Malebranche, et d'avoir restauré, pour ainsi dire, cet élément divin de l'intelligence contre lequel semblait s'être conjuré l'empirisme du dernier siècle.

Quel autre que vous, dans l'histoire des lettres françaises, sera le vrai représentant de la philosophie de la première moitié du xixe siècle? Où sont-ils ces grands initiateurs, ces orgueilleux pontifes qui, du haut de leurs *Cités du soleil*, prenaient en pitié la petitesse de vos doctrines?

[1] Je laisse cette dédicace telle que je l'ai écrite en 1854. Ni le temps ni la mort n'ont affaibli la vivacité de ces sentiments d'admiration, de reconnaissance et d'affection. J'étais d'autant plus libre pour les exprimer que M. Cousin n'était alors plus rien dans l'Université, et venait d'entrer dans cette retraite qu'il a honorée jusqu'à la fin par ses écrits, par la dignité de son caractère et par la constance de ses opinions.

DÉDICACE.

Vous seul êtes debout, vous seul avez grandi au travers des révolutions. Que d'esprits rattachés ou ramenés par vous aux grandes vérités de la religion naturelle et de la morale ! Quel autre prendra place, à la suite de Descartes et de Malebranche, dans l'histoire de la philosophie française ? Quel autre s'est approché davantage par le génie, comme par le style, des grands maîtres du XVIIe siècle ?

Pardonnez donc à mon amour de la philosophie et de votre gloire, si je suis jaloux du temps que vous lui dérobez, même pour les lettres, même pour ces études exquises qui suffiraient sans doute à la gloire d'un autre, mais qui ne peuvent rien ajouter à la vôtre. Assez vous avez prouvé qu'il ne tenait qu'à vous, comme dit Thomas de Descartes, d'être le plus bel esprit du royaume. Dans votre noble et studieuse retraite, comme autrefois dans votre chaire de la Sorbonne, soyez tout entier à la philosophie. Mettez la dernière main à de grands monuments inachevés, prenez de nouveau l'empire sur la jeunesse, luttez contre les ennemis de la philosophie, forcez d'anciens adversaires à reconnaître enfin la pureté de vos doctrines. Quelle gloire ne vous est pas encore réservée, et que de services la philosophie n'attend-elle pas encore de vous (1) !

(1) Les grands travaux philosophiques publiés depuis cette époque par M. Cousin montrent qu'il a suivi ce conseil, ou plutôt qu'il n'en avait pas besoin.

AVERTISSEMENT

J'ai encore employé plusieurs années à revoir et à corriger cette nouvelle édition de l'*Histoire de la philosophie cartésienne*, qui est la troisième, si l'on veut bien compter pour une première édition l'esquisse que j'avais d'abord publiée, il y a déjà bien des années, sous le titre d'*Histoire et critique de la révolution cartésienne*.

A mes propres recherches, comme dans la précédente édition, j'ai ajouté les découvertes faites par les autres, celles de M. Foucher de Careil sur Descartes et Leibniz, de l'abbé Blampignon sur Malebranche, de M. Van Vloten sur Spinoza. J'ai mis à profit les documents inédits publiés par M. Cousin dans la dernière édition de ses *Fragments*, et un certain nombre de travaux et d'ouvrages, parmi lesquels je dois citer les *Précurseurs et les disciples de Descartes*, et l'*Introduction critique* à Spinoza, d'un ami bien cher et bien regretté, M. Saisset.

Non-seulement j'ai comblé quelques lacunes et rectifié quelques faits, mais j'ai cru devoir aussi modifier quelques-uns de mes jugements d'autrefois. Ainsi j'ai insisté davantage sur le caractère propre de la philosophie de Descartes, en opposition à celle de disciples peu fidèles qui l'ont plus ou moins altérée par un mélange avec les doctrines de saint Augustin.

Malgré la preuve de l'existence de Dieu par l'idée de

l'infini, malgré les idées innées, on trouve bien peu de traces dans Descartes lui-même du Platonisme Augustinien de l'Oratoire et des grands théologiens cartésiens du dix-septième siècle, à l'exception d'Arnauld. Plus on étudie les diverses parties de sa philosophie, plus on s'assure que Descartes est fort éloigné de tout ce qui, de près ou de loin, pourrait ressembler au mysticisme, et qu'il pencherait même plutôt d'un côté tout opposé. Arnauld et Régis, et non Malebranche ou Fénelon, sont en France les interprètes les plus exacts de sa doctrine.

J'ai donné plus de développements à la physique, à cause de la place si considérable qu'elle tient dans les pensées et les travaux de Descartes, à cause du lien qui la rattache à sa métaphysique, et aussi à cause de la faveur que semblent reprendre aujourd'hui ses principes dans la science contemporaine.

J'ai diminué la part donnée aux réflexions et à la critique, c'est-à-dire à mes propres sentiments, pour en laisser une plus grande aux faits, c'est-à-dire à l'exposition fidèle et complète des systèmes et des idées dont j'ai voulu faire l'histoire.

Malgré tout le soin donné à cette nouvelle édition, malgré tant d'années consacrées à l'étude du cartésianisme, je n'ai pas d'autre prétention, à cause de la grandeur du sujet et de la difficulté de l'embrasser tout entier, que de donner au public un ouvrage un peu moins imparfait.

HISTOIRE

DE LA

PHILOSOPHIE CARTÉSIENNE

CHAPITRE PREMIER

Coup d'œil sur l'état de la philosophie antérieurement à Descartes. — Influence de la renaissance des lettres sur la réforme philosophique. — Les opinions de l'école et les textes originaux. — Lutte entre Aristote et Platon. — Lutte entre les divers commentateurs d'Aristote. — Hardiesse des purs péripatéticiens. — Pomponat. — Incompatibilité démontrée d'Aristote et de l'Église. — Aristote attaqué au nom de la foi. — Patricius. — Préjudice porté à la scholastique par le cicéronianisme. — Comparaison entre la réforme philosophique et la réforme religieuse. — Premiers essais d'une philosophie indépendante. — Excès de l'idéalisme et de l'empirisme. — Ramus. — Bruno. — Vanini. — Campanella. — Visions du mysticisme. — Progrès du scepticisme. — Montaigne. — Charron. — Sanchez. — Lamothe-Levayer. — Du rôle de Bacon. — Bacon comparé à Descartes. — Portrait des philosophes de la renaissance. — Ruines laissées par le seizième siècle. — État des esprits au commencement du dix-septième siècle. — Libertinage, scepticisme, athéisme de la littérature. — Mission de Descartes.

Mieux on connaît ce qui a précédé Descartes, plus on admire la grandeur de son génie et plus on apprécie les services qu'il a rendus à l'esprit humain. On s'étonne que, du sein de la confusion et des ténèbres de la philosophie du seizième siècle, ait tout à coup brillé cette éclatante et pure lumière du *Discours de la méthode*. Quel était en effet l'état de la philosophie au commencement du dix-septième siècle? Ou elle était encore sous le joug de l'autorité, et n'osait combattre les anciens qu'avec les anciens; ou bien, enivrée de sa liberté reconquise, sans méthode et sans règle, livrée à tous les caprices de l'imagination, à tous les emportements de la passion, elle se perdait, comme avant Socrate, dans des rêves sur l'universalité des choses. Les conceptions les plus bizarres du néoplatonisme, de la cabale et du mysticisme, l'empirisme avec tous ses excès, et, comme dernière conclusion, le scepticisme envahissant les meilleurs esprits, voilà le spectacle que présente la philosophie, dans les premières années du dix-septième siècle, avant que Descartes ait paru.

Quelles furent les principales causes de la ruine de cette philosophie du moyen âge dont l'autorité avait fini par se confondre avec celle de l'Église elle-même? Quels furent ceux qui secouèrent son joug avec le plus d'éclat et d'audace, ceux qui tentèrent, les premiers, de réformer l'ancienne philosophie, au péril de leur vie, et qui méritèrent le nom glorieux de précurseurs de Descartes? La renaissance des lettres, depuis le quinzième siècle, l'étude du grec et même de l'hébreu, Platon et Aristote discutés d'après les textes originaux, opposés l'un à l'autre, et tous deux ensemble à la tradition de l'enseignement de l'École, qui les avait plus ou moins altérés pour les mettre en conformité avec l'Église, éveillèrent l'esprit d'examen, et firent tourner contre la scholastique ce respect de l'antiquité qu'elle-même elle avait consacré. Quelle ne fut pas la vivacité de la lutte entre Aristote qui, pendant si longtemps, avait seul régné, et son maître Platon, dont les manuscrits apportés de Constantinople par les Grecs fuyant devant Mahomet, excitèrent l'enthousiasme de tous les lettrés de l'Italie! La lutte n'éclata pas moins vive entre les partisans eux-mêmes d'Aristote, selon qu'ils s'attachèrent à tel ou tel mode d'interprétation, à la tradition scholastique ou au texte original, à Alexandre d'Aphrodise ou à quelque autre commentateur. L'étonnement des érudits du quinzième siècle fut grand, en effet, quand ils s'avisèrent de comparer le texte original d'Aristote avec les traductions et les commentaires de la scholastique ! « J'ai comparé, disait Politien, l'Aristote grec avec l'Aristote germanique, c'est-à-dire, ce qu'il y a de plus éloquent avec ce qu'il y a de plus informe et de plus barbare, et j'ai vu avec douleur qu'Aristote n'était pas traduit du grec, mais dénaturé. » De là deux Aristotes, de là une secte de péripatéticiens purs opposés aux péripatéticiens de l'École, en Italie et en Allemagne.

Le péripatétisme pur italien, qui a pour chef Pomponat, et pour principaux théâtres Padoue et Bologne, cherche à abriter ses hardiesses sous l'autorité du véritable Aristote, de l'Aristote grec, et non de l'Aristote plus ou moins défiguré de la scholastique. Par une singulière vicissitude, cette prétendue infaillibilité que l'Église avait attribuée à Aristote, cette autorité presque sacrée dont elle l'avait revêtu, servent maintenant à ébranler ses principaux dogmes. Pomponat et son école se plaisent à montrer l'incompatibilité des principes d'Aristote et de ceux de l'Église. Que dit en effet le véritable Aristote? que l'âme ne peut être immortelle, que Dieu n'est pas une providence, que le monde est éternel, qu'il n'y a point d'anges, point de démons, point de miracles. Pour démontrer cette incompatibilité, Pomponat déploie beaucoup d'ardeur et d'érudition, sauf à conclure, avec plus ou moins de bonne foi, que, comme chrétien, il croit ce qu'il ne peut croire comme philosophe.

L'esprit du maître anime les disciples. L'école de Pomponat est une école de laïques, de médecins, d'esprits forts, de libres penseurs, qui mettent de plus en plus en relief cette antithèse inattendue d'Aristote et de l'Église. Par eux, suivant la plainte de Melchior Canus au concile de Trente, se répandent en Italie les dogmes empestés de la négation de l'immortalité de l'âme et de la providence. En vain, à l'exemple de leur maître, protestent-ils qu'ils adorent, comme chrétiens, ce qu'ils brûlent, comme philosophes et comme péripatéticiens, ils compromettent à la fois les deux autorités qui s'appuyaient l'une sur l'autre, la théologie et la philosophie scholastique, et ils provoquent l'esprit humain à une recherche plus approfondie et plus indépendante de la vérité.

Mais, quelle que soit la hardiesse de ces péripatéticiens purs d'Italie, dans la première moitié du seizième siècle, ils n'osent cependant s'affranchir tout à fait de l'autorité des anciens, puisqu'ils invoquent Aristote et non la raison.

C'est aussi en invoquant Aristote que Mélanchthon fonde une philosophie nouvelle, à la place de la scholastique, dans les universités protestantes d'Allemagne. Mais le péripatétisme renouvelé par Mélanchthon, présente d'autres caractères que celui de Pomponat. Sous l'influence de la réforme, Mélanchthon s'efforce d'unir, au lieu de les opposer, la raison et la foi, et, en cas d'inconciliable opposition, c'est Aristote qu'il sacrifie. Ce nouveau péripatétisme allemand se distingue aussi par un certain éclectisme, et par quelques emprunts à Platon, surtout en morale. Mais la réforme philosophique, accomplie dans les écoles allemandes par Mélanchthon, eut pour résultat, à cause de sa sagesse même, de prolonger, en Allemagne, l'empire d'Aristote plus longtemps qu'en aucun autre pays de l'Europe.

Le péripatétisme italien, en mettant à découvert l'opposition d'Aristote avec l'Église, eut du moins l'avantage de donner le champ libre à tous ses adversaires. Patricius, au nom de la foi, supplie le Pape et les théologiens de bannir Aristote pour mettre à sa place Platon que, comme tous les Platoniciens de cette époque, il altère plus ou moins par un mélange de néoplatonisme et des prétendues doctrines de Zoroastre, d'Hermès, des Chaldéens et des Égyptiens. Cette même passion qui aveugle Patricius, quand il s'agit de l'authenticité de ses auteurs de prédilection, le rend, sinon très-clairvoyant, au moins peu facile à satisfaire, quand il s'agit des ouvrages d'Aristote. C'est au milieu des combats du platonisme et du péripatétisme, que prit naissance cette question de l'authenticité des ouvrages d'Aristote. Soulevée par F. Pic de la Mirandole, la discussion se continua, sans faire beaucoup de progrès, jusqu'à Patricius qui, le premier, réunit et discuta tous les textes relatifs à la question, et posa quelques-unes des règles à suivre dans cette critique, quoique lui-même, égaré par sa haine contre Aristote, il arrive à conclure que, de tous ses ouvrages, trois ou quatre seulement, qui sont les moins importants, ont le caractère de l'authenticité.

Ce n'est pas seulement sous l'étendard de Platon, mais sous ceux de Parménide, d'Anaxagore, de Démocrite, de Zénon, d'Épicure et de Cicéron, que les savants du quinzième et du seizième siècle firent la guerre à Aristote. Dans ce retour des esprits vers les monuments originaux de l'antiquité, toutes les écoles de l'ancienne Grèce semblèrent, l'une après l'autre, ressusciter. Bernardino Telesio, un précurseur de Bacon, un promoteur, comme lui, de la philosophie de la nature, le fondateur de cette académie télésienne qui est l'antécédent des grandes académies scientifiques que devaient organiser Descartes et Leibniz, n'ose cependant pas attaquer Aristote en son propre nom, et abrite une physique nouvelle sous l'autorité de Parménide dont il prétend renouveler la doctrine. C'est au nom de Zénon, de Sénèque et d'Épictète que Juste Lipse proteste contre la scholastique et contre la morale d'Aristote. Chrysostôme Magnen entreprend à Pavie, vers la fin du seizième siècle, de faire revivre Démocrite. Guillermet de Bérigard, philosophe français, chargé d'enseigner à Pise la philosophie péripatéticienne, s'applique à réhabiliter les Ioniens et Anaxagore attaqués injustement, suivant lui, par Aristote. Gassendi lui-même travaillera à renouveler et à réhabiliter Épicure pour protéger, par l'autorité d'un ancien, ses propres doctrines. Ce singulier retour aux philosophes anciens, au moment où leur règne allait finir, n'était pas, comme on le voit, un travail de pure érudition, une simple étude historique de la philosophie grecque, mais, avant tout, une œuvre d'opposition contre la scholastique. Dans leur enthousiasme pour les chefs-d'œuvre retrouvés de Rome et d'Athènes, dans leur culte pour la belle antiquité, et surtout pour la langue de Cicéron, comment les érudits de la renaissance n'auraient-ils pas pris en dégoût les formes barbares de la scholastique ?

« Que dirai-je, s'écrie Nizolius, de cette immensité de termes barbares, et inouïs jusqu'à ce jour, dont les dialecticiens latins ont souillé la philosophie par leur ignorance des choses et leur inhabileté dans l'art de parler? Quel est celui qui a un peu fréquenté les écoles de ces philosophâtres et n'a pas entendu cent fois parler de potentialités, de quiddités, d'entités, d'eccéités, d'universalités, de formalités, de matérialités et de mille autres termes semblables? » Les élégances latines recueillies avec tant de soin par les érudits du quinzième et du seizième siècle, étaient comme autant de protestations contre la langue barbare de la scholastique. La grammaire elle-même était alors en quelque sorte révolutionnaire, et conduisait au dégoût du fond par le dégoût de la forme. Aussi le mépris de la scholastique est-il un caractère commun des érudits et des philologues, comme des philosophes du quinzième et du seizième siècle. En outre, dans leur commerce intime avec les anciens, ils se pénètrent de cet esprit d'indépendance qui avait animé autrefois les anciens eux-mêmes, ils apprennent à rougir des habitudes serviles de l'École, et ils hâtent de leurs vœux et de leurs travaux une réforme, non-seulement dans la langue, mais dans la philosophie, dans la politique et dans la religion elle-même.

En effet, la réforme religieuse se rattache aussi au grand travail philologique du quinzième siècle par la discussion des textes sacrés, latins, grecs et hébraïques, qui en est le point de départ et le fondement. Les réformés opposent l'Église primitive à l'Église romaine, les textes originaux à la Vulgate, comme les philosophes opposent le péripatétisme pur au péripatétisme corrompu de la scholastique, et l'Aristote d'Athènes à l'Aristote des cloîtres et des universités du moyen âge ; ils n'attaquent l'autorité de l'Église qu'en lui opposant une autre autorité non moins sacrée, celle de l'Écriture, comme les philosophes attaquaient la scholastique avec Aristote.

Bientôt des esprits plus hardis, tels que Ramus, Bruno, Vanini, Campanella, tous martyrs de leur entreprise héroïque, tentèrent d'affranchir complétement la philosophie en s'appuyant non plus sur les anciens, mais sur la raison et le libre examen. Au seizième siècle, comme au quinzième, c'est l'Italie qui joue le principal rôle dans l'histoire de la philosophie. De même que lui appartiennent ceux qui, les premiers, au quinzième siècle, renouvelèrent le platonisme et l'aristotélisme, de même, au seizième, peut-elle se vanter d'avoir produit, à l'exception de Ramus, les plus célèbres réformateurs de la philosophie.

A Paris, au sein de la plus péripatéticienne des universités, et, pour ainsi dire, au centre même de son empire, Ramus ose ouvertement attaquer Aristote. Aussi, que de fureurs contre lui, que d'embûches tendues par de fanatiques adversaires, que d'affaires suscitées par-devant le Parlement, l'Université, le Conseil du roi! Des feux de joie accueillent un arrêt, au nom du Roi, qui lui enjoint de cesser ses médisances et invectives contre Aristote (1). Peu de temps après, dans un éloquent discours où il racontait toutes les persécutions qu'il avait souffertes, il s'écriait : « Il ne m'a manqué que la ciguë! » Hélas! elle ne devait pas lui manquer, et plus amère encore que celle de Socrate!

Dans le quatrième livre des *Animadversiones Aristotelicæ*, il raconte comment, après s'être délivré des ténèbres d'Aristote, il a conçu la pensée d'une réforme philosophique. Ayant passé, selon l'usage, trois ans et six mois à étudier les livres logiques d'Aristote, il se mit à considérer à quoi tant de veilles lui avaient servi, et, en s'apercevant qu'il n'en avait retiré aucun fruit, quels ne furent pas son éton-

---

(1) Le texte de cette curieuse sentence se trouve dans le savant ouvrage de M. Vaddington sur Ramus. Nous citerons seulement ce passage significatif : « Et que parce qu'en son livre des *Animadversiones* il reprenait Aristote, était évidemment connue et manifestée son ignorance, etc. »

nement et sa douleur ! *Hei misero mihi ! ut obstupui, ut alte ingemui, ut me naturamque meam deploravi, ut infelici quodam miseroque fato et ingenio a musis prorsus abhorrenti me natum esse judicavi, qui nullum fructum ejus sapientiæ quæ tanta in Aristotelis logicis prædicaretur, percipere aut cernere tantis laboribus potuissem!* Nous retrouverons le même sentiment dans les premières pages du *Discours de la Méthode*. Mais, au lieu de se replier, comme Descartes, sur sa propre pensée, pour dissiper cette ignorance, Ramus en revient encore aux livres des anciens, non pas à Aristote, mais à Platon, dont les dialogues ont fait, dit-il, pour la première fois, briller à ses yeux la lumière de la vérité. Il raconte comment, dans les entretiens de Socrate, il a appris une foule d'excellents préceptes, et cette vraie méthode qui, de la définition du tout, va à celle des parties, en éclairant chaque point par des définitions et des exemples. Ce qui le ravit, c'est surtout de voir Socrate n'en appeler qu'au libre jugement pour réfuter les fausses opinions. Pourquoi donc, se dit-il, ne pas user un peu à l'égard d'Aristote de la méthode de Socrate? *Quid plura? cœpi egomet sic mecum cogitare : hem! quid vetat paulisper socratizein?* Il remercie Dieu de lui avoir envoyé un pilote, tel que Platon, qui l'a conduit au port, où vainement il aspirait, battu par la tempête; il confesse tout devoir à la lumière de sa méthode et à la liberté platonicienne de philosopher.

Mais il n'emprunte à Platon que la forme extérieure de la méthode, et non la dialectique elle-même, car, à proprement parler, Ramus n'a point de métaphysique. C'est surtout par la logique que régnait Aristote; c'est précisément sa logique qu'il prétend remplacer par une logique nouvelle. L'obscurité et la confusion, le vice des divisions et des définitions, l'absence de but pratique, l'omission de l'induction, si admirablement maniée par Socrate dans les *Dialogues* de Platon, voilà ce que reproche sans cesse Ramus à Aristote. Lui-même, dans sa nouvelle logique, il affecte de s'écarter d'Aristote par la méthode d'enseignement, par le choix des termes, par les définitions et par les divisions, tantôt en suivant les traces de Platon, tantôt celles de Cicéron ou de Quintilien. La logique pour Ramus n'est que l'art de bien disserter, *ars bene disserendi*; il en retranche tout ce qui ne rentre pas dans cette définition. Malgré tant de critiques violentes, malgré tous ces changements de termes et de divisions, le fond de la logique de Ramus ne diffère pas de celle d'Aristote. S'il simplifie, et s'il éclaire Aristote, comme il le prétend, c'est aux dépens de la rigueur, de la précision et de la profondeur.

Le but pratique qu'il donnait à la logique et la manière dont il l'enseignait, voilà ce qu'il y a eu de plus original et de plus utile dans la réforme de Ramus. Si la logique est l'art de bien disserter, où mieux l'étudier, selon lui, que dans les hommes d'élite, poëtes ou orateurs, qui ont excellé dans l'art de toucher et de persuader, en la prenant, pour ainsi dire, sur le fait et dans la nature elle-même? Aussi s'appliquait-il à faire sortir de l'analyse des plus beaux morceaux poétiques et oratoires les divers procédés de la logique et les diverses formes du raisonnement. Il excellait dans ces analyses, et, par cette nouveauté pleine de charmes, il attirait et séduisait les esprits dégoûtés de la sécheresse et des subtilités de la scholastique. De toutes ses innovations, c'est l'union de l'éloquence ou de la rhétorique avec la logique à laquelle Ramus semble attacher le plus d'importance; c'est aussi une de celles qui souleva contre lui le plus d'orages au sein de l'Université de Paris. En réunissant la logique à la rhétorique, il voulait la débarrasser de toutes les subtilités, de tous les termes obscurs et barbares de la scholastique, pour lui faire parler la langue de Rome, et la rendre attrayante et utile grâce à des règles et des exemples tirés des orateurs et des poëtes. Par une autre innovation, non moins considérable, il publia une dialectique en français, près de quatre-vingts ans avant le *Discours de la Méthode* (1).

(1) Dialectique de Pierre de la Ramée à Charles de Lorraine, cardinal, son Mécène, à Paris, chez Wéchel, 1555, in-4° de 140 pages. Il a publié aussi en français une grammaire et diverses harangues et remontrances.

C'est aussi un philosophe réformateur de la même époque, Jordano Bruno, qui, le premier en Italie, comme Ramus en France, fit parler la langue vulgaire à la philosophie.

A cette préoccupation constante du but et des applications pratiques de la philosophie, nous reconnaissons dans Ramus un précurseur de Bacon et de Descartes. Remarquons aussi en lui un autre trait de l'esprit moderne, l'union de la philosophie et des mathématiques, qu'il étudia avec acharnement, pendant quinze ans, et pour lesquelles, par son testament, il fonda une chaire au collège de France. Ce même esprit de réforme, il l'a porté, avec plus ou moins de profondeur, dans toutes les sciences. En émancipant la science, au prix de sa vie, du joug d'Aristote, en sécularisant pour ainsi dire la langue philosophique, en mettant en honneur la raison, l'expérience et le calcul, Ramus a sans nul doute préparé la réforme de la philosophie et de la physique, mais néanmoins il laissait tout entière à ceux qui viendraient après lui la gloire de son accomplissement. La réforme de Ramus, dit bien M. Saisset, fut pédagogique, littéraire et morale plutôt que philosophique (1). Le péripatétisme même de l'Université de Paris ne fut qu'ébranlé, et non pas abattu par la lutte héroïque de Ramus. Un demi-siècle après lui, en 1624, le Parlement rendait un arrêt célèbre qui condamnait à mort quiconque enseignerait des maximes contre les auteurs anciens et approuvés. Mais cet arrêt atroce, qui ne put être exécuté, était comme un effort désespéré pour prolonger un empire qui de toutes parts menaçait ruine. Grâce à Dieu, on était déjà loin de ces journées de la Saint-Barthélemy, où Ramus périt vic-

---

Quelques-uns de ses ouvrages latins furent traduits par un grand seigneur, Michel de Castelnau, ambassadeur de France en Angleterre. Ainsi Ramus, le premier, justifiait ce qu'avait dit Dubellay, en 1559, dans la *Défense et illustration de la langue française* : « Que la langue française n'est incapable de philosophie. »

(1) *Précurseurs de Descartes*, chapitre sur la réforme de Ramus, in-8°, 1862.

time des haines religieuses et philosophiques qu'il avait soulevées contre lui.

Il y a des éclairs dans Jordano Bruno, mais au sein de quelles ténèbres et de quel chaos! Il l'emporte cependant sur Ramus par l'imagination et le génie; ce n'est pas seulement un dialecticien et un orateur, mais un métaphysicien et un poëte. Ses philosophes de prédilection, dans l'antiquité, sont Pythagore, Plotin et Platon, et, dans le moyen âge, Raymond Lulle. A l'exemple des Alexandrins, il puise indifféremment, et sans critique, à toutes les sources de l'histoire et de la mythologie, du sacré et du profane. Comme eux, il imagine découvrir des connaissances supérieures dans Zoroastre, chez les Mages, les Chaldéens et les Babyloniens. Une partie de sa métaphysique, à travers toutes ses obscurités, porte la marque profonde de l'Alexandrinisme. Nous n'avons nullement la prétention d'en donner en quelques lignes une idée complète. Le Dieu de Bruno, comme celui de Plotin, est l'unité qui échappe à toute détermination. Mais de cette unité émane d'abord l'intelligence, puis l'activité. Unité, intelligence, activité, voilà la trinité de Bruno. Par l'activité, source de vie, Dieu plonge dans le monde ou plutôt constitue le monde dont il est la cause immanente. La cause efficiente, selon Bruno, est aux œuvres de la nature ce que l'intelligence humaine est à la production des idées; c'est un artiste intérieur qui donne la forme et la figure à la matière, qui fait sortir la tige des racines ou de la graine, les branches de la tige et les bourgeons des branches. Selon Bruno, la matière se ramène à l'unité avec Dieu, l'être individuel n'est pas un être isolé, mais l'être pris isolément, les êtres individuels ne sont que la substance unique sous des traits particuliers. Ajoutons qu'il ne cesse de célébrer, sur un ton lyrique, l'unité absolue, et il sera difficile de ne pas voir dans sa doctrine un panthéisme confus plus ou moins mystique et religieux. Quant à l'âme, parcelle échappée de la monade suprême, elle est destinée, selon Bruno, comme selon les pythagoriciens, à parcourir des transformations infinies (1).

Ses idées sur l'Univers, beaucoup plus originales, se rattachent au vrai système du monde, récemment découvert par Copernic, et ne sont pas sans quelque analogie avec les vues de Descartes et des modernes sur l'infinité des mondes. L'Univers, selon Bruno, est infini comme son principe. Pour prouver cette infinité, il s'appuie tour à tour sur Copernic et sur la notion métaphysique de l'infinité de Dieu. Puisqu'il est démontré que la terre n'est pas immobile au centre du monde, et que le soleil lui-même n'est qu'un centre mobile et partiel, ne suit-il pas que le monde n'a ni centre ni circonférence, que le monde est infini? Si Dieu est éternel, si ses actes et ses années sont sans fin, il faut que les mondes soient innombrables. L'Univers, dit poétiquement Bruno, est l'Olympe, le trône de la Divinité; si la Divinité est illimitée, son palais est sans bornes. Il célèbre avec enthousiasme ces myriades de mondes, ces conciles d'étoiles, ces conclaves de soleils, pour nous servir de ses expressions originales, dont la pensée transporte son imagination. Quel n'est pas son mépris pour le petit monde d'Aristote et de la Bible, pour ces faux théologiens, comme il les appelle, qui ne comprennent pas que l'infinité de l'Univers est seule compatible avec une religion dont la divinité infinie doit être infinie, non pas seulement en elle-même, mais aussi dans l'espace et dans la durée! Il traite même de dogme impur, que le diable seul a pu inventer, la doctrine d'un monde fini.

L'unité absolue, au sein de laquelle s'évanouissent toutes les antithèses, s'effacent tous les contraires, et l'infinité de l'Univers, avec la multitude infinie des astres, voilà les deux idées qui dominent dans la philosophie de Jordano Bruno. Tantôt il cache sa pensée sous des formes allégoriques,

---

(1) Consulter, sur Jordano Bruno, le savant ouvrage de M. Bartholmess, 2 vol. in-8°, Paris, 1846.

tantôt il prend les dehors de l'inspiration et du mysticisme, tantôt il raille et fait le bouffon, tantôt il est poète, tantôt il se perd dans toutes les subtilités de l'art de Raymond Lulle. On s'étonne de cette prodigieuse fermentation d'esprit, de cette abondance désordonnée d'images, de figures, d'allégories indistinctement puisées à toutes les sources de l'antiquité profane et sacrée. Partout on rencontre des réminiscences ou des pressentiments, mais nulle part un système dont toutes les parties soient rigoureusement enchaînées les unes aux autres. Il faut pousser bien loin le désir de dénigrer Descartes pour lui reprocher, comme Huet, d'être un plagiaire de Bruno. Après avoir, non sans péril, prêché ses doctrines en Angleterre, en France, en Allemagne, attaquant partout Aristote et l'Église, Bruno eut l'imprudence de revenir dans l'Italie, sa patrie. La république de Venise, après une longue négociation, le livra au tribunal de l'Inquisition romaine qui le fit brûler, au Champ-de-Flore, en 1600, le 17 février.

Encore moins trouverons-nous une méthode philosophique, et un système digne de durer, dans Vanini et dans Campanella, tous deux Napolitains, comme Bruno. Si Vanini peut être comparé à Bruno, c'est seulement par sa fin tragique, car il a également manqué de dignité dans sa vie et d'élévation dans ses doctrines. Il affecte de mépriser Platon, et il se proclame un enfant d'Aristote, *Aristotelis sum soboles* (1). Mais cet Aristote, dont il se dit le fils, est celui de l'école de Padoue, où il avait étudié, l'Aristote de Pomponat, incompatible avec la divine providence et avec l'immortalité de l'âme. Aussi, entre tous les philosophes, celui qu'admire le plus Vanini c'est Pomponat, en qui, dit-il, Pythagore aurait affirmé que l'âme d'Averroës lui-même avait passé. Comment croire à la sincérité de Vanini prenant, dans l'*Amphitheatrum*, le rôle d'adversaire de Luther,

(1) Dédicace au maréchal de Bassompierre de ses dialogues : *De admirandis reginæ Deæque mortalium arcanis, cum approbatione facultatis Sorbonicæ*. Cette approbation, reproduite tout au long en tête de l'ouvrage, fait peu d'honneur à la perspicacité de la Sorbonne de ce temps-là.

d'apologiste de Moïse, de défenseur de l'existence de Dieu, de la providence et de la liberté, tandis qu'un an plus tard, dans ses dialogues, *De admirandis reginæ Deæque mortalium arcanis*, il se moque de tout ce qu'il avait eu l'air de respecter et de défendre? Il n'y a de sincère dans Vanini que la haine de l'Eglise et un empirisme poussé jusqu'à ses dernières conséquences. Il identifie Dieu avec la nature, il affirme que le monde est mu par sa forme même, et non par la volonté d'une intelligence, il ne croit ni à la spiritualité, ni à l'immortalité de l'âme, ou, ce qui revient au même, il déclare qu'il n'y croirait pas, s'il n'y était contraint par le christianisme. En morale, il professe un épicuréisme grossier, et transforme le vice et la vertu en des fruits nécessaires du tempérament et du climat (1).

Campanella, à la différence de Ramus, de Bruno et de Vanini, est attaché à l'Église et à l'orthodoxie; c'est un religieux dominicain fidèle à ses vœux et à son ordre, un adversaire très-sincère des hérétiques et des athées, un zélé défenseur des prétentions de la cour de Rome, un véritable ultramontain, comme on dirait aujourd'hui. Il fut cruellement persécuté, mais comme adversaire du joug espagnol qui pesait sur sa patrie, et pour des causes politiques plutôt que religieuses. C'est un pape qui l'arracha, non sans peine, des mains du vice-roi de Naples, et le délivra d'une longue et horrible captivité (2). Campanella attaqua Aristote, comme Patricius, en montrant l'opposition de ses doctrines avec les dogmes de l'Eglise.

Dans sa philosophie, où manque l'unité, ce qui semble dominer, c'est un empirisme qui s'allie parfois à un certain

---

(1) Il fut condamné à mort, en 1619, par le Parlement de Toulouse pour cause d'athéisme. Sur sa philosophie, sa vie, son procès et sa mort, voir l'article de M. Cousin dans ses *Fragments d'histoire de la philosophie moderne*. 1re partie, 1866.

(2) Consulter sur la vie, le procès et la philosophie de Campanella l'ouvrage de Michele Baldachini : *Vita e filosofia di Campanella*, in-8º, Napoli, 1847.

mysticisme. Campanella s'était d'abord attaché à Telesio, qu'il admirait, dit-il, parce qu'il ne voulait pas s'en rapporter aux paroles des hommes, mais à la nature des choses. Son ambition fut d'étendre à la philosophie tout entière la réforme tentée par Telesio seulement dans la philosophie de la nature. Il distingue dans l'homme deux âmes, l'une spirituelle, *mens*, venant directement du sein de Dieu, et capable de nous élever par l'extase jusqu'aux choses d'en haut, l'autre, *anima*, principe de la connaissance naturelle, qui est un air chaud venant du soleil. C'est des sens qu'il fait dériver toute la connaissance naturelle, *duce sensu philosophandum est* (1). Il prétend démontrer que toutes les facultés de l'intelligence se ramènent à la sensation, que la mémoire n'est que la sensation renouvelée, et qu'avec la sensation et la mémoire l'intelligence forme toutes les notions générales. Le sens seul nous donne la certitude, parce que la connaissance par le sens a lieu, selon Campanella, dans l'objet présent lui-même, *ejus enim cognitio certissima est quia sit in objecto præsente*.

A cette théorie toute sensualiste, voici comment Campanella rattache sa métaphysique ou son ontologie. Dans le premier fait de conscience, dont il oppose l'irrécusable témoignage aux sceptiques (2), il trouve contenus l'être ou le pouvoir, le connaître, le vouloir ou l'aimer, d'où il remonte immédiatement aux trois propriétés essentielles de l'être. En effet ces réalités qui sont en nous, ou bien ne sont que des effets sans cause, ou bien doivent se retrouver sans limites dans la source infinie de notre être. Puissance, sagesse, amour, voilà donc les trois primalités de l'être qui se réfléchissent dans notre nature et dans tous les êtres créés : *Ens essentiatur potentia essendi, amore essendi,*

---

(1) *Prodromus philosophiæ instaurandæ*, Francf., 1623, in-4°.
(2) C'est ici que quelques-uns ont voulu voir une anticipation du *je pense, donc je suis*. Campanella a même été surnommé un cartésien avant Descartes ; mais l'analogie est bien lointaine et comme perdue au milieu des dissemblances les plus profondes. (Voir Heumann, *Acta philosophica*, 1715, t. I, p. 565.)

sapientia essendi (1). Tous les êtres finis dérivent de ces trois primalités de l'être, en même temps que du non-être auquel, en tant que finis, ils participent nécessairement. Campanella veut prouver que les deux primalités, connaissance et amour, se trouvent dans tous les êtres sans exception, comme la première qui est l'être. Tel est le principal objet du curieux ouvrage intitulé : *De sensu rerum* (2). Toutes les choses cherchent à se conserver, mais le pourraient-elles sans connaissance de leur être et de tout ce qui lui est avantageux ou nuisible? De même sans l'amour, pourraient-elles aimer leur être et travailler à le conserver? Ainsi l'amour et la connaissance étant le principe de la conservation de l'être, doivent, selon Campanella, se retrouver dans l'essence de tous les êtres. On est tristement étonné de la bizarrerie, de la puérilité des prétendues preuves qu'il accumule, de la crédulité avec laquelle un esprit, d'ailleurs si hardi, accepte les croyances populaires les plus grossières, pour démontrer que le monde est un animal vivant, qu'il est tout entier vie, âme et sentiment. C'est par l'émanation qu'il fait dériver de l'unité infinie de Dieu la totalité des choses finies, à travers une multitude de schèmes et d'archétypes, tous plus obscurs et plus arbitraires les uns que les autres. Partout il s'imagine retrouver cette triade merveilleuse dont il se sert aussi pour expliquer rationnellement la Trinité. Il s'extasie sur la lumière dont cette formule mystérieuse éclaire toutes choses : *Admiratus sum quomodo illud difficillimum monotriadis arcanum sit omnium scientiarum illuminatio* (3). Mais n'avons-nous pas

---

(1) *Philosophiæ realis* libri quatuor. Ad lectorem prælucidarium. Francf., 1623, in-4°.

(2) En voici le titre complet : « Pars mirabilis occultæ philosophiæ ubi demonstratur mundum esse Dei vivam statuam beneque cognoscentem, omnesque illius partes, partiumque particulas sensu donatas esse, alias clariori, alias obscuriori quantus sufficit ipsarum conservationi ac totius in quo consentiunt et fere omnium naturæ arcanorum rationes aperiuntur. » Francf., 1620, in-4°.

(3) *Philosophiæ realis quæstiones physiologicæ*, lib. XXXVIII, art. 1.

vu, même de notre temps, des philosophes qui n'ont pas eu une foi moins superstitieuse à la vertu de la triade (1) ? Dans sa physique et dans son astronomie, l'astrologie joue le principal rôle ; on y trouve un certain nombre de recettes pour se préserver de l'influence mauvaise des astres. Le sens commun ne fait pas moins défaut dans sa *Cité du soleil*, réminiscence malheureuse des utopies communistes de la république de Platon.

Chez Campanella, comme chez la plupart des philosophes de cette époque, la faiblesse, la crédulité. la superstition s'allient à la force et à l'audace. Quoiqu'il ait vécu jusqu'en 1639, non-seulement il croit encore à l'astrologie, mais même il la met en pratique. Pendant que Descartes publiait le *Discours de la Méthode*, Campanella tirait l'horoscope du dauphin, fils de Louis XIII. Descartes, dans une de ses lettres, l'a jugé sévèrement: « Il y a quinze ans que j'ai lu le *De sensu rerum* du même auteur, avec quelques autres traités, et peut-être celui-ci était-il du nombre. Mais j'avais d'abord trouvé si peu de solidité dans son esprit que je n'en ai rien gardé dans ma mémoire. Je ne saurais maintenant en dire autre chose sinon que ceux qui s'égarent en essayant de suivre des chemins extraordinaires, me paraissent moins excusables que ceux qui ne s'égarent qu'en compagnie (2). » Tels sont les excès de l'idéalisme et de l'empirisme, au seizième siècle, soit qu'ils se produisent sous le marteau de systèmes antiques renouvelés, soit qu'ils osent se manifester par des tentatives originales.

Encore moins trouverons-nous la vraie philosophie dans le mysticisme. Jamais sans doute le mysticisme n'avait cessé d'exister à côté, ou au sein même de la scholastique mais, il prend une plus grande place et une existence plus indépendante dans la philosophie de la renaissance. Du mysticisme vinrent aussi, à cette époque, l'ébranlement

---

(1) Pierre Leroux, Lamennais.
(2) Voir Baillet, *Vie de Descartes*, liv. V, ch. IV, et le t. II des *Lettres de Descartes*, p. 377, édit. de Clerselier.

et l'émancipation, sinon la méthode et la lumière. Les philosophes mystiques du seizième siècle prétendent, il est vrai, se rattacher à la doctrine mystérieuse, antique et vénérée de la cabale, et au texte même des Écritures, mais ils n'en sont pas moins fort indépendants, grâce à une méthode d'interprétation allégorique dont ils abusent étrangement. La doctrine de l'émanation, une âme universelle du monde, l'absorption de l'homme en Dieu, et de Dieu dans la nature, voilà ce qu'on retrouve au fond de presque tous les systèmes mystiques du seizième siècle et du commencement du dix-septième. En même temps qu'Aristote et la scholastique, ils attaquent la raison et la philosophie. L'interprétation des textes sacrés, les songes, les visions, l'extase, les révélations divines particulières, voilà où ils cherchent la vérité. Non-seulement Cardan croit aux songes et à la divination, mais il se vante de voir des fantômes, de converser avec un génie familier, d'avoir des extases à volonté. Jacob Boehm, qu'il faut mettre au premier rang des mystiques du seizième siècle, raconte que son esprit astral, à l'aspect subit d'un vase d'étain, a été transporté au centre intime de la terre, et tellement pénétré de la lumière divine, qu'il voyait clair dans l'essence de toute créature. Jean-Baptiste Van Helmont contemplait son âme hors de lui sous forme d'un point lumineux et conversait avec elle. Voulait-il découvrir un rapport, une vérité quelconque, il cherchait à s'en faire une image sensible, avec laquelle il s'endormait de manière à la revoir en songe. Il est, dit-il, merveilleux combien il a été éclairé par de pareilles visions, surtout lorsqu'il était à jeun.

Quel prodigieux débordement d'imagination dans cette série de degrés d'émanation qu'ils inventent et multiplient à plaisir! Comment s'orienter dans ce dédale de séphiroths, d'essences, de générations de toutes sortes? Comment compter tous ces anges, ces démons, ces lutins, ces gnomes, ces sylvains, ces salamandres, ces ondines, ces archées, qu'ils font intervenir pour l'explication des phénomènes de la physique et de la chimie, et dont ils peuplent, non-seulement tous les corps organisés, mais les quatre éléments, la terre, l'air, le feu et l'eau. Ajoutez les analogies, les sympathies ou les antipathies les plus bizarres entre le premier et le deuxième ciel, entre le deuxième et le troisième, entre le macrocosme et le microcosme, entre toutes les parties du corps de l'homme et le reste entier de l'univers, et vous aurez une idée de la science et des principes de ces mystiques. Quel abîme entre cette physique mystique et le mécanisme de Descartes! Quelle révolution profonde fera dans la science de la nature cette admirable conception de l'explication universelle de tous les phénomènes par des lois générales du mouvement!

Cependant, chose étrange, au premier abord, la science expérimentale par excellence, la chimie sortira, en grande partie, de ce mysticisme qui semble si opposé à toute espèce d'expérience. En effet, comme le mysticisme alexandrin, dont il relève, le mysticisme du seizième siècle ne se borne pas à attendre, dans la contemplation, la voix et la lumière divine, il va au-devant, il la provoque par la théurgie, par la magie diabolique ou angélique, par l'évocation des esprits, par des recettes et des pratiques merveilleuses. C'est ainsi qu'il donne les mains à l'alchimie, à la magie, à l'astrologie; c'est ainsi qu'au sein même des écoles mystiques, se sont accomplis, dans le seizième siècle, ces grands travaux des alchimistes qui devaient servir de fondement à la chimie moderne. Sans doute, les adeptes du mysticisme n'ont pas réussi à évoquer les esprits célestes ou infernaux, et à trouver la pierre philosophale ; mais, en multipliant les expériences, ils ont trouvé, ce qui vaut mieux, les propriétés, les combinaisons d'un grand nombre de corps, et par là ils ont augmenté le pouvoir de l'homme sur la nature, et ils ont préparé les merveilles de l'industrie moderne. De même que le mysticisme, à son insu, a servi la cause de l'expérience, de même aussi, quoiqu'il prétende faire tout dériver de l'unique source d'une révélation divine, il a servi la cause de l'émancipation de la raison, soit par ses vives attaques contre le formalisme scholastique et théologique, soit par l'audace de ses rêves métaphysiques, soit par ses interprétations allégoriques des Écritures, qui ont ouvert la voie aux interprétations rationalistes.

Le scepticisme, à peu près inconnu aux siècles de foi et de soumission du moyen âge, devait reparaître sur la scène, au milieu d'une si grande confusion des idées et des systèmes. En 1531, Cornelius Agrippa publie son livre *de Incertitudine et vanitate scientiarum*. Mais le scepticisme se montre surtout dangereux dans Montaigne, à cause des grâces et de la séduction du langage, de la vivacité des traits et des couleurs, à cause d'un certain air d'honnêteté et de bon ton, qui l'introduit parmi les gens du monde, et le met à la mode. C'est dans l'*Apologie de Rémond de Sébonde* qu'est, pour ainsi dire, ramassé le scepticisme tout entier de Montaigne. Là, il reproduit toutes les objections des sceptiques avec une verve, avec une malice et une perfidie incomparables; là, sous prétexte de défendre la raison et la foi, il ose tout dire contre la raison, il ose tout insinuer contre la foi (1). L'influence de Montaigne s'est étendue plus ou moins sur le dix-septième siècle. Rien ne l'atteste mieux que les efforts des philosophes et des théologiens pour le décrier et le combattre, en même temps que les emprunts fréquents dont on trouve la trace dans leurs écrits. Les sceptiques avec lesquels Descartes veut en finir, par le doute méthodique, avant d'édifier une nouvelle philosophie, ne sont ni Énésidème, ni Sextus Empiricus, mais Montaigne et ses nombreux disciples. Que de pensées de Pascal sont des pensées de Montaigne, quand il s'agit de rabattre l'orgueil de la raison! Si on considère avec quelle sévérité il est jugé, avec quelle vivacité les esprits sont prévenus contre ses séductions par Pascal lui-même, par Nicole, par Malebranche, par Bossuet, on ne peut douter que le dix-septième siècle n'ait vu dans Montaigne l'adversaire le plus dangereux de la raison et de la foi.

(1) Voir l'exacte et piquante analyse qu'en a donnée M. Sainte-Beuve dans son *Histoire de Port-Royal*.

Que sais-je est la devise de Montaigne ; *Je ne sais* est la devise de Charron. Charron fut l'héritier de l'esprit et des doctrines de son ami Montaigne, comme de ses armes et de sa bibliothèque. Le livre de la *Sagesse* est la reproduction des *Essais* de Montaigne avec une forme systématique qui en détruit le charme et l'originalité. Il est vrai qu'au premier abord, à voir Charron fonder la philosophie sur la connaissance de soi-même et la rapporter tout entière à la morale pratique, à l'entendre disserter sur le devoir et la vertu, on le prendrait plutôt pour un disciple de Socrate que pour un disciple de Pyrrhon. Mais ce que Charron se plaît à nous montrer dans l'homme, ce sont les infirmités, les faiblesses de notre nature intellectuelle et morale. Si, d'ailleurs, il admet l'existence de la vérité, c'est pour la placer dans le sein de Dieu, si haut que l'homme ne peut y atteindre. Surseoir le jugement, voilà, selon Charron, la disposition fondamentale de la sagesse, voilà la doctrine des sages qui ont été unanimes à faire profession de douter de tout.

Tandis que Montaigne et Charron s'adressent aux gens du monde, Sanchez, professeur de philosophie et de médecine à l'Université de Toulouse, s'adresse plutôt aux savants et aux écoles, dans son ouvrage, *De multum nobili et prima universali scientia* (1). Mais en quoi consiste cette science par excellence? A montrer qu'on ne sait rien, et qu'on ne peut rien savoir, *quod nihil scitur*. Quoique écrit en latin, cet ouvrage n'a pas la forme scholastique, le ton en est léger, spirituel et railleur. *Quid?* voilà la devise de Sanchez ; *nihil scitur*, voilà sa conclusion. Soit qu'il considère l'objet de la connaissance, la variété infinie et l'enchaînement des choses, soit la connaissance elle-même, qui se fonde tout entière sur le témoignage trompeur des sens, soit le sujet lui-même de la connaissance, avec l'imperfection des organes, partout il découvre des raisons de douter. *Quo magis cogito, magis dubito*, tel est le résultat de ses efforts pour la découverte de la vérité.

(1) *Tractatus de multum nobili et prima universali scientia quod nihil scitur*. In-4°, Lyon, 1581.

A ces sceptiques, il faut ajouter Lamothe-Levayer, qui a vécu, il est vrai, jusqu'à la fin du dix-septième siècle, mais dont le grand ouvrage sceptique, les *Dialogues d'Orasius Tubero*, est antérieur de quelques années au *Discours de la Méthode* (1). Le scepticisme de Lamothe-Levayer se rattache donc encore au mouvement philosophique du seizième siècle. Comme Montaigne, avec moins d'esprit, mais avec plus d'érudition, il se plaît à opposer les coutumes, les mœurs, les opinions des hommes pour en conclure qu'il n'y a rien de certain, ni dans la science ni dans la morale. Il pousse même jusqu'au cynisme, mais sous la prudente réserve de la foi, le scepticisme moral. Il est à remarquer que tous ces sceptiques s'accordent en ce point, qu'il n'y a pas d'idée qui ne vienne des sens. Le scepticisme ne s'allie-t-il pas en effet naturellement avec une métaphysique qui nie tout principe absolu de connaissance et de certitude?

Parmi les prédécesseurs ou les précurseurs de Descartes nous n'avons garde d'oublier Bacon. Plusieurs historiens de la philosophie ont voulu partager, entre l'auteur de l'*Instauratio magna* et l'auteur du *Discours de la Méthode*, le titre de père de la philosophie moderne. Pour notre part, nous ne saurions consentir à donner ce nom glorieux à un autre qu'à Descartes. Bacon ne peut entrer en comparaison avec Descartes, ni comme métaphysicien, ni comme physicien, ni comme chef d'école. Dans ce qu'on est convenu d'appeler la philosophie de Bacon, où trouver quelque chose qui mérite le nom de métaphysique, c'est-à-dire, un ensemble de vues systématiques sur Dieu, l'homme et la nature? Bacon n'estime et ne connaît d'autre philosophie que la science expérimentale de la nature; la recherche des essences ou des principes des propriétés matérielles des choses, c'est-à-dire, une sorte de complément de la physique, voilà ce qu'il entend par

(1) Voir la thèse de M. Étienne, qui prouve que les *Dialogues d'Orasius Tubero* sont de 1632 ou 1633, et non pas de 1670, comme l'ont supposé la plupart des historiens de la littérature et de la philosophie. *Contemnere et contemni*, voilà la devise de ces dialogues.

la métaphysique. Quelle n'est pas la faiblesse, la confusion des rares aperçus sur Dieu et sur l'homme qu'on rencontre dans la classification des sciences du *De Augmentis!* Bacon dit que l'homme ne se connaît lui-même que par un rayon réfléchi, ce qui renverse le fondement même de l'observation interne. Comme Campanella, il admet deux âmes, l'une sensible et matérielle, l'autre intelligente. Cette âme intelligente est-elle matérielle, comme l'âme sensible, ou bien est-elle spirituelle? Bacon ne veut pas trancher la question, mais il lui semble que les recherches sur la nature de l'âme intelligente sont fort peu avancées, et il juge que cette étude est plutôt du domaine de la théologie que de la philosophie. Quant à la théologie naturelle, il renvoie à la Bible, n'y voyant que des lacunes ou bien des empiétements sur la foi. Que nous sommes loin de Descartes!

Dira-t-on que Bacon est chef d'une grande école, l'école sensualiste qui, après avoir traversé le dix-septième siècle, a triomphé au dix-huitième, de même que Descartes est le chef de l'école idéaliste? Descartes peut se vanter d'avoir enfanté la plus belle, la plus forte lignée philosophique qui fut jamais, après celle de Socrate; mais Bacon n'a réellement laissé après lui, aucune postérité. Ce n'est qu'après coup, et d'une manière, pour ainsi dire, artificielle, qu'on a imaginé d'en faire le chef d'une école philosophique. Qu'est-ce en effet que le sensualisme, sinon une certaine solution de la question de l'origine des idées? Or, cette question, Bacon ne se l'est pas même posée. Un vague empirisme qui se manifeste par un certain nombre de passages suspects, et surtout par la préoccupation exclusive de la réalité sensible et des sciences physiques, voilà l'unique lien qui rattache Bacon à l'école sensualiste du dix-septième et du dix-huitième siècle. La philosophie du dix-huitième siècle en a fait son père adoptif, pour se placer sous le patronage d'un grand nom, mais il n'est pas son père véritable. Si on veut rendre à chacun ce qui lui est dû, c'est à Hobbes en Angleterre, c'est à Gassendi en France, et non à

Bacon, qu'appartient le titre de chef de l'école sensualiste.

Mettrons-nous donc Bacon en parallèle avec Descartes comme physicien, ou comme inventeur d'une méthode scientifique? Il est vrai qu'il a donné de sages et utiles préceptes sur la manière d'observer les phénomènes et de se servir de l'induction. Mais de quelle vue nouvelle a-t-il éclairé l'ensemble de la nature, et de quel instrument nouveau a-t-il armé l'esprit pour l'aider à y pénétrer plus avant? A-t-il même réellement donné, comme on le répète, une théorie de l'induction? Quelle branche des sciences physiques porte la trace évidente d'une direction forte et spéciale imprimée par Bacon, et à quel point n'a-t-il pas été dépourvu du don de l'invention? S'il a donné le précepte, assurément il n'a pas donné l'exemple, et faute de connaissances premières suffisantes, il a échoué dans toutes ses expériences, comme dans toutes ses théories (1). Il a décrit et recommandé l'observation, mais il n'a pas même soupçonné l'instrument plus puissant du calcul, ni la fécondité de l'union des mathématiques avec la physique. Non-seulement il ignorait les mathématiques, mais il les méprisait. Toute sa vie, il a dédaigneusement repoussé le système de Copernic, quoiqu'il eût été démontré et défendu avec un grand éclat par Bruno, à Oxford et à Londres même, quoique déjà il eût reçu des découvertes de Keppler une éclatante confirmation. Si donc le successeur ou le contemporain des Tartaglia, des Cardan, des de Viète, des Copernic, des Tycho-Brahé, des Keppler, des Galilée, a cru publier le *De Augmentis* au milieu des ténèbres et de l'ignorance, c'est que ses yeux n'ont pas su voir la lumière qui déjà brillait de toutes parts. Bien plus encore que Des-

(1) « Il n'entendait point les mathématiques, dit Huygens, et manquait de pénétration pour les choses de la physique, n'ayant pas pu concevoir seulement la possibilité du mouvement de la terre, dont il se moque, comme d'une chose absurde. » *Remarques de Huygens sur Descartes, Fragments philosophiques de M. Cousin, philosophie moderne*, 1re partie, 1866. Humboldt, dans une note du *Cosmos*, juge aussi que les idées larges et méthodiques de Bacon étaient accompagnées de connaissances fort médiocres, même pour son temps, en mathématiques et en physique.

cartes, Bacon a été injuste à l'égard de ses prédécesseurs et de ses contemporains, sans avoir, comme lui, l'excuse de la grandeur de ses propres découvertes.

Il semble, d'ailleurs, avoir été à peine connu des savants et des philosophes qui sont venus immédiatement après lui, même dans sa patrie. Parmi les admirateurs de Bacon, nous ne pouvons citer que Gassendi, en France, au dix-septième siècle. A peine Descartes en fait-il mention dans trois ou quatre passages de ses lettres; Hobbes lui-même, son ami et son collaborateur, ne le cite que rarement. Son nom ne se trouve pas dans les ouvrages de Newton, et Locke ne le nomme qu'une seule fois, pas même comme philosophe, mais comme historien. Un de ses grands admirateurs du dix-huitième siècle, Condorcet, est obligé d'avouer que son influence a été nulle sur la marche des sciences.

Cependant nous ne voudrions pas, comme M. de Maistre, rabaisser injustement Bacon. Pour être fort au-dessous de Descartes, il n'en est pas moins un grand esprit. Nous admirons la grandeur de ses vues sur l'avenir de la science, la sagacité de la plupart de ses critiques et de ses préceptes, ses ingénieuses et justes indications des *Desiderata* que la science doit combler, et des pays qui demeurent à découvrir sur la carte du globe intellectuel. Bacon a été, pour ainsi dire, le prophète inspiré des merveilles de la science et de l'industrie moderne, et de l'amélioration, par leurs progrès, des conditions d'existence de l'humanité en ce monde. Quel noble enthousiasme pour la science anime les pages brillantes de l'*Instauratio magna!* Mais, quoiqu'il l'emporte beaucoup sur Telesio ou Campanella, nous ne pouvons le placer à côté de Descartes. Pour conclure, disons avec Baillet : « Il faut avouer que l'exécution d'un dessein aussi héroïque que celui de rétablir la vraie philosophie était réservé à un génie encore plus extraordinaire que le sien (1). »

(1) *Vie de Descartes*, liv. II, ch. xi. M. de Rémusat qui cite ce passage de Baillet ne paraît guère plus disposé que nous à faire de Bacon un grand

Tel était donc l'état de la philosophie antérieurement à Descartes, et tels étaient les fruits du mouvement philosophique du seizième siècle. Mais la philosophie de la renaissance a bien mérité de la philosophie moderne en brisant héroïquement les lourdes et antiques chaînes de l'autorité. C'est par là que les philosophes du seizième siècle ont droit à notre admiration et à notre reconnaissance. Pour la conquête de cette indépendance, que n'ont-ils pas bravé, que n'ont-ils pas souffert? Voici en quels traits énergiques l'un d'entre eux, Pomponat, a dépeint leur tragique destinée : « Le philosophe, dit-il, est semblable à Prométhée, la soif de la vérité le consume, il est honni de tous comme un insensé, les inquisiteurs le persécutent, il sert de spectacle au peuple, et voilà les avantages et les récompenses de la philosophie. »

Tel est bien le portrait des philosophes du seizième siècle. En vrais chevaliers errants de la philosophie, ils vont d'université en université, rompant des lances contre Aristote. Poursuivis de ville en ville par la terrible accusation d'impiété et d'athéisme, ils n'ont point de demeure fixe sur la terre. Pour assouvir cette soif brûlante de la vérité qui les consume, ils puisent sans discernement dans toutes les sources, dans l'antiquité, dans la cabale, dans la magie et l'alchimie, dans les rêves de leur imagination. Emportés par leur aveugle témérité, ils se livrent, pour ainsi dire, d'eux-mêmes aux mains des juges et des inquisiteurs, ils languissent dans d'horribles cachots, ils sont condamnés à faire amende honorable, torturés, traînés au supplice, voilà comment ils servent de spectacle au peuple, voilà comment ont vécu, et comment sont morts, Ramus, Giordano Bruno, Campanella, Vanini ! Disons du siècle entier ce que disait de lui-même Campanella, en jouant sur son nom: « Je ne suis que la cloche qui annonce une aurore nouvelle. »

philosophe. Voici, en effet, la conclusion de son bel ouvrage sur *Bacon, sa vie, son temps, sa philosophie* : « C'est un grand esprit, oserons-nous dire que ce n'est pas un grand philosophe? »

Sans voir des athées partout où en voit le P. Garasse, sans en compter, avec Mersenne, cinquante mille dans Paris (1), nous sommes disposé à croire que l'athéisme, conséquence de l'empirisme et du scepticisme, avait réellement, en France, d'assez nombreux partisans à l'époque qui a immédiatement précédé la philosophie de Descartes. En effet, la foi avait été vivement ébranlée par la réforme, par les guerres religieuses, par toutes les attaques directes ou indirectes des philosophes et des érudits de la renaissance, et, aucune philosophie n'avait comblé dans les âmes le vide laissé par la ruine de la philosophie scholastique. Avec Montaigne, Charron et Lamothe-Levayer, avec Gassendi et son école, le scepticisme et l'empirisme régnaient. Le scepticisme était devenu à la mode, les *Essais* étaient le bréviaire des honnêtes gens; il était du bel air d'afficher l'impiété et de faire l'esprit fort, et sans douter de tout, comme dit Malebranche, on ne pouvait passer pour habile et galant homme (2). Descartes, dans une de ses lettres, ne se plaint-il pas de ce flot d'Épicuriens contre lesquels il est obligé de combattre? La littérature et la poésie du règne de Louis XIII et de la minorité de Louis XIV ont une teinte de licence, d'incrédulité et d'athéisme qui témoigne tristement de cet état des esprits. Bornons-nous à citer les noms de Lamothe-Levayer, de Naudé, de Gui Patin, de Théophile, de Cyrano de Bergerac, de Saint-Pavin, de Desbarreaux, etc. Combien sera différente cette grande littérature du siècle de Louis XIV, toute pénétrée de l'esprit et des maximes de la philosophie de Descartes!

---

(1) Dans deux feuillets des *Quæstiones celeberrimæ in Genesim*, qui ont été supprimés dans la plupart des exemplaires, à cause, sans doute, de leur exagération, Mersenne passe une revue européenne de l'athéisme, et partout, mais surtout en France et à Paris, il en découvre un nombre effroyable : « At non est quod totam Galliam percurramus, nisi si « quidem non semel dictum fuit, unicam Lutetiam 50 saltem atheo-« rum millibus onustam esse, quæ si luto plurimum, multo magis « atheismo fœteat, adeo ut in unica domo possis aliquando reperire 12 qui « hanc impietatem evomant. »

(2) *Recherche de la vérité*, chap. sur Montaigne.

Que Descartes vienne donc pour faire sortir la lumière et la règle de ce chaos philosophique du seizième siècle, pour arrêter les progrès de l'empirisme, du matérialisme, de l'épicuréisme et de l'athéisme, et pour retenir les esprits sur la pente effroyable, comme dit Arnauld, de l'irréligion et du libertinage. Qu'il vienne enfin pour opposer une digue aux progrès du scepticisme, et pour répondre au *Que sais-je* de Montaigne, au *Je ne sais* de Charron, au *Quid* de Sanchez, par le *Je pense, donc je suis!*

CHAPITRE II

Diverses considérations sur la vie de Descartes et sur son entreprise philosophique. — Histoire de son esprit d'après le *Discours de la Méthode*. — Ses études à La Flèche. — Dégoût de toutes les sciences, sauf les mathématiques. — Abandon des livres et des maîtres pour étudier dans le grand livre du monde. — Voyages et campagnes. — Projet conçu au milieu des camps d'une réforme philosophique. — Résolution de se dépouiller de toutes les opinions précédemment reçues. — Morale par provision. — Motifs de sa retraite en Hollande. — Réforme générale de la philosophie. — Audace dans la pensée. — Mépris de l'histoire, mépris du passé transmis à ses disciples. — De l'ignorance feinte ou réelle de Descartes. — Prudence dans la conduite. — Protestations réitérées contre toute pensée de réforme politique ou religieuse. — Distinction des vérités de la raison et de la foi. — Avances inutiles aux jésuites. — Essai d'une exposition populaire de sa métaphysique. — *Discours de la Méthode* écrit en français. — Descartes écrivain. — Ses écrits en français et ses écrits en latin. — Pourquoi il a cédé aux sollicitations de la reine Christine. — Sa mort à Stockholm. — Translation de ses restes à Paris. — Honneurs rendus à sa mémoire. — Enthousiasme de ses disciples.

René Descartes naquit en 1596, le dernier jour de mars, à La Haye, petite ville de Touraine, entre Tours et Poitiers (1). Il était d'une ancienne et noble famille de robe et

(1) Il n'y a pas vu le jour par hasard, comme on l'a dit. La famille de Descartes avait à La Haye une maison qu'on montre encore aujourd'hui. Sa mère y venait faire ses couches auprès de sa grand'mère. C'est là que déjà elle avait mis au monde son premier enfant, le frère aîné de Descartes, qui succéda à son père comme conseiller du parlement de Bretagne, et une fille qui fut mariée à M. du Crevis. Étant morte quelques jours après la naissance de René Descartes, elle fut enterrée dans l'église de Notre-Dame de cette ville. Enfin, c'est là que Descartes a passé les premières années de sa vie, confié à une nourrice à laquelle il fit une pension, en reconnaissance des soins qu'elle avait eus de sa première enfance

d'épée appartenant au Poitou. En naissant il reçut le titre de seigneur du Perron, du nom d'une petite seigneurie que ses ancêtres possédaient dans cette province (1). C'était le troisième enfant de Joachim Descartes, conseiller au parlement de Bretagne (2), et de Jeanne Brochard, fille du lieutenant-général de Poitiers qui mourut peu d jours après l'avoir mis au monde. Son enfance fut faible et maladive, comme il nous l'apprend lui-même dans une lettre à la princesse Élisabeth : « Étant né d'une mère qui mourut peu de jours après ma naissance d'un mal de poumon causé par quelques déplaisirs, j'avais hérité d'elle une toux plus sèche et une couleur pâle que j'ai gardées jusqu'à l'âge de vingt ans, et qui faisaient que tous les médecins qui m'ont vu avant ce temps me condamnaient à mourir jeune (3). »

(voir une notice par l'abbé Lalanne sur l'origine de la famille de Descartes, *Bulletin de la Société des antiquaires de l'Ouest*, 4ᵉ trimestre de 1857). La Haye est situé à une lieue seulement de la métairie appelée les Cartes, d'où la famille du grand philosophe tire son nom. Cette métairie est dépendante de la commune des Ormes-Saint-Martin, dans le département de la Vienne ; elle s'appelle encore aujourd'hui la terre dite des Cartes (*Note sur la famille de Descartes*, par M. d'Argenson ; *Mémoires de la Société archéologique de Touraine*, t. IV.)

(1) Baillet a cependant exagéré la noblesse et l'ancienneté de la famille de Descartes. Ainsi il fait de son grand-père, Pierre Descartes, médecin à Châtellerault, un écuyer ayant pris les armes pour le roi et pour la religion. (*Note de M. d'Argenson.*)

(2) Il est impossible de faire de Descartes un Breton et un compatriote d'Abélard.. Son père, qui était du Poitou et y avait ses propriétés, ne venait à Rennes que pendant le semestre où ses fonctions l'y appelaient, les offices de ce parlement, comme nous l'apprend Baillet, n'étant que semestres pour le service et pour la résidence. C'est son fils aîné qui, le premier de la famille, s'établit en Bretagne. Mais le grand-père, le père, la mère de René, tous ses aïeux, les Descartes, les Ferrand, les Brochard, les Sauzay, les Sain, étaient de Châtellerault. C'est là que lui-même il recueillit son patrimoine, et enfin il appartenait à la hiérarchie féodale de cette contrée par sa seigneurie du Perron. Les deux notices de M. d'Argenson et de l'abbé Lalanne, que j'ai citées, démontrent par des pièces authentiques que Descartes est né en Touraine, qu'il y a passé sa première enfance, et que, par sa famille paternelle et maternelle, il appartient au Poitou et surtout à la ville de Châtellerault.

(3) Édition Cousin des *Œuvres complètes de Descartes*, t. IX, p. 230.

Mais nous n'avons nullement l'intention de faire ici une biographie, pour laquelle nous renvoyons à Baillet (1) et à l'excellent abrégé qu'en a donné M. Garnier, en tête de son édition des œuvres philosophiques de Descartes; nous voulons seulement signaler les qualités principales d'esprit et de conduite par lesquelles il a réussi dans cette grande mission philosophique, à laquelle il se sentit appelé du jour où il commença à penser.

Dans les deux premières parties du *Discours de la Méthode*, il raconte, avec autant de simplicité que de grandeur, l'histoire de son esprit. Il fit ses études, sous la direction des Jésuites, au collége nouvellement fondé de La Flèche. « J'ai été nourri aux lettres dès mon enfance, et pour ce qu'on me persuadait que par leur moyen on pouvait ac-

(1) Baillet a publié en 1691 une *Vie de Descartes*, en 2 vol. in-4°, dont il a donné l'année suivante un abrégé en 1 vol. in-12. Baillet est de beaucoup le meilleur et le plus complet de tous les biographes de Descartes. Il a eu le concours de tous les amis de Descartes; il a puisé aux sources les plus sûres et dans les pièces originales. Aussi son histoire abonde-t-elle en détails intéressants, en renseignements précieux sur la vie, sur la personne et sur les ouvrages de Descartes. Mais malheureusement Baillet, qui est tout à fait dépourvu d'esprit philosophique et de sens critique, mêle à son récit une foule de hors-d'œuvre, de plates réflexions, de minuties, tandis que souvent il omet ce qu'il nous importerait le plus de savoir pour l'histoire de la philosophie de Descartes. Nous ne dirons donc pas avec M. Cousin que l'ouvrage de Baillet est excellent, mais, d'un autre côté, nous ne saurions approuver ce jugement trop sévère qu'en porte Malebranche : « La *Vie de M. Descartes* par M. Baillet n'est propre qu'à rendre ridicules ce philosophe et sa philosophie. » (*Correspondance inédite* publiée par l'abbé Blampignon, p. 13.)

Avant Baillet, un autre Français, Pierre Borel, médecin de Castres, avait écrit une vie de Descartes : *Renati Cartesii summi philosophi Compendium*, publié à Castres en 1653. Mais cette vie est très-courte, incomplète, sans ordre; elle a été rédigée sur ouï dire et n'a de remarquable que l'enthousiasme de l'auteur pour Descartes. En dehors de la France, Daniel Lipstorpius, professeur à l'Université de Lubeck, a publié en 1653 un fragment sur la vie de Descartes dans ses *Specimina philosophiæ*, in-4°, Ludg.-Batav., et Jean Tepelius a fait paraître à Nuremberg, en 1664, *Historia philosophiæ cartesianæ*, in-12, qui n'est qu'une brochure et dont un seul chapitre, fort incomplet comme tout le reste, est consacré à la vie de Descartes.

quérir une connaissance claire et assurée de tout ce qui est utile à la vie, j'avais un extrême désir de les apprendre. » Puis il raconte comment il a été déçu, ne trouvant partout que contradiction et incertitude, et pas une seule doctrine telle qu'on lui avait fait espérer, sauf les mathématiques. Charmé par leur clarté et leur évidence, il s'y livra avec ardeur; avant d'avoir quitté les bancs, il avait perfectionné l'algèbre, et il était déjà un grand mathématicien. Quant à la philosophie, il n'y avait rien trouvé qui ne fût sujet à dispute; or, comme elle enferme les principes de toutes les autres sciences, il jugeait que rien de solide n'avait pu être bâti sur des fondements aussi peu fermes. Ainsi, dès le collége, Descartes avait sondé les principes de la certitude humaine et conçu la pensée d'une réforme dans la philosophie et dans toutes les sciences.

Mécontent des docteurs et des livres, il les abandonne aussitôt que l'âge lui permet de s'affranchir de la tutelle de ses maîtres, résolu à ne plus chercher la science qu'en lui-même ou bien dans le grand livre du monde. C'est dans ce grand livre que d'abord il étudie : « J'employai, dit-il, le reste de ma jeunesse à voyager, à voir des cours et des armées, à fréquenter des gens de diverses humeurs et conditions, à recueillir diverses expériences et à faire telle réflexion sur les choses qui se présentaient que j'en pusse tirer quelque profit (1). »

Après deux ou trois années passées à Paris, pendant lesquelles l'amour de la science l'avait emporté sur le goût des plaisirs et des compagnies de son âge, à l'exemple de la noblesse, il crut devoir prendre le parti des armes, et il s'engagea, à l'âge de vingt-un ans, au service de Maurice de Nassau. Le désir de voir des pays étrangers, la guerre civile qui venait d'éclater de nouveau en France, les luttes entre le maréchal d'Ancre et les plus grands seigneurs de la cour, telles furent, selon Baillet, les raisons qui déterminèrent Descartes à prendre du service à l'étranger plutôt

(1) *Discours de la Méthode.*

qu'en France. Mais pour ne pas perdre sa liberté, il ne voulut jamais être que volontaire, s'entretenant à ses dépens, ne recevant aucune paye et renonçant à toute charge. Au bout de deux ans, il quitta, pour l'Allemagne, la garnison de Bréda et la Hollande. Il y prit part, dans les armées de l'électeur de Bavière, aux premières luttes de la guerre de Trente ans, mais sans épouser plus vivement les querelles des princes catholiques que celles des protestants. Au milieu même des camps, il songe à la science et à la philosophie, il observe le cœur humain, les passions que la guerre développe; il étudie la construction des machines qui battent les remparts (1). Dans la garnison de Bréda, il compose son traité de musique, et jette déjà sur le papier un certain nombre d'ébauches des pensées qui fermentent dans son esprit sur la philosophie et les mathématiques (2). Dans Prague, où il pénètre avec les troupes victorieuses de l'électeur de Bavière, il ne songe qu'à Tycho-Brahé et à ses machines, comme plus tard, un autre

(1) Le P. Poisson dit, dans ses *Commentaires sur la Méthode de Descartes* (10ᵉ observation) : « J'ai des Mémoires entre les mains que M. Descartes a faits à la guerre, où l'on peut voir combien cet exercice est utile à un homme qui sait faire usage de toutes choses, et qu'un esprit bien fait trouve dans le milieu d'un camp de quoi servir d'entretien à ceux qui fréquentent aussi le Lycée. » Espérons que quelque jour ces curieux mémoires seront retrouvés.

(2) Baillet donne le catalogue de ces essais de jeunesse trouvés par M. Chanut à l'inventaire des papiers de Descartes après sa mort : 1° Quelques considérations sur les sciences; 2° quelque chose de l'algèbre; 3° quelques pensées sous le titre de *Democritica*; 4° recueil d'observations sous le titre d'*Experimenta*; 5° Traité commencé sous celui de *Præambula*; 6° un autre intitulé *Olympica*, sous forme de discours, qui n'était que de 12 pages; 7° considérations mathématiques sous le titre de *Parnassus*, dont il ne restait que 36 pages. La plupart de ces fragments copiés par Leibniz, auquel Clerselier les avait communiqués pendant son séjour à Paris, ont été heureusement retrouvés à Hanovre, par M. Foucher de Careil, qui a publié un volume d'*Œuvres inédites de Descartes*, in-8°, 1859. Paris, Durand. Diverses raisons que nous donnerons dans le chapitre suivant, nous portent à croire qu'il faut ajouter à la liste des ouvrages composés avant le *Discours de la Méthode*, les *Règles de la direction de l'esprit*.

soldat philosophe, Vauvenargues, amené aussi dans ces mêmes murs par la guerre, y songera à l'auteur du *Discours de la Méthode* (1). Mais, d'ailleurs, Descartes lui-même nous dit comment il s'est mêlé à ces guerres qui agitaient l'Europe : « Je ne fis autre chose, pendant neuf années, que rouler çà et là dans le monde, tâchant d'y être spectateur, plutôt qu'acteur, dans les comédies qui s'y jouent. »

Au commencement de 1619, lorsqu'il venait d'entrer au service de l'électeur de Bavière, l'hiver l'arrêta sur les frontières de la Bavière, en un quartier où, comme il le raconte, ne trouvant aucune conversation qui le divertît, et n'étant troublé par aucun soin, ni par aucune passion, il demeurait seul enfermé tout le jour, ayant tout le loisir de s'entretenir avec ses propres pensées. C'est là un grand et solennel moment dans la vie de Descartes; c'est alors, pour ainsi dire, qu'il achève de dépouiller le vieil homme, se résolvant à se défaire de toutes les opinions reçues autrefois dans sa créance, pour ne plus, comme il le dit, les y admettre qu'ajustées au niveau de la raison; c'est alors enfin qu'une lumière nouvelle, qui le ravit, a brillé à ses yeux, comme l'attestent ces mots latins écrits de sa main dans le manuscrit des Olympiques : *Cum plenus forem enthusiasmo et mirabilis scientiæ fundamenta reperirem*, 10 novembre 1619 (2). Une année plus tard, à pareil jour, le 10 novembre 1620, il ajoutait en marge de sa main, *Cœpi intelligere fundamentum inventi mirabilis*. Quelle est cette invention merveilleuse ? Nous n'avons pas la prétention de dissiper tous les doutes sur un point dont Clerselier lui-même et les autres cartésiens n'ont pu, au dire de Baillet (3), donner l'explication ; nous croyons seulement pouvoir

---

(1) *Disc. de la Méthode.*
(2) *Vie de Descartes*, liv. I, ch. xi, p. 51.
(3) Pendant cet hiver, Descartes eut des rêves singuliers, des sortes de visions qu'il raconte ; c'est alors aussi qu'il fit le vœu du pèlerinage de Notre-Dame de Lorette, dont parle Baillet, et qu'on ne peut plus mettre en doute après la publication des *Cogitationes privatæ*, par M. Foucher de Careil.

conjecturer qu'il s'agit ici de cette vraie méthode dont il est question dans la deuxième partie du *Discours de la Méthode*, de cette méthode, ou mathématique universelle, qui comprend l'application de l'algèbre à la géométrie, et qui devait, dans sa pensée, s'étendre, non-seulement à toutes les branches des mathématiques, mais aux difficultés de toutes les sciences, et de la métaphysique elle-même.

Après avoir fait la campagne de Hongrie en 1621, il abandonna, au bout de quatre ans, le métier des armes pour être plus libre de se donner tout entier à la science. Il ne paraît pas, d'ailleurs, avoir emporté des camps une grande estime pour la profession des armes, à en juger par ce passage d'une de ses lettres : « J'ai bien de la peine à lui donner place entre les professions honorables, voyant que l'oisiveté et le libertinage sont les deux principaux motifs qui y portent aujourd'hui la plupart des hommes (1). »

Cependant, avant de se mettre à l'œuvre, il veut achever de mûrir dans son esprit le projet de la grande réforme qu'il médite. Il recommence à voyager, il se met de nouveau à parcourir le monde. Il va dans le Nord qu'il n'avait pas encore visité, et du Nord il va au Midi. Il parcourt l'Italie, visite Rome et Venise, sans oublier Notre-Dame de Lorette où il accomplit un vœu, puis il traverse la France où il règle ses affaires et fait visite à sa famille dans la Bretagne et le Poitou. Au retour d'Italie il passe trois années à Paris, pendant lesquelles, selon Baillet, il fit l'expédition de la Rochelle où il servit encore une dernière fois comme volontaire. Il fréquentait à Paris la société des gens du monde, se mêlait à tous les divertissements honnêtes, mais sans jamais abandonner son dessein et « profitant, dit-il, en la connaissance de la vérité peut-être plus

---

(1) *Lettres*, édit. Cousin, t. VIII, p. 418. Dans une lettre au P. Mersenne, de 1639, il plaisante spirituellement sur cette vocation militaire de courte durée : « L'âge m'a ôté cette chaleur de foie qui me faisait autrefois aimer les armes, et je ne fais plus profession que de poltronnerie. » Éd. Cousin, t. VIII, p. 70.

que s'il n'eût fait que lire des livres ou fréquenter des gens de lettres (1). »

Mais tandis qu'il erre ainsi à travers le monde, il ne veut laisser aller au hasard ni sa conduite ni sa pensée. A des règles absolues, pour diriger son esprit, dont nous parlerons bientôt, il ajoute, dans la troisième partie du *Discours de la Méthode*, des règles provisoires pour se guider prudemment dans la vie, suivant la plus grande probabilité, afin de ne point demeurer irrésolu en ses actions, tant que la raison l'obligeait de l'être en ses jugements, en attendant qu'il eût trouvé la certitude. Ces règles provisoires consistent en quelques maximes vulgaires de sagesse et de prudence, et ne constituent point un système; ce n'est, suivant l'expression de Descartes, qu'une morale par provision, où il cherche momentanément un abri, en attendant qu'il ait relevé du milieu des ruines accumulées par les doutes de son esprit, l'édifice définitif de la science. Rester fidèle aux lois et à la religion de son pays et, entre plusieurs opinions également reçues, ne choisir que les plus modérées, éviter tous les excès, et particulièrement toutes les promesses par lesquelles on retranche quelque chose de sa liberté, voilà la première de ces règles, que Descartes semble avoir empruntée à Montaigne ou à Charron (2). Par la seconde, il s'impose d'être le plus ferme et le plus déterminé dans ses actions qu'il pourrait, et de ne suivre pas moins constamment les opinions les plus douteuses, y étant une fois déterminé, que si elles étaient très-assurées. La troisième, qu'on dirait de Sénèque, prescrit de tâcher toujours plutôt à se vaincre que la fortune, et à changer ses désirs plutôt que l'ordre du monde.

(1) *Discours de la Méthode.*
(2) Charron, en effet, place parmi les offices de la sagesse, obéir et observer les lois, coutumes et cérémonies des pays, liv. II, chap. VIII. Ce que dit ici Descartes contre les promesses par lesquelles on retranche quelque chose de sa liberté, le fit accuser d'avoir attaqué les vœux. Il s'en défend, dans une de ses lettres, en rappelant qu'il a très-expressément excepté dans le *Discours de la Méthode* tout ce qui touche à la religion.

Telles sont les trois règles auxquelles il réduit sa morale par provision, et auxquelles il a réellement conformé sa vie, n'ayant jamais manqué ni de prudence dans sa conduite, ni de fermeté dans ses résolutions, ni d'empire sur lui-même et de modération dans ses désirs. Il ne s'agit point, on le voit, d'un système de morale, mais de quelques règles de conduite que Descartes croit bonnes à suivre, et pour lui-même, et pour les autres, dans la pratique de la vie. Comme conclusion de cette morale, après avoir examiné les diverses occupations des hommes, afin de rechercher la meilleure, il s'assure qu'il ne pouvait mieux faire que de continuer en celle-là même où il se trouvait, c'est-à-dire, que d'employer toute sa vie à cultiver sa raison et à avancer, autant qu'il le pourrait, en la connaissance de la vérité, suivant la méthode qu'il s'était prescrite et dont il avait éprouvé, dit-il, d'extrêmes contentements depuis qu'il commençait à s'en servir.

Assuré de ces maximes, et se sentant mûr pour l'accomplissement de cette grande réforme à laquelle, dès le collége, il n'avait cessé de penser, il prend le parti de s'éloigner pour toujours du monde et de vivre dans la retraite. Afin que cette retraite soit plus profonde, il quitte sa patrie, sa famille, ses amis, et se retire dans la Hollande, où il avait servi deux années sous le prince d'Orange. Il accusait le climat de Paris d'être trop chaud et de porter son esprit aux chimères ; peut-être aussi allait-il chercher hors de la France une liberté plus grande de philosopher. Ainsi la Hollande a eu la gloire d'être la seconde patrie de Descartes, comme de beaucoup d'autres libres penseurs, illustres réfugiés, pendant tout le dix-septième siècle. Descartes, qui ne comptait presque pour rien le temps de sa vie passé ailleurs, dit Baillet, y a vécu vingt et un ans dans la solitude, absorbé par ses méditations et par ses expériences. Il avait dans sa demeure un coin retiré pour les dissections d'animaux, avec une sorte d'atelier de mécanique pour la construction des machines, et surtout pour la taille des verres, où, selon Baillet, il était un grand maître. On a peine à le suivre, l'histoire de Baillet à la main, dans ses fréquents changements de résidence, tantôt pour le seul motif d'échapper aux lettres et aux visites importunes, tantôt pour veiller à l'impression d'un ouvrage, tantôt pour aider de ses leçons et de ses conseils les professeurs qui avaient goûté sa doctrine et commençaient à l'enseigner publiquement, tantôt pour se rapprocher de sa royale élève, la princesse Élisabeth (1). Dans ses lettres, il vante l'innocence de son désert, en opposition aux agitations et aux intrigues de Paris, et les commodités qu'il y trouve pour ses études : « Hors de ma solitude il est difficile que je puisse avancer en rien dans la recherche de la vérité (2). »

Cette solitude, dont il avait besoin, il savait la trouver, non-seulement dans les champs, mais même dans les villes les plus populeuses, comme Amsterdam, d'où il écrit à Balzac : « Parmi la foule d'une grand peuple fort actif et plus soigneux de ses propres affaires que curieux de celles d'autrui, sans manquer d'aucune des commodités qui sont dans les villes les plus fréquentées, j'ai pu vivre aussi solitaire et retiré que dans les déserts les plus écartés. »

Cependant au fond de sa retraite, par l'intermédiaire du père Mersenne, son condisciple au collége de La Flèche et le plus ancien de ses amis, il est averti de ce qui se passe entre les savants de tous les pays, il ne demeure étranger à aucune découverte, ni à aucune recherche. Mersenne, que le père Rapin appelait le résident de M. Descartes à Paris, lui transmet les problèmes, les objections des mathématiciens, des philosophes et des théologiens, et reçoit ses réponses et ses solutions. Mais, entraîné par une ardente curiosité scientifique, ne se borne pas à transmettre les objections, lui-même

---

(1) Voir dans Baillet, liv. III, chap. II, l'énumération des diverses résidences de Descartes. La dernière est Egmond de Binnen, près d'Alcmaer, qu'il habita pendant plusieurs années et qu'il ne quitta que pour aller en Suède.

(2) Édit. Cousin, t. X, p. 375.

il les provoque, il met aux prises les amours-propres, il excite des rivalités, il échange, avec un zèle que Descartes dut quelquefois modérer, de vrais cartels scientifiques, afin de débarrasser, disait-il, les discussions de ces ménagements réciproques qui peuvent porter préjudice à la vérité. « Il avait, dit Baillet, un talent particulier pour commettre les savants entre eux et pour prolonger les disputes qu'il avait excitées. »

Descartes a publié en Hollande le *Discours de la Méthode* et la plupart de ses ouvrages (1). Avant d'aller mourir en Suède, il avait vu s'introduire, non sans quelques

(1) Voici la liste des ouvrages de Descartes : *Discours de la Méthode pour bien conduire sa raison et chercher la vérité dans les sciences*; plus la *Dioptrique*, les *Météores* et la *Géométrie*, qui sont des essais de cette Méthode, sans nom d'auteur. Leyde, 1637, in-4°. Étienne de Courcelles traduisit en latin le *Discours de la Méthode*, la *Dioptrique* et les *Météores*. Cette traduction fut revue par Descartes et publiée sous le titre suivant : *Renati Descartes Specimina philosophiæ, seu Dissertatio de methodo recte regendæ rationis, Dioptrice et Meteora*. Amst., 1644, in-4°. La *Géométrie* fut traduite en latin par François Van Schooten : *Renati Descartes Geometria cum Florimondi de Beaune notis, ex Gallico latine, interprete et commentatore Francisco a Schooten*. Lugd.-Batav., 1649, in-4°. — *Meditationes de prima philosophia, in qua Dei existentia et animæ immortalitas demonstrantur*. Paris, 1641, in-8°. Dans la 2e édition, faite sous les yeux de Descartes, le titre est ainsi modifié : *Renati Descartes Meditationes de prima philosophia, in quibus Dei existentia et animæ a corpore distinctio demonstrantur. His adjunctæ sunt variæ objectiones doctorum virorum ad istas de Deo et anima demonstrationes cum responsionibus auctoris*. Amst., 1642, in-12. Cet ouvrage, traduit en français par le duc de Luynes, parut sous ce titre : *Les Méditations métaphysiques de René Descartes touchant la première philosophie, dans lesquelles l'existence de Dieu et la distinction réelle entre l'âme et le corps de l'homme sont démontrées*. Paris, 1647, in-4°. — *Principia philosophiæ*. Amst., 1644, in-4°. Cet ouvrage a été traduit en français par l'abbé Picot. Paris, 1647, in-4°. — *Traité des passions de l'âme*. Amst., 1649, in-12. Voici les principaux de ses ouvrages posthumes : *L'Homme de René Descartes, avec les Remarques de Louis de La Forge, et un Traité de la formation du fœtus, par le même Descartes*. Paris, 1664, in-4°. — L'ouvrage avait paru deux ans auparavant, traduit en latin par Schuyl : *De homine tractatus figuris et latinitate donatus*. Leyde, 1662, in-4° — Le même, avec *le Monde, ou Traité de la lumière de Descartes*, revu et corrigé par Clerselier, Paris, 1677, in-4°. Une première et

orages, ses principes philosophiques dans les universités d'Utrecht et de Leyde. Grâce à de puissants protecteurs, à l'ambassadeur de France, au prince d'Orange lui-même et à sa qualité de gentilhomme, son repos ne fut pas sérieusement troublé, et il sortit à son avantage de quelques affaires suscitées par l'intolérance philosophique et religieuse de certains ministres protestants (1). Descartes, gentilhomme, avec un patrimoine suffisant pour n'avoir besoin de personne (2), s'occupant en son loisir d'expériences et de spéculations philosophiques, échappa à des persécutions sous lesquelles, professeur à la Sorbonne ou à l'université d'Utrecht, il aurait peut-être succombé. Il y a un peu d'orgueil, mais il y a aussi le juste sentiment du besoin de liberté pour philosopher à son aise, dans ce passage du *Discours de la Méthode :* « Je ne me sentais point, grâces à Dieu, de condition qui m'obligeât

---

moins bonne édition in-12 avait paru en 1664. — *Lettres de René Descartes, où sont traitées les plus belles questions touchant la morale, la physique, la médecine et les mathématiques*, données au public par le sieur Clerselier. Paris, 1667, 3 vol. in-4°. — *Renati Descartes opuscula posthuma physica et mathematica*. Amst., 1701, in-4°. C'est là que furent publiés pour la première fois le traité inachevé : *Regulæ ad directionem ingenii*, et le commencement d'un dialogue : *Inquisitio veritatis per lumen naturale*, qui ont été traduits en français par M. Cousin.

Les principales éditions de ses *Œuvres* sont celles d'Amsterdam, 9 vol. in-4°, 1713; de Francfort-sur-le-Mein, 7 vol. in-4°, 1697, précédée d'un *Abrégé de la vie de Descartes*. Il en parut une en France, mais fort incomplète. Paris, 1724, 13 vol. in-12. M. Cousin, de 1824 à 1826, a donné une édition complète des *Œuvres de Descartes* en 11 vol. in-8°, et M. Garnier une édition de ses *Œuvres philosophiques* en 4 vol. in-8°. Paris, 1835.

(1) Voir le chapitre XII sur l'histoire du cartésianisme en Hollande.
(2) D'après les calculs de Baillet, les revenus de Descartes ne dépassaient pas 6 ou 7,000 francs de rente, qui valaient, il est vrai, plus du double de ce qu'ils vaudraient aujourd'hui, mais qui, avec son goût pour les expériences, devaient à peine lui suffire. Aussi vendit-il successivement toutes ses propriétés du Poitou, et même le fief du Perron, en se réservant toutefois le droit de conserver le titre de seigneur du Perron. Cette seigneurie était d'ailleurs bien peu considérable, puisqu'il s'en défit pour 3,000 francs.

à faire un métier de la science pour le soulagement de ma fortune. »

Comme tous les grands réformateurs, il a, au plus haut degré, le mépris du passé et la confiance en son propre génie. Non-seulement il connait très-mal ces auteurs anciens qu'il méprise, mais il se vante de les ignorer. « Qu'il fût vrai, dit-il dans sa réponse à Voétius, comme vous vous engagez à le prouver, que je ne comprends pas les termes de la philosophie péripatéticienne, peu m'importerait assurément, car ce serait plutôt une honte à mes yeux d'avoir donné à cette étude trop de soins et d'attention (1). » Il affecte le même mépris pour les études historiques et pour les langues : « Il n'est pas plus, dit-il, du devoir d'un honnête homme de savoir le grec et le latin, que le suisse ou le bas-breton, et l'histoire de l'empire germano-romanique, que celle du plus petit état qui se trouve en Europe (2). » Étant allé faire visite à Utrecht à la célèbre mademoiselle de Schurmann, et l'ayant trouvée livrée à son étude favorite, qui était le texte hébreu de l'Écriture sainte, il s'étonna de ce qu'une personne de ce mérite donnât tant de temps à une chose de si peu d'importance (3).

Il ne faisait pas plus de cas du grec et du latin que de l'hébreu. Sorbière rapporte que, se trouvant près de la reine Christine, pendant qu'Isaac Vossius lui donnait une leçon de grec, il avait pris la liberté de lui dire qu'il s'étonnait que sa majesté s'amusât à ces bagatelles, que pour lui, il en avait appris tout son saoûl dans le collége étant petit garçon, mais qu'il se savait bon gré d'avoir tout oublié lorsqu'il était parvenu à l'âge de raisonnement (4). Celui qui sait le latin, d'après un propos que lui attribue Vico, en sait-il

(1) Éd. Cousin, t. XI, p. 2.
(2) Ibid., 341. *Recherche de la vérité par la lumière naturelle.*
(3) Ce sont les termes mêmes dont se serait servi Descartes, d'après l'auteur de la *Vie de Labadie*, cité par M. Foucher de Careil dans son Mémoire sur la princesse Élisabeth, in-8°, Durand, 1862. Ce biographe ajoute que mademoiselle de Schurmann en fut profondément blessée, et ne put jamais le pardonner à Descartes.
(4) Baillet, *Vie de Descartes*, 2° partie, p. 396.

donc plus que la fille de Cicéron au sortir de nourrice?

Qu'on ne lui parle pas de ce qu'ont pensé d'autres hommes avant lui, car il veut ignorer, répond-il à Gassendi, si jamais d'autres hommes ont existé (1). A l'en croire, n'eût-il jamais rien lu, il n'en aurait pas moins pensé et écrit tout ce qu'il a pensé et tout ce qu'il a écrit. « Voilà mes livres, disait-il » à un de ses visiteurs en Hollande, lui montrant des animaux qu'il avait disséqués (2). Ce mépris de l'histoire et de l'érudition a passé du maître aux disciples, et de la philosophie du dix-septième à celle du dix-huitième. Il appartenait à notre époque de remettre en honneur les consciencieuses et impartiales études de l'histoire en général et, en particulier, de l'histoire de la philosophie. Quelque injuste et aveugle qu'ait été ce mépris des anciens, il faut reconnaître qu'il a été favorable à la liberté philosophique qu'enchaînait un respect superstitieux, ou une admiration excessive pour l'antiquité, et y voir l'antécédent, peut-être même la condition du développement de l'idée de la perfectibilité. En effet, de ce mépris des anciens est née la querelle des anciens et des modernes, et au milieu de la querelle des anciens et des modernes s'est développée l'idée de la perfectibilité. Nous verrons plus tard que les plus ingénieux et les plus hardis défenseurs de la loi du progrès, Perrault, Fontenelle et Terrasson, appartenaient à l'école de Descartes.

Cependant il ne faudrait pas croire que, malgré ce mépris des anciens, Descartes ne les ait pas plus ou moins connus

---

(1) « Vous devriez vous souvenir que vous parlez à un esprit tellement détaché des choses corporelles, qu'il ne sait pas même si jamais il y a eu aucuns hommes avant lui, et qui partant ne s'émeut pas beaucoup de leur autorité. » (Rép. à Gassendi.)

(2) Il écrit à Constantin Huygens : « Je visite mes livres si peu souvent qu'encore que je n'en aie que demi-douzaine, il y en a néanmoins un des vôtres qui s'est caché parmi eux plus de six mois sans que je m'en sois aperçu. » (*Œuvres inédites*, Foucher de Careil, p. 231.) Il avait fort peu de livres, dit Baillet, et la plupart de ceux qu'on trouva après sa mort étaient des présents de ses amis, liv. VIII, ch. III.

et étudiés. Voltaire, dans sa pièce des *Cabales*, exagère plaisamment l'ignorance de Descartes :

« N'ayant jamais rien lu, pas même l'Évangile. »

D'un autre côté, Huet et Vico tombent dans une exagération contraire en lui supposant une grande érudition, qu'il aurait dissimulée pour cacher de nombreux larcins à l'antiquité, et se donner faussement les airs d'un novateur et d'un inventeur. Descartes n'était ni un érudit, ni un ignorant. Il est vrai qu'il aimait mieux lire dans le grand livre de la nature que dans ceux des hommes, mais il n'était pas, et il ne pouvait pas être tout à fait étranger au passé de la science. N'avait-il pas appris au collége de La Flèche tout ce qu'on enseignait alors de philosophie dans les écoles? N'avait-il pas dû connaître plus ou moins Aristote (1) et saint Thomas que suivaient les Jésuites, ses maîtres? Selon Baillet, saint Thomas aurait été son auteur favori, l'unique théologien qu'il eût jamais voulu étudier (2). Enfin, de son propre aveu, Descartes avait beaucoup lu, au moins étant au collége : « J'avais parcouru tous les livres traitant des sciences qu'on estime les plus curieuses et les plus rares qui m'étaient tombés dans les mains (3). »

A ce mépris du passé, Descartes joint une confiance en ses propres forces qui est un caractère non moins général des grands révolutionnaires. Il prétend philosopher comme si jamais personne n'avait philosophé avant lui ; rien n'a été fait jusqu'à lui, tout demeure à faire, voilà ce qu'il déclare dans les premières pages du *Discours de la Méthode*, et il termine les *Principes* par ces paroles non moins

(1) Il faut avouer que la façon singulière dont il en parle, ainsi que de Platon, dans la préface des *Principes* prouve qu'il les connaissait assez mal l'un et l'autre.
(2) Il paraît, en effet, avoir entièrement ignoré saint Augustin, malgré les analogies de sa doctrine avec celle de ce Père de l'Église. Ce sont des critiques bienveillants, ou des disciples, qui lui ont appris ces analogies et révélé l'avantage qu'il pourrait en tirer contre ses adversaires.
(3) *Discours de la Méthode*, 1re part.

superbes : « Il n'y a aucun phénomène en la nature qui ne soit compris en ce qui a été expliqué dans ce traité, » c'est-à-dire qu'il a tout fait et ne laisse plus rien à faire (1). De là une certaine disposition à méconnaître les découvertes, le génie de ses prédécesseurs et de ses contemporains, même de Galilée, auquel il n'accorde que le médiocre éloge d'avoir philosophé un peu mieux que le vulgaire.

Mais à l'audace de l'entreprise et de la pensée, il ajoute la prudence et les sages ménagements qui sont propres à en assurer le succès. Cet esprit de conduite, joint à une connaissance profonde du cœur humain, est remarquable dans les sages conseils qu'il donne à son téméraire disciple Régis. Il lui recommande de ne jamais proposer d'opinions nouvelles comme nouvelles, mais de se contenter d'apporter des raisons nouvelles avec les moyens de les faire goûter, en retenant le nom et l'apparence des anciennes : « Qu'était-il nécessaire que vous allassiez rejeter si publiquement les formes substantielles et les qualités réelles ? Ne vous souveniez-vous pas que j'avais déclaré en termes exprès, dans mon *Traité des météores*, que je ne les rejetais pas et que je ne prétendais pas les nier, mais seulement qu'elles n'étaient pas nécessaires pour expliquer ma pensée et que je pouvais sans elles faire comprendre mes raisons (2) ? »

S'il évite de paraître novateur en métaphysique, à plus forte raison en politique et en religion, soit dans l'intérêt de son propre repos, soit pour le succès de sa doctrine. De là le reproche, que lui font quelques-uns de ses adversaires, de tenir plus encore au repos de sa personne qu'à la gloire et à la vérité. Dans le *Discours de la Méthode*, il proteste contre toute pensée de réforme politique ou reli-

(1) Il dit au commencement du *Traité des passions* : « Il n'y a rien en quoi paraisse mieux combien les sciences que nous avons des anciens sont défectueuses qu'en ce qu'ils ont écrit des passions... C'est pourquoi je serai obligé d'écrire ici en même façon que si je traitais d'une matière que personne avant moi n'eût touchée. »
(2) T. I des *Lettres*, p. 405, édit. Clerselier.

gieuse. Car bien qu'il remarque quelques difficultés à réformer son esprit, « ces difficultés n'étaient point toutefois sans remède, ni comparables à celles qui se trouvent en la réformation des moindres choses qui touchent le public. » Il craint par-dessus tout qu'on ne le confonde « avec ces humeurs brouillonnes et inquiètes qui, n'étant pas appelées ni par leur naissance, ni par leur fortune au maniement des affaires publiques, ne laissent pas d'y faire en idée quelque nouvelle réformation, et si je pensais qu'il y eût la moindre chose en cet écrit par laquelle on pût me soupçonner de cette folie, je serais très-marri qu'il fût publié... Jamais mon dessein ne s'est étendu plus avant que de réformer mes propres pensées et de bâtir dans un fonds qui est tout à moi (1). » Mais cela même était la plus hardie et la plus originale des réformes.

Obéir aux lois et aux coutumes de son pays, en retenant constamment la religion suivant laquelle Dieu lui a fait la grâce d'être instruit dès son enfance, voilà, comme on l'a vu, la première règle de sa morale par provision. S'il proteste contre toute pensée de réformation dans l'État, plus vivement encore proteste-t-il contre toute pensée de réformation dans l'Église. J'ai la religion du roi, j'ai la religion de ma nourrice, voilà ce qu'il se borne à répondre au théologien réformé Révius, qui le presse d'examiner avec autant d'application les fondements de sa religion que ceux de la philosophie (2). De la condamnation universelle, qu'il porte d'abord contre toutes les sciences, il a grand soin d'excepter la théologie : « Je révérais, dit-il, notre théologie et je prétendais autant qu'aucun autre à gagner le ciel, mais ayant appris, comme chose très-assurée, que le chemin n'en est pas moins ouvert aux plus ignorants qu'aux plus doctes, et que les vérités révélées qui y conduisent sont au-dessus de notre intelligence, je n'eusse osé les soumettre à la faiblesse de mes raisonnements et je pensais que pour en-

---

(1) *Disc. de la Méthode*, 2ᵉ partie.
(2) Baillet, p. 433.

treprendre de les examiner et y réussir, il était besoin d'avoir quelque extraordinaire assistance du ciel et d'être plus qu'homme (1). » Tout d'abord, de son doute provisoire il exceptera aussi, en les mettant à part, les vérités de la foi (2).

Par le même motif, sans doute, il se refuse à traiter expressément de l'immortalité de l'âme, de son état dans la vie future et même de la morale. Il écrit à Chanut : «Messieurs les régents sont si animés contre moi à cause des innocents principes de physique, et si en colère de ce qu'ils n'y trouvent aucun prétexte pour me calomnier, que si je traitais après cela de la morale, ils ne me laisseraient aucun repos. Que ne diraient-ils point, si j'entreprenais d'examiner quelle est la valeur de toutes les choses qu'on peut désirer ou craindre, quel sera l'état de l'âme après la mort, etc. (3) ? » C'est aux docteurs et aux doyens de la sacrée Faculté de théologie de la Sorbonne qu'il dédie ses *Méditations* (4). A la première nouvelle de la condamnation de Galilée, il supprime son grand ouvrage du *Monde*, écrit en français, et déjà presque achevé, auquel il travaillait depuis plusieurs années, n'en laissant subsister qu'un certain nombre de fragments, qui furent publiés quelques années après sa mort, non sans de grandes précautions de la part des éditeurs (5). On verra plus tard, dans l'exposition de sa physique, à quel point cette nouvelle le trouble et l'intimide (6). Dès lors il n'osa plus, même en 1644, dans les *Principes*, soutenir ouvertement l'hypothèse de Copernic.

(1) *Discours de la Méthode*, 1re partie.
(2) *Ibid.*, 3e partie.
(3) Édition Cousin, t. VIII, p. 415.
(4) Il écrit au P. Mersenne : « Je vous dirai que les cavillations de quelques-uns m'ont fait résoudre à me munir dorénavant, le plus que je pourrai, de l'autorité d'autrui, puisque la vérité est si peu estimée étant seule. » Éd. Cous., t. VIII, p. 345.
(5) *Le Monde de Descartes, ou Traité de la lumière*. Paris, 1664, in-12. Clerselier en donna une meilleure édition en 1677.
(6) *Lettres au P. Mersenne*, du 10 janvier, du 15 mars, du 14 août 1634, éd. Cousin, t. VI.

Bossuet lui-même, dans une de ses lettres, juge que Descartes a quelquefois poussé à l'excès la prudence et la soumission : « M. Descartes a toujours craint d'être noté par l'Église, et on lui voit prendre sur cela des précautions qui allaient jusqu'à l'excès. »

C'est ainsi que Descartes, non-seulement, a évité le sort de ses prédécesseurs du seizième siècle, qui avaient compromis la cause de la réforme philosophique en la mêlant aux réformes religieuses et politiques, mais il a eu l'avantage d'avoir un certain nombre de protecteurs, d'amis, et de disciples parmi les hommes d'État (1), et parmi les théologiens eux-mêmes. Cependant, malgré cette règle de la distinction de la foi et de la raison, malgré toutes ces réserves, il ne pouvait pas, à cause des inévitables rencontres de la philosophie et de la théologie, échapper tout à fait aux attaques et aux soupçons de théologiens inquiets et défiants, et ne pas commettre lui-même quelques infractions à une règle qui ne saurait être absolue. Par le désir de montrer que sa philosophie s'accordait mieux que la philosophie vulgaire avec les mystères, il fut entraîné à proposer ces prétendues explications de l'eucharistie, conformément aux principes de sa physique, qui lui ont été tant reprochées et qui, par l'abus qu'en firent quelques-uns de ses disciples, soulevèrent des orages contre la philosophie nouvelle.

(1) Un privilége dans les termes les plus flatteurs lui fut accordé par le chancelier Séguier, le 4 mai 1637, non-seulement pour le *Discours de la Méthode*, mais pour tout ce qu'il avait écrit jusque-là et tout ce qu'il pourrait écrire dans la suite de sa vie, telle part que bon lui semblerait dedans et dehors le royaume de France. En 1647, Mazarin lui fit obtenir une pension du roi : « en considération de ses grands mérites et de l'utilité que sa philosophie et les recherches de ses longues études procuraient au genre humain, comme aussi pour l'aider à continuer ses belles expériences. » Voir Baillet, liv. VII, chap. xii. Descartes toucha cette pension, malgré les troubles du royaume, pendant les dernières années de sa vie, par les soins du maréchal de La Meilleraye. Baillet nous apprend encore que, s'il eût survécu à la guerre de la Fronde, il aurait touché une pension beaucoup plus considérable, qui était destinée, suivant l'ordre du roi, à lui faire un établissement honorable dans le royaume, liv. VIII, ch. ii.

Il eût mieux valu sans doute se renfermer dans la distinction des vérités de la raison et de la foi, et se retrancher opiniâtrément derrière l'incompréhensibilité du mystère. Mais cependant ce parti lui-même n'était pas sans danger. En gardant sur ce point délicat un silence obstiné, en dépit de toutes les instances et de toutes les accusations, Descartes n'aurait-il pas paru avouer que la philosophie de l'École s'accommodait mieux que la sienne avec le concile de Trente? « Que nous sert, disaient en effet un certain nombre de théologiens, que vous protestiez de votre attachement à la foi, si vous ne montrez que vos principes peuvent s'accommoder avec elle? Ne pensez pas vous excuser en renvoyant aux théologiens d'interpréter l'Écriture, car étant chrétien comme vous êtes, vous devez être prêt de répondre et de satisfaire à tous ceux qui vous objectent quelque chose contre la foi, principalement quand ce qu'on vous objecte choque les principes que vous voulez établir (1). » D'autres adversaires le somment de s'expliquer d'une manière plus pressante encore : « Si vous refusez de répondre sous prétexte que vous n'êtes pas théologien, je vous dis que vous êtes chrétien, à qui la sainte Écriture donne ordre d'être toujours prêt de rendre raison de la foi (2). » Si donc il était dangereux de parler, il n'était peut-être guère moins dangereux de se taire. D'ailleurs, au défaut de ce prétexte, croit-on que d'autres eussent manqué pour faire la guerre au cartésianisme? L'incompatibilité vraie ou prétendue avec l'eucharistie ne pouvait que plaire assurément aux théologiens réformés de la Hollande, et cependant plusieurs ne seront pas moins hostiles que le P. Valois lui-même à la philosophie de Descartes.

Mais comment Descartes entend-il cette règle de la distinction des vérités de la foi et de la raison, dont certains philosophes du seizième siècle s'étaient servis avec si peu

---

(1) *Sixièmes objections contre les Méditations.*
(2) *Objections d'Hyperaspistes.*

de bonne foi et une ironie si transparente? Quoiqu'on ne puisse le soupçonner ni d'ironie, ni de mensonge, comme Pomponat, Bayle ou Voltaire, cependant il est évident qu'il n'adopte pas cette distinction comme une règle absolue. Il ne croit pas, en effet, que les choses qui sont clairement connues par la lumière naturelle puissent être contraires à la théologie de personne, « à moins, écrit-il au P. Dinet, que cette théologie elle-même ne fût manifestement opposée à la lumière de la raison, ce que je sais que personne n'avouera de la théologie dont il fait profession (1). »

Telle est la doctrine de son école tout entière qui n'a pas cessé de travailler à unir la religion et la philosophie, et de chercher à démontrer, avec plus ou moins de succès, la conformité de la raison et de la foi. En France, en Hollande, en Allemagne, l'accord de la raison et de la foi sera la thèse commune de tous les philosophes et de tous les théologiens cartésiens, de Wittichius comme de Régis, de Malebranche comme de Leibniz. De là aussi la prédominance parmi les théologiens cartésiens, surtout en Hollande, de la doctrine du sens figuré des Écritures, pour les accommoder avec la physique et avec la raison. Descartes, pressé par des objections tirées de la Bible, avait dû aussi, quoique manifestement à contre-cœur (2), donner lui-même quelques exemples de cette libre interprétation, en ayant recours au sens figuré : « Tout le monde, dit-il, connaît assez la distinction qui est entre ces façons de parler de Dieu dont l'Écriture se sert ordinairement, qui sont accommodées à la capacité du vulgaire et qui contiennent bien quelque vérité, mais seulement en tant qu'elle est rapportée aux hommes, et celles qui expriment une vérité plus simple et plus pure, qui

(1) Édit. Cousin, vol. IX, p. 53.
(2) Dans la réponse aux sixièmes objections il montre beaucoup de mauvaise humeur contre les difficultés qu'on lui oppose tirées de l'Écriture : « C'est pourquoi, dit-il, je fais ici ma déclaration que désormais je ne répondrai plus à de pareilles objections. »

ne change point de nature, encore qu'elle ne leur soit point rapportée (1). » Voici une autre règle de critique rationaliste à laquelle il voudrait soumettre le récit de la Genèse : « On peut dire que cette histoire de la Genèse ayant été écrite pour l'homme, ce sont principalement les choses qui le regardent que le Saint-Esprit y a voulu spécifier, et qu'il n'y est parlé d'aucunes qu'en tant qu'elles se rapportent à l'homme (2). » Malebranche ira beaucoup plus loin ; non-seulement il voudra unir, mais il prétendra identifier la vraie religion et la vraie philosophie, ne laissant subsister qu'au regard des intelligences vulgaires la distinction de la foi et de la raison.

A quel prix Descartes n'eût-il pas voulu, dans l'intérêt de sa philosophie, se concilier la faveur des Jésuites ! Il écrit à un membre de la Société : « M'étant mêlé d'écrire une philosophie, je sais que votre Compagnie seule peut plus que tout le reste du monde pour la faire valoir ou mépriser. C'est pourquoi je ne crains pas que des personnes de jugement, et qui ne m'en croient pas entièrement dépourvu, doutent que je ne fasse tout mon possible pour la mériter (3). » Il les flatte, il les caresse, il se félicite d'avoir été leur élève : « Je serais ravi, écrit-il à un autre de ces bons pères, de retourner à La Flèche où j'ai demeuré huit ou neuf ans de suite en ma jeunesse, et c'est là que j'ai reçu les premières semences de tout ce que j'ai jamais appris, de quoi j'ai toute l'obligation à votre Compagnie (4). » Pour faire accueillir ses *Principes*, il va jusqu'à se donner comme un bon péripatéticien dans une lettre au -P. Charlet : « Je sais qu'on a cru que mes opinions étaient nouvelles, et toutefois on verra ici que je ne me sers d'aucun principe qui n'ait été reçu par Aristote et par tous ceux qui se sont jamais mêlés de philosopher (5). » Trompé par

---

(1) *Lettre à Chanut*, éd. Garnier, t. III, p. 276.
(2) *Lettres*, éd. Clers., t. III, lettre 22.
(3) Éd. Cousin, IX, p. 174.
(4) *Ibid.*, p. 177.
(5) Réponse aux secondes objections.

quelques marques d'attachement de la part de ses anciens maîtres, il espérait presque les avoir gagnés. Aussi quel n'est pas son trouble en apprenant les attaques du P. Bourdin, où il croit voir, malgré toutes les assurances contraires qu'il reçoit, le signal d'une déclaration de guerre de la Compagnie tout entière ! Dans l'amertume de son désappointement il oublie sa prudence ordinaire, il s'emporte, il menace, il veut user de représailles, et publier la réfutation en règle d'un de leurs cours de philosophie le plus en vogue, soit celui de Raconis, soit celui de dom Eustache le Feuillant. Mais ni ses avances ni ses menaces ne pouvaient prévaloir contre les tendances de la Société, et la rendre favorable à l'esprit nouveau que représentait sa philosophie.

Pour répandre parmi les gens du monde sa doctrine il avait songé, dans les derniers temps de sa vie, à exposer sous une forme populaire sa physique et sa métaphysique. Baillet nous apprend qu'il voulait faire un abrégé de toute sa philosophie, et en faire imprimer le cours par ordre, en mettant en regard un abrégé de la philosophie de l'École avec des remarques de sa façon sur les défauts de cette philosophie. « Il espérait de faire en sorte, par la méthode qu'il y garderait, qu'en voyant les parallèles de l'une et de l'autre, ceux qui n'auraient pas encore appris la philosophie de l'École l'apprendraient beaucoup plus facilement de son livre que de leurs maîtres, et qu'en même temps ils apprendraient à la mépriser, et que les moins habiles d'entre les maîtres seraient capables d'enseigner la science par ce seul livre (1). » Il avait aussi, dans ce même but, commencé un dialogue trouvé dans ses papiers après sa mort (2), où il voulait mettre à la portée de tous les principales idées du *Discours de la Méthode*. Son ambition était de parler non-seulement aux doctes, mais aux gens du monde et à tous

---

(1) *Lettre au P. Mersenne*, édit. Clerselier, 1667, vol. III, p. 609.

(2) *Inquisitio veritatis per lumen naturale.* Il avait aussi, selon Baillet, liv. VIII, chap. III, commencé à disposer sous cette même forme de dialogue ses *Méditations* et ses *Principes*, depuis son second voyage en France, en 1647.

les hommes de bon sens. Voilà pourquoi il a écrit, ou fait traduire en langue vulgaire, tous ses ouvrages de physique et de métaphysique. Ramus, il est vrai, bien avant lui, avait publié un traité de dialectique en français. Mais depuis Ramus, sauf quelques rares exceptions, le latin était demeuré la langue de la science en général et en particulier de la philosophie (1). Dans les premières années du dix-septième siècle, on regardait encore comme absurde la tentative de mettre la philosophie en langue vulgaire, à cause de l'impossibilité de traduire une foule de termes de la langue de la scholastique considérés comme essentiels à la philosophie, tels que quiddité, corporéité, essence, etc. Sanchez se moque spirituellement de cette prétendue impossibilité dans son Traité : *Quod nihil scitur*, mais lui-même il a continué de suivre la route commune et d'écrire en latin (2). C'est seulement à partir de Descartes, et à l'exemple de Descartes, que la langue vulgaire prend dans la science la place de la langue latine. Descartes, comme l'attestent les dernières lignes du *Discours de la Méthode*, avait le sentiment de l'importance de cette innovation. « Et si j'écris en français, qui est la langue de mon pays, plutôt qu'en latin, qui est celle de mes précepteurs, c'est à cause que j'espère que ceux qui ne se ser-

---

(1) Nous indiquerons parmi ces exceptions l'ouvrage suivant où la philosophie d'Aristote est exposée en français : *Corps de toute la philosophie, divisé en deux parties*, etc., par Théophraste Bourju. Paris, 1614, 1 vol. in-folio; quelques traductions d'Aristote et de Platon, la *Rhétorique* et les *Lois* par Leroy, la *Rhétorique d'Aristote* par Jean du Lin, en 1608, par Robert Étienne, en 1630, la *Logique* de Scipion Dupleix, conseiller du roi, dont la 3ᵉ édition est de 1607, sont aussi en français.

(2) « Non illud absurdum minus est, quod quidam asserere conantur, phi-
« losophiam non alio idiomate doceri posse quam vel græco, vel latino,
« quia, inquiunt, non sunt verba quibus vertere possis plurima quæ in
« illis linguis sunt, ut Aristotelis ἐντελέχεια ; de quo hucusque frustra
« disputatur quomodo latine verti debeat apud Latinos essentia, quid-
« ditas, corporeitas, et similia quæ philosophi machinantur, quæque cum
« nihil significent, a nullo etiam nec intelliguntur, nec explicari possunt,
« necdum vulgari sermone verti, qui res solum veras non fictas, nomi-
« nibus propriis omnes designare solet. » Édit. de Rotterd., 1643, p. 72.

vent que de leur raison naturelle toute pure, jugeront mieux de mes opinions que ceux qui ne croient qu'aux livres anciens, et pour ceux qui joignent le bon sens avec l'étude, lesquels seuls je souhaite pour mes juges, ils ne seront pas, je m'assure, si partiaux pour le latin, qu'ils refusent d'entendre mes raisons parce que je les écris en langue vulgaire. »

Il ne s'adresse donc plus seulement aux Universités et aux Écoles, mais aussi aux gens du monde et à ceux qui, comme il le dit, se servent de leur raison naturelle toute pure. « C'est un livre, dit-il, dans une de ses lettres, où il a voulu que les femmes mêmes pussent entendre quelque chose. » Dans le discours préliminaire de l'*Encyclopédie*, d'Alembert regrette l'universalité de la langue latine qui mettait en communication tous les savants du monde. Mais si l'universalité d'une langue morte facilitait les rapports entre les savants, elle était un obstacle à la diffusion de la science elle-même en dehors des doctes et des écoles.

En écrivant en français Descartes ne rendit pas un moindre service à la langue de son pays qu'à la philosophie elle-même. En effet, il n'y a pas moins d'originalité et de grandeur dans la langue que dans les idées du *Discours de la Méthode*. Les beautés sévères de la prose de Descartes, qui pendant longtemps semblent avoir passé inaperçues pour la plupart des historiens de notre littérature, avaient frappé d'excellents juges du dix-septième et du dix-huitième siècle. Baillet a très-bien apprécié les grandes qualités du style de Descartes. Sorbière, qui n'est pas, comme Baillet, suspect de partialité en faveur de Descartes, ne peut s'empêcher de dire du *Discours de la Méthode* : « que le style, sans contredit, en est beau, et qu'il n'avait rien lu de plus charmant, de plus fort et de plus pressé en notre langue que tout ce que Descartes avait écrit (1). » L'admiration de Daguesseau pour l'écrivain égale son admiration pour le philosophe. « Jamais homme, dit-il, n'a

---

(1) *Lettres et Discours*, in-4°, p. 691.

en effet su former un tissu plus géométrique, et en même temps plus ingénieux et plus persuasif de pensées, d'images et de preuves, en sorte qu'on trouve en lui le fond de l'art des orateurs joint à celui du géomètre et du philosophe (1). » En effet, souvent, ce style si sévère et si géométrique s'anime et se colore par de vives et fortes images. Cependant, d'après M. Sainte-Beuve, il faudrait se borner à louer Descartes d'écrire naturellement (2). Contre cet éloge insuffisant de la part d'un critique si autorisé et si judicieux, nous en appellerons à Voltaire : « Descartes, dit-il, était né avec une imagination brillante et forte qui en fit un homme singulier dans sa vie privée comme dans sa manière de raisonner. Cette imagination ne peut se cacher, même dans ses ouvrages philosophiques, où l'on voit à tout moment des comparaisons ingénieuses et brillantes (3). » Rapprochons de ce jugement de Voltaire, sur la brillante imagination de l'auteur du *Discours de la Méthode*, ce que Descartes nous dit lui-même de son amour pour la poésie dans le *Discours de la Méthode* : « J'étais amoureux de la poésie. »

Il ne reste plus rien à dire sur les beautés de la prose de Descartes après M. Cousin. « Pour exprimer toutes ses grandes créations, il a, dit-il, créé un langage digne d'elles; naïf et mâle, sévère et hardi, cherchant avant tout la clarté et trouvant par surcroît la grandeur. C'est Descartes qui a porté le coup mortel, non pas seulement à la scholastique qui partout succombait, mais à la philosophie et à la littérature maniérée de la renaissance. Il est le Malherbe de la prose; ajoutons qu'il en est le Malherbe et le Corneille tout ensemble. Dès que

---

(1) Quatrième instruction à son fils.
(2) *Histoire de Port-Royal*, liv. VI, chap. v.
(3) *Lettre 14ᵉ sur les Anglais*. Maupertuis, dans son Discours de réception à l'Académie française, n'admire pas moins le style de Descartes : « Géomètre profond, métaphysicien sublime, il nous a laissé des ouvrages dans lesquels on admirerait le style, si le fond des choses ne s'était emparé de toute l'admiration. »

le *Discours de la Méthode* parut, à peu près en même temps que le *Cid*, tout ce qu'il y avait en France d'esprits solides, fatigués d'imitations impuissantes, amateurs du vrai, du grand et du beau, reconnurent à l'instant même le langage qu'ils cherchaient. Depuis on ne parle plus que celui-là, les faibles médiocrement, les forts en y ajoutant leurs qualités diverses, mais sur un fond invariable devenu le patrimoine et la règle de tous (1). » En un genre moins élevé que le *Discours de la Méthode*, de quelles qualités d'écrivain Descartes ne fait-il pas preuve, dans certaines lettres qu'il a écrites en français (2)? Que de charme, d'esprit, de finesse et de goût dans le jugement qu'il porte sur Balzac et dans les lettres qu'il lui écrit en 1631, six ans avant le *Discours de la méthode!* Comme il rivalise aisément avec lui pour l'esprit et l'art de bien dire! Évidemment, il ne tenait qu'à Descartes, comme le dit Thomas, d'être le plus bel esprit de son siècle (3). Que de vigueur, d'ironie, d'éloquence dans les lettres contre Voétius (4)! Il ne leur a manqué que d'être écrites en français pour prendre place à côté des *Provinciales*.

Descartes cependant a plus écrit en latin qu'en français. A l'exception du *Discours de la Méthode* avec les *Essais* qui l'accompagnent, du *Traité des Passions*, de celui de l'*Homme*, et de celui du *Monde ou de la Lumière*, tous ses autres écrits, en bien plus grand nombre, les *Méditations*, les *Principes*, le *Traité de la musique*, la *Mécanique*,

(1) Préface du Rapport à l'Académie française sur les *Pensées* de Pascal. Voir aussi le beau chapitre de M. Nisard sur Descartes dans son *Histoire de la littérature française*.
(2) Les réponses aux objections, les *Méditations*, sont en un latin bien supérieur à la traduction qu'en ont donnée le duc de Luynes et Clerselier. Les lettres en français forment à peu près seulement le quart de la correspondance. Sorbière fait preuve de goût et disant de ces lettres de Descartes, qu'elles étaient capables de le dégoûter de celles de quelques auteurs célèbres dans le genre épistolaire, qu'il trouvait puériles auprès de celles-ci. (*Lettres et Discours*, in-4°, p. 691.)
(3) Éloge de Descartes.
(4) C'est le nom latinisé de Voët.

les *Règles pour la direction de l'esprit*, et la plupart des fragments qu'il a laissés, les trois quarts de ses lettres sont en latin. La supériorité, avec laquelle Descartes a su le premier plier la prose française au langage philosophique, ne doit pas cependant nous faire méconnaître les solides et fortes qualités de sa latinité, l'exactitude, la propriété, la vigueur. En face de ce latin la prose française du duc de Luynes et de Clerselier paraît pâle et décolorée. Ce n'est point par caprice, comme le remarque Baillet, que Descartes s'est servi tantôt du latin, tantôt du français; il écrit en latin quand il s'adresse plus particulièrement aux doctes, comme dans les *Méditations* et dans les *Principes*, il écrit en français quand il veut s'adresser à un plus grand nombre de lecteurs, comme dans le *Discours de la Méthode* et le *Traité des Passions*. L'expérience, d'ailleurs, ne tarda pas à lui faire voir que généralement tous ses ouvrages devaient être en l'une et l'autre langue, à l'usage de toutes sortes de personnes (1); il fit traduire en latin tous ses ouvrages français, et en français tous ses ouvrages latins.

Une seule pensée, la réforme des sciences et de la philosophie, a absorbé la vie entière de Descartes; ce fut l'unique passion de son âme, son unique ambition. Il ne s'est pas partagé, comme Bacon, entre l'étude et les affaires, entre la science et la politique, entre les expériences scientifiques et les intrigues de cour; il fut vraiment le *Philosophe*, comme l'appelle Clauberg, en tout et partout; même lorsque cédant aux sollicitations de la fille de Gustave Adolphe, dont rien n'avait encore terni la renommée, il se décida à abandonner son cher Egmond pour aller, comme il le dit, au pays des ours, entre des rochers et des glaces, lui né dans les jardins de la Touraine. En effet, s'il est allé mourir à la cour de Christine, c'est encore par amour de la science, et non par vanité ou ambition. Il espérait, sous un ciel nouveau, découvrir des météores nou-

(1) Baillet, liv. VIII, chap. III.

veaux (1); il espérait avoir toute facilité, grâce à la protection de la reine, pour continuer, multiplier, agrandir ses expériences; il espérait enfin gagner, en ce pays lointain, de nouveaux prosélytes à sa philosophie. Ajoutons qu'il était peut-être fatigué des tracasseries des théologiens de la Hollande, et qu'il avait aussi la pensée généreuse de concilier aux intérêts de la maison, si cruellement éprouvée, de la princesse Élisabeth, le puissant appui de la reine de Suède.

Arrivé à Stockholm au mois d'octobre 1649, il y mourut au mois de février 1650, à l'âge de 54 ans, n'ayant pu supporter la rigueur du climat et le brusque changement de ses habitudes (2). Quel plus bel éloge de Descartes (3) que les regrets de Leibniz déplorant cette mort prématurée, dans l'intérêt du genre humain! « Il aurait été à souhaiter

---

(1) Dans une lettre de 1646 à Chanut, il lui demande s'il n'a pas jeté quelquefois la vue hors de son poêle, et s'il n'a pas aperçu d'autres météores que ceux dont il a écrit. (Édit. Cous., t. IX, p. 409.)

(2) *Nouvelles Lettres et Opuscules* inédits de Leibniz, *Remarques sur la Vie de Descartes* par Baillet, publiés par M. Foucher de Careil, in-4°, 1853.

(3) Descartes, de même que Bacon, avait rêvé de prolonger la vie humaine et sa propre vie, bien au delà du terme ordinaire, par les progrès de l'hygiène et de la médecine. Il écrivait à M. de Zuitlichen en 1638 : « Je n'ai jamais eu tant de soin de me conserver que maintenant, et au lieu que je pensais que la mort ne me pût ôter que trente ou quarante ans au plus, elle ne saurait désormais me surprendre qu'elle ne m'ôte l'espérance de plus d'un siècle. » Voici ce qu'on lit sur ce rêve de Descartes dans la *Vie de Saint-Évremond* par Desmaizeaux : « Le chevalier Digby étant allé voir Descartes en Hollande, l'engagea à s'occuper avant tout de la grande connaissance qu'il avait du corps humain pour rechercher les moyens d'en prolonger la durée. M. Descartes l'assura qu'il avait déjà médité sur cette matière, et que de rendre l'homme immortel, c'est ce qu'il n'osait pas promettre, mais qu'il était bien sûr de pouvoir rendre sa vie égale à celle des patriarches. M. de Saint-Évremond, en m'apprenant cette particularité, me dit qu'elle était très-connue en Hollande, que les amis de M. Descartes n'ignoraient pas son sentiment, et que l'abbé Picot, son disciple et son martyr, était si persuadé de l'habileté de son maître sur cette matière qu'il demeura longtemps sans pouvoir croire à sa mort. Mais Descartes, dans une lettre de 1646, adressée à Chanut, paraît déjà tout à fait désabusé de cette chimérique espérance d'une autre époque de sa

que notre philosophe fût parvenu à l'âge de M. Hobbes ou de M. Roberval, car assurément, il aurait encore fait des découvertes très-importantes dont sa mort déplorable nous a frustrés. En effet, je tiens que le genre humain y a fait une perte très-grande qu'il sera très-difficile de réparer. Et quoique nous ayons eu depuis de fort grands hommes qui ont même surpassé M. Descartes en certaines matières, je ne connais aucun qui ait eu des vues aussi générales que lui, jointes à une pénétration et profondeur aussi grandes que la sienne. »

Il fut pleuré de la reine qui, dit Baillet, l'appelait son illustre maître, pour marquer à tous combien elle le mettait au-dessus des autres savants de sa cour. Par les soins de l'ambassadeur de France, M. Chanut, son hôte et son ami, un tombeau lui fut élevé, couvert d'inscriptions en l'honneur de sa philosophie et de son génie. Mais ses amis et ses disciples de France envièrent à la Suède ce dépôt sacré. Seize ans après, par les soins de M. d'Alibert, trésorier de France, ses dépouilles mortelles furent rendues à sa patrie, et transférées en grande pompe à l'église Sainte-Geneviève-du-Mont, qui fut choisie, dit Baillet, comme n'étant pas moins le sanctuaire des sciences que celui de la religion (1).

Le cortége et la cérémonie funèbres furent magnifiques. On y vit une foule de personnages de la plus haute distinction, des membres du clergé, de la magistrature et du barreau qui témoignèrent, par leur concours empressé, de leur vénération pour la mémoire du grand philosophe et des progrès rapides, dans tous les corps savants, de la nouvelle philosophie.

---

vie : « Au lieu de trouver les moyens de conserver la vie, j'en ai trouvé un autre bien plus aisé et bien plus sûr, qui est de ne pas craindre la mort. » Leibniz aussi s'est fait quelques illusions sur les vertus de la médecine pour prolonger la vie humaine.

(1) D'après des notes que veut bien me communiquer M. Geffroy, professeur à la Sorbonne, le crâne de Descartes aurait été dérobé et serait resté en Suède. Une thèse a été soutenue en 1808, dans l'Académie royale de Lund. *De Cartesio ejusque cranio.*

Jamais de si grands honneurs n'avaient été rendus à un philosophe. Soit que la cour en prît ombrage, soit que cette philosophie nouvelle lui fût déjà plus ou moins suspecte, un ordre survint, au milieu même de la cérémonie, pour empêcher le P. Lallemant, chancelier de l'Université (1), de prononcer l'oraison funèbre de Descartes. Après les funérailles, il y eut un grand banquet où se réunirent tous les cartésiens les plus zélés et les plus considérables. A la fin du repas, un des convives s'écria, faisant allusion à la ruine des péripatéticiens :

Hostis habet muros, ruit alto a culmine Troja (2).

Ce fut comme la cène d'où ces enthousiastes apôtres de la philosophie nouvelle allaient se répandre dans le monde et dans les cloîtres, dans les académies et dans les écoles, pour faire pénétrer partout les principes de la plus grande et la plus féconde des révolutions philosophiques (3).

(1) Le P. Lallemant entra à vingt-trois ans dans la congrégation de Sainte-Geneviève. Il devint par son mérite chancelier de l'Université de Paris et prieur de Sainte-Geneviève. C'était un des plus beaux génies de son temps. Il s'exprimait remarquablement bien en français et en latin, mais il n'a composé que quelques traités de piété en français. Il est mort en 1673. (Dupin, *Bibliothèque ecclésiastique du dix-septième siècle.*) Voir aussi son éloge dans les hommes illustres de Perrault. Le chanoine Foucher de Dijon, que nous retrouverons dans la suite de cette histoire, s'était aussi chargé, à la prière de Rohault, de composer une oraison funèbre qui devait être prononcée dans une autre église.

(2) Voici, d'après Baillet, liv. VII, chap. XXIII, le nom des principaux convives : d'Alibert, trésorier général, qui avait vainement sollicité Descartes d'accepter la moitié de sa grande fortune pour faire des expériences, et qui s'était chargé des frais et des soins de la translation de ses restes mortels; Clerselier, avocat, Habert de Montmort, d'Ormesson, de Guédreville, maîtres des requêtes ; Fleury, alors avocat, depuis abbé et sous-précepteur du duc de Bourgogne ; Cordemoy, avocat, Rohault, gendre de Clerselier, Auzout, mathématicien, Le Laboureur, bailly de Montmorency, Petit, intendant des fortifications, Donys, médecin ordinaire du roi, Fédé, médecin. Il sera question de la plupart d'entre eux dans la suite de cette histoire.

(3) Quand l'église Sainte-Geneviève fut transformée en atelier pour le

service du Panthéon, le directeur du Musée des monuments français, M. Lenoir, obtint de la Convention l'autorisation de transférer au musée les restes de Descartes. Il les plaça dans un sarcophage en pierre, qui longtemps est demeuré en plein air dans la cour du Louvre. En 1819, il a été transporté à Saint-Germain-des-Prés, où maintenant Descartes repose entre Montfaucon et Mabillon, avec cette épitaphe : *Memoriæ Renati Descartes reconditioris doctrinæ laude et ingenii subtilitate præcellentissimi, qui primus a renovatis in Europa bonarum litterarum studiis, rationis humanæ jura, salva fidei christianæ auctoritate, vindicavit et asseruit, nunc veritatis quam unice coluit conspectu fruitor.*

En Suède, Gustave III, étant prince royal, lui a fait élever un monument dans l'église de Frédéric à Stockholm.

La Convention, sur la proposition de Joseph Chénier, avait décrété, le 2 octobre 1793, que les honneurs du Panthéon seraient accordés à Descartes. Mais ce décret n'eut pas de suite. Présenté de nouveau par le Directoire, trois ans plus tard, au conseil des Cinq-Cents, il fut combattu par Mercier et rejeté. (Voir le *Moniteur* du 2 octobre 1793, et des 18 et 22 floréal 1796.)

Une statue lui a été élevée à Tours, il y a quelques années, avec le *Je pense, donc je suis*, gravé sur le piédestal.

CHAPITRE III

Exposition de la philosophie de Descartes. — Ordre à suivre marqué par le *Discours de la Méthode*. — Sa définition de la philosophie. — But pratique de la philosophie. — Rapprochement entre Descartes et Bacon. — Les quatre règles de sa logique. — Défense de la troisième règle. — Ce qu'il emprunte aux mathématiques pour constituer la vraie méthode. — Mathématique universelle. — Recherche d'un fondement fixe et inébranlable de la certitude et de la science. — Scepticisme provisoire, ou doute méthodique. — Raisons de douter ordinaires des sceptiques. — Supposition d'un être puissant et trompeur. — Découverte d'une vérité inébranlable à tout scepticisme. — *Je pense, donc je suis*. — Descartes et saint Augustin. — But et caractère du doute de Descartes méconnus par ses adversaires. — Le *je pense, donc je suis*, inspection immédiate de l'esprit sans aucun syllogisme. — Spiritualité de l'âme. — La pensée essence de l'âme. — L'âme pense toujours. — Connaissance de l'âme plus claire et plus certaine que celle du corps. — Du spiritualisme de Descartes. — Descartes, père de la science de l'esprit humain. — Du signe de toute vérité. — Règle de l'évidence. — L'existence d'un être souverainement parfait, garantie et fondement de l'évidence. — Du cercle vicieux reproché à Descartes. — Dieu et le vrai inséparables.

Toute la philosophie de Descartes est contenue en abrégé, dans le *Discours de la Méthode*. Descartes, dans ce premier ouvrage, si longtemps médité, a donné, en un petit nombre de pages, une admirable esquisse de sa méthode, de sa métaphysique et de sa physique.

Pour exposer avec fidélité et dans leur véritable enchaînement, les diverses parties de sa philosophie, nous ne pouvons mieux faire que de prendre pour base ce *Discours* et de suivre l'ordre de ses parties, en nous aidant continuellement de ses autres ouvrages et de ses lettres, inestimable trésor, où il n'y a pas moins à puiser pour la philosophie que pour la vie, les mœurs et le caractère de Descartes.

Mais d'abord, qu'est-ce que la philosophie, selon Descartes? Comme les anciens, et aussi comme les principaux philosophes contemporains, tels que Hobbes et Gassendi, il fait de la philosophie la science de toutes choses. En effet, il la définit, dans la préface des *Principes*, la science de la sagesse, par où il n'entend pas seulement, dit-il, la prudence dans les affaires, mais une parfaite connaissance de toutes les choses que l'homme peut savoir, tant pour la conduite de sa vie, que pour la conservation de sa santé et l'invention de tous les arts (1). Cette universalité même, d'après Descartes, serait plutôt pour ceux qui l'étudient une facilité qu'un obstacle, toutes les sciences étant tellement liées ensemble, qu'il est plus facile de les apprendre toutes à la fois que de les détacher les unes des autres (2). Mais, pour être parfaite, cette connaissance doit être déduite des premières causes. Or le but de la philosophie est la recherche de ces causes ou principes qui doivent être clairs et évidents, et dont toutes les autres choses se déduisent, de telle sorte qu'elles ne puissent être connues sans eux, tandis qu'ils peuvent être connus sans elles (3).

Il divise la philosophie en deux grandes parties, la métaphysique et la physique. La métaphysique comprend les principes de la connaissance, entre lesquels est l'explication des principaux attributs de Dieu, de l'immatérialité de nos âmes et de toutes les notions claires et simples qui sont en nous. La physique, après avoir trouvé les vrais principes des choses matérielles, examine en général comment tout l'univers est composé. Descartes

---

(1) C'est la sagesse telle que la définit Cicéron d'après les anciens philosophes : *Sapientia est autem (ut a veteribus philosophis definitum est) rerum divinarum et humanarum causarumque quibus hæ continentur scientia.* De Officiis, lib. II, π.

(2) 1re règle pour *la direction de l'esprit*.

(3) C'est en quoi consiste ce cinquième et dernier degré de la sagesse que Descartes a décrit dans la préface des *Principes*.

compare la philosophie à un arbre, dont la métaphysique est la racine, la physique le tronc. De ce tronc partent toutes les sciences, qui se ramènent à trois principales, la mécanique, la médecine et la morale. La morale vient après toutes les autres, parce qu'étant le dernier degré de la sagesse, elle présuppose la connaissance de toutes les autres sciences (1).

Tel est l'objet de la philosophie. Quel doit en être le but? De même que Bacon, frappé du vide et de la stérilité de la philosophie enseignée dans les écoles, Descartes veut lui donner un but pratique, et la faire servir à améliorer les conditions d'existence de l'espèce humaine. D'où vient l'opinion commune, que la philosophie est de sa nature une science oiseuse, stérile pour l'amélioration et le bien-être de l'homme? « Comme ce n'est pas, dit Descartes, des racines ni du tronc des arbres qu'on cueille les fruits, mais seulement des extrémités de leurs branches, ainsi la principale utilité de la philosophie, dépend de ces parties qu'on peut appeler les dernières (2). » Or, comme le plus souvent on s'arrête découragé devant les difficultés et l'apparente stérilité des premiers principes, on se persuade de l'inutilité d'une science qu'on n'a pas suivie jusqu'à ses applications.

Il ne se montre pas moins préoccupé que Bacon lui-même de cette tendance pratique que doit avoir la philosophie : « Au lieu de cette philosophie spéculative qu'on enseigne dans les écoles, on peut en trouver une pratique par laquelle, connaissant la force et les actions de l'air, des astres, des cieux et de tous les autres corps qui nous environnent, aussi bien que les métiers de nos artisans, nous les pourrions employer en même façon à tous les usages auxquels ils sont propres et nous en rendre comme maîtres et possesseurs (3). » Il songeait aussi à diminuer le travail de l'homme par les machines (4). Enfin, de même

---

(1) Préface des *Principes*.
(2) *Ibid.*
(3) *Discours de la Méthode*, 6ᵉ partie.
(4) D'Alibert voulut lui donner une grande partie de sa fortune pour

que Bâcon, il rejette la logique de l'école et ses syllogismes, qu'il juge tout à fait stériles, et plus propres à enseigner aux autres ce qu'on sait qu'à apprendre les choses qu'on ignore (1).

Voyons maintenant comment Descartes a exécuté le vaste plan qu'il vient de tracer. Il faut commencer par ce qui domine tout le reste, par cette vraie méthode pour parvenir à la connaissance de toutes choses, dont la découverte l'avait si fort enthousiasmé, au dire de Baillet, dans son poêle de la Bavière. En quoi consiste cette méthode universelle et comment Descartes y est-il arrivé? La logique qu'il avait, dit-il, étudiée, étant jeune, l'analyse des géomètres et l'algèbre lui parurent devoir contribuer quelque chose à son dessein, c'est-à-dire, la connaissance de toutes les choses dont son esprit serait capable. Mais, au lieu de ce grand nombre de préceptes dont la logique est composée, il croit qu'il lui suffira des quatre suivants, pourvu qu'il prenne une ferme et constante résolution de ne manquer pas une seule fois à les observer : 1° ne jamais recevoir aucune chose pour vraie que je ne la connusse évidemment pour telle ; 2° diviser chacune des difficultés que j'examinerais en autant de parcelles qu'il se pourrait et qu'il serait requis pour les mieux résoudre ; 3° conduire par ordre mes pensées, en commençant par les objets les plus simples et les plus aisés à connaître, pour monter peu à peu, comme par degrés, jusqu'à la connaissance des plus composés ; 4° faire partout des dénombrements si entiers et des revues si générales que je fusse assuré de ne rien omettre.

l'employer à faire des expériences. Descartes ne voulut rien accepter ; mais il lui donna le conseil de fonder des écoles gratuites d'arts et métiers pour les adultes, qui seraient ouvertes tous les dimanches et jours de fête. La guerre civile en empêcha l'établissement. (Baillet, liv. VII, ch. xxiii.) Descartes, dit encore Baillet, croyait que sa manière de philosopher appliquée à la médecine et à la mécanique produirait le rétablissement et la conservation de la santé, la diminution et le soulagement du travail des hommes (liv. II, xiv).

(1) *Discours de la Méthode*, 6ᵉ partie.

Ces quatre règles fondamentales sont comme le résumé des *Règles pour la direction de l'esprit* où il les donne avec des détails, des développements et un certain nombre d'applications (1).

(1) Nous inclinons, en effet, à croire que les *Règles pour la direction de l'esprit* sont un ouvrage, sinon de sa première jeunesse, au moins antérieur au *Discours de la Méthode*. On y trouve un certain nombre d'expressions, de pensées et même de théories qu'on ne rencontre plus dans ses autres ouvrages, et qui semblent appartenir à une époque où il ne s'était pas encore aussi complétement dépouillé de l'enseignement de l'École. Malgré bien des restrictions, il traite mieux qu'il ne le fera plus tard, les anciens, l'antiquité et l'Ecole, comme on peut en juger par les citations suivantes : « Nous devons lire les ouvrages des anciens (édit. Cousin, t. XI, p. 9). » — « Je me persuade que certains germes primitifs des vérités que la nature a déposées dans l'intelligence humaine... avaient dans cette simple et naïve antiquité tant de vigueur et de force, etc. » (*Ibid.*, p. 221.) — « Et nous aussi nous nous félicitons d'avoir reçu autrefois l'enseignement de l'Ecole. » (*Ibid.*, p. 207.) Il traite de barbare le nom d'algèbre (*ibid.*, p. 222) avec lequel il s'est sans doute plus tard familiarisé davantage. Il dit que l'intuition ou la déduction, qu'il appelle aussi l'énumération, sont les deux seules voies par où l'entendement peut s'élever à la connaissance sans risquer de se tromper (*ibid.*, p. 212). Or, nous ne retrouvons pas ailleurs, avec les mêmes dénominations, cette distinction de deux voies de la connaissance. Il appelle l'âme une force, une force connaissante, *vis cognoscens* (*ibid.*, p. 267), et non *res cogitans*. Enfin, voici comment, dans le commentaire de la règle 12, il expose la théorie de la connaissance des objets extérieurs : « La forme externe du corps sentant est réellement modifiée par l'objet, de la même manière que la superficie de la cire est modifiée par le cachet... A l'instant où le sens externe est mis en mouvement par l'objet, la figure qu'il reçoit est portée à une autre partie qui se nomme le sens commun... Il faut, en troisième lieu, concevoir que le sens commun joue le rôle du cachet qui imprime dans l'imagination, comme dans la cire, ces figures ou idées que les sens externes envoient pures et incorporelles, etc. » Il ne sera plus question dans les *Méditations*, dans les *Réponses aux objections*, dans le *Traité des passions*, de ces figures qu'impriment les objets sur les sens, les sens sur le cerveau, et le cerveau sur l'imagination. Dans le quatrième discours de la *Dioptrique*, il est question, il est vrai, des images transmises par les nerfs « au cerveau où l'âme exerce cette faculté qu'on appelle le sens commun. » Mais Descartes a soin d'expliquer ici que, par ces images, il faut entendre de simples traces, et d'ailleurs il ne parle pas de l'imagination sur laquelle le sens commun les imprimerait comme le cachet sur la cire. En outre, les esprits animaux jouent un grand rôle dans

Quelle en est la valeur et la portée? Leur vérité est absolue et leur application est universelle. Ne rien admettre comme vrai qui ne soit évident, voilà le grand précepte qui domine tous les autres. Comme l'évidence seule nous assure que nous ne nous trompons pas, c'est elle qu'il faut chercher partout et tâcher de conserver dans toute la série de nos raisonnements. Mais là précisément est la grande difficulté. Les trois autres règles nous indiquent les voies par où on arrive à l'évidence et par où on la garde, quand on y est arrivé. Elles ne sont pas toujours d'une observation facile, mais il est bon de les avoir présentes à l'esprit et de tâcher de ne jamais s'en écarter, si on veut faire le meilleur usage possible de sa raison dans la recherche de la vérité. D'ailleurs, elles ne s'appliquent pas seulement à tel ou tel ordre de science, mais à toutes sans exception. « Elles sont générales, dit très-bien la *Logique de Port-Royal*, pour toutes sortes de méthodes et non particulières pour la seule analyse (1). »

M. Cousin a fait quelques objections contre la troisième règle (2). Il pense qu'elle ne s'applique légitimement qu'aux mathématiques, au monde des abstractions, là où on procède par la déduction, et non là où il faut procéder par l'expérience et par l'induction. A propos de cette même règle, il représente Descartes comme tiré en sens contraire par deux génies différents, l'un bon, celui de l'expérience appliquée aux choses de l'âme, l'autre mauvais,

---

ce *Discours*, tandis qu'il n'en est pas question dans les *Règles*, etc. Plus tard, Descartes réduira ces prétendues images à quelques mouvements, seule chose que les sens nous transmettent du monde extérieur. Nous croyons que ces citations suffisent pour prouver que les *Règles*, etc., appartiennent à une époque antérieure au *Discours de la Méthode*. M. Millet, professeur de philosophie, auteur d'un savant travail sur Descartes avant 1637, pense, comme nous, que les *Règles*, etc., sont un ouvrage de la jeunesse de Descartes, et il croit même pouvoir, en suivant pas à pas sa vie et ses travaux, en fixer la date à l'année 1628.

(1) 1re partie, chap. ii.
(2) Voir la XIe leçon de son *Histoire générale de la philosophie*, 5me édition.

celui des mathématiques appliqué à la métaphysique. Pour notre part, nous avons quelque peine à considérer comme un mauvais génie, même au regard de la métaphysique, ce génie des mathématiques auquel Descartes doit une si grande partie de sa gloire et d'immortelles découvertes. Que Descartes ait parlé plus ou moins la langue de l'École, après avoir parlé celle de tout le monde, qu'il ait exposé, dans les *Principes*, sous une forme synthétique les mêmes vérités auxquelles il était arrivé, dans le *Discours de la Méthode* et dans les *Méditations*, par la voie de l'analyse, cela ne change rien, à ce qu'il nous semble, à la nature de ces vérités, ni même à la méthode par où, lorsqu'il suivait le procédé de la recherche, au lieu de celui de la démonstration, il est arrivé à l'âme, à Dieu et au monde. Descartes qui a si souvent reproché au syllogisme de ne nous donner réellement rien de nouveau, Descartes qui a signalé avec tant de force les inconvénients de la forme géométrique appliquée aux vérités de la métaphysique (1), et qui déclare les mathématiques nuisibles à la métaphysique (2), quoique lui-même il semble un éclatant exemple du contraire, n'a pu commettre la confusion dont on l'accuse.

Cette règle d'ailleurs n'est-elle pas susceptible d'une meilleure interprétation, et Descartes ne l'a-t-il pas suivie, dans les *Méditations* et même dans le *Discours de la Méthode*, non moins heureusement que les trois premières ? Il y a en effet en métaphysique des choses simples qui ne sont point des abstractions ; tel est le *je pense, donc je suis*, ce point de départ, ce principe de la métaphysique de Descartes, d'où M. Cousin le loue précisément d'avoir tiré toute sa philoso-

---

(1) Réponse aux deuxièmes objections.
(2) « Je remarque presque en tous, que ceux qui conçoivent aisément les choses qui appartiennent aux mathématiques ne sont nullement propres à entendre celles qui se rapportent à la métaphysique. (*Dédicace des Principes à la princesse Elisabeth.*)

Il dit ailleurs : « Ea enim ingenii pars quæ ad mathesim maxime juvat, « plus nocet quam juvat ad mathematicas speculationes. » *Epist.*, édit. Clerselier, pars 11, ep. 33.

phie première, conformément à ce que dit Descartes lui-même : « J'ai pris l'être ou l'existence de cette pensée, pour le premier principe duquel j'ai déduit très-clairement les suivants, à savoir qu'il y a un Dieu, etc. (1). » Cette grande déduction, qui enchaîne toutes les parties de sa métaphysique, exclut-elle l'expérience qui donne le point de départ, et les faits sur lesquels opère le raisonnement? On ne peut donc condamner cette troisième règle sans condamner en même temps la méthode, qui, partant de l'existence de la pensée, c'est-à-dire de ce qu'il y a de plus simple, en déduit tout le reste (2).

Après avoir vu ce qu'il emprunte à la logique, voyons ce qu'il emprunte aux mathématiques pour achever de constituer la vraie méthode. D'abord, il simplifie les mathématiques, non moins que la logique elle-même. En effet, comparant toutes les sciences comprises sous ce nom, il remarque que, quelle que soit la diversité de leurs objets, elles s'accordent à ne considérer que les rapports qui s'y trouvent, que les proportions, l'ordre et la mesure. De là il conçoit une science générale, une mathématique universelle (3) ayant pour objet tout ce qu'on peut trouver sur l'ordre et la mesure, indépendamment de toute application à une matière spéciale, ou du moins en ne les supposant « que dans des sujets qui serviraient à en rendre la connaissance plus aisée, sans toutefois les y astreindre absolument, de manière à pouvoir les appliquer plus facilement à toutes les choses aux-

---

(1) Préface des *Principes*.
(2) Les règles 5 et 6 de la *Direction de l'esprit* prescrivent le même ordre dans la disposition des objets sur lesquels l'esprit doit tourner ses efforts pour arriver à quelques vérités. La règle la plus importante de toutes, selon Descartes, c'est de dégager l'élément simple et indécomposable, car c'est là ce qu'il y a de plus simple et de plus facile, et ce dont nous devons nous servir pour arriver à la solution des questions. C'est la même méthode que Descartes a suivie en physique où il part de ce qu'il y a de plus simple et de plus facile à connaître, de l'étendue, pour en déduire tout le reste.
(3) Voir le commentaire de la 4º règle de la *Direction de l'esprit*.

quelles elles conviendraient ». Ainsi, il se servira de lignes quand il voudra considérer une proportion en particulier, parce que rien n'est plus simple et plus distinct pour l'imagination et les sens; mais s'agit-il d'en retenir et comprendre plusieurs ensemble, il se servira de quelques chiffres, les plus courts qu'il sera possible, empruntant par ce moyen « tout le meilleur de l'analyse géométrique et de l'algèbre, et corrigeant tous les défauts de l'une par l'autre ». Cette représentation des figures par des chiffres ou par des symboles algébriques, est l'application de l'algèbre à la géométrie qui rentre dans sa méthode universelle (1).

Il s'exerce à cette méthode. Grâce à elle, son esprit s'accoutume à suivre aisément ces longues chaînes de raisons dont se servent les géomètres pour arriver à leurs plus difficiles démonstrations; il apprend à considérer plus nettement et plus distinctement les objets de sa pensée, et enfin, suivant son énergique expression, à se repaître de vérités. Il se persuade que cette méthode peut s'appliquer aussi utilement aux difficultés des autres sciences qu'à celles de l'algèbre. Mais toutes les sciences empruntant leurs principes à la philosophie qui, selon Descartes, n'en a encore aucun qui soit certain, il pense qu'avant tout il doit chercher à l'établir sur un solide fondement.

Où trouver ce fondement solide, point fixe et inébranlable, premier anneau d'une chaîne de vérités indissolublement liées les unes aux autres? On sait par quelle redoutable épreuve Descartes fait passer toutes les opinions humaines pour arriver à l'évidence et à la certitude. Commençant par un doute universel, auquel son école a donné le nom de doute méthodique (2), il rejette toutes les opi-

---

(1) *Discours de la Méthode*, 2ᵉ partie.
(2) L'expression n'est pas de Descartes; nous ignorons quel est le premier cartésien qui s'en est servi. Elle a le tort d'être équivoque. Par doute méthodique, les cartésiens entendent un doute qui est une méthode pour arriver à la vérité, tandis qu'on pourrait aussi entendre un doute qui procède méthodiquement.

nions qu'il a antérieurement reçues, sans en excepter une seule, et il fait, pour ainsi dire, une table rase de son intelligence. Non content de douter, il veut pousser le doute aussi loin que le doute peut aller, jusqu'aux derniers excès du Pyrrhonisme le plus insensé. Ainsi il semble d'abord faire cause commune avec les sceptiques, avec Montaigne, avec Charron et Levayer, avec tous les sceptiques de tous les temps et de tous les pays. Contradiction des opinions humaines, erreurs des sens et de la mémoire, manque de toute règle fixe pour discerner la veille du sommeil, il n'est pas d'arguments, de subtilités, de sophismes qu'il ne leur emprunte. Il semble même vouloir renchérir sur eux par des raisons nouvelles de sa propre invention. En effet certaines vérités, telles que les vérités mathématiques, se tiennent si fermes en notre intelligence qu'elles semblent résister victorieusement à toutes les vieilles objections des sceptiques. Or, pour ébranler ces vérités elles-mêmes, il imagine une raison extraordinaire et nouvelle de douter à laquelle plus rien, même les vérités mathématiques, ne pourra résister, à savoir l'existence d'un esprit malin et puissant, qui prendrait plaisir à nous tromper, en nous présentant la vérité sous les apparences de l'erreur et l'erreur sous les apparences de la vérité.

Mais Descartes ne se fait ainsi sceptique, que pour mieux ensuite confondre le scepticisme. Du sein de ces profondes ténèbres, où il vient de nous plonger, bientôt va jaillir la lumière la plus vive, et, à cette extrémité du doute possible, va se rencontrer, environné de la plus irrésistible clarté, cela même dont il est impossible de douter. En effet, quand toutes ces raisons de douter seraient vraies, quand toutes nos facultés nous tromperaient, et quand même un être malin et tout-puissant emploierait toute son industrie à nous tromper, il ne se peut que moi qui suis trompé je n'existe pas réellement. Si je sais que je suis trompé, comment douter de mon existence ? Il faut être pour être trompé. Moi donc qui doute de toutes choses, puis-je douter qu'à tout le moins je suis un être qui pense ? Voilà de quoi braver, voilà de quoi mettre au défi toutes les ruses du mauvais génie (1). *Je pense, donc je suis*, telle est la forme, à jamais célèbre, donnée par Descartes à cette première vérité qu'aucun doute ne peut atteindre, et qui doit servir de fondement à toutes les autres. C'est là cette assiette ferme, et cette base constante, que demande Pascal pour y édifier une tour qui s'élève à l'infini (2).

Le *je pense, donc je suis* a donné lieu à de nombreux rapprochements entre saint Augustin et Descartes. Saint Augustin en effet, dans plusieurs de ses ouvrages, oppose aux sceptiques de la Nouvelle Académie cet argument analogue, non moins concis, non moins énergique, non moins irrésistible, *si fallor, sum* (3). Mais malgré ces analogies, nous ajoutons entièrement foi à Descartes qui déclare avoir composé le *Discours de la Méthode* sans connaître saint Augustin. C'est Arnauld qui, le premier, dans ses remarques sur les *Méditations*, signale à Descartes une ressemblance où il voit un argument considérable en faveur de la philosophie nouvelle : « La première chose que je trouve ici digne de remarque est de voir que M. Descartes éta-

---

(1) Pascal a dit d'après Descartes : « Que fera donc l'homme en cet état ? Doutera-t-il de tout ? Doutera-t-il s'il veille, si on le pince, si on le brûle ? Doutera-t-il s'il doute ? Doutera-t-il s'il est ? On n'en peut venir là. » Édit. Havet, art. 8, p. 119.

(2) *Pensées*, art. 1, édit. Havet.

(3) Voici, de tous les passages de saint Augustin, celui qui offre le plus d'analogie avec Descartes : « Nam et sumus, et nos esse novimus et nos« trum esse ac nosse diligimus. In his autem tribus quæ dixi nulla nos « falsitas verisimilis turbat. Non enim ea, sicut illa quæ foris sunt, ullo « sensu corporis tangimus, velut colores videndo, sonos audiendo, odores « olfaciendo, sapores gustando, dura et mollia contrectando sentimus, « quorum sensibilium etiam imagines eis simillimas, nec jam corporeas « cogitatione versamus, memoria tenemus, et per istas in istorum desi« deria concitamur; sed sine ulla phantasiarum, vel phantasmatum ima« ginatione ludificatoria, mihi esse me, idque nosse et amare certissimum « est. Nulla in his Academicorum formido dicentium: Quid si falleris ? si « enim fallor, sum. Nam qui non est, utique nec falli potest, ac per hoc « sum, si fallor. Quia ergo sum, qui fallor, quomodo esse me fallor, quando « certum est esse me si fallor. » (*Civit. Dei*, lib. XI, cap. XXVI.)

blisse pour fondement et pour premier principe de toute sa philosophie, ce qu'avant lui saint Augustin, homme d'un très-grand esprit et d'une singulière doctrine, non-seulement en matière de théologie, mais aussi en ce qui concerne l'humaine philosophie, avait pris pour la base et le soutien de la sienne. »

Descartes, dans sa réponse, le remercie « des secours qu'il lui donne en le fortifiant du secours de l'autorité de saint Augustin ». S'il avait connu plus tôt ces analogies, il n'aurait pas manqué, loin de les cacher, de s'en prévaloir, comme il le fit, après qu'il les eut apprises d'Arnauld. Averti par le père Mersenne, du passage de la *Cité de Dieu* que nous venons de citer, il s'empresse d'aller le voir à la bibliothèque de la ville : « Vous m'avez obligé de m'avertir du passage de saint Augustin auquel mon *je pense, donc je suis* a quelque rapport, je l'ai été lire aujourd'hui dans la bibliothèque de cette ville, et je trouve véritablement qu'il s'en sert pour prouver la certitude de notre être et ensuite pour faire voir qu'il y a en nous quelque image de la Trinité, en ce que nous sommes, nous savons que nous sommes, et nous aimons cet être et cette science qui est en nous, et au lieu que je m'en sers pour faire connaître que ce moi qui pense est une substance immatérielle, et qui n'a rien de corporel, qui sont deux choses fort différentes ; et c'est une chose si simple et si naturelle à inférer qu'on est de ce qu'on doute, qu'elle aurait pu tomber sous la plume de qui que ce soit ; mais je ne laisse pas d'être aise d'avoir rencontré avec saint Augustin, quand ce ne serait que pour fermer la bouche aux petits esprits qui ont tâché de regabeler sur ce principe (1). »

Descartes a raison ; inférer qu'on est de ce qu'on doute est une chose si naturelle qu'elle a bien pu venir à la pensée de saint Augustin, comme à la sienne, mais il remarque, avec non moins de raison, que le *si fallor, sum*, n'a pas chez saint Augustin les mêmes applications et la même portée que

---

(1) Édit. Cousin, t. VIII, p. 42.

dans le *Discours de la Méthode* ou dans les *Méditations*. Tel est aussi l'avis de Pascal : « En vérité je suis bien éloigné de dire que Descartes n'en soit pas le véritable auteur, quand il ne l'aurait appris que dans la lecture de ce grand saint ; car je sais combien il y a de différence entre écrire un mot à l'aventure, sans y faire une réflexion plus longue et plus étendue, et apercevoir dans ce mot une suite admirable de conséquences qui prouve la distinction des natures matérielles et spirituelles, et en faire un principe ferme et soutenu d'une physique entière comme Descartes a prétendu faire (1). » Peut-être Pascal n'est-il pas juste à l'égard du *si fallor sum*, en le traitant de mot écrit à l'aventure, mais il est certain que si saint Augustin s'en est servi comme d'un argument victorieux contre le scepticisme, il n'en a pas fait le fondement d'une physique entière, c'est-à-dire, d'un système sur la nature universelle des choses.

Quelque clair que soit le caractère du doute de Descartes, il a été méconnu et dénaturé, comme à plaisir, par ses adversaires. Tous unanimement se récrient, soit contre l'impossibilité d'un pareil doute, soit contre ses dangers. Comment, disent-ils, douter sérieusement, même un seul instant, de l'existence de notre propre corps et des vérités mathématiques ? Il en est même qui affectent de prendre Descartes pour un vrai sceptique qui doute pour douter. Tel est le P. Bourdin, « qui a cru, dit Descartes, avoir assez de sujet pour l'accuser d'être sceptique de ce qu'il réfute les sceptiques. » Il en est d'autres qui l'accusent d'impiété pour avoir prescrit de commencer la philosophie par douter de l'existence de Dieu.

(1) Dans le chapitre vi de son savant ouvrage sur la *Psychologie de saint Augustin*, couronné par l'Académie française, M. Ferraz se plaint que saint Augustin, dans ces rapprochements, ait été trop sacrifié à Descartes. Mais lui-même il est obligé de reconnaître que saint Augustin n'a pas fortement rattaché à ce principe la certitude et la clarté de l'existence de l'âme, sa spiritualité, l'existence de Dieu. Or, c'est là ce qui fait différence profonde entre Descartes et saint Augustin.

Cependant pouvait-il plus clairement marquer que ce doute est un doute essentiellement provisoire dont le but est la certitude ? S'il doute, ce n'est pas pour douter, comme les sceptiques ; « car, au contraire, dit-il, tout mon dessein ne tendait qu'à m'assurer et à rejeter la terre mouvante et le sable pour trouver le roc et l'argile (1). » Il ne fait qu'appliquer cette première règle de sa logique : ne recevoir jamais aucune chose pour vraie qu'il ne la connaisse évidemment être pour telle. Était-il possible de mettre en tout son jour, par un tour plus saisissant et plus vif, l'évidence irrésistible de l'existence de notre propre pensée, et de mieux convaincre les plus obstinés douteurs que le doute le plus hyperbolique, le plus insensé ne peut pas même effleurer la vérité fondamentale sur laquelle reposera toute sa philosophie? Voilà le vrai sens, voilà la justification du doute méthodique de Descartes, si bien compris et si éloquemment développé par Fénelon, dans la seconde partie du *Traité de l'existence de Dieu*. « Ce n'est pas, a dit Malebranche, un doute de ténèbres, mais un doute qui naît de la lumière et qui aide en quelque façon à la produire à son tour (2). »

Cette forme d'enthymème, *je pense, donc je suis*, a aussi donné lieu à quelques malentendus. On a reproché à Descartes d'avoir prétendu faire un véritable syllogisme, avec la majeure sous-entendue ; or cette majeure sous-entendue affirmant précisément ce qu'il s'agit de démontrer, à savoir que ce qui pense existe, ce prétendu syllogisme ne serait qu'une pétition de principe. Mais Descartes n'a nullement songé à déduire son existence de quelque fait antérieur; il n'a point donné une démonstration, il a posé un axiome : « Lorsque quelqu'un dit, *je pense, donc je suis*, il ne conclut pas son existence de sa pensée, comme par la force de quelque syllogisme, mais comme une chose connue de soi ; il la voit comme une

---

(1) *Discours de la Méthode*, 4ᵉ partie.
(2) *Recherche de la vérité*, liv. I, chap. xx.

simple inspection de l'esprit, comme il paraît de ce que, s'il la déduisait d'un syllogisme, il aurait dû connaître auparavant cette majeure, tout ce qui pense, est ou existe; mais au contraire elle lui est enseignée de ce qu'il sent en lui-même qu'il ne se peut faire qu'il pense s'il n'existe (1). »

Enfin, c'est l'insignifiance que quelques-uns, plus malavisés encore, parmi lesquels on s'étonne de rencontrer Vico, ont imaginé de reprocher au *je pense, donc je suis.* Qu'est-ce, dit l'auteur de la *Science nouvelle,* que cette belle découverte, sinon un raisonnement à la portée d'un idiot, et tout à fait semblable à celui de Sosie défendant sa propre identité contre les menaces et les coups de Mercure revêtu de sa figure?

Comment mieux repousser ce reproche d'insignifiance qu'en exposant les grandes vérités que Descartes va faire sortir de cette première vérité si humble en apparence? D'abord, il en tire la spiritualité de l'âme. En effet, de cela seul que le moi se connaît lui-même, et de ce qu'il ne se connaît que comme une pensée, sans connaître une seule autre chose au monde, sans savoir même encore s'il y a un seul corps existant, même le sien, il infère aussitôt qu'il est un esprit. Je sais d'une manière certaine que je suis; mais qui suis-je? De toutes les choses qu'il jugeait autrefois appartenir à la nature des corps, il s'assure qu'aucune n'est en lui tel qu'il se connaît. Il exclut même certains attributs qu'il rapportait à l'âme, tels que marcher, se nourrir, sentir même, parce qu'ils réclament l'intervention du corps. Je suis une chose qui pense. Mais qu'est-ce qu'une chose qui pense? C'est, répond Descartes, une chose qui doute, qui entend, qui conçoit, qui affirme, qui nie, qui veut, qui ne veut pas, qui imagine aussi et qui sent. Or, la connaissance de notre être ainsi précisément pris ne dépend pas de ce dont la

---

(1) Réponse aux secondes objections recueillies par le P. Mersenne.
(2) *Principes,* 1ʳᵉ partie, art. 10.

nature ne nous est pas encore connue, elle ne dépend ni du corps, ni de rien de ce que nous pouvons feindre par l'imagination. La pensée, par où Descartes entend tous les phénomènes, sans exception, qui tombent sous la conscience(1), voilà donc la seule chose qui ne puisse être détachée de nous, et qui nous appartienne en propre.

En vain excite-t-il son imagination pour voir s'il n'est pas encore quelque chose de plus, ou quelque chose autre que la pensée : « Je ne suis point cet assemblage de membres que l'on appelle le corps humain, je ne suis point un air délié et pénétrant répandu dans tous ces membres, je ne suis point un vent, un souffle, une vapeur, ni rien de tout ce que je puis feindre et m'imaginer, puisque j'ai supposé que tout cela n'était rien et que, sans changer cette supposition, je trouve que je ne laisse pas d'être certain d'être quelque chose (2). » Il dit encore : « Rien de ce que l'imagination nous donne n'appartient à cette connaissance que nous avons de nous-mêmes, et pour connaître sa nature, l'esprit doit se détourner absolument de cette façon de concevoir. » C'est ainsi que, de la seule conception claire et distincte de notre être pensant, indépendamment du corps, c'est-à-dire d'une simple aperception de la conscience, Descartes tire immédiatement la distinction de l'âme et du corps ou la spiritualité.

(1) Descartes comprend sous ce nom de pensée tous les faits de conscience : « Par le nom de pensée je comprends tout ce qui est tellement en nous que nous l'apercevons immédiatement par nous-mêmes et en avons une connaissance intérieure : ainsi toutes les opérations de la volonté, de l'entendement, de l'imagination et des sens sont des pensées. » (Réponse aux deuxièmes objections.) Il donne souvent le nom d'idée à tous les phénomènes psychologiques sans exception. « J'ai souvent averti que je prends le nom d'idée pour tout ce qui est conçu immédiatement par l'esprit, en sorte que lorsque je veux et je crains, parce que je conçois en même temps que je veux et que je crains, vouloir et cette crainte sont mis par moi au nombre des idées. » (Réponse aux troisièmes objections.)

(2) 2ᵉ Méditation. Voir ses Réponses aux objections, surtout à celles de Gassendi, et ses Remarques sur le placard de Régius, édit. Cousin, t. X, p. 69.

Comme preuve de la spiritualité, il ne met qu'en seconde ligne l'argument de la simplicité de l'âme opposée à la multiplicité des parties du corps. « Le corps, dit-il, de sa nature est toujours divisible et l'esprit est entièrement indivisible (1). »

Mais l'âme ne pourrait-elle être encore autre chose que ce que nous y connaissons clairement? La pensée est sans doute un de ses attributs, pourquoi l'étendue n'en serait-elle pas un autre ? Cela ne saurait être, parce que, selon Descartes, l'attribut n'est pas un mode ou une façon, mais une chose qui est inséparable de l'essence de son sujet et qui la constitue. La pensée est plus qu'un mode, c'est l'attribut essentiel, l'essence même de l'âme; tout mode de l'âme n'est que la pensée diversement modifiée, de même que tout mode de la matière n'est que l'étendue elle-même diversement modifiée. Il est donc impossible de ne supposer entre l'esprit et le corps d'autre différence que celle de l'espèce et du genre, puisqu'ils diffèrent non pas seulement par un mode, mais par leur essence même. Toute l'essence de l'esprit, dit Descartes, consiste seulement à penser, toute celle du corps à être étendu; or, entre la pensée et l'étendue il n'y a rien de commun, et la diversité des essences emporte nécessairement la diversité des substances. L'âme et le corps, considérés séparément, sont des substances complètes (2). La contradiction n'est pas moindre à faire de la pensée une substance corporelle, qu'à affirmer qu'il ne répugne point à la nature des choses qu'une montagne soit sans vallée ou une vallée sans montagne. Tel est le résumé des réponses de Descartes à toutes les objections de Hobbes et de Gassendi en faveur du matérialisme, et telle est la preuve de la spiritualité de l'âme qui sort immédiatement du *je pense, donc je suis*, cette pierre angulaire de toute la philosophie de Descartes. Il ne faudrait pas croire qu'en don-

---

(1) 6ᵉ Méditation.
(2) Réponse aux objections d'Arnauld.

nant à l'âme la pensée pour essence il en fasse quelque chose d'universel et d'abstrait, une simple collection d'idées, et non un être réel. « Par la pensée, dit-il, je n'entends pas quelque chose d'universel qui comprenne toutes les manières de penser, mais bien une nature qui reçoit en soi tous ces modes, ainsi que l'extension est une nature qui reçoit en soi toutes sortes de figures (1). »

Mais déjà par ces termes de chose qui pense, ou de nature qui reçoit les modes divers de la pensée, et surtout par cette comparaison avec l'extension et ses modes, que Malebranche se plaira à développer, dans le premier livre de la *Recherche*, on voit que Descartes incline à concevoir plutôt comme passive que comme active cette chose qui pense. Il ne lui dénie pas toute action, mais il tend à faire prédominer en elle la passion sur l'action, et méconnaît l'activité essentielle qui, suivant nous, comme suivant Leibniz, est la vraie nature de l'âme. De là des conséquences que nous verrons se produire dans la philosophie même de Descartes, mais plus encore dans celle de ses disciples.

L'âme ayant la pensée pour essence ne peut cesser de penser sans cesser d'être, elle commence et elle finit avec la pensée. Il est de sa nature de penser, comme de la nature de la lumière de luire; l'âme pense toujours. Hobbes, Gassendi, et tous les philosophes empiriques, soutiennent au contraire que l'âme est souvent sans pensées, comme pendant la léthargie et ces sommeils profonds qui ne laissent le souvenir d'aucun sentiment. Mais rien ne prouve, selon Descartes, qu'on ne pense pas dans le sommeil et même dans la léthargie; de ce que nous ne nous souvenons pas d'avoir pensé, pouvons-nous conclure qu'en effet nous n'avons pas pensé? Sans doute l'enfant, dans le ventre de sa mère, ne médite pas sur les choses métaphysiques, mais on peut conjecturer, que l'esprit nouvellement uni au corps d'un enfant, éprouve confusément des senti-

(1) *Lettre à Arnauld*, édit. Cousin, t. X, p. 160.

ments de bien-être et de douleur (1). Les observations profondes de Leibniz, sur les perceptions insensibles, viendront à l'appui de cette thèse cartésienne de la continuité de la pensée. Dès à présent, il importe de remarquer que la pensée étant, selon Descartes, essentielle à l'âme, il devra en retrancher, pour les donner au corps, tous les actes qui ne sont pas accompagnés de conscience, ou, pour parler son langage, qui ne sont pas des pensées.

Non-seulement l'âme est distincte du corps, mais son existence, selon Descartes, est plus certaine et plus claire que celle du corps. Nous connaissons distinctement la nature de l'âme par la conscience, celle des corps ne nous est connue que par conjecture. Il n'est pas impossible de douter de l'existence des corps, que nous connaissons par les sens, tandis qu'il est impossible de douter que nous existons, nous qui les connaissons. « Il n'y a rien qui nous fasse connaître quoi que ce soit qui ne nous fasse encore plus certainement connaître notre pensée (2). » Rien de plus clair à l'esprit que l'esprit lui-même ; car quoi de plus distinct que l'idée que nous avons de l'esprit humain en tant qu'il est une chose qui pense, non étendue en longueur, largeur, profondeur, et ne participant en rien à la nature du corps? Il est vrai que la plupart des hommes jugent autrement, mais Descartes nous en donne la raison : « S'il y en a plusieurs qui se persuadent qu'il y a de la difficulté à connaître ce que c'est que leur âme, c'est qu'ils n'élèvent jamais leur esprit au delà des choses sensibles,

---

(1) Réponse à Hyperaspistes. « Par exemple, lorsqu'ils sentent de la douleur de ce que quelque vent renfermé dans leurs entrailles les fait étendre, ou du plaisir de ce que le sang dont ils sont nourris est doux et propre à leur entretien. » (*Lettre à Arnauld*, édit. Cousin, t. X, p. 158.) « Il ne doute pas que l'esprit, aussitôt qu'il est infus dans le corps d'un enfant, ne commence à penser, et que dès lors il ne sache qu'il pense, encore qu'il ne se souvienne pas par après d'avoir pensé. » (Réponse aux objections d'Arnauld.) Pascal a dit aussi : « L'homme est né pour penser; aussi n'est-il pas un moment sans le faire. » (*Discours sur les passions de l'amour.*)

(2) *Principes*, 1re partie, art. 11.

et qu'ils sont tellement accoutumés à ne rien considérer qu'en l'imaginant, qui est une façon de penser particulière pour les choses matérielles, que tout ce qui n'est pas imaginable leur semble n'être pas intelligible (1). »

La certitude et la clarté de l'âme placées au-dessus de la certitude et de la clarté du corps, est un des grands principes, un des traits essentiels de la philosophie cartésienne. Par cette distinction, si nette et si profonde, de l'âme et du corps, et des deux modes de connaissance qui s'appliquent exclusivement à l'un et à l'autre, Descartes a pour jamais assuré le fondement et fixé la méthode de la science de l'esprit humain.

En même temps il a déterminé le vrai point de départ de la philosophie, à savoir l'étude de l'âme humaine, conformément à cette grande règle d'aller toujours du connu à l'inconnu. Ainsi il a contribué à sauver la philosophie française des abîmes où s'est perdue la philosophie allemande, et il a bien mérité, selon nous, cet éloge de Maine de Biran : « Descartes est le premier des métaphysiciens qui ait conçu et nettement posé la ligne de démarcation qui sépare les attributs de la matière, et ce qui appartient au corps, des attributs de l'âme, et de ce qui ne peut appartenir en propre qu'à une substance pensante. Cette distinction fondamentale appliquée et développée, dans le grand ouvrage des *Méditations*, avec une profondeur incomparable de réflexion a mérité à notre Descartes le titre de créateur et de père de la vraie métaphysique (2). »

Mais il ne suffit pas de tenir une première vérité, il faut, pour aller au delà, avoir un signe à l'aide duquel on puisse infailliblement en reconnaître d'autres. Descartes recherche donc à quelle marque il a accueilli comme une vérité cette proposition, *je pense, donc je suis*, où est contenue la preuve de notre spiritualité ; or, il n'en découvre pas d'autre que celle de l'évidence : « Et ayant remarqué

---

(1) *Discours de la Méthode*, 4ᵉ partie.
(2) *Rapports du physique et du moral.*

qu'il n'y a rien du tout en ceci, *je pense, donc je suis*, qui m'assure que je dis la vérité, sinon que je vois très-clairement que pour penser il faut être, je jugeai que je pouvais prendre pour règle générale que les choses que nous concevons fort clairement et fort distinctement sont toutes vraies (1). » Que peut en effet désirer l'esprit au delà de l'évidence ou des idées claires? Est-il besoin d'une autre lumière pour éclairer la lumière même? L'évidence est donc bien le dernier terme de toute satisfaction pour l'esprit et le criterium suprême de toute vérité.

Assurément Descartes n'est pas le premier qui ait cherché l'évidence, et qui ait reconnu en elle le signe infaillible du vrai ; il n'est pas non plus le premier, comme nous l'avons montré, par l'histoire de ses prédécesseurs, qui ait secoué le joug de l'autorité pour ne plus admettre que celui de la raison. Combien d'autres, au seizième et même au quinzième siècle, l'avaient fait avant lui avec plus de vivacité et de courage! Son originalité est sans doute encore plus dans l'usage qu'il a fait du libre examen que dans la proclamation du libre examen lui-même. Mais c'est lui qui le premier a montré la source de l'évidence dans la conscience, c'est lui qui a enseigné les conditions auxquelles on l'obtient, et qui enfin a assuré pour jamais le triomphe de cette grande règle de la méthode philosophique.

Avant Descartes, et même de son temps, malgré toutes les protestations et toutes les révoltes, on invoquait encore en philosophie l'autorité, soit l'autorité d'Aristote et des anciens, soit l'autorité des Pères de l'Église ; après Descartes, on n'invoquera plus que l'évidence et la raison. Tous les disciples de Descartes, sans en excepter les théologiens eux-mêmes, n'hésiteront pas à placer dans l'évidence le signe unique de la vérité. En matière de philosophie, Bossuet ne sera pas moins que Voltaire partisan de la souveraineté de la raison. C'est l'autorité ou la tradition qu'il faut suivre

---

(1) *Discours de la Méthode*, 2e partie.

en théologie, et la raison seule en philosophie; voilà ce que diront, presque à chaque page, Arnauld, Malebranche, Fénelon et Bossuet, et tous les théologiens cartésiens.

Cependant que d'adversaires de ce criterium de l'évidence, non-seulement au temps de Descartes, mais même au temps où nous sommes! Aujourd'hui, comme au dix-septième siècle, ils objectent qu'il nous arrive de prendre pour évidentes des choses dont la fausseté nous est ensuite démontrée. Or, si une seule fois l'évidence nous trompe, comment l'évidence sera-t-elle le signe infaillible de la vérité? Cette évidence qui nous trompe, répondent Descartes, Malebranche, et tous les cartésiens, n'est qu'une fausse évidence, une pure vraisemblance dont notre raison se contente, aveuglée qu'elle est par quelque préjugé ou quelque passion. De là tant d'erreurs et d'illusions dont la source est dans notre précipitation à juger, avant que la vraisemblance se convertisse en évidence aux yeux de notre raison. Quant à la vraie évidence, à celle qui se découvre à la raison sérieuse et attentive, dans le silence des préjugés et des passions, elle demeure la marque infaillible de la vérité. Si nous n'affirmions que ce que nos idées nous présentent clairement, si nous ne niions que ce qu'elles excluent avec clarté, si nous suspendions notre jugement, dès que l'idée que nous consultons ne nous paraît pas assez claire, jamais nous ne tomberions dans l'erreur.

Voici une autre objection contre Descartes, à laquelle n'ont pas encore renoncé les adversaires de la philosophie. Si la raison de chacun est juge suprême de la vérité et de l'erreur, n'y aura-t-il pas autant de règles que d'individus pour discerner le vrai d'avec le faux? Mais, selon Descartes et Malebranche, la raison dont il s'agit est la raison qui est la même dans tous les êtres raisonnables, et qui leur découvre à tous une même vérité, comme le soleil visible éclaire tous les yeux d'une même lumière. Mettre en doute cette règle de l'évidence, c'est mettre en doute la légitimité même de la faculté de connaître, c'est-à-dire tout mettre en doute et couper dans la racine la possibilité même de toute certitude. Car, comme le dira Fénelon, avec quoi redresser nos idées claires, si nos idées claires nous trompent? Quoi de plus clair que ce qui est clair? Quoi de plus évident que ce qui est évident?

Mais il faut nous élever avec Descartes jusqu'au principe même de cette infaillibilité de l'évidence, c'est-à-dire jusqu'à l'existence d'un être souverainement parfait et souverainement bon, qui ne peut ni vouloir nous tromper, ni souffrir qu'on nous trompe, sinon le fantôme d'un être puissant et malin prenant plaisir à nous tromper, demeure suspendu sur toutes les vérités, sauf celle de l'existence de votre pensée. La raison de douter qui dépend de cette supposition est, il est vrai, dit Descartes, bien légère, et pour ainsi dire métaphysique; mais afin de la pouvoir tout à fait ôter, il doit examiner s'il y a un Dieu, sitôt que l'occasion s'en présentera, et s'il trouve qu'il y en ait un, il doit aussi examiner si ce Dieu peut être trompeur (1).

Comment Descartes va-t-il donc dissiper cette dernière raison de douter que lui-même il a imaginée, comme pour venir au secours du scepticisme? Sans nul doute, c'est par l'évidence qu'il s'assurera de la vérité de la démonstration de l'existence de Dieu. C'est donc l'évidence qui garantira l'existence de Dieu, et l'existence de Dieu qui garantira la règle de l'évidence. Tel est le cercle vicieux que reprochent à Descartes la plupart de ses adversaires. Voici par quelle distinction il cherche à se justifier : « Où j'ai dit que nous ne pouvons rien savoir parfaitement si nous ne connaissons premièrement que Dieu existe, j'ai dit en termes exprès que je ne parlais que la science de ces conclusions, dont la mémoire nous peut revenir en l'esprit, lorsque nous ne pensons plus aux raisons d'où nous les avons tirées (2). » Ailleurs il dit : « qu'il n'est point tombé dans cette faute qu'on

---

(1) 3ᵉ Méditation.
(2) Réponse aux objections recueillies par le P. Mersenne.

appelle cercle, en disant que nous ne sommes assurés que les choses que nous concevons fort clairement et fort distinctement sont toutes vraies, qu'à cause que Dieu existe, et que nous ne sommes assurés que Dieu existe, qu'à cause que nous concevons cela fort clairement, en faisant distinction des choses que nous connaissons en effet d'avec celles que nous nous ressouvenons d'avoir autrefois fort clairement conçues, car nous nous assurons que Dieu existe en prêtant une attention actuelle aux raisons qui nous prouvent son existence (1). »

Il nous semble que Descartes aurait pu mieux se défendre en distinguant l'évidence en elle-même de l'évidence en son principe, ou l'évidence au point de vue psychologique de l'évidence au point de vue ontologique. Sans nul doute, l'évidence en elle-même, telle qu'elle se fait dans notre esprit, se suffit entièrement, et n'a pas plus besoin d'une autorité qui la confirme que la lumière, comme nous l'avons dit, d'une lumière qui l'éclaire. Demander une preuve à l'appui de cette évidence, c'est demander quelque chose de contradictoire. Mais il n'est nullement contradictoire, à ce qu'il nous semble, de rechercher quel peut être, en dehors de notre esprit, le fondement de cette irrésistible autorité de l'évidence. Or, Descartes n'a-t-il pas raison de placer ce fondement en Dieu ? Croire à l'évidence, c'est croire à la véracité de la faculté de connaître, et, en conséquence, à la véracité de celui qui a mis en nous cette faculté. La dernière raison de l'évidence est donc bien en Dieu ; c'est bien en Dieu seul, en un Dieu souverainement parfait, qui ne peut ni se tromper ni vouloir nous tromper, qu'elle a son principe et sa garantie suprême. En ce sens Descartes a eu raison de dire : « Ainsi je reconnais très-clairement que la certitude et la vérité de toute science dépendent de la seule connaissance

---

(1) Réponse aux objections d'Arnauld. Malebranche reproduit cette même explication dans le vi^e chap. du VIe livre de la *Recherche de la vérité*.

du vrai Dieu (1). » Pascal aussi a bien dit, d'après Descartes : « Dieu et le vrai sont inséparables ; si l'un est ou n'est pas, s'il est certain ou incertain, l'autre est nécessairement de même (2). » Ainsi ce cercle vicieux dont les contemporains de Descartes ont fait tant de bruit, est plutôt apparent que réel, et ne trouble en aucune façon la légitimité de la méthode par laquelle Descartes va de l'existence de sa propre pensée à l'existence de Dieu.

A peine sommes-nous entrés dans la philosophie de Descartes, et déjà de toutes parts se découvrent à nous les plus grandes et les plus fécondes vérités, la certitude de notre propre pensée, le *je pense, donc je suis*, barrière invincible à tous les efforts du scepticisme, point de départ de toute philosophie, la spiritualité de l'âme fondée sur la conscience même de notre pensée, l'âme plus certaine et plus claire que le corps, enfin la règle suprême de l'évidence. Mais puisque, au point de vue ontologique, l'évidence repose sur la vérité de l'existence d'un Dieu souverainement parfait, hâtons-nous, avec Descartes, de lui donner cette dernière consécration. Suivons fidèlement la marche de l'auteur du *Discours de la Méthode*, qui va s'élever de l'homme à Dieu, pour redescendre ensuite de Dieu à l'homme et au monde.

(1) 5ᵉ Méditation.
(2) Entretien sur Épictète et Montaigne.

CHAPITRE IV

Comment nous connaissons Dieu sans sortir de nous-mêmes. — Sentiment de notre imperfection lié avec l'idée d'une perfection souveraine. — L'existence de Dieu enfermée dans son idée. — Clarté de l'idée de l'infini. — Antériorité sur l'idée du fini. — Le fini négation de l'infini. — Diverses formes données par Descartes à cette preuve de l'existence de Dieu. — Forme plus sensible et plus populaire. — Forme plus scholastique. — Rapprochement avec saint Anselme. — Critique de la démonstration de l'existence de Dieu par un syllogisme. — Règle posée par Descartes pour déterminer les attributs de Dieu. — La liberté de Dieu. — Comment l'entend Descartes. — A-t-il réellement mis en Dieu cette indifférence dont il fait le plus bas degré de la liberté dans l'homme? — Incompatibilité de la liberté d'indifférence avec l'optimisme de Descartes. — Des attributs de créateur et de conservateur. — Création continuée. — Du mode d'action de la Providence. — Généralité de ses voies. — Élévation de Descartes à Dieu.

C'est aussi du *je pense, donc je suis,* que Descartes va faire sortir l'existence de Dieu (1). Il se propose en effet de montrer comment, « sans sortir de nous-mêmes, nous pouvons connaître Dieu plus facilement que nous ne connaissons les choses de ce monde (2). » Il se ferme donc les yeux, il se bouche les oreilles, il se détourne de tous ses sens pour ne s'entretenir qu'avec lui-même et considérer attentivement ses idées. Or, parmi elles, il croit en décou-

(1) Il marque de la manière suivante l'ordre de ses démonstrations dans la *Recherche de la vérité par les lumières naturelles :* « Il faudra commencer par l'âme de l'homme, parce que toutes nos connaissances dépendent d'elle, et, après avoir considéré sa nature et ses effets, nous arriverons à son auteur. Quand nous connaîtrons quel il est et comment il a créé toutes les choses qui sont dans le monde, nous noterons ce qu'il y a de plus certain dans les autres créatures. »
(2) Dédicace des *Principes.*

vrir une qui contient d'une manière certaine l'existence de Dieu. En effet, en méditant sur lui-même, il s'aperçoit d'abord que son être n'est pas tout parfait puisqu'il doute ; puis, recherchant d'où lui vient cette idée de quelque chose de plus parfait que lui, il découvre qu'elle ne peut être son ouvrage, et qu'elle a dû être mise en lui par une nature véritablement plus parfaite, et même contenant en soi toutes les perfections dont il a l'idée, c'est-à-dire, par Dieu même. Voyons maintenant comment, dans la troisième Méditation, il développe, et fortifie par de nouveaux raisonnements, ce qu'il n'a fait qu'indiquer et ébaucher dans le *Discours de la Méthode*.

D'abord il passe rapidement en revue les différentes classes d'idées qui sont dans son esprit. S'il n'y a point de différence entre la valeur et la réalité des idées considérées comme simples façons de penser, il n'en est pas de même quand on les considère comme des images des choses. Celles d'entre elles qui représentent des substances ont plus de réalité objective que les autres, c'est-à-dire, participent, par représentation, à plus de degrés d'être ou de perfection que celles qui représentent seulement des modes ou des accidents (1). Mais, quelle que soit la réalité d'une idée, il faut qu'il y ait au moins autant de réalité dans

---

(1) Il faut prendre garde au sens du mot objectif et à celui de formel qui lui est opposé dans la philosophie de Descartes. Tous deux sont empruntés au langage de l'École. Selon l'École, l'idée était l'objet immédiat de la pensée, et la forme était l'essence même d'une chose. Voilà pourquoi Descartes appelle réalité objective la réalité exprimée ou représentée dans l'idée, et réalité formelle celle contenue dans l'objet ou la cause extérieure de l'idée. Posséder formellement une réalité, c'est la posséder en propre, tandis que la posséder objectivement, c'est n'en avoir en soi qu'une simple représentation. La réalité formelle est l'original, la réalité objective n'est que l'image, une représentation subjective. Le mot objectif a donc, dans la langue cartésienne, un sens contraire à celui qu'il a reçu dans la philosophie allemande depuis Kant, et qui est adopté aujourd'hui généralement dans la philosophie française. Remarquons encore que Descartes fait synonymes les deux termes éminemment et formellement qui n'ont pas, comme nous le verrons, le même sens dans la langue de Malebranche.

sa cause efficiente qu'il y en a dans cette idée elle-même. De là il suit que non-seulement le néant ne saurait produire aucune chose, mais encore que ce qui est plus parfait ne peut être une suite et une dépendance du moins parfait. « La lumière naturelle, dit Descartes, nous fait donc connaître évidemment que les idées sont en nous comme des tableaux et des images qui peuvent, à la vérité, facilement déchoir de la perfection des choses dont elles ont été tirées, mais qui ne peuvent jamais rien contenir de plus grand ou de plus parfait. »

Donc toute idée dont la perfection ne dépasse pas les forces et les proportions de la nature humaine, pourra avoir sa cause formelle en lui-même, sans qu'il soit besoin de la chercher ailleurs. Si au contraire il rencontre une idée dont la perfection soit telle, qu'il voie clairement qu'il ne peut en être la cause, il devra la rapporter à un être en qui réside formellement toute la perfection contenue objectivement dans cette idée. Dans les idées des choses corporelles et animées, dans les idées des autres hommes, des anges eux-mêmes, il ne trouve rien qui soit tellement parfait et supérieur à sa nature, qu'il ne puisse concevoir qu'il en est l'auteur. Mais il n'en est pas de même à l'égard d'une autre idée, non moins réelle, de notre esprit, qui est née et produite avec nous, à savoir l'idée d'une substance infinie, éternelle, immuable, indépendante, toute-connaissante, toute-puissante, et par laquelle lui-même et toutes les autres choses ont été créés. Sentons-nous quelque chose en notre nature qui soit capable de pareils effets? Étant des substances, nous avons bien, de par devers nous, l'idée de la substance, mais étant des êtres finis, nous ne pouvons tirer de notre nature l'idée de la substance infinie. Il faut donc que cette idée nous vienne d'un être qui en soit le patron et l'original, et qui possède formellement en lui-même toutes les perfections contenues dans l'idée que nous en avons. Or cet être éternel, infini, immuable, indépendant, tout-connaissant, tout-puissant, ne peut être que Dieu. Donc Dieu existe.

Il importe de bien saisir la vraie nature de cette preuve. Ce n'est pas une pure intuition de la raison, une preuve de simple vue, comme dans le système de Malebranche. Selon Descartes, l'idée de Dieu n'est qu'un mode de l'âme humaine, mode d'où il infère l'existence de Dieu, à cause de cet excès de perfection objective par où elle dépasse toutes les autres idées. Le raisonnement seul, Descartes le dit expressément, peut nous élever jusqu'à Dieu : « Toutes les connaissances de Dieu que nous pouvons avoir, sans miracle, en cette vie descendent du raisonnement (1). »

Les diverses preuves de l'existence de Dieu, données par Descartes, ne sont que des formes différentes de cette preuve unique, et toutes tirent également leur vertu de l'idée de l'infini ou de la perfection souveraine. C'est contre cette idée, et contre la preuve dont elle est le fondement, que concentrent leurs efforts les principaux adversaires de la métaphysique de Descartes. Sur aucun point Descartes n'a été plus vivement attaqué, et sur nul autre il ne s'est défendu avec plus de force et plus d'habileté. Passons rapidement en revue les principaux arguments échangés de part et d'autre dans cette polémique.

L'humanité va en se perfectionnant, dit Gassendi, ne pourrait-elle donc un jour arriver à posséder formellement en elle toute la réalité objective contenue dans cette idée ? Même en supposant, répond Descartes, un progrès sans fin dans l'humanité, jamais ce perfectionnement ne pourra

(1) *Lettre à Chanut*, édit. Cousin, t. X, p. 130. Voici le passage entier : « La connaissance que nous avons de Dieu maintenant diffère de la connaissance de Dieu en la béatitude, en ce qu'elle n'est pas intuitive. La connaissance intuitive est une illustration de l'esprit par laquelle il voit en la lumière de Dieu les choses qu'il lui plaît de découvrir par une impression directe de la clarté divine sur notre entendement, qui en cela n'est point considéré comme agent, mais seulement comme recevant les rayons de la Divinité. Or, toutes les connaissances que nous pouvons avoir de Dieu sans miracle en cette vie descendent du raisonnement et du progrès de notre discours qui les déduit des principes de la foi qui est obscure, ou viennent des idées et des notions naturelles qui sont en nous, qui, pour claires qu'elles soient, ne sont que grossières et confuses sur un si haut sujet. »

fournir à toute la réalité contenue dans cette idée. D'abord cette perfection ne serait qu'en puissance, tandis que la perfection de Dieu est actuelle ; en outre, ce qui s'accroît et se perfectionne n'égalera jamais l'infini qui exclut tout progrès, tout nombre, tout degré. Tous les adversaires de la nouvelle métaphysique nient la clarté de l'idée de l'infini, d'où ils concluent qu'on ne peut en tirer aucune existence, surtout celle d'un être infini. Mais, au contraire, selon Descartes : « l'idée de l'infini est fort claire et fort distincte, puisque tout ce que mon esprit conçoit clairement et distinctement de réel et de vrai, et qui contient en soi quelque perfection, est contenu et renfermé tout entier dans cette idée. Et ceci ne laisse pas d'être vrai, encore que je ne comprenne pas l'infini, et qu'il se rencontre en Dieu une infinité de choses que je ne puis comprendre, ni peut-être atteindre aucunement de la pensée, car il est de la nature de l'infini que moi, qui suis fini et borné, ne puisse le comprendre, et il suffit que j'entende bien cela, et que je juge que toutes les choses que je conçois clairement et dans lesquelles je sais qu'il y a quelque perfection, et peut-être aussi une infinité d'autres que j'ignore, sont en Dieu formellement ou éminemment, afin que l'idée que j'en ai soit la plus claire et la plus distincte de toutes celles qui sont en notre esprit. » Il dit encore dans cette même Méditation : « Je ne me dois pas imaginer que je ne conçois pas l'infini par une véritable idée, mais seulement par la négation de ce qui est fini, de même que je comprends le repos et les ténèbres par la négation du mouvement et de la lumière, puisqu'au contraire je vois manifestement plus de réalité dans la substance infinie que dans la substance finie, et partant que j'ai en quelque façon premièrement en moi la notion de l'infini que du fini. »

Ce qu'il a dit dans les *Méditations* sur l'idée de l'infini, Descartes le fortifie encore dans sa réponse à Gassendi. Fénelon, Malebranche, Bossuet n'ont fait que développer, en une langue magnifique, ce que Descartes avait déjà dit, d'une manière plus concise, mais non moins forte, touchant la vraie nature et les caractères de l'idée de l'infini. Nul, mieux que Descartes lui-même, n'a démontré que cette idée n'est ni obscure, ni confuse, ni négative, et qu'elle diffère essentiellement, par là même qu'elle n'admet ni degrés ni progrès, de l'idée de l'indéfini, produit de l'imagination et de l'expérience.

Mais quelque claire et évidente qu'il juge cette démonstration, immédiatement fondée sur l'idée de l'infini, pour quiconque voudra sérieusement y appliquer son esprit, Descartes est inquiet sur les difficultés qu'auront à la comprendre et à la retenir, ceux dont l'âme est obscurcie par des nuages sensibles. Craignant donc qu'ils ne se ressouviennent pas facilement de la raison pour laquelle il suit, de ce que nous avons en nous l'idée d'un être parfait, que cet être parfait existe réellement, il veut donner encore une autre preuve de l'existence de Dieu plus facile à saisir pour le vulgaire. Au lieu donc de la démontrer en ne se servant que d'une idée qui est dans notre intelligence, il annonce qu'il va conclure cette vérité directement du fait même de notre existence.

C'est pourquoi il considère si lui-même, qui a cette idée de Dieu, il pourrait être, au cas qu'il n'y eût pas de Dieu. Si ce n'est pas Dieu qui nous a créés, trois hypothèses seulement sont possibles pour rendre compte du fait de notre existence : ou nous la tenons de nous-mêmes, ou de nos parents, ou de quelques autres causes moins parfaites que Dieu. Or nous ne tenons pas notre être de nous-mêmes, puisque nous nous connaissons comme un être incomplet et imparfait, tandis que nous avons en nous l'idée de toutes les perfections. Ne les aurions-nous pas toutes réalisées en nous-mêmes, si nous nous étions faits nous-mêmes (1) ?

(1) Fénelon tourne ainsi l'argument à Descartes : « Me suis-je fait moi-même ? Non, car pour faire il faut être, le néant ne fait rien ; donc pour me faire il aurait fallu que j'eusse été avant d'être, ce qui est une manifeste contradiction. » (*Traité de l'existence de Dieu*, 2ᵉ part., chap. 1.)

Si notre existence dépendante prouve un être indépendant, le fait seul de notre conservation prouve un créateur sans cesse créant. Ici nous voyons apparaître pour la première fois la doctrine de la création continuée qui joue un rôle si considérable dans la métaphysique cartésienne. La mutuelle indépendance de toutes les parties, infinies en nombre, dans lesquelles on peut diviser le temps par la pensée, voilà l'argument principal de Descartes en faveur de la création continuée. Aucune relation n'existant entre les parties du temps, de ce que je vis l'instant d'à présent, il ne s'ensuit pas que je doive vivre l'instant d'après. Ai-je en moi le sentiment de quelque pouvoir au moyen duquel je puisse faire que, moi qui suis maintenant, je sois encore un moment après? Si j'avais ce pouvoir, je le connaîtrais, je le penserais, puisque je suis une chose qui pense. Or, je ne le connais pas, je ne le pense pas; donc je ne le possède pas et je dépends de quelque être différent de moi-même. Ma conservation n'est donc qu'une répétition continuelle de l'acte qui m'a créé; et ainsi Dieu est démontré par le fait seul de notre durée, comme par celui de notre existence.

Quant à vouloir faire dériver notre existence de nos parents ou de quelques autres causes moins parfaites que Dieu, ce serait évidemment contraire au principe d'après lequel il doit y avoir au moins autant de réalité efficiente dans la cause que dans l'effet. J'ai en moi l'idée de toutes les perfections, il faut que ces perfections se retrouvent dans la cause qui m'a produit : si cette cause les possède formellement, elle est Dieu; si elle ne les a qu'objectivement, il faut toujours en dernier lieu remonter à un être qui les possède formellement, c'est-à-dire, à Dieu. Enfin, ne pourrais-je pas être l'œuvre de plusieurs causes réunies qui, chacune en particulier, inférieure à l'idée des perfections que j'ai en moi, formeraient par leur ensemble un tout qui les égalerait? Mais, alors même que ces perfections réunies nous donneraient l'idée de toutes les autres perfections de Dieu, assurément elles ne nous donneraient pas celle de son unité et de sa simplicité. Dieu donc est nécessairement l'auteur de mon être, et, en conséquence, que Dieu existe, de cela seul que j'existe ayant en moi l'idée d'une perfection souveraine.

Ces deux preuves n'en font en réalité qu'une seule ; la seconde, à laquelle Descartes a voulu donner une forme plus populaire, repose, on le voit, en dernière analyse, comme la première, sur l'idée de Dieu (1). D'ailleurs Descartes lui-même nous montre comment toutes deux se ramènent l'une à l'autre par la manière dont il les résume dans la quatrième Méditation : « De cela seul que cette idée se trouve en moi, ou bien que je suis ou existe, moi qui possède cette idée, je conclus évidemment l'existence de Dieu. »

Mais il a tellement à cœur d'élever au-dessus de tous les doutes cette vérité fondamentale de l'existence de Dieu, qu'il veut encore lui donner la forme et la rigueur d'une démonstration de géométrie. Ces deux premières démonstrations paraîtraient-elles fausses et insuffisantes à certains esprits, il prouvera qu'il y a encore autant de certitude dans cette proposition, Dieu existe, que dans une proposition géométrique quelconque. Déjà, dans le *Discours de la Méthode*, il avait indiqué en quelques lignes cette démonstration géométrique : « Revenant à examiner l'idée que j'avais d'un être parfait, je trouvais que l'existence y était comprise en même façon qu'il est compris, en celle d'un triangle, que ses trois angles sont égaux à deux droits. » Voici comment il la reprend et la développe dans la cinquième Méditation. Il remarque que, dans notre intelligence, il y a une foule d'idées de certaines choses qui, quoique peut-être n'existant pas hors de nous, ne sont pas néant, puisqu'elles sont claires, ni de notre pure invention, puisqu'elles ont leurs vraies et immuables natures. Telles sont les propriétés du triangle, qui n'existent peut-être pas hors de ma pensée, mais que je n'ai pas inventées,

---

(1) Nous reviendrons sur cette question de la création continuée à propos des attributs de Dieu et de ses rapports avec les êtres créés, dans le chapitre VI.

puisqu'elles existent en dépit de moi. Je n'ai que faire, dit-il, de m'objecter que cette idée de triangle nous vient peut-être par les sens, pour avoir vu quelquefois des figures triangulaires ; car y eût-il quelque vraisemblance dans cette opinion à l'égard du triangle, il n'y en aurait aucune à l'égard d'une infinité d'autres figures plus compliquées, dont nous concevons cependant clairement les propriétés, et qu'on pourrait prendre également pour exemples. Mais si je puis tirer de ma pensée l'idée de quelque chose, tout ce que je reconnais clairement appartenir à cette chose lui appartient en effet ; cette propriété de l'égalité des trois angles à deux droits, que je reconnais clairement exister dans un triangle, n'est pas moins vraie du triangle qu'il n'est vrai que j'ai cette idée du triangle. Or il est certain que j'ai en moi l'idée de Dieu, en conséquence toutes les propriétés que je reconnaîtrai clairement lui appartenir, lui appartiendront en effet; elles ne seront pas moins vraies de Dieu lui-même que l'égalité des trois angles à deux droits n'est vraie du triangle. Dans les perfections, que je conçois clairement appartenir à Dieu, est comprise une actuelle et éternelle existence ; donc je puis affirmer, au même titre, que Dieu existe et que les trois angles d'un triangle sont égaux à deux droits. Autant vaut le second raisonnement, autant vaut le premier. Ainsi nierait-on tout ce qui a été précédemment démontré, l'existence de Dieu, selon Descartes, n'en devrait pas moins passer dans notre esprit pour aussi certaine qu'une vérité mathématique quelconque.

La plupart des historiens de la philosophie ont remarqué l'analogie qui existe au fond, malgré la diversité des tours et des formes, entre cet argument et celui de saint -Anselme, dans le *Proslogium* (1). Huet et Leibniz ont même accusé Descartes d'avoir, de propos délibéré, commis un véritable larcin au détriment de saint Anselme. Quant à

---

(1) Voir l'*Histoire de saint Anselme*, par M. de Rémusat, et la Thèse de M. Saisset, *De varia S. Anselmi argumenti fortuna*, Paris, 1840.

nous, il nous semble probable que ne connaissant pas saint Augustin, encore moins connaissait-il saint Anselme, si ce n'est peut-être bien vaguement par les objections de saint Thomas, et l'enseignement philosophique de La Flèche. Nous croyons donc qu'il n'y a rien à reprocher à Descartes, à l'égard de la bonne foi, s'il faut lui ôter quelque chose en fait d'originalité. Mais ce qui importe surtout, c'est d'apprécier la valeur de ce nouvel argument.

Descartes avoue lui-même qu'il a été en doute de savoir s'il s'en servirait, dans la crainte où il était d'affaiblir la clarté des deux autres : « Je confesse que cet argument paraît un sophisme quand on ne se rappelle pas toutes les raisons sur lesquelles il s'appuie, et j'ai d'abord été en doute si je devais m'en servir, je craignais d'affaiblir la clarté de mes autres arguments. Mais comme il y a deux manières de prouver l'existence de Dieu, l'une par ses effets, par l'idée que nous en avons et qu'il a mise en nous, l'autre par son essence et sa nature même, après avoir développé la première dans la troisième Méditation, j'ai cru que je ne pouvais passer l'autre sous silence (1). »

Cette preuve, qui ne vient qu'en dernier lieu, dans les *Méditations*, et qui n'est qu'indiquée dans le *Discours de la Méthode*, est mise en première ligne dans les *Principes* où Descartes s'adresse plus particulièrement aux doctes et à l'École. Après avoir été, comme il le dit, des idées aux causes ou de l'idée de l'infini à sa cause qui est Dieu, il veut ici, au contraire, aller de la cause à ses effets, c'est-à-dire, se plaçant tout d'abord au sein de l'être parfait lui-même, supposé seulement comme possible, il prétend en déduire son existence au moyen d'un syllogisme.

Mais l'existence de Dieu, pas plus que notre propre existence, ne nous est donnée par la vertu d'un syllogisme (2).

---

(1) Réponse aux premières objections.
(2) Voir dans le *Journal des savants*, de septembre 1850 et dans les numéros suivants, les articles de M. Cousin sur les *Animadversiones*

Sans doute nous ne pouvons, sans contradiction, supposer un être infiniment parfait, et au même temps lui dénier l'existence. Une nécessité logique unit ces deux termes de perfection et d'existence, comme l'idée de triangle et l'égalité des trois angles à deux droits. Mais où est la contradiction à supprimer les deux termes à la fois? Le syllogisme démontre bien qu'ils se conviennent, mais nullement qu'ils doivent exister ailleurs que dans notre pensée. Quelle sorte d'existence est d'ailleurs contenue dans les prémisses, sinon une existence générale et abstraite? L'existence, dans la conclusion, ne sera donc aussi elle-même qu'une existence abstraite, s'il est vrai que les termes doivent être pris au même sens dans la conclusion que dans les prémisses. En outre, cette prétendue preuve syllogistique ne peut rien nous donner que déjà réellement nous ne sachions. Appelons-en à Descartes lui-même qui a si bien signalé cette impuissance du syllogisme à donner quelque chose de nouveau : « Pour se convaincre complétement que cet art syllogistique ne sert en rien à la découverte de la vérité, il faut remarquer que les dialecticiens ne peuvent former aucun syllogisme qui conclue le vrai, sans en avoir eu avant la matière, c'est-à-dire sans avoir connu d'avance la vérité que ce syllogisme développe (1). » Ainsi il faut nous tenir à cette première preuve du *Discours de la Méthode* et des *Méditations* où, au lieu de démontrer Dieu par son essence même, Descartes s'élève, de l'idée de Dieu, à Dieu lui-même, comme de l'effet à la cause. Nous verrons dans la suite de cette histoire à combien de discussions ont donné lieu ces preuves de l'existence de Dieu (2).

Leibnizii ad Cartesii Principia philosophiæ. Voir aussi la Défense de Descartes dans les *Fragments d'histoire de la philosophie moderne*, 2e partie, 5e édit., 1866.

(1) *Règles pour la Direction de l'esprit.*

(2) La critique des preuves de l'existence de Dieu tient une grande place dans les objections faites à Descartes et imprimées à la suite des Méditations. « Il n'y a rien, dit Bayle (art. *Zabarella*), sur quoi les cartésiens soient plus harcelés que sur la démonstration que donne Descartes de l'existence de Dieu. M. Werenfels, professeur à Bâle, a soutenu par un écrit im-

Après avoir approfondi la démonstration de l'existence de Dieu, Descartes ne fait qu'effleurer la question de ses attributs et de sa providence, ce qui fait dire à l'historien allemand Ritter : « C'est un trait de sa doctrine qu'il évite les discussions approfondies sur Dieu, ses rapports avec l'univers et avec l'homme. Il aime à renvoyer ses recherches à la théologie ; ses explications là-dessus ne sont qu'accidentelles, souvent indécises (1). » Cependant la théologie naturelle de Descartes, quelque abrégée qu'elle soit, contient le germe de toutes les doctrines qui seront développées par Malebranche et Leibniz. Voici d'abord le principe d'après lequel il détermine les attributs de Dieu : « Suivant les raisonnements que je viens de faire, pour connaître la nature de Dieu, autant que la mienne en était capable, je n'avais qu'à considérer de toutes les choses dont je trouvais en moi quelque idée, si c'était perfection ou non de les posséder, et j'étais assuré qu'aucune de celles qui marquaient quelque imperfection n'était en lui, mais que toutes les autres y étaient (2). »

Descartes, sans avoir fait de cette règle une application aussi étendue et aussi approfondie que Malebranche ou Fénelon, en a néanmoins déduit un certain nombre de conséquences relativement à la nature de Dieu. Ainsi il remarque, que le doute, l'inconstance, la tristesse, et choses semblables, ne peuvent être en Dieu, parce que ce ne sont

---

primé que cet argument de M. Descartes est un pur paralogisme. M. Swicer, professeur à Zurich, lui a répondu. M. Jaquelot, ministre à La Haye, lui a fait aussi une réponse insérée dans le *Journal des Savants* en 1701. M. Brillon, docteur en Sorbonne, a vu cette réponse et n'en a pas été content. Il a publié un mémoire pour démontrer que Descartes a fait un sophisme et non une démonstration. Le P. François Lamy a réfuté ce mémoire. M. Jaquelot a répliqué par le sien, etc. » Ajoutons qu'il n'est pas d'adversaire de Descartes qui n'ait attaqué, et pas de cartésien qui n'ait défendu la démonstration de l'existence de Dieu tirée de l'idée même que nous en avons.

(1) *Discours de la Méthode*, 4e partie.
(2) *Histoire de la philosophie moderne*, traduite par Challemel-Lacour. t. I, p. 52.

que des imperfections de notre nature dont nous-mêmes nous serions bien aises d'être exempts. Par la même raison Dieu, selon Descartes, ne peut être trompeur, puisque la lumière naturelle nous enseigne que la tromperie dépend nécessairement de quelque défaut (1), et, étant tout-puissant, en même temps que souverainement bon, il ne peut permettre qu'on nous trompe. Ainsi s'évanouit le fantôme de l'esprit malin, prenant plaisir à nous tromper ; ainsi le criterium de l'évidence est désormais à l'abri des atteintes du scepticisme le plus forcené.

Nous nous connaissons clairement comme composés d'une nature intelligente et d'une nature corporelle, mais nous ne pouvons concevoir Dieu composé comme nous, car toute composition témoigne de la dépendance, qui est manifestement un défaut. « Je jugeais de là que ce ne pouvait être une perfection en Dieu d'être composé de ces deux natures et qu'en conséquence il ne l'était pas (2). »

Il importe de remarquer la manière dont Descartes entend la liberté souveraine de Dieu et l'attribut de conservateur. Au premier abord, il semblerait attribuer à Dieu une liberté d'indifférence, c'est-à-dire une liberté affranchie de toute loi, de toute considération d'ordre et de sagesse. « Les vérités métaphysiques, écrit-il au père Mersenne, lesquelles vous nommez éternelles ont été établies de Dieu et en dépendent entièrement, aussi bien que tout le reste des créatures ; c'est en effet parler de Dieu comme d'un Jupiter ou d'un Saturne et l'assujettir au Styx et aux destinées que de dire que ces vérités sont indépendantes de lui. Ne craignez point, je vous prie, d'assurer et de publier partout, que c'est Dieu qui a établi ces lois en la nature, ainsi qu'un roi établit les lois en son royaume (3). » Il ne faut pas cependant se hâter d'accuser Descartes de donner réellement à Dieu une liberté d'indifférence, et de conver-

---

(1) 3e Méditation.
(2) *Discours de la Méthode*, 4e partie.
(3) Éd. Cousin, t. VI, p. 109.

tir en caprices d'une volonté sans raison les décrets divins qui régissent le monde. En effet, après avoir fait dépendre toutes les vérités de la volonté de Dieu, il ajoute que cette volonté est immuable comme ces vérités elles-mêmes. « On vous dira que si Dieu avait établi ces vérités, il les pourrait changer comme un roi fait ses lois ; à quoi il faut répondre que oui, si sa volonté peut changer. Mais je les comprends comme éternelles et immuables, et moi je juge le même de Dieu (1). » Voici un autre passage qui achève de nous montrer sous un meilleur jour la pensée de Descartes : « On ne peut dire sans blasphème que la vérité de quelque chose précède la connaissance que Dieu en a, car en Dieu ce n'est qu'un de vouloir et de connaître, de sorte que, *ex hoc ipso quod aliquid velit, ideo cognoscit, et ideo tantum talis est res vera*. Il ne faut donc pas dire : *si Deus non esset, nihilominus istæ veritates essent veræ*, car l'existence de Dieu est la première et la plus éternelle de toutes les vérités qui peuvent être et la seule d'où procèdent toutes les autres (2). »

Ainsi, en allant au fond de la doctrine de Descartes sur la liberté de Dieu, on voit qu'il ne l'affranchit nullement de toute règle et de toute raison, puisqu'il identifie en lui la volonté et la connaissance et ne les sépare pas de son essence même. D'ailleurs, comment attribuerait-il à Dieu cette même liberté d'indifférence qui lui semble dans l'homme le plus bas degré de la liberté, un défaut dans la connaissance et non une perfection dans la volonté ? « L'indifférence que je sens lorsque je ne suis point emporté vers un côté plutôt que vers un autre par le poids d'aucune raison, est le plus bas degré de la liberté, et fait plutôt paraître un défaut dans la connaissance qu'une perfection dans la volonté, car si je connaissais toujours clairement ce qui est vrai et ce qui est bon, je ne serais jamais en peine de délibérer quel jugement et

---

(1) Éd. Cousin, t. VI, p. 109.
(2) *Ibid.*, p. 103.

quel choix je devrais faire, et ainsi je serais entièrement libre, sans jamais être indifférent (1). » Descartes n'a pas séparé dans l'homme la liberté de l'entendement, nous croyons qu'il ne les a pas non plus séparés en Dieu (2).

Si, d'ailleurs, Descartes était réellement pour la doctrine de la liberté d'indifférence en Dieu, comment adopterait-il ce grand principe de l'optimisme : Il est certain que Dieu veut toujours le meilleur (3) ? Descartes, en effet, croit à la plus grande perfection possible de cet univers, si l'on considère l'ensemble et non pas les détails. « De plus, il me vint encore à l'esprit qu'on ne doit pas considérer une seule créature séparément lorsqu'on recherche si les ouvrages de Dieu sont parfaits, mais généralement toutes les créatures ensemble, car la même chose qui pourrait, peut-être avec quelque sorte de raison, sembler fort imparfaite si elle était seule dans le monde, ne laisse pas d'être très-parfaite étant considérée comme faisant partie de tout cet univers. » Le meilleur dont il s'agit est un meilleur collectif, au regard de l'ensemble, et non un meilleur particulier au regard de chaque chose : « Dieu mène tout à sa perfection, c'est-à-dire tout *collective*, non pas chaque chose en particulier, car cela même que les choses particulières périssent et que d'autres renaissent en leur place, c'est une des principales perfections de l'univers (4). » En effet, il repousse la prétention de l'homme de se poser comme la fin de l'univers. Comment soutenir que tout a été fait en vue de l'homme, lorsque tant de choses sont dans le monde, y ont été et n'y sont plus, sans qu'aucun homme les ait jamais vues ou connues et sans qu'elles lui aient jamais servi à aucun usage (5) ? Cette doctrine de l'optimisme, à peine

---

(1) 4º Méditation.

(2) Nous pensons avoir ainsi modifié, après un examen plus attentif, le jugement que nous avions porté dans les précédentes éditions sur la manière dont Descartes entend la liberté de Dieu.

(3) 4º Méditation.

(4) *Lettre à un ami du P. Mersenne*, édit. Cousin, t. VI, p. 300. Voir aussi la 4º Méditation.

(5) *Principes*, 3º partie, 3.

ébauchée par Descartes, grandira au sein de son école et recevra tous ses développements dans Malebranche et dans Leibniz.

Comment Dieu a-t-il créé le monde et comment le conserve-t-il ? Descartes fait dépendre la création du monde d'un décret de la toute-puissance de Dieu. Dieu a créé le monde quand il lui a plu de le créer, non pas successivement, mais d'un seul jet ; le monde, selon Descartes, n'a pas eu d'enfance, il n'est pas né d'abord imparfait et informe de cet acte tout-puissant de la volonté divine, il ne s'est pas formé ni développé, dans la suite des temps, par l'action lente et continue des lois qui lui auraient été données dès le commencement. Avant d'exposer l'hypothèse des tourbillons, il nous avertit, pour se mettre en garde sans doute contre les objections des théologiens, que s'il imagine une formation successive du monde, c'est pour expliquer plus clairement son état actuel, car il ne pense pas qu'il soit de la dignité de Dieu de créer l'univers petit à petit, comme s'il eût eu besoin de proportionner à ses forces la grande tâche qu'il s'était imposée. Dieu n'a eu qu'à vouloir, et d'un seul jet le monde a été créé.

Dieu, après avoir créé le monde, le conserve ; il le conserve, selon Descartes, non pas seulement en le soutenant dans l'existence par la seule permanence des lois que, dès l'origine, il lui a imprimées, mais en répétant à chaque instant de la durée, l'acte créateur, par lequel une première fois, il l'a fait sortir du néant. « Il est certain, dit Descartes, et c'est une opinion communément reçue entre les théologiens, que l'action par laquelle il le conserve est toute la même que celle par laquelle il l'a créé (1). » Il dit ailleurs : « Ni l'homme ni le monde ne sont semblables à des machines qui, une fois montées, se meuvent seules quelque temps, quoique abandonnées de l'ouvrier. » Rien n'existe que par la répétition non interrompue de l'acte qui l'a créé. Conserver et créer derechef, comme dit Descartes, sont au

---

(1) *Disc. de la Méthode*, 5ᵉ partie.

regard de Dieu, une seule et même chose. Descartes n'est nullement l'inventeur de cette doctrine qui, comme il le dit ici, et dans sa réponse à Gassendi, était la doctrine communément reçue des philosophes et des théologiens. On la trouve en effet chez les Arabes (1), dans saint Thomas (2), dans les écoles du moyen âge ; nous la trouverons même dans Leibniz. Mais il semble qu'elle soit devenue propre à Descartes, à Malebranche, et à la plupart des philosophes de l'école cartésienne, par le sens absolu qu'ils lui ont donné et par les conséquences qu'ils en ont tirées. Nous verrons que la création continuée est un des grands arguments de Malebranche en faveur des causes occasionnelles et comment, en faisant de Dieu le seul acteur, elle tend à ôter la liberté à l'homme et à transformer tous les êtres en de simples phénomènes.

Si Dieu ne nous conserve qu'en nous créant de nouveau, il faut qu'à chaque instant il nous crée avec toutes nos pensées et toutes nos inclinations ; or c'est de là même que Descartes fait dériver sa prescience infinie. « Avant qu'il nous ait envoyés en ce monde, Dieu a su exactement quelles seraient toutes les inclinations de notre volonté ; c'est lui-même qui les a mises en nous, c'est lui aussi qui a disposé de toutes les autres choses qui sont hors de nous, pour faire que tels ou tels objets se présentassent à nos sens à tel ou tel temps, à l'occasion desquelles il a su que notre libre arbitre nous déterminerait à telle ou telle chose, et il l'a ainsi voulu, mais il n'a pas

---

(1) Les Motecallémins, véritables philosophes scholastiques chez les Arabes, substituant partout l'action immédiate de Dieu aux lois de la nature, pensaient que Dieu crée, renouvelle à chaque instant les atomes et même les accidents des atomes qui, suivant eux, ne sont pas moins indépendants les uns des autres que les atomes eux-mêmes. Voir M. Franck, *Études orientales*. Maimonide, in-8°, p. 346.

(2) « Cum autem Deus sit ipsum esse per suam essentiam, oportet, « quod esse creatum sit proprius effectus ejus. Hunc autem effec- « tum causat Deus in rebus, non solum quando primo esse incipiunt, « sed quamdiu in esse conservantur. » (*Summa theol.* pars prima, quæst. 8, art. 1.)

voulu pour cela l'y contraindre (1). » Pour concilier cette prescience infinie avec la liberté de l'homme, Descartes, à l'exemple de certains théologiens, distingue en Dieu deux sortes de volonté, l'une indépendante et absolue, par laquelle il veut que toutes les choses se fassent ainsi qu'elles se font, l'autre relative qui se rapporte au mérite et au démérite des hommes, et par laquelle il veut qu'on obéisse à ses lois.

Si Descartes n'a pas développé les questions relatives au mode d'action de la Providence sur le monde, il indique nettement sa pensée sur ce grand sujet dans une lettre à la princesse Élisabeth : « Je ne crois pas que par cette Providence particulière que Votre Altesse dit être le fondement de la théologie, vous entendiez quelque changement qui arrive en ses décrets à l'occasion des actions qui dépendent de notre libre arbitre, car la théologie n'admet pas ce changement. Et lorsqu'elle nous oblige à prier Dieu, ce n'est point afin que nous lui enseignions de quoi nous avons besoin, ni afin que nous tâchions d'impétrer de lui qu'il change quelque chose en l'ordre établi de toute éternité par sa providence, l'un et l'autre seraient blâmables, mais c'est seulement afin que nous obtenions ce qu'il a voulu être de toute éternité obtenu par nos prières (2). » Ainsi Descartes, de même que Malebranche et Leibniz, est pour les volontés générales et immuables qui seules lui semblent dignes de Dieu.

Tel est le résumé fidèle des doctrines de Descartes sur Dieu et ses attributs. Quoiqu'il passe rapidement sur ses attributs et sa providence, néanmoins il a le mérite d'avoir fondé la théologie naturelle sur son vrai fondement, à savoir sur l'idée de l'infini, et d'avoir ouvert les voies à Malebranche et à Leibniz. Rappelons que Descartes a entrepris la démonstration de l'existence d'un Dieu souverainement parfait pour donner la dernière consécration à

---

(1) Édit. Garnier, vol. VIII, p. 210, *Lettre à la princesse Élisabeth.*
(2) Édit. Cousin, t. IX, p. 241.

la règle de l'évidence. Grâce à cette démonstration, les doutes qui planaient encore sur sa légitimité se sont dissipés, comme de légers nuages devant les rayons du soleil. Dieu et le vrai ont été associés l'un à l'autre, et se servent de mutuelle et infaillible garantie.

Nous allons maintenant, en pleine possession de la règle de l'évidence, redescendre, avec Descartes, de Dieu à l'homme et au monde. Mais, pour montrer combien l'âme de Descartes est pénétrée de ces grandes vérités, citons d'abord la fin de la troisième Méditation, qui peut être comparée aux plus belles élévations de Malebranche, de Fénelon et de Bossuet. « Arrêtons-nous quelque temps à la contemplation de ce Dieu tout parfait, afin de peser à loisir ses merveilleux attributs, de considérer, d'admirer et d'adorer l'incomparable beauté de cette immense lumière, au moins autant que la force de mon esprit qui en demeure en quelque sorte ébloui, me le pourra permettre. Car comme la foi nous apprend que la souveraine félicité de l'autre vie ne consiste que dans cette contemplation de la majesté divine, ainsi expérimentons-nous dès maintenant qu'une semblable méditation, quoique infiniment moins parfaite, nous fait jouir du plus grand contentement que nous soyons capables de ressentir en cette vie (1). »

---

(1) Il dit aussi dans une lettre à Chanut : « Je n'assure point que l'amour de Dieu soit méritoire sans la grâce, je laisse démêler cela aux théologiens, mais j'ose dire qu'au regard de cette vie, c'est la plus ravissante et la plus utile passion que nous puissions avoir. » Édit. Cousin, t. X, p. 10.)

CHAPITRE V

Des divers modes de la pensée. — 1º Les idées. — Idées innées. — Les idées innées, et l'idée même de Dieu, purs modes de la pensée. — Caractères qui les distinguent des autres idées. — Point de classification des idées innées. — Énumération vague et incertaine. — Rien de platonicien ou d'augustinien dans la théorie de Descartes. — Les idées adventices et le monde extérieur. — En quel sens Descartes a mis les qualités sensibles dans l'âme. — Conformité de sa théorie avec les derniers résultats des sciences modernes. — Argument de la véracité divine en faveur de l'existence du monde extérieur. — De l'ordre suivi par Descartes dans la démonstration de l'existence de l'âme, de Dieu et du monde. — 2º Les volontés. — Le jugement attribué à la volonté. — *Omnis peccans est ignorans*. — De la cause de l'erreur. — 3º Les affections ou les passions. — *Traité des passions*. — Des causes et des objets des passions. — Passions primitives et passions secondaires. — Descartes moraliste. — Utilité et bon usage des passions. — Conseils pour les combattre. — Morale de Descartes. — Éclectisme entre Épicure et Zénon. — La béatitude dans la vertu et par la vertu.

Nous allons maintenant étudier les divers modes de la pensée. Descartes en distingue trois, les idées, les affections et les volontés. Accoutumés au langage psychologique des modernes, il peut nous paraître étrange de voir les affections et les volontés placées, avec les idées, parmi les modes de la pensée. Mais il ne faut pas oublier que Descartes entend par pensée l'essence même de l'âme, et non une puissance ou faculté particulière. En ce sens général il a raison de comprendre, sous cette dénomination commune de modes de la pensée ou de pensées, tous les phénomènes de conscience sans exception.

N'ont-ils pas tous en effet également ce caractère essentiel d'être pensés, sans lequel non-seulement nous ne pourrions les connaître, mais sans lequel ils ne seraient pas ? C'est ainsi, qu'au lieu de faire de la pensée un mode particulier de l'âme, Descartes, au contraire, avec raison, suivant nous, fait de tous les phénomènes de l'âme des modifications particulières de la pensée (1), ce qui n'empêche pas, d'ailleurs, qu'il ne distingue parfaitement les uns des autres par les caractères qui leur sont propres, ces trois ordres de phénomènes.

Par idées, il entend des modes, des conceptions de l'âme, n'existant que dans l'âme et non, comme Hobbes et Gassendi, des images matérielles des choses, ni comme Platon ou Malebranche, des types ou modèles aperçus, par l'entendement, dans le sein de l'être absolu. Toutes les idées, selon Descartes, rentrent dans la catégorie des passions, par opposition aux actions, qui sont le propre de la volonté, et elles se divisent en trois classes : 1° les idées qui semblent nées avec nous ; 2° les idées qui semblent étrangères ; 3° les idées qui semblent faites ou inventées par nous-mêmes, ou les idées factices.

On sait à combien de discussions et de railleries ont donné lieu ces idées qui semblent nées avec nous, c'est-à-dire les idées innées de Descartes. Péripatéticiens, Gassendistes, jésuites s'accordent à leur faire une guerre à outrance, et à défendre l'ancienne maxime, que toutes nos idées viennent des sens. De même aussi la philosophie du dix-huitième siècle tout entière combattra ce qu'elle appelle la ridicule, la grande et dangereuse chimère des idées innées.

Gassendi, Locke, Voltaire s'accordent à tourner en ridicule, avec plus ou moins d'esprit, ces prétendues con-

---

(1) Il est certain, dit Descartes dans le *Traité des passions*, que nous ne saurions vouloir aucune chose « que nous n'apercevions par le même moyen que nous la voulons. » Toutes nos douleurs sont des pensées, dit aussi Leibniz, dans une lettre à Arnauld. Sauf la différence des termes, la théorie d'Hamilton, d'après laquelle la conscience, est la forme fondamentale, la condition générique de tous les phénomènes, et non une faculté particulière du moi, se ramène à celle de Descartes.

naissances métaphysiques dont l'enfant, d'après la théorie des idées innées, serait doué dès le ventre de sa mère. Descartes s'est si souvent expliqué sur ce point, et avec une si grande clarté, qu'on s'étonne de voir ses adversaires abuser ainsi de l'équivoque du mot inné, et persévérer, sans nulle excuse, dans un semblable malentendu. En effet dans les *Lettres*, dans les *Réponses aux objections*, il proteste que jamais il n'a entendu par idées innées des idées toujours présentes à notre pensée, sinon, dit-il très-bien, il n'y en aurait pas une seule. Que sont donc les idées innées? Ce sont des idées que toute âme humaine est naturellement disposée à produire, en certaines circonstances, et non des idées qu'elle possède toujours actuellement. Ce ne sont pas : « des idées représentées dans quelque partie de notre esprit, comme un grand nombre de vers dans un manuscrit de Virgile, mais elles y sont en puissance comme les figures dans la cire (1). » L'innéité propre à certaines idées n'est donc rien de plus, d'après Descartes, que la disposition naturelle ou faculté que nous avons de les produire. Un disciple fort peu fidèle, Régius (2), s'était imaginé avoir dit quelque chose d'original et s'écarter de la doctrine du maître, en soutenant qu'il n'y a point d'idées et d'axiomes imprimés dans l'âme, mais seulement une faculté naturelle et née avec lui de les produire. Descartes répond qu'il n'a jamais dit autre chose : « Car je n'ai jamais jugé ni écrit que l'esprit ait besoin d'idées naturelles qui soient quelque chose de différent de la faculté qu'il a de penser. Mais bien est-il vrai que reconnaissant qu'il y a certaines pensées qui ne procédaient ni des objets du dehors, ni de la détermination de ma volonté, mais seulement de la faculté que j'ai de penser, pour établir quelque différence entre les idées ou les notions qui sont les formes de ces pensées et les distinguer des autres, que l'on peut appeler

---

(1) *Œuvres inédites de Descartes*, par Foucher de Careil, in-8°, 1859, p. 65.
(2) Son nom français, d'après Baillet, est Henri de Roy.

étrangères ou faites à plaisir, je les ai nommées naturelles, mais je l'ai dit au même sens que nous disons que la générosité ou quelque maladie est naturelle à certaines familles (1). »

Si on lui objecte que l'idée de Dieu n'est pas innée, puisque les enfants n'ont point la connaissance actuelle de Dieu dans le ventre de leur mère, Descartes répond que l'objection ne s'adresse pas à lui ; lorsqu'il a dit que l'idée de Dieu est naturellement en nous, « il a seulement entendu que la nature a mis en nous une faculté par laquelle nous pouvons le connaître ; mais il n'a jamais ni écrit ni pensé que de telles idées fussent actuelles ou qu'elles fussent des espèces distinctes de la faculté que nous avons de penser ; et même je dirai plus, qu'il n'y a personne qui soit si éloigné que moi de tout ce fatras d'entités scholastiques. L'enfant a ces idées, mais en puissance. Je ne me persuade pas que l'esprit d'un petit enfant médite dans le ventre de sa mère sur les choses métaphysiques... Il a les idées de Dieu, de lui-même et de toutes ces vérités qui de soi sont connues, comme les personnes adultes les ont lorsqu'elles n'y pensent point (2). » En faut-il davantage pour justifier la doctrine de Descartes du sens ridicule que la plupart de ses adversaires se sont plu à donner aux idées innées ?

Les idées innées ne viennent pas du dehors, elles sortent de la nature même de notre faculté de penser, nous naissons avec la disposition et la faculté de les concevoir, sans le secours des sens ; voilà ce qui les distingue des idées adventices. Elles ne sont pas le produit d'une libre détermination de notre volonté, il n'est pas en notre pouvoir d'y rien ajouter et d'en rien retrancher ; voilà ce qui les distingue des idées factices.

Ainsi les idées innées sortent de notre propre fonds ; elles y sont en puissance, mais non pas en acte, du moment

---

(1) Éd. Cousin, t. X, p. 70. Réponse à Régius.
(2) Réponse à Régius.

que nous commençons d'exister, et elles passent de la puissance à l'acte par le développement naturel de notre nature pensante, sans nul concours des sens ou de la volonté. L'esprit, dit Descartes, les découvre en lui, quand, par lui-même, ou par l'action d'autres causes, il est tourné à la considération de telle ou telle chose (1). Ce ne sont, comme toutes les autres pensées, que des modes particuliers de notre faculté de penser, avec cette seule différence qu'ils sont inhérents à notre constitution intellectuelle.

Quant à leur universalité, elle résulte de l'essence identique de tous les entendements humains et de la loi commune qui préside à leurs développements.

Telle est donc, d'après Descartes, la nature des idées innées. On se tromperait en supposant qu'il met dans une sphère à part l'idée de Dieu, et qu'il lui donne une nature plus élevée, ou une plus noble origine qu'aux autres idées innées. L'idée de Dieu ou de l'infini, fondement de toutes les preuves de l'existence de Dieu, l'emporte sans doute en dignité sur les autres idées innées (2). Mais si elle les dépasse, par sa réalité objective, qui nous oblige de remonter jusqu'à un être infini, comme à son original ou à son exemplaire, considérée en elle-même, et dans sa nature propre, elle n'est, comme toutes les autres, qu'un mode de notre faculté de penser, qu'un produit naturel de notre entendement.

Il faut bien se garder d'attribuer à Descartes ce qui n'appartient qu'à Malebranche. Dans Descartes, l'idée de Dieu n'est pas une intuition immédiate de Dieu, ni Dieu lui-même. Rien ne ressemble moins que ses idées innées à des idées ou des vérités vues en Dieu, à des types aperçus dans son essence. En vain dans tous les ouvrages de Descartes, à moins d'en dénaturer le sens, chercherait-on la doctrine d'une raison divine illuminant tous les esprits. Ou Descartes

---

(1) *Œuvres inédites de Descartes, ubi supra.*
(2) Nous croyons devoir ainsi modifier ce que nous avons dit dans les éditions précédentes sur les idées innées.

n'eût rien compris à ce langage mystérieux, ou il aurait rangé toutes ces choses parmi ce fatras d'entités scholastiques dont il est, dit-il, ennemi plus que personne. Ce sont quelques-uns de ses disciples, et particulièrement Malebranche, qui ont introduit des éléments Platoniciens, ou plutôt Augustiniens, dans la théorie des idées innées, et lui ont donné un sens que le maître n'avait pas même soupçonné. Les vrais représentants de la doctrine et de l'esprit de Descartes sont Arnauld et Régis, et non les partisans de la vision en Dieu.

Quelle est la liste de ces idées nées avec nous, et comment faut-il les classer? Sur ce point il n'y a rien de bien net et de bien précis dans Descartes, quoiqu'il ne mérite cependant peut-être pas le reproche, que lui fait Ritter, de n'en admettre tantôt qu'un petit nombre, et tantôt de les multiplier à l'infini, jusqu'à supposer que toutes les notions sont innées (1). Il est vrai que Descartes, dans certains passages, réduit à un très-petit nombre ces notions primitives qui sont, dit-il, comme des originaux sur le patron desquels nous formons toutes nos connaissances: « Car après les plus générales de l'être, du nombre et de la durée, qui conviennent à tout ce que nous pouvons concevoir, nous n'avons pour le corps, en particulier, que la notion d'extension de laquelle suivent celles de la figure et du mouvement, et pour l'âme seule nous n'avons que celle de la pensée en laquelle sont comprises les perceptions de l'entendement et les inclinations de la volonté (2). » Ces notions primitives, dont parle ici Descartes, sont sans doute des idées innées ; mais toutes les idées innées ne sont pas des notions primitives si fécondes, c'est-à-dire ne sont pas « des originaux sur le patron desquels nous formons toutes nos connaissances. » Ainsi ce passage, et d'autres semblables, ne nous semblent pas en contradiction avec ce qu'il dit ailleurs du grand nombre des idées innées, particulièrement dans ses *Remarques sur le placard de Régius*.

---

(1) *Histoire de la philosophie moderne*, chapitre sur Descartes.
(2) Édit. Cousin, t. IX, p. 125, *Lettre à la princesse Élisabeth*.

Régius avait avancé que toutes nos idées viennent de l'observation des choses ou de la tradition, c'est-à-dire des sens. « Cela est tellement faux, répond Descartes, que quiconque a bien compris jusqu'où s'étendent nos sens et ce que ce peut être précisément qui est porté par eux jusqu'à la faculté que nous avons de penser, doit avouer, au contraire, qu'aucunes idées des choses ne nous sont représentées par eux telles que nous les formons par la pensée ; en sorte qu'il n'y a rien dans nos idées qui ne soit naturel à l'esprit, ou à la faculté qu'il a de penser, si seulement on excepte certaines circonstances... Rien ne peut venir des objets extérieurs jusqu'à notre âme que quelques mouvements corporels, mais ni ces mouvements mêmes, ni les figures qui en proviennent, ne sont point conçus par nous tels qu'ils sont dans les organes des sens ; d'où il suit que même les idées du mouvement et des figures sont naturellement en nous. Et à plus forte raison les idées de la douleur, des couleurs, des sons, et de toutes les choses semblables nous doivent-elles être naturelles, afin que notre esprit, à l'occasion de certains mouvements corporels avec lesquels elles n'ont aucune ressemblance, se les puisse représenter (1). »

Ici Descartes, prenant le mot inné dans toute l'extension de la définition qu'il en a donnée, comprend sous cette dénomination, en opposition à ce qui vient des sens, tout ce qui est naturel à la faculté de penser, tout ce qui sort de son propre fonds. Leibniz dira, à peu près dans le même sens, que l'entendement est inné à lui-même. Quant à la part des sens ou du dehors, Descartes la réduit, comme il le dit, à certaines circonstances, et à des mouvements corporels qui sont les occasions à propos desquelles l'âme produit les idées qu'elle a la faculté de produire. Nous allons voir en effet, en passant des idées innées aux idées adventices, que les sens ne nous apprennent rien du monde

(1) Édit. Cousin, t. X, p. 95, *Remarques sur le placard de Régius*, art. 13.

extérieur, si ce n'est quelques mouvements corporels.

Nous laissons de côté les idées factices, dont Descartes se borne à dire, qu'elles sont dans notre dépendance, et que nous pouvons y retrancher ou ajouter à notre gré, pour considérer les idées adventices par lesquelles nous connaissons le monde extérieur.

Les idées adventices sont celles qui nous semblent venir du dehors ; elles ne sont pas nées avec nous, nous n'en sommes pas les maîtres, elles surviennent inopinément dans notre esprit, sans le concours de notre volonté, même contre notre attente et contre notre volonté, et, à l'occasion des sens, elles représentent des choses matérielles. Mais à quelles conditions s'éveillent dans notre âme les idées de ces choses matérielles? Viennent-elles en réalité du dehors, ou viennent-elles du dedans? Descartes rejette bien loin la vieille hypothèse des espèces intentionnelles que Gassendi lui oppose dans ses objections : « Lorsque je vois un bâton, il ne faut pas s'imaginer qu'il sorte de lui de petites images voltigeantes par l'air, vulgairement appelées des espèces intentionnelles qui passent jusqu'à mon œil. Mais les rayons de la lumière réfléchis de ce bâton excitent quelque mouvement dans le nerf optique, et par son moyen dans le cerveau même (1). » Ces mouvements, produits dans nos organes par l'impression des objets extérieurs, ne sont eux-mêmes que l'occasion, et non pas la cause, des idées adventices ou des perceptions. Les sens nous donnent seulement la conscience de quelques mouvements corporels dans les organes, mais ne nous apportent aucune vraie image des objets; c'est par l'entendement seul, selon Descartes, et non par les sens, que nous connaissons le monde extérieur. Des mouvements dans les particules de la matière, voilà donc à quoi se réduit ce que les sens nous apprennent du monde extérieur.

(1) Réponse aux sixièmes objections. Il dit dans le 1er discours de la *Dioptrique* « qu'il veut délivrer les esprits de toutes ces petites images voltigeantes par l'air, nommées des espèces intentionnelles qui travaillent tant l'imagination des philosophes. »

Nous rencontrons ici la célèbre doctrine cartésienne qui enlève aux objets, pour les mettre dans l'âme, la couleur, le son, la chaleur et toutes les qualités sensibles, sauf l'étendue et le mouvement. Si on veut l'examiner sans prévention, et aller au fond des choses, sans s'arrêter à l'équivoque des termes et au tour paradoxal affecté par les cartésiens, comme par une sorte de bravade contre l'École et contre les opinions vulgaires, on verra que le sentiment de Descartes, non-seulement n'a rien d'étrange, mais se confirme de jour en jour par les progrès de la science moderne. C'est une grave erreur de croire que Descartes ait jamais nié qu'il y ait quelque chose, dans la matière, qui corresponde à la perception que nous avons de telle ou telle qualité sensible, et qu'il ait mis dans l'âme la cause du son ou de la chaleur, comme l'ont supposé quelques-uns de ses adversaires et de ses critiques.

Mais il ramène tous les phénomènes de la matière, que nous percevons par les sens, à la diversité des figures et des mouvements des parties insensibles de l'étendue. « La lumière, dit-il, dans la *Dioptrique* (1), n'est autre chose dans les corps qu'on nomme lumineux qu'un certain mouvement ou une action fort prompte et fort vive qui passe vers nos yeux par l'entremise de l'air et des autres corps transparents... Les couleurs ne sont autre chose, dans les corps qu'on nomme colorés, qu'un certain mouvement ou une action fort prompte et fort vive qui passe vers nos yeux par l'entremise de l'air et des autres corps transparents. » De même les sons, les odeurs, les saveurs ont pour cause des mouvements corporels dans les objets qui ébranlent nos nerfs.

Ainsi, tout en niant que dans les objets il y ait véritablement ce qu'on appelle les qualités sensibles, il ne nie nullement qu'il n'y ait en eux quelque chose qui soit propre à éveiller en nous la perception de ces qualités sensibles :

---

(1) 1er Discours.

« Lorsque nous disons que nous percevons des couleurs dans les objets, c'est évidemment comme si nous disions que nous percevons quelque chose dans les objets, quoique nous ignorions quel est ce quelque chose, par quoi est produite cette sensation claire et distincte que nous appelons sensation de couleur (1). » Malebranche interprète fidèlement la doctrine de Descartes dans ce passage de la *Recherche :* « Ce n'est que depuis Descartes, qu'à ces questions confuses et indéterminées, si le feu est chaud, si l'herbe est verte, etc., on répond en distinguant l'équivoque des termes sensibles qui les expriment. Si par chaleur, couleur, saveur, vous entendez un tel ou tel mouvement des parties insensibles, le feu est chaud, l'herbe est verte. Mais si par chaleur et les autres qualités, vous entendez ce que je sens auprès du feu, ce que je vois lorsque je vois de l'herbe, le feu n'est point chaud et l'herbe n'est pas verte, car la chaleur que l'on sent et les couleurs que l'on voit ne sont que dans l'âme (2). »

Que peut-on donc reprocher à Descartes et aux cartésiens, sinon de n'avoir pas toujours marqué assez nettement cette distinction et le sens précis dans lequel ils ôtaient à la matière les qualités sensibles ? Mais en ramenant à un mouvement de parties insensibles ce que les sens nous révèlent du monde extérieur, Descartes a devancé, de plus de deux siècles, un des grands résultats auxquels est venue aboutir la science moderne qui explique par des vibrations, c'est-à-dire par des mouvements, la lumière, la chaleur et les divers phénomènes matériels qui frappent nos sens. Ne reprochons donc pas à Descartes d'avoir ôté à l'herbe la couleur, au feu la chaleur, comme on l'a si souvent répété, et d'avoir donné à l'âme ce qui appartient aux objets; louons-le au contraire d'avoir si bien déterminé, dans la sensation, les parts réciproques du monde extérieur et des sens, d'après la plus exacte

---

(1) *Principes.*
(2) Liv. VI, 2ᵉ partie, chap. III.

physique, comme d'après la plus exacte psychologie.

Mais, en parlant de l'étendue et du mouvement de ses parties, nous avons anticipé sur la démonstration de l'existence du monde extérieur que Descartes n'a pas encore donnée. Il a pris pour point de départ l'existence de sa propre pensée, puis de la pensée il s'est élevé à Dieu; quant à l'existence du monde extérieur, qui ne lui paraît ni aussi ferme ni aussi évidente que celle de l'âme et de Dieu, il ne la place qu'au troisième rang dans l'ordre de la certitude des existences.

En effet, selon Descartes, il n'en est pas de l'étendue comme de Dieu, en qui l'existence ne se sépare pas de l'essence, et nous pouvons très-clairement concevoir l'idée de l'étendue sans que rien nous oblige de conclure que l'étendue existe réellement. Comment donc démontrer la réalité de l'étendue matérielle ? Rappelons que d'abord cette réalité s'est évanouie, avec tout le reste, au sein du doute méthodique. Mais la certitude a fait maintenant place au doute, grâce au *je pense, donc je suis;* la fiction d'un être puissant et trompeur a été elle-même anéantie par la démonstration de l'existence d'un être souverainement parfait. Quant à l'incertitude entre la veille et le sommeil, elle ne semble plus à Descartes qu'un doute hyperbolique et ridicule auquel il ne doit pas s'arrêter. Cependant il reste à examiner si, sur la foi des perceptions de la veille, nous pouvons croire à l'existence du monde extérieur. Or, voici sur quel raisonnement Descartes fonde la légitimité de leur témoignage. Puisque ces perceptions ne viennent pas de nous, elles doivent venir de quelque chose d'extérieur qui ait la faculté de les exciter en nous, et avoir leur cause dans quelque substance distincte de nous-mêmes, en laquelle soit contenue formellement ou éminemment toute la réalité objectivement renfermée dans les idées que nous avons des choses matérielles ; or cette substance est la matière.

Mais ne se pourrait-il pas, se demande Descartes à lui-même, que ces idées vinssent directement de Dieu, et que cette chose que nous sentons dehors nous fût Dieu lui-même (1)? Contre cette objection, à laquelle Malebranche ne trouvera de réponse que dans la Bible, Descartes invoque le principe de la véracité de Dieu. Dieu n'étant point trompeur, il est très-manifeste qu'il ne m'envoie pas ces idées immédiatement par lui-même. Il a mis en nous une très-grande inclination à croire que ces idées partent des choses corporelles ; si elles n'en partaient pas, comment l'excuser de tromperie à notre égard ? Nous avons une tendance naturelle à croire que certaines idées viennent des choses corporelles, il faut donc qu'elles en viennent, sinon Dieu, auteur de cette tendance naturelle, nous tromperait ; or Dieu souverainement bon ne peut vouloir nous tromper, donc les choses corporelles existent. Tel est l'argument de la véracité divine sur lequel Descartes fonde la vérité de l'existence du monde extérieur.

On pourrait objecter contre la véracité divine les erreurs des sens. Si Dieu nous trompe par les sens, en nous faisant voir ronde la tour qui est carrée, et brisé le bâton qui est droit, ne pourrait-il pas aussi nous tromper quand il s'agit de l'existence même du monde extérieur ? Mais Descartes justifie la véracité divine de ces prétendues erreurs, en montrant très-bien qu'elles consistent plutôt dans un jugement, qui dépend de nous, que dans le témoignage même des sens. Il reprend durement Régius d'avoir avancé, qu'il est naturellement incertain si nous apercevons véritablement aucun corps, parce que les choses qui ne sont qu'imaginaires peuvent aussi bien faire impression sur l'esprit que celles qui sont vraies : « Certes ceux qui ont de l'entendement, et ne ressemblent pas tout à fait aux chevaux et aux mulets, encore qu'ils ne soient pas seulement touchés par les images que la présence des choses vraies imprime dans le cerveau, mais aussi par celles que d'autres causes y excitent, comme il arrive dans les songes, ceux-là, dis-je, discernent néanmoins très-

(1) *Principes*, 2e partie, I.

clairement, par la lumière de la raison, les unes d'avec les autres (1).»

Plusieurs cartésiens, tels que Cordemoy, Malebranche, Fardella, ne se laisseront nullement convaincre par cet argument de la véracité divine, et resteront dans le doute sur la vérité de l'existence du monde extérieur. «Pour être pleinement convaincus, dira Malebranche, qu'il y a des corps, il faut qu'on nous démontre non-seulement qu'il y a un Dieu et que Dieu n'est point trompeur, mais encore que Dieu nous a assuré qu'il en a effectivement créé, ce que je ne trouve point prouvé dans les ouvrages de M. Descartes (2). »

Quant à nous, le tort de Descartes nous semble de faire intervenir extraordinairement le principe de la véracité divine, au lieu de reconnaître l'évidence immédiate du monde extérieur, dans la conscience même de la limitation du moi, par quelque chose qui le borne, et qui est le non-moi. D'ailleurs, la véracité divine étant le principe de l'évidence, dont elle est inséparable, ainsi que Descartes l'a démontré, quand il l'invoque en faveur de l'existence du monde matériel, n'est-ce pas en réalité l'évidence qu'il invoque, sous une autre forme, et qui demeure son unique argument ?

Ainsi voilà successivement arrachées au doute les trois vérités fondamentales de la philosophie, la certitude de l'existence de l'âme, de Dieu et du monde. Est-ce ainsi que les choses se passent à l'égard de notre esprit, et cet ordre est-il bien celui suivant lequel nous acquérons la certitude de ces trois réalités? Nous croyons qu'il n'y a point entre elles de succession chronologique, et qu'elles se manifestent simultanément, indissolublement liées les unes avec les autres au sein même de la synthèse confuse du premier fait de conscience. Comment aurions-nous conscience de notre activité propre, sans avoir par là même conscience

---

(1) *Remarques sur le placard de Régius*, édit. Garnier, vol. IV, p. 83.
(2) *Recherche de la Vérité*.

d'un non-moi qui la borne? Comment nous savoir limités, sans concevoir en même temps ce qui n'a pas de limites? Toutefois la simultanéité de ces trois vérités n'exclut point entre elles un ordre logique qui est celui même des démonstrations de Descartes. La vérité de notre propre existence est en effet le point de départ et le fondement nécessaire de toute autre vérité. De cette première vérité, en raison de la corrélation nécessaire de la connaissance de l'infini avec celle du fini, nous allons à Dieu, dont la connaissance ne suppose pour antécédent nécessaire que la vérité de notre propre existence, et non celle du monde extérieur. En conséquence, Descartes a eu raison de partir de l'âme, d'aller immédiatement de l'âme à Dieu, et de ne placer qu'en troisième ligne la certitude de l'existence des choses matérielles.

Des idées passons aux volontés. Comme les idées, les volontés ne sont que la pensée elle-même diversement modifiée. On objecte à Descartes que, si la nature de l'homme n'est que de penser, il suit qu'il n'a point de volonté : « Je n'en vois pas, répond-il, la conséquence, car vouloir, entendre, imaginer, sentir, etc., ne sont que des diverses façons de penser qui appartiennent toutes à l'âme (1). » La volonté, selon Descartes, est le pouvoir de faire ou de ne faire pas, de poursuivre ou de fuir une même chose, et d'agir sur l'âme; elle a prise sur les idées et sur les passions, soit d'une manière directe, soit d'une manière indirecte (2). A tous ces pouvoirs de la volonté il ajoute le jugement qu'il enlève à l'entendement : « Car par l'entendement seul, « je n'assure ni ne nie aucune chose, mais je conçois seulement les idées des choses que je puis assurer ou nier. » C'est donc la volonté seule qui juge, c'est elle qui affirme ou qui nie les choses que l'entendement nous propose. Ainsi Descartes confond

---

(1) Édit. Cousin, t. VI, p. 310.
(2) Dans les *Cogitationes privatæ*, publiées par M. Foucher de Careil, on remarque cette pensée : « Dieu a fait trois miracles, les choses de rien, l'Homme-Dieu et le libre arbitre de l'homme. »

l'acte du jugement, qui appartient à l'entendement, et qui ne dépend pas de nous, avec la détermination, qui appartient à la volonté. Il dépend en effet de nous de nous résoudre en tel ou tel sens, mais non de juger à notre gré du vrai ou du faux, du bien ou du mal. L'évidence entraîne nécessairement notre jugement, tandis que nous demeurons libres de nous résoudre ou de ne pas nous résoudre en tel ou tel sens, de vouloir ou de ne pas vouloir.

De cette tendance à confondre la volonté avec le jugement dérive aussi, dans Descartes, une autre tendance à confondre la vertu avec la science. Il dit, en effet, dans la troisième partie du *Discours de la Méthode :* « Notre volonté ne se portant à suivre ni à fuir aucune chose, que selon que notre entendement nous la représente bonne ou mauvaise, il suffit de bien juger pour bien faire, et de juger le mieux qu'on puisse, pour faire aussi tout de son mieux, c'est-à-dire pour acquérir toutes les vertus. » Il écrit à un ami du P. Mersenne : « Vous rejetez ce que j'ai dit qu'il suffit de bien juger pour bien faire, et toutefois il me semble que la doctrine ordinaire de l'École est que : *Voluntas non fertur in malum, nisi quatenus ei sub aliqua ratione boni repræsentatur ab intellectu,* d'où vient ce mot, *omnis peccans est ignorans* (1). »

A cette notion de la volonté se rattache aussi le sentiment de Descartes sur l'origine de l'erreur. La volonté seule, selon Descartes, entre toutes nos autres facultés, telles que la faculté de concevoir, la mémoire, l'imagination, est, pour ainsi dire, sans bornes et sans limites, puisque nous pouvons toujours vouloir ou ne pas vouloir, affirmer ou nier. La volonté ou la liberté du franc arbitre, que nous expérimentons en nous, est si grande que nous ne concevons pas l'idée d'une autre faculté plus grande et plus étendue, en sorte que c'est elle principalement qui nous fait connaître que nous portons l'image et la ressemblance

---

(1) Édit. Cousin, t. VI, p. 310.

de Dieu (1) ; elle est en quelque sens, dit-il, infinie, et elle s'étend à tout (2).

La volonté si étendue, si parfaite et si ample, ne saurait être la cause directe de nos erreurs. Cette cause ne sera pas non plus dans nos autres facultés, quelque limitées qu'elles soient ; car, si elles nous trompaient, comment absoudre l'auteur de notre nature du reproche de nous avoir trompés ? Elle ne peut être, selon Descartes, que dans la disproportion qui existe entre la volonté et les autres facultés de notre entendement. La volonté, plus étendue que l'entendement, le devance et le dépasse, pour ainsi dire, elle n'attend pas, pour se décider, pour se porter en telle ou telle direction, que l'entendement lui ait fourni des lumières suffisantes, et alors, marchant à l'aventure, n'ayant plus rien qui la guide, elle s'égare, elle choisit le faux pour le vrai, et le mal pour le bien.

Mais comment la volonté peut-elle dépasser l'entendement, toute volonté étant nécessairement précédée d'une idée ? Comment vouloir sans vouloir quelque chose ? Descartes ne dit pas, ce qui serait évidemment faux, que la volonté dépasse les bornes de la connaissance en général, mais qu'elle peut dépasser les bornes de la connaissance claire et évidente. « Nous ne pouvons donner notre jugement à ce que l'entendement n'aperçoit en aucune façon, mais nous portons un jugement tel quel, avant que la connaissance soit pleine et entière (3). » Descartes a, d'ailleurs, raison de faire dépendre l'erreur de nous, du mauvais usage de nos facultés, et non de Dieu ou de notre nature intellectuelle : « C'est dans le mauvais usage du libre arbitre que se rencontre la privation qui constitue la forme de l'erreur. La privation se rencontre dans l'opération en tant qu'elle procède de moi, mais elle ne se trouve pas dans la

---

(1) 4ᵉ Méditation.
(2) *Principes*, 1ʳᵉ partie, art. 29.
(3) *Ibid.*, art. 34.

faculté que j'ai reçue de Dieu, ni même dans l'opération en tant qu'elle dépend de lui (1). »

Les affections ou les passions sont la troisième espèce de modes que reçoit la nature de l'âme. Descartes, qui n'en avait rien dit dans le *Discours de la Méthode* et dans les *Méditations*, les a décrites dans un ouvrage spécial, *les Passions de l'âme*, où la physiologie ne tient pas moins de place que la psychologie et la morale (2). Les causes physiologiques et morales de nos passions, leur siége dans les organes, les mouvements organiques qui sont propres à chacune; le jeu des esprits animaux, qui en sont le grand agent matériel, leur rôle dans l'entendement, les passions primitives et les passions secondaires qui en dérivent, le bon et le mauvais usage des passions, les moyens de les combattre ; telles sont les questions que traite Descartes et qu'il résout, les unes par des hypothèses non moins arbitraires qu'ingénieuses, les autres par les analyses les plus exactes et avec la connaissance la plus approfondie du cœur humain.

Il annonce qu'il va traiter ce sujet comme si jamais personne avant lui ne l'eût touché, parce que tout ce qu'en ont dit les anciens lui paraît défectueux. Comme tous les autres phénomènes de l'âme, les passions sont des pensées (3), mais il s'agit de les distinguer des autres modes de la pensée. Ce mot de passion est un nom général par lequel, de même que par celui de perception, Descartes désigne tout ce que l'âme éprouve, ou tout ce qui n'est pas une action de sa volonté. Mais il donne ici plus particulièrement ce nom de passion à une classe de perceptions que nous rapportons

---

(1) 4ᵉ Méditation.

(2) Il l'avait composé en 1646 pour la princesse Élisabeth; en 1647, il l'avait envoyé manuscrit à la reine de Suède. Il fut publié pour la première fois à Amsterdam, en 1649, et non en 1650, comme le disent la plupart des bibliographes. Nous avons vu dans la belle bibliothèque de M. Cousin cette édition d'Amsterdam, 1649, Elzevier.

(3) Pascal aussi, dans le *Discours des passions de l'amour*, appelle les passions des pensées : « Ce sont, dit-il, des pensées qui appartiennent purement à l'esprit, quoiqu'elles soient occasionnées par le corps. »

seulement à l'âme, et dont nous ne sentons les effets que dans l'âme elle-même, comme les sentiments de joie, de colère, et autres semblables, que diverses causes excitent en nous. Il définit donc les passions : « des perceptions ou des sentiments, des émotions de l'âme causées, entretenues et fortifiées par quelque mouvement des esprits animaux. » Il préfère le mot d'émotion, parce que, de toutes les autres pensées que l'âme peut avoir, il n'y en a point qui l'ébranlent et l'agitent si fort. Ce ne sont pas seulement les divers états du corps et les objets extérieurs, qui sont les causes premières et véritables des passions, c'est aussi l'âme elle-même, lorsque, se déterminant à concevoir tels ou tels objets, elle imprime un mouvement aux esprits animaux. Cependant le tempérament du corps, les impressions du cerveau, les objets qui meuvent nos sens, sont, suivant Descartes, la cause la plus ordinaire et la plus générale de toutes nos passions. Il faut donc examiner ces objets, et les diverses impressions qu'ils peuvent faire sur nous, pour arriver à une classification complète des passions de l'âme. Les objets qui meuvent nos sens sont innombrables, il est vrai, mais il n'y a qu'un certain nombre de façons, selon lesquelles ils peuvent nous nuire et nous profiter. Or, autant seulement il y a de façons importantes dont nos sens puissent être mus par les objets, autant seulement il y a de passions principales et primitives.

Ces passions si diverses, si variées, qui agitent la vie humaine, qui semblent au premier abord en nombre infini, de même que les objets qui les produisent, Descartes les ramène à six passions simples et primitives, qui sont l'admiration, l'amour, la haine, le désir, la joie et la tristesse (1). Il définit l'admiration : la surprise qu'occasionne

---

(1) Il critique le dénombrement des passions, tiré de la distinction de l'appétit concupiscible et de l'appétit irascible dans la partie sensitive de l'âme. Comme il n'y a pas, dit-il, de parties dans l'âme, cela paraît seulement signifier que l'âme a la faculté de désirer et de se fâcher, et comme elle a aussi les facultés d'admirer, d'aimer, d'espérer, il ne voit pas pourquoi on les veut rapporter toutes à la concupiscence et à la co-

en nous la première rencontre de quelque objet nouveau. Elle est la première des passions parce que la surprise, causée par la nouveauté de l'objet, peut être antérieure à la connaissance de ce qu'il a de nuisible ou d'avantageux pour nous ; elle n'a pas de contraire, car si l'objet qui se présente n'a rien qui nous surprenne, il n'y a point de passion. Estime, mépris, humilité, bassesse, vénération ou dédain, voilà les passions secondaires qui forment le cortége de l'admiration.

Après l'admiration viennent les deux passions primitives de l'amour et de la haine, qui dérivent de ce que nous considérons l'objet qui les cause comme bon ou mauvais. De cette même considération du bien et du mal naissent toutes les autres passions, et d'abord le désir qui se rapporte à l'avenir. Du désir, passion primitive, naissent à leur tour les passions secondaires de l'espérance, de la jalousie, de la sécurité, du désespoir, du courage, de la crainte, du remords. Enfin les deux autres passions primitives sont la joie et la tristesse, qui engendrent la moquerie, l'envie, la pitié, la satisfaction de soi-même, le repentir, la colère, etc. Descartes distingue la joie et la tristesse qui naissent de l'action des objets sensibles, et la joie et la tristesse purement intellectuelles qui naissent de l'action de l'âme. Puis, après cette énumération générale, il les reprend chacune en particulier, il analyse les différentes causes qui les produisent, décrit leurs divers caractères, explique leurs effets par rapport à l'âme et par rapport au corps.

Dans l'analyse des passions secondaires, il se montre moraliste ingénieux, observateur délicat et profond de la nature humaine, le maître et le modèle de Malebranche.

lère. C'était la division généralement adoptée dans l'École, et que Bossuet reproduira dans le *Traité de la connaissance de Dieu et de soi-même*. Nous donnons raison à Descartes sur ce point. Mais nous pensons avec l'École, avec saint Thomas, avec Bossuet, que c'est l'amour, et non l'admiration, qui est la première des passions d'où dérivent toutes les autres.

Que d'aperçus fins et piquants, non moins qu'exacts, nous aurions à citer sur chaque passion et particulièrement sur l'humilité vertueuse et vicieuse, sur la bonne et la mauvaise jalousie, sur la raillerie et la pitié, sur la satisfaction de soi-même! Les qualités propres du caractère de Descartes, l'élévation et la fermeté de son âme, paraissent dans les divers jugements qu'il porte sur chacune d'elles. Autant il est sévère pour celles qui sont empreintes de quelque lâcheté et de quelque bassesse, autant il montre d'estime ou d'indulgence pour celles qui, par quelque côté, témoignent de la générosité et de la grandeur. Ainsi il condamne la moquerie qui est, dit-il, le propre des plus imparfaits, désirant voir tous les autres aussi disgraciés qu'eux et bien aises des maux qui leur arrivent. Mais il approuve : « cette raillerie modeste qui reprend utilement les vices en les faisant paraître ridicules, sans toutefois qu'on en rie soi-même, ni qu'on témoigne aucune haine contre les personnes. Ce n'est pas une passion, mais une qualité d'honnête homme, laquelle fait paraître la gaieté de son humeur et la tranquillité de son âme, qui sont des marques de vertu, et souvent aussi de l'adresse de son esprit, en ce qu'il sait donner une apparence agréable aux choses dont il se moque. » De même il approuve cette noble jalousie qui se rapporte à la garde du devoir et de l'honneur, tandis qu'il blâme celle qui est excitée par des objets indignes et qui se nourrit de soupçons inconvenants et ridicules.

A propos de l'estime, il ne voit dans l'homme qu'une chose qui nous puisse donner une juste raison de nous estimer, à savoir, l'usage de notre libre arbitre et l'empire que nous avons sur nos volontés. Il flétrit cette humilité vicieuse, qui consiste principalement en ce qu'on se sent faible ou peu résolu, et par contre il exalte cette humilité vertueuse qui vient de ce que, connaissant l'infirmité de notre nature, et sachant que les autres ont un libre arbitre, dont ils peuvent user, aussi bien que nous, nous ne nous préférons à personne. Au-dessus de toutes les joies, il place celle qui suit une bonne action, et traite de ridicule, d'impertinente celle qui se fonde sur des actions ou de peu d'importance ou même vicieuses. Il malmène, non moins durement que La Bruyère, les faux dévots : « ceux qui, croyant être dévots, sont seulement bigots et superstitieux, c'est-à-dire qui, sous ombre qu'ils vont souvent à l'église, qu'ils récitent force prières, qu'ils portent les cheveux courts, qu'ils jeûnent, qu'ils donnent l'aumône, pensent être entièrement parfaits, et s'imaginent qu'ils sont si grands amis de Dieu, qu'ils ne sauraient rien faire qui lui déplaise, et que tout ce que leur dicte leur passion est un bon zèle, bien qu'elle leur dicte quelquefois les plus grands crimes qui puissent être commis par des hommes, comme de trahir des villes, de tuer des princes, d'exterminer des peuples entiers pour cela seul qu'ils ne suivent pas leur opinion (1). »

Citons encore ce qu'il dit du bon usage du dédain et de la vénération : « C'est la générosité et la faiblesse de l'esprit ou la bassesse qui déterminent le bon et le mauvais usage de ces deux passions ; car d'autant qu'on a l'âme plus noble et plus généreuse, d'autant a-t-on plus d'inclination à rendre à chacun ce qui lui appartient ; et aussi on n'a pas seulement une très-profonde humilité au regard de Dieu, mais on rend sans répugnance tout l'honneur et tout le respect qui est dû aux hommes, à chacun selon le rang et l'autorité qu'il a dans le monde, et on ne méprise rien que les vices. Au contraire, ceux qui ont l'esprit bas et faible, sont sujets à pécher par excès, quelquefois en ce qu'ils révèrent et craignent des choses qui ne sont dignes que de mépris, et quelquefois en ce qu'ils dédaignent insolemment celles qui méritent le plus d'être révérées, et ils passent souvent fort promptement de l'extrême impiété à la superstition, puis de la superstition à l'impiété, en sorte qu'il n'y a aucun vice ni aucun déréglement d'esprit dont ils ne soient capables. » Quant à la lâcheté et à la

---

(1) *Passions de l'âme*, art. 190.

peur, quoiqu'il ne puisse se persuader que la nature ait donné aux hommes quelque passion qui n'ait aucun usage bon et louable, « il a bien de la peine à deviner à quoi ces deux peuvent servir, » tant de tels sentiments sont étrangers à son âme !

Mais quelle est l'utilité de ces passions? Ne semblent-elles pas, au premier abord, n'avoir d'autre effet que de tenir en échec tout le pouvoir de l'âme et de la détourner de la vertu ? Tel n'est pas le sentiment de Descartes : « Maintenant que nous les connaissons toutes, nous avons beaucoup moins de sujet de les craindre que nous n'avions auparavant; car nous voyons qu'elles sont toutes bonnes de leur nature et que nous n'avons rien à éviter que leurs mauvais usages ou leurs excès (1). » En effet, elles excitent l'âme à l'action, à l'exercice de l'intelligence et de la volonté, à rechercher ce qui nous est utile et à fuir ce qui nous est nuisible. Si elles fortifient et font durer dans l'âme des pensées auxquelles il est mauvais qu'elle s'arrête, elles fortifient aussi et font durer celles qu'il est bon de conserver. Si nous étions absolument dépourvus de passions, nous languirions dans l'immobilité et l'inertie. Ce sont elles qui nous excitent à agir et à vouloir. Ainsi, contenues dans leurs vraies limites, toutes les passions naturelles, selon Descartes, ont un bon usage et un but salutaire.

Viennent ensuite les règles suivant lesquelles on peut éviter ou combattre l'excès des passions. Aucun moraliste n'a fait plus grand l'empire de l'âme sur les passions : « Il n'y a point, dit-il, d'âme si faible qu'elle ne puisse,

---

(1) *Passions de l'âme*, 3ᵉ partie, art. 211. Il dit ailleurs : « En les examinant, je les ai trouvées presque toutes bonnes et tellement utiles à cette vie, que notre âme n'aurait pas sujet de vouloir demeurer jointe à son corps un seul moment, si elle ne les pouvait ressentir. » *Lettre à Chanut*, édit. Cousin, t. IX, p. 417. Il écrit encore au même correspondant : « La philosophie que je cultive n'est pas si barbare ni si farouche qu'elle rejette l'usage des passions; au contraire, c'est en lui seul que je mets toute la douceur et toute la félicité de cette vie. » (Édit. Cousin, t. X, p. 128.)

étant bien conduite, acquérir un pouvoir absolu sur ses passions (1). » Il recommande de combattre ce qu'elles ont de mauvais par l'industrie et par la préméditation, mais surtout par la vertu. Si les passions agissent sur la volonté, la volonté à son tour peut agir sur les passions. Mais les passions dépendent absolument des actions qui les produisent en nous, et l'âme n'en est pas directement la maîtresse, comme de ses propres volontés. La plus énergique des volontés, par son action directe, ne nous délivrera pas de la peur et ne nous donnera pas du courage. Mais elle aura prise sur ces passions, d'une manière indirecte, par la représentation des motifs capables d'exciter en nous le courage, tels que le danger plus grand et en même temps la honte de fuir, la joie de la victoire, l'humiliation de la défaite. De là cette règle générale, qu'il faut lutter contre une passion par la représentation des choses qui ont coutume d'être jointes avec les passions que nous voulons avoir, et contraires à celles que nous voulons rejeter.

Aux passions du corps, il conseille surtout d'opposer les émotions intérieures ou les passions de l'âme, c'est-à-dire, ces passions qui sont excitées dans l'âme par l'âme elle-même, et non par quelque mouvement des esprits animaux. De ces émotions intérieures, selon Descartes, dépendent surtout le bonheur et le malheur de la vie, parce qu'elles nous touchent de plus près. Souvent elles se trouvent jointes avec les passions corporelles qui leur correspondent, mais souvent aussi elles se rencontrent avec celles qui leur sont contraires et qui leur servent de contre-poids. Ainsi la joie morale et intellectuelle est quelquefois unie avec la douleur physique jusqu'au point de l'adoucir ou même de l'absorber ; ainsi le plaisir sensible peut être empoisonné par la tristesse morale et par le remords, si ce plaisir est criminel. « Il est certain, dit admirablement Descartes, que, pourvu que notre âme ait de quoi se contenter en son intérieur, tous les troubles qui viennent d'ailleurs n'ont

(1) *Passions*, art. 50.

aucun pouvoir de lui nuire, mais plutôt ils servent à augmenter sa joie, en ce que, voyant qu'elle ne peut être offensée par eux, cela lui fait connaître sa perfection. Et afin que notre âme ait ainsi de quoi être contente, elle n'a besoin que de suivre exactement la vertu. Car quiconque a vécu en telle sorte que sa conscience ne lui peut jamais reprocher qu'il ait jamais manqué à toutes les choses qu'il a jugées être les meilleures (qui est ce que je nomme ici suivre la vertu), il en reçoit une satisfaction qui est si puissante pour le rendre heureux, que les plus violents efforts des passions n'ont jamais assez de pouvoir pour troubler la tranquillité de son âme (1). »

Dans cette belle conclusion des *Passions de l'âme*, est enfermée toute la morale de Descartes. On se rappelle que, dans la préface des *Principes*, il fait de la morale une des trois principales branches de ce grand arbre, dont la métaphysique est la racine et la physique le tronc, et qu'il la place après toutes les autres sciences, parce qu'elle en présuppose la connaissance, étant le dernier degré de la sagesse. Cette science de la morale, qui vient après toutes les autres, et qui en est, pour ainsi dire, le couronnement, Descartes n'en a traité nulle part d'une manière systématique, et il semble qu'il ne se décide à y toucher directement que pressé par la reine Christine, ou par la princesse Élisabeth. Pourquoi n'a-t-il pas écrit sur la morale, comme sur toutes les autres branches de son arbre encyclopédique? Le temps lui a-t-il manqué, ou bien a-t-il été réellement retenu par la crainte d'ameuter contre lui messieurs les régents, comme il l'écrit à Chanut (2)? Nous inclinerions à croire qu'en effet cette crainte a bien pu l'empêcher de composer un traité de morale. Sans nul doute il se serait attiré quelques démêlés avec les

---

(1) *Traité des passions*, art. 148.
(2) Dans une autre *Lettre à Chanut*, il dit : « Qu'il a coutume de refuser d'écrire ses pensées sur la morale, parce qu'il n'y a point de matière d'où les malins puissent plus aisément tirer des prétextes pour calomnier. » (Édit. Cousin, t. X, p. 65.)

régents et les théologiens, surtout s'il y eût fait une aussi grande part à la physique, à la médecine et à la physiologie qu'il semble l'annoncer dans la sixième partie du *Discours de la Méthode* : « L'esprit dépend si fort du tempérament et des organes du corps, que, s'il est possible de trouver quelque moyen qui rende communément les hommes plus sages et plus habiles qu'ils n'ont été jusqu'ici, je crois que c'est dans la médecine qu'on doit le chercher. » De ce passage on peut rapprocher ce qu'il écrit à Chanut, à propos du livre des *Principes* que veut lire la reine de Suède : « Ces vérités de physique font partie des fondements de la plus haute et de la plus parfaite morale (1). »

Mais, à défaut d'un traité systématique, on trouve répandues dans ses lettres à la princesse Élisabeth (2) et à la reine Christine, de belles maximes de morale qui témoignent d'une âme noble et élevée, et qui s'allient parfaitement avec le spiritualisme de sa métaphysique. Il est vrai qu'il semble parfois revenir aux règles, d'une sagesse un peu vulgaire, de sa morale par provision, mais s'il les propose à la princesse Élisabeth comme le seul moyen pour avoir l'âme satisfaite et pour vivre content en ce monde, c'est après les avoir modifiées en un sens plus philosophique et plus élevé. Ainsi, la règle : « de tâcher toujours de se servir, le mieux qu'il lui est possible, de son esprit pour connaître ce qu'il doit faire ou ne pas faire en toutes les occurrences de la vie (3), » remplace celle d'obéir aux lois et aux coutumes de son pays, de retenir constamment la religion dans laquelle Dieu lui a fait la grâce d'être instruit, etc., qui était la première règle dans le *Discours de la Méthode*.

Pour texte des considérations morales, dont il veut entretenir la princesse, il choisit le *de Vita beata* de Sénèque. Avec quelle élévation et avec quel bon sens ne juge-t-il pas

---

(1) Édit. Cousin, t. X, p. 308.
(2) Les *Lettres à la princesse Élisabeth* sont dans le t. IX de l'édit. Cousin.
(3) Édit. Cousin, t. IX, p. 212.

le traité de Sénèque ? Quel excellent enseignement moral il en tire sur la vertu et le bonheur, qu'il ne sépare pas l'un de l'autre ! Par le plus sage et le meilleur éclectisme, il cherche à concilier Zénon, qui met le souverain bien dans la seule vertu, avec Épicure qui le met dans la seule volupté (1). Une ferme volonté de bien faire, et le contentement qu'elle produit (2), voilà en quoi il fait consister le souverain bien considéré par rapport à nous. Comme Sénèque, il n'admet de vrais biens que ceux qui dépendent de nous, non de la fortune et du hasard, que ceux qui se conservent au sein même de l'adversité. Avant tout il recommande de borner nos désirs à ce qui est en notre pouvoir, c'est-à-dire de bien user de notre volonté, la seule chose dans ce monde dont nous puissions absolument disposer; or le meilleur usage que nous en puissions faire est de nous résoudre fermement à vouloir toujours le meilleur et à employer tout notre esprit à le bien connaître. La résolution et la vigueur à faire les choses qu'on croit être bonnes, ou que la raison nous conseille, voilà ce qu'est la vertu. Mais, sans le droit usage de la raison, la vertu non éclairée pourrait être fausse, ne pas nous donner un solide contentement, et paraître trop difficile à pratiquer, en condamnant à tort tous les désirs et toutes les passions. Ainsi, c'est de ce droit usage de la raison que dépend la plus grande félicité de l'homme, et l'étude qui sert à l'acquérir doit être regardée par tous comme la première et la plus utile des occupations.

Nul moraliste n'a estimé plus haut que Descartes le contentement attaché à la vertu. La satisfaction intérieure, que sentent en eux-mêmes ceux qui savent qu'ils ne manquent jamais à faire leur mieux, tant pour connaître le

---

(1) Voici le jugement trop peu bienveillant que porte Leibniz sur la morale de Descartes : « Sa morale est un composé des sentiments des stoïciens et des épicuriens, ce qui n'est pas fort difficile, car déjà Sénèque les conciliait fort bien. » (*Lettres et Opuscules* inédits de Leibniz, publiés par Foucher de Careil, p. 3.)

(2) Lettre à la reine Christine (édit. Cousin, t. IX, p. 50).

bien que pour l'acquérir, voilà le plaisir qu'il estime, sans comparaison, plus doux, plus durable et plus solide que tous ceux qui viennent d'ailleurs (1). Parmi les plaisirs il ne fait cas que de ceux de l'esprit, et au-dessus de tous les autres il place les plaisirs de la vertu (2). La béatitude dans la vertu et par la vertu, tel est, selon Descartes, le but suprême de la vie. On ne peut cependant lui reprocher de mettre sur la même ligne la vertu et le bonheur qui la suit. Par une ingénieuse comparaison il marque parfaitement la place qu'il faut faire à l'un et à l'autre : « Comme lorsqu'il y a quelque part un prix, on fait avoir envie d'y tirer à ceux à qui on montre ce prix, et qu'ils ne le peuvent gagner pour cela s'ils ne voient le blanc, et que ceux qui voient le blanc ne sont pas pour cela induits à tirer s'ils ne savent qu'il y ait un prix à gagner ; ainsi la vertu qui est le blanc ne se fait pas désirer lorsqu'on la voit toute seule, et le contentement qui est le prix ne peut être acquis, si ce n'est qu'on la suive (3). » Finissons en citant cette excellente appréciation des doctrines morales de Descartes par M. Cousin : « Partout la vertu y est mise dans l'empire sur soi-même, le bonheur dans la modération des désirs et dans le développement tempéré et harmonieux de toutes les facultés accordées à l'homme, sous le gouvernement de la raison, et l'œil toujours dirigé vers les lois et la volonté de la divine Providence (4). »

(1) *Lettre à la reine Christine*, édit. Cousin, t. X, p. 59.
(2) Dom Claude Améline de l'Oratoire a développé les préceptes de Descartes sur la morale et le bonheur dans un ouvrage intitulé : *L'Art de vivre heureux, formé sur les idées les plus claires de la raison et du bon sens, et sur de très-belles maximes de M. Descartes*, in-12, Paris, 1690.
(3) Lettre à la princesse Élisabeth (édit. Cousin, t. IX, p. 215).
(4) Introduction aux *Œuvres philosophiques* du P. André.

CHAPITRE VI

De la nature des substances créées et de leurs rapports avec Dieu. — Retour sur l'essence de l'âme. — Pourquoi Descartes ne démontre pas l'immortalité de l'âme. — De l'union de l'âme avec le corps. — L'homme de Descartes n'est pas un esprit pur. — Siége de l'âme dans le cerveau. — La glande pinéale. — Correspondance des divers états de l'âme et du cerveau. — Tendance aux causes occasionnelles. — Combien peu Descartes, selon Leibniz, était éloigné de l'harmonie préétablie. — Comparaison de l'essence de l'âme et de celle du corps. — Attributs fondamentaux qui les distinguent. — Caractère commun de passivité qui les rapproche. — Semences de spinozisme dans la philosophie de Descartes. — Définition de la substance. — Comment Descartes distingue la substance première des substances secondes, et les substances secondes des simples phénomènes. — Nécessité du continuel concours de Dieu pour la conservation des créatures. — Comment Descartes entend ce concours. — Création continuée. — Importance de cette théorie dans la philosophie cartésienne. — Conséquences de la création continuée par rapport à la liberté et à la réalité des créatures. — Des arguments de Descartes en faveur de la création continuée. — Principale source des erreurs du cartésianisme. — Descartes corrigé par Leibniz.

Il faut maintenant examiner une des plus grandes questions agitées par la philosophie cartésienne, à savoir la nature des substances créées, de leurs rapports entre elles et avec Dieu. Déjà nous connaissons la nature de l'âme et du corps, mais nous devons ici d'abord faire un retour sur notre propre substance, puis sur celle du corps.

Descartes démontre la spiritualité par le *je pense, donc je suis*, mais il laisse de côté la question de l'immortalité, et s'interdit toute conjecture sur les destinées de l'âme après cette vie. Aussitôt après avoir reçu les *Méditations*, le père Mersenne lui écrit, que l'on s'étonne de ne pas trouver un mot sur l'immortalité dans un livre qu'on croyait entrepris pour prouver l'immortalité (1). Descartes répond qu'on s'étonne à tort, parce qu'il est impossible de démontrer par la raison que Dieu ne peut anéantir l'âme de l'homme. L'âme étant distincte du corps, elle n'est pas nécessairement sujette à périr avec le corps, et elle peut en être séparée par la toute-puissance de Dieu ; nulle démonstration philosophique, selon Descartes, ne va au delà, et voilà tout ce qui est requis pour la religion, et tout ce qu'il s'était proposé de prouver. Aussi, dans la seconde édition des *Méditations*, pour prévenir une semblable objection, il substitua, dans le titre, les mots de démonstration de la distinction réelle de l'âme et du corps, à ceux de démonstration de l'immortalité de l'âme. Il lui arrive même de laisser percer une certaine ironie à l'adresse de ceux qui prétendent en savoir plus que lui sur ce sujet : « Pour ce qui est de l'état de l'âme après cette vie, j'en ai bien moins de connaissance que M. d'Igby (2). Laissant à part ce que la foi nous enseigne, je confesse que, par la seule raison naturelle, nous pouvons bien faire beaucoup de conjectures à notre avantage et avoir de belles espérances, mais non point en avoir l'assurance (3). » Mais, laissant de côté la vie future, voyons quels sont dans cette vie, d'après Descartes, les rapports de l'âme et du corps.

Nul parmi les philosophes spiritualistes, à ce qu'il semble du moins au premier abord, n'a plus fortement rattaché l'âme au corps, et moins mérité le reproche d'un spiritualisme excessif. Non-seulement, selon Descartes, l'âme est unie au corps, mais elle est mêlée et confondue avec lui. Elle n'est ni dans une partie du corps, à l'exclusion des autres, ni morcelée dans les organes, parce que le corps, quoique composé de parties, forme un tout, une harmonie indivi-

---

(1) Baillet, t. II, p. 108.
(2) Édit. Cousin, t. IX, p. 369. D'Igby était un seigneur anglais catholique, auteur d'un grand ouvrage sur l'immortalité de l'âme. Descartes l'avait rencontré à Paris et s'était lié avec lui.
(3) Baillet, t. II, p. 246.

sible, et parce qu'étant spirituelle, elle n'a aucun rapport avec l'étendue. Tout le *Traité des Passions* est fondé sur cette liaison si intime de l'âme et du corps. Cependant, quoiqu'il soit vrai de dire que l'âme est jointe à toutes les parties du corps, Descartes lui assigne un point où elle réside plus particulièrement, un centre, d'où son action rayonne dans toutes les parties; ce centre est la partie la plus centrale du cerveau, la glande conaire ou pinéale, si célèbre dans la physiologie cartésienne. Descartes lui confère le privilége d'être l'organe immédiat, le principal siège de l'âme, le lieu où se font toutes nos pensées, à cause de son unité qui répond à l'unité de la pensée, tandis que toutes les autres parties du cerveau sont doubles.

Un autre avantage de cette glande, selon Descartes, est de se mouvoir facilement, ce qui la rend sensible aux impressions du dedans et du dehors. Cette prétendue glande centrale, à laquelle tous les nerfs viendraient aboutir, a été mise au rang des chimères, par la physiologie moderne (1). Néanmoins il faut savoir gré à Descartes d'avoir, un des premiers, si nettement démontré que le cerveau est l'organe exclusif de l'âme, d'y avoir placé l'impression que l'esprit reçoit de toutes les parties du corps, et les passions elles-mêmes, quoiqu'elles exercent leur principale action sur le cœur. « Ce n'est pas proprement, dit-il, en tant que l'âme est dans les membres qui servent d'organes aux sens extérieurs qu'elle sent, mais en tant qu'elle est dans le cerveau où elle exerce cette faculté qu'on appelle le sens commun (2). »

---

(1) Gall, dit M. Flourens, a pleinement montré que ce prétendu point du cerveau, vieux rêve des anatomistes, d'où, selon eux, tous les nerfs partaient et où ils se rendaient tous, n'est qu'une chimère. C'est le cerveau proprement dit tout entier qui est l'organe de l'intelligence. Le Danois Sténon, le premier, a dépouillé la glande pinéale du rôle capital que lui attribuait Descartes, dans son *Discours sur l'anatomie du cerveau*, 1669.

(2) *Dioptrique*, 4ᵉ Discours.

Il y a une étroite correspondance, selon Descartes, entre certains états du cerveau et certains états de l'âme ; la nature du cerveau modifie le lien qui rattache l'âme au corps, en lui permettant de s'affranchir plus ou moins des impressions des sens. Ainsi l'âme ne peut s'en dégager quand elle est jointe à un cerveau trop mou et trop humide, comme dans un enfant, ni quand elle est jointe à un cerveau mal affecté, comme il arrive dans certaines maladies et dans un sommeil profond.

Contre ses adversaires, contre Gassendi, contre les péripatéticiens et les jésuites, Descartes se défend très-bien d'avoir jamais donné à entendre, que le corps ne fît pas partie de l'essence de l'homme entier et d'avoir défini l'homme, un esprit se servant du corps. « Il m'a semblé, répond-il à Arnauld, que j'avais pris garde assez soigneusement à ce que personne ne pût pour cela penser que l'homme n'est rien qu'un esprit usant ou se servant du corps... Je ne pense pas avoir trop prouvé en montrant que l'esprit peut être sans le corps, ni avoir aussi trop peu dit en disant qu'il lui est substantiellement uni (1). » La nature, dit-il ailleurs, m'enseigne par les sentiments de la douleur, de la faim, de la soif, etc., « que l'âme n'est pas seulement logée dans le corps comme un pilote dans son navire (2). » Nous le verrons blâmer Régius d'avoir avancé que l'homme est un être par accident ou un composé accidentel.

Il semble donc qu'on ne puisse reprocher à Descartes d'avoir méconnu les liens qui unissent l'âme au corps. Mais quand il s'agit de concilier cette liaison si intime de l'âme et du corps avec les principes généraux de sa métaphysique, avec sa doctrine de l'essence de l'âme et de l'essence du corps, on éprouve un certain embarras. En effet, comment l'âme dépouillée d'activité propre, comment la pensée pure, qui est son

(1) Réponse aux objections d'Arnauld.
(2) 3ᵉ Méditation.

essence, peut-elle agir réellement sur le corps, et comment le corps, c'est-à-dire l'étendue matérielle, aura-t-il à son tour quelque action sur l'âme ? De là les railleries de Gassendi et des jésuites contre le spiritualisme de Descartes, de là ces romans où des âmes cartésiennes quittent et reprennent leur corps à volonté ; de là aussi ce problème de la communication de l'âme et du corps qui tiendra une si grande place dans l'histoire du cartésianisme et engendrera de célèbres hypothèses. Descartes lui-même en est visiblement troublé et embarrassé (1). Il est sur la pente qui conduit aux causes occasionnelles ou à l'harmonie préétablie, mais il s'efforce de s'y retenir. Cependant, qui ne voit déjà, même dans Descartes, qu'entre ces deux substances opposées, le seul médiateur possible sera Dieu ?

Descartes refuse à l'âme, et à toute substance créée, le pouvoir de produire du mouvement ; la quantité de mouvement mise par Dieu dans le monde, dès l'origine des choses, demeure, selon lui, invariable, et si les créatures peuvent en modifier les directions, elles ne peuvent en changer la somme totale. Il compare l'âme au cavalier qui dirige à son gré les mouvements de son cheval, mais qui ne peut ni augmenter ni diminuer en elle-même la force qui produit ces mouvements. Parmi les successeurs de Descartes, bientôt il s'en trouvera qui nieront à l'âme ce pouvoir de diriger le mouvement, tout comme celui de le produire. Leibniz, partant de cette première loi de Descartes, y ajoutera cette seconde : « Les directions du mouvement sont tout aussi invariables que la forme mouvante elle-même. » D'après

---

(1) A propos de l'influence des mouvements de la glande pinéale sur les mouvements de l'âme, et de cette union que Descartes admet entre l'âme et le corps, Spinoza reproche à Descartes de se contenter, pour expliquer une chose obscure, d'une hypothèse plus occulte que les qualités occultes elles-mêmes. « Quelle idée claire et distincte pouvons-nous avoir d'une pensée étroitement unie à une portion de l'étendue ? » (*Eth.*, part. 5. Avant-propos.)

Leibniz, Descartes n'aurait été séparé de l'harmonie préétablie que par cette loi (1).

Mais ce pouvoir même de diriger le mouvement ne paraît pas facile à accorder avec d'autres principes, que déjà nous avons signalés dans la métaphysique de Descartes. De la façon dont il entend les idées adventices et les volontés, on ne voit pas que le corps modifie réellement l'âme, ni que l'âme modifie réellement le corps. En effet, les idées adventices ne naissent pas dans l'âme par suite d'une action quelconque des organes, mais seulement, suivant une expression, que Descartes n'a pas sans doute employée par mégarde, à l'occasion des mouvements qui ont lieu dans les organes. Dans les *Passions*, il dit de l'âme, après en avoir placé le siège dans la glande pinéale : « Elle est de telle nature qu'elle reçoit autant de diverses impressions en elle, c'est-à-dire qu'elle a autant de diverses perceptions qu'il arrive de divers mouvements en cette glande (2). » Ainsi, entre les pensées de l'âme et les mouvements corporels des organes et de la glande, il tend à établir une simple correspondance plutôt qu'une action réciproque.

S'il a une tendance à ne considérer les mouvements du corps que comme l'occasion des mouvements de l'âme, il en a une, non moins manifeste, à ne considérer les inclinations de la volonté que comme l'occasion des mouvements du corps. « C'est Dieu aussi, dit-il, qui a disposé toutes les autres choses qui sont hors de nous, pour faire que tels ou tels objets se présentassent à nos sens à tel ou tel temps, à l'occasion desquels il a su que notre libre arbitre nous déterminerait à telle ou telle chose (3). » Ce passage ne contient-il pas en germe toute la doctrine de Malebranche sur les causes occasionnelles ? Fontenelle, dans l'éloge de Malebranche, a d'ailleurs très-justement remarqué : « que la preuve de la spiritualité de l'âme, apportée par Descartes, le

---

(1) Voir sur l'harmonie préétablie de Leibniz, le chap. 23, 2ᵉ vol.
(2) *Les Passions*, 1ʳᵉ partie, art. 34.
(3) Édit. Garnier, vol. III, p. 210. — Lettre à la princesse Élisabeth.

conduit nécessairement à croire que les pensées de l'âme ne peuvent être les causes physiques des mouvements du corps. »

Ainsi l'activité plus ou moins méconnue de l'âme, en particulier, et des substances créées en général, conduit presque irrésistiblement Descartes à la négation de toute action réciproque entre l'âme et le corps, et par suite aux causes occasionnelles. Toutefois, nulle part il n'affirme qu'il n'y a point de communication réelle entre l'âme et le corps, et entre les substances créées, par où il se distingue de ses disciples et de ses successeurs, en France et en Hollande, de Geulincx, de Cordemoy et de Malebranche, qui déduiront cette conséquence des principes que nous venons de signaler. Non-seulement il ne l'avoue pas, mais il la repousse expressément : « Que l'esprit qui est incorporel puisse faire mouvoir le corps, il n'y a ni raisonnement, ni comparaison tirée des autres choses qui nous le puisse apprendre, mais néanmoins nous n'en pouvons douter, puisque des expériences trop certaines et trop évidentes nous le font connaître tous les jours manifestement. Et il faut bien prendre garde que cela est l'une des choses qui sont connues par elles-mêmes, et que nous obscurcissons toutes les fois que nous voulons les expliquer par d'autres (1). »

Ces deux natures si opposées du corps et de l'esprit, ne nous sont connues que par leur attribut fondamental, qui est l'attribut sans lequel nous ne pouvons concevoir une substance et duquel tous les autres dépendent. Toutes les propriétés que nous trouvons dans l'âme présupposent la pensée, et ne sont que la pensée elle-même diversement modifiée; donc la pensée est l'attribut essentiel de l'esprit. Tous les phénomènes matériels se ramènent à l'étendue diversement modifiée, et s'expliquent par la seule étendue; donc l'étendue est l'attribut essentiel du corps. L'étendue est l'essence du corps, comme la pensée est l'essence de l'esprit. D'ailleurs, par la pensée et par

---

(1) Édit. Cousin, t. X, p. 161.

l'étendue, comme nous l'avons déjà vu, Descartes entend des essences véritables, d'où naissent tous les phénomènes de l'âme et tous les phénomènes du corps, et non des qualités générales, abstraites de ce que l'entendement découvre de commun entre tous ces phénomènes. Cependant, quelque profonde que soit l'opposition entre ces deux essences, elles présentent un caractère commun, celui du défaut d'action propre, celui de la passivité par lequel elles tendent à se confondre.

La passivité de la matière résulte de sa définition même. L'inertie est le propre de la simple étendue ou extension. Quelle force en acte, ou même en puissance, pourrait résider au sein de cette étendue inerte, simple juxtaposition de parties et incapable de toute causalité efficiente? La propriété du mouvement n'est point inhérente à la matière; elle lui est, selon Descartes, communiquée par Dieu qui la crée, avec ou sans le mouvement des parties, et qui lui conserve cette propriété par son action immédiate. Quant à l'âme, il en a exclu tout d'abord la notion de force ou de cause, en la définissant une chose qui pense, en la faisant passive à l'égard des idées de l'entendement, et même à l'égard des inclinations de la volonté. Dieu, selon Descartes, ne serait pas souverainement parfait s'il pouvait arriver quelque chose dans le monde qui ne vînt pas entièrement de lui : « La seule philosophie suffit donc pour connaître qu'il ne saurait entrer la moindre pensée en l'esprit de l'homme que Dieu ne veuille et n'ait voulu de toute éternité qu'elle y entrât. » Rappelons qu'il compare l'âme et ses idées avec un morceau de cire et les diverses figures qu'il peut recevoir (1), comparaison qui sera fort en honneur dans toute son école, sans doute parce qu'elle marque d'une manière expressive le rôle passif de l'âme dans la production des idées. Il est vrai que Descartes appelle les volontés des actions. Mais ces actions sont-elles bien réellement des actions de notre âme, ou bien des actions

---

(1) Édit. Cousin, t. IX, p. 166.

de Dieu? Ne dit-il pas que c'est Dieu qui met en nous les inclinations de la volonté? « Avant qu'il nous ait envoyés en ce monde, Dieu a su exactement quelles seraient toutes les inclinations de nos volontés ; c'est lui-même qui les a mises en nous (1). » Donc il n'y a ni une pensée en notre entendement, ni une seule inclination dans la volonté dont Dieu ne soit l'auteur en nous ; donc nous ne faisons rien, et Dieu fait tout, dans le monde de l'esprit comme dans celui de la matière.

Ainsi sommes-nous sur la voie qui conduit, non-seulement à Malebranche, mais même à Spinoza. Faites abstraction par la pensée de ces modes que Dieu produit immédiatement en chacune de ces essences, et qu'elles ne produisent nullement par leur vertu propre, que restera-t-il soit de la substance spirituelle, soit de la substance matérielle, sinon une simple aptitude à recevoir ces modes imprimés par Dieu, sinon une pure passivité qui, en elle-même, ne donne prise à aucune distinction? C'est ainsi qu'au sein même de l'école de Descartes, de hardis logiciens rapporteront à l'unique cause efficiente, c'est-à-dire à Dieu, comme à leur sujet commun, les deux essences, ou plutôt les deux attributs opposés de la pensée et de l'étendue. Telle est la semence de spinozisme incontestablement contenue dans la philosophie de Descartes, quelle que soit d'ailleurs l'opposition entre la méthode et les principes de l'auteur des *Méditations* et de l'auteur de l'*Éthique* (2).

Spinoza a pu même s'autoriser, quoique à tort, de cette définition que donne Descartes de la substance : « Lorsque nous concevons la substance, nous concevons seulement une chose qui existe en telle façon qu'elle n'a besoin que de soi-même pour exister (3). » Mais Descartes n'ignorait pas que si on s'en tient à cette défini-

---

(1) Édit. Cousin, t. IX, p. 174.
(2) Nous reviendrons sur cette question des rapports de Descartes et de Spinoza, dans le chap. 18 de ce vol.
(3) *Principes*, 1re partie, art. 51.

tion, il ne peut y avoir qu'une seule substance, qui est Dieu, car il n'y a que Dieu qui existe par lui-même. Aussi, s'empresse-t-il de la restreindre expressément, ce que ne fera pas Spinoza, à la seule substance de Dieu : « C'est pourquoi on a raison dans l'École de dire que le nom de substance n'est pas univoque (1) au regard de Dieu et des créatures, c'est-à-dire qu'il n'y a aucune signification de ce mot que nous concevions distinctement, laquelle convienne en même sens à lui et à elles ; mais parce que, parmi les choses créées, quelques-unes sont de telle nature qu'elles ne peuvent exister sans quelques autres, nous les distinguons d'avec celles qui n'ont besoin que du concours ordinaire de Dieu, en nommant celles-ci des substances et celles-là des qualités ou des attributs de ces substances. Et la notion que nous avons ainsi de la substance créée se rapporte en même façon à toutes, c'est-à-dire à celles qui sont immatérielles comme à celles qui sont matérielles ou corporelles ; car pour entendre que ce sont des substances, il faut seulement que nous apercevions qu'elles peuvent exister sans l'aide d'aucune chose créée (2). »

(1) *Univoce*, dans la langue de la scholastique, est opposé à *equivoce* ou *analogice*. Saint Thomas dit : *Impossibile est aliquid prædicari de Deo et creaturis univoce.* (*Summa theol.*, pars prima, quæst. 13, art. 5.)

(2) Cette définition de la substance créée est celle qui était généralement usitée dans l'École. L'école de Coïmbre disait : « Substantia est ens « reale per se subsistens, non existens in alio ut in subjecto inhæsionis. » Heineccius, dans ses *Éléments de philosophie*, dit : « Substantiæ sunt « quæ per se et seorsum existunt. Pessime ergo Ben Spinoza substantiam « definit rem a se subsistentem, unde totum pantheismi systema huic « falsæ definitioni inædificatum sua mole ruit. » (Voir la Dissertation du cardinal Gerdil sur l'incompatibilité des principes de Descartes et de Spinoza.) Malebranche dit d'après Descartes : « Tout ce qui est, on le peut concevoir seul ou on ne le peut pas ; il n'y a pas de milieu, car ces deux propositions sont contradictoires. Or, tout ce qu'on peut concevoir seul et sans penser à autre chose, qu'on peut, dis-je, concevoir seul comme existant indépendamment de quelque chose, c'est assurément un être ou une substance ; et tout ce qu'on ne peut concevoir seul ou sans penser à quelque autre chose, c'est une manière d'être ou une modification de substance. » (1er Entretien métaphysique).

Nous croyons que telle est en effet la distinction qu'il faut faire entre la substance première et les substances secondes, et aussi entre les substances secondes et les purs phénomènes. La substance première existe par soi, *a se;* les substances secondes existent par le seul concours de Dieu, et sans celui d'aucune chose créée, elles existent en soi et non pas par soi, suivant la distinction qu'oppose Régis à Spinoza, c'est-à-dire elles sont à elles-mêmes leur propre sujet, tandis que les phénomènes, indépendamment du concours de Dieu, ont besoin du concours d'une autre chose créée qui en soit le sujet. L'existence en soi, l'existence propre, mais non pas nécessaire, l'exclusion de toute inhérence dans un autre sujet, mais non pas l'indépendance absolue à l'égard de la cause efficiente, voilà la définition de la substance créée. La substance seconde, existant par le seul concours de Dieu, devient un centre d'activité et le sujet de manifestations qui se rapportent directement à elle, comme modes ou phénomènes, tandis que le phénomène, modification passagère d'un être, ne peut exister indépendamment de cet être, ni devenir à son tour le sujet d'aucune autre modification. Telle est la différence fondamentale qui sépare les êtres seconds des purs phénomènes et qui empêche de les confondre, quoique d'ailleurs les uns et les autres n'existent que par le concours de Dieu.

Descartes insiste beaucoup sur cette nécessité d'un concours continuel de Dieu pour le maintien des créatures dans l'existence. A ceux qui s'imaginent que les choses, une fois produites, peuvent subsister par elles-mêmes, il reproche de confondre ensemble les causes qu'on appelle dans l'École *secundum fieri,* c'est-à-dire, de qui les effets dépendent, quant à la production, avec celles qu'on appelle *secundum esse,* c'est-à-dire, de qui les effets dépendent, non pas seulement quant à la production, mais quant à leur subsistance et continuation dans l'être. Ainsi l'architecte est la cause de la maison, et le père la cause de son fils, quant à la production seulement. C'est pourquoi l'ouvrage achevé peut subsister et demeurer sans cette cause, mais le soleil est la cause de la lumière qui procède de lui, et Dieu est la cause de toutes les choses créées, non-seulement en ce qui dépend de leur production, mais même en ce qui concerne leur conservation ou leur durée dans l'être (1). « Lorsque vous dites, répond Descartes à Gassendi, qu'il y a en nous assez de vertu pour nous faire persévérer, au cas que quelque cause corruptive ne survienne, vous ne prenez pas garde que vous attribuez à la créature la perfection du Créateur, en ce qu'elle persévère dans l'être indépendamment de lui. »

Mais, selon Descartes, ce concours n'est rien moins, nous le savons déjà, qu'une création continuée qu'il n'est pas facile de concilier avec la réalité des créatures.

Nous ne pouvons pas admettre avec M. Cousin, que la création continuée ait un caractère inoffensif, et qu'elle tienne peu de place dans la philosophie de Descartes (2). Cette doctrine qui, comme nous l'avons dit, n'appartient pas en propre à Descartes, est devenue en quelque sorte une doctrine cartésienne par l'importance que lui ont donnée le maître et les disciples, et surtout par les conséquences qu'ils en ont déduites. La création continuée est un des arguments sur lesquels Descartes s'appuie dans sa démonstration de l'existence de Dieu tirée de notre propre existence; il y revient, il y insiste quand il s'agit d'expliquer l'attribut de conservateur et les rapports des créatures avec le Créateur; il la défend contre les objections de ses adversaires, il s'efforce de la concilier avec la liberté, il imagine en sa faveur de nouveaux raisonnements; enfin il la reproduit et la confirme dans un grand nombre de

---

(1) Réponse à Gassendi.

(2) *Histoire générale de la philosophie*, 8ᵉ leçon, 7ᵉ éd., 1866. Cependant dans ses *Fragments d'histoire de la philosophie moderne*, 1ʳᵉ partie, p. 269, dernière édition, il dit : « Une des théories cartésiennes qui fit alors le plus de bruit est celle de la conservation du monde, considérée comme une création continuée. » Il rapporte ensuite une discussion, entre un professeur d'Oxford et un abbé Gaultier, sur la question de savoir si la création continuée favorise le spinozisme, qui prouve qu'en effet cette théorie avait une grande importance dans l'école cartésienne.

passages de ses réponses aux objections et de ses lettres, tant il y attache de prix et d'importance ! Si elle tient une grande place dans Descartes, elle en tient une bien plus grande dans Clauberg, dans Geulincx et dans Malebranche qui en fait le principal argument en faveur des causes occasionnelles.

Mais il importe encore plus de savoir si réellement elle est inoffensive. Si elle ne l'est pas, dit M. Cousin, la création elle-même serait contraire à la liberté de l'être créé; or, si cette première et nécessaire création ne l'est pas, comment sa répétition et sa continuation le seraient-elles? Il nous semble que cette première création, à l'instant même où elle a lieu, est absolument incompatible avec l'existence en acte de la liberté. La liberté en acte pourra suivre le don de l'être, mais non coexister avec lui; être en même temps maître de soi et recevoir l'existence, sont deux choses parfaitement contradictoires. Que s'il en est ainsi de cette première et nécessaire création, comment n'en sera-t-il pas de même de tous les autres moments de notre existence qui seront, par hypothèse, l'exacte et continuelle reproduction de la première création? Ni les adversaires de Descartes ne s'y sont trompés, comme on le voit par leurs objections, ni même un certain nombre de ses disciples, comme on le voit par les conséquences qu'ils en tirent contre la réalité des créatures.

Si conserver et créer derechef, suivant l'expression de Descartes, étaient une seule et même chose, la créature, comme l'objecte un de ses adversaires, ne sera plus qu'une influence ou un écoulement de Dieu, un simple accident semblable au mouvement local. Tissu de créations successives, pour employer les expressions énergiques de Fénelon, la créature toujours naissante, toujours mourante, n'existerait jamais. Clauberg, en se fondant sur la création continuée, n'aura-t-il pas raison de dire que l'homme n'est qu'un acte répété de la toute-puissance divine, une simple opération de Dieu? Voici comment, avec la création continuée, Spinoza ferme la bouche à un cartésien qui l'accuse de détruire le libre arbitre : « Quid ergo de suo Cartesio sentit qui statuit nos singulis momentis a Deo quasi de novo creari, et nihilominus nos ex nostra arbitrii libertate agere (1)? »

Quels sont les arguments de Descartes en faveur de la création continuée ? C'est en premier lieu l'indépendance des parties de la durée d'un être, d'où il conclut que nul ne peut continuer d'exister qu'à la condition d'être créé à chaque instant de son existence, comme dans le premier (2). « Sans doute, dit Gassendi, de ce que j'ai été ci-devant, il ne s'ensuit pas que je doive être maintenant. » Mais s'il en est ainsi, c'est que quelque cause peut nous détruire, et non que nous ayons besoin d'être créés à chaque instant.

Descartes tire un autre argument de la dignité et de la puissance de Dieu : « Dieu, dit-il, ne ferait pas paraître que sa puissance est immense, s'il créait des choses telles que, par après, elles pussent exister sans lui, mais, au contraire, il montrerait par là qu'elle serait finie, parce que les choses qu'il aurait une fois créées ne dépendraient plus de lui pour être. » Enfin si la conservation n'était pas une création continuée, Dieu, selon Descartes, ne pourrait nous faire cesser d'être que par une action positive qui aurait pour terme le néant, tandis qu'il est impossible de concevoir que Dieu détruise quoi que ce soit, autrement que par la cessation de son concours (3). Mais la création continuée n'a-t-elle pas pour revers, s'il est permis de parler ainsi, un anéantissement continué qui paraît peu digne de Dieu? Ne porte-t-elle pas atteinte, comme le dira Leibniz, à l'efficacité des décrets de la toute-puissance divine, puisqu'elle oblige Dieu, pour conserver un être dans l'existence, d'intervenir à chaque instant et de le créer de nouveau ? Enfin, la cessation de la création n'équivaudrait-elle pas à cette action positive ayant pour terme le néant que Descartes veut épargner à Dieu?

(1) Édit. Paulus, *epist.* 49.
(2) Voir la 3ᵉ Méditation.
(3) Réponse aux cinquièmes objections.

Concluons qu'autre chose est la création que requiert la créature au premier moment de son existence, autre chose le simple concours dont elle a besoin pour se maintenir dans l'être une fois reçu. On peut concevoir que ce simple concours, que nous ne prétendons pas définir, lui laisse une certaine part de réalité qui serve de fondement à son individualité et à sa liberté, tandis que la création continuée ne laissant pas, un seul instant, à la créature la possession de son être, absorbe nécessairement toute réalité au sein de cette immanence de la causalité divine.

Par tout ce qui précède, on voit déjà, et on verra mieux encore par l'histoire de son école, la tendance de Descartes à dépouiller les substances créées, sans en excepter l'âme humaine, de toute force et de toute activité pour faire de Dieu l'unique cause. Descartes a eu le tort de séparer l'idée de substance de l'idée de cause, Leibniz en les réunissant dans l'idée de force, corrigera le vice essentiel de la métaphysique cartésienne.

CHAPITRE VII

Les bêtes machines. — Réflexions sur la question de la nature des bêtes et leurs rapports avec l'homme. — Tendance des philosophes empiriques, anciens et modernes, à mettre la bête au niveau de l'homme. — Montaigne, Charron, Gassendi. — Excès contraire de Descartes. — Hors l'âme humaine point d'âme, point de principe de vie. — L'animal pur mécanisme. — L'École et le sens commun contre l'automatisme. — Sentiment d'Aristote. — Objections et réponses. — Descartes a-t-il inventé l'automatisme, ou l'a-t-il emprunté, soit aux anciens, soit à Gomes Pereira ? — Raisons morales et théologiques des cartésiens en faveur de l'automatisme. — Prétendu danger, pour l'immortalité de l'âme humaine et pour la Providence divine, d'accorder une âme à l'animal. — Automatisme en théorie et en pratique de Malebranche. — Cruautés cartésiennes de Port-Royal sur les animaux. — Plaisanteries du P. Daniel contre l'automatisme. — Dissidences au sein même de l'école cartésienne sur l'automatisme. — Embarras de l'École pour donner à l'animal une âme qui ne soit ni esprit ni corps. — Protestations de madame de Sévigné et de La Fontaine contre l'automatisme. — Écrits innombrables pour ou contre. — Rétorsion par les sceptiques et les matérialistes des prétendues utilités morales et théologiques de l'automatisme. — Bayle et Lamettrie. — Lien de l'automatisme avec la métaphysique de Descartes. — Nécessité d'accorder une âme aux bêtes. — Limites de l'intelligence des bêtes. — Supériorité et excellence des facultés de l'âme humaine. — De l'immortalité métaphysique et de l'immortalité morale. — Leibniz renoue la chaîne des êtres brisée par Descartes.

Il faut faire une place, entre la métaphysique et la physique, à la question de la différence de l'homme et de la bête. Ici nous rencontrons cette hypothèse des bêtes machines qui a eu un si grand retentissement dans la philosophie du dix-septième siècle. Après l'homme lui-même, il semble que rien, dans toute la nature, ne soit plus digne de la considération du philosophe que la nature de l'animal.

Quels sont ces êtres singuliers, si différents de nous, qui néanmoins possèdent ou semblent posséder, en commun avec nous, le mouvement et la vie, et même des sensations, des besoins, des passions analogues aux nôtres? Quelle place leur assigner, dans la création, au-dessus des êtres inanimés et au-dessous de la nature humaine? Ces questions ont été souvent traitées par les anciens et par les modernes, mais presque toujours avec un esprit systématique et un parti pris d'avance. Selon l'idée qu'ils s'étaient faite de l'homme et de sa destinée, suivant leur secret désir de l'abaisser ou de l'élever, les philosophes et les naturalistes ont exalté les bêtes, ou les ont déprimées outre mesure. Tels furent, parmi les premiers, les Épicuriens dans l'antiquité, Montaigne, Gassendi, Locke, et leurs disciples, dans les temps modernes. Parmi les seconds, on peut citer les stoïciens qui n'accordent aux bêtes que ce qui est dans la plante, et surtout les cartésiens qui en font de simples machines plus ou moins perfectionnées (1).

Pour ne parler ici que des prédécesseurs immédiats et des contemporains de Descartes, au seizième siècle, Rorarius, Laurent Valla, Étienne Pasquier, d'autres encore, avaient entrepris de prouver que les bêtes se servent mieux de la raison que les hommes (2). Telle est aussi la thèse soutenue par Montaigne dans l'apologie de *Raymond de Sébonde*. Il veut, dit-il, faire rentrer dans la presse des créatures l'homme qui, dans son orgueil, aspire à se mettre à l'écart, tandis qu'il y a plus de diffé-

---

(1) Pour les opinions des anciens sur l'intelligence des bêtes, consulter la thèse de M. Bredif, *De anima brutorum*, Alger, 1863, et le chap. II de la thèse de M. Gréard sur la morale de Plutarque, in-8°, Paris, 1866.

(2) Voici le titre de l'ouvrage de Rorarius : *Quod animalia bruta sæpe ratione utantur melius homine*. Libri duo, in-12. Valla, dans le chap. IX de sa *Dialectique*, soutient que les bêtes sont douées de raison. Étienne Pasquier, *Epistola ad Turnebum*, Campanella (*de sensu rerum*, lib. II, cap. III) douent les bêtes de grandes et nombreuses facultés. Bayle cite un petit livre d'Antoine Capella, intitulé : *Opusculum paradoxicum quod ratio participetur a brutis*, 1641. Consulter Fromondus, *De anima*, lib. III, in-4°, Lovani, 1649.

rence d'homme à homme que de bête à homme : « La manière de naître, d'engendrer, nourrir, agir, mouvoir, vivre et mourir, des bêtes étant si voisine de la nôtre, tout ce que nous retranchons de leurs causes motrices et que nous ajoutons à notre condition au-dessus de la leur, ne peut aucunement partir du discours de la raison. » Il abonde en récits merveilleux, plus ou moins suspects, de l'intelligence et de l'instinct des animaux. L'instinct seul, sans l'intelligence, lui semble une démonstration en faveur de sa thèse. Si en effet l'animal agit par instinct, c'est que la nature lui a donné d'accomplir mieux, et sans effort, ce que l'homme ne peut accomplir qu'imparfaitement et avec plus d'effort, en quoi il faut voir un titre de supériorité de la bête sur l'homme.

Charron répète ce qu'a dit Montaigne. Il trouve lui aussi plus de différence d'homme à homme que d'homme à bête ; il est frappé du voisinage et du cousinage entre l'homme et les autres animaux (1). Gassendi a le même penchant à exagérer les sentiments et l'intelligence chez les animaux, et à prendre les impulsions aveugles de l'instinct pour des calculs de la raison (2). Comme Celse l'épicurien, réfuté par Origène, il suppose que les fourmis conversent entre elles, et même il leur attribue de longs raisonnements. Voltaire n'est pas moins favorable aux bêtes ; il se plaît à les comparer avec l'homme pour en tirer des arguments contre la spiritualité. Selon Condillac, les bêtes comparent, jugent, ont des idées, de la mémoire (3). On voit que la tendance commune de l'école empirique est de beaucoup donner à l'animal, comme de beaucoup ôter à

---

(1) *De la Sagesse*, liv. I, chap. viii.

(2) Henri Morus, dans ses objections contre l'automatisme, semble croire aussi que les perroquets et les pies parlent avec réflexion. « Est-il possible, dit-il, que les perroquets ou les pies pussent imiter nos sons, s'ils n'entendaient et s'ils n'apercevaient pas par leurs organes ce que nous disons? » On connaît la risible histoire des conversations du perroquet du prince d'Orange sérieusement rapportée par Locke.

(3) Voir le *Traité des animaux*.

l'homme (1). Port-Royal indigné a lancé l'anathème contre cette doctrine impie qui élève la bête au niveau de l'homme. Mais, à son tour, il tombe dans un autre excès, à la suite de Descartes, en ne voyant dans les bêtes que de pures machines dépourvues d'intelligence, de sensibilité et même de vie.

En effet, Descartes, supprimant tous les intermédiaires entre la pensée consciente d'elle-même et réfléchie, telle qu'elle se manifeste dans l'homme, et l'étendue matérielle, assujettie aux seules lois du mouvement, ne veut admettre, ni dans l'homme, ni hors de l'homme, aucun principe inférieur de sentiment et d'intelligence, ni même aucune force instinctive et vitale. Il faut dire ici, en anticipant un peu sur l'exposition de sa physiologie, qu'il considère le corps humain tout entier, les impressions sur le cerveau, les fonctions des organes, comme un pur mécanisme, mis en jeu par les mouvements divers des fibres, des fluides, des esprits animaux qui découlent du cerveau dans les muscles, ou bien remontent du cœur dans le cerveau. Or, il prétend tout expliquer dans l'animal entier, comme dans le corps humain, considéré à part l'âme, par l'étendue et par le mouvement. Les animaux, d'après Descartes, ne sont donc que de simples machines soumises aux lois générales de la mécanique, comme celles qui sortent de la main des hommes ; elles n'en diffèrent que par un degré supérieur de perfection. Si l'animal dépourvu de toute spontanéité et de toute initiative, accomplit, à la vue d'un objet, un certain acte, c'est que cet objet a produit sur lui une impression, a mû un certain ressort, en vertu duquel les esprits animaux l'ont poussé à un certain mouvement. Une horloge composée de roues et de ressorts plus ou moins compliqués, qui ne marche que lorsqu'elle a été montée, et ne

(1) Hume développe avec prédilection les preuves en faveur de l'intelligence des animaux. (*Essais*, liv. II.)
Les bêtes sont aussi aujourd'hui très-bien traitées par l'école matérialiste, voir le chapitre sur l'âme animale de *Matière et force*, du docteur Büchner.

produit tel ou tel mouvement qu'autant que tel ou tel ressort a été poussé, voilà l'animal, selon Descartes, et comme dira La Fontaine :

Mainte roue y tient lieu de tout l'esprit du monde.

Supposez un ouvrier assez habile pour construire une machine parfaitement semblable à toutes les parties d'un vrai animal; cette machine, fonctionnant comme cet animal lui-même, il serait impossible de distinguer l'un d'avec l'autre. Descartes n'hésite pas à l'affirmer dans la cinquième partie du *Discours de la Méthode :* « Et je m'étais ici particulièrement arrêté à faire voir, que, s'il y avait de telles machines, qui eussent les organes et la figure extérieure d'un singe ou de quelque autre animal sans raison, nous n'aurions aucun moyen de reconnaître qu'elle ne serait pas en tout de même nature que ces animaux. » Il blâme Régius d'avoir dit : « qu'il y a une plus grande différence entre les choses vivantes et celles qui ne le sont pas, qu'entre une horloge, ou tout autre automate et une clef, une épée et tout autre instrument qui ne se remue pas de lui-même (1). »

Cette hypothèse n'était pas moins opposée au sens commun du vulgaire qu'à la philosophie de l'École qui, d'après Aristote, donnait à l'animal une âme sensitive. Mais c'est en vain que les adversaires de Descartes lui opposaient toutes ces industries merveilleuses, tous ces actes, si nombreux et si divers, qui semblent attester dans les animaux, non-seulement le sentiment, mais un commencement d'intelligence. Loin de s'avouer vaincu, il s'en empare, tout au contraire, comme d'un argument en faveur de sa doctrine. Plus les actes accomplis par les animaux sont merveilleux et surpassent l'industrie humaine, plus il lui paraît évident qu'ils sont le produit d'une action mécanique, dont il faut renvoyer toute la responsabilité et toute la gloire à l'auteur même de la machine et de ses divers ressorts. « Ce

---

(1) Édit. Cousin, t. VIII, p. 628.

qu'ils font mieux que nous, dit-il dans le *Discours de la Méthode*, ne prouve pas qu'ils ont de l'esprit, car, à ce compte, ils en auraient plus qu'aucun de nous et feraient mieux en toutes choses, mais prouve plutôt qu'ils n'en ont point et que c'est la nature qui agit en eux, selon la disposition de leurs organes, ainsi qu'on voit qu'une horloge, qui n'est composée que de roues et de ressorts, peut compter les heures et mesurer le temps plus justement que nous avec notre prudence (1). »

D'ailleurs, tous ces traits rapportés en l'honneur des animaux fussent-ils vrais, il n'en est pas un, selon Descartes, qui suppose nécessairement en eux la pensée, parce qu'aucune action extérieure ne suffit à prouver qu'un corps est autre chose qu'une machine, si ce n'est les paroles ou les signes d'une autre nature, à propos de sujets qui se présentent à nous, sans se rapporter à aucune passion. Or ce signe extérieur, seul caractéristique de l'existence de la pensée, n'appartient qu'à l'homme. « Car, bien que Montaigne et Charron aient prétendu qu'il y a plus de différence d'homme à homme que d'homme à bête, il ne s'est trouvé aucune bête si parfaite qu'elle ait usé de quelques signes pour faire entendre à d'autres animaux quelque chose qui n'eût pas rapport à ses passions (2). » « Pour me persuader qu'une bête raisonne, a dit un cartésien, résumant, sous une forme piquante, l'argument du maître, il faudrait qu'elle me le dît elle-même (3). »

Telle est l'hypothèse des animaux-machines ou de l'automatisme des bêtes. Quelques cartésiens, entre autres André Martin et Pourchot, imaginèrent, pour l'accréditer, de soutenir qu'elle n'était rien moins que nouvelle, qu'on

---

(1) Malebranche reproduit cet argument : « Autrement il faudrait dire qu'il y a plus d'intelligence dans le plus petit des animaux, ou même dans une seule graine, que dans le plus spirituel des hommes. » (*Recherche de la Vérité*, liv. VI, 2ᵉ partie, chap. vii.)

(2) Édit. Cousin, t. IX, p. 425.

(3) Chanet qui a réfuté de La Chambre dans un livre *De la connaissance et l'instinct des animaux*, in-12, La Rochelle, 1646.

la trouvait dans Diogène le Cynique, dans Sénèque, dans saint Augustin (1). Mais les passages qu'ils ont cités signifient seulement que l'animal est destitué de raison et d'âme intellectuelle, mais non pas de tout principe de vie et de sensibilité. Pour la première fois, on rencontre l'automatisme clairement exprimé, dans un ouvrage de Gomès Pereira, médecin espagnol, intitulé, du nom de son père et de sa mère, *Margarita-Antoniana* (2). Selon Pereira, si l'on prenait les actes extérieurs des brutes pour des signes de sensibilité et d'intelligence, on serait conduit à leur accorder autant de raison qu'à l'homme lui-même. Nous avons vu que Descartes raisonnait de la même manière; néanmoins il est probable qu'il n'a pas connu le livre de Pereira, et qu'il n'a emprunté à personne l'automatisme des bêtes qui se rattache étroitement à ses principes généraux sur la nature des êtres.

Ce n'est pas seulement par des raisons métaphysiques et physiologiques, mais par des raisons morales et théologiques, que Descartes s'efforçait de défendre l'automatisme : « Après l'erreur de ceux qui nient Dieu, il n'y en a point qui éloigne plutôt les esprits faibles du droit chemin de la vertu, que d'imaginer que l'âme des bêtes soit de la même nature que la nôtre, et que par conséquent nous n'avons rien à craindre ni à espérer après cette vie, pas plus que les mouches et les fourmis; au lieu que lorsqu'on sait combien elles diffèrent, on comprend beaucoup mieux les

---

(1) Voici le passage de saint Augustin, cité par Pourchot : « Quod autem « tibi visum est, non esse animam in corpore viventis animalis, quan- « quam videatur absurdum, non tamen doctissimi homines quibus id pla- « cuit, defuerunt, neque nunc arbitror deesse. » (*De quantitate animæ*, cap. 30.) Rien ne prouve que l'opinion à laquelle saint Augustin fait ici allusion nie absolument tout principe de vie dans l'animal, mais, d'ailleurs, le chap. xxviii du même ouvrage est intitulé : *Bestiæ vim sentiendi habent, non scientiam.*

(2) La 1re édition est de 1554, Medina del Campo, *Margarita-Antoniana* avec *les Objections* de Michel Palacios, licencié de Salamanque, et *Mes invocations à Jésus*. L'ouvrage se divise en trois parties : 1º Quelle est la distinction propre de l'homme et de l'animal; 2º si les bêtes sentaient, il n'y aurait pas de distinction entre elles et l'homme; 3º de la cause du mouvement des bêtes.

raisons qui prouvent que la nôtre est d'une nature entièrement indépendante du corps, et que par conséquent elle n'est pas sujette à mourir avec lui ; puis, d'autant qu'on ne voit point d'autres causes qui la détruisent, on est porté naturellement à juger de là qu'elle est immortelle (1). » Voici encore un autre avantage moral qu'il fait valoir en faveur de son sentiment sur les animaux auquel il veut intéresser tous ceux qui les mangent: « Mon opinion n'est pas si cruelle aux animaux qu'elle est favorable aux hommes, puisqu'elle les garantit du soupçon même de crime quand ils mangent et tuent les animaux (2). »

Quelques théologiens goûtèrent ces raisons morales; ils jugèrent, d'accord avec Descartes, qu'il y avait danger pour la dignité de l'âme humaine et pour le dogme de l'immortalité, à admettre l'existence d'une âme, soit matérielle, soit spirituelle, dans l'animal (3). En effet, la faisait-on matérielle, et par conséquent périssable, il était à craindre que les libertins et les impies n'en conclussent, par analogie, la matérialité de l'âme humaine ; la faisait-on au contraire spirituelle et immortelle, on égalait les destinées de l'animal et celles de l'homme, on mettait l'âme de la bête au même rang que l'âme humaine. Enfin ils crurent aussi y découvrir des utilités théologiques pour la défense de la Providence et de la justice divine. Ainsi, selon le P. André Martin, auteur de la *Philosophia christiana*, et le P. Poisson, de l'Oratoire, qui a commenté le *Discours de la Méthode*, Dieu étant juste, la souffrance est une preuve nécessaire du péché, d'où il suit que les bêtes n'ayant pas péché, les bêtes ne peuvent souffrir, et en conséquence sont de pures machines.

Un philosophe cartésien hollandais, Darmanson, semble

---

(1) *Discours de la Méthode*, 5ᵉ partie.
(2) Édit. Cousin, t. X, p. 208. 1ʳᵉ Réponse à Morus.
(3) Daniel Sennert, pour avoir soutenu l'immortalité de l'âme des bêtes, fut accusé de blasphème et d'impiété par Freytag et le P. Honoré Fabri. Voir le *Dictionnaire critique* de Bayle, art. Sennert; dans les notes, il est question des controverses au sujet de l'immortalité de l'âme des bêtes.

avoir pris la tâche de faire triompher l'automatisme par des arguments empruntés à la théologie (1). Il prétend démontrer que, si les bêtes avaient une âme, notre âme ne serait pas immortelle, et Dieu ne serait pas Dieu, parce qu'il ne s'aimerait pas lui-même, parce qu'il ne serait pas constant, parce qu'il serait injuste. Malebranche insiste sur l'argument des PP. Poisson et André Martin : « Les animaux étant innocents, comme tout le monde en convient, s'ils étaient capables de sentiment, il arriverait que, sous un Dieu infiniment juste et tout-puissant, une créature innocente souffrirait de la douleur, qui est une peine et la punition de quelque péché. Les hommes sont d'ordinaire incapables de voir l'évidence de cet axiome : *Sub justo Deo quisquis, nisi mereatur, miser esse non potest*, dont saint Augustin se sert avec beaucoup de raison contre Julien, pour prouver le péché originel et la corruption de notre nature (2). » Les bêtes, disait-il spirituellement, auraient-elles donc mangé du foin défendu (3)? Un jour Fontenelle et Malebranche entraient ensemble à l'Oratoire Saint-Honoré; la chienne de la maison vint caresser Malebranche qui l'accueillit avec des coups, quoiqu'elle fût pleine, et lui arracha des cris plaintifs. Comme Fontenelle paraissait s'en émouvoir, celui-ci lui dit froidement : « Eh quoi ! ne savez-vous pas bien que cela ne sent point (4)? »

En vertu de l'automatisme, on était à Port-Royal sans pitié pour les animaux; on ne s'y faisait plus scru-

---

(1) *La bête transformée en machine*, divisé en deux dissertations prononcées à Amsterdam par Darmanson, dans ses conférences philosophiques, 1683.

(2) *Recherche de la Vérité*, liv. III, chap. II. Telle est aussi, à ce qu'il semble, la pensée de La Fontaine dans ce vers de *Philémon et Baucis* :

Les animaux souffrir ! passe encor les humains.

(3) Supposer une âme aux bêtes, c'est les humaniser, selon Malebranche. « C'est faire de votre chien un petit homme à grandes oreilles et à quatre pattes. » (1er Entretien sur la mort.)

(4) *Mémoires de l'abbé Trublet sur Fontenelle*, 1 vol. in-12. Malebranche, dit Bernardin de Saint-Pierre, comparait les cris douloureux d'un chien frappé aux sons que rend une cloche dans la même circonstance.

pule de disséquer des bêtes vivantes et de fouiller dans leurs entrailles palpitantes. Qu'étaient leurs cris et leurs convulsions, d'après le système du maître, sinon un bruit de rouages et de ressorts qui se brisent (1)? Il semble même que nul sentiment de Descartes n'ait été accueilli avec plus de ferveur à Port-Royal. Arnauld le soutenait avec vivacité; Pascal lui-même, à ce que nous apprend Marguerite Périer, était de l'avis de Descartes sur l'automate.

Voici un des exemples de syllogisme donné par la *Logique de Port-Royal :* « Nulle matière ne pense; toute âme de bête est matière ; donc nulle âme de bête ne pense. »

Dans son *Voyage du monde de Descartes*, le P. Daniel fait spirituellement allusion à toutes ces cruautés cartésiennes sur les animaux. A peine l'âme de son héros est-elle rentrée dans son corps, et s'est-elle logée dans la glande pinéale, qu'il se sent tout à coup transformé en cartésien et prend toutes les manières de la secte. Auparavant il était si tendre qu'il ne pouvait pas seulement voir tuer un poulet. Mais, étant persuadé que les bêtes n'ont ni connaissance ni sentiment, il pense dépeupler de chiens la ville où il était, pour faire des dissections anatomiques, sans aucun sentiment de compassion (2). Il faut faire cependant une exception en faveur de quelques cartésiens, dont l'âme plus tendre n'est pas sans scrupule au sujet des cruautés que pourrait autoriser l'automatisme. Tel est Norris qui conjure de traiter néanmoins ces pauvres créatures comme

---

(1) « Il n'y avait guère de solitaire qui ne parlât d'automate. On ne faisait plus une affaire d'abattre un chien. On lui donnait fort indifféremment des coups de bâton, et on se moquait de ceux qui les plaignaient comme si elles eussent senti de la douleur. On disait que c'étaient des horloges, que ces cris qu'elles faisaient n'étaient que le bruit d'un petit ressort qui avait été remué, mais que tout cela était sans sentiment. On élevait de pauvres animaux sur des ais par les quatre pattes pour les ouvrir tout vivants et voir la circulation du sang qui était une grande matière d'entretien. » (*Mémoires de Fontaine.*) Nous croyons que l'automatisme des cartésiens n'a pas peu contribué à étendre et propager l'usage des vivisections.

(2) *Voyage du Monde de Descartes*, 4e partie.

si elles étaient pourvues de sentiment (1). Tel est aussi Lelevel qui veut faire la part de la logique et la part de la pitié : « Quand il s'agit de la conservation d'un animal, suivez le préjugé qui vous lui fait attribuer du sentiment et de la connaissance. Mais quand vous voudrez raisonner, gardez-vous de lui attribuer ni l'un ni l'autre, autrement vous confondrez tout (2). »

Pour quelques cartésiens, l'automatisme était devenu comme un dogme, ou tout au moins comme un principe dont il n'était pas plus permis de douter que de la règle de l'évidence et de la preuve de l'existence de Dieu. De là encore ces plaisanteries du P. Daniel : « Je me suis persuadé que le point essentiel du cartésianisme, et comme la pierre de touche dont vous vous servez, vous autres chefs de parti, pour reconnaître les fidèles disciples de votre grand maître, c'est la doctrine des automates qui fait de pures machines de tous les animaux en leur ôtant tout sentiment et toute connaissance. Quiconque a assez d'esprit ou d'entêtement pour ne trouver nulle difficulté à ce paradoxe, a aussitôt votre agrément pour se faire partout l'honneur du nom de cartésien. On ne peut penser de la sorte qu'on n'ait les véritables et les claires idées du corps et de l'âme, et qu'on n'ait pénétré la démonstration que donne le grand Descartes de la distinction qui est entre ces deux espèces d'êtres. Sans cela il est impossible d'être cartésien, et avec cela il est impossible de ne pas l'être (3). »

Ajoutons cependant qu'au sein même de l'école de Descartes, ce paradoxe a soulevé des doutes, et même des oppositions, non pas seulement au nom de la pitié, mais au nom de la science et de la raison. Je citerai en France, Régis, Bossuet, Fénelon, Fontenelle et le P. André. Régis, d'ailleurs si exact et si zélé cartésien, n'ose cependant absolument nier l'existence d'une âme dans les bêtes, et

(1) Voir dans le IIe volume le chapitre 26 sur le cartésianisme anglais.
(2) *La Philosophie moderne*, 2 vol. in-12, Toulouse, 1729, vol. I, p. 142.
(3) *Suite du Voyage autour du monde de Descartes*, lettre 1re touchant la connaissance des bêtes ; in-12, Paris, 1690.

se contente de présenter l'automatisme comme une hypothèse commode pour expliquer les phénomènes : « Quelque penchant que nous puissions avoir à accorder aux bêtes une âme distincte du corps, nous aimons mieux suspendre notre jugement à cet égard. Et d'autant que les bêtes peuvent faire absolument tout ce qu'elles font par la seule disposition de leurs organes, nous avons cru qu'il était plus à propos d'expliquer toutes leurs fonctions par la machine que de recourir pour cet effet à une âme dont l'existence est si incertaine, qu'il est impossible, tandis que les bêtes ne parleront point, de s'en assurer (1). » Tout le cinquième chapitre de la *Connaissance de Dieu et de soi-même* de Bossuet a pour objet la différence de l'homme et de la bête. Après avoir prouvé que les bêtes n'agissent pas par raisonnement, mais par instinct, il compare et discute deux opinions différentes sur la nature de l'instinct, l'une, celle de Descartes, qui en fait un mouvement semblable à celui des horloges et des machines, l'autre, celle de l'École et du sens commun, qui en fait un sentiment. A la première, il adresse le reproche d'entrer peu dans l'esprit des hommes, tandis qu'il penche en faveur de la seconde qui accorde à l'animal tout ce qu'il y a dans la partie sensitive de l'âme, le plaisir, la douleur, les appétits, et les aversions qui en sont la suite, les sensations, les passions, les imaginations : « Elle paraît, dit-il, d'autant plus vraisemblable qu'en donnant aux animaux le sentiment et ses suites, elle ne leur donne rien dont nous n'ayons l'expérience en nous-mêmes, et que d'ailleurs elle sauve parfaitement la nature humaine en lui réservant le raisonnement. »

Mais le corps ne sent pas, si on donne aux animaux le sentiment, il faut leur accorder une âme. Cette âme sera-t-elle donc purement matérielle ou bien spirituelle, et en conséquence immortelle? Selon Bossuet, comme d'après l'École (2), on pourrait se tirer de la difficulté en leur attri-

(1) *Système de philosophie*, liv. VII, part. 2, chap. XVII.
(2) Les scholastiques disaient : *Animam sentientem in belluis substantiam materialem esse quæ tamen non sit materia.*

buant une âme d'une nature mitoyenne, qui ne serait pas un corps, n'étant pas étendue en longueur, largeur et profondeur, et qui ne serait pas un esprit, étant sans intelligence, incapable de posséder Dieu et d'être heureuse.

Fénelon évite de se prononcer sur l'automatisme. Dans le *Traité de l'existence de Dieu*, il se borne à montrer que, quelque hypothèse qu'on embrasse, l'instinct des animaux ne révèle pas moins la puissance et l'intelligence infinies de Dieu. Il met aux prises sur cette même question Aristote et Descartes dans un de ses *Dialogues des Morts*, mais il ne conclut rien, sinon que la matière est embrouillée et difficile. Fontenelle, qui d'ailleurs n'est cartésien que pour la physique, a attaqué l'automatisme dans un petit *Traité sur la nature de l'instinct*, où il démontre que les bêtes pensent et ne sont pas de pures machines (1). Le P. André abandonne aussi en ce point la philosophie de Descartes. Dans sa profession de foi sur les articles du *Formulaire philosophique*, dont ses supérieurs veulent lui imposer la signature, il déclare, au sujet de l'automatisme, qu'il est prêt à faire tout ce qu'on voudra (2).

Plusieurs cartésiens hollandais, parmi lesquels Balthazar Bekker, eurent aussi des scrupules au sujet des bêtes-machines de Descartes. Bayle dit dans ses *Nouvelles Lettres contre l'Histoire du Calvinisme*, : « Vous n'ignorez pas que les cartésiens sont déjà divisés en deux factions au sujet de l'âme des bêtes, les uns disant qu'elle n'est point distincte du corps, les autres qu'elle est un esprit, et, par conséquent, qu'elle pense. » Quant à Spinoza, par son principe de l'unité absolue de la substance,

---

(1) « Mettez, dit Fontenelle dans une de ses lettres, une machine de chien et une machine de chienne l'une auprès de l'autre, et il en pourra résulter une troisième petite machine, au lieu que deux montres seront auprès l'une de l'autre, toute leur vie, sans jamais faire une troisième montre. Or, nous trouvons par notre philosophie, madame B... et moi, que toutes les choses qui étant deux ont la vertu de se faire trois, sont d'une noblesse bien élevée au-dessus de la machine. »(*Œuvres complètes*, Paris, 1742, vol. I, p. 31.

(2) *Introduction aux Œuvres du P. André*, par M. Cousin, p. 113.

il est conduit à donner aux animaux, et à tous les êtres, même en apparence inanimés, une âme qui au fond n'est autre que l'âme de Dieu ou de l'univers.

Sans doute l'École avait raison contre les cartésiens en soutenant qu'une âme sentante est le principe de l'existence et de l'action dans les animaux, *anima sentiens in belluis est prima ratio essendi et operandi*. Mais elle était fort embarrassée à son tour, quand il s'agissait de déterminer la nature de cette âme. Les cartésiens triomphaient de son embarras, et ne faisaient point de quartier à ces âmes matérielles, ou d'une nature mitoyenne entre l'esprit et la matière, dont les péripatéticiens voulaient doter les bêtes, et vers lesquelles Bossuet lui-même inclinait. Ils plaçaient leurs adversaires dans l'alternative, ou de n'en accorder aucune, ou de l'accorder spirituelle, avec tous les inconvénients d'un partage de la spiritualité entre l'homme et la bête.

La question n'était pas seulement agitée par les philosophes, mais aussi par les gens du monde. Malgré leurs sympathies pour Descartes, madame de Sévigné et La Fontaine protestent vivement contre l'automatisme des bêtes. Madame de Sévigné, dans plusieurs de ses lettres, se moque des bêtes-machines, et plaisante à leur sujet sa fille, madame de Grignan, si zélée cartésienne. On a beau dire, elle ne peut se persuader que sa chienne Marphyse ne soit qu'une machine : « Parlez un peu au Cardinal de vos machines ; des machines qui aiment, qui ont une élection pour quelqu'un, des machines qui sont jalouses, des machines qui craignent ; allez, allez, vous vous moquez de nous, jamais Descartes n'a prétendu nous le faire croire (1). » Quelle que soit son admiration pour Descartes,

---

(1) Édit. Montmerqué, vol. II, p. 639. A propos de Marphyse, on peut citer l'épitaphe, par mademoiselle de Scudéry, de Badine, la chienne du duc de Roquelaure :

> Ci-gît la célèbre Badine,
> Qui n'eut ni bonté ni beauté,
> Mais dont l'esprit a démonté
> Le système de la machine.

dont il a célébré la philosophie en vers magnifiques, La Fontaine, dans plusieurs de ses fables, réclame aussi, avec autant de bon sens que d'esprit, en faveur de la connaissance et du sentiment des animaux. Nous citerons la fable des *Souris et du Chat-Huant* :

> Puis qu'un cartésien s'obstine
> A traiter ce hibou de montre et de machine.
> Quel ressort lui pouvait donner
> Le conseil de tronquer un peuple mis en mue?
> Si ce n'est pas là raisonner,
> La raison m'est chose inconnue, etc.

Dans la fable des *Obsèques de la lionne*, il fait cette allusion satirique, tirée de l'automatisme, à la cour et aux courtisans :

> C'est bien là que les gens sont de simples ressorts.

A propos de Bayle qui attribue l'invention de l'automatisme à Gomès Pereira, il écrit à la duchesse de Bouillon : « Quand on n'en aurait pas apporté de preuve, je ne laisserais pas de le croire et ne sais que les Espagnols qui pussent bâtir un château tel que celui-là. »

Il faudrait citer aussi toute cette admirable épître sur l'intelligence des animaux, sur la différence des animaux et de l'homme, et sur la philosophie de Descartes, fort inexactement intitulée : *Les deux Rats, le Renard et l'Œuf*. Voici la théorie de La Fontaine sur l'âme et l'intelligence des animaux :

> Qu'on aille soutenir après un tel récit
> Que les bêtes n'ont point d'esprit.
> Pour moi, si j'en étais le maître,
> Je leur en donnerais aussi bien qu'aux enfants :
> Ceux-ci pensent-ils pas dès leurs plus jeunes ans?
> Quelqu'un peut donc penser ne se pouvant connaître?
> Par un exemple tout égal,
> J'attribuerais à l'animal,
> Non point une raison selon notre manière,
> Mais beaucoup plus aussi qu'un aveugle ressort, etc.

Molière est sans doute du même avis que La Fontaine, comme l'attestent ces deux vers du prologue d'*Amphitryon* :

> Et dans le mouvement de leurs tendres ardeurs,
> Les bêtes ne sont pas si bêtes que l'on pense.

L'automatisme a suscité au dix-septième et au dix-huitième siècle de nombreuses discussions et provoqué une foule de réfutations sérieuses ou ironiques. Voltaire appelle les partisans des bêtes-machines, les inventeurs des tourne-broches, et tout le dix-huitième siècle, avec lui, se moque de l'automatisme, non moins que des idées in-

---

(1) Voici quelques-uns des nombreux ouvrages pour et contre l'automatisme : *Histoire critique de l'âme des bêtes*, par Huer, Amsterdam, 1749, 2 vol. in-8°. — *Discours sur la connaissance des bêtes*, par le P. Pardies, in-12, Paris, 1672. — Le P. Pardies expose avec tant de force les arguments de Descartes, et les réfute si faiblement, qu'au dire du P. Daniel, il passe parmi les péripatéticiens pour un prévaricateur et un cartésien dans l'âme. — *De carentia sensus et cognitionis in brutis*, par Antoine Legrand. — *Brutum cartesianum*, par Arnold Geulincx, ouvrage posthume publié en 1688. — *Traité de la connaissance des bêtes*, imprimé à Lyon, en 1678, par Dilly, prêtre d'Embrun. — *Lettre au P. Cossard*, de la Compagnie de Jésus, pour montrer que le système de Descartes et son opinion touchant les bêtes n'ont rien de dangereux, par Cordemoy. — *De anima brutorum*, traité compris dans la *Philosophia christiana* d'Ambrosius Victor ou André Martin, qui veut démontrer l'automatisme par les principes de saint Augustin. — Jusqu'au milieu du dix-huitième siècle ont paru des ouvrages en faveur de l'automatisme. Dans le sixième chant de l'*Anti-Lucrèce*, le cardinal Polignac expose les deux hypothèses sur la nature des bêtes, et sans se prononcer d'une manière absolue en faveur de l'une plutôt que de l'autre, il incline vers l'automatisme. Racine le fils a composé deux épîtres en vers en faveur des bêtes-machines. Le cardinal Gerdil prend aussi parti, dans plusieurs de ses ouvrages, pour l'hypothèse de Descartes, particulièrement dans une dissertation intitulée : *Essai sur les caractères distinctifs de l'homme et des animaux brutes*, 1771. — « Je croyais, dit Grimm, que mes yeux avaient vu mourir le dernier des cartésiens et qu'il n'en existait plus depuis que nous avons perdu M. Mairan, mais les *Bêtes mieux connues*, ou Entretiens de M. l'abbé Joannet (Paris, 1770, 2 vol. in-12) m'ont désabusé. » — Les *Institutiones philosophicæ*, Lugd., 1785, défendent encore l'automatisme. Voir le chapitre *De anima belluina*.

Parmi les ouvrages contre l'automatisme nous citerons : *Willis Thomæ de anima brutorum*, 1 vol. in-12, Londres, 1672. — *Suite du Voyage*

nées (1). Aucun adversaire du cartésianisme ne l'épargne au sujet des bêtes-machines, et ne se fait faute de le tourner en ridicule.

Ces prétendues utilités théologiques et morales dont les cartésiens cherchaient à se prévaloir, d'abord Bayle s'en empare en faveur du scepticisme. « Jusqu'à présent, dit-il, tout le genre humain avait cru que les bêtes sentent et connaissent, et voici des philosophes qui démontrent très-bien qu'elles ne sont que des machines. A quelle vérité désormais se fier? » Pour prouver qu'il n'y a pas d'âme dans l'homme, les matérialistes, par une rétorsion naturelle, se servirent des arguments de Descartes contre l'existence d'une âme dans l'animal. L'hypothèse de l'animal-machine a conduit à celle de l'homme-machine qui, l'une et l'autre, ont été défendues par des arguments analogues, comme l'avaient prévu les auteurs des sixièmes objections contre

---

autour du monde de Descartes, par le P. Daniel. — *Discours de l'amitié et de la haine qui se trouvent entre les animaux*, par de La Chambre. Paris, 1667, in-8°. La Chambre a été réfuté par Chanet, auteur de l'*Instinct et de la connaissance des animaux*, in-12, La Rochelle, 1646. — *Traité de la connaissance des animaux*, par le même, Paris, 1662, in-4°. — *Entelechia seu anima sensitiva brutorum demonstrata contra Cartesium*, par Sbaragli, professeur de philosophie à Bologne, 1716, in-4°. — *Essai philosophique sur l'âme des bêtes*, par Boullier, 2ᵉ édit., Amst., 1737, 2 vol. in-12. — *Encyclopédie*, art. AME DES BÊTES. — *Apologie des bêtes contre le systeme des philosophes cartésiens*, ouvrage en vers par Marfouage de Beaumont, in-8°, Paris, 1732. — Citons enfin sur cette même question le singulier ouvrage du P. Bougeant : *Amusement philosophique sur l'âme des bêtes*, Paris, 1739. Le P. Bougeant suppose que ce sont les démons dont la sentence est différée jusqu'au jugement dernier qui animent les bêtes. Cet ouvrage semble plutôt un badinage qu'une œuvre sérieuse ; néanmoins il fut condamné par la censure ecclésiastique. — *Traité des animaux*, par Condillac, qui combat à la fois Buffon et Descartes. — Stahl, *Theoria medica vera, disquisitio de mechanismi et organismi diversitate*; — *De frequentia morborum in homine præ brutis*. — Claude Perrault, *Essais de physique*, 4 vol. in-12, Paris, 1680. Voir surtout le *Traité de la mécanique des animaux* dans le IIIᵉ volume. Huygens traite de paradoxe ridicule les bêtes-machines. (*Remarques sur la Vie de Descartes*, publiées par Foucher de Careil.) Lamotte appelle l'automatisme une débauche de raisonnement.

les *Méditations* de Descartes : « S'il est vrai, disent-ils, que les singes, les chiens et les éléphants agissent de cette sorte dans toutes leurs opérations, il s'en trouvera plusieurs qui diront que les actions de l'homme sont aussi semblables à celles des machines, et qui ne voudront plus admettre en lui de sens ni d'entendement, vu que si la faible raison des bêtes diffère de celle de l'homme, ce n'est que par le plus ou par le moins qui ne change pas la nature des choses (1). » « Si les bêtes, dit Voltaire, sont de pures machines, vous n'êtes certainement auprès d'elles que ce qu'une montre à répétition est en comparaison du tourne-broche (2). » Le plus franc matérialiste des philosophes du dix-huitième siècle, Lamettrie, s'appuie sur cette doctrine de Descartes dans son *Traité de l'Homme-machine*; il déclare qu'il pardonne tout à Descartes en faveur de l'automatisme pour lequel il professe la plus vive admiration. « Il est vrai, dit-il, que ce célèbre philosophe s'est beaucoup trompé, et personne n'en disconvient; mais, enfin, il a connu la nature animale, il a le premier parfaitement démontré que les animaux étaient de pures machines. Or après une découverte de cette importance, et qui demande autant de sagacité, le moyen, sans ingratitude, de ne pas faire grâce à toutes ses erreurs. Elles sont toutes à mes yeux réparées par cet aveu. »

Selon M. Flourens (3), on aurait pris beaucoup trop à la lettre les bêtes-machines de Descartes, ce qu'il croit prouver par ce passage d'une réponse à Henri Morus : « Il faut pourtant remarquer que je parle de la pensée, non de la vie et du sentiment, car je n'ôte la vie à aucun animal... Je ne leur refuse pas même le sentiment autant

---

(1) Voici à cette objection une réponse d'Arnauld : « Pour les bêtes quel intérêt avons-nous que ce ne soient pas des machines? L'art de Dieu en paraît plus merveilleux de ce que tout se fait en elles par ressort. Mais on pourra croire, dites-vous, qu'il en est de même des hommes. Ceux qui le croiraient pourraient-ils le croire sans penser? Dès qu'ils pensent, ce ne sont point de simples machines. » (*Lettre* 835 *à M. du Vaucel.*)

(2) *Traité de métaphysique*, chap. V.

(3) *De la Vie et des travaux de Buffon.*

qu'il dépend des organes du corps; ainsi mon opinion n'est pas si cruelle aux animaux (1). » Mais il suffit, pour dissiper toute équivoque, de citer ce qu'ajoute Descartes : « qu'il ne fait consister que dans la seule chaleur du cœur cette vie qu'il veut bien ne pas ôter à l'animal. » Le mot d'âme corporelle dont Descartes se sert, dans cette même lettre, a fait aussi illusion à M. Foucher de Careil qui en a conclu que Descartes admettait un principe de vie pour le corps et pour l'animal (2). Mais qu'est-ce que cette âme corporelle dont parle ici Descartes? Rien, comme il le dit lui-même, qu'un principe tout à fait mécanique qui ne dépend que de la force des esprits animaux et de la configuration des parties (3).

Il n'y a rien de plus dans les animaux que ce qu'il y a dans notre corps, voilà ce que Descartes a toujours et partout enseigné. Or, qu'y a-t-il dans le corps humain? Rien de plus, selon lui, qu'un pur mécanisme. Réduire les animaux à de l'étendue et du mouvement, les assimiler à des horloges, à des machines plus ou moins compliquées, n'est-ce donc pas leur ôter la vie?

D'ailleurs, il faut prendre garde que cette hypothèse de l'animal-machine n'est point épisodiquement mêlée à la philosophie de Descartes. Non-seulement elle tient étroitement à l'ensemble de sa physiologie, mais elle découle des principes fondamentaux de sa métaphysique. Après avoir placé l'essence de l'âme humaine dans la seule pensée consciente d'elle-même, en dehors de laquelle il n'y a plus

---

(1) Édit. Cousin, t. X. p. 208.

(2) *Œuvres inédites de Descartes*, 1re partie, introduction.

(3) Il applique à une montre cette même expression d'âme ou de principe corporel : « Une montre lorsqu'elle est montée et qu'elle a en soi le *principe corporel* des mouvements pour lesquels elle est instituée, etc. » (*Traité des passions*, art. 6.) C'est peine perdue de chercher à absoudre Descartes d'un paradoxe qu'il a si nettement avancé et si vivement défendu, et qui, d'ailleurs, se fonde sur les principes de sa métaphysique touchant la nature de l'âme et du corps. Comment croire, en outre, que tous ses disciples et tous ses adversaires, sans exception, se soient trompés sur le vrai sens de sa doctrine.

que l'étendue matérielle inerte, après avoir ôté toute force et toute causalité aux créatures, après avoir fait de Dieu l'unique force, l'unique cause efficiente, où Descartes aurait-il pris des principes de vie et de sentiment pour animer les bêtes? Dans l'impossibilité de leur donner, d'après son système, aucune force active, il devait être amené à les concevoir comme une pure matière inerte, soumise aux lois générales du mouvement. Tel est le lien entre l'automatisme des bêtes et la métaphysique de Descartes.

Défendons contre Descartes la cause de l'animal. Les animaux ne parlent pas, ou du moins ne produisent pas de signes qui signifient autre chose que des passions; les admirables industries des animaux, si elles n'étaient pas purement mécaniques, témoigneraient en eux plus d'intelligence que dans l'homme, tels sont les deux seuls arguments directs que donne Descartes en faveur de l'automatisme des bêtes. Mais les bêtes n'ont-elles pas un langage qui, s'il ne signifie pas l'intelligence, signifie à tout le moins un certain degré de sentiment, précisément parce qu'il est dicté par la passion? Si le langage indépendant de la passion est le seul signe extérieur de la sensibilité et de la connaissance, il faudra donc aussi ne voir qu'une machine dans l'enfant qui, avant un certain âge, ne parle pas plus que l'animal. Quant aux admirables industries des animaux, elles ne sont pas en effet le produit de la raison, mais elles relèvent de l'instinct qui, pour n'être pas la raison, n'est pas non plus un pur mécanisme. Si l'instinct n'est pas précédé du calcul, il est suivi du sentiment, il est déjà lui-même un sentiment, un plaisir prévenant (1). Tout nous signifie que l'animal souffre quand son instinct est contrarié, tout nous signifie qu'il jouit quand il est satisfait. Il n'est nul besoin, pour en être assuré, d'être d'intelligence, comme le dit ironiquement Descartes, avec les

---

(1) Voir notre ouvrage sur *le Plaisir et la douleur*, in-12, Paris, chap. xii Germer Baillière.

animaux et de lire dans leur cœur (1). Refusez-vous d'ajouter foi dans l'animal à cette pantomime si expressive du plaisir et de la douleur, vous pouvez tout aussi bien affirmer que l'enfant, qui ne parle pas encore, est insensible. Pourquoi Descartes n'a-t-il donc pas aussi inventé les enfants-machines? Ainsi nous devons croire que l'animal, même l'animal inférieur, purement instinctif, diffère profondément par le sentiment d'une montre ou d'une horloge. Combien en différeront encore davantage ces animaux qui, en outre de l'instinct, ont un commencement d'intelligence, manifesté par l'à-propos avec lequel ils savent varier leur industrie propre et leurs moyens d'action, suivant les temps, suivant les lieux et les circonstances, surtout par la capacité de se perfectionner et d'apprendre? De toutes ces manifestations extérieures ne pas conclure à l'existence dans l'animal d'un principe de sensibilité et même d'intelligence, c'est ébranler les fondements de l'induction d'après laquelle nous jugeons que nos semblables eux-mêmes sont des êtres sensibles et intelligents.

Mais si l'animal sent, il faut qu'il ait une âme; or quelle sera la nature de cette âme? En niant qu'elle fût spirituelle, l'École hésitait cependant à la faire purement matérielle, et cherchait je ne sais quel milieu chimérique entre l'esprit et la matière. L'âme des bêtes est matière, disaient plusieurs péripatéticiens contemporains de Descartes, si par matière on entend tout ce qui est opposé à l'esprit, et elle n'est pas matière, si par matière on entend ce qui est opposé à la forme, puisqu'elle est une forme de la matière (2). Mais quand l'âme de l'animal serait une forme de la matière, elle ne s'en séparerait que par une abstraction; et en réalité elle serait purement matérielle (3). Voilà

---

(1) Rép. aux sixièmes objections.
(2) Duhamel, *Réflexions critiques sur le système cartésien*, dernier chap., 1 vol. in-12, Paris, 1692.
(3) « Tous ceux qui méditeront un peu sur cette matière seront effrayés de l'absurdité du système commun où l'on donne aux bêtes une âme matérielle qui pense. » (Fontenelle, *Doutes sur les causes occasionnelles.*)

donc, la matière douée de la faculté de sentir et de connaître, au moins jusqu'à un certain degré. Vainement on s'épuise en subtilités pour prouver la possibilité d'une substance de l'âme des bêtes qui ne soit ni esprit ni matière; nous ne pouvons concevoir l'âme de l'animal, que comme une force indivisible et simple, de même que celle de l'homme. Telle est l'essence commune de toutes les âmes, sans exception, depuis la plus humble jusqu'à la plus élevée, telle est cette âme dont parle La Fontaine,

> Pareille en tous tant que nous sommes,
> Sages, fous, enfants, idiots,
> Hôtes de l'univers sous le nom d'animaux.

Mais si l'âme humaine ne diffère pas de celle des animaux par l'essence, elle en diffère infiniment par le degré de conscience, de sentiment et de connaissance dont elle est douée, par l'excellence des facultés qui lui sont propres. L'âme de la bête la plus haut placée dans l'échelle animale n'a pas, comme l'âme humaine, le pouvoir de se replier sur elle-même, elle n'a pas le pouvoir de réfléchir, d'abstraire, de raisonner, elle ne connaît le général à aucun degré. Le propre de l'homme, dit très-bien Platon, dans le *Phèdre*, est de comprendre le général; ce qu'il exprime, d'une manière allégorique, dans le mythe du même dialogue, en disant que nulle âme ne peut entrer dans le corps d'un homme, si d'abord elle n'a contemplé les essences et la vérité.

Nous donnerons donc une intelligence à l'animal, mais en la restreignant dans de plus étroites limites que Montaigne ou Gassendi. Les perceptions des sens, cette sorte de mémoire et d'imagination qui en dépend, les suites d'images associées entre elles, d'après les mêmes lois qui régissent le cours de nos pensées, quand la réflexion n'y intervient pas, voilà, suivant nous, de quoi expliquer tous les traits les plus merveilleux de l'intelligence des animaux, sans faire intervenir le raisonnement et la raison. Quant au principe qui les fait agir, il est tout entier dans les impulsions aveugles de l'instinct, dans la recherche ou la fuite du plaisir et de la douleur.

Mais si les animaux ne sont pas insensibles, comme des machines, combien d'êtres innocents qui souffrent sans l'avoir mérité ! On a vu que cette objection avait troublé un certain nombre de théologiens du dix-septième siècle et les avait rendus favorables à l'automatisme. Quant à nous, la difficulté de la douleur imméritée n'existe pas moins grande au regard de l'homme, qu'au regard de l'animal, et dans l'un comme dans l'autre, la seule solution dont elle nous paraisse susceptible, se tire de l'examen des conditions essentielles de l'existence des êtres vivants, et de la démonstration que la douleur fait nécessairement partie de ces conditions.

Mais voilà bien des âmes qui, étant simples, seront immortelles comme la nôtre, *morte carent animæ !* Nous nous bornerons à renvoyer à la distinction que fera Leibniz entre l'immortalité métaphysique, qui est le propre de tout ce qui ne peut être décomposé, et l'immortalité morale, qui ne peut appartenir qu'à une âme douée de liberté et de raison (1).

Ainsi l'âme humaine, quoiqu'elle ne soit pas la seule âme existant dans la nature, comme le voudraient les cartésiens, ne perd rien de sa dignité. Notre dignité en effet ne consiste pas à n'avoir rien de commun avec les êtres qui sont au-dessous de nous, mais à les dépasser par les perfections qui nous sont propres. Conformément aux règles les plus rigoureuses de l'induction scientifique, conformément au sens commun du genre humain (2), il faut donc

---

(1) Une secte musulmane, les Muatzales, dont il est question dans le *Guide des égarés* de Maïmonide, admettait une rétribution des animaux irrationnels après la mort ; ils croyaient que le rat innocent, mis à mort par le chat, devait avoir sa récompense.

(2) « Il vous sera difficile d'arracher au genre humain cette opinion reçue partout et toujours, et catholique s'il en fut jamais, que les bêtes ont du sentiment. » (*Lettre de Leibniz a Arnauld.*)

accorder aux animaux des principes de vie, des âmes inférieures douées de sensibilité et même d'une certaine intelligence qui, à son plus haut, comme à son plus bas degré, demeure enfermée dans le cercle du particulier et du contingent.

CHAPITRE VIII

Principes métaphysiques de la physique de Descartes. — Le monde de Descartes. — La perfection infinie de Dieu fondement de sa physique et de sa mécanique. — Ridicule présomption de l'homme rapportant à lui la création tout entière. — Proscription des causes finales du domaine de la physique. — Descartes justifié contre Leibniz. — De l'usage et de l'abus des causes finales. — Différence entre Descartes et Hobbes. — Proscription des formes substantielles et accidentelles. — Principes intelligibles à tous substitués aux entités mystérieuses et aux qualités occultes. — Descartes, pour faire le monde, ne demande que de la matière et du mouvement. — La matière est la simple extension. — Point de distinction entre l'espace et la matière, entre le temps et la succession des choses. — Plein de l'univers. — De la possibilité de l'origine du mouvement dans le plein. — L'univers indéfini. — Différence que fait Descartes entre l'univers indéfini et l'univers infini. — Le monde a-t-il commencé et finira-t-il ? — Divisibilité à l'infini de la matière. — Trois éléments ou formes principales de la matière. — De la cause première et des causes secondes du mouvement. — Invariabilité de la quantité du mouvement. — Trois grandes lois du mouvement.

La physique de Descartes se rattache si étroitement à certains principes de sa métaphysique, elle tient une si grande place dans la philosophie cartésienne, et elle joue un si grand rôle dans ses luttes, dans ses victoires et ses défaites, qu'il est impossible de l'omettre entièrement, même dans une histoire purement philosophique, sans donner une idée fort incomplète du génie de Descartes et de cette grande philosophie qui embrasse l'universalité des choses. Il a même paru à quelques-uns que la physique était le principal, et la métaphysique l'accessoire, dans l'ensemble des spéculations philosophiques de Descartes. Mais, quelle que soit l'importance qu'il donne à la physique, la première place demeure à la métaphysique, dont partout il pose les principes comme les fondements, comme la racine, suivant son expression, de la physique et de toutes les sciences. Si, d'ailleurs, on fait deux parts de ses écrits, on verra, en les comparant, que la plus considérable appartient encore à la métaphysique.

La physique de Descartes est une véritable cosmogonie qui, prenant les choses à partir du chaos, prétend expliquer, non-seulement leur état actuel, mais leur origine et leur formation, en s'appuyant sur des principes *à priori*, sur la considération de l'essence de Dieu, sur sa puissance, son immutabilité et sa perfection. Comme Bruno, Descartes veut que nous jugions de la grandeur de l'ouvrage par la grandeur de l'ouvrier. Ce qu'il recommande donc avant tout, dans l'étude du monde matériel, c'est de ne pas abandonner, un seul instant, cette idée de la toute-puissance divine, afin, dit-il, qu'elle nous fasse connaître que nous ne devons point craindre de faillir en imaginant ses ouvrages trop grands, trop beaux ou trop parfaits, mais que nous pouvons bien manquer, au contraire, si nous supposons en eux quelques bornes et quelques limites dont nous n'ayons aucune connaissance certaine. Notre esprit est fini, tandis que le monde est infini ; donner des bornes au monde, serait prendre les limites de notre esprit pour les limites du monde lui-même, et mesurer sur notre puissance et notre pensée la puissance et la pensée de Dieu.

Il tourne en ridicule la présomption de ceux qui se représentent la création tout entière comme faite à leur usage. « C'est, dit-il, dans les *Principes*, une pensée pieuse et bonne de croire que Dieu a fait toutes choses pour nous, parce qu'elle nous excite à l'amour et à la reconnaissance, mais néanmoins il n'est pas vraisemblable que Dieu n'ait eu d'autre fin que nous-mêmes en créant le monde. En effet, que de choses sont maintenant dans le monde, ou y ont été autrefois, et ont cessé d'être, sans qu'aucun homme les ait jamais vues ou connues et sans qu'elles aient jamais été d'aucun usage pour l'humanité ! On ne peut donc appuyer des raisonnements de physique sur cette opinion (1). » Voici un autre passage plus vif contre le même préjugé : « C'est une chose puérile et absurde d'assurer en métaphysique que Dieu, à la façon d'un homme superbe, n'aurait point eu d'autre fin en bâtissant le monde que celle d'être loué par les hommes, et qu'il n'aurait créé le soleil, qui est plusieurs fois plus grand que la terre, à autre dessein que d'éclairer l'homme qui n'en occupe qu'une petite partie (2). »

Mais Descartes, non content d'ôter l'homme du centre de l'univers, non content même d'interdire la recherche de la fin dernière et générale du monde, interdit aussi celle de la fin prochaine et particulière des choses, et proscrit, d'une manière absolue, les causes finales du domaine de la physique. « Nous ne nous arrêterons pas aussi à examiner les fins que Dieu s'est proposées en créant le monde et nous rejetterons entièrement de notre philosophie la recherche des causes finales, car nous ne devons pas tant présumer de nous-mêmes que de croire que Dieu nous ait voulu faire part de ses conseils (3). » Notre nature est limitée, celle de Dieu est infinie : « cette seule raison est suffisante pour me persuader que tout ce genre de causes qu'on a coutume de tirer de la fin, n'est d'aucun usage dans les choses physiques et naturelles, car il ne me sem-

---

(1) *Principes*, 3ᵉ partie, art. 1, 2 et 3.

(2) Édit. Cousin, *Lettres*, t. VIII, p. 280. Mettons en regard les lignes remarquables par lesquelles Laplace termine l'exposition du système du monde : « Séduit par les illusions des sens et de l'amour-propre, l'homme s'est regardé longtemps comme le centre du mouvement des astres, et son vain orgueil a été puni par les frayeurs qu'ils lui ont inspirées. Enfin, plusieurs siècles de travaux ont fait tomber le voile qui cachait à ses yeux le système du monde. Alors il s'est vu sur une planète presque imperceptible dans le système solaire, dont la vaste étendue n'est elle-même qu'un point insensible dans l'immensité de l'espace. Les résultats sublimes auxquels cette découverte l'a conduit sont bien propres à le consoler du rang qu'elle assigne à la terre, en lui montrant sa propre grandeur dans l'extrême petitesse de la base qui lui a servi pour mesurer les cieux. »

(3) *Principes*, 1ʳᵉ partie, art. 28.

ble pas que je puisse sans témérité rechercher et entreprendre de découvrir les fins impénétrables de Dieu (1). »

Voici ce qu'il répond à Gassendi, qui prend contre lui la défense des causes finales manifestées par la structure des corps organisés : « De cet usage admirable de chaque partie dans les plantes et dans les animaux, il est juste d'admirer la main de Dieu qui les a faites et de connaître et glorifier l'ouvrier par l'inspection de l'ouvrage, mais non pas de deviner pour quelle fin il a créé chaque chose. Et quoiqu'en matière de morale, où il est souvent permis d'user de conjectures, ce soit quelquefois une chose pieuse de considérer quelle fin nous pouvons conjecturer que Dieu s'est proposée au gouvernement de l'univers, certainement en physique où toutes choses doivent être appuyées de solides raisons, cela serait inepte (2). »

Descartes ne veut pas accorder qu'il y ait des fins plus aisées à connaître les unes que les autres. Toutes sont également cachées, suivant lui, dans l'abîme imperscrutable de sa sagesse ; il ne permet donc pas même d'affirmer que l'œil est fait pour voir.

Cette proscription des causes finales a donné lieu à de graves accusations contre Descartes, et à d'injustes rapprochements avec Hobbes ou Spinoza. On s'étonne de voir Leibniz faire ici cause commune avec les plus violents adversaires du cartésianisme en se fondant sur ce passage des *Principes* : « Au reste, il importe fort peu de quelle façon je suppose ici que la matière ait été disposée au commencement, puisque sa disposition doit par après être changée, suivant les lois de la nature, et qu'à peine en saurait-on imaginer aucune de laquelle on ne puisse prouver que par ces lois elle doit continuellement se changer, jusqu'à ce qu'enfin elle compose un monde entièrement semblable à celui-ci, bien que peut-être cela serait plus long à déduire d'une supposition que d'une autre, car

---

(1) 4ᵉ Méditation, 5.
(2) Édit. Cousin, t. II, p. 200. — Réponse aux objections de Gassendi.

ces lois étant cause que la matière doit prendre successivement toutes les formes dont elle est capable, si on considère par ordre toutes ces formes, on pourra enfin parvenir à celle qui se trouve à présent en ce monde (1). » De là, sans prendre garde que les lois, par la vertu desquelles le monde passe du chaos à l'ordre actuel, viennent de Dieu, d'après Descartes, et portent la marque de ses perfections, Leibniz insinue qu'il considérait le monde comme l'œuvre d'un aveugle hasard ne témoignant d'aucun plan et d'aucun dessein de la part du Créateur : « Quoique je veuille bien croire, dit-il, que cet auteur a été sincère dans la proposition de sa religion, néanmoins les principes qu'il a posés renferment des conséquences étranges auxquelles on ne prend pas assez garde. Après avoir détourné les philosophes de la recherche des causes finales, ou, ce qui est la même chose, de la considération de la sagesse divine dans l'ordre des choses, qui, à mon avis, doit être le grand but de la philosophie, il en fait entrevoir la raison dans un endroit de ses *Principes*, où voulant s'excuser de ce qu'il semble avoir attribué à la nature certaines formes et certains mouvements, il dit qu'il a eu le droit de le faire parce que la matière prend successivement toutes les formes possibles et qu'ainsi il a fallu qu'elle soit venue à celle qu'il a supposée. Mais si ce qu'il dit est vrai, si tout possible doit arriver, et s'il n'y a point de fiction, quelque indigne et quelque absurde qu'elle soit, qui n'arrive en quelque temps et en quelque lieu de l'univers, il s'ensuit qu'il n'y a ni choix, ni providence, que ce qui n'arrive point est impossible et que ce qui arrive est nécessaire, justement, comme le disent Hobbes et Spinoza (2). » Pour

---

(1) *Principes*, 3ᵉ partie, art. 47.

(2) Leibniz reproduit dans plusieurs de ses lettres la même insinuation contre Descartes. Il écrit à Malebranche : « Je trouve aussi que vous faites un très-bel usage des causes finales, et j'ai une mauvaise opinion de M. Descartes qui les rejette, aussi bien que de quelques autres de ses endroits où il montre son âme à découvert. » (*Fragments de philosophie cartésienne*, par M. Cousin, in-12, p. 371.)

que le rapprochement fût vrai, il faudrait que Descartes n'eût pas fait de Dieu, comme le dit Arnauld, la clef de voûte de sa physique, non moins que de sa métaphysique.

Autre chose est d'interdire la recherche des causes finales dans la science, autre chose de nier leur existence dans le système du monde. Dire qu'il n'y a point de causes finales, ce serait en effet nier l'existence d'une providence et d'un plan de l'univers. S'il y a un plan providentiel de l'univers, toutes choses ne sont-elles pas comprises dans ce plan, et n'ont-elles pas un rapport nécessaire avec l'ordre et la fin universelle des êtres, comme toutes les pièces d'une machine se rapportent à la fonction et à la fin de cette machine ? De là il suit que chaque chose doit avoir sa fin, qui est son rapport avec l'ordre universel, et qu'il y a des causes finales, ou qu'il n'y a point d'ordre universel. Or Descartes, en défendant au physicien de se livrer à la recherche des causes finales, ne nie nullement que ces causes existent. Non-seulement il ne les nie pas, mais il les conserve expressément dans la morale pour élever l'âme à Dieu et fortifier la piété : « Il est juste, dit-il, de connaître et de glorifier l'ouvrier par l'inspection de ses ouvrages, mais non pas de deviner pour quelle fin il a créé chaque chose (1). » S'il veut les bannir de la physique, c'est uniquement dans l'intérêt de la science, c'est pour que les conjectures n'y prennent pas la place des expériences ou des calculs, et non parce que, comme Hobbes ou Spinoza, il croit à l'empire d'une aveugle nécessité.

Mais cette juste réserve faite en faveur de la foi de Descartes à un plan providentiel du monde, nous le blâmerons avec Leibniz d'avoir proscrit d'une manière absolue les causes finales de la science de la nature, pour les reléguer un peu dédaigneusement dans le domaine de la morale et de la piété. Comment une piété éclairée s'accommoderait-elle des causes finales, si la science les repousse comme des chimères ?

(1) Réponse à Gassendi.

Ce qui a rendu Descartes, de même que Bacon, si sévère à l'égard des causes finales, c'est l'abus qu'en faisaient les physiciens et les naturalistes de l'école, soit en les substituant à l'expérience et à la recherche des causes efficientes, soit en les multipliant à l'infini, et en les rapportant à l'homme comme à la fin de toutes choses. Mais, en combattant l'abus des causes finales, il faut maintenir leur légitime usage, non pas seulement comme le veut Descartes, pour faire pénétrer dans les âmes de pieuses pensées, mais pour éclairer au besoin la science elle-même dans ses investigations, et pour lui donner son dernier complément. L'anatomie, la physiologie ne peuvent se passer des causes finales. Dans un être organisé, l'unité harmonique, le concert, l'action réciproque de toutes les parties, obligent notre esprit, pour parler comme Kant, à leur appliquer le principe de finalité. On peut voir dans Bayle, qui a défendu les causes finales contre Descartes, comment cette considération de la fin a servi à Harvey pour la découverte de la circulation du sang.

Il serait facile de montrer que Descartes lui-même, malgré son mécanisme physiologique, a dû leur faire une place dans l'étude des organes qui demeure incomplète tant qu'on ignore à quelle fin ils existent.

Si les causes finales sont moins aisées à découvrir, et ne jouent pas un aussi grand rôle, quand il s'agit des lois de la physique et de la mécanique, là aussi cependant la science peut leur être redevable d'heureuses inspirations que démontrent plus tard l'expérience et le calcul. Ainsi, selon Laplace, Copernic a été conduit à son système par l'idée de la simplicité des voies de la nature qui semble inséparable de celle d'un plan providentiel. Le principe des voies les plus courtes, dont Descartes s'est servi pour découvrir les lois de la réfraction ne se déduit-il pas de la considération de la sagesse de l'auteur du monde? Le principe de l'invariabilité du mouvement, sur lequel il fonde la mécanique, ne repose-t-il pas sur la perfection de Dieu?

Mais, d'ailleurs, ne sont-ce pas d'admirables causes finales, qui font briller d'un éclat merveilleux la sagesse divine sur la face de l'univers, ces lois générales du mouvement avec lesquelles il construit le monde tout entier? Plus elles ont de simplicité et de fécondité, plus leur auteur est admirable. C'est du monde de Descartes que Fénelon a dit : « Plus le ressort, qui conduit la machine de l'univers est juste, simple, constant, assuré et fécond en effets utiles, plus il faut qu'une main très-industrieuse ait su choisir ce ressort le plus parfait de tous (1). » « La grande mécanique, disait Descartes, selon Baillet, est l'ordre imprimé par Dieu sur son ouvrage, que nous appelons communément la nature (2). » Donc, tout en maltraitant les causes finales, Descartes n'exclut pas la considération de la sagesse de Dieu, mais plutôt il la fortifie en la fixant sur ces quelques lois si fécondes, qui suffisent à faire sortir le monde du chaos et à tout produire, comme à tout expliquer, non-seulement sur notre terre, mais dans tout le système des cieux. Il soumet, il est vrai, l'univers entier au mécanisme, mais, comme Leibniz, c'est dans une cause qui n'a rien de mécanique, qu'il place la raison dernière du mécanisme.

Plus sévèrement encore que les causes finales, il bannit de la physique les formes substantielles, ou accidentelles, les qualités occultes de tout genre, qui avaient été en si grand honneur pendant le moyen âge, et qui jouaient encore un si grand rôle dans la philosophie et la science de son temps. Il est plein de dédain pour ces misérables êtres, pour ces pauvres innocents, comme il les appelle (3), que Malebranche non moins dédaigneusement qualifiera d'invention de gens oisifs. Les partisans de l'an-

---

(1) *Traité de l'existence de Dieu*, 1ʳᵉ partie.
(2) Baillet, vol. I, p. 260.
(3) « Je souscris ici volontiers au sentiment de M. le recteur qui dit qu'il ne faut pas chasser sans sujet de leur ancien domaine de pauvres innocents, c'est-à-dire ces êtres qu'on appelle formes substantielles ou qualités réelles. » (Édit. Cousin, t. VIII, p. 592.)

cienne philosophie combattirent avec acharnement en faveur de ces *pauvres innocents* contre la physique cartésienne, ils essayèrent même d'appeler à leur secours, la foi, Moïse, la Bible, le Concile de Trente. De leur côté, quelques cartésiens, employant des armes analogues, soutenaient que les formes substantielles fournissent des arguments aux libertins contre l'immortalité de l'âme (1).

Les scholastiques avaient emprunté à Aristote la distinction de deux principes dans chaque être, de la matière qui est commune à tous et de la forme qui les détermine, qui constitue seule leur réalité et leur individualité. Mais altérant plus ou moins la vraie doctrine péripatéticienne, ils avaient fait de la forme une substance, une entité entièrement distincte de la matière, qui sort de la matière, qui peut naître ou périr, sans que la matière elle-même naisse ou périsse. Par formes substantielles, ou nécessaires, ils entendaient ces premières propriétés qui constituent la différence essentielle des corps naturels organiques ou inorganiques, parce que le tout qu'elles composent ne paraît point changer de nature à moins qu'elles ne périssent. A côté de ces formes nécessaires, ils plaçaient dans chaque être des formes accidentelles pouvant paraître ou disparaître, sans que le sujet dans lequel elles se trouvent change de nature. Ils transformaient donc non-seulement les formes nécessaires, mais toutes les qualités accidentelles des corps, la dureté, la chaleur, le son, le mouvement, etc., en des êtres distincts de la matière qui, en s'y ajoutant, la déterminent de telle ou telle façon, et constituent tel ou tel être particulier (2). Les qualités elles-mêmes de l'âme, telles que la science, la vertu, etc., étaient aussi des entités distinctes

---

(1) « Par leur moyen on fournit, sans y penser, aux libertins des exemples de substances qui périssent, qui ne sont pas proprement matière et à qui on attribue dans les animaux une infinité de pensées, c'est-à-dire d'actions purement spirituelles. » (*Logique de Port-Royal*, 3ᵉ partie, chapitre xix.)

(2) Descartes, dans une lettre à Régius, résume ainsi l'opinion de l'École sur les formes substantielles : « Par les formes substantielles on

de l'âme. Or, c'est par la présence, ou par l'expulsion de ces entités, qu'ils pensaient expliquer la nature et les changements d'état de tous les êtres. Ainsi ils disaient que ce qui fait la différence du feu et de l'eau, c'est l'entité de l'eau, ou l'entité du feu, ajoutée à la matière. Si l'eau de froide devient chaude, c'est parce que la forme accidentelle du chaud a expulsé la forme accidentelle du froid. Comment se fait la coction des aliments dans l'estomac, comment la bile se sépare-t-elle du sang, comment l'aimant attire-t-il le fer? L'École s'imaginait résoudre ces questions en mettant dans l'estomac, dans la bile, dans l'aimant des qualités concoctrices, ségrégatrices, magnétiques. On comprend l'abus, l'obscurité, la stérilité de ces explications des phénomènes par des entités imaginées à plaisir, et s'expulsant les unes les autres. Pourquoi l'opium fait-il dormir? Parce qu'il a une vertu dormitive. Voilà la physique de l'École dont se moque Molière dans le *Malade imaginaire*.

Mais Descartes vient enfin bannir de la science toutes ces qualités occultes, toutes ces mystérieuses entités. Un corps quelconque n'est plus que la matière elle-même, qu'une substance unique, diversement modifiée, et non la matière, plus une autre substance, elle-même matérielle, qui l'informe et la fait ce qu'elle est. Les formes substantielles, les formes accidentelles ou les accidents réels, ne sont que des attributs et des modes n'ayant aucune réalité en dehors du sujet où ils existent. La prétention de Descartes, en physique, comme en métaphysique, est de ne pas admettre un seul principe qui ne soit clair par lui-même et intelligible à tous. Rien ne se conçoit mieux que la figure, la disposition, le mouvement des parties matérielles; or ce sont les seules causes par lesquelles Descartes explique tous les phénomènes de la nature. La matière modifiée de

entend une certaine substance jointe à la matière, et qui compose avec elle un certain tout purement corporel qui n'existe pas moins que la matière. »

telle ou telle façon, la figure, la situation, le mouvement des parties de la matière, il ne lui faut rien de plus pour rendre compte de toutes les propriétés essentielles et accidentelles de tous les êtres sans exception, vivants ou inanimés. En faveur des formes substantielles, les péripatéticiens invoquaient l'exemple de l'âme humaine qui, suivant eux, est à la fois et la forme du corps et une substance. Mais Descartes n'admet pas que l'âme soit la forme du corps: si elle était, dit-il, la forme du corps, et non une substance distincte, comment la préserver de périr avec lui?

D'ailleurs, il résume ainsi lui-même les caractères fondamentaux de sa physique : « Cette philosophie n'est point nouvelle, mais la plus ancienne et la plus vulgaire qui puisse être, car je n'ai rien du tout considéré que la figure, le mouvement et la grandeur de chaque corps, ni examiné aucune autre chose que ce que les lois de la mécanique, dont la vérité peut être prouvée par une infinité d'expériences, enseignent devoir suivre de ce que les corps qui ont diverses grandeurs ou figures ou mouvements se rencontrent ensemble (1). »

Que faut-il donc à Descartes pour expliquer tout ce qui est dans le monde, et pour reconstruire l'univers tout entier, si l'univers retombait dans le chaos? On connaît cette parole superbe, où éclate une si grande confiance en son propre génie, et en la vertu du mécanisme: « Qu'on me donne l'étendue et le mouvement, et je vais faire le monde (2). »

Nous avons déjà dit qu'il fait consister la matière dans

---

(1) *Principes*, 4e partie, art. 200. — Voici deux vers latins, cités par la *Logique de Port-Royal*, où sont contenus tous les principes qui entrent, d'après Descartes, dans la composition de l'homme et de la nature :

> Mens, mensura, quies, motus, positura, figura
> Sunt cum materia cunctarum exordia rerum.

(2) *Traité du monde*, chap. vi. Voici le jugement de d'Alembert sur cette thèse fondamentale de la physique de Descartes : « Cette proposition — qu'on regarde comme injurieuse à Descartes est peut-être ce que la philosophie a jamais dit de plus relevé à la gloire de l'Être suprême. Une pensée si profonde et si grande n'a pu partir que d'un génie vaste qui,

la seule étendue ou extension : « Un corps, dit-il, ne peut perdre en étendue sans perdre en substance, ni gagner en étendue sans gagner en substance. Il y a contradiction à ce que deux pieds d'étendue puissent n'en faire qu'un (1). » Ainsi l'étendue n'est pas seulement inséparable de la matière, mais elle est son essence même, tout comme la pensée est l'essence de l'âme. Partout où il y a matière, il y a étendue, partout où il y a étendue, il y a matière ; le lieu et l'espace sont identiques avec le corps, et la matière sans bornes est son lieu à elle-même (2). « Les mots de lieu et d'espace ne signifient rien qui diffère véritablement du corps que nous disons être en quelque lieu, et nous marquent seulement sa grandeur, sa figure et comment il est situé dans les autres corps (3). » Descartes identifie le temps, comme l'espace, avec les choses elles-mêmes. Otez les choses, et il n'y aurait plus de temps, de même qu'il n'y aurait plus d'espace. Hors de la véritable durée des choses, le temps n'est, dit-il, qu'une façon de penser (4).

La matière étant l'étendue, elle ne peut souffrir de limites, ni avoir quelque interruption entre ses parties. Notre imagination ne nous représente pas un terme à l'étendue matérielle, une limite au delà de laquelle elle cesse de s'étendre. L'univers actuel, selon Descartes, remplit tous les espaces imaginaires et n'a point de

---

d'un côté, sentait la nécessité d'une Intelligence toute-puissante pour donner l'existence et l'impulsion à la matière, et qui apercevait, de l'autre, la simplicité non moins admirable des lois de la nature. » (*Abus de la critique en matière de religion.*)

(1) *Principes*, 2ᵉ partie, art. 7 et 8.

(2) Plusieurs disciples de Descartes alléguèrent ces passages de saint Augustin en faveur de l'identité du corps et de l'espace : « Spatia lo-« corum tolle corporibus, nusquam erunt, et quia nusquam erunt nec « erunt. » (*Epist.* 57.) — « Prius abs te quæro utrum corpus nullum putes « esse quod non pro modo suo habeat aliquam longitudinem et latitu-« dinem et altitudinem? Si hoc demas corporibus, quantum mea opinio « est, neque sentiri possunt, neque omnino corpora esse recte existimari. » (*De quantit. animæ*, cap. IV.)

(3) *Principes*, 2ᵉ partie, art. 10.

(4) *Ibid.*, 1ʳᵉ partie, art. 57.

bornes. Non-seulement le monde est sans bornes, mais le vide n'y pénètre pas. Entre les innombrables parties qui le composent, il n'y a pas de place, même pour un atome. Le plein de l'univers est, on le voit, une conséquence rigoureuse du sentiment de Descartes sur l'essence de la matière. Dans l'univers cartésien, le vide ne pourrait exister, à moins d'un lieu sans étendue, ce qui est contradictoire. Ainsi point de vide dans l'univers, au sens où les philosophes l'entendent, c'est-à-dire, point d'espace où il n'y ait point de substance (1). Si on croit communément à l'existence du vide, c'est, selon Descartes, par une association d'idées entre certains espaces et certaines substances qui les occupent ordinairement, de telle sorte que lorsque ces substances, que nous sommes accoutumés d'y voir, n'y sont plus, nous jugeons que ces espaces sont vides, que tel vase, par exemple, est vide et que tel autre est plein. Pour corriger cette fausse opinion, il suffit de remarquer qu'il n'y a pas une liaison nécessaire entre le vase et tel ou tel corps qui le remplit, mais qu'il en existe une, si absolument nécessaire, entre la figure concave de ce vase et l'étendue qui doit être comprise en cette concavité, qu'il n'y a pas plus de répugnance à concevoir une montagne sans vallée que cette concavité sans l'extension qu'elle contient. A moins que le néant n'ait des attributs, ou que tout attribut ne suppose pas une substance, comment l'extension subsistera-t-elle sans quelque chose d'étendu? Si on suppose que Dieu, par sa toute-puissance, enlève tout ce qu'il y a dans ce vase, à l'instant même il faudra que les parois se touchent. Il n'y a donc pas de vide, et tout est plein dans l'univers.

(1) La négation du vide est un des points sur lesquels la science contemporaine revient à Descartes. Humboldt dit dans le *Cosmos* : « Les espaces célestes ne sont pas vides. Les observations d'accord avec le calcul sur la marche de certaines comètes attestent l'existence d'un fluide subtil, d'un milieu résistant. » (T. III, p. 36). Matière cosmique, milieu sidéral ou planétaire, éther universel, voilà les noms divers donnés aujourd'hui à cette substance qui remplit tous les espaces.

Mais comment, avec ce plein de l'univers, concevoir l'origine du mouvement? Telle est la grande objection que ne cessent de répéter, sous toutes les formes, les adversaires de Descartes, à la suite de Roberval et de Gassendi. Descartes et les cartésiens prétendaient résoudre cette difficulté par le mouvement circulaire : « Après ce qui a été démontré ci-dessus, dit Descartes, que tous les lieux sont pleins de corps, et que chaque partie de la matière, est tellement proportionnée au lieu qu'elle occupe, qu'il n'est pas possible qu'elle en remplisse un plus grand et qu'elle se resserre en un moindre, ni qu'aucun autre corps y trouve place pendant qu'elle y est, nous devons conclure qu'il faut nécessairement qu'il y ait toujours un cercle de matière ou anneau de corps qui se meuvent ensemble en même temps, en sorte que, quand un corps quitte sa place à quelque autre qui le chasse, il entre en celle d'un autre, et cet autre en celle d'un autre, et ainsi de suite jusqu'au dernier, qui occupe au même instant le lieu délaissé par le premier (1). » Mais les adversaires de la physique de Descartes ne croyaient pas la difficulté résolue par le mouvement en cercle. Ils objectaient que toutes ces communications de mouvements se faisaient successivement, et non simultanément, de telle sorte qu'il fallait toujours supposer l'existence du vide au moins un instant. Nous n'avons nullement la prétention d'entrer plus avant dans

(1) *Principes*, 2ᵉ partie, art. 33. On peut faire ici un rapprochement curieux entre la physique de Descartes et celle de Platon. Leucippe objectait aussi à Platon, qui admet le plein de l'univers, la nécessité du vide pour le mouvement. « Si tout est plein, disait-il, un corps qui se meut entre dans un autre corps, d'où il résulterait que plusieurs corps pourraient occuper la même place, que le contenu pourrait être plus grand que le contenant, etc. » (Aristote, *Physique*, liv. IV.)

Platon répondait, comme Descartes : « Tout corpuscule qui se meut pousse devant lui un autre corpuscule qui en pousse un autre, etc. ; tous ces corps poussés forment une chaîne circulaire dont le premier et le dernier anneau se touchent, de sorte que chaque place se trouve remplie à l'instant même où elle deviendrait vide, et ainsi le vide n'existe jamais. » Voir la note 78 du IIᵉ volume du commentaire de M. Martin sur *le Timée*, et dans le Iᵉʳ volume la traduction du *Timée*, p. 157.

ce débat, abandonné, à ce qu'il semble, par la science moderne, et encore moins avons-nous la prétention de le résoudre.

Un monde sans vide, un monde sans bornes est un monde infini. Tel est, en effet, le sentiment de Descartes. Mais soit qu'il craigne de soulever contre lui les théologiens (1), soit qu'il veuille éviter de paraître donner au monde une sorte d'infinité qui n'appartient qu'à Dieu, il ne s'exprime sur ce sujet qu'avec certains ménagements et certaines réserves (2). Cherchant un milieu entre l'infinité, qui est le propre de Dieu, et la limitation, qui est le propre de chaque créature, il réserve à Dieu le terme d'infini, et se sert de celui d'indéfini pour marquer l'impossibilité où est sa raison de concevoir des limites à l'univers. « Il n'y a rien que je nomme proprement infini sinon ce en quoi de toutes parts je ne rencontre point de limites, auquel sens Dieu seul est infini. Mais pour les choses où, sous quelque considération seulement, je ne vois point de fin, comme l'étendue des espaces imaginaires, la multitude des nombres, la divisibilité des parties de la quantité et autres choses semblables, je les appelle indéfinies et non pas infinies, parce que de toutes parts elles ne sont pas sans fin et sans limites (3). » Dans les *Principes*,

---

(1) On le voit s'inquiéter dans plusieurs de ses lettres de l'accueil que feront les théologiens à cette infinité du monde. Il consulte le P. Mersenne : « Je vous prie de me mander s'il y a rien de déterminé en la foi touchant l'unité du monde, savoir s'il est fini ou plutôt infini, et si tout ce qu'on appelle espaces imaginaires soient des corps créés et véritables. » (Édit. Cousin, t. VI, p. 73.) Ailleurs il cherche à se rassurer par l'exemple et l'autorité du cardinal de Cusa : « Je me souviens que le cardinal de Cusa et plusieurs autres docteurs ont supposé le monde infini, sans qu'ils aient jamais été repris de l'Église sur ce sujet. » (*Ibid.*, t. X, p. 46.)

(2) Morus lui reproche de se servir sur ce point de termes obscurs et affectés. (*Ibid.*, t. X, p. 186.)

(3) Réponse aux premières objections. Il s'explique de la même manière dans une lettre à Henri Morus : « Il n'y a que Dieu que je conçois positivement infini ; pour le reste, comme l'étendue du monde, le nombre des parties divisibles de la matière et autres semblables, j'avoue ingénument que je ne sais point si elles sont absolument infinies ou non : ce que

il ne s'explique pas tout à fait de la même manière sur ce qu'il entend par indéfini : « Nous appellerons ces choses indéfinies plutôt qu'infinies, afin de réserver à Dieu seul le nom d'infini ; tant à cause que nous ne remarquons point de bornes en ses perfections, comme aussi à cause que nous sommes très-assurés qu'il n'y en peut avoir. Pour ce qui est des autres choses, nous savons qu'elles ne sont pas ainsi absolument parfaites, parce qu'encore que nous y remarquions quelquefois des propriétés qui semblent n'avoir point de limites, nous ne laissons pas de connaître que cela procède du défaut de notre entendement et non point de leur nature (1). » Ainsi, dans le premier passage, l'indéfini c'est l'infini, mais seulement sous certains regards, et non pas en tous les sens, l'infini *secundum quid* et non l'infini *simpliciter*, pour parler la langue précise de la scholastique ; dans les *Principes*, l'indéfini ne serait plus l'infini sous aucun regard, puisque toujours et partout il aurait des limites que la seule faiblesse de notre entendement nous empêche d'apercevoir.

Mais de ces deux explications, c'est la première que nous garderons comme exprimant la vraie pensée de Descartes. Qu'on rapproche entre eux la plupart des pas-

---

je sais, c'est que je n'y connais aucune fin, et à cet égard je les appelle indéfinis. » (Édit. Cousin, t. X, p. 200.) Il écrit à Chanut : « N'ayant aucune raison pour prouver, et même ne pouvant concevoir que le monde ait des bornes, je le nomme indéfini ; mais je ne puis nier pour cela qu'il en ait peut-être quelques-unes qui sont connues de Dieu, bien qu'elles me soient incompréhensibles ; c'est pourquoi je ne dis pas absolument qu'il est infini. » (*Ibid.*, p. 47.)

(1) 1re partie, art. 27. Citons en regard le passage suivant des remarques de Descartes sur ses *Principes :* « Nous ne trouverons pas de difficulté à l'étendue indéfinie du monde, si nous prenons soin seulement de considérer qu'en disant qu'il est indéfini, nous ne nions pas que, peut-être, dans la réalité, il ne soit fini, mais nous nions seulement qu'une intelligence comme la nôtre puisse comprendre qu'il ait des bornes ou des extrémités quelconques, et cette pensée me paraît à la fois plus douce et plus sûre que celle de ceux qui affirment que le monde est fini, et osent imposer des bornes aux œuvres de Dieu. » (*Œuvres inédites de Descartes*, publiées par M. Foucher de Careil, 1re partie, p. 68.)

sages où il traite cette question délicate, qu'on consulte ses lettres, où il est un peu moins réservé que dans les ouvrages destinés au public, qu'on considère surtout l'idée qu'il s'est faite de la matière, on s'assurera que le monde indéfini de Descartes est bien réellement un monde sans limites, non-seulement au regard de l'imagination, qui ne peut s'en représenter, mais au regard de la raison qui ne peut en concevoir. Ne dit-il pas, d'ailleurs, dans une lettre à Henri Morus, ce qui est décisif, qu'un monde fini implique contradiction? « Il répugne à ma pensée ou, ce qui est le même, il implique contradiction que le monde soit fini ou terminé, parce que je ne puis pas concevoir un espace au delà des bornes du monde, quelque part que je les assigne; or, un tel espace est selon moi un vrai corps (1). » Ajoutons qu'il se moque de ceux qui prétendent « enfermer les choses créées dans une boule comme ceux qui veulent que le monde soit fini (2). » Il fait même valoir, en plus d'un endroit, les avantages qui résultent pour l'idée de la grandeur de Dieu, pour la religion, pour la vie à venir, de cette conception d'un monde sans bornes (3).

C'est ainsi que les cartésiens les plus fidèles ont interprété la pensée du maître. Selon Régis, Descartes ne se sert du terme d'indéfini qu'à l'égard d'une partie de l'univers, mais à l'égard de l'univers entier il n'hésite pas à affirmer qu'on ne peut lui concevoir aucune borne, c'est-à-dire qu'il est infini (4). » « Si la nature est finie, dit Fontenelle, disciple fidèle de Descartes pour la physique, elle ne serait toujours par rapport à l'espace qu'un infiniment petit, et l'univers,

---

(1) Édit. Cousin, X, 241.

(2) Lettre à Chanut, *ibid.*, p. 12.

(3) « Car si l'on imagine que par delà les cieux, il n'y a que des essences imaginaires, et que tous les cieux ne sont faits que pour le service de la terre, ni la terre que pour l'homme, cela fait qu'on est enclin à penser que cette terre est notre principale demeure. » (*Lettre à la princesse Élisabeth*).

(4) Réponse au livre qui a pour titre : *Censura philosophiæ cartesianæ*, in-12, 1691.)

quoique très-réel, ne serait qu'un vide immense qui ne contiendrait rien, à une petite partie près, qui ne mériterait pas d'être comptée (1). »

Ce monde, qui est sans bornes dans l'étendue, a-t-il des bornes dans la durée? S'il répugne qu'il y ait actuellement du vide, il ne répugne pas moins, à ce qu'il semble, qu'il y en ait jamais eu; il faut que le plein s'étende non-seulement dans l'espace, mais aussi dans le temps, sinon le vide aurait existé antérieurement au plein; donc le monde n'a pas dû commencer dans le temps. Nulle part, il est vrai, Descartes n'avoue expressément cette conséquence de l'éternité du monde, et même il la repousse, dans sa réponse aux objections que lui adresse la reine Christine, par l'intermédiaire de Chanut, contre l'infinité de l'univers. Tout en convenant que l'étendue indéfinie, comparée à la durée, donne occasion de penser qu'il n'y a point de temps imaginable avant la création du monde, auquel Dieu n'eût pu le créer, s'il eût voulu, néanmoins il ne conclut pas que véritablement il l'a créé avant un temps indéfini, parce que l'existence actuelle que le monde a eue, depuis cinq ou six mille ans, n'est pas, suivant lui, nécessairement jointe avec l'existence possible ou imaginaire qu'il a pu avoir auparavant. Il serait, ajoute-t-il, plus disposé à inférer de l'étendue infinie l'éternité du monde au regard de l'avenir, parce qu'elle est conforme à la foi qui promet une vie éternelle à nos corps après la résurrection (2).

Descartes incline donc à admettre l'éternité du monde, sinon dans le passé, au moins dans l'avenir. Aussi sera-t-il accusé par un certain nombre de théologiens catholiques ou réformés d'avoir professé à la fois l'infinité et l'éternité du monde. De là un rapprochement qu'ils ne manqueront pas de faire, entre sa philosophie et celle de Spinoza.

La divisibilité à l'infini de la matière est aussi un des grands principes de la physique de Descartes. Si loin

---

(1) *Théorie des tourbillons cartésiens*, 1 vol. in-12, Paris, 1752.
(2) *Lettre à Chanut*. Édition Cousin, t. X, p. 47.

que par la pensée on pousse la division, jamais, selon Descartes, on ne rencontrera d'atomes ou de particules matérielles indivisibles et irréductibles. Quelque petite en effet qu'on suppose une partie, néanmoins parce qu'il faut qu'elle soit étendue, d'après la définition de la matière, nous la concevons toujours comme susceptible d'être divisée en deux ou en un plus grand nombre de parties. Quand nous imaginerions une partie tellement petite que, par aucun moyen humain, elle ne pût être de nouveau divisée, il ne s'ensuivrait pas qu'elle fût réellement indivisible, car le serait-elle pour toute créature, Dieu n'aurait pu diminuer sa toute-puissance, en se refusant à lui-même le pouvoir de la diviser encore (1). Le physicien peut donc, sans aucun scrupule, supposer dans la matière une ténuité, une subtilité, aussi grande qu'il est nécessaire, pour expliquer les phénomènes. Ici encore Descartes a rencontré d'habiles contradicteurs, non plus au point de vue de l'orthodoxie, mais à celui de la science. Gassendi a pris contre lui la défense des atomes en même temps que du vide. Mais si Gassendi semble avoir l'avantage quand il montre la nécessité d'arriver à un premier principe irréductible des corps, lui-même il ne saurait défendre l'indivisibilité de ses atomes matériels et étendus. C'est seulement dans les atomes formels ou les monades de Leibniz que se trouve, à ce qu'il nous semble, la solution de ces hautes difficultés sur les premiers principes de la physique.

Il n'y a, selon Descartes, qu'une matière unique, de laquelle toutes choses sont faites, mais on y peut distinguer trois éléments, d'après les trois principales formes qu'elle affecte. Ces trois éléments sont le feu, l'air, la terre, qui ne diffèrent les uns des autres que par l'inégalité des parties de la matière qui les composent. L'élément du feu est une liqueur subtile, pénétrante, dont les parties se meuvent avec une excessive rapidité. Ce premier élément est la matière subtile qui joue un si grand rôle dans la physi-

---

(1) *Principes*, 2⁰ partie, art. 20.

que de Descartes. Les parties de l'élément de l'air sont rondes et jointes ensemble, comme des grains de sable et de poussière. Enfin le troisième élément, la terre, se compose de grosses masses informes, dont les parties n'ont que fort peu ou point du tout de mouvement. Ces éléments, avec leurs degrés divers de mouvement, avec leurs mélanges en diverses proportions, constituent la variété des êtres dont l'univers se compose. « Selon mon opinion, dit Descartes, le sel, le soufre et le mercure des chimistes ne diffèrent pas plus entre eux que les quatre éléments des philosophes, ni guère plus que l'eau diffère de la glace, de l'écume et de la neige ; car je pense que tous les corps sont faits d'une même matière, et qu'il n'y a rien qui fasse de la diversion entre eux, sinon que ces petites parties de cette matière qui composent les uns ont d'autres figures ou sont autrement arrangées que celles qui composent les autres (1). » Telle est la matière, et telles sont ses principales formes ; il ne manque plus à Descartes que le mouvement et ses lois pour construire l'univers tout entier.

Le transport d'une partie de la matière ou d'un corps du voisinage de ceux qui le touchent immédiatement, et que nous considérons comme en repos, dans le voisinage de quelques autres, voilà la définition qu'il donne du mouvement. Le mouvement est une propriété du mobile et non une substance, de même que la figure est une propriété de la chose qui est figurée, et le repos une propriété de la chose qui est en repos (2). Mais la matière, inerte de sa nature, reçoit le mouvement d'une cause extérieure immatérielle et ne le tient pas d'elle-même. Descartes distingue deux causes du mouvement, une cause première, dont dépendent généralement tous les mouvements qui sont au monde, et des causes secondes, en vertu desquelles ce mouvement général répandu dans le monde, peut être diversement réparti, de telle sorte que chaque partie de la matière

---

(1) Édit. Cousin, t. IX, p. 420.
(2) *Principes*, 2ᵉ partie, art. 25. — *Traité du monde*, chap. vii.

acquiert du mouvement qu'elle n'avait pas auparavant. La cause première et immatérielle du mouvement, c'est Dieu : « c'est lui qui, par sa toute-puissance, a créé la matière avec le mouvement et le repos de ses parties (1). » Les causes secondes du mouvement sont tous les êtres qui, doués d'une certaine force, peuvent par leur action imprimer des directions particulières à la quantité de mouvement répandue dans l'univers. Descartes, nous l'avons déjà vu, accorde aux créatures le pouvoir de diriger le mouvement, mais non d'en augmenter ou d'en diminuer la quantité. Dieu, qui a créé l'univers, y conserve, par son concours ordinaire, autant de mouvement et de repos qu'il en a mis en le créant ; en mouvant toutes les parties de la matière, il les maintient toutes dans les mêmes rapports, et sous les mêmes lois qu'il leur a imposées dès la création. Croire que tantôt il y a plus, et que tantôt il y a moins de mouvement dans l'univers, c'est, selon Descartes, attribuer à Dieu une inconstance contraire à la perfection infinie que nous reconnaissons devoir être nécessairement en lui ; c'est se le représenter semblable à un ouvrier malhabile qui sans cesse est obligé de retoucher à son ouvrage. Comme la même quantité de mouvement, en se répartissant sur des masses inégales, produit des effets différents, les divers changements qui ont eu lieu dans l'univers, ou qui nous ont été révélés par Dieu, s'expliquent très-bien, malgré l'invariabilité de la quantité du mouvement. Leibniz aussi admettra cette invariabilité, fondée sur l'immutabilité de Dieu ; mais il l'attribuera à la quantité de force vive, et non à la quantité de mouvement, parce que l'effet peut être, ou n'être pas produit, tandis que la force capable de le produire demeure toujours la même.

La quantité du mouvement étant invariable, jamais dans aucun choc ou combinaison des corps, il ne se perd du mouvement. La science actuelle, en montrant que le mouvement se transforme sans jamais se détruire, à travers

---

(1) *Principes*, 2ᵉ partie, art. 36.

les plus merveilleuses métamorphoses, a confirmé ce qu'avait entrevu le génie de Descartes. Ce principe *a priori*, de l'invariabilité de la quantité du mouvement, est la condition sous-entendue de toutes les lois de la mécanique sur le choc des corps et sur la transmission du mouvement. Voici quelles sont, suivant Descartes, les trois grandes lois du mouvement : 1° Chaque chose persévère dans son état, jusqu'à ce qu'une cause nouvelle survienne qui le détruise ; si elle est carrée, elle demeure carrée, si elle est en repos, elle reste en repos, si elle est en mouvement, elle y persévère avec la même direction et la même vitesse, pourvu que rien n'arrive qui change sa figure, qui la fasse sortir de son repos ou retarde et détruise son mouvement ; 2° chaque partie de la matière ne tend jamais à continuer de se mouvoir suivant des lignes courbes, mais suivant des lignes droites ; 3° si un corps qui se meut, et qui en rencontre un autre, a moins de force pour continuer de se mouvoir en ligne droite que cet autre pour lui résister, il perd sa détermination, sans rien perdre de son mouvement, et s'il a plus de force, il meut avec soi cet autre corps et perd autant de son mouvement qu'il lui en donne (1).

Descartes fonde ces trois grandes lois sur l'immutabilité de Dieu et la simplicité de ses voies, mais il les démontre aussi par l'expérience. Tous les jours nous voyons que lorsqu'une partie de la matière a une certaine forme, elle garde cette forme, s'il n'arrive rien d'ailleurs qui change sa figure. Est-elle en repos, elle ne commence pas à se mouvoir d'elle-même ; est-elle en mouvement, nous avons raison de penser qu'elle ne devrait jamais s'arrêter, si elle ne rencontrait pas d'obstacle. Pour prouver la loi du mouvement en ligne droite, il suffit de considérer la pierre qui tourne dans une fronde. Si la pierre s'échappe, ou si la fronde se rompt, au lieu de continuer son mouvement circulaire, la pierre suit la ligne droite, ce

---

(1) *Principes*, 2º partie, 37, 38 et 39, et le chap. vii du *Traité du monde*.

qui prouve que tout corps qui est mû en rond, tend sans cesse à s'éloigner du cercle qu'il décrit pour se mouvoir en ligne droite. Lorsqu'un corps dur est poussé par un autre plus grand, qui est dur et ferme, nous le voyons rejaillir vers le côté d'où il est venu ; il perd de sa direction, mais ne perd rien de son mouvement. Si au contraire le corps qu'il rencontre est mou, il s'arrête incontinent, parce qu'il lui transfère tout son mouvement. Dans cette troisième règle sont comprises toutes les causes particulières des changements qui arrivent aux corps. A ces trois grandes lois, fondement de la mécanique, Descartes ajoute sept lois secondaires de la communication du mouvement qui en sont comme des corollaires et des applications. Il s'est trompé sans doute sur ces lois secondaires, mais il lui reste au moins la gloire d'avoir soupçonné, le premier, que le mouvement se communique suivant certaines lois (1).

A part l'âme humaine, dans tout l'univers, il n'y a rien que la matière inerte et ces lois du mouvement qui par leur action débrouillent le chaos, et engendrent tous les mondes, tous les êtres tels qu'ils existent aujourd'hui, les êtres animés comme les êtres inanimés. Ainsi tout problème sur la constitution et l'ordre de l'univers se résout, dans la physique de Descartes, en un problème de mécanique ou de géométrie (2) ; de là le grand rôle que jouent les mathématiques dans sa physique, qui, comme il le dit lui-même,

---

(1) Montucla dit que ces lois secondaires sont un tissu d'erreurs ; mais il ajoute : « Il semble avoir senti le premier qu'il y a des lois fixes et constantes qui président à cette communication du mouvement. » (*Histoire des mathématiques*, 4º partie, liv. VII.)

(2) « Il a résolu de quitter la géométrie abstraite, c'est-à-dire la recherche des questions qui ne servent qu'à exercer l'esprit. Il n'a pris ce parti que pour avoir d'autant plus de loisir de cultiver une autre sorte de géométrie qui se propose pour question l'étude des phénomènes de la nature. Qu'au reste, M. Desargues reconnaîtrait bientôt que toute sa physique n'est autre chose que de la géométrie, s'il prenait la peine de considérer ce qu'il avait écrit du sel, de la neige, de l'arc-en-ciel, des météores, etc. » (T. III, p. 87 des *Lettres*, édit. de Clerselier.)

n'est pas autre chose que de la géométrie. Donnons maintenant une esquisse de cette grande hypothèse des tourbillons par où il prétend expliquer la formation de l'univers (1).

(1) Voici un passage des *Lettres persanes* de Montesquieu, qui peut donner une idée de la vogue et du succès de la physique cartésienne jusque dans le premier tiers du xviiie siècle : « Il y a ici des philosophes qui, à la vérité, n'ont point atteint jusqu'au faîte de la sagesse orientale ; ils n'ont point été ravis jusqu'au trône lumineux... Mais, laissés à eux-mêmes, privés des saintes merveilles, ils suivent dans le silence les traces de la raison humaine. Tu ne saurais croire jusqu'où ce guide les a conduits. Ils ont débrouillé le chaos et ont expliqué par une mécanique simple l'ordre de l'architecture divine. L'auteur de la nature a donné du mouvement à la matière ; il n'en a pas fallu davantage pour produire cette prodigieuse variété d'effets que nous voyons dans l'univers. Que les législateurs ordinaires nous proposent pour régler les sociétés des hommes, des lois aussi sujettes au changement que l'esprit de ceux qui les proposent et des peuples qui les observent ; ceux-ci ne nous parlent que des lois générales, immuables, éternelles, qui s'observent sans aucune exception, avec un ordre, une régularité et une promptitude infinis dans l'immensité des espaces. Elles n'éblouissent point par un faux respect ; leur simplicité les a fait longtemps méconnaître, et ce n'est qu'après bien des réflexions qu'on en a vu toute la fécondité et toute l'étendue. » (Usbeck à Hassein, derviche de la montagne de Jazon.)

CHAPITRE IX

De l'hypothèse des tourbillons. — Formation des tourbillons. — Mouvements de la matière et figures qu'elle prend au sein de chaque tourbillon. — Matière subtile. — Deux explications différentes de la formation des planètes. — De la révolution des planètes sur elles-mêmes et autour du soleil. — Des comètes. — Admirable machine de l'univers. — Hypothèse d'une infinité d'êtres intelligents répandus dans l'infinité de l'étendue. — Application à la terre des lois générales du monde. — Du mouvement de la terre. — Biais imaginé par Descartes pour échapper à la censure des théologiens. — Explication de la pesanteur par la force centrifuge des tourbillons. — Du flux et du reflux. — De la lumière. — Découverte des lois de la réfraction. — De la chaleur. — Seules actions requises par Descartes pour l'explication de tous les phénomènes. — Omission des corps organisés dans les *Principes*. — Physiologie de Descartes. — *Traités de l'homme et du fœtus*. — Explication mécanique des phénomènes de l'organisation et de la vie. — Médecins cartésiens. — École iatromécanique. — Services qu'elle a rendus à la médecine. — Caractère général de la physique de Descartes. — Le mécanisme cause immédiate de tous les phénomènes de la nature. — Jugement sur la physique de Descartes. — Descartes injustement sacrifié à Newton. — Les tourbillons jugés par Voltaire et d'Alembert. — Retour de la science actuelle aux vues mécaniques de Descartes.

Comment de la confusion primitive de tous les éléments l'ordre actuel est-il sorti ? comment toutes choses, depuis les soleils jusqu'à la pierre, à la plante et à l'animal, se sont-elles formées et continuent-elles d'exister ? Descartes prétend tout expliquer par sa grande hypothèse des tourbillons (1). Pour exposer avec plus de liberté son sen-

(1) Sur l'hypothèse des tourbillons, voir la 3ᵉ partie des *Principes*, les chapitres VIII, IX et X du *Traité du monde*, l'exposition qu'en a faite Malebranche dans la *Recherche de la vérité*, liv. VI, chap. IV, la *Théorie des tourbillons cartésiens*, par Fontenelle.

timent sur la création et la formation du monde et pour éviter, comme il le dit, les chicanes de quelques théologiens, il feint de laisser de côté ce monde réel que Dieu créa, il y a cinq ou six mille ans, pour nous faire assister à la création d'un monde tout nouveau dans les espaces imaginaires.

Il suppose que Dieu crée assez de matière pour que, de quelque côté que notre imagination se puisse étendre, elle n'aperçoive plus de vide (1). Nous devons d'abord concevoir cette matière plongée dans un repos absolu, comme le corps le plus dur et le plus solide qui soit au monde (2), et comme composée de parties inégales disposées à ne se mouvoir pas, ou à se mouvoir en toutes façons et en tous sens. C'est Dieu seul qui l'arrache à ce repos absolu et lui donne le mouvement. Tout étant plein, le mouvement donné par Dieu à la matière a dû se communiquer à toutes ses parties; l'agitation s'est aussitôt répandue dans cette masse infinie, et toutes ses parties, en vertu de la seconde loi du mouvement, ont fait effort pour se mouvoir en ligne droite. Mais toutes s'empêchant les unes les autres, par leur mutuelle action et réaction, au lieu de suivre la ligne droite, elles ont conspiré à se mouvoir en un mouvement circulaire, non pas autour d'un centre unique, mais autour de plusieurs diversement situés à l'égard les uns des autres, à cause de la diversité du mouvement dont elles ont d'abord été douées. Plus toutes les parties de l'étendue auront rencontré de difficultés à se mouvoir en ligne droite, et plus grand sera le nombre des tourbillons.

(1) *Le Monde ou Traité de la lumière*, chap. VI.
(2) Cependant, d'après Descartes, elle ne sera pas dure par elle-même, n'ayant en elle aucune force, et chaque partie se séparera de sa voisine, sans nulle résistance, si elles sont poussées de divers côtés. Le mouvement sera donc possible, quoique tout soit plein et que les corps soient impénétrables, parce que, l'étendue n'étant pas dure par elle-même, lorsqu'une partie avancera, les autres seront poussées vers la place qu'elle quitte. (*Le monde.*)

Si maintenant nous considérons, avec Descartes, un seul de ces tourbillons, les mouvements de la matière qu'il entraîne, les figures qu'elle doit prendre, nous allons voir comment se forment les mondes. Ce qui a lieu en effet dans un tourbillon se passe de même dans tous les autres. Les figures qu'y prend la matière sont celles des trois éléments dont Descartes va nous expliquer la nature et la formation. Emportées par le tourbillon, la plupart des parties de la matière, dans leur mutuel frottement, brisent leurs angles et s'arrondissent. Celles qui, à cause de leur masse, n'ont pas été brisées et arrondies, forment le troisième élément qui sera la matière des planètes; celles qui ont été arrondies par le frottement, forment le second élément composé d'une quantité de petites boules rondes destinées à devenir la matière de l'air et des cieux.

Quant à la matière de ces aspérités et de ces angles brisés par le choc des parties qui se rencontrent et s'arrondissent, elle s'en va remplir l'intervalle entre les parties rondes, où, sans cesse brisée de nouveau, sans cesse moulue, pour ainsi dire, entre ces corps qui la pressent de tous côtés, elle est bientôt réduite à l'état d'une poussière dont la subtilité dépasse tout ce que l'imagination peut concevoir. Cette poussière, qui constitue le premier élément, est la matière subtile qui, dans toute la physique cartésienne, est l'unique dispensatrice du mouvement, de la lumière et de la pesanteur. Elle remplit les interstices entre les boules rondes du second élément, et, suivant la forme de ces interstices, elle prend elle-même différentes formes, les unes triangulaires, les autres courbes ou cannelées. Descartes prétend expliquer une foule de phénomènes particuliers par les différentes figures de ces parties, et surtout par les parties cannelées. Les parties du premier élément, plus petites que celles du second, ont moins de force pour continuer leur mouvement en ligne droite, en conséquence elles doivent affluer vers le centre, tandis que les parties du second élément rempliront le reste du tourbillon. Réunie au centre du tourbillon, la matière fluide de ce premier élément y forme d'immenses globes liquides : telle est l'origine du soleil et des étoiles fixes. Autant il y a de tourbillons, autant il y a de soleils ou d'étoiles fixes qui en sont le centre.

Mais parmi les parties primitives dont se composait la matière, avant qu'elle fût mise en mouvement, il en est de tellement grosses que le frottement n'a pu les réduire à la ténuité des parties du premier ou même du second élément. De là le troisième élément, dont les parties, en se liant les unes aux autres, forment d'immenses agrégats au sein des tourbillons, et donnent naissance aux planètes. Les planètes, entraînées par le mouvement du tourbillon autour de son centre, en sont plus ou moins rapprochées, selon qu'elles ont moins, ou selon qu'elles ont plus de solidité et de grandeur. Descartes donne cette explication de l'origine du troisième élément et de la formation des planètes, dans le *Traité du Monde ou de la Lumière;* mais, dans les *Principes*, il fait dériver le troisième élément de l'agrégation des parties du premier qui, rejetées par les plus subtiles hors du globe liquide, ou du soleil qu'elles composent, s'attachent les unes aux autres, nagent à sa superficie et, lorsqu'elles sont en fort grande quantité, forment des taches semblables à celles du soleil (1). C'est ainsi que des étoiles ont pu se recouvrir entièrement de taches et de croûtes épaisses, et qu'impuissantes à se soutenir et à défendre leur tourbillon contre les tourbillons environnants, elles ont tourné autour du centre du tourbillon qui les a absorbées et sont devenues des planètes. Les planètes et la terre elle-même ne sont donc que des soleils encroûtés (2).

Les planètes suivent le cours de la matière du ciel sans résistance, et se meuvent d'un même branle avec elle, mais pas aussi vite, en raison de leur masse. Par cette infé-

---

(1) C'est l'explication adoptée par Malebranche.
(2) *Principes*, 3ᵉ partie, art. 94 et 146.

riorité de vitesse, infériorité plus ou moins grande et proportionnée à leur volume, relativement aux parties qui les entraînent, Descartes explique les révolutions que les planètes accomplissent sur elles-mêmes, en même temps qu'autour du soleil. La matière du ciel, en faisant tourner les planètes autour du soleil, les fait tourner aussi sur leur propre centre, et la planète, en faisant cette révolution sur elle-même, communique son mouvement à une partie de la matière qui l'entoure ; de là autour d'elle, un petit tourbillon, qui se meut dans le même sens que le grand tourbillon dont il fait partie. Chaque planète a son tourbillon particulier plus ou moins étendu, selon que sa masse est plus ou moins grande, et ce tourbillon entraîne tout ce qui est à sa portée. Si donc deux planètes se rencontrent également massives, quoique d'inégal volume, et par conséquent disposées, d'après ce qui a été déjà démontré, à prendre leur cours à égale distance du soleil, la plus petite devra se joindre au petit ciel ou au petit tourbillon qui sera autour de la plus grosse et tournoyer avec elle. Les planètes qui se meuvent autour d'un grand centre, deviennent donc elles-mêmes des centres, par rapport auxquels se meuvent des astres plus petits, qu'elles entraînent avec elles dans leur tourbillon.

Les comètes se forment comme les planètes, c'est-à-dire par l'agrégation des parties du troisième élément. Jusqu'à Descartes, les astronomes n'avaient eu que des idées fausses sur les comètes. Suivant les anciens, c'étaient des exhalaisons ou des feux follets placés bien au-dessous de la lune. Tycho-Brahé, le premier des modernes, osa dire que les comètes n'étaient point au-dessous de la lune, et que leur région s'étendait jusqu'à l'apogée de Vénus. D'après Descartes, ce sont des astres qui ne diffèrent des planètes que par leur grosseur, et qui s'en vont voyageant de cieux en cieux, de tourbillons en tourbillons, bien au-dessus de Saturne. En raison de leur grosseur, les comètes peuvent passer d'un tourbillon dans un autre, tandis que les planètes moins massives demeurent toujours dans le même;

c'est ainsi qu'on voit, à la rencontre de deux rivières, un gros bateau passer sans difficulté d'un courant dans l'autre, tandis que des corps légers, tels que l'écume, demeurent dans le même. A propos de cette comparaison de Descartes, remarquons que l'idée fondamentale des tourbillons semble elle-même prise du courant qui entraîne la barque.

Avant de descendre plus avant dans les détails, donnons-nous un moment le spectacle de l'unité, de la simplicité et de l'harmonie de cet univers conçu par le génie de Descartes, de cette machine une et immense composée de roues en nombre infini tournant sur elles-mêmes, et dont tous les ressorts ont été disposés par Dieu de la manière la plus simple. Notre système n'en est qu'une roue avec le soleil pour centre; les étoiles fixes sont autant de centres de roues dont la circonférence est peut-être plus vaste encore. Ces roues communiquent à d'autres; car, dans l'étendue indéfinie de l'univers, notre imagination ne peut concevoir un seul tourbillon qui ne soit borné par un autre, et ainsi de suite à l'infini. Par un admirable enchaînement, ces innombrables tourbillons se servent mutuellement de contrepoids et produisent l'ordre et l'équilibre des mondes.

Mais cette infinité du monde serait-elle déserte et dépeuplée, et hors de la terre, qui n'est qu'un de ses points, ne contiendrait-elle pas un seul être pensant ? Descartes, sans oser l'affirmer, incline visiblement à croire que l'infinité de l'étendue sert de séjour à une infinité d'êtres intelligents. « Quoique je n'infère point, écrit-il à Chanut, qu'il y ait des créatures intelligentes dans les étoiles, ou ailleurs, je ne vois pas aussi qu'il y ait aucune raison pour laquelle on puisse prouver qu'il n'y en a point (1). » Il ajoute même que, pour admettre qu'il peut y avoir des habitants ailleurs qu'en cette terre, il n'est nullement besoin d'admettre l'étendue indéfinie de l'univers. L'étendue, que tous les astronomes lui attribuent, y suffirait amplement, puisqu'il

---

(1) *Lettres*, édit. Cousin, t. IX, p. 50.

n'y en a aucun, qui ne juge que la terre est plus petite, au regard de tout le ciel, que n'est un grain de sable au regard d'une montagne. Il cherche même à prévenir les difficultés théologiques au point de vue des prérogatives que la religion accorde à l'homme : « Je ne vois point que le mystère de l'incarnation et les autres avantages que Dieu a faits à l'homme, empêchent qu'il n'en puisse avoir fait une infinité d'autres très-grands à une infinité d'autres créatures. » Les biens spirituels sont, dit-il, de telle sorte qu'ils ne diminuent pas, étant partagés, et qu'ils peuvent être accordés à toutes les créatures intelligentes d'un monde indéfini, sans rendre moindres ceux que nous possédons. Ce serait au contraire une raison de nous estimer davantage, et de louer Dieu d'autant plus que nous serions des parties d'un tout plus accompli.

Par ces lois générales de l'univers s'expliquent toutes les principales actions qui se produisent sur la terre, et par ces principales actions tous les phénomènes particuliers. Ici d'abord se rencontrait la question dangereuse de l'immobilité ou du mouvement de la terre. Descartes allait mettre la dernière main à ce grand ouvrage du *Monde*, dont il a donné le plan dans la cinquième partie du *Discours de la Méthode*, et l'envoyer au P. Mersenne pour ses étrennes, comme il le lui écrit (1), lorsqu'il apprit la condamnation de Galilée par le Saint-Office, le 22 août 1633. Cette nouvelle le trouble, l'intimide, le décourage au dernier point. Résolu d'éviter toute querelle avec les théologiens, dans l'intérêt de sa tranquillité et de sa philosophie, il se hâta de retirer son ouvrage des mains des imprimeurs, et jamais il ne le fit reparaître sous la forme qu'il lui avait d'abord donnée. Toutefois, si, par prudence, il se soumet, il n'est nullement convaincu : « J'avoue que si ce sentiment du mouvement de la terre est faux, tous les fondements de ma philosophie le sont aussi, parce qu'il se démontre par eux évidemment, il est tellement lié avec les

---

(1) Édit. Cousin, t. VI, p. 239 ; la lettre est du 28 novembre 1633.

parties de mon *Traité*, que je ne l'en saurais détacher sans rendre tout le reste défectueux (1). » Plus tard, encouragé par l'exemple d'un grand nombre de philosophes et de mathématiciens catholiques que n'avait pas retenus la condamnation du Saint-Office, il transporta dans les *Principes* cette opinion du mouvement de la terre, mais avec un biais pour ne pas heurter de front la Bible et les théologiens (2). Il ne veut, dit-il, que faire une hypothèse pour connaître les phénomènes et rechercher les causes naturelles, sans avoir la prétention d'expliquer les choses telles qu'elles sont. S'il adopte l'hypothèse de Copernic, c'est seulement parce qu'elle lui semble plus claire et plus simple que celle de Tycho, et en ayant bien soin de ne pas attribuer du mouvement à la terre. Comment donc s'y prend-il pour faire mouvoir la terre sans lui donner du mouvement? Il imagine de la représenter environnée et emportée par un ciel liquide, comme un vaisseau qui n'est poussé ni par le vent, ni par des rames, et qui, quoique en repos au milieu de la mer, peut être insensiblement emporté par le flux et le reflux de cette grande masse d'eau. Ainsi il se flatte d'éviter le mouvement de la terre avec plus de soin suivant ses expressions, que Copernic, et plus de vérité que Tycho. Ce n'est donc pas la terre, selon Descartes, qui se meut, mais les tourbillons qui, emportant la terre, lui donnent son mouvement.

Avec les tourbillons s'expliquent aussi la pesanteur, la lumière, la chaleur, qui sont les trois principales actions par lesquelles tous les corps ont été produits. Descartes consi-

(1) Édit. Cousin, t. VI, p. 239; la lettre est du 28 novembre 1633.
(2) Dans l'intervalle, il s'informe à plusieurs reprises de ce qu'on pense en France de cette condamnation, et si l'autorité des cardinaux, établie pour la censure des livres, a été suffisante pour en faire un article de foi. (*Lettre au P. Mersenne*, du 15 mars 1634. Édit. Cousin, VI, 251.) En 1636, il écrit au P. Mersenne : « Qu'il ne peut faire voir son *Monde* qu'avec le mouvement défendu, ce qu'il juge maintenant hors de saison. » (*Ibid.*, p. 284.) — « Je ne suis pas marri que les ministres fulminent contre le mouvement de la terre, cela conviera peut-être nos prédicateurs à l'approuver. (*Lettre à Mersenne*, édit. Cousin, t. VIII, p. 406.)

dère la pesanteur comme un effet de la force centrifuge des tourbillons, et non comme une propriété inhérente à la matière. C'est une loi de la nature que tout corps, qui se meut en ligne courbe, tend à s'éloigner du centre de son mouvement, par une ligne droite qui toucherait la courbe en un point, comme fait la fronde quand elle s'échappe de la main. La force de la pesanteur ne consiste qu'en ce que les parties du petit ciel qui environnent la terre, tournant beaucoup plus vite que les siennes autour de son centre, tendent aussi avec plus de force à s'en éloigner, et par conséquent repoussent vers le centre les parties de la terre. En effet, cette force supérieure avec laquelle la matière du ciel tend à s'éloigner du centre de la terre, ne reçoit son effet, à cause de l'impossibilité du vide, qu'autant que ses parties montent à la place de quelques parties terrestres, qui sont forcées de descendre à la leur. Qu'on se représente les parties terrestres dans la matière subtile, comme un corps plongé dans un liquide d'une plus grande pesanteur spécifique; de même que ce liquide le repousse vers le côté opposé à celui où il tend par sa pesanteur, de même les corps terrestres, au sein du tourbillon, seront repoussés vers le milieu dont il tend à s'éloigner (1). L'effort que font toutes les parties de la matière du ciel pour occuper sa place et le contraindre à descendre, voilà d'où vient la pesanteur des corps. Quant à la diversité de leur pesanteur, elle résulte de la diversité des éléments dont ils se composent. Plus ils contiennent de matière subtile, moins ils ont de pesanteur, parce qu'ils tendent davantage à s'éloigner du centre de la terre. Telle est cette explication de la pesanteur par la force centrifuge des tourbillons, qui devait succomber, au moins pour un temps, sous des difficultés dont elle n'a pu rendre compte, mais que d'Alembert jugeait néanmoins la plus belle hypothèse que jamais peut-être le génie de l'homme ait conçue.

(1) Montucla, *Histoire des mathématiques*, 11º vol., part. 4, liv. III. Montucla, au lieu d'un liquide plus pesant, a mis, sans doute par inadvertance, un liquide d'une moindre pesanteur.

Descartes tirait aussi de ses tourbillons une explication non moins séduisante du flux et du reflux. La matière subtile, plus pressée dans son passage entre la lune et la terre, presse elle-même alors davantage les eaux de la mer ; voilà pourquoi elles s'enfoncent sous les tropiques et s'élèvent vers les pôles, voilà pourquoi aussi les marées ne sont jamais plus hautes qu'à la pleine et à la nouvelle lune. Descartes avait donc remarqué que le flux et le reflux de la mer se règle principalement sur le mouvement de la lune, et s'il n'en a pas découvert la vraie cause, au moins a-t-il mis ses successeurs sur la voie qui devait y conduire (1).

La lumière, comme la pesanteur, est un effet de la matière subtile et des tourbillons. Elle ne vient pas du soleil à nos yeux, mais elle est produite par la force centrifuge du tourbillon qui pousse la matière subtile contre nos organes. « La lumière, selon Descartes, n'est autre chose, dans les corps qu'on nomme lumineux, qu'un certain mouvement ou une action fort prompte et fort vive qui passe vers nos yeux par l'entremise de l'air et des autres corps transparents (2). » L'effort que fait la matière du ciel, pour s'éloigner de son centre et se pousser à la circonférence est la cause de la lumière (3). Cette action, transmise instantanément à nos yeux par l'air et les autres corps transparents, de la même façon que le mouvement ou la résistance des corps, qu'un aveugle rencontre, passe à sa main par l'entremise de son bâton, produit sur l'organe un mouve-

---

(1) Descartes, dit Euler, a remarqué que le flux et le reflux se réglaient principalement sur le mouvement de la lune, ce qui était déjà, sans contredit, une très-grande découverte. L'effort de Descartes pour expliquer le flux et le reflux de la mer n'a pas eu de succès, mais la liaison de ce phénomène avec le mouvement de la lune, que le philosophe a si bien développée, a mis ses successeurs en état d'employer plus heureusement leurs lumières. (*Lettre* 48, *à une princesse d'Allemagne.*)

(2) *Dioptrique*, discours 1er.

(3) Des expériences inexactes firent supposer à Descartes qu'il n'y a aucun intervalle de temps entre l'instant où la lumière sort du corps lumineux et celui auquel elle entre dans l'œil. Voir une *Lettre à Mersenne*, édit. Cous., t. VI, p. 266.

ment particulier, à l'occasion duquel a lieu dans l'âme la sensation de la lumière. En adoptant la théorie des ondes ou des vibrations, la physique moderne a abandonné Newton pour revenir aux idées de Descartes.

Les diverses manières dont les corps reçoivent et renvoient la lumière contre nos yeux produisent les diverses sensations de couleurs. Selon la nature des différents corps que rencontre la lumière, ses rayons sont réfléchis, réfractés ou dispersés. Une des plus belles découvertes de Descartes est celle des lois de la réfraction qui l'a conduit à perfectionner l'explication de l'arc-en-ciel donnée par Antonio de Dominis. En exposant dans plusieurs de ses lettres, la méthode qu'il a suivie pour les découvrir, il fait intervenir comme l'ayant éclairé et guidé, le principe *a priori*, que la nature, pour arriver à ses fins, prend toujours les voies les plus simples, *naturam per vias breviores semper operari*. Huygens a accusé Descartes, mais sans preuves suffisantes, d'avoir dérobé à Snellius la gloire de cette découverte (1).

Descartes explique la chaleur de la même façon que la lumière, par l'agitation des petites parties des corps qu'excite l'action de la matière subtile. Cette agitation devient-elle plus grande que de coutume, elle remue les nerfs et produit en notre âme la sensation de la chaleur. Si la chaleur

---

(1) Il dit dans une lettre : « Ces lois de la réfraction ne sont pas de Descartes, selon toute apparence, car il est certain qu'il a vu le livre manuscrit de Snellius. » Il ajoute « qu'il n'aurait fait que se servir des sinus au lieu des sécantes comme l'avait fait Snellius, ce qui ne change rien au théorème. » (*Frag. philos. de M. Cousin*, IIe vol., 3e édition.) Opposons à Huygens le témoignage de Laplace.

« Descartes est le premier, dit Laplace, qui ait publié la vraie loi de la réfraction ordinaire, que Képler et d'autres physiciens avaient inutilement cherchée. Huygens affirme dans sa *Dioptrique* qu'il a vu cette loi présentée sous une autre forme dans un manuscrit de Snellius, qu'on lui a dit avoir été communiqué à Descartes, et d'où peut-être, ajoute-t-il, ce dernier a tiré le rapport constant des sinus de réfraction et d'incidence. Mais cette réclamation tardive de Huygens, en faveur de son compatriote, ne me paraît pas suffisante pour enlever à Descartes le mérite d'une découverte que personne ne lui a contestée de son vivant. » (*Système du monde*, liv. IV, chap. XVIII.)

persiste en l'absence de la lumière, c'est que cette agitation elle-même persiste, jusqu'à ce que quelque autre cause vienne l'ôter. Il semble donc que la théorie mécanique de la chaleur, cette grande découverte de la physique de notre temps, soit aussi un retour à la physique de Descartes.

La pesanteur, la lumière, la chaleur sont les trois principales actions qui résultent directement de l'influence des tourbillons sur notre globe. Par ces seules actions, combinées avec la diversité des éléments, Descartes explique, dans la dernière partie des *Principes*, tous les corps et tous les phénomènes de la nature, les métaux, les sels, les bitumes, les tremblements de terre, la foudre, les propriétés de l'aimant et celles de la plupart des corps. Force centrifuge des tourbillons, mouvement, disposition, figure des parties, Descartes ne veut rien de plus pour rendre compte de l'univers entier.

Toutefois, dans cette partie des *Principes* qui devait comprendre l'explication de tous les corps et de tous les phénomènes, Descartes avait laissé de côté les corps organisés, non sans prévoir que cette omission lui serait reprochée : « Ils y trouveront peut-être à redire sur ce que je n'y parle pas des animaux et des plantes, et que j'y traite seulement des corps inanimés, mais ils pourront remarquer que ce que j'ai omis n'est en aucune façon nécessaire à l'intelligence de ce que j'ai écrit (1). » Huygens, dans une lettre à Leibniz, reproche en effet à Descartes cette omission, qu'il attribue à l'impossibilité de rendre compte de la formation des animaux, en ne faisant intervenir que les particules et le mouvement. Cependant les *Traités de l'homme et de la formation du fœtus*, la première partie des *Passions de l'âme*, suppléent à cette lacune des *Principes*, et renferment une explication mécanique de la formation des corps organisés et de tous les phénomènes de la vie. Après avoir été rebuté d'abord par la difficulté d'une telle entreprise, Descartes nous apprend qu'il croyait par la suite en avoir triomphé,

---

(1) Édit. Cousin, t. IX, p. 178.

au point de rendre compte, non-seulement de l'organisation, mais de la formation même des animaux. Il ne s'était, dit-il, d'abord proposé que de mettre au net ce qu'il pensait connaître de plus certain, touchant les fonctions de l'animal, parce qu'il avait presque perdu l'espérance de trouver les causes de sa formation : « Mais en méditant là-dessus, j'ai tant découvert de nouveaux pays, que je ne doute presque point que je ne puisse achever toute la physique selon mon souhait, pourvu que j'aie du loisir et la commodité de faire quelques expériences (1). »

La physiologie de Descartes n'est en effet qu'un achèvement de sa physique, puisqu'il a la prétention de n'y pas employer d'autres actions et d'autres lois. Pour l'explication des phénomènes de la vie, comme pour les mondes, les pierres et les métaux, il ne demande rien de plus que de la matière et du mouvement. Si d'un côté la pensée essentielle n'admet aucune action dont elle n'ait conscience, et par conséquent exclut les fonctions de la vie, l'étendue essentielle n'exclut pas moins, en raison de son inertie, toute force ou propriété vitale. Ainsi Descartes devait aboutir à une physiologie purement mécanique (2), comme à l'automatisme. L'explication de toutes les fonctions du corps humain et de l'animal, de la formation même du fœtus par un pur mécanisme, voilà ce qu'il appelle achever toute la physique selon son souhait.

Pour atteindre ce but, il s'est livré, pendant une partie de sa vie, avec une ardeur passionnée aux études anatomiques. Il écrit en 1639 au P. Mersenne : « C'est un exercice où je me suis souvent occupé depuis onze ans et je crois qu'il n'y a guère de médecin qui y ait regardé de si près que moi (3). » Un fanatique ignorant l'accusait du double crime d'assister au prêche des calvinistes et de courir les villages

---

(1) Édit. Cousin, t. IX, p. 364.
(2) Voir, pour plus de détails sur la physiologie de Descartes, le chap. xi de mon ouvrage sur *le Principe vital et l'Ame pensante*.
(3) Édit. Cousin, t. VIII, p. 100.

pour voir saigner les pourceaux (1). » N'oublions pas de rappeler que Descartes fut un des premiers en France, à annoncer, à confirmer par des expériences, à répandre la circulation du sang (2). Il loue Harvey dans le *Discours de la Méthode* « d'avoir rompu la glace en cet endroit. » Il accueille d'autant mieux sa grande découverte qu'elle lui paraît favoriser l'explication mécanique des phénomènes de la vie, « en faisant du corps humain une sorte de machine hydraulique, et du cœur une pompe aspirante et foulante (3). »

Descartes attribue au corps tout ce qui n'est pas la pensée, et tout ce qui n'est pas la pensée, il l'explique par un pur mécanisme. Le *Traité de l'homme* part de cette supposition, que le corps ne serait qu'une statue ou une machine de terre, formée exprès par Dieu, pour la rendre aussi semblable à nous qu'il est possible. Après avoir mis dans cette statue, toutes les parties nécessaires pour l'accomplissement des fonctions organiques, parties exactement semblables à celles de notre corps, Descartes l'anime, la fait mouvoir, en explique toutes les fonctions, sans faire intervenir nulle force ou propriété vitale, par les seules lois du mouvement. Ainsi, dans le phénomène de la digestion, il ne voit que l'action chimique de certaines liqueurs, qui se glissent entre les parties des ali-

(1) Descartes avoue à Mersenne ce second crime : « Ce n'est pas un crime d'être curieux de l'anatomie ; et j'ai été un hiver à Amsterdam, que j'allais quasi tous les jours en la maison d'un boucher pour lui voir tuer des bêtes et faisais apporter de là en mon logis, les parties que je voulais anatomiser plus à loisir, ce que j'ai encore fait plusieurs fois en tous lieux où j'ai été, et je ne crois pas qu'aucun homme d'esprit m'en puisse blâmer. » (Édit. Clerselier, II° vol., p. 191.) Il faisait une étude particulière de l'anatomie du cerveau. « J'anatomise maintenant, écrit-il encore à Mersenne, les têtes de divers animaux pour expliquer en quoi consistent l'imagination, la mémoire. » (Édit. Cousin, t. VI, p. 234.)

(2) « Il est le premier Français, dit M. Flourens, qui ait bien compris et bien décrit ce grand phénomène. » (*Histoire de la découverte de la circulation du sang*, in-12, 1854.)

(3) *Traité des passions*, 1re part., art. 7, et *Discours de la Méthode*, 5e partie.

ments déposés dans l'estomac, et agissent comme l'eau commune sur la chaux vive, ou comme l'eau forte sur les métaux. Il suppose aussi qu'il se produit dans l'estomac une fermentation semblable à celle qui a lieu dans du foin entassé. Ce feu sans lumière, que produit la fermentation, voilà le principe vital de Descartes : « C'est ce feu, dit-il, qui fait la vie, tant qu'il brûle, c'est lui qui, en s'éteignant, fait la mort (1). » Avec ce feu, Descartes explique d'abord le mouvement du cœur qui, selon son expression, est comme la maîtresse pièce de toute la machine. La chair en est si chaude et si ardente, qu'à mesure que le sang y arrive des veines, il s'y vaporise et s'exhale ensuite dans le poumon, où il s'épaissit, rafraîchi par l'air. Cette dilatation et cette condensation alternatives du sang sont la cause du mouvement du cœur. La chaleur du cœur est donc le grand ressort, le principe corporel de tous les mouvements qui sont en cette machine, car c'est elle qui engendre les esprits animaux, lesquels à leur tour meuvent tous les muscles du corps.

C'est Descartes qui a donné une si grande vogue, dans tout le dix-septième siècle, et dans une partie du dix-huitième, à l'hypothèse des esprits animaux, mais ce n'est pas lui qui l'a inventée. Galien admettait trois sortes d'esprits, qui reprirent faveur à la Renaissance, les esprits naturels qui se forment dans le foie, les esprits vitaux dans le cœur et les esprits animaux dans le cerveau. Descartes rejette les deux premières sortes d'esprits pour ne garder que les esprits animaux qui sont les plus parfaits. Les esprits animaux jouirent, jusqu'à Bordeu, d'une autorité incontestée dans la physiologie, dans la médecine, dans la morale même, parmi les savants et les gens du monde. Leur popularité a été si grande qu'ils ont laissé certaines traces dans le langage ordinaire, où on dit encore communément que quelqu'un a perdu ou repris ses esprits. Tous les phénomènes de la vie, et même ceux de l'humeur

---

(1) *Passions de l'âme*, 1re partie.

et de la passion, furent expliqués par les esprits animaux. Pour plus de commodité, on en imagina de différentes espèces; il y eut des esprits animaux agités ou languissants, secs, humides, il y en eut même de libertins, qui de tous sont les moins disposés à obéir à la volonté (1). Avec ces diverses sortes d'esprits il n'est aucun effet de l'imagination que Malebranche ne prétende expliquer dans le deuxième livre de la *Recherche de la vérité* (2).

Voici comment, selon Descartes, se forment les esprits animaux. Le sang qui arrive des veines, après s'être vaporisé dans le cœur, se condense dans le poumon, mais les plus vites, les plus subtiles, les plus fortes parties de ce sang vaporisé par le cœur, au lieu de s'arrêter au poumon, montent jusqu'au cerveau, en beaucoup plus grande quantité qu'il n'est nécessaire pour la nourriture de sa substance. Ces petites parties sont les esprits animaux; doués d'une mobilité excessive, semblable à celle des parties de la flamme d'un flambeau, ils produisent dans le cerveau comme un vent très-subtil, ou une flamme très-vive. Logés en quantités innombrables dans les pores innombrables du cerveau, ils n'y sont pas immobiles et emprisonnés, ils entrent et sortent à chaque instant, suivant les divers mouvements imprimés par l'âme à la glande pinéale. Notre âme se détermine-t-elle à quelque mouvement, ils passent du cerveau dans les nerfs où ils ont la force de changer la figure des muscles. Descartes compare leur action à celle de l'eau qui s'échappe de sa source ou de certains tuyaux, avec une force suffisante pour mettre en mouvement diverses machines, tandis qu'il compare l'âme elle-même, résidant dans le cerveau, au fontainier

---

(1) Pascal semble n'admettre pas toutes ces explications des passions par le mouvement des esprits : « Quoi! que le plaisir ne soit autre chose que le ballot des esprits! nous en avons une si différente idée. » (*Pensées*. art. 25, p. 10, édit. Havet.)

(2) Stahl, dans la *Theoria medica vera*, s'indigne contre ces esprits animaux auxquels on faisait jouer tant de rôles divers. On a, dit-il, des nausées rien qu'à entendre parler des indignations, joies, excitations, insultations des esprits animaux.

qui, en fermant et ouvrant à son gré ces divers tuyaux, fait mouvoir ou arrêter ces machines.

En effet, pour les besoins de l'hypothèse, il imagine que les nerfs sont de petits tuyaux, des tubes creux par lesquels les esprits animaux s'écoulent du cerveau dans les membres, pour les mettre en mouvement. Le muscle s'enfle, se raccourcit ou s'allonge, lorsque les nerfs eux-mêmes s'enflent, se raccourcissent ou s'allongent, selon la quantité des esprits animaux qui y entrent ou qui en sortent. Tout dans le corps humain et dans les diverses fonctions des organes, depuis le mouvement du cœur jusqu'à celui du bras, n'est donc que pur mécanisme, c'est-à-dire, ne s'accomplit qu'en vertu des lois générales du mouvement, sans l'intervention d'un principe vital, d'une force ou d'une propriété particulière quelconque de la matière organisée. Ce caractère général de la physiologie de Descartes est parfaitement résumé dans la conclusion du *Traité de l'homme :* « Je désire que vous considériez après cela que toutes les fonctions que j'ai attribuées à cette machine, comme la digestion des viandes, le battement du cœur et des artères, la nourriture et la croissance des membres, la respiration, la veille et le sommeil, la perception de la lumière, des sons, des odeurs, des goûts, de la chaleur, et de telles autres qualités dans les organes des sens extérieurs, l'impression des idées dans l'organe du sens commun et de l'imagination, la rétention ou l'empreinte de ces idées dans la mémoire, sont de telle nature qu'ils imitent le plus parfaitement qu'il est possible ceux d'un vrai homme. Je désire, dis-je, que vous considériez que ces fonctions suivent tout naturellement en cette machine de la seule disposition de ses organes, ne plus ne moins que font les mouvements d'une horloge ou autre automate de celle de ses contre-poids et de ses roues, de sorte qu'il ne faut point, à leur occasion, concevoir en elle aucune autre âme végétative ou sensitive, ni aucun autre principe de mouvement et de vie, que son sang et ses esprits agités par la chaleur du feu qui brûle continuellement dans son cœur, et qui n'est point d'autre nature que tous les feux qui sont dans les corps inanimés. »

Mais s'il y a une grande audace à vouloir tout expliquer mécaniquement dans le corps une fois formé, il y en a une plus grande encore à prétendre expliquer de la même même manière la formation et l'origine même des organes. Or tel est le but du *Traité de la formation du fœtus*, où Descartes veut démontrer que les organes de l'embryon se forment exactement d'après ces mêmes lois, en vertu desquelles ils fonctionnent, lorsqu'ils sont formés, c'est-à-dire d'une façon purement mécanique. Malebranche et d'autres cartésiens, n'osant comme Descartes pousser le mécanisme jusqu'à la formation même du germe, l'ont restreint à l'explication de ses développements, et ont admis la préexistence des germes. « L'ébauche de ce philosophe dit Malebranche, à propos du *Traité de la formation du fœtus*, peut nous aider à comprendre comment les lois du mouvement suffisent pour faire croître peu à peu les parties d'un animal, mais que ces lois puissent les former ou les lier toutes ensemble, c'est ce que personne ne prouvera jamais. Apparemment M. Descartes l'a bien reconnu lui-même, car il n'a pas poussé fort avant ses conjectures ingénieuses (1). »

C'en est assez pour montrer l'esprit général de la physiologie de Descartes, et le lien qui la rattache étroitement à sa physique, ainsi qu'à tout le reste de son système. Descartes a fait une révolution et a fondé une école en médecine, comme en physique et en métaphysique. Il y a eu des médecins cartésiens et des chaires de médecine cartésienne en France, en Hollande et en Italie ; il y a eu, et il y a encore aujourd'hui, une école en médecine qui a suivi le mécanisme de Descartes, une école iatromécanique. Borelli en a été un des plus illustres représentants, et son grand ouvrage sur le mouvement des animaux n'est que le développement des principes physiologiques de Des-

---

(1) *Entretiens métaphysiques*, XI, 8.

cartes (1). Citons encore, parmi les médecins célèbres qui ont appartenu à cette école mécanique, Hoffmann, l'adversaire de Stahl, Bellini, disciple de Borelli, Chirac et Boerhaave.

Si quelques médecins ou physiologistes ont voulu faire tourner au profit du matérialisme le mécanisme physiologique cartésien, il ne faut pas en rendre responsable le philosophe qui a si profondément distingué l'âme du corps ; mais au contraire, il est juste de lui faire honneur des grands services rendus à la science par l'école physiologique dont il est le chef. Non-seulement la physiologie de Descartes a débarrassé la science de toutes ces causes occultes et mystérieuses, de toutes ces âmes, esprits ou archées, qui détournaient de l'observation des phénomènes, mais aussi, par cela même qu'elle se fondait exclusivement sur l'anatomie, elle a contribué aux progrès de la connaissance des organes et de leurs fonctions, et en conséquence aux progrès de l'art médical (2). Mais néanmoins

---

(1) Né à Naples en 1608, mort en 1679. Grand médecin et grand mathématicien, son ouvrage est intitulé : *De motu animalium, opus posthumum*, Rome, 1680, 2 vol. in-4°. Dans ses *Entretiens métaphysiques*, Malebranche en porte ce jugement : « J'ai lu depuis peu un livre *du Mouvement des animaux* qui mérite qu'on l'examine. L'auteur considère avec soin le jeu de la machine nécessaire pour changer de place. Il explique exactement la force des muscles et les raisons de leur situation, tout cela par les principes de la géométrie et des mécaniques. Mais, quoiqu'il ne s'arrête guère qu'à ce qui est le plus facile à découvrir dans la machine de l'animal, il fait connaître tant d'art et de sagesse dans celui qui l'a formé qu'il remplit l'esprit du lecteur d'admiration et de surprise. »

(2) Voici le jugement qu'en porte M. Flourens dans son ouvrage sur la vie et les travaux de Buffon : « On se récrie sur les esprits animaux dont, en effet, Descartes abuse. Je réponds qu'il faut savoir dégager le fond durable d'une opinion de ce qui n'en est qu'un accessoire, toujours différent suivant les époques. A l'époque de Descartes on avait les esprits animaux, comme, à l'époque de Buffon, on eut les ébranlements organiques. Les esprits animaux ne sont ici que l'accessoire, le fond est l'organisme... Oublions le petit mécanisme des esprits animaux imaginé par Descartes, oublions toutes ces petites explications de ce qui ne s'explique pas, l'action du cerveau, l'action intime de l'organe, et remarquons une belle et grande vue, grande et belle surtout au temps de Descartes, la vue

nous croyons, par des raisons que nous avons longuement développées dans un autre ouvrage, que Descartes s'est trompé, en dépouillant l'âme de la force vitale, pour ne lui laisser que la pensée, et en réduisant la vie à un simple mécanisme.

Ainsi le mécanisme posé comme cause immédiate de tous les phénomènes de la nature, est le trait caractéristique et essentiel de la physique cartésienne qui se résume tout entière dans ces paroles de Descartes : « Je n'ai rien trouvé sur la nature des choses matérielles dont je ne puisse très-facilement donner une raison mécanique (1). » Quelle place ne faut-il pas faire, dans l'histoire de la science, à la physique cartésienne et même à ces tourbillons, si décriés par le dix-huitième siècle ? Leibniz, ce grand adversaire de Descartes, est un admirateur et un partisan des tourbillons (2). Ceux-là mêmes qui ont le plus contribué au triomphe de l'attraction, ont rendu d'éclatants témoignages à la beauté et à la grandeur du système du monde de Descartes. Voltaire, si prévenu d'ailleurs en faveur de Locke et de Newton, n'en juge pas moins que Descartes, qui nous a mis sur la voie de la vérité, vaut celui qui après lui a été jusqu'au bout de la carrière (3). D'Alembert n'admire pas moins la physique de Descartes : « Sa dioptrique est la plus grande et la plus belle application qu'on ait faite encore de la géométrie à la physique. On voit partout dans ses ouvrages, même les moins lus maintenant, percer le génie inventeur. Si

---

de supprimer toutes les âmes végétatives et sensitives dont les anciens avaient embarrassé la science, la vue de réduire tout dans la brute à l'organe et à la fonction de l'organe. » (In-12, p. 122.)

(1) Première réplique à Henri Morus, édit. Cousin, t. X, p. 193.

(2) Leibniz est un adversaire de l'attraction et un partisan des tourbillons : *Newtonus, mathematicus excellens, astrorum vortices tollendos putet. Sed mihi, ut olim in actis Lipsiensibus prodidi, non tantum conservari posse, sed etiam pulcherrime procedere videntur circulatione harmonica cujus admirandas deprehendi proprietates.* (Édit. Dutens, t. III, p. 350. — Lettre de 1698.)

(3) Catalogue des écrivains du siècle de Louis XIV.

l'on juge sans partialité ces tourbillons devenus aujourd'hui presque ridicules, on conviendra, j'ose le dire, qu'on ne pouvait alors imaginer mieux. Les observations astronomiques qui ont servi à les détruire étaient encore imparfaites ou peu constatées, rien n'était plus naturel que de supposer un fluide qui transportât les planètes. Il n'y avait qu'une longue suite de phénomènes, de raisonnements et de calculs, et par conséquent une longue suite d'années, qui pût faire renoncer à une théorie aussi séduisante. Elle avait d'ailleurs l'avantage singulier de rendre compte de la gravitation des corps par la force centrifuge des tourbillons, et je ne crains pas d'avancer, que cette explication de la pesanteur est une des plus belles et des plus ingénieuses hypothèses, que la philosophie ait jamais imaginées. Aussi a-t-il fallu pour l'abandonner que les physiciens aient été entraînés comme malgré eux, et par des expériences faites longtemps après. Reconnaissons donc que Descartes, forcé de créer une physique toute nouvelle, n'a pu la créer meilleure, et que s'il s'est trompé sur les lois du mouvement, il a du moins deviné qu'il devait y en avoir. » D'Alembert dit encore : « Il y a peut-être plus loin des formes substantielles aux tourbillons que des tourbillons à la gravitation (1). »

Quoique peu favorable à Descartes, M. Biot le loue et l'admire comme d'Alembert : « Au milieu de toutes ses erreurs, il ne faut pas méconnaître une grande idée, qui consiste à avoir tenté pour la première fois de ramener tous les phénomènes naturels à n'être qu'un simple développement des lois de la mécanique (2). »

C'est Descartes qui a définitivement exclu de la science les formes substantielles, les qualités occultes, les sympa-

---

(1) Discours préliminaire de l'Encyclopédie.
(2) *Biographie universelle*, article Descartes. L'ouvrage de M. Bordas-Demoulin sur le cartésianisme contient une appréciation approfondie des grandes découvertes de Descartes et des services qu'il a rendus aux mathématiques et à la physique, et les preuves de la supériorité de son génie sur celui de Newton.

thies, les antipathies, en si grand honneur dans la physique ancienne, pour y substituer les principes simples et clairs de la forme, du mouvement, de la disposition des parties de la matière ; c'est lui enfin qui a ramené, le premier, le problème de l'univers à un simple problème de mécanique (1). Par là, il a préparé les voies à Newton, et peut-être, comme le dit Voltaire, a-t-il fait plus que Newton. Mais la physique de Descartes a-t-elle réellement achevé ses destinées, comme on le croyait au dix-huitième siècle et comme on le croyait encore au commencement de ce siècle ? n'appartient-elle plus qu'au passé et à l'histoire de la science ? Il semble qu'aujourd'hui même, dans toutes les branches de la science de la nature, nous assistions à un retour aux grandes vues mécaniques de Descartes. Le vide n'est-il pas banni de l'univers, et l'éther, sous un autre nom, n'est-il pas la matière subtile, remplissant tous les espaces ? Ce sont maintenant les vibrations de cet éther qui font la lumière ; la chaleur elle-même, comme la lumière, n'est plus, comme dans la physique de Descartes, que du mouvement. Les théories les plus récentes, et déjà les plus accréditées, de la physique et de la chimie tendent à réduire à la figure et au mouvement, que chacun conçoit si clairement et si distinctement, comme le dit Descartes, toutes les propriétés de la matière. Enfin, avec les mouvements de l'éther, l'attraction elle-même se ramène à l'impulsion cartésienne, et reçoit de nouveau une explication purement mécanique (2). Ne semble-t-il donc pas que, comme l'espérait Fontenelle, « l'univers cartésien, violemment ébranlé, se raffermisse et reprenne sa forme (3) ? »

(1) « Descartes essaya le premier de ramener la cause du mouvement céleste à la mécanique. » (Laplace, *Système du monde*, liv. V, chap. v.)

(2) Voir sur ce sujet un savant et intéressant chapitre, matière et mouvement du *Matérialisme contemporain*, de M. Janet. Voir aussi notre chapitre 29 du second volume.

(3) Éloge de Saurin.

CHAPITRE X

Objections contre les *Méditations* et réponses de Descartes. — Objections de Catérus contre les preuves de l'existence de Dieu. — Les idées ne sont que des opérations de l'esprit. — Point de cause des idées en dehors de l'esprit. — Équivoque de l'expression d'être par soi. — Comment l'entend Descartes. — Pourquoi il ne s'est pas servi des choses sensibles pour démontrer Dieu. — Tendance empirique des auteurs des *secondes objections*. — Pourquoi Descartes a jugé inutile le complément de la possibilité dans la démonstration de l'existence de Dieu. — Mauvaise humeur contre les objections tirées de la Bible. — Exemple de la méthode géométrique appliquée aux *Méditations*. — Inconvénients de cette méthode en métaphysique signalés par Descartes lui-même. — Objections bienveillantes d'Arnauld. — Principales difficultés d'Arnauld comme philosophe et comme théologien. — De la distinction de l'âme et du corps. — Du sens de l'expression d'être par soi. — Du danger de la règle de l'évidence. — De l'incompatibilité avec l'eucharistie du sentiment de Descartes sur la matière. — Concessions de Descartes sur les détails et sur les expressions. — Tentative pour concilier avec l'eucharistie l'indistinction de la substance et des accidents. — Arnauld satisfait. — Deux nouvelles lettres d'Arnauld à Descartes. — Refus de Descartes de s'expliquer sur l'indistinction de la matière et de l'extension locale par rapport à l'eucharistie. — Hobbes. — Objections sèches et écourtées. — Matérialisme tranchant. — Répulsion de Descartes contre cet adversaire. — Jugement sur le *De cive*.

Avant de donner à l'impression le manuscrit des *Méditations*, Descartes en fit circuler quelques copies en Hollande et en France, afin de recueillir, comme il le dit lui-même, des objections dont il pût profiter, et pour éclairer ses principes par la discussion. Les philosophes et les théologiens les plus habiles de la France et de l'étranger répondirent à cet appel, et soumirent à l'examen le plus sévère les principes de la nouvelle métaphysique. C'est un plaisir de voir comment Descartes fait face à tous ces adversaires si subtils et si pénétrants, et comment il sort victorieux de presque toutes les rencontres par la force de sa dialectique, par la supériorité de son génie et de ses doctrines. Scholastique avec les scholastiques, théologien avec les théologiens, géomètre avec les géomètres, plein de courtoisie et de grâce pour des adversaires bienveillants ; hautain, dur, méprisant et ironique avec les malveillants et les railleurs, il sait prendre tous les tons et parler tous les langages, suivant l'adversaire contre lequel il combat (1). Si quelquefois il a le tort de reproduire les mêmes assertions, plutôt que de les justifier, le plus souvent il confirme par de nouvelles preuves, il éclaire par de nouvelles explications les principes fondamentaux de la 4me partie du *Discours de la Méthode* et des *Méditations*. Nous esquisserons rapidement les principaux traits de cette polémique, à laquelle nous avons déjà fait plus d'un emprunt dans l'exposition de la métaphysique de Descartes.

Le premier qui entre en lice est Catérus, docteur en théologie de la faculté de Louvain. Il est versé dans la science de l'École dont il parle souvent le langage, il s'appuie volontiers sur saint Thomas ou même sur Scot ; mais, malgré quelques formes un peu lourdes et un peu embarrassées, ce docteur scholastique n'en pousse pas moins une pointe assez vive contre les preuves de l'existence de Dieu, et devance en certains points la critique de Kant. Le ton de Catérus est, d'ailleurs, excellent à l'égard de Descartes qu'il appelle un très-grand esprit, et même un grand homme.

Ses objections ont pour principal objet la preuve de l'existence de Dieu tirée de l'idée que nous en avons. Toutes les idées, selon Catérus, ne sont que des actes, des fictions de notre esprit ; elles n'ont pas d'autre cause que l'esprit lui-même, et elles n'en requièrent absolument aucune autre

(1) Ces objections, avec les réponses de Descartes furent publiées en latin à la suite de la première édition des *Méditations*. Bientôt Clerselier en fit une traduction française qui fut revue par Descartes.

hors de nous. Descartes a dit de l'idée du triangle, quoiqu'elle enferme une vérité éternelle : « Encore qu'il n'y ait en aucun lieu du monde, hors de ma pensée une telle figure. » Catérus l'applique également à toutes les idées sans exception. La réalité objective qu'il leur attribue ne nous fait pas sortir de notre esprit qui en est l'unique artisan. Car être objectivement dans l'entendement c'est, dans la langue de Catérus : « terminer à la façon d'un objet l'acte de l'entendement, ce qui n'est en effet qu'une dénomination extérieure et qui n'ajoute rien de réel à la chose. Donc j'ai des idées, mais il n'y a point de causes de ces idées, tant s'en faut qu'il y en ait une plus grande que moi et infinie. »

Ainsi, par une sorte d'idéalisme analogue à celui de Berkeley ou de Kant, Catérus, enlève aux idées toute réalité objective pour n'en faire que de simples modes de notre esprit. D'ailleurs, ajoute-t-il, il n'est pas vrai que nous connaissions clairement l'infini, d'après cette maxime universellement reçue, que l'infini en tant qu'infini est inconnu.

A cette première preuve il préfère la seconde, dans laquelle il lui paraît que Descartes, comme Aristote et saint Thomas, suit la voie de la causalité efficiente. Toutefois il lui reproche d'y faire encore intervenir les idées, ce dont peut-être, dit-il, il n'était pas besoin.

Descartes répond très-bien à Catérus, que si l'idée, en tant qu'idée, ne peut exister en dehors de l'entendement, elle a cependant besoin d'une cause pour être conçue par l'entendement. Dire que l'entendement est cette cause, ne signifie rien, car ce dont il s'agit, c'est de savoir pourquoi l'entendement est déterminé à concevoir telle ou telle chose plutôt que telle ou telle autre. Or c'est dans la cause, la seule dont il soit ici question, qui a déterminé l'entendement à la conception de telle ou telle idée, que doit être formellement contenue toute la réalité objective de cette idée. De là la force de la preuve de l'existence de Dieu tirée de l'idée de l'infini.

Selon Descartes, en remontant de cause en cause, il faut

arriver à une cause ayant la vertu d'*être par soi* et, en conséquence, la puissance de posséder actuellement toutes les perfections que nous concevons être en Dieu. Cette expression d'*être par soi* ne plaît pas à Catérus qui remarque qu'on peut l'entendre de deux manières, soit en un sens négatif, comme quelque chose qui n'existe pas par autrui, soit en un sens positif, comme être par soi-même, ainsi que par une cause efficiente. Mais tout le monde l'entend dans le premier sens; or de ce que Dieu n'existe pas par autrui, il ne suit nullement qu'il comprend tout et qu'il est infini. Descartes, pour échapper à l'objection de Catérus, déclare l'entendre au sens positif. Quelque étrange que cela soit, il ne craint pas de dire, que Dieu fait en quelque sorte la même chose à l'égard de soi-même que la cause efficiente à l'égard de son effet, par où, comme nous le verrons, il s'attire des difficultés avec Arnauld. S'il n'a pas, comme saint Thomas, démontré l'existence de Dieu par la causalité efficiente et par les choses sensibles, c'est qu'elle lui paraît plus évidente que celle d'aucune chose sensible. Il avoue que l'infini, en tant qu'infini, n'est pas compris; mais, s'il n'est pas compris, il est entendu; or entendre clairement et distinctement qu'une chose est telle qu'on ne peut point y rencontrer des limites, c'est clairement entendre qu'elle est infinie.

Enfin Catérus ne goûte pas davantage la preuve mathématique de l'existence de Dieu. Descartes, selon lui, ne prouve rien, sinon que la notion d'existence est inséparable de celle de perfection souveraine, d'où il ne suit nullement que cette existence soit actuellement quelque chose. L'auteur des *Méditations* oppose la distinction de l'existence possible, qui est le propre des objets de toutes les autres conceptions, à l'existence nécessaire enfermée dans l'idée même d'un être souverainement parfait.

Après les objections de Catérus viennent celles de plusieurs philosophes ou théologiens qui gardent l'anonyme. Ces secondes objections, recueillies et probablement proposées en partie par Mersenne lui-même, ont une certaine tendance à l'empirisme, et nous donnent comme un avant-goût de celles de Hobbes et de Gassendi. Que savez-vous disent leurs auteurs, si ce n'est point un corps qui, par ses divers mouvements et rencontres, fait cette action que nous appelons du nom de pensée? Comment prouvez-vous qu'un corps ne peut penser? Comment pouvez-vous affirmer que l'idée de Dieu ne procède pas de votre esprit? Ne suffit-il pas, que nous voyions en nous, et en nos semblables, quelque degré de perfection, pour que nous puissions ajouter des degrés à des degrés jusqu'à l'infini? Nous laissons de côté ces objections que nous retrouverons, présentées avec plus d'art, dans la polémique de Gassendi contre Descartes. Toutefois il faut y remarquer le reproche de n'avoir fait qu'une démonstration incomplète, faute d'avoir prouvé que la nature de Dieu est possible, ou bien qu'il n'implique point que Dieu soit (1). Mais, selon Descartes, qui semble ici répondre à l'avance à Leibniz, la possibilité de l'existence de Dieu étant comprise dans l'idée même de sa nature, ce prétendu complément est d'une parfaite insignifiance. Il n'y a d'impossibilité qu'au sein des idées confuses, il ne peut y en avoir au sein des idées claires et distinctes, et partant : « afin que nous puissions assurer que nous connaissons assez la nature de Dieu, pour savoir qu'il n'y a point de répugnance qu'elle existe, il suffit que nous entendions clairement et distinctement toutes les choses que nous apercevons être en elle. »

Voici une autre objection, moins philosophique que théologique. Descartes, en affirmant que Dieu ne peut être trompeur, a dit une chose contraire à la Bible. Dieu n'a-t-il pas signifié quelque chose contre son intention, quand il a dit par son prophète : Encore quarante jours, et Ninive sera détruite? Descartes, pour se défendre, a recours à la

---

(1) Voici la forme que, suivant eux, il faudrait donner à l'argument : « S'il n'implique point que Dieu soit, il est certain qu'il existe; or il n'implique point qu'il existe, donc, etc. Mais on est en question de la mineure, à savoir qu'il n'implique point que Dieu existe. »

distinction entre les façons de parler accommodées au vulgaire, et celles qui expriment une vérité absolue, tout en ne dissimulant pas combien lui déplait ce genre de difficultés, auxquelles dans les sixièmes objections, il déclarera ne plus vouloir répondre.

Enfin, les auteurs de ces objections terminent en demandant à Descartes, comme une chose fort utile, d'exposer les principes et les conclusions des *Méditations*, suivant la méthode des géomètres : « afin que tout d'un coup et comme d'une seule œillade, vos lecteurs puissent y voir de quoi se satisfaire et que vous remplissiez bien leur esprit de la connaissance de la divinité. » Descartes que n'aveugle pas, quoi qu'on en ait dit, l'esprit géométrique, fait observer qu'une telle méthode convient beaucoup mieux à la géométrie qu'à la métaphysique, où la principale difficulté n'est pas de tirer des conséquences, mais de concevoir clairement et distinctement les premières notions. C'est pourquoi, dit-il, il a suivi la voie analytique dans les *Méditations*; néanmoins pour déférer à leur conseil, il consent à imiter la synthèse des géomètres, et à faire un abrégé des principales raisons qui démontrent la distinction de l'âme et du corps et l'existence de Dieu. Il donne donc, à la fin de sa réponse, cet abrégé, sous une forme purement géométrique, en quatre propositions, avec tout un cortége de définitions et d'axiomes. Mais cette forme nouvelle, comme l'appréhendait Descartes, diminue plutôt qu'elle n'augmente la clarté des *Méditations*, sans rien ajouter à la rigueur des raisonnements. Probablement Spinoza a pris l'idée et le modèle de la forme géométrique de son *Exposition des principes de la philosophie de Descartes* et de l'*Éthique* dans la réponse aux auteurs des sixièmes objections.

Pour ne pas séparer Hobbes de Gassendi, et pour réunir ensemble des réponses et des objections de même nature, je passe immédiatement à Arnauld, en mettant les quatrièmes objections avant les troisièmes. Descartes aurait vivement désiré publier ses *Méditations* avec une approbation en forme du corps des docteurs de la Sorbonne, auxquels il les avait dédiées. Mais Mersenne en avait vainement communiqué diverses copies à plusieurs docteurs de la Faculté de théologie, pour les convier à un examen de l'ouvrage. Ils s'abstinrent, soit, dit Baillet, parce qu'ils n'y trouvaient rien à blâmer, soit parce qu'ils ne les entendaient pas, ou qu'ils n'en appréciaient pas l'importance. Dans tout ce grand corps il ne se trouva qu'un seul docteur, Arnauld, alors âgé de 28 ans, qui consentit à prendre la plume. Arnauld, quoique jeune, était préparé à cet examen par deux années d'enseignement de la philosophie, en Sorbonne, au collége du Mans, de 1639 à 1641.

C'est une bonne fortune pour Descartes de rencontrer un pareil adversaire, disons mieux, un pareil disciple. Arnauld, en effet, commence par proclamer que les *Méditations* sont un excellent ouvrage, et dans sa réponse au P. Mersenne, il met au rang des plus signalés bienfaits la communication qui lui en a été faite. Il demande des explications sur des difficultés que d'autres pourraient faire, plutôt qu'il ne propose des objections en son nom. Ces difficultés sont de deux sortes, les unes philosophiques, les autres théologiques, selon les deux personnages qu'il doit jouer tour à tour : « D'abord paraissant en philosophe je représenterai les principales difficultés que je jugerai pouvoir être proposées par ceux de cette profession, touchant les deux questions de la nature de l'esprit humain et de l'existence de Dieu, et après cela prenant l'habit d'un théologien, je mettrai en avant les scrupules qu'un homme de cette robe peut rencontrer en tout cet ouvrage. » En faveur de la nouvelle doctrine, il signale tout d'abord une remarquable analogie touchant le principe fondamental de la science, entre le *si fallor sum* de saint Augustin, et le *je pense, donc je suis* Descartes recueille avec joie cette analogie qu'il ignorait, comme nous l'avons déjà dit, et qu'il ne manquera pas, ainsi que ses disciples, d'opposer par la suite à d'autres théologiens moins bienveillants.

De là Arnauld passe à la question de la distinction de l'âme et du corps. Il craint que cette distinction ne soit pas suffisamment fondée dans la conception claire et distincte de l'âme, indépendamment du corps, laquelle prouve bien que nous pouvons avoir quelque connaissance de nous-mêmes sans la connaissance du corps, mais non que cette connaissance soit complète et entière. Ne se pourrait-il pas, objecte Arnauld, comme presque tous les adversaires de Descartes, que la chose qui pense fût une chose étendue, laquelle, indépendamment des propriétés de la chose étendue, aurait la propriété de penser ? Pour affirmer le contraire connaissons-nous donc, d'une manière assez complète, la nature de l'âme et du corps ? D'un autre côté, ne peut-on pas craindre que cet argument ne prouve trop, et n'aille jusqu'à ôter le corporel de l'essence de l'homme, ou à ne faire du corps que le véhicule de l'esprit ? Cependant il approuve fort la distinction de l'imagination et de l'intellection, et la certitude des choses conçues par la raison, comparée à l'incertitude des choses aperçues par les sens. Il a, en effet, depuis longtemps appris de saint Augustin, qu'il faut rejeter le sentiment de ceux qui se persuadent que les choses, que nous voyons par l'esprit, sont moins certaines que celles que nous voyons par les yeux du corps.

Quelques expressions, quelques détails, voilà tout ce qu'Arnauld trouve à reprendre sur les preuves de l'existence de Dieu et sur sa nature. Ainsi il a été choqué du sens positif, donné par Descartes, dans sa réponse à Catérus, à l'expression d'*être par soi*. Il ne comprend pas qu'on puisse dire que Dieu soit par lui-même, comme par une cause, ou ce qui revient au même, que Dieu soit un effet de lui-même. N'y a-t-il pas une manifeste contradiction à ce qu'une chose soit par elle-même positivement et comme par une cause ? Comme personne ne peut donner ce qu'il n'a pas, nous ne pouvons concevoir une chose se donnant l'être à elle-même, sans concevoir que déjà elle le possède. Dieu ne peut donc être par soi positivement, mais seulement d'une manière négative, en ce sens qu'il n'est pas par autrui, ce qui ne porte aucun préjudice à l'infinité contenue dans son idée même. Si on demande pourquoi Dieu existe, il faut répondre, parce qu'il est Dieu, c'est-à-dire, un être infini; si on veut savoir pourquoi il n'a pas besoin de causes efficientes, il faut répondre, parce qu'il est un être infini, donc l'existence est son essence. Enfin il ne reste plus à Arnauld qu'un seul scrupule philosophique, celui du cercle, où paraît tomber Descartes, quand il appuie sur Dieu la légitimité du criterium de l'évidence, et sur l'évidence la vérité de l'existence de Dieu.

Quant aux choses qui peuvent arrêter les théologiens, d'abord il signale cette libre façon de philosopher qui commence par tout révoquer en doute. Il voudrait que Descartes avertît, en insistant davantage, que ce doute n'est qu'une fiction pour arriver à confondre les plus obstinés douteurs. Il lui donne aussi le conseil, d'annoncer, afin d'éviter bien des difficultés, que, dans la quatrième Méditation, il traite de l'origine de l'erreur, seulement par rapport au vrai et au faux, et non par rapport au bien et au mal. Mais il lui recommande surtout de bien marquer, que le principe de ne donner créance qu'à ce qu'on conçoit clairement, s'applique aux choses de la science, et non aux choses de la foi : « De peur que plusieurs de ceux qui penchent aujourd'hui vers l'impiété, ne pussent se servir de ses paroles pour combattre la foi. » Il prévoit enfin que les théologiens seront particulièrement offensés de la destruction des qualités sensibles. N'est-ce pas en effet les détruire que les ramener à l'étendue, à la figure et au mouvement des petits corps ? N'est-ce pas rendre leur existence inconcevable indépendamment de la matière ? Or, comment concilier cette doctrine avec la foi de l'Église qui enseigne que, dans l'eucharistie, la substance du pain n'existant plus, les accidents du pain continuent d'exister ?

Descartes se montre plein de déférence à l'égard d'un théologien si bienveillant et d'une si grande autorité. D'abord il le remercie du secours de saint Augustin qu'il lui donne contre ses adversaires. Il éclaircit ensuite certains points obscurs, il retire les expressions qui avaient paru équivoques, il lui donne raison sur tous les détails, et déclare qu'il mettra à profit la plupart de ses conseils avant de donner son ouvrage à l'impression. Mais il n'abandonne ni sa démonstration de la distinction de l'âme et du corps, ni aucun des principes essentiels de sa philosophie. Pour concevoir clairement la distinction de l'âme et du corps, il suffit, selon Descartes, qu'il n'y ait rien dans le concept de l'un, qui entre dans le concept de l'autre, ou, en d'autres termes, que l'esprit soit conçu comme une chose subsistante, quoiqu'on ne lui attribue rien de ce qui appartient au corps, et le corps comme une chose subsistante, quoiqu'on ne lui attribue rien de ce qui appartient à l'esprit. Il se défend d'ailleurs d'avoir trop prouvé, au sujet de la distinction de l'âme et du corps, et d'avoir fait de l'homme un pur esprit dont le corps ne serait que le véhicule. De ce que l'esprit peut être conçu sans le corps, il n'en résulte point que le corps ne fasse pas partie de l'essence de l'homme entier, et que l'esprit ne soit pas, comme il l'a dit, substantiellement uni au corps.

En ce qui concerne l'*être par soi*, il accorde qu'on peut prendre les choses au sens où Arnauld les entend, et il se défend, non sans quelque subtilité, et en citant, contre son usage, Aristote et Suarès, d'avoir voulu dire, en aucun lieu, que Dieu soit un effet de lui-même. La puissance même de Dieu est la raison pour laquelle il n'a pas besoin de cause. Son immensité est la cause positive de son existence; c'est tout ce qu'il prétend avoir voulu dire en faisant Dieu cause efficiente de soi-même.

Vient enfin la réponse aux dernières raisons d'Arnauld sur les choses qui peuvent arrêter les théologiens. « Je me suis opposé, dit Descartes, aux premières raisons de M. Arnauld, j'ai tâché de parer aux secondes, et je donne entièrement les mains à celles qui suivent, excepté à la dernière, au sujet de laquelle j'ai lieu d'espérer qu'il ne me sera pas difficile de faire en sorte que lui-même s'accommode à mon avis. » Il sait bien que ce qu'il a dit, des raisons de douter, dans la première Méditation, n'est pas bon pour tous les esprits ; aussi l'a-t-il mis dans les *Méditations* qui s'adressent à des esprits plus forts, et non dans le *Discours de la Méthode*, écrit en langue vulgaire. Dans ce qu'il a dit de l'erreur, il proteste qu'il n'a jamais eu en vue que le vrai et le faux et non le bien et le mal. Toujours il a eu grand soin d'excepter ce qui regarde la foi, en prescrivant de ne donner créance qu'aux choses que nous connaissons évidemment.

Quant aux accidents réels, il avoue nettement qu'il ne peut y croire. Supposer que les accidents demeurent au sacrement de l'eucharistie, toute la substance du pain et du vin étant changée, lui paraît contradictoire. Ni l'Église ni le concile de Trente n'ont fait des accidents réels un article de foi; aussi espère-t-il qu'un temps viendra où cette opinion sera rejetée par les théologiens: « comme peu sûre en la foi, répugnante à la raison, et du tout incompréhensible, et que la sienne sera reçue en sa place comme certaine et indubitable. » Or voici ce qu'imagine Descartes, pour contenter les théologiens, sans sacrifier les principes de sa philosophie. Le contact, qui est nécessaire au sentiment, se fait par la seule superficie des corps, laquelle consiste uniquement dans tous les petits intervalles qui sont entre les parties d'un corps, et non dans le circuit qui l'environne tout entier. La superficie du pain qui produit en nous la sensation est celle qui touche et environne immédiatement chacune de ces petites parties. Or, cette superficie n'entre pour rien dans la substance, ni même dans la quantité du pain; elle n'est que le terme, qu'on conçoit être moyen, entre chacune des particules de ce corps et les corps qui les environnent, sans avoir aucune entité: « Ainsi, puisque le contact se fait dans ce seul terme et que rien n'est senti si ce n'est sur ce contact, c'est une chose manifeste que, de cela seul que les substances du pain et du vin sont dites être tellement changées en la substance de quelque autre chose, que cette nouvelle substance soit contenue précisément sous les mêmes termes sous qui les autres étaient contenues, il s'ensuit nécessairement que cette nouvelle substance doit mouvoir tous nos sens, de la même façon que feraient le pain et le vin, s'il n'y avait point eu de transsubstantiation. »

C'est par là que Descartes se flatte de concilier, avec les décisions du concile de Trente, l'indistinction de la substance et des accidents qui suit rigoureusement de ses principes sur la matière et la forme. Il fait même valoir, comme un grand avantage, l'économie de miracles que présente son explication comparée à l'explication ordinaire. Nous verrons plus tard qu'il eut la prétention de donner une explication eucharistique, plus complète et plus approfondie, dans des lettres au P. Mesland, publiées après sa mort.

Sur l'eucharistie, comme sur tous les autres points, Descartes paraîtrait avoir satisfait Arnauld, si l'on en juge par une lettre du père Mersenne à Voétius, et surtout par deux nouvelles lettres qu'Arnauld écrivit à Descartes, pendant son dernier voyage à Paris, et qui sont comme une suite de ses premières objections. « Je demandai dernièrement, écrit Mersenne, à l'illustre auteur des quatrièmes objections, qui est estimé l'un des plus subtils et des plus grands théologiens de cette Faculté, s'il n'avait rien à répliquer aux réponses qui lui avaient été faites par M. Descartes ; il me dit que non et qu'il se tenait pour pleinement satisfait. » Dans la *vie de Descartes*, après avoir fait mention de son dernier voyage à Paris, en 1648, et de ses difficultés avec Roberval, Baillet ajoute qu'il réussit mieux à l'égard d'un savant homme, qui, feignant d'être fort éloigné, lui écrivit, des environs de Paris, une lettre où il lui proposait diverses difficultés sur l'âme raisonnable, sur Dieu et la transsubstantiation (1). Descartes remarqua, dit-il, dans la lettre de cet illustre inconnu les caractères d'un grand fonds d'esprit, d'érudition et d'honnêteté. Cet illustre reconnu, dont Baillet n'a pas su découvrir l'anonyme,

(1) Édit. Cousin, t. X, p. 137.

n'est rien moins qu'Arnauld lui-même (1). Or dans la première de ces deux lettres, Arnauld dit, qu'il a lu avec admiration, et approuvé presque entièrement, tout ce que Descartes a écrit touchant la première philosophie, et même il le loue de la manière dont il a concilié l'indistinction de la substance et des modes avec l'eucharistie. Toutefois il lui reste encore deux ou trois scrupules dont il le prie de vouloir bien le délivrer.

Ce sont d'abord quelques difficultés sur ce que l'âme pense toujours, et sur la pensée en tant qu'essence de l'âme. L'âme est une substance qui pense, s'ensuit-il qu'elle pense toujours, ne suffit-il pas de dire qu'elle a en soi la faculté de penser, de même que la substance corporelle est toujours divisible, quoiqu'elle ne soit pas toujours divisée? Il est nécessaire, répond Descartes, que l'âme pense toujours actuellement, parce que la pensée n'est pas seulement un attribut de l'âme, mais son essence, comme l'extension est l'essence du corps. Mais comment la pensée, qui n'est qu'un mode, constituera-t-elle la substance de l'esprit? L'essence de l'esprit devra-t-elle donc varier avec chacune de nos pensées? La pensée en général peut-elle être distinguée de chaque pensée en particulier, si ce n'est par une abstraction de notre entendement? Nous avons déjà dit que, selon Descartes, la pensée, essence de l'âme, n'est pas la pensée en général, ou une généralisation de l'entendement, mais une nature particulière recevant en soi tous ses modes. Comme l'extension diffère de telle ou telle manière d'extension, ainsi la pensée diffère de telle ou telle pensée.

A propos des preuves de l'existence de Dieu, Arnauld répète les éloges qu'il a déjà donnés à Descartes. « Les raisons

---

(1) L'auteur de la *Vie d'Arnauld* et de la Préface historique de ses Œuvres philosophiques en donne une preuve décisive : « Une note écrite de la main de M. Arnauld sur l'exemplaire de la *Vie de Descartes*, par Baillet, que nous avons entre les mains, nous apprend que l'illustre inconnu dont il est parlé, pages 347 et 348, est M. Arnauld lui-même. » (T. XXXVIII des *Œuvres d'Arnauld*.) — Voir Baillet, pp. 346 et 348.

dont vous vous servez pour prouver l'existence de Dieu, ne me semblent pas seulement ingénieuses, comme tout le monde l'avoue, mais de vraies et solides démonstrations, particulièrement les deux premières. » Cependant, dans la troisième, il trouve une difficulté relative à l'indépendance de tous les instants du temps sur laquelle se fonde Descartes. De quel temps veut-il parler? Est-ce de la durée de l'esprit? Mais cette durée est une chose permanente, et non successive, et ne peut avoir de parties. S'agit-il au contraire de la durée du mouvement, du soleil, des astres, etc., qui seule a des parties; on ne voit pas en quelle façon elle appartient à la conservation de l'esprit, puisque tout ce qui a rapport à l'esprit est indépendant de l'existence du corps. Il faut donc qu'il explique ce que c'est que la durée, et en quoi elle diffère de la chose qui dure. Descartes renvoie sur ce point à ce qu'il a dit dans les *Principes*. Ce qu'Arnauld opposé sur la durée et le temps, lui paraît emprunté à l'opinion de l'École, de laquelle il est fort éloigné, à savoir que la durée du mouvement est d'une autre nature que la durée des choses qui ne sont point mues. N'y eût-il point de corps au monde, on ne pourrait pas dire que la durée de l'esprit humain fût tout à la fois tout entière, comme celle de Dieu, puisqu'il y a de la succession dans nos pensées.

A propos de la création et du plan de l'univers, Arnauld répugne à admettre que Dieu ne peut anéantir aucun corps et qu'il ne peut créer qu'un monde infini. Comment ne pourra-t-il pas faire le vide puisqu'il est tout-puissant? Mais il est contradictoire, dit encore une fois Descartes, que Dieu puisse faire le vide, là où le lieu demeure avec ses trois dimensions, c'est-à-dire avec l'étendue qui est précisément l'essence du corps.

Enfin, Arnauld le presse de nouveau sur l'accord de sa doctrine avec l'eucharistie. Il le loue d'avoir très-bien montré comment l'indistinction des accidents et de la substance peut s'accorder avec ce mystère. Mais d'après le sentiment de Descartes sur la nature des corps, une chose étendue ne pouvant en aucune façon être distinguée de son extension locale, il l'obligerait fort de lui dire, s'il n'a point inventé quelque raison, par laquelle il accorde ce sentiment avec la foi catholique, qui oblige de croire que le corps de Jésus-Christ est présent au sacrement sans extension locale. Descartes refuse ici prudemment de s'expliquer par écrit sur cette matière délicate : « Puisque le concile de Trente n'a pas voulu expliquer de quelle manière le corps de Jésus-Christ est en l'eucharistie, et qu'il a dit, qu'il y est d'une façon d'exister qu'à peine pouvons-nous exprimer par paroles, je craindrais d'être accusé de témérité, si j'osais déterminer quelque chose là-dessus ; et j'aimerais mieux en dire mes conjectures de vive voix que par écrit. » En vain, dans sa seconde lettre (1), Arnauld reproduit-il avec insistance la même question, Descartes garde sur ce point délicat le même silence. Ces deux lettres d'Arnauld étaient anonymes, Descartes ignorait leur auteur ; voilà pourquoi sans doute il refuse de s'expliquer avec lui, comme il s'était expliqué avec le père Mesland. Déjà peut-être se repentait-il d'avoir hasardé, même confidentiellement, cette nouvelle explication de l'eucharistie (2). On voit comment Arnauld, par son insistance sur ce point purement théologique, a contribué à pousser Descartes et son école dans cette voie dangereuse des prétendues explications philosophiques de l'eucharistie (3).

Voyons maintenant Descartes en lutte contre un adversaire qui n'a rien de commun avec Arnauld, contre un philosophe matérialiste, l'auteur célèbre du *De cive*. Hobbes

---

(1) Ces deux lettres d'Arnauld sont de 1648, et dans une lettre au P. Mesland, de 1645, Descartes parle de l'explication qu'il lui a envoyée sur la façon dont Jésus-Christ est au Saint-Sacrement. (Édit. Cousin, t. IX, p. 193.) Il avait donc déjà communiqué depuis plusieurs années au P. Mesland l'explication qu'Arnauld lui demande ici vainement.

(2) Édit. Cousin, t. X, p. 151.

(3) Nous parlerons des *Lettres au P. Mesland*, qui n'ont été divulguées qu'après la mort de Descartes, et de toute la polémique au sujet de l'eucharistie, dans le chapitre xxi de ce premier volume.

était âgé de huit ans de plus que Descartes, mais il mourut après lui, dans un âge avancé. A cette époque, obligé de fuir sa patrie, à cause des guerres civiles, il cultivait paisiblement la philosophie à Paris, en liaison intime avec Gassendi et le père Mersenne. « Ce père, dit Baillet, lui ayant fait remarquer que tout se fait dans la nature d'une manière mécanique, lui avait en même temps inspiré une forte passion pour connaître M. Descartes de qui il tenait cette maxime (1). » Hobbes espérait sans doute en tirer quelque avantage pour sa propre explication toute matérielle et mécanique des phénomènes de l'âme. Mersenne s'empressa donc de lui communiquer le manuscrit des *Méditations*, en l'avertissant que, pour mériter l'amitié de M. Descartes, il fallait lui faire les objections les plus fortes qu'il serait possible.

Mais s'il goûtait le mécanisme de la physique de Descartes, il devait repousser le spiritualisme des *Méditations*. Il y a quelque chose de court, de sec et de méprisant dans le ton de ses objections; on dirait qu'il croit inutile une réfutation plus développée et plus approfondie des *Méditations*. Pour Hobbes, c'est un principe évident, et n'ayant pas besoin de démonstration, que les sujets de tous les actes ne peuvent être entendus que sous une raison corporelle. Ainsi, rejetant la distinction de l'âme et du corps, il affirme tout d'abord que la pensée, qui est un acte, doit avoir un sujet matériel. Contre ce prétendu principe Descartes se borne à redire, qu'à des actes d'une nature opposée, tels que sont les actes corporels, qui tous présupposent l'étendue, et les actes intellectuels, qui tous ont pour raison commune la pensée, il faut attribuer des sujets d'une nature opposée. Les noms, d'ailleurs, importent peu, pourvu qu'on ne les confonde pas l'un avec l'autre.

Mais voici un argument singulier de Hobbes en faveur du matérialisme. Le raisonnement n'est peut-être rien autre

---

(1) *Vie de Descartes*, liv. VI, chap. III.

chose qu'un assemblage et un enchaînement de noms par le mot *est,* d'où il suit qu'il dépend des noms; or les noms dépendent de l'imagination, l'imagination du mouvement des organes corporels: »ainsi l'esprit ne sera rien autre chose qu'un mouvement en certaines parties du corps organique.» Mais Descartes, non sans raison, s'étonne qu'il puisse venir à l'esprit d'un homme sensé que l'assemblage qui se fait dans le raisonnement soit celui des noms, et non celui des choses signifiées (1). Selon Hobbes, toutes les idées sont des images, des choses matérielles dépeintes dans l'imagination, par conséquent nous n'avons point d'idée véritable de Dieu ni de l'âme, et tout ce que nous en concevons vient des objets extérieurs. Mais Descartes entend par idée tout ce qui est conçu immédiatement par l'esprit, et non des images matérielles. Nous croyons inutile d'insister davantage sur les courtes et superficielles objections de Hobbes, d'autant que nous allons trouver dans Gassendi un adversaire bien plus habile du spiritualisme de Descartes.

A ces objections, Hobbes, toujours excité par Mersenne, en ajouta bientôt qui avaient pour objet la dioptrique, mais dans lesquelles il revenait à ses idées métaphysiques. Descartes y répondit, Hobbes répliqua; mais Descartes, qui sentait une sorte de répulsion contre un esprit si contraire au sien, coupa court à cette polémique. Dans une lettre à Mersenne, il marque ses raisons de rompre de bonne heure tout commerce avec ce philosophe, afin de le conserver au nombre de ces amis du commun qui s'estiment de loin et qui s'aiment sans communication. Voici comment, quelques années plus tard, il jugeait le *De cive,* qui venait d'être publié à Paris : « Je juge que l'auteur de ce livre est le même que celui qui a fait les troisièmes objections contre mes *Méditations.* Je le trouve beaucoup plus habile en morale qu'en métaphysique et en

---

(1) Voir la réfutation de ce sentiment de Hobbes dans le premier chapitre de la *Logique de Port-Royal.*

physique, quoique je ne puisse nullement approuver ses principes, ni ses maximes qui sont très-mauvaises et très-dangereuses, en ce qu'il suppose tous les hommes méchants ou qu'il leur donne sujet de l'être. Tout son but est d'écrire en faveur de la monarchie, ce qu'on pourrait faire plus avantageusement qu'il n'a fait en prenant des maximes plus vertueuses et plus solides. Il écrit aussi fort au désavantage de l'Église et de la religion romaine, de sorte que s'il n'est particulièrement appuyé par quelque faveur très-puissante, je ne vois pas comment il peut exempter son livre d'être censuré (1). »

(1) Baillet, t. II, pp. 122 et 173.

CHAPITRE XI

Objections de Gassendi. — Opposition à Descartes en physique et en métaphysique. — Ton de la polémique de Gassendi. — Légère ironie dont Descartes est blessé. — Reproche à Descartes de n'avoir rien prouvé sur la nature de la chose qui pense. — Arguments divers en faveur de la matérialité de l'âme. — Les sens, source de toutes nos idées. — Rien de plus obscur pour l'âme que l'âme elle-même. — Critique de la preuve de l'existence de Dieu par l'idée de l'infini. — Réponse de Descartes. — Ironie contre ironie. — Défense de la spiritualité de l'âme et de l'idée de l'infini. — Réfutation de la maxime que toutes nos idées viennent des sens. — Défense de la création continuée. — Irritation de Gassendi contre Descartes. — Ses *Instances*. — Nouvelle réponse de Descartes. — Réconciliation de Descartes avec Gassendi. — *Sixièmes objections*. — De la liberté d'indifférence dans l'homme et dans Dieu. — *Septièmes objections*. — Le P. Bourdin. — Débats antérieurs de Descartes avec lui. — Ton grossièrement ironique du P. Bourdin. — Travestissement du doute méthodique. — Attaques contre les arguments en faveur de la spiritualité. — Emportement de Descartes contre ses bouffonneries. — Dernières objections par Hyperaspistes. — Conséquences de la création continuée. — Confusion de la volonté et de l'entendement. — De l'exclusion des causes finales. — Polémique avec Morus. — Discussion sur la nature de la matière et sur l'infinité du monde. — Jugement général sur cette polémique.

Bientôt Mersenne suscite à Descartes un adversaire plus habile et plus redoutable, Gassendi, l'auteur des cinquièmes objections. Gassendi était, sans contredit, après Descartes, le plus célèbre et le plus grand philosophe qui fût alors en France. Plus âgé comme Hobbes, de quelques années, déjà ses opinions philosophiques étaient arrêtées quand parurent le *Discours de la Méthode* et les *Méditations*. Entre Gassendi et Descartes il y a accord pour combattre la scholastique et les péripatéticiens, et pour défendre la cause de la liberté philosophique, mais sur tout le reste, dans la physique, comme dans la métaphysique, ils sont en une opposition absolue. En physique, Gassendi soutient le vide et les atomes, en métaphysique, il est sensualiste et incline au matérialisme. Il était à Paris, en 1641, député par le chapitre de Digne pour régler quelques affaires à l'assemblée du clergé, lorsque Mersenne lui communiqua une copie des *Méditations* de Descartes, à la condition de faire des objections. Jusqu'alors Gassendi et Descartes, sans se connaître personnellement, avaient échangé des marques d'estime mutuelle, par l'intermédiaire de Mersenne. Cependant, selon Baillet, Gassendi, piqué de ne pas avoir été cité par Descartes, dans le *Traité des Météores*, aurait laissé percer son ressentiment par la vivacité de ses objections.

Mais cette vivacité n'excède pas les limites du bon goût et des convenances. Il est difficile de traiter les discussions philosophiques avec plus de clarté, d'agrément et de naturel; la polémique de Gassendi, sauf peut-être un peu de rhétorique, mérite encore aujourd'hui d'être proposée comme un modèle. Descartes a le tort de s'offenser de certaines tournures légèrement ironiques. Il ne peut supporter patiemment que Gassendi feigne, en certains endroits, comme à propos du doute sur l'existence des corps, qu'il n'a pas voulu parler sérieusement; il s'irrite quand il s'adresse à lui, non comme à un homme tout entier, mais comme à une âme, en dérision de ses doctrines spiritualistes : « C'est ici que vous commencez à ne plus vous considérer comme un homme tout entier, mais comme cette partie la plus intime et la plus cachée de vous-même, telle que vous estimiez ci-devant qu'était l'âme, dites-moi donc, ô âme, ou qui que vous soyez, etc. (1). » Puis ce n'est plus même à une âme, mais à une partie d'une âme, à un esprit pur que Gassendi, qui se plaît à prolonger cette plaisanterie, adresse la parole :

(1) Édit. Cousin, t. II, p. 95.

« Je reconnais ici que je me suis trompé, car je pensais parler à une âme humaine, ou bien à ce principe interne par lequel l'homme vit, sent, se meut et entend, et néanmoins je ne parlais qu'à un pur esprit, car je vois que vous ne vous êtes pas seulement dépouillé du corps, mais aussi d'une partie de l'âme (1). » O esprit, *ô mens*, telle est l'appellation ironique que Gassendi n'épargne pas à Descartes. Les adversaires de Descartes, et surtout les Jésuites, ont souvent imité, avec plus ou moins d'esprit, cette ironie de Gassendi contre le spiritualisme cartésien.

Après avoir fait profession de croire, qu'il y a un Dieu, et que nos âmes sont immortelles, après avoir déclaré que ses objections ne portent pas contre les choses elles-mêmes, mais contre la méthode et les raisons employées par Descartes, Gassendi ne se fait plus aucun scrupule de travailler à ébranler les fondements sur lesquels reposent ces deux grandes vérités. Sous cette forme moins compromettante de difficultés et d'objections contre les *Méditations*, il manifeste plus librement que partout ailleurs son penchant au matérialisme. Ici il n'est question que d'une âme matérielle, et nullement de cette âme spirituelle, sujet de l'entendement, qu'il mettra au-dessus de l'âme matérielle, dans le *Syntagma philosophicum*. Toutes nos idées viennent des sens, toutes ne représentent que des choses matérielles, il n'y a pas de distinction entre l'intellection et l'imagination, l'homme n'est pas un composé d'un corps et d'une âme, mais d'un corps grossier et d'un corps subtil, voilà où se ramènent les principales objections de Gassendi.

Vous remarquez, dit-il à Descartes, que vous êtes une chose qui pense; assurément cela ne peut se nier, car qui doute que nous soyons une chose qui pense? Mais cela ne nous apprend rien, puisqu'il ne s'agissait pas de prouver l'existence de l'esprit, que nul ne met en cause, mais de montrer quelle est précisément la nature de cette

---

(1) Édit. Cousin, t. II, p. 100.

chose qui pense. Pour prouver qu'elle n'est pas corporelle, et que la faculté de penser est tellement au-dessus de la nature matérielle, qu'aucun corps, quelque subtil qu'il soit, ne puisse en être rendu capable, il aurait fallu pénétrer dans l'intérieur même de sa substance. Descartes, il faut le reconnaître, a donné un certain avantage à Gassendi, pour n'avoir pas pénétré dans l'intérieur même de cette substance, qui est l'activité essentielle, et s'être arrêté à son acte qui est la pensée. Pourquoi ne seriez-vous pas, demande Gassendi à Descartes, un vent, une vapeur, un esprit subtil formé du plus pur de votre sang et répandu dans tout le corps? Ne voit-on pas l'esprit croître, se développer et s'affaiblir avec le corps? De l'aveu de Descartes, l'âme est unie au corps, mais comment sera-t-elle unie à un être étendu, si elle est elle-même inétendue? Conçoit-on que cette union puisse avoir lieu autrement que par le contact très-étroit, très-intime de deux choses unies? Or un tel contact ne se fait que par des superficies corporelles. Qu'on suppose l'âme étendue dans le corps depuis la tête jusqu'aux pieds, ou bien seulement unie à une petite partie du cerveau, cette petite partie étant étendue, il faut nécessairement que l'âme ait de l'extension. L'idée même du corps, que nous recevons par les sens, prouve, selon Gassendi, que notre âme est étendue. Comment représenterait-elle le corps, qui a des parties, si elle-même n'avait pas des parties et de l'étendue? Si on veut donner de l'extension à l'idée du corps, mais non pas à l'âme, comment l'âme inétendue pourra-t-elle recevoir cette idée, comment pourra-t-elle se l'ajuster et se l'appliquer? Il accorde que l'âme est distincte du corps, mais seulement comme un corps subtil d'un corps grossier. Enfin comment aussi une âme immatérielle serait-elle accessible à la douleur qui ne peut venir que d'une certaine distraction ou séparation des parties?

Gassendi attaque ensuite la distinction de l'imagination, par laquelle nous connaissons les choses corporelles, et de l'intellection, par laquelle nous nous connaissons nous-mêmes. Après avoir supposé que l'esprit n'est qu'un corps subtil et que toutes nos idées viennent des sens, il affirme très conséquemment que l'esprit, de même que le corps, ne se connaît que par l'imagination. Des trois classes d'idées distinguées par Descartes, il n'en conserve qu'une, celle des idées qui viennent des sens. Quant aux idées naturelles ou innées, il prétend qu'elles ne sont que des idées générales, formées par abstraction de ce qu'il y a de commun entre des idées particulières venues du dehors, idées que l'esprit a le pouvoir d'assembler, diviser, étendre, raccourcir, composer, etc. D'ailleurs, est-il une seule de ces prétendues idées innées qui soit subsistante toujours dans l'esprit? avons-nous des idées quand nous sommes dans le ventre de notre mère, pendant un sommeil profond, pendant la léthargie?

Selon Gassendi, ce n'est pas l'âme qui est plus claire que le corps, mais le corps qui est plus clair que l'âme. La connaissance du corps, manifestée par plusieurs accidents très-sensibles et très-évidents, est bien plus claire que celle de l'esprit, qui n'est manifeste que par la pensée. « Mais, me direz-vous, comment se peut-il faire que je conçoive mieux une chose étrangère que moi-même? Je vous réponds de la même façon que l'œil voit toutes autres choses et ne se voit pas lui-même. » De ce prétendu principe, que rien n'agit sur soi-même, non-seulement Gassendi conclut que l'âme est moins claire que le corps, mais qu'il n'est rien qui ne nous soit plus facilement et plus évidemment connu que le corps. Pas plus que l'œil sur l'œil, que l'extrémité de la main sur elle-même, que le pied sur le pied, l'entendement n'a de prise sur lui-même. Si l'œil, ne se voyant pas directement lui-même, se voit dans un miroir, c'est que le miroir renvoie à l'œil l'image que l'œil lui a envoyée. « Donnez-moi donc un miroir contre lequel vous agissiez en même façon, et je vous assure que venant à réfléchir et à renvoyer contre vous votre propre espèce, vous pourrez alors vous voir et connaître vous-même, non pas à la vérité par une connaissance directe, mais du moins par une connaissance réfléchie. Autrement je ne vois pas que vous puissiez avoir aucune notion ou idée de vous-même. »

Que si l'on persiste à croire à la nécessité d'un principe immatériel pour expliquer ce qui se passe dans l'homme, il faudra en admettre un semblable dans l'animal. Se jetant dans une extrémité opposée à celle de Descartes, Gassendi, en vue de rabaisser la nature humaine, exagère à plaisir les facultés de l'animal. Tout ce qui est dans l'esprit de l'homme, le raisonnement lui-même, il prétend le retrouver dans la bête, au moins en une certaine mesure, sans autre différence que celle du plus et du moins. Si les bêtes ne parlent pas à notre façon, elles parlent à celle qui leur est propre : « Voyez, je vous prie, si vous êtes assez équitable d'exiger d'une bête les paroles d'un homme et cependant de ne pas prendre garde à celles qui leur sont propres. »

Il va sans dire que Gassendi rejette la preuve de l'existence de Dieu par l'idée d'infini, idée qu'il relègue parmi ces idées obscures et confuses dont il est impossible de rien conclure : « Celui qui dit une chose infinie donne à une chose qu'il ne comprend pas un nom qu'il n'entend pas non plus. » Il ne nie pas précisément qu'il y ait quelque chose qui ressemble à cette idée dans notre esprit, mais il fait venir ce quelque chose du dehors, du commerce avec les autres hommes, et non de notre esprit ou de Dieu ; ce n'est qu'un composé, dit-il, une amplification de toutes les perfections que nous avons remarquées dans les créatures, et rien de plus. La substance infinie, que nous concevons, n'est que l'extension de la substance finie donnée par les sens, comme la perfection plus grande, que nous concevons par rapport à notre imperfection, n'est que l'ensemble des perfections répandues dans le monde. Donc l'idée de l'infini n'a pas la vertu que Descartes lui attribue; elle ne nous donne que ce qui existe dans les créatures, ramassé et amplifié par notre esprit. Pourquoi tous les hommes n'auraient-ils pas la même idée de Dieu que Descartes, si Dieu a empreint son idée en eux aussi bien qu'en lui? Comme Catérus, Gassendi ne voit qu'un rapport purement logique dans la preuve fondée sur le lien nécessaire de l'essence et de l'existence. En outre, il soutient que l'existence n'est pas une perfection, mais seulement un acte ou une forme sans laquelle il ne saurait y avoir de perfection à aucun degré. L'unique argument en faveur de l'existence de Dieu est, selon Gassendi, celui des causes finales dont il prend la défense contre Descartes.

Quoique presque toujours placé au point de vue purement empirique, Gassendi prend l'avantage contre Descartes sur quelques points particuliers, tels que la confusion de la volonté et de l'entendement, l'automatisme des bêtes, la création continuée. Il réfute cet argument de l'indépendance des parties du temps dont Descartes se sert pour prouver que conserver et créer sont une seule et même chose. Mais, par un autre excès, il semble croire que les choses, une fois créées, n'ont plus besoin pour subsister du concours de Dieu.

Descartes rend à son adversaire ironie pour ironie. Gassendi avait feint de parler à un esprit sans corps, Descartes, à son tour, feint de répondre à un corps sans esprit : « Je m'imagine en ceci que votre dessein n'a été que de m'avertir des moyens dont ces personnes dont l'esprit est tellement plongé et attaché aux sens, qu'ils ne peuvent rien concevoir qu'en imaginant, et qui partant ne sont pas propres aux spéculations métaphysiques, pourraient se servir et me donner lieu en même temps de les prévenir... Vous commencez ici à m'interroger non plus comme un homme tout entier, mais comme une âme séparée du corps, en quoi il semble que vous ayez voulu m'avertir que ces objections ne partent pas de l'esprit d'un subtil philosophe, mais de celui d'un homme attaché aux sens et à la chair. Dites-moi donc, je vous prie, ô chair, etc. »

S'il oppose l'ironie à l'ironie, il n'oppose pas moins bien les raisons aux objections. Selon Gassendi, l'âme serait un corps subtil. Descartes croyait avoir corrigé cette imagination du vulgaire, en montrant qu'on peut supposer qu'il n'y a ni vent, ni vapeur, ni corps au monde, et que toutes les choses par quoi nous nous savons pensants, n'en demeurent pas moins dans leur entier. Toute l'essence de l'esprit consiste à penser, tandis que toute l'essence du corps consiste en ce que le corps n'est rien qu'une chose étendue, voilà la marque certaine par où nous connaissons que l'esprit diffère du corps. Or, qu'y a-t-il de commun entre la pensée et l'extension? Que prouve la correspondance qui existe entre l'âme et le corps, ce grand argument de Gassendi et des matérialistes de tous les temps, sinon seulement, comme le dit Descartes, que le corps est l'instrument de l'esprit? De cette correspondance conclure à leur identité, ce n'est pas raisonner mieux que celui qui attribuerait à l'outil toute l'adresse et la science de l'ouvrier, parce que l'ouvrier travaille bien ou travaille mal, selon qu'il a un bon ou un mauvais outil.

Contre ce prétendu principe, que rien n'agit sur soi-même, que l'œil ne peut se voir lui-même, ni le doigt se frapper etc., il suffit à Descartes de faire remarquer que ce n'est point l'œil qui voit le miroir et qui se voit lui-même, mais bien l'esprit, lequel seul connaît et le miroir, et l'œil, et soi-même : « et je ne vois pas ce que vous pouvez désirer de plus touchant cela, sinon qu'on vous dise de quelle couleur, de quelle odeur et de quelle saveur est l'esprit humain, ou de quel sel, soufre et mercure il est composé, car vous voulez que, comme par une espèce d'opération chimique, nous le passions par l'alambic pour savoir ce qui entre en la composition de son essence. »

Il ne combat pas moins bien la maxime que toutes nos idées viennent du dehors. Les éléments des idées factices viennent du dehors sans doute, mais elles consistent en une composition et un arrangement qui est le propre de l'esprit. Quant aux idées naturelles, il est impossible d'en faire des idées générales, formées par la combinaison successive d'idées particulières : « J'admire que vous souteniez que l'idée de ce qu'on nomme en général une chose, ne puisse être en l'esprit, si les idées d'un animal, d'une plante, d'une pierre n'y sont ensemble ; comme si pour connaître que je suis une chose qui pense, je devais connaître les animaux et les plantes, pour ce que je dois connaître ce qu'on nomme une chose ou bien ce que c'est en général qu'une chose. »

Mais de toutes les idées naturelles, c'est surtout l'idée de l'infini dont Descartes prend la défense contre les objections de Gassendi. Si nous ne comprenons pas l'infini, c'est qu'il n'est pas de sa nature d'être compris, ce qui n'empêche pas que nous ne l'entendions, et que nous n'en ayons une claire idée. De même, dit-il, qu'on peut toucher une montagne sans l'embrasser, de même on peut apercevoir l'infini sans le comprendre. Mais comment, avec la même idée de l'infini, tous les hommes n'ont-ils pas les mêmes pensées de Dieu? Pour la même raison, répond très-bien Descartes, que, tous ayant la notion de triangle, chacun n'y remarque pas également autant de propriétés, et quelques-uns même lui en attribuent plusieurs faussement.

S'il y a quelque excès dans la façon dont il entend le concours de Dieu nécessaire aux créatures, il ne montre pas moins bien, à son tour, l'excès en sens opposé où paraît incliner Gassendi. Il lui reproche de confondre les causes quant à la production seulement, et les causes quant à l'être, ou les causes *secundum fieri* et les causes *secundum esse*. La maison peut bien, une fois achevée, subsister sans l'architecte, mais non pas la lumière sans le soleil, ni la créature sans le créateur (1). Nous insisterions davantage sur les réponses de Descartes à Gassendi, si déjà nous ne les avions mises amplement à profit dans l'exposition de sa métaphysique.

La manière aimable dont il termine atténue la dureté du

---

(1) Voir cette distinction dans la *Somme de théologie de saint Thomas*, pars prima, quæst. 104, art. 1.

début et de certains passages. « Jusqu'ici l'esprit a discouru avec la chair, et comme il était raisonnable, en beaucoup de choses, il n'a pas suivi ses sentiments ; mais maintenant je lève le masque, et je reconnais que je parle à M. Gassendi, personnage aussi recommandable pour l'intégrité de ses mœurs et la candeur de son esprit, que pour la profondeur et la subtilité de sa doctrine, et de qui l'amitié me sera toujours chère. »

Gassendi fut néanmoins blessé du ton hautain de cette réponse, et peut-être à meilleur droit que Descartes ne l'avait été du ton ironique de ses objections. Une rupture s'ensuivit entre ces deux philosophes, rupture prolongée et envenimée par Sorbière qui, pendant un voyage en Hollande, vit souvent Descartes, feignant d'être son ami, en même temps qu'il écrivait à Gassendi tout ce qui pouvait nourrir et exciter son ressentiment contre lui. Gassendi répliqua à Descartes par des *Instances*, où il se répand en plaintes amères contre le ton de Descartes, son orgueil, son outrecuidance, où il prodigue beaucoup d'esprit et d'ironie, mais n'ajoute rien à la force de ses premiers arguments. Après avoir fait quelque temps circuler le manuscrit à Paris, il l'envoya en Hollande à Sorbière, qui y joignit les premières objections avec la réponse de Descartes, et le publia, à Amsterdam, sous le titre de *Disquisitio metaphysica seu dubitationes et instantiæ adversus Renati Cartesii metaphysicam et responsa* (1). Descartes ne répondit pas immédiatement aux *Instances* de Gassendi. C'est seulement deux ans plus tard qu'il en fit une réfutation générale, dans une lettre adressée à Clerselier, avec un certain ton d'urbanité et de modération, mais non pas encore sans quelques traces de dédain. Pendant un voyage que Descartes fit à Paris, en 1648, l'abbé, depuis cardinal d'Estrées, réconcilia les deux philosophes, qui s'embras-

(1) Les premières objections, les réponses de Descartes, les instances y sont entremêlées et mises en parallèle article par article. — Voir le III⁰ vol. des *Œuvres de Gassendi*, publiées à Lyon en 1658, en 6 vol. in-fol.

sèrent et se séparèrent avec les protestations d'une éternelle amitié (1).

Nous passerons rapidement sur les *sixièmes objections* qui, comme les secondes, n'ont pas de nom d'auteur et ont été empruntées à divers philosophes ou théologiens par le P. Mersenne. L'un d'eux prévoit, qu'on abusera de l'automatisme en cherchant à l'étendre de l'animal jusqu'à l'homme lui-même. Mais il s'en trouvera bien davantage, répond Descartes, qui, si on leur accorde que la pensée n'est pas distinguée du mouvement, soutiendront, avec plus de raison, qu'elle se rencontre dans les bêtes aussi bien que dans l'homme. Une autre objection a pour objet la liberté d'indifférence, que Descartes considère comme le plus bas degré de la liberté dans l'homme, correspondant au plus bas degré de la connaissance, et que néanmoins il attribue à Dieu. Comment l'indifférence pourra-t-elle subsister en Dieu avec la connaissance claire et parfaite, s'il est vrai qu'une telle connaissance détruise l'indifférence? Descartes fait ici une distinction importante, entre l'homme et Dieu, au point de vue de la vérité. L'homme trouve la justice et la vérité déjà établies et déterminées par Dieu, voilà pourquoi il n'est pas indifférent. Dieu, au contraire, établit la justice et la vérité par sa volonté, à laquelle n'est antérieure aucune idée du vrai ou du bien, voilà pourquoi il est indifférent. La non-indifférence du franc arbitre dans l'homme n'exclut donc pas l'indifférence du franc arbitre en Dieu.

Comme les auteurs des *secondes objections*, quelques théologiens anonymes veulent ici mettre en contradic-

(1) Baillet, t. II, p. 142. Voici le jugement de Leibniz sur la polémique de Descartes et de Gassendi : Pour ce qui est des disputes qui ont été entre M. Gassendi et M. Descartes, j'ai trouvé de M. Gassendi a raison de rejeter quelques prétendues démonstrations de M. Descartes touchant Dieu et l'âme ; cependant dans le fond je crois que les sentiments de M. Descartes ont été meilleurs, quoiqu'ils n'aient pas été assez bien démontrés, au lieu que M. Gassendi m'a paru trop chancelant sur la nature de l'âme et, en un mot, sur la philosophie naturelle » (*Œuvres philosophiques* de Leibniz, p. 699, édit. Erdmann.)

tion certains principes des *Méditations* avec les Écritures. Ils allèguent des passages de l'*Ecclésiaste* contre l'immatérialité et l'immortalité de l'âme. Descartes dissimule mal la mauvaise humeur que lui cause ce genre d'objections, et tout en tâchant d'y répondre une fois encore, il déclare qu'à l'avenir il n'y répondra plus : « Vu que je n'ai jamais fait profession de l'étude de la théologie et que je ne m'y suis appliqué qu'autant que j'ai cru qu'elle était nécessaire pour ma propre instruction, et enfin que je ne sens point d'inspiration divine qui me fasse juger capable de l'enseigner. C'est pourquoi je fais ici ma déclaration que je ne répondrai plus à de pareilles objections (1). »

L'auteur des *septièmes objections* est un jésuite, le P. Bourdin, qui enseignait les mathématiques avec succès au collége de Clermont, à Paris, après y avoir enseigné la rhétorique. Déjà, quelques années auparavant, le P. Bourdin avait fait attaquer la *Dioptrique* dans une thèse publique. Cette nouvelle vint, en Hollande, troubler Descartes qui jusqu'alors avait nourri l'espérance de gagner à sa philosophie la Société des jésuites, et de l'introduire sous leurs auspices, dans l'enseignement des écoles. Persuadé que rien ne pouvait se faire en une pareille Société qui ne fût parfaitement concerté, il crut voir dans l'attaque du P. Bourdin une déclaration de guerre de la part de la Compagnie tout entière. Aussitôt il écrivit au Père recteur du Collége, demandant un examen de sa doctrine, et se plaignant avec amertume d'avoir été attaqué, sans être prévenu, et sans qu'il lui fût permis de se défendre. Après avoir toujours témoigné tant d'égards pour la Compagnie, et pour ses anciens maîtres, n'avait-il pas droit à plus de ménagements (2)? Le Recteur rejeta la demande de cet examen public et officiel de sa doctrine, que sollicitait Descartes, et voulut que la querelle demeurât personnelle entre lui et le P. Bourdin. A cette occasion des lettres très-aigres avaient été échan-

(1) Édit. Cousin, t. II, p. 341.
(2) Édit. Cousin, t. VIII, p. 288.

gées entre les deux adversaires (1). Le P. Bourdin n'était donc pas disposé à beaucoup de bienveillance pour Descartes, quand le manuscrit des *Méditations* arriva dans ses mains. De là peut-être le tour grossièrement ironique et l'inconvenante bouffonnerie de ses objections, qui ne ressemble en rien à l'ironie légère et spirituelle de Gassendi.

Rien n'égale la loquacité du P. Bourdin ; il emploie dix fois plus de paroles à aboyer, comme dit Descartes, contre le seul doute métaphysique qu'il ne lui en a fallu à lui-même pour l'établir. Sans cesse il pointille, accumulant les unes sur les autres les subtilités de toute sorte, les petites malices et les plus insupportables finesses, non pas cependant sans rencontrer quelques traits justes et réellement piquants. Pour mieux tourner Descartes en ridicule et plus aisément le réfuter, il imagine une sorte de dialogue où il le fait parler à sa façon. Toute la discussion, quoique longue, roule seulement sur la première Méditation et sur le doute méthodique. Prenant à la lettre les motifs de doute, d'abord acceptés ou imaginés par Descartes, tels que l'incertitude entre la veille et le rêve, le génie malin et trompeur, le P. Bourdin veut lui fermer toutes les issues pour en sortir, lui contestant non-seulement le droit d'affirmer, mais même celui de douter : « Descartes invoque des raisons de douter, mais ces raisons ne sont-elles pas elles-mêmes douteuses, puisque le rusé génie peut aussi bien se moquer de nous, en nous faisant prendre pour douteux ce qui est certain, que pour certain ce qui est douteux. Au lieu de dire, je pense, Descartes aurait dû dire ; je rêve que je pense, car il ne sait pas encore s'il veille ou s'il dort. Il n'est pas certain que ce qui paraît certain à celui qui doute s'il veille ou s'il dort, soit certain ; donc ce qui paraît certain à celui qui doute s'il veille ou s'il dort, peut et doit être réputé pour faux. » Le P. Bourdin s'amuse ainsi à faire tourner chacune des raisons de Descartes dans le cercle d'un doute se détruisant lui-même, en même temps qu'il détruit tout le

(1) Edit. Cousin, t. VIII, p. 338.

reste, et tâche de le mettre dans une perpétuelle contradiction avec cette abdication préalable de toutes les connaissances antérieures qu'il prescrit pour arriver à la certitude.

Après le doute méthodique, ce sont les arguments en faveur de la distinction de l'âme et du corps contre lesquels le P. Bourdin, de même que tous ceux de sa Compagnie, comme nous le verrons plus tard, semble se plaire à exercer sa verve un peu grossière et sa dialectique bouffonne. En résumé, selon le P. Bourdin, ou Descartes ne dit rien de nouveau, ou il ne dit rien de bon.

Descartes ne supporte pas patiemment ces bouffonneries et ce travestissement ridicule du doute méthodique, point de départ de sa philosophie. Il s'irrite et s'emporte contre le P. Bourdin, auquel il reproche, non sans quelque raison, de lui faire dire tout ce que bon lui semble, pour faire rire à ses dépens. Il le compare assez longuement à un maçon envieux et jaloux qui critique, comme quelque chose de superflu, les fondations qu'un architecte a fait creuser pour élever solidement un vaste édifice; il lui reproche d'imiter, non les Épidique ou les Parménon de l'ancienne comédie, « mais le plus vil personnage de la nôtre qui par ses niaiseries et ses bouffonneries prend plaisir de prêter à rire aux autres. » Enfin, dans son emportement, il le traite d'infâme détracteur, de vil bouffon, et avec tout le dédain d'un gentilhomme, le renvoie à ses supérieurs, comme un malade à des médecins (1).

Sa réponse rétablit, d'ailleurs, parfaitement le caractère vrai de ce doute, purement hyperbolique et métaphysique, parodié par le P. Bourdin. Rejeter d'abord provisoirement tout ce dont il était possible de concevoir le moindre doute, afin d'arriver par là à quelque chose dont il fût impossible de douter, voilà quel a été son but. Malgré la vivacité de cette polémique, Descartes se réconcilia plus tard avec le

(1) Lettre au P. Dinet, provincial des Jésuites. Édit. Cousin, t. IX, p. 3. Dans cette lettre, il fait une longue apologie de sa philosophie et raconte l'histoire de ses démêlés avec Voëtius, afin de montrer contre quels ennemis il est obligé de combattre.

P. Bourdin, par l'entremise des PP. Dinet et Charlet, comme il s'était réconcilié avec Gassendi.

Les objections du P. Bourdin ou les *septièmes objections* sont les dernières qui aient été imprimées à la suite des *Méditations*, avec les réponses de Descartes. Mais nous trouvons encore, dans les *Lettres*, une autre série d'objections venues trop tard pour être imprimées avec les précédentes, et qui sont annoncées comme les dernières objections possibles contre les *Méditations*, et contre les réponses de Descartes (1). L'auteur garde l'anonyme et se déguise sous le nom d'Hyperaspistes ou soldat de réserve (2). « Si par ma défaite, à laquelle je m'attends, écrit-il à Descartes, vous mettez une fois fin à tant d'illustres et glorieux combats, tous les mortels vous rendront des grâces immortelles de leur avoir fait connaître l'immortalité de leur âme. » Cependant le soldat de réserve n'ajoute rien de bien nouveau aux objections de ceux qui l'ont précédé ; il ne fait que reproduire, en les résumant avec une certaine force et une certaine précision, quelques-unes de celles qui avaient été déjà faites contre le doute méthodique, la règle de l'évidence, l'immatérialité de l'âme, la création continuée, les idées innées et la proscription des causes finales. Nous ne citerons que ce qu'il objecte contre la création continuée : « Si vous dites que la création n'est rien autre chose qu'une influence ou un écoulement de Dieu, donc la créature n'est pas une substance, mais seulement un accident semblable au mouvement local, ce que personne ne dira jamais. » En faveur de la création continuée, Descartes fait valoir ici ces deux raisons : 1° que si les choses une fois créées ne dépendaient plus de Dieu pour être, sa puissance serait finie ; 2° que si pour détruire quoi que ce soit, il ne suffisait pas à Dieu de la simple cessation de son concours, il faudrait, ce qui est indigne de sa perfection infinie, lui attribuer une action positive tendant au non-être.

(1) Édit. Garnier, t. VI, p. 222.
(2) Hyperaspistes est aussi le titre de la réplique d'Érasme au *De servo arbitrio*, de Luther.

Il y a plus d'originalité dans la polémique de Morus contre Descartes. Morus, ou Henri More, était un philosophe anglais, professeur au collége du Christ, à l'Université de Cambridge (1). Il avait puisé, dans l'étude des doctrines néoplatoniciennes et cabalistiques une tendance au mysticisme et à l'illuminisme, qui se développa de plus en plus après la mort de Descartes. Morus a un système propre, amalgame des doctrines les plus opposées, où un rationalisme hardi et le mysticisme le plus déraisonnable règnent tour à tour. Mais nous n'avons qu'à parler de ses rapports avec Descartes, et non à exposer et à juger sa propre philosophie (2). Il se montre plein d'admiration et de sympathie pour le génie de Descartes, il se félicite de ce que la lumière cartésienne s'est montrée de toutes parts à son esprit, et il embrasse, dit-il, du meilleur cœur, les sentiments de cette excellente philosophie (3). C'est contre la seconde partie des *Principes*, c'est-à-dire contre les principes de la physique, plutôt que contre les *Méditations*, que sont dirigées ses objections.

Il élève des difficultés sur la définition de la matière, sur la divisibilité à l'infini, sur l'étendue essentielle, sur la nature de l'espace, sur l'infinité du monde, sur l'automatisme des bêtes. La définition de la matière par l'étendue lui paraît insuffisante, parce qu'elle convient à l'être en général, et non, en particulier, à la matière ou au corps. La substance étendue est, en effet, quelque chose de plus général que le corps, parce que, selon Morus, il y a deux sortes d'étendue, l'une matérielle et extérieure, l'autre spirituelle et intérieure, à laquelle il donne aussi le nom de densité essentielle, *spissitudo essentialis*. L'âme unie au corps, Dieu partout présent, sont des êtres étendus, quoique non matériels. L'étendue de l'âme, selon Morus, se dilate ou se contracte, à

---

(1) Né en 1614, il mourut en 1687.
(2) Voir sur Morus l'excellent article de M. Franck dans le *Dictionnaire des sciences philosophiques*.
(3) Édit. Cousin, t. X, p. 179.

mesure que sa puissance augmente ou diminue, et elle est même sujette à varier dans certaines limites sous l'empire de la volonté. Il ne définit donc pas la matière par l'étendue, mais par la propriété de tomber sous nos sens, par la tangibilité et l'impénétrabilité.

Mais, selon Descartes, c'est définir la matière par rapport à nos sens, et non par son essence, laquelle existe indépendamment de nos sens. La vraie étendue tombe sous l'imagination, elle a des parties, des figures ; or il n'y a rien de tel ni dans l'âme, ni dans Dieu qui sont indivisibles. Si Dieu s'étend partout, s'il est partout présent, c'est par sa puissance et non par sa substance. Il n'y a pas d'étendue en lui, mais seulement une immensité de substance ou d'essence. Morus persiste à mettre de l'extension en Dieu, tout en distinguant profondément cette extension infinie, indépendante, incréée, pénétrable et pénétrant tout, inaccessible aux sens, de l'étendue matérielle, divisible et figurée. Il est mécontent du terme d'indéfini que Descartes applique à l'univers. Il lui reproche même de porter atteinte à la toute-puissance de Dieu, à laquelle on ne peut poser de limite, pas plus pour arrêter, que pour continuer la division de la matière, en faisant cette divisibilité seulement indéfinie et non pas infinie. Quant à l'infinité même du monde, il l'accuse de s'envelopper de termes obscurs et affectés, et de ne pas oser l'avouer ouvertement. Si Dieu est positivement infini, c'est-à-dire existant partout, comment hésiter à admettre qu'il n'est oisif nulle part, « et qu'il a produit partout de la matière, avec la même puissance et la même facilité qu'il a créé celle dans laquelle nous vivons ? » La réponse de Descartes prouve que la différence entre les deux adversaires est dans les termes, plutôt que dans le fond même des choses. Une des questions le plus vivement discutées est celle de l'automatisme des bêtes que Morus traite de sentiment grossier et barbare.

La mort de Descartes vint bientôt interrompre cette correspondance commencée dans les derniers temps de sa vie. Lorsque, en 1664, Clerselier écrivit à Morus pour lui demander ses lettres et les réponses de Descartes, celui-ci s'empressa de les envoyer, protestant de nouveau de son admiration pour le génie, et de son attachement pour la doctrine de ce grand philosophe. Quelques années après, dans une lettre où il se posait en modérateur entre Samuel Parker, violent adversaire de Descartes, et Antoine Legrand, son zélé défenseur (1), tout en reproduisant ses anciennes objections, il défend encore Descartes contre ceux qui l'accusaient d'athéisme, il le loue d'avoir relevé la doctrine platonicienne des idées innées, d'avoir débarrassé la physique des formes substantielles et des qualités occultes. Mais, plus tard, dans son *Manuel de métaphysique* et sa *Lettre sur l'immortalité de l'âme*, nous voyons ce même Morus rivaliser avec Parker de violence et d'injustice contre Descartes, attaquer les principes fondamentaux des *Méditations* et s'associer à cette odieuse accusation d'athéisme, contre laquelle autrefois lui-même il avait protesté. Les cartésiens furent très-irrités de cette sorte de palinodie, et Baillet relève aigrement ces contradictions de Morus au sujet de Descartes.

Morus est le dernier des philosophes et des théologiens qui soumirent à Descartes une série régulière d'objections sur sa métaphysique. Quel jugement faut-il porter sur cette grande polémique dont nous venons de donner un tableau abrégé ? Quelle que soit l'habileté des adversaires de Descartes, il n'en est pas un cependant qui, devançant Leibniz, remonte jusqu'à la séparation de la force et de la substance où est le vice fondamental de sa métaphysique. A peine ce point est-il effleuré dans quelques-unes des critiques dont la création continuée est l'objet. Pressé par tant de combattants, Descartes ne recule pas ; il éclaire quelques points équivoques ou obscurs, il maintient et il confirme, par quelques explications nouvelles, les principes les plus con-

(1) Cette lettre était intitulée : « Epistola quæ apologiam complectitur « pro Cartesio, quæque introductionis loco esse poterit ad universam « philosophiam cartesianam. » Londres, 1664.

sidérables de sa métaphysique. Le but principal de ses explications semble de se mettre en garde contre l'excès de spiritualisme ou d'idéalisme que lui reprochent la plupart de ses adversaires. Cette tendance est surtout manifeste au regard de l'union de l'âme et du corps et des idées innées. Mais, sauf la réserve déjà faite au sujet de la passivité des substances, et sauf quelques détails, l'avantage demeure à Descartes, dont la philosophie sort victorieuse de ce grand débat que lui-même il avait provoqué.

CHAPITRE XII

Histoire de la philosophie de Descartes dans les Pays-Bas. — Succès et luttes du cartésianisme en Hollande, du vivant de Descartes. — Disciples formés par Descartes lui-même. — La princesse Élisabeth. — Ses relations avec Descartes. — Son abbaye de Herforden. — La reine Christine de Suède. — Constantin Huygens, Cornelius Van Hooglande, amis de Descartes. — Deux professeurs cartésiens à Utrecht, en 1648, Réneri et Régius. — Amitié de Descartes pour Régius. — Imprudence de Régius. — Portrait de Voétius, le plus grand ennemi de Descartes en Hollande. — Condamnation de Régius et de la philosophie de Descartes. — Pamphlet de Schoockius dicté par Voétius. — Lettre de Descartes à Voétius. — Fureurs et intrigues de Voétius. — Descartes cité à comparaître comme coupable d'athéisme et de calomnie. — Intervention de l'ambassadeur de France et du prince d'Orange. — Schoockius cité par Descartes comme calomniateur. — Confusion de Voétius. — Schisme de Régius. — Régius désavoué et réfuté par Descartes. — Querelle de Descartes avec l'université de Leyde et satisfaction qu'il obtient. — Des progrès de sa philosophie après sa mort. — Revue générale du cartésianisme dans les universités hollandaises. — Professeurs cartésiens à Utrecht. — Lambert Welthuysen. — Professeurs cartésiens à Leyde. — De Ræy, Heereboord, Heidanus, Volder. — Université de Groningue, Tobie André. — Université de Franékère, Ruardus Andala. — École illustre de Bréda. — Université catholique de Louvain. — Censures contre Descartes, — Dénonciation du nonce apostolique. — L'université de Louvain cartésienne et janséniste.

La lumière cartésienne s'est répandue avec une merveilleuse rapidité, non-seulement en France, mais sur presque toutes les parties de l'Europe. A peine Descartes est-il mort, qu'il n'était pas plus possible, au dire d'un de ses biographes, de compter le nombre de ses disciples, que celui des étoiles du ciel ou du sable de la mer (1). L'his-

(1) Pierre Borel, *Compendium vitæ cartesianæ*, 1653.

toire des systèmes de philosophie anciens ou modernes n'offre peut-être pas un autre exemple d'un plus prompt, d'un plus éclatant et plus universel triomphe. C'est dans la patrie adoptive de Descartes, dans la Hollande, où il avait passé la dernière moitié de sa vie, où il avait publié tous ses ouvrages, et enseigné lui-même sa doctrine à quelques disciples d'élite, c'est dans les universités hollandaises, plus accessibles que celles de France aux opinions nouvelles, qu'on voit d'abord la philosophie cartésienne se répandre et entrer ouvertement en lutte avec l'ancienne philosophie. Le cartésianisme hollandais a pris les avances sur le cartésianisme français, et ses rapides succès furent quelque temps l'objet de l'admiration et de l'envie des premiers cartésiens de France. « A quoi ont servi, dit Clerselier, toutes les calomnies de ses envieux, sinon à faire que son nom devînt plus célèbre, que sa vie fût plus admirée, et sa doctrine si estimée, qu'elle partage aujourd'hui les écoles dans la Hollande et s'enseigne publiquement dans ses chaires. Ce que j'estime être si glorieux à cette province, que je lui envierais quasi cet honneur, comme un bien qui nous devrait appartenir, n'était que j'estime en quelque façon raisonnable, que ceux-là jouissent les premiers du fruit de ses labeurs qui ont le plus contribué à son repos et à son loisir, et que cette terre porte les premiers fruits d'une semence qui n'a pas seulement été jetée, mais même conçue premièrement dans son sein (1). »

Nous commencerons donc, suivant l'ordre chronologique de ses développements, l'histoire de la philosophie cartésienne, par la Hollande, et non par la France. Avant d'aller mourir en Suède, Descartes avait vu, de ses yeux, à Utrecht et à Leyde, des chaires cartésiennes environnées et applaudies par la foule des étudiants. Déjà ses principes avaient remué les universités et même les églises de la Hollande tout entière, déjà ils y avaient commencé une

---

(1) Préface du 1er volume des *Lettres*, Paris, 1667, in-4o.

révolution profonde dans la philosophie, dans la physique, dans la médecine, dans la théologie elle-même ; déjà enfin toutes les écoles s'étaient divisées en deux camps, dont l'un tenait pour Descartes et l'autre pour Aristote. De là des luttes passionnées, de là de fréquents tumultes au sein des universités où, des deux côtés, se succèdent, sans interruption, les thèses, les pamphlets, les censures et les apologies. Bientôt les théologiens s'alarment des succès de la nouvelle philosophie, et surtout de ses envahissements dans le domaine de la théologie ; ils s'adressent aux magistrats, aux synodes, aux curateurs des universités, ils obtiennent des censures, des arrêts de proscription. Mais toutes les défenses sont éludées ou impuissantes, Descartes triomphe, malgré tous les obstacles, et sa philosophie continue d'être enseignée, là même où il n'est plus permis de prononcer son nom. La traduction de ses ouvrages en langue vulgaire fait pénétrer ses doctrines jusque dans la littérature populaire ; la théologie elle-même les adopte et les associe étroitement avec l'orthodoxie.

D'abord nous dirons quelques mots des disciples directs que Descartes a formés lui-même, puis nous raconterons les luttes qu'il eut à soutenir pour la défense de ses principes et même de sa personne. Mettons au premier rang de ses élèves, la princesse Élisabeth, petite-fille de Jacques Ier, l'aînée des filles de l'infortuné Frédéric V, électeur palatin du Rhin, élu roi de Bohême au commencement de la guerre de Trente ans (1). Cette princesse vivait à La Haye chez sa mère, qui s'y était réfugiée, et elle avait refusé de hautes alliances afin de se livrer librement

---

(1) Il eut cinq fils et cinq filles. L'aîné des fils est Charles-Louis, électeur palatin, que nous verrons offrir une chaire de philosophie à Spinoza. Parmi les sœurs d'Élisabeth, nous citerons Louise-Hollandine, abbesse de Maubuisson, l'électrice Sophie, mère de cette Charlotte-Sophie, reine de Prusse, qui ne fut pas moins attachée à Leibniz que sa tante Élisabeth à Descartes. Voir, sur la princesse Élisabeth, l'intéressant Mémoire de M. Foucher de Careil, *Descartes et la princesse palatine*, petit in-8°, Durand, 1862.

à son goût pour l'étude et la philosophie. Descartes étant venu résider dans les environs de La Haye, à Endegeest, elle l'appelait souvent auprès d'elle pour l'entretenir de sa philosophie. Il lui dédia les *Principes* avec ce bel éloge : « que jamais il n'avait rencontré personne qui ait si généralement et si bien entendu tout ce qui est contenu en ses écrits. » Mais un tragique événement interrompit ces conférences philosophiques (1). Obligée de quitter la Hollande, la princesse Élisabeth s'en alla successivement résider dans les cours de divers princes d'Allemagne ses parents, d'où elle entretint un commerce de lettres avec Descartes. Nous avons déjà dit quel est l'intérêt particulier que présentent les lettres de Descartes à cette princesse, au point de vue de la morale, de la connaissance du cœur humain et des passions. Il cherche à agir sur son cœur, en même temps que sur son esprit, et à la consoler : « de l'opiniâtreté de la fortune à persécuter sa maison (2). » Nommée plus tard, quoique calviniste, abbesse de la riche abbaye luthérienne de Herforden en Westphalie, la princesse Élisabeth fit de son abbaye une école cartésienne (3). Tous, d'ailleurs, catholiques, calvinistes, luthériens, sociniens, déistes, y étaient bien accueillis, à la seule condition de s'occuper de philosophie. Elle ne mourut que longtemps après Descartes, en 1680, après avoir eu aussi des relations philosophiques avec quelques-uns

---

(1) Son frère, le prince Philippe, attaqua et tua en plein jour, sur la place publique, un gentilhomme français nommé d'Épinay, qui passait pour l'amant de sa mère. Ce gentilhomme était son ennemi, et le prince crut reconnaître en lui un de ceux qui, la veille même, avaient attenté à sa vie. La princesse ayant pris parti pour son frère, tous deux furent bannis de La Haye par la reine. Un fait est hors de doute, dit M. Foucher de Careil, c'est la parfaite innocence de la princesse et l'absence de toute préméditation de la part du prince.

(2) Édit. Cousin, X, 301. Les lettres de la princesse, rendues par Chanut à sa famille après la mort de Descartes, sont malheureusement perdues.

(3) Baillet, t. II, p. 235. — Discours sur la vie et la méthode de Descartes, prononcé à Berlin en 1846, par C.-J.-G. Jacobi. (*Journal de mathématiques*, t. XII, 1847.)

de ses principaux disciples. Ainsi elle échangea quelques lettres, malheureusement perdues, avec Malebranche (1), et avec Poiret qui, de cartésien devint mystique. Certains passages de sa correspondance avec Poiret, semblent prouver qu'elle même, sur la fin de sa vie, aurait incliné à un certain mysticisme (2).

De la princesse Élisabeth ne séparons pas une autre princesse, la reine Christine, qui reçut aussi des leçons de Descartes, quoiqu'elle nous oblige à quitter un moment la Hollande pour la Suède. Reine bizarre, plutôt que grande reine, la fille de Gustave-Adolphe, douée d'une infatigable activité, partageait son temps entre les études et les affaires; elle étudiait à la fois plusieurs sciences et plusieurs langues, et attirait à sa cour des savants de tous les pays. Ce qu'elle avait appris de la nouvelle philosophie par M. Chanut, ambassadeur de France en Suède, lui donna un vif désir de voir et d'entendre son auteur lui-même. Descartes, comme nous l'avons déjà dit, après avoir longtemps hésité, cédant à ses vives et flatteuses sollicitations, alla à Stockholm, dans l'intérêt, pensait-il, de sa philosophie et de ses expériences. L'objection que la reine lui avait faite, par l'intermédiaire de M. Chanut, sur la difficulté de concilier avec le christianisme l'idée de l'infinité du monde, semble prou-

(1) En voici une citation par l'auteur de la *Vie de Poiret* : « Se « unum ex Dei filiis pluris facere quam omnes philosophos longe maximos « totius mundi encomiaque quibus eam hi cumulaverant, totidem sibi « nunc causas esse vanitatum suarum præteritarum memoria se humi- « liandi. » (*De vita et scriptis Poireti commentariolum*, en tête des *Opera posthuma*, in-4°, Amst., 1721.) A cette même époque, Jean Labadie, chef d'une secte mystique persécutée en Hollande, mademoiselle de Schurmann, les principaux chefs des quakers d'Angleterre, Georges Fox et William Penn, vinrent chercher asile et protection, et prêcher leurs doctrines à l'abbaye de Herforden, non sans faire beaucoup d'impression sur l'esprit de la princesse. Voir sur ce sujet de curieux détails dans le Mémoire de M. Foucher de Careil.

(2) Dans son catalogue des pièces relatives à l'histoire de Malebranche, le P. André mentionne deux lettres de Malebranche à la princesse Élisabeth. (Introduction aux *Œuvres philosophiques du P. André*, par M. Cousin.)

ver qu'elle n'était pas incapable des études métaphysiques. Mais au bout de trois mois, la mort lui enleva ce maître qu'elle avait tant désiré. Vivant, elle lui avait prodigué les marques d'estime et d'admiration, mort, si nous en croyons Baillet, elle le pleura, mais pour bientôt l'oublier. Peu de temps après elle étonna l'Europe par son abdication et par sa conversion au catholicisme. Nous verrons les cartésiens français faire un certain bruit de cette conversion, plus que suspecte, en faveur de la philosophie de Descartes et de sa compatibilité avec la foi.

Revenons à la Hollande. Il faut mettre, au premier rang parmi les amis, sinon parmi les disciples de Descartes, Constantin Huygens et Cornelius Van Hoogland. Constantin Huygens, seigneur de Zuitlichem, père du grand Huygens, était un des personnages les plus considérables et les plus distingués de la Hollande. Conseiller du prince d'Orange, homme d'État, homme de guerre, et en outre homme de lettres, savant, mathématicien, versé dans l'étude des langues, poëte en hollandais et en latin (1), il se prit d'un grand goût pour la personne et pour la philosophie de Descartes qui eut en lui l'ami et le correspondant le plus dévoué.

En partant pour la Suède, Descartes avait confié une partie de ses manuscrits à Van Hoogland dont il fit en quelque sorte un de ses exécuteurs testamentaires. Van Hoogland, professeur de médecine à l'Académie de Leyde, a dédié à Descartes un ouvrage intitulé : *Cogitationes quibus Dei existentia et animæ immortalitas demonstrantur* (2). Cet ouvrage prouve que son intelligence de la

---

(1) Voir l'éloge que fait Baillet de M. de Zuitlichem, liv. III, ch. xiv. Parmi ses poésies latines, il en cite une dans les *Heures perdues, momenta desultoria*, sur le *Je pense, donc je suis*. Plusieurs lettres très importantes de la correspondance de Descartes sont adressées à M. de Zuitlichem. M. Foucher de Careil, dans la 2e partie des *Œuvres inédites*, nous fait connaître un autre correspondant de Descartes, M. de Wilhelm, beau-frère de Constantin Huygens, comme lui conseiller du prince d'Orange, et non moins empressé à rendre des services à Descartes.

(2) 1846, in-12, Lugd.-Batav.

philosophie de Descartes n'égalait pas son amitié pour sa personne, car on y trouve une explication toute matérialiste de l'union de l'âme et du corps, et nulle autre preuve de l'existence de Dieu que les merveilles du monde. Dans tout le livre il n'y a guère de cartésien que la dédicace. Descartes a raison de dire de lui, dans une lettre à la princesse Élisabeth : « Je ne crois pas même qu'il ait jamais bien lu mes ouvrages. » Mais Van Hoogland se rattachait à Descartes comme médecin, et expliquait par la chimie et les mathématiques toutes les fonctions de la vie.

Les premiers professeurs cartésiens de la Hollande furent Réneri et Régius, et la première université, où la philosophie nouvelle fut publiquement enseignée, fut celle d'Utrecht. Réneri, professeur à Deventer, l'apprit de Descartes lui-même, qui n'avait encore publié que le *Discours de la Méthode*, et la porta dans la chaire de philosophie de l'université d'Utrecht, où bientôt il lui conquit un jeune et brillant disciple dans la personne de Leroy, plus connu sous le nom latinisé de Régius. Grâce à la méthode et aux principes de Descartes, Régius obtint un tel succès, dans ses leçons particulières de médecine et de philosophie, que ses élèves enthousiasmés formèrent une sorte de ligue pour son avancement, et obligèrent l'université de créer en sa faveur une seconde chaire de médecine. Ainsi, en 1638, un an après le *Discours de la Méthode*, déjà deux professeurs inauguraient avec éclat le cartésianisme dans l'université d'Utrecht qui, comme le dit Baillet, semblait être née cartésienne (1). Réneri mourut, l'année suivante, et un autre professeur de la même université, Emilius, mêla à son oraison funèbre un magnifique éloge de Descartes (2).

(1) C'est seulement en 1636 que l'école illustre, *schola illustris*, d'Utrecht, avait été érigée en université.

(2) Emilius était professeur d'éloquence, il fit imprimer cette oraison funèbre avec le titre suivant : « Ad manes defuncti qui cum nobi-
« lissimo viro Renato Descartes, nostri sæculi Atlante et Archimede unico,
« vixit conjunctissime, abdita naturæ et cœli extima penetrare ab eodem
« edoctus. »

Réneri mort, Régius devint le premier représentant de la nouvelle philosophie, et fut même au risque d'en être le martyr. Nommé professeur de l'université, il écrivit aussitôt à Descartes, qu'il ne connaissait pas encore, pour le remercier du service qu'il lui avait rendu, sans le savoir, en lui demandant ses leçons et ses conseils, et le suppliant de ne pas abandonner son propre ouvrage. Empressé d'accueillir un si fervent disciple, Descartes, pour le former et le diriger, n'épargna ni le temps ni les conseils. Il répondait à toutes ses questions, il corrigeait tous ses écrits, il le recevait dans sa demeure avec sa femme et ses enfants. Pendant plusieurs années, Régius se montra docile, et fut le disciple bien-aimé. Cependant, emporté par la fougue de son caractère, plus d'une fois il donna prise, sans nécessité, à ses adversaires, et suscita contre lui, et contre la philosophie nouvelle, des persécutions, qu'il eût évitées, s'il se fut mieux conformé aux conseils de Descartes. C'est ainsi qu'il fit soutenir par un de ses élèves, de Ræy, qui devait être aussi bientôt un habile professeur cartésien, des thèses publiques, où la philosophie de l'Ecole était vivement attaquée et tournée en ridicule. De là un grand tumulte dans l'assemblée excité par les professeurs péripatéticiens et leurs élèves.

A la tête de ces professeurs péripatéticiens était Gisbert de Voët ou Voëtius (1), qui venait d'être élu recteur de l'université. Arrêtons-nous un peu sur ce personnage, le plus violent et le plus redoutable des adversaires de Descartes en Hollande, le chef d'une secte de fanatiques zélateurs d'Aristote et de l'orthodoxie protestante. Voëtius était un professeur de théologie, un prédicateur véhément et populaire, jouissant d'un certain crédit auprès des magistrats et du peuple, par le zèle que, en toute occasion, il affichait pour la religion réformée et pour

(1) Né en 1593, professeur de théologie et de langues orientales à l'Académie d'Utrecht. Indépendamment de ses écrits contre Descartes, il a composé une foule d'ouvrages théologiques. Il est mort en 1685.

l'orthodoxie du synode de Dordrecht, contre les arminiens, contre les papistes et tous les dissidents (1). C'est un de ces types de fanatisme et d'hypocrisie, un de ces insulteurs et accusateurs d'office, que trop souvent on rencontre dans l'histoire des luttes et des persécutions de la philosophie. Ennemi de toutes les nouveautés et défenseur de toutes les anciennes doctrines, avant d'attaquer les cartésiens, il s'était élevé avec la plus grande violence contre celui qui, le premier, dans l'université, avait enseigné la circulation du sang. L'intérêt prétendu de l'état, de l'école et de l'église, la perfidie, la violence ouverte, les thèses, les pamphlets, les dénonciations à l'université et aux magistrats, tout lui fut bon pour perdre Descartes. Déjà il avait insinué et répandu l'accusation d'athéisme dans des thèses sur l'athéisme, où, sans le nommer, il le désignait clairement. Il semble que Descartes, entre tous les philosophes, devait être à l'abri d'une telle accusation, mais comme elle parut à Voétius plus propre que toute autre à faire impression sur les esprits, c'est elle qu'il cultiva de préférence. En même temps que l'athéisme, et sans beaucoup se soucier de concilier ensemble ces deux accusations, il reprochait à Descartes sa religion, il le représentait comme un élève, un ami, un espion des jésuites, un jésuite de la pire espèce, *jesuitaster*, dangereux pour les lois et la religion de la Hollande (2). C'est ainsi qu'il cherchait à exciter les esprits

---

(1) Voici le portrait qu'en fait Descartes dans sa lettre au P. Dinet : « C'est un homme qui passe dans le monde pour théologien, pour prédicateur et pour un homme de controverse et de dispute, lequel s'est acquis un grand crédit parmi la populace, de ce que déclamant tantôt contre la religion romaine, tantôt contre les autres qui sont différentes de la sienne, et tantôt invectivant contre les puissances du siècle, il fait éclater un zèle ardent et libre pour la religion, entremêlant aussi quelquefois dans ses discours des paroles de raillerie qui gagnent l'oreille du menu peuple. » (Édit. Cousin, t. IX, p. 34.)

(2) Néanmoins ce saint réformé, comme l'appelle Descartes, ne s'était pas fait scrupule d'écrire à un moine catholique (au P. Mersenne) pour lui proposer de faire cause commune avec lui contre Descartes, comme

contre la philosophie nouvelle et contre Descartes (1). Mais, avant de s'attaquer au maître lui-même, il voulut le frapper dans la personne de son disciple.

Aux thèses de Régius, il en opposa d'autres où il faisait soutenir par ses élèves, que le mouvement de la terre est évidemment contraire à l'Écriture sainte, que la physique qui rejette les formes substantielles, ne peut s'accorder avec Moïse, que l'opinion de ceux qui enseignent que l'homme, composé de l'âme et du corps, est un être par accident et non de soi-même, est absurde et erronée. Cette dernière proposition, qui fut, non sans raison, sévèrement blâmée par Descartes, s'était en effet glissée dans la discussion des thèses de Régius, et Voétius ne manqua pas d'en tirer parti. Enfin toute cette philosophie était représentée comme dangereuse et comme favorable au scepticisme. On pense bien que, dans la discussion, ni Régius ni Descartes lui-même ne furent ménagés.

Régius s'empressa de transmettre à Descartes le récit de toute l'affaire et un plan de réponse. Descartes le blâme d'avoir heurté l'École de front, et lui conseille de ne pas répondre, ou du moins de ne le faire que dans les termes les plus modérés, et surtout de rétracter cette proposition malheureuse, que l'homme est un être par accident. Il lui envoie même un projet de réponse qui est un modèle d'habileté et de modération (2). Régius ne suivit qu'à moitié les conseils de Descartes; il fit une réponse convenable et modérée dans la forme, mais dans laquelle il ne rétracta rien (3), et qui, comme Descartes l'avait prévu, n'eut d'autre

contre l'ennemi commun de toute religion. Mais il s'était mal adressé, ne connaissant pas sans doute l'amitié du P. Mersenne pour Descartes. Le P. Mersenne envoya la lettre de Voétius à Descartes, qui en tira bon parti contre l'hypocrisie de son adversaire, l'accusant, ce qui devait faire quelque impression en Hollande, d'aller chercher des auxiliaires contre lui parmi les moines jusqu'au fond des cloîtres de France.

(1) Voir une page éloquente de Malebranche contre Voétius dans le vɪᵉ chap. du IVᵉ livre de la *Recherche de la vérité*.
(2) Édit. Cousin, t. VIII, p. 614.
(3) *Responsio seu notæ ad corollaria theologico-philosophica*, etc.

effet que d'irriter encore davantage Voétius et ses partisans. A force d'intrigues, Voétius parvint à obtenir des magistrats une sentence qui ordonnait à Régius de se renfermer dans ses leçons de médecine, et qui lui interdisait de donner des leçons particulières. En même temps que la réponse de Régius, il réussit à faire condamner la philosophie nouvelle, *philosophia nova et præsumpta*, par la majorité des professeurs dans l'assemblée générale de l'université, comme contraire à l'ancienne et à la vraie philosophie, comme détournant la jeunesse de l'étude et de l'intelligence des termes scholastiques, sans lesquels il est impossible d'arriver, disait-il, au comble de l'érudition, et enfin comme conduisant au scepticisme et à l'irréligion (1).

Non content de ce premier succès, après avoir frappé le disciple, Voétius songe à porter ses coups plus haut et à frapper le maître lui-même. Cependant, n'osant pas entrer encore ouvertement en lice, il met d'abord en avant un de ses élèves, Martin Schoockius qui, sous sa dictée, écrit contre Descartes un livre diffamatoire intitulé : *Methodus novæ philosophiæ Renati Descartes*, où Descartes était accusé d'athéisme et comparé à Vanini. Descartes répondit par une lettre (2), qu'il adressa, non pas à Schoockius, mais à Voétius, comme au véritable auteur du livre. Dans cette lettre, pleine de bon sens, d'éloquence et d'ironie, il mettait au néant les calomnies de son adversaire contre sa

---

(1) Voir ce jugement rendu le 16 mars 1642 dans la lettre de Descartes au P. Dinet.

(2) Lettre à Gisbert Voët sur deux livres récemment publiés à Utrecht par Voët, l'un sur la confrérie de Marie, l'autre sur la philosophie cartésienne, tous deux de même format in-12, des mêmes presses et chez le même imprimeur. Ces ressemblances extérieures contribuèrent à confirmer Descartes dans la pensée que Voétius était l'auteur du second comme du premier. Dans son *Commentaire sur le Discours de la Méthode*, le P. Poisson apprécie ainsi cette défense de Descartes : « Sans doute, un savant homme n'a dit que la vérité, lorsque, parlant de l'apologie où M. Descartes se plaint de Voétius, il juge que Descartes n'eût pas été moins parfait orateur qu'excellent philosophe, s'il eût voulu donner à l'étude de l'éloquence une partie du temps qu'il a employé à la recherche de la nature. »

personne et sa doctrine, il démasquait son ignorance, son hypocrisie et sa mauvaise foi.

Voétius, directement attaqué, redouble de fureur ; il circonvient les magistrats, obtient une sentence qui condamne, comme diffamatoire, cette lettre de Descartes et une autre lettre, au P. Dinet, où il racontait toute sa querelle avec Voétius, et faisait un portrait fort peu flatté de son adversaire. L'auteur lui-même, comme un criminel, fut cité, au son de la cloche, à comparaître sous la double accusation d'athéisme et de calomnie. L'affaire devenait grave ; à tout le moins, Descartes, qui était venu chercher la paix en Hollande, risquait-il d'être condamné à une forte amende et de voir ses livres brûlés par la main du bourreau. Déjà même Voétius avait fait, si nous en croyons Baillet, un marché avec le bourreau pour ne pas épargner le bois, afin qu'on vît la flamme de loin. Heureusement Descartes, qui alors ne résidait pas dans la province d'Utrecht (1), fut informé à temps de cette inique procédure, et put la faire casser par la protection de l'ambassadeur de France et du prince d'Orange. « J'ai dû recourir à vous, écrit-il à l'ambassadeur, pour leur apprendre que je ne suis point un banni et faire cesser, par votre entremise, leurs desseins contre moi (2). » Lui-même dans une lettre, non moins ferme et éloquente que celle à Voétius, avait demandé satisfaction aux magistrats, et protesté contre l'iniquité de leur sentence, de leurs poursuites, et contre l'interdiction de tous les ouvrages en sa faveur (3). Les magistrats de la ville d'Utrecht furent blâmés par les États de la province.

Encouragé par ce premier succès, Descartes, à son tour,

---

(1) Il y avait près de six semaines, dit Baillet, qu'il avait quitté le voisinage de Leyde pour retourner en nord Hollande et se loger à Egmond.

(2) M. Foucher de Careil a découvert à la bibliothèque de La Haye une partie fort intéressante de la lettre ou mémoire de Descartes à M. de la Thuillière, ambassadeur de France. (*Œuvres inédites de Descartes*, 2e part.)

(3) Lettre apologétique aux magistrats de la ville d'Utrecht, édit. Cousin, t. IX, p. 250.

reprend l'offensive et cite Schoockius comme calomniateur devant le sénat académique de l'université de Groningue, où il avait été professeur. L'affaire tourna à la confusion de Voétius que Schoockius accusa d'avoir falsifié son manuscrit, et d'y avoir ajouté, de sa main, la comparaison avec Vanini. Quant à lui, il déclara qu'il ne tenait nullement Descartes pour un impie et pour un athée semblable à Vanini. Ces protestations et ces rétractations furent consignées dans la sentence du sénat qui engagea Descartes à s'en contenter. Descartes sortit donc avec honneur, et à son avantage de cette querelle avec Voétius. Au retour du voyage qu'il fit en France à cette époque, il put continuer à vivre et à philosopher en paix au milieu de la Hollande.

Mais bientôt il fut obligé de désavouer hautement celui qui avait été, non pas le martyr, mais le premier confesseur de sa philosophie. En effet Régius, qui lui avait toujours donné beaucoup d'exercice pour le retenir, comme dit Baillet, devenait de plus en plus infidèle au véritable esprit de sa philosophie, surtout depuis qu'il s'était mis à dogmatiser sur la nature de l'âme raisonnable. Pendant le voyage de Descartes en France, en 1644, il commença de s'affranchir tout à fait de son autorité et de ses conseils, en dressant les essais d'une philosophie à sa mode. Cependant, une dernière fois encore, il fit preuve de quelque déférence pour son illustre maître, en lui soumettant son ouvrage. Mécontent des nombreuses hérésies qui y étaient contenues, Descartes répondit qu'il ne pouvait lui donner une approbation générale. Régius ayant résisté et cherché à justifier ce qu'il avait écrit, s'attira cette dure réplique : « Qu'il n'était pas encore assez versé en mécanique et en théologie pour en écrire et qu'il ne voulait pas qu'il le rendît participant de ses égarements en métaphysique ni de ses visions dans la physique et dans la médecine. » Il s'affranchit alors de toute soumission, et passa outre par une lettre injurieuse pour Descartes. Rien ne l'obligeait, disait-il, à refuser l'impression d'un ouvrage dont on pouvait espérer quelque utilité. Il le fit imprimer, sans rien corriger, sous le titre de *Fundamenta physicæ*, en 1646.

Descartes dut désavouer ce disciple infidèle dans la préface de la traduction française des *Principes* (1). On peut juger à quel point Régius s'écartait de la vraie doctrine du maître par un petit livre, qu'il publia l'année suivante, sous le titre d'*Explication de l'esprit humain ou de l'âme raisonnable, où l'on montre ce qu'elle est et ce qu'elle peut être*. Non content de la publicité du livre, il avait fait afficher sur les murs d'Utrecht, en forme de placard, 21 articles qui en étaient le résumé, s'engageant à les soutenir contre tous, suivant l'ancienne mode des universités (2). On en eût pris l'auteur pour un disciple de Hobbes ou de Gassendi, plutôt que pour un disciple de Descartes. Régius en effet, après avoir d'abord soutenu que l'homme est un être par accident, s'engageait ici à prouver que l'esprit peut être un mode de la substance corporelle. Quant aux preuves de l'existence de Dieu, il prétendait qu'il n'y en a pas d'autres que l'observation des choses extérieures ou la révélation. Descartes pensant devoir encore désavouer Régius, qu'on était accoutumé à regarder comme son organe, fit paraître une forte et incisive réfutation de tous les articles du placard (3). Telle est l'histoire abrégée du schisme de Régius, comme dirent les cartésiens qui compa-

---

(1) « A cause qu'il a mal transcrit et changé l'ordre, et nié quelques « vérités de métaphysique sur qui toute la physique doit être appuyée, « je suis obligé de le désavouer entièrement et de prier ici les lecteurs « qu'ils ne m'attribuent jamais aucune opinion, s'ils ne la trouvent ex- « pressément en mes écrits. »

(2) Voir ce placard, édit. Cousin, t. X, p. 75.

(3) « *Renati Descartes notæ in programma quoddam sub finem anni* 1647 « *in Belgio editum cum hoc titulo : Explicatio mentis humanæ sive* « *animæ rationalis, ubi explicatur quid sit et quid esse possit.* » Il y traite Régius avec beaucoup de hauteur et de dureté, et termine par ce nouveau désaveu : « Je me sens obligé d'avertir ici tous ceux qui le tiennent « pour un grand défenseur de mes opinions, qu'il n'y en a presque aucune, « non-seulement en ce qui concerne les choses métaphysiques, mais aussi « en celles qui concernent les choses physiques, qu'il ne propose mal et « dont il ne corrompe le sens. » (Édit. Cousin, t. X, p. 70.)

rèrent son ingratitude à l'égard de Descartes, à celle d'Aristote pour Platon, ou de Maxime le Cynique pour Grégoire de Nazianze.

Cependant l'université de Leyde, comme celles d'Utrecht et de Groningue, était déjà agitée par la philosophie nouvelle. Introduite par Heereboord, professeur de théologie, et par Jean de Ræy, professeur de philosophie, elle eut bientôt à lutter contre d'autres Voétius, dans la personne des deux théologiens Révius et Triglandius qui, en 1647, firent soutenir des thèses publiques où Descartes était accusé d'avoir avancé, qu'il faut douter de l'existence de Dieu et que Dieu est un imposteur. Descartes s'adressa aux curateurs de l'université et aux consuls de la ville pour demander justice de ces calomnies. Ceux-ci, dans l'intérêt de la paix publique, pensèrent ne pouvoir faire mieux que d'interdire dans l'université toute mention de Descartes et de ses opinions. Mais Descartes, mécontent à bon droit de cette décision, qui équivalait à une proscription de sa doctrine, insista pour une réparation plus sérieuse et, comme dans l'affaire d'Utrecht, il s'adressa, par l'intermédiaire de l'ambassadeur de France, au prince d'Orange. Grâce à l'intervention du prince, cette fois encore il obtint quelque satisfaction. Les théologiens furent invités à s'abstenir de toute injure contre Descartes, et les curateurs déclarèrent que leur intention n'avait pas été de proscrire les opinions de Descartes, mais de prévenir les querelles dans le sein de l'université.

Telles sont les luttes personnelles que Descartes eut à soutenir en Hollande, luttes où il fit preuve d'esprit, d'habileté et de fermeté, mais où néanmoins il aurait probablement succombé sans sa qualité de gentilhomme, et sans les personnages puissants qui intervinrent en sa faveur.

Les progrès de sa philosophie en Hollande ne furent pas moins rapides après sa mort que pendant sa vie. Pendant près d'un demi-siècle, les églises et les écoles furent troublées par les luttes des partisans de l'ancienne et de la nouvelle philosophie. Dans toutes les universités hollandaises, dans les universités voisines de l'Allemagne, dans la Belgique espagnole, nous trouvons des professeurs cartésiens de philosophie, de théologie, de physique, de médecine et de mathématiques. Passons-les rapidement en revue, avant de consacrer une étude spéciale à ceux qui en sont dignes par l'importance de leur rôle ou l'originalité de leurs doctrines. A Utrecht, déjà nous avons fait connaître Réneri et Régius. Nous nommerons encore Jean de Bruyn, professeur de philosophie, qui expliqua publiquement, sans aucun empêchement des curateurs, les ouvrages de Descartes (1), Pierre Burmann, professeur de théologie, qui fut recteur de l'université, et Lambert Welthuysen, quoiqu'il n'appartienne pas à l'université, mais seulement à la ville d'Utrecht. Welthuysen n'était ni théologien ni professeur, comme il le dit dans la préface d'une dissertation sur le mouvement de la terre, *privatus, ab omni administratione publicorum munerum alienus, liber in libera republica, non theologus*. Ses divers écrits sont remarquables par la hardiesse de son rationalisme appliqué aux Écritures, et par une tendance à l'empirisme qui le rapproche de Régius. Sa morale, fondée tout entière sur le principe de la conservation de soi-même, lui a attiré l'accusation de hobbisme. Il a composé plusieurs dissertations sur l'usage de la raison dans les choses théologiques et sur le mouvement de la terre. On le voit en lutte contre les plus violents adversaires de la philosophie nouvelle ; il a aussi réfuté Meyer et Spinoza, mais avec une si grande bienveillance, qu'il s'est rendu suspect de pencher lui-même en leur faveur, et s'est fait accuser de socinianisme. On trouve, dans ses nombreux Traités ou Dissertations et dans ses préfaces, les plus intéressants détails sur l'histoire du cartésianisme en Hollande (2).

(1) Il est l'auteur d'un ouvrage intitulé : *De cognitione Dei naturali disputatio*.
(2) Tous ses ouvrages ont été réunis et publiés ensemble. — « *Lamberti Welthuysii ultrajectini opera omnia ante quidem separatim tam belgice*

Mais si l'université d'Utrecht peut se vanter d'avoir, la première, enseigné publiquement la philosophie de Descartes, Leyde, la plus florissante université de la Hollande au dix-septième siècle, l'a emporté par le nombre et le talent de ses professeurs cartésiens. Là nous rencontrons de Ræy, Heereboord, Heidanus, Wittichius, Geulincx, Volder. Le cartésianisme y fut introduit par Jean de Ræy, professeur de médecine et de philosophie, et par Heereboord, professeur de théologie. Élève de Régius, de Ræy fut plus fidèle à Descartes que son maître et, instruit par son exemple, il se garda de heurter l'École de front. En effet, dans la préface de son ouvrage sur la philosophie naturelle, il annonce qu'éclairé par Descartes, il ne veut pas détruire, mais purifier la scholastique. Il prétend même retrouver la matière subtile dans Aristote; enfin il donne à sa doctrine le titre d'*aristotélico-cartésienne* (1), alliant ensemble l'ancienne et la nouvelle philosophie. C'est lui qui eut la gloire d'initier au cartésianisme Clauberg qui, dans la préface de sa *Logique*, rapporte que Descartes louait de Ræy d'être celui qui enseignait le mieux sa philosophie (2).

Heereboord ne fut pas un moins habile et un moins zélé propagateur du cartésianisme. Il a publié un grand nombre de discours et de thèses sous le titre de *Meletemata philosophica* (3). Le nom de Descartes, alors proscrit par un décret des curateurs de l'université, ne s'y trouve pas, mais son esprit y est partout. Heereboord proteste

« *quam latine, nunc vero conjunctim latine edita*, quibus accessere duo
« tractatus novi, hactenus inediti, prior est de articulis fidei fundamen-
« talibus, alter de cultu naturali, oppositus tractatui theologico-politico
« et operi posthumo Benedicti de Spinoza. » (Rotterd., 1680, 2 vol. in-4°.)

(1) « *Clavis philosophiæ naturalis, seu introductio ad naturæ contem-
« plationem aristotelico-cartesiana*, auctore Joanne de Ræy, medicinæ
« doctore. » (Lugd.-Batav., 1654, petit in-4°.

(2) « Quem ipse philosophus ornavit testimonio quod suam optime do-
« ceret philosophiam. »

(3) « *Meletemata philosophica maximam partem metaphysica.* » 1 vol.
in-4°, 1654.

contre le joug d'Aristote, et réclame la liberté philosophique, dans un discours, *De libertate philosophandi*, qu'il prononça en 1647. Dans la préface des *Meletemata*, il prévient le lecteur qu'il ne fera pas parler seulement Aristote et saint Thomas, mais aussi Patricius, Ramus et Descartes, car il n'est ni le *mastyx*, ni le martyr, ni le *momus* ou le *mimus* d'aucun philosophe. Dans une lettre aux curateurs de l'université, à la suite de cette préface, il se plaint qu'au mépris de leur décret, auquel il n'a pas cessé de se conformer, les théologiens Révius et Triglandius ont fait soutenir des thèses contre Descartes. Dans l'une d'elles, à ce qu'il raconte, le président furieux ayant enlevé la parole à l'opposant, de Ræy, les étudiants prirent le parti des cartésiens et il y eut un grand tumulte dans l'université. Heereboord, attaqué aussi dans ces thèses, obtint, à force de plaintes et de réclamations, de faire soutenir par une sorte de compensation, une thèse cartésienne sur la connaissance naturelle de Dieu par l'idée que nous en avons. Après Heereboord, nous trouvons encore dans la même université un professeur de théologie non moins zélé cartésien, Abraham Heidanus.

C'est Heidanus qui recueillit et protégea Geulincx obligé de fuir de Louvain, et qui lui obtint le droit de donner des leçons particulières dans l'université (1). Il n'est pas de traverses et de persécutions auxquelles Heidanus ne se soit bravement exposé pour l'amour de Descartes. Les Voétiens réussirent, en 1676, à force d'intrigues, non-seulement à faire condamner vingt propositions, soit philosophiques, soit théologiques (2), qu'ils prétendaient fidèle-

(1) *Dictionnaire critique de Bayle*, art. HEIDANUS.
(2) Voici les propositions philosophiques : Que la philosophie est séparée de la religion, — que le monde est sorti de certains principes comme de semences, — qu'il est infini, — que l'âme de l'homme n'est qu'une pensée, en sorte que l'homme pourrait vivre et se mouvoir sans elle, — que Dieu peut tromper s'il veut, — qu'il faut douter de tout, même de l'existence de Dieu, — que les hommes ont une idée complète de la divinité, — que la philosophie est l'interprète de l'Écriture sainte, etc. (Voir l'Éloge de M. de Volder dans la *Bibliothèque choisie* de Leclerc, XVIII° vol.)

ment extraites de son cours et de celui de Volder, professeur de philosophie, mais encore à faire défendre, par les bourgmestres de la ville et par les curateurs de l'université, à tous les professeurs d'enseigner la métaphysique de Descartes, en public, ou en particulier, ni d'en tirer aucune thèse, sous peine aux contrevenants d'être déposés et chassés de l'université. Heidanus, avec Volder et avec Wittichius, alors professeur de théologie à l'université de Leyde, protesta par un écrit, qu'il voulut prendre tout entier sous son nom et sous sa responsabilité (1). Aussi fut-il destitué de sa chaire de philosophie, tandis que Volder, avec un peu de circonspection, put continuer à enseigner le cartésianisme, et même plus tard, en 1690, faire attaquer, pendant trois années successives, par des thèses de ses élèves, les points fondamentaux de la *censure* de Huet (2).

Le jugement rendu contre Schoockius nous a déjà montré l'université de Groningue favorable à Descartes. Presque tous les professeurs, selon Welthuysen, y étaient cartésiens. Il faut signaler Maresius, professeur de théologie, qui a traduit en latin les *Passions de l'âme*, et Jean Gousset, savant orientaliste, auteur de plusieurs dissertations en faveur du cartésianisme (3). Mais le plus remarquable de tous les professeurs cartésiens de cette université est Tobie André, professeur d'histoire et de langue grecque (4). Tobie André défend à la fois Des-

(1) « *Considerationes ad res quasdam nuper gestas in Academia, Lugduni-Batavorum.* »

(2) Parmi les professeurs cartésiens de cette université, nous citerons encore Craden, célèbre médecin, auteur d'un ouvrage intitulé : *Œconomia animalis ad circulationem sanguinis breviter delineata*, où il suit fidèlement Descartes.

(3) Il est l'auteur de deux dissertations intitulées : « *Cartesianum mundi systema non ut quidam existimant periculosum esse. — Causarum primæ et secundarum realem operationem rationibus confirmatam et ab objectionibus defensam.* » Amst., 1695.

(4) Né, en 1604, à Braunfeld, dans les provinces rhénanes. Il fit ses études à Herborn et à Brême, et devint professeur à l'Université, après avoir été précepteur particulier dans la ville de Groningue. Il mourut en 1674.

cartes contre le théologien Révius et contre Régius, le disciple infidèle, ne voulant pas qu'on abuse de ses erreurs au préjudice de la philosophie de Descartes (1). Il traite Régius avec douceur, et comme un frère égaré, mais tout en rendant justice à ses bonnes intentions, à son amour pour la liberté philosophique, il le déclare un déserteur du cartésianisme : *In prima philosophia, iisque quæ ad res spirituales, mentem humanam Deumque spectant, manifestus est cartesianarum sententiarum desertor, demonstrationumque ejus oppugnator.* A l'égard de Révius, il ne garde aucun ménagement et, par justes représailles, il prodigue les injures (2). D'abord il cite textuellement les articles du placard de Régius et, en regard, les notes ou la réponse de Descartes, puis la réplique de Régius et, en dernier lieu, il place sa propre réfutation de cette réplique, à laquelle Descartes n'avait pas jugé à propos de répondre. Tobie André, dans cette discussion, rétablit parfaitement le véritable sens de la philosophie de Descartes contre les attaques de Révius et contre les fausses interprétations de Régius.

L'université de Franékère était aussi un foyer de cartésianisme et de théologie rationaliste. Le cartésianisme y fut introduit par Alexander Roellius qui le démontra dans deux dissertations, l'une sur la religion naturelle, et l'autre sur les idées innées (3). Là nous ren-

---

(1) « *Brevis replicatio reposita brevi explicationi mentis humanæ sive animæ rationalis Henrici Regii, notis Cartesii in programma ejusdem argumenti firmandis veritatique magis illustrandæ,* » in-12, 1653. — « Idem professor, collegia super Cartesio habet, publicisque disputationibus opiniones ejus propugnat. » (Welthuysii *Opera omnia*, t. II, p. 1040.)

(2) Révius fut un des plus violents et des plus infatigables adversaires de Descartes en Hollande. Aucun autre n'a fait soutenir plus de thèses, ni publié plus de livres ou de pamphlets contre la philosophie nouvelle. Nous citerons : *Methodi cartesianæ consideratio theologica,* — *Statera philosophiæ cartesianæ,* — *Furiosum nugamentum,* contre le doute méthodique. — *Antiwittichius,* etc.

(3) « *Institutiones philosophicæ de theologia naturali duæ et de ideis innatis una.* » Franc., 1662.

controns encore Ruardus Andala, professeur de philosophie (1), qui s'attacha à conserver dans toute sa pureté la philosophie de Descartes, en combattant les excès dans lesquels étaient tombés quelques-uns de ses disciples. Andala a composé plusieurs dissertations, plus remarquables par le bon sens que par la force et l'originalité, contre Geulincx, Deurhoff et Spinoza (2). Il admet que la conservation des créatures n'est qu'une création continuée, qu'elles dépendent absolument de Dieu, non-seulement *in τῷ esse*, mais aussi *in τῷ operari*, que tous les mouvements de notre corps et toutes les pensées de notre esprit viennent de Dieu, mais néanmoins il soutient la réalité des causes secondes et l'action de l'âme sur le corps. Il a défendu contre Leibniz la notion cartésienne de la substance, renvoyant à l'auteur de la monadologie lui-même le reproche d'ouvrir les voies au spinozisme. La meilleure preuve qu'il n'a pas compris Leibniz, c'est le conseil qu'il lui donne, de renoncer à la philosophie, sous prétexte que les mathématiciens ne font que l'embrouiller et n'entendent rien aux choses purement physiques ou métaphysiques. Balthazar Bekker, dont il sera question dans le chapitre suivant, prit à Franékère son titre de docteur, et exerça pendant quelque temps les fonctions de prédicateur dans les environs de cette ville.

Fondée par le prince d'Orange, en 1646, l'*École illustre* de Bréda fut cartésienne dès l'origine (3). C'est un ami de Descartes, M. Pollot, qui tout d'abord fut nommé à la chaire de philosophie et de mathématiques. La philosophie y fut aussi enseignée par le pasteur Jean Schuler qui a reproduit la plupart des doctrines de Descartes, mais en évitant de le nommer, sans doute par crainte des décrets de quel-

---

(1) Ruardus Andala est né en 1665 dans la Frise ; il a professé à Franékère depuis 1713 jusqu'à 1727, année de sa mort.

(2) « *Dissertationum philosophicarum Pentas,* » in-4°, *Franekerœ*, 1712.

(3) « Je me réjouis, dit Descartes, à propos de cette fondation, d'apprendre qu'on veuille ainsi faire fleurir les sciences en une ville où j'ai été soldat. » (*Œuvres inédites*, 2º partie, p. 39.)

que synode (1). Nimègue, Harderwick, Duisbourg, Herborn, universités hollandaises ou voisines de la Hollande, furent aussi cartésiennes. Wittichius a enseigné à Nimègue, avant d'enseigner à Leyde, et Clauberg a fait triompher la philosophie de Descartes dans les deux universités d'Herborn et de Duisbourg, où il a été successivement professeur.

Le cartésianisme s'établit dans la Belgique catholique comme dans la Hollande protestante. Il triompha à Louvain, en dépit du nonce apostolique et des Jésuites, comme à Utrecht et à Leyde, en dépit des théologiens réformés. En 1652, Plempius, professeur de médecine, provoque tous ses collègues à proscrire la philosophie de Descartes au nom de la paix, et même au nom de la santé publique, compromise, selon lui, par les applications à la médecine des principes de la physiologie cartésienne (2). A l'appel de Plempius, trois professeurs en théologie censurèrent individuellement la doctrine de Descartes, l'accusant de reproduire celle de Démocrite et d'être incompatible avec le sacrement de l'eucharistie (3). L'un d'eux, le docteur Wolf ou Lupus se rétracta plus tard, et fit plus de bien, par cette rétractation, à la philosophie nouvelle, qu'il ne lui avait fait de mal en la condamnant. Cependant le nonce apostolique de Bruxelles, Jérôme Vecchio, s'inquiète et s'alarme du progrès des idées cartésiennes dans l'université de Louvain. Le 1er juillet 1662, il avait écrit à la faculté des arts pour la blâmer de laisser

---

(1) *Philosophia nova methodo explicata*, in-4°, 1663, La Haye.

(2) « Talia tanquam vera adolescentes docere, imprudenter agitur, imo « addo et reipublicæ perniciose. Juvenes enim illa doctrina informati ad « altiores scientias capessendas sunt inepti. Amplius dico vitæ suæ et « valetudini est nocitura. » (*Fundamentum medicinæ*, in-4°, Lov., 1654.)

(3) Ces censures ont été publiées par Plempius à la fin de son *Fundamentum medicinæ*. M. l'abbé Ubaghs, dans une note sur la proscription du cartésianisme à Louvain, à la suite d'un opuscule sur le dynamisme publié en 1852, déclare conformes aux procès-verbaux de la faculté de théologie ces censures rapportées par Plempius, comme aussi les détails qu'il donne dans sa préface sur toute cette affaire.

enseigner une philosophie dangereuse à la foi catholique. Le 29 août, à l'occasion de thèses cartésiennes de médecine, il s'émeut de nouveau et écrit une lettre au recteur, où il lui ordonne de soumettre à la faculté de théologie un certain nombre de propositions qui lui paraissent particulièrement suspectes, au premier rang desquelles figure la négation des accidents réels comme incompatible avec l'eucharistie (1) : « Étant donc urgent, dit-il, en terminant, de s'opposer activement à un mal qui gagne peu à peu, je vous recommande instamment de consulter les docteurs en théologie et autres personnes habiles et prudentes pour l'examen de ces thèses, afin que si on y trouve quelques propositions infectées de cartésianisme, vous les interdisiez d'une manière absolue, ou que vous retranchiez au moins celles qui contiennent les nouveautés de Descartes. Vous ferez en cela, et toute l'université, une chose fort agréable à Sa Sainteté qui s'informera de votre vigilance. » Le recteur s'empresse de soumettre ces thèses à la faculté de théologie qui les condamne et en interdit la

(1) Voici, d'après Plempius, la lettre de Jérôme Vecchio au recteur : « Hortatus nuper fui venerandam facultatem artium ut conaretur Epicureis dogmatibus Cartesianæ philosophiæ resistere et antiquam Aristotelicam doctrinam tueri. Et ipsi quidem libenter hortationem nostram amplexi, ita se facturos promiserunt. Licet autem hoc pro omnibus generaliter et præsertim pro medicis sufficere putaverim, en tamen prodeunt theses cum impertinentibus, 29 Augusti mane propugnandæ, in schola medica, in quibus non agnoscuntur in corporibus nisi motus, quies, motus, figura et magnitudo, quod videtur sacrosanctum altaris mysterium subvertere. — Argumenta quæ brutis animam asserunt non esse probabilia. — Dubium esse an vivant bruta. — Nihil sub cœlo esse novi, seposita anima rationali ; videlicet, prout intelligi puto ab auctore, nullas animas, nullas qualitates de novo produci, quia nullæ sint. Omitto laudes quæ Cartesio tribuuntur. Cum itaque gliscenti huic malo remedium sedulo opponi oporteat, sedulo commendo dominationi vestræ, ut statim adhibito theologorum aliorumque prudentium virorum consilio, discutiat memoratas theses, et si quæ propositiones cartesianis erroribus obnoxiæ in iis reperiantur, vel theses ipsas prohibere velit in totum, vel emendare ut saltem propositiones quæ Cartesii novitatem continent seu sapiunt, expungantur, etc. »

discussion (1). Cette condamnation des principes cartésiens par l'université de Louvain a précédé les condamnations de toutes les autres universités catholiques, et elle a préparé celle de la congrégation de l'index qui l'a suivie de près. Néanmoins le cartésianisme, avec plus ou moins de réserve, avec ou sans le nom de Descartes, continua aussi d'être enseigné dans l'université de Louvain. Baillet affirme que, depuis quarante ans, cette université n'est presque composée que de cartésiens, malgré, dit-il, les jugements de certains docteurs en 1654 (2). Selon Rohault, la doctrine de Descartes, autrefois rejetée par l'école de Louvain, y est maintenant bien reçue, et de seize professeurs, il y en a quatorze qui l'enseignent (3). D'ailleurs, M. Prouhet nous a récemment appris que des thèses cartésiennes furent solennellement soutenues dans cette université, en 1697, par des moines du tiers-ordre de Saint-François, et que ces thèses, ce qui étonnera encore davantage, étaient dédiées à ce même Jérôme Vecchio que nous venons de voir si ardent contre l'envahissement du cartésianisme. Avait-il changé de sentiment, ou bien était-il plus tolérant pour des moines que pour des laïques (4)?

---

(1) « Quasdam tanquam temerarias, toti antiquitati insultantes, pro-
« fanæ novitati applaudentes, exoticas, in fide periculosas, intolerabiles ;
« alias ut falsas, insulsas, præsumptuosas, venerandæ antiquitati inju-
« riosas, erroneas, etc. »

(2) *Vie de Descartes*, liv. VIII, chap. IX.

(3) *Entretiens de philosophie*, 1er entretien.

(4) Voir la *Revue de l'instruction publique*, du 16 février 1860. Voici le titre de la dissertation : « *Philosophia universa de microcosmo quam*
« *preside Ægidio Gabrieli tertii ordinis sancti Francisci philosophiæ*
« *professore, defendent* » (suivent les noms de cinq frères du même ordre). Petit in-fol. de 310 pages, *Antuerpiæ*, 1667. L'ouvrage commence par une dédicace à Jérôme de Vecchio, au nom de l'ordre tout entier. Quant aux thèses soutenues, elles sont entièrement cartésiennes, en physique, comme en métaphysique, ainsi qu'on peut en juger par quelques citations : Tout ce que nous concevons aussi clairement que cette proposition, je pense, est vrai. — La cause de l'idée de Dieu, qui est innée, est Dieu lui-même.
— L'essence du corps est l'étendue, celle de l'âme la pensée. — L'âme humaine réside dans la glande pinéale.

Ajoutons que l'université de Louvain, pendant le dix-septième siècle, s'est fait remarquer par un certain esprit d'indépendance en théologie et par une propension aux doctrines de Jansénius qui, plus d'une fois, la mit aux prises avec les nonces de Bruxelles et avec les jésuites (1). Dans la Belgique comme en France, il y eut une sorte d'alliance entre le jansénisme et le cartésianisme.

(1) Arnauld, dans plusieurs de ses lettres, se plaint de la servitude à laquelle les internonces de Bruxelles veulent réduire les docteurs de Louvain.

CHAPITRE XIII

Suite du tableau général du cartésianisme en Hollande. — Caractères divers des cartésiens hollandais. — Ouvrages innombrables, thèses, commentaires, expositions, apologies, poésies en faveur de Descartes. — Encyclopédie cartésienne, Étienne Chauvin. — Des voétiens et de leurs intrigues. — Descartes comparé à Démocrite et à Ignace de Loyola. — Accusations de scepticisme, d'athéisme, d'incompatibilité avec la Bible. — Question du mouvement de la terre. — Tendance des cartésiens hollandais à soumettre l'Écriture et la théologie à la raison. — Les théologiens dissidents font cause commune avec le cartésianisme. — Coccéius et sa secte. — Le coccéianisme et le cartésianisme associés ensemble. — Alarmes et attaques des théologiens orthodoxes. — Décrets des synodes et des universités. — Leur impuissance. — Triomphe du cartésianisme. — Études sur les principaux cartésiens de la Hollande. — Wittichius. — Son influence et son autorité dans le parti cartésien. — Zélé défenseur de l'accord de la foi et de la raison. — Luttes qu'il eut à soutenir. — Ses divers ouvrages. — Réfutation de Spinoza. — Clauberg. — Ses maîtres cartésiens. — Ses commentaires et ses apologies de Descartes. — Nouvelles conséquences des principes de Descartes sur l'union de l'âme et du corps, et les rapports des créatures avec le Créateur. — Premier pas vers les causes occasionnelles. — Tendance à ne faire des créatures que de simples phénomènes.

Tous ces innombrables cartésiens de la Hollande et de la Belgique se distinguent les uns des autres par la diversité de leurs tendances philosophiques et religieuses, protestants ou catholiques, laïques ou théologiens, professeurs de métaphysique, de physique ou de médecine, et selon la nature de leur esprit, ils s'attachent de préférence à tel ou tel côté de la philosophie de Descartes, et la développent en tel ou tel sens. Il en est qui ne prétendent qu'à l'honneur d'être des commentateurs exacts ; d'autres, moins timides, osent tirer des conséquences nouvelles, ou aspirent à combler des lacunes, surtout en logique et en morale. Les uns sont plutôt cartésiens pour la métaphysique, les autres pour la physique. Quelques-uns, surtout parmi ces derniers, inclinent à l'empirisme, et même s'attirent l'accusation de hobbisme, par une préoccupation trop exclusive du mécanisme de Descartes; quelques autres, au contraire, paraissent incliner à un idéalisme excessif. Parmi les premiers, on peut citer Régius et Welthuysen, parmi les seconds, Geulincx et Clauberg. Vaste comme l'école de Socrate, l'école de Descartes a vu se produire et se développer simultanément dans son sein des tendances et des systèmes qui, bien que reliés par des principes communs, présentent les plus grandes diversités.

Les publications sorties des presses de la Hollande en faveur de Descartes, apologies, commentaires, thèses, dissertations, discours, leçons, pamphlets, sont innombrables. Depuis la forme scholastique et géométrique jusqu'à la poésie, tout a été mis en œuvre par les cartésiens hollandais pour la propagation de la philosophie nouvelle. Un grand nombre, prédicateurs ou professeurs, se servirent de l'enseignement et de la chaire en faveur de Descartes. — De là une foule d'ouvrages cartésiens, composés *ad usum juventutis*, des *lectiones*, des *exercitationes*, des logiques par demandes et par réponses, des commentaires, des annotations, des paraphrases du *Discours de la Méthode*, des *Méditations* ou des *Principes*. Descartes a eu, comme Aristote, de minutieux commentateurs expliquant, paraphrasant, une à une, chaque ligne de ses ouvrages. Clauberg, Wittichius, et beaucoup d'autres cartésiens hollandais ont composé de semblables commentaires. Mais, par la clarté de sa langue et de sa pensée, Descartes n'en a pas le même besoin qu'Aristote; aussi ses commentateurs ont-ils trop souvent le tort de longuement expliquer ce qui est suffisamment clair, et même de demeurer quelquefois au-dessous du texte, pour la clarté, comme pour la précision.

Un des plus considérables monuments élevés à la philosophie de Descartes en Hollande, fut un essai d'encyclopédie universelle, un grand dictionnaire philosophique, où on donnait l'explication, par ordre alphabétique, de tous les termes de la philosophie cartésienne (1). L'auteur, Étienne Chauvin (2), ne se borne pas à de simples définitions des termes de la métaphysique et de la physique de Descartes, il traite avec étendue des matières qui s'y rapportent, et s'attache à réfuter toutes les instances contre les sentiments des cartésiens. Sans négliger la métaphysique, Chauvin donne dans son dictionnaire une plus grande place à la physique, dont il prétend combler les lacunes.

La poésie a aussi concouru à répandre et à célébrer la philosophie de Descartes dans tous les Pays-Bas. Que de vers, que d'inscriptions, d'éloges, d'épitaphes composés en son honneur ! Schotanus a fait en vers latins une paraphrase de sa *Métaphysique* (3) ; le seigneur de Zuitlichem, grand ami de Descartes, a célébré en vers latins le *Cogito, ergo sum*. Nous trouverons aussi d'assez nombreux poëtes cartésiens en France et en Italie ; mais, avouons-le à l'avance, il n'en est pas un qui soit un poëte de génie, et Descartes n'a pas eu, comme Épicure, la fortune de susciter un Lucrèce pour chanter sa doctrine.

Mais la Hollande n'a pas été moins féconde en adver-

(1) « *Lexicon rationale seu thesaurus philosophicus* in quo vocabula « omnia philosophica variasque illorum acceptiones, juxta tum veterum, « tum recentiorum placita explicare, et universe quæ lumine naturali « sciri possunt, non tam concludere quam recludere conatur Stephanus « Chauvin Nemausensis. » Rotterd., 1692, in-fol. Une seconde édition considérablement augmentée parut en 1714.

(2) Né en 1640, fils d'un marchand de Nîmes, ministre de la religion réformée, il se réfugia en Hollande après la révocation de l'édit de Nantes. Ami de Bayle, il le remplaça quelque temps pendant une maladie dans sa chaire de philosophie. Il quitta Rotterdam pour Berlin, où il fut pasteur de l'église française, et en même temps professeur de philosophie du collège royal, membre de l'Académie de Berlin, et le plus pur représentant du cartésianisme parmi les Français réfugiés. Il est aussi l'auteur de deux autres ouvrages : *De cognitione Dei*, 1692, et *De naturali religione* 1693. (Voir l'*Histoire de l'Académie de Prusse*, par M. Bartholmès.)

(3) « *Paraphrasis poetica primæ philosophiæ quam Metaphysicam ap-« pellant in sex partes distributa.* » Fran., 1699.

saires qu'en disciples de Descartes ; partout nous y trouvons des voétiens en présence des cartésiens. Comme tous les zélateurs, ils sont plus habiles à faire intervenir en leur faveur l'autorité que la raison. Ils s'efforcent de soulever l'État et l'Église contre les partisans de la philosophie nouvelle, ils les accusent, auprès des magistrats, des théologiens et du peuple, d'être les ennemis secrets de la puissance du stathouder et du prince d'Orange, de conspirer la ruine de l'église réformée. C'est par là qu'ils réussirent plus d'une fois à mettre de leur parti les bourgmestres des villes, les curateurs des universités, les facultés de théologie et les synodes, à en obtenir quelques arrêts de proscription, presque toujours inefficaces, contre le cartésianisme, et à établir, pendant quelque temps, une sorte d'inquisition protestante contre les nouveautés philosophiques, comme contre les nouveautés religieuses (1).

Ils n'attaquaient pas seulement les doctrines mais aussi la personne de Descartes. Plempius, professeur de médecine à l'université de Louvain, le représente comme un maniaque et un sauvage; il le compare à Démocrite, non-seulement pour son physique, mais aussi pour sa manière de vivre. Il raconte, non sans une sorte d'horreur, qu'il l'a connu à Amsterdam fuyant la société des hommes, méditant sans cesse, ne lisant jamais, disséquant des animaux (2). Si Plempius le compare à Démocrite, Schookius, non moins ridiculement, mais avec plus de méchanceté, en un pays protestant, imagine de le comparer à Ignace de Loyola. Il ne sait, dit-il, précisément, à quelle occasion il a commencé de philosopher ; mais il lui semble qu'il est né sous l'astre de Loyola. De même que celui-ci n'a commencé à jeter les fondements de sa secte superstitieuse que, lorsqu'étant estropié, il a désespéré d'obtenir à la guerre une couronne navale ou murale, de même

---

(1) Voir dans les *Œuvres de Locke* les Lettres à Limborch.
(2) *Fundamenta medicinæ*, præf., in-4°, Lov., 1654.

celui-là, après un apprentissage militaire de courte durée, désespérant d'obtenir le bâton de maréchal, mit à profit quelques connaissances mathématiques pour s'ouvrir à la gloire un chemin nouveau par une philosophie nouvelle. Sans doute aussi il aurait cherché à se faire un trophée avec la superstition, s'il ne s'était défié de sa faiblesse, et s'il n'avait craint qu'un goût effréné pour la débauche ne trahît son hypocrisie (1). C'est ainsi que les péripatéticiens et les platoniciens du quinzième siècle inventaient les plus noires calomnies contre la vie et les mœurs de Platon ou d'Aristote, afin de discréditer leurs doctrines et leurs disciples.

Il y a beaucoup d'inintelligence, ou de mauvaise foi, dans leurs objections et dans leurs accusations contre sa doctrine. Les uns l'accusent d'avoir enseigné qu'il faut douter de tout, les autres d'avoir dit que Dieu est un imposteur, les autres, comme Voétius, pour le perdre plus sûrement, le rangent parmi les plus dangereux athées. En général, les anti-cartésiens rejettent la preuve de l'existence de Dieu par l'idée de l'infini, pour n'admettre que les preuves physiques ou la révélation. C'est, selon Pierre de Maestricht, vouloir ériger les idées en vice-Dieu, que de fonder l'existence de Dieu sur l'idée que nous en avons.

Mais les plus violents, non contents de reprocher à Descartes d'avoir mal prouvé l'existence de Dieu, l'accusent de l'avoir niée, en le comparant à Vanini. N'est-ce pas par les mêmes artifices qu'il travaille à élever dans l'âme des faibles le trône de l'athéisme ? Il se dit chrétien, mais Vanini ne le disait-il pas aussi ? Il a donné des preuves de l'existence de Dieu, mais n'était-ce pas aussi une ruse de Vanini (2) ? Pour avoir recommandé d'élever l'âme au-

---

(1) Martinus Schoockius, *Admiranda methodus novæ philosophiæ Renati Descartes*, in-12, 1644, Utrecht. (Præf.).

(2) « Nulla injuria Renato fit quando cum subtilissimo atheismi patrono « Cæsare Vanini comparatur, iisdem enim artibus in imperitorum animis « atheismi thronum erigere laborat. » (Schoockius, *Admiranda methodus novæ philosophiæ.*)

dessus des sens, il est accusé de pousser ses disciples à la frénésie et à la folie, de faire des fous et des maniaques. La distinction de l'âme et du corps, la pensée essence de l'âme, l'étendue essentielle et les idées innées ne donnent pas lieu à moins d'attaques et d'objections. Gérard de Vries, professeur de philosophie dans l'université d'Utrecht, a composé contre Descartes un traité spécial où il soutient qu'il n'y a pas d'idées innées, que l'esprit est cause de ses idées, et que les idées des choses matérielles sont produites par des espèces sensibles (1).

Les objections contre la physique ne sont ni moins nombreuses ni moins vives. Bon nombre de théologiens réformés lancent contre elle l'anathème, la Bible à la main. En faveur des formes substantielles, devenues comme le palladium et le bouclier de l'ancienne philosophie, ils trouvent moyen de faire intervenir la Genèse, accusant ceux qui les nient de se mettre en contradiction avec Moïse. Ils ne traitent pas mieux l'idée de l'infinité de l'univers et de la pluralité des mondes. Maresius fait un crime (2) à Burmann et à Wittichius, au point de vue de la rédemption, d'avoir avancé que dans la lune il y a des hommes semblables à nous. Mais, aux yeux des théologiens anti-cartésiens de la Hollande, le grand sacrilége de la physique de Descartes, c'est la doctrine du mouvement de la terre; il faut avouer que c'est un point sur lequel les téologiens catholiques, et les jésuites eux-mêmes, se sont montrés de meilleure composition.

Aussi, de part et d'autre, on publia un nombre incroyable de dissertations pour et contre le mouvement de la terre, et sur la conformité ou la non-conformité de cette doc-

---

(1) « *Exercitationes rationales de Deo divinisque perfectionibus, nec non philosophemata miscellanea*, editio nova ad quam accedit præter alia, diatribe singularis genuina, altera de cogitatione ipsa mente, altera de ideis rerum innatis, » in-4°, 1695. — Il est aussi l'auteur d'un autre ouvrage : « *De Renati Cartesii Meditationibus a Petro Gassendo impugnatis dissertatiuncula historico-philosophica.* » Utrecht, 1691, in-8°.

(2) « *De abusu philosophiæ cartesianæ.* »

trine avec l'Écriture. Dans les discussions qu'eut à soutenir le cartésianisme en Hollande, l'incompatibilité du mouvement de la terre avec la Bible ne joue pas un moindre rôle que l'incompatibilité de l'étendue essentielle avec le concile de Trente, en France et dans les pays catholiques. C'est là, dit Pierre de Maestricht, le πρῶτον ψεῦδος qui a poussé à cette doctrine impie, d'après laquelle il appartient aux philosophes d'interpréter les passages physiques de l'Écriture.

Pour repousser les attaques des péripatéticiens, quelques cartésiens imaginèrent de prouver que Descartes était dans Aristote; de là plusieurs essais de philosophie péripatético-cartésienne. S'il était utile de chercher à montrer que Descartes avait péripatétisé, il l'était plus encore de chercher à montrer qu'il était d'accord avec la Bible, et même qu'il avait mosaïsé. *Cartesius Mosaïzans*, tel est le titre de l'ouvrage d'un cartésien de Groningue, Joannes Amerpool qui prétend démontrer la complète identité de l'hypothèse des tourbillons avec le récit de la Genèse (1).

Mais, pour prouver cet accord, il fallait que le sens littéral fût sacrifié au sens figuré, il fallait que la Bible et la théologie fussent plus ou moins soumises à des explications rationalistes. Aussi tous les philosophes, et même les théologiens cartésiens, tendent-ils à subordonner l'interprétation de l'Écriture à une règle supérieure de philosophie ou de raison, et à modifier la théologie de manière

---

(1) In-12. Lewarden, 1669. Amerpool n'est pas le seul qui ait prétendu trouver Moïse et la Genèse dans Descartes. Selon Schotanus, si Descartes a réduit à six le nombre des Méditations, c'est à cause des six jours de la création. Le désir de justifier Descartes contre les théologiens a aussi entraîné, en France, quelques-uns de ses partisans dans les mêmes exagérations. Le P. Daniel, au commencement de son *Voyage de Descartes*, cite, en se moquant, un ouvrage sous forme de lettre : *Lettre écrite à un savant jésuite*, où l'auteur montre que c'est le monde de Descartes qui est décrit dans le premier livre de la Genèse. Il cite encore l'auteur de *l'Influence des astres*, qui prétend expliquer par l'hypothèse de Descartes la fin du monde.

à la concilier avec la philosophie nouvelle. Bientôt la théologie réformée, en Hollande, fut de toutes parts envahie et menacée par le cartésianisme.

D'un autre côté, on vit, dès l'origine, presque tous les théologiens dissidents qui inclinaient, même en dehors de toute philosophie, à interpréter plus librement les Écritures, et à accorder une part plus grande à la raison et à la liberté, faire cause commune avec le cartésianisme ou du moins sympathiser avec lui. Ainsi les arminiens et les sociniens s'appuyaient volontiers sur la philosophie nouvelle. De là il arriva que bon nombre de théologiens, dans leurs anathèmes, confondirent le cartésianisme avec toutes les sectes religieuses dissidentes qui tentaient d'ébranler l'autorité des Écritures et des synodes. Parmi ces sectes, celle qui agitait alors le plus vivement la Hollande était le coccéianisme qui avait pour chef Jean Coccéius, professeur de langues orientales à Franékère, puis à Leyde, auteur d'une explication nouvelle et symbolique des Écritures, par laquelle il s'écartait de l'exégèse et des dogmes généralement adoptés dans l'église réformée. Non-seulement Coccéius ne s'était pas lui-même occupé de philosophie, mais même il s'était montré peu favorable à la philosophie de Descartes, dans l'université de Leyde. Néanmoins comme les coccéiens et les cartésiens avaient à lutter contre les mêmes ennemis, les uns étant accusés de cartésianisme, tandis que les autres étaient accusés de coccéianisme (1), il se fit naturellement entre eux une inévitable alliance contre les voétiens. On était donc à la fois coccéien et cartésien en Hollande, comme en France janséniste et cartésien. L'accusation, plus grave encore, de socinianisme ne fut pas épargnée aux théologiens cartésiens qui tentaient d'accommoder la foi avec la raison.

Presque tous les théologiens et les philosophes cartésiens de la Hollande ont écrit en faveur de l'accord de la

---

(1) « *Dissertatio de cartesianismo et cocceianismo Belgio infensis*, par « Val Albertus theologus Lipsiensis. » *Lipsiæ*, 1678, in-4°.

raison et de la foi, et entrepris de démontrer la conformité de l'une avec l'autre. Pendant le feu des disputes cartésiennes, cette question agita d'une manière particulière certaines universités, parmi lesquelles, nous citerons celle de Franékère. En 1686, les rationalistes y firent soutenir la thèse suivante, qui eut un grand retentissement : ceux-là se trompent qui disent que, si la raison nous dictait quelque chose d'opposé à l'Écriture, il faudrait plutôt en croire l'Écriture, comme si l'Écriture et la raison pouvaient être opposées, ou que deux choses contraires pussent être toutes deux vraies, ou, comme si ce qui est contraire à la raison pouvait être véritable. Ces tentatives pour accorder la raison et la foi engendrèrent de grandes hardiesses rationalistes. Quelques-uns, tels que Meyer et Balthazar Bekker, osèrent ouvertement établir cet accord, à l'avantage de la raison et au préjudice de la foi (1). Dans l'école cartésienne hollandaise, les antécédents n'ont pas manqué au *Tractatus theologico-politicus* de Spinoza.

Il ne faut donc pas s'étonner si les théologiens orthodoxes poussent des cris d'alarme, s'ils reprochent aux cartésiens de vouloir abolir le *magisterium theologiæ in philosophiam*, et s'ils prodiguent les accusations d'impiété et de socinianisme. Sous leur influence, des synodes se rassemblent et s'efforcent d'arrêter cet envahissement de la théologie par la philosophie. En 1656, un synode de Dordrecht décrète : que la philosophie sera séparée de la théologie et que les théologiens devront se garder d'employer les raisonnements de Descartes, soit dans leurs écrits, soit dans leurs leçons, soit dans les thèses publiques. La même décision est renouvelée l'année suivante dans le synode de Delft qui déclare en outre, que nulle

(1) « *Disputatio philosophica inauguralis de recta ratiocinatione quam publice defendendam proponit Duker.* » — Voir dans le tome VI de la *Bibliothèque universelle* de Leclerc l'histoire de cette dispute touchant les moyens de connaître la divinité des Écritures, dans laquelle interviennent Alexandre Roell, Ruardus Andala et Gérard de Vries d'Utrecht.

chaire ou dignité ecclésiastique ne sera accordée à quiconque ferait profession de cartésianisme (1). Plus tard, sous le rectorat de Pierre Burmann, professeur de théologie cartésien, les ministres d'Utrecht avertissent les familles, par un décret en langue flamande, de se garder, sous peine de leur salut éternel, d'envoyer leurs enfants dans cette académie où règne la philosophie de Descartes, source infectée de matérialisme et d'athéisme (2). Après la publication du *Theologico-politicus*, la faction voétienne réussit à provoquer de nouveaux décrets de proscription dans les universités de Leyde et d'Utrecht. De toutes parts les anti-cartésiens font retomber sur Descartes la responsabilité des doctrines de Spinoza (3).

Mais tous ces décrets sont impuissants à arrêter les progrès du cartésianisme. Là même où ils ont le plus de force, ils sont éludés ; on s'abstient de prononcer le nom de Descartes, mais on continue d'enseigner sa doctrine. Ceux des synodes ne s'adressent qu'aux théologiens, ceux des universités n'ont qu'une autorité locale et ne s'étendent pas jusqu'à l'université voisine. En outre, on peut toujours leur opposer des décrets contraires d'autres synodes, d'autres universités, et quelquefois des mêmes universités. Aussi, sous une forme ou sous une autre, avec plus ou moins de réserve, le cartésianisme continua-t-il à être enseigné dans presque toutes les universités de la Hollande.

Cette impuissance des arrêts portés contre la philosophie de Descartes, en Hollande, est attestée par un grand nombre de témoignages de ses amis et de ses ennemis. Descartes, dit Bekker, d'abord partout repoussé

---

(1) Brucker, t. V, p. 265. — Buhle, t. III, p. 314.

(2) « *Commentatio de R. Cartesii commercio cum philosophis belgicis, deque philosophiæ illius temporis in nostra patria ratione,* » petit in-4°. Ce travail, qui a remporté le prix sur cette question mise au concours en 1827, par l'Académie de Louvain, est malheureusement fort incomplet et ne nous a fourni que bien peu de renseignements.

(3) « Joh. Regii Cartesius verus Spinozismi architectus. » *Lewarden*, 1718. Ruardus Andalus répondit par : « Cartesius verus Spinozismi eversor « et physicæ experimentalis architectus. » *Franek.*, 1719.

comme un ennemi perfide, est aujourd'hui reconnu comme un ami et de tous les côtés accueilli. Il y a trente ans, dit-il encore, on n'eût pas trouvé un seul de nos théologiens qui ne fût plein de mépris pour cette mauvaise philosophie de Descartes, et aujourd'hui la plus grande partie de ces mêmes théologiens l'a adoptée ou du moins ne la repousse plus (1). Fortifions le témoignage de Bekker par celui d'un adversaire fanatique de Descartes, Pierre de Maestricht qui, quelques années plus tard, en 1677, gémit amèrement des progrès que, depuis quarante ans, cette nouveauté funeste ne cesse d'accomplir, en dépit de tous les obstacles, dans les Pays-Bas et dans toute l'Europe (2). Leclerc nous apprend que Volder, en 1676, put continuer d'enseigner le cartésianisme à Leyde, et faire publiquement soutenir des thèses en sa faveur contre la censure de Huet (3). Un violent adversaire de Descartes, nommé Du Bois (4), dans un pamphlet intitulé, *Nuditas philosophiæ cartesianæ,* se prévalait contre sa philosophie des diverses condamnations prononcées par les synodes et les académies. Mais, selon Welthuysen, cette accusation retombe sur elle-même, puisque le cartésianisme n'en continue pas moins d'être enseigné publiquement dans toutes les académies ou écoles illustres, à l'exception d'Herborn, qui ont rendu de semblables décrets. Plusieurs savants, qui avaient la réputation d'être cartésiens, n'ont-ils pas été néanmoins élevés au professorat par ces mêmes académies? Il cite l'exemple de l'académie de Leyde, où Heidanus et de Ræy ont été nommés professeurs postérieurement à des décrets de

(1) « *De philosophia cartesiana admonitio candida et sincera,* » 1 vol. in-12. *Franek.*, 1668.

(2) « Adeo scilicet ut nulla ferme non novaturientis modo Belgii, sed « Europæ christianæ pars ab ejus gangrena infecta restet. » (*Novitatum cartesianarum gangrena,* in-8°. Amst., 1677.)

(3) *Bibliothèque choisie,* XVIII° vol. Amst., 1709.

(4) Ce Du Bois est sans doute le professeur d'Écriture sainte de la faculté de théologie de Louvain, livré aux jésuites, dont Arnauld, dans ses *Lettres,* signale souvent les violences, les intrigues et les fourberies.

proscription contre le cartésianisme. A Utrecht, les conférences et les leçons cartésiennes n'en continuent pas moins telles que par le passé. L'académie de Harderwick, qui s'était signalée par son zèle contre Descartes, vient d'élever au professorat un philosophe cartésien. Dans l'école illustre de Nimègue, Wittichius, malgré son attachement bien connu à Descartes, n'a-t-il pas été chargé d'enseigner publiquement la théologie (1)? Enfin Heineccius nous apprend qu'on n'enseignait plus guère, en 1721, d'autres principes que ceux de Descartes dans toutes les académies de la Hollande et de la Belgique (2). Le cartésianisme a donc triomphé, en Hollande, malgré les décrets et les défenses des curateurs des universités, malgré les condamnations des synodes, comme nous le verrons triompher en France, malgré la censure de Rome, malgré les intrigues des jésuites et les arrêts du conseil du roi.

A ce tableau général du mouvement du cartésianisme en Hollande, nous devons ajouter quelques développements sur les cartésiens les plus dignes d'attention, soit par l'importance des services rendus à la propagation de la philosophie nouvelle, soit par les conséquences originales qu'ils ont tirées de quelques-uns de ses principes. Nous allons voir le développement logique des principes et des tendances de Descartes, et mettre en évidence tous les anneaux de la chaîne qui rattache le cartésianisme à Spinoza.

Il faut placer Wittichius au premier rang de ceux qui ont le plus contribué au succès de la philosophie de Descartes en Hollande. Il ne se recommande pas par l'originalité des doctrines, mais par l'influence qu'il a exercée, et par l'autorité dont il a joui. Son rôle en effet a été considérable

---

(1) Préface de son traité intitulé : *Demonstratio quietem solis ac motum terræ minime pugnare cum verbo Dei*, opera omnia, p. 1040. Rotterdam, 1680.

(2) « Quamvis huic sectæ initio acriter se opponerent theologi et phi-
« losophi belgæ, in academiis tamen eorum hodie vix alia quam carte-
« siana principia inculcantur. » (*Elementa historiæ philosophiæ.*)

dans tous les débats philosophiques et théologiques de cette époque. Tous les cartésiens citent son nom avec honneur et opposent son autorité à leurs adversaires, à cause de la renommée de sa science et de sa piété. « C'était, dit Bayle, un pilier du parti cartésien et rationnel, et il s'était fort appliqué à concilier l'Écriture sainte et la philosophie, ce qui, avec sa théologie cartésienne, l'exposa à plusieurs critiques qu'il fallut repousser (1). » Cependant Wittichius n'a donné dans aucun excès; il a désapprouvé Meyer, il a réfuté Spinoza et, tout en faisant valoir les droits de la raison, il s'est efforcé de les concilier avec la foi. Enfin, malgré sa ferveur cartésienne, il se distingue par un caractère général de modération et de sagesse. Né dans la Silésie, en 1625, il fit ses études à Brême et à Groningue; il étudia ensuite auprès de Clauberg, à Herborn, la philosophie de Descartes, et enseigna avec un grand succès la théologie à Duisbourg, à Nimègue et à Leyde. « Wittichius, dit Bayle dans une lettre à Lenfant (Rotterdam, 1685), est fort suivi à Leyde. Il a plus d'auditeurs à lui seul que tous les autres ensemble, parce qu'il est l'appui et le rempart de Coccéius et des cartésiens dont le parti plaît aux jeunes gens. » Il mourut en 1688.

Son principal ouvrage a pour objet la grande question de l'accord de la raison et de la foi, qu'agitaient alors si vivement les théologiens hollandais. Il veut en particulier prouver l'accord de l'Écriture avec la vérité philosophique découverte par Descartes (2). Dans la préface il combat les calomnies des adversaires du cartésianisme, principalement de Lentulus et de Révius, et il donne les plus grands éloges à la réfutation que Clauberg en avait faite dans sa *Défense de la philosophie de Descartes*. Il -

---

(1) *Rép. à un Proc.*, chap. CLIV.
(2) *Christ. Wittichii consensus veritatis in Scriptura divina et infallibili revelatæ cum veritate philosophica a Renato Descartes detecta; cujus occasione libri 2 et 3 Principiorum philosophiæ dicti Descartes maximam partem illustrantur cum indice.* 1659, 1 vol. gros in-12.

raconte les attaques suscitées contre lui au sujet de deux dissertations, l'une sur l'abus de l'Écriture sainte dans les choses philosophiques, et l'autre sur le mouvement de la terre. Accusé, non-seulement dans les livres, mais dans les chaires et les synodes (1), d'avoir nié l'autorité de l'Écriture, il s'est décidé à reproduire, à expliquer ces dissertations et à publier cet ouvrage. Contre les théologiens, qui soutenaient l'impuissance de la raison, et qui voulaient que la philosophie fût tirée de l'Écriture, il soutient l'indépendance de la connaissance philosophique, fille de la raison, et non de l'Écriture. L'infinité de l'étendue du monde, le mouvement de la terre, étaient les deux doctrines qu'attaquaient alors avec le plus de fureur les théologiens ennemis de Descartes. Wittichius cherche à prouver qu'elles ne sont pas en contradiction avec l'Écriture, parce que, dans les choses naturelles, l'Écriture parle un langage accommodé aux préjugés vulgaires. Il prend parti, avec tous les théologiens cartésiens, en faveur du sens figuré contre le sens littéral. Bekker, dans son *Avertissement sur la philosophie cartésienne*, nous apprend que Wittichius déféré au concile de Gueldre, pour cause de ses opinions théologiques et cartésiennes, y fut absous avec honneur, après trois ans de discussions. Une aussi éclatante absolution détruisit sans doute l'effet des condamnations antérieures que d'autres synodes avaient pu porter contre le cartésianisme.

Wittichius, comme Clauberg et plusieurs autres cartésiens, a annoté les *Méditations* de Descartes (2). Ces notes très-courtes se bornent à éclaircir, et quelquefois à expliquer, le sens grammatical du texte, sans rien ajouter, d'ailleurs, à la doctrine du maître. Wittichius avait aussi entrepris une réfutation de Spinoza, qui n'a été publiée qu'après sa mort, et par laquelle il est surtout connu dans l'histoire de

---

(1) Révius avait écrit contre lui un livre intitulé : *Anti-Wittichius.*
(2) *Christ. Wittichii annotationes ad Renati Descartes Meditationes.* 1688, petit in-4°.

la philosophie(1). L'éditeur anonyme se plaint, dans la préface, de l'envahissement des doctrines de Spinoza, et nous apprend que Wittichius n'a pas eu le temps de mettre la dernière main à son ouvrage. Cette réfutation est une des plus consciencieuses et des plus considérables qui soient sorties de l'école de Descartes. Il est impossible d'être plus exact, plus rigoureusement méthodique. Wittichius prend et critique, les unes après les autres, les définitions et les propositions de Spinoza. Sa critique, plutôt minutieuse que profonde, s'égare dans les détails et dans les contradictions, vraies ou fausses, qu'à chaque instant il prétend relever, dans la chaine des démonstrations de l'*Éthique* (2). A la suite de cette réfutation est un remarquable commentaire sur Dieu et ses attributs, en opposition à la doctrine de Spinoza. Tout ce qu'il y a de réel dans le monde doit se retrouver en Dieu, moins les bornes, voilà le principe d'après lequel Wittichius, comme Descartes, détermine les attributs de Dieu. Il combat la liberté d'indifférence, en s'appuyant de l'autorité de plusieurs théologiens réformés favorables à Descartes et, entre autres, de Maresius. Par sa double autorité comme philosophe et comme théologien, par le succès et l'éclat de son enseignement, par ses efforts pour maintenir la philosophie de Descartes dans sa pureté, pour la distinguer du spinozisme, avec lequel ses adversaires affectaient de la confondre, Wittichius, plus que tout autre, a contribué à son établissement et à son triomphe dans les universités de la Hollande.

Clauberg n'a pas rendu de plus grands services que Wittichius à la cause du cartésianisme, mais sa doctrine a plus d'originalité et mérite de nous arrêter plus longtemps. Né à Solingen, en Westphalie, Clauberg est Allemand; néanmoins, nous ne croyons pas devoir le séparer des cartésiens hollandais, parce qu'il a été initié

---

(1) *Anti-Spinoza sive Examen Ethices Benedicti de Spinoza et Commentarius de Deo et ejus attributis*, 1 vol. in-4°, 1690.

(2) Wittichius fut cependant lui-même accusé de spinozisme par un professeur de théologie de Groningue. Van de Honert prit sa défense.

par eux à Descartes, parce qu'il a eu à combattre les mêmes adversaires, et enfin parce qu'il a professé, sinon en Hollande, au moins dans des universités voisines de la Hollande, et entraînées dans le même mouvement philosophique. Il fut élevé par ses parents dans la religion réformée et dans une grande piété (1). Comme Wittichius, il fit ses études à Brême, puis à Groningue. A Groningue, il se lia d'amitié avec Tobie André, qui fut son père en Descartes. Ses études achevées, il alla faire un voyage en France où il visita, comme il le dit lui-même, les lumières de la religion réformée. Mais il n'y rechercha pas moins les lumières de la philosophie de Descartes, et il forma des relations d'amitié avec Clerselier, du Roure et de la Forge. Nommé, à son retour en Hollande, professeur de philosophie à Herborn, avant de prendre possession de sa chaire, il alla quelque temps, par le conseil de Tobie André, auprès de de Ræy, à Leyde, pour se perfectionner dans la physique de Descartes. Toute sa vie il a gardé la plus profonde reconnaissance pour les deux maîtres qui l'avaient initié à Descartes; il a dédié sa *Physique* à de Ræy et sa *Logique* à Tobie André. Dans la dédicace de sa *Physique*, il se félicite d'avoir pu, par la grâce de la divine Providence, enseigner le cartésianisme, en Allemagne, avant de Ræy lui-même en Hollande (2). Dans celle de sa *Logique*, il remercie Tobie André d'avoir ouvert ses yeux à la lumière nouvelle, et de lui avoir fait connaître de Ræy, celui qui, d'après Descartes lui-même, enseignait le mieux sa philosophie (3). Après les livres divins, Clauberg disait qu'il n'en estimait point au-dessus

(1) Voir la biographie de Clauberg, par Henricus Christianus Henninius, en tête de l'édition de ses Œuvres complètes, en un gros vol. in-4°. Amst., 1691.

(2) Abs te igitur non ætate quidem, sed ingenio et profectu impar, instauratæ hoc sæculo philosophiæ initiatus in Germaniam superiorem appuli, ubi mihi priusquam tibi in Belgio, eam publice docere singulari Numinis providentia, datum est.

(3) Sed tu quemadmodum ætate, eruditione multisque aliis partibus major me, ita hoc etiam felicior quod prior eam vidisti, mihique comiter viam ad eamdem monstravisti philosophiam Renati Descartes, serio atque

de ceux de Descartes. Aussi a-t-il travaillé à les répandre, à les commenter, à les éclaircir, à les mettre à l'abri de toute objection avec une ardeur incomparable. Clauberg fut le plus pieux et le plus enthousiaste des cartésiens. Il était d'une faible santé, et mourut, jeune encore, en 1665.

Nommé professeur de théologie et de philosophie à Herborn par le duc de Nassau, il y enseigna pendant deux ans le cartésianisme avec le plus grand succès. Son biographe Henninius vante la méthode et la clarté de son enseignement, la netteté et l'élégance de son élocution. Bientôt il fut enlevé à Herborn par l'université plus considérable de Duisbourg dont les magistrats le chargèrent de la direction du gymnase, en même temps que de la chaire de philosophie. Pendant treize ans, jusqu'à la fin de sa vie, il y enseigna la philosophie nouvelle, non sans avoir plus d'une lutte à soutenir pour la cause de Descartes. Ses principaux adversaires furent Révius, que nous retrouvons partout où il y a un cartésien à combattre; et Cyriacus Lentulus, son collègue à l'université d'Herborn (1). Il a composé contre eux une apologie de Descartes, *Defensio cartesiana* (2). D'abord il se plaint qu'ils attaquent plutôt le *Discours de la Méthode*, qui est, dit-il, un ouvrage exotérique, que les *Méditations*, qui sont un ouvrage acroamatique. Il leur reproche de prendre

---

diligenter ut examinarem hortatus. Quamobrem tuum secutus consilium contuli me Lugdunum-Batavorum, ubi non sine insigni studiorum emolumento, cognitus mihi communis amicus Joannes de Ræy.

(1) Cyriacus Lentulus a écrit contre Descartes, *Nova Renati Descartes sapientia faciliori quam antehac methodo detecta*. Déjà nous avons cité les ouvrages de Révius.

(2) *Defensio cartesiana adversus Jacobum Revium theologum leidensem et Cyriacum Lentulum professorem herbornensem*, in-12, 1652. — Il se glorifie dans la préface d'être un des premiers à défendre publiquement Descartes par ses écrits. Il sait bien que, dans toute l'Europe, sont répandus des cartésiens plus profonds que lui. Mais, tandis qu'il leur a été accordé par la divine Providence de philosopher en paix, lui, plus malheureux, il est troublé dans l'étude de la sagesse, il est provoqué au combat par la haine et l'envie d'un collègue.

en un sens absolu ce que Descartes n'y donne que comme exemple, ou ce qu'il exprime d'une façon populaire (1). Ensuite il défend les principes du *Discours de la Méthode*, les préceptes, les opinions, les mœurs et le caractère de Descartes contre les calomnies de Révius et de Lentulus, renvoyant à un autre ouvrage la réfutation des objections contre la quatrième partie du *Discours de la Méthode*, qui est, dit-il, comme un abrégé des *Méditations*.

Clauberg a aussi composé un traité spécial pour la défense du doute méthodique (2), pour répondre à Révius qui, dans un pamphlet intitulé *Furiosum nugamentum*, accusait Descartes d'enseigner qu'il était avantageux, au moins pour un temps, de nier Dieu et de le chasser de sa pensée. Les adversaires de Descartes faisaient partout du doute cartésien un objet de scandale, un texte d'accusations de scepticisme et d'impiété. Clauberg ne leur oppose pas moins de vingt-cinq arguments où sont comprises toutes les bonnes raisons, mais où s'en trouvent beaucoup qui sont superflues, minutieuses, ou en dehors de la question. A la suite de ce petit traité est un commentaire de la quatrième partie du *Discours de la Méthode*, de la première Méditation et des huit premiers articles des *Principes*, commentaire presque mot à mot, où chaque phrase du texte est reproduite et expliquée. D'après le même plan, il a composé une paraphrase des *Méditations* (3), où il cite le texte de Descartes et le commente phrase par phrase. Ce commentaire, clair et exact, montre l'enchaînement des

---

(1) Il appelle aussi les *Méditations*, scriptum primarium et maxime elaboratum, et le *Discours de la Méthode*, scriptum secundarium et minus politum.

(2) *Initiatio philosophi, sive Dubitatio cartesiana ad metaphysicam certitudinem viam aperiens.*

(3) *Paraphrasis in Renati Descartes Meditationes de prima philosophia.* — Cet ouvrage est dédié au chancelier Séguier. Il le remercie du magnifique privilège dont il a honoré les œuvres de Descartes, et il le loue d'avoir suivi les traces de son aïeul Pierre Séguier, président à mortier du parlement de Paris sous Henri II et Charles IX, qui avait laissé en héritage à ses enfants un ouvrage intitulé : *Rudimenta cognitionis Dei et sui.*

propositions, établit partout le vrai sens de l'auteur, mais renferme beaucoup d'explications superflues.

Mais Clauberg n'est pas seulement un apologiste et un simple commentateur de Descartes. Pour combler une lacune dans la philosophie du maître, il a composé une logique où il se propose d'allier les préceptes des anciens avec ceux des modernes, de là le titre de *Logica vetus et nova vel novantiqua*. Cette logique est remarquable par l'étendue du plan, la méthode, la clarté, le bon sens pratique des préceptes et des exemples. On y trouve beaucoup de choses nouvelles, utiles et ingénieuses sur le langage, sur l'art d'enseigner et d'apprendre. Cependant il aurait pu faire mieux encore, dit-il lui-même dans la préface, s'il ne se fût proposé de combiner les anciens avec les modernes. Clauberg peut passer pour un érudit au sein de l'école cartésienne, car il cite sans cesse, avec Bacon et Descartes, les principaux philosophes de l'antiquité et du moyen âge, Aristote, Platon, Plotin, saint Augustin, saint Thomas, Marsile Ficin. Cette logique est un des meilleurs antécédents de l'*Art de penser* de Port-Royal, dont les auteurs l'ont plus d'une fois mise à profit.

Dans son traité sur les rapports de l'âme et du corps, *De corporis et animæ in homine conjunctione* (1), Clauberg tire, des principes de Descartes, quelques conséquences nouvelles qui méritent particulièrement notre attention. Selon lui, le corps ne peut être uni à l'âme, ni comme un corps à un corps, ni comme une âme à une âme. La seule union possible est dans leurs actions ou passions relatives, et non dans leur substance absolue. L'action réciproque de l'âme et du corps ne peut être admise que comme un miracle de la volonté de Dieu, et non comme l'effet d'une loi naturelle. L'âme est la cause morale et non la cause physique des mouvements du corps; elle ne produit pas le mouvement, mais ne fait que le diri-

---

(1) Ce traité se trouve dans les Œuvres complètes à la page 209, à la suite de la Physique.

ger, semblable, suivant la comparaison de Descartes, au cocher qui n'est que la cause morale du mouvement du char. Quant à la cause physique, c'est le cheval, que le cocher dirige à son gré.

Mais c'est surtout dans la question des rapports du corps avec l'âme que Clauberg va au delà de Descartes, et pousse ses principes à de nouvelles conséquences. L'effet ne pouvant être plus noble que la cause, il nie que les mouvements du corps produisent un seul mouvement de l'âme. Les mouvements du corps ne sont, dit-il, que des causes *procatarctiques* (1), c'est-à-dire, donnent seulement occasion à la cause principale, qui est l'âme, de produire telle ou telle idée qu'elle contient en puissance (2). Ainsi, s'il admet, par un miracle de Dieu, l'action de l'âme sur le corps, il n'admet nullement, même par miracle, l'action réciproque du corps sur l'âme. De simples causes occasionnelles, voilà, selon Clauberg, ce que sont les mouvements corporels à l'égard des mouvements de l'âme. Nous trouvons donc ici déjà la doctrine des causes occasionnelles, sinon dans le rapport de l'âme avec le corps, au moins dans celui du corps avec l'âme. En dernière analyse, sur cette question de la communication de l'âme et du corps, Clauberg se réfugie dans la volonté de Dieu, auquel il a plu qu'il en fût ainsi. Il lui semble que cette réponse, absurde partout ailleurs, est ici la seule qui convienne. Pourquoi Dieu qui a imprimé les traces de toutes ses autres perfections sur les choses, n'y aurait-il pas mis aussi la marque de sa liberté ?

Le plus important des ouvrages de Clauberg est la *Connaissance de Dieu et de soi-même* (3). Il y traite, en cent

(1) Ce mot est usité, en médecine, il y a un traité de Galien intitulé *Des causes procatarctiques*.

(2) Corporis nostri motus tantummodo sunt causæ procatarcticæ quæ menti tanquam causæ principali occasionem dant, has illasve ideas quas virtute quidem semper in se habet, hoc potius tempore quam alio ex se elicendi ac vim cogitandi in actum educendi (cap. 16).

(3) *De cognitione Dei et nostri*, quatenus naturali rationis lumine secundum veram philosophiam potest comparari, exercitationes centum. 1656, in-12.

exercitationes, les principales questions de la philosophie de Descartes relatives à Dieu et à l'âme humaine. La connaissance naturelle de Dieu par l'idée de l'infini est, selon Clauberg, le principe, le milieu et la fin de la philosophie. Il lui semble, comme à Descartes, que, loin d'être négative et obscure, cette idée de l'infini est la plus positive et la plus claire des idées. D'après la doctrine de la création continuée, il assimile le rapport des créatures avec Dieu au rapport de nos pensées avec notre esprit. Aussi facilement, dit-il, concevons-nous que nos idées cessent d'exister, quand notre esprit s'en détourne, aussi facilement devons-nous comprendre que les créatures cessent d'exister quand Dieu cesse de les créer.

Il ajoute même, comme s'il se repentait de leur avoir trop accordé, que les créatures sont encore moins par rapport à Dieu que nos pensées par rapport à notre esprit. Nous ne sommes pas maîtres de nos pensées, il en est qui se présentent à nous malgré nous, tandis que Dieu est tellement maître de toutes ses créatures, qu'il lui suffit de retirer d'une d'elles, un seul instant, sa pensée pour la replonger dans le néant (1). A l'appui de cette doctrine il cite les paroles de saint Paul, que Spinoza et Malebranche aimeront aussi à répéter : *Dominus non longe est ab unoquoque nostrum, in ipso enim vivimus, movemur et sumus.*

Ainsi Clauberg, en s'appuyant sur Descartes, incline à convertir les créatures en de simples phénomènes, et à les absorber au sein de Dieu. Il y était porté, non-seulement par la philosophie cartésienne, mais aussi par la vivacité des sentiments religieux dont son âme était pénétrée, et

(1) Tantum igitur abest ut magnifice sentiendi occasionem ullam habeamus ut potius maximam habeamus e contrario judicandi nos erga Deum idem esse quod cogitationes nostræ sunt erga mentem nostram, et adhuc aliquid minus, quoniam dantur nonnulla quæ nobis etiam invitis sese offerunt, quæ causa fuit Themistocli ut artem potius oblivionis quam memoriæ sibi optaret. Sed Deus suarum creaturarum adeo dominus est ut voluntati suæ resistere minime valeant, et ab eo tam stricte dependent ut si semel ab iis cogitationem suam averteret, statim in nihilum redigerentur. (Exercitatio 28.)

qui souvent, à ce que rapporte Leibniz, allaient jusqu'à l'extase. Comme Wittichius, il a soutenu la thèse de la conformité de la raison et de la foi en faveur de laquelle il a composé un grand nombre de dissertations théologiques. Il eût été encore plus hardi, dit son biographe, persuadé qu'il était que beaucoup de choses en théologie pouvaient être exposées d'une manière plus exacte et plus simple, si l'amour de la paix ne l'eût tenu dans une grande réserve. Ainsi Clauberg, de même que Wittichius, sans rompre avec l'orthodoxie, cherche à rationaliser la foi. Dans sa métaphysique nous avons signalé un premier pas vers les causes occasionnelles, et une tendance à anéantir, au profit de Dieu, la réalité des créatures. Que sont en effet les pensées de notre esprit, auxquelles Clauberg les compare, sinon de simples phénomènes qui apparaissent et disparaissent ? Déjà se montrent les conséquences de la doctrine de la passivité des créatures au sein de la philosophie cartésienne hollandaise (1). Nous allons voir des successeurs, et même des contemporains de Clauberg, les développer encore davantage, et aller plus avant que lui dans la voie glissante et dangereuse qui doit aboutir à Spinoza.

(1) Clauberg a, en outre, écrit deux traités en allemand, l'un sur la différence de la philosophie cartésienne et de la philosophie vulgaire, l'autre sur les langues. Quoiqu'il écrivît et parlât très-bien le latin, il faisait grand cas de la langue allemande et gémissait de l'abandon où la laissaient les théologiens et les philosophes. Cet abandon devait durer, sauf quelques exceptions, jusqu'à Kant, malgré la protestation de Clauberg.

CHAPITRE XIV

Geulincx. — Sa vie. — Obligé de quitter l'université catholique de Louvain pour se réfugier à l'université protestante de Leyde. — Causes de sa disgrâce. — Geulincx précurseur de Malebranche. — Dieu seul véritable cause. — Négation de toute action réciproque entre l'âme et le corps. — Le corps et l'âme, instruments que Dieu met en harmonie l'un avec l'autre. — Doctrine des causes occasionnelles. — L'homme, spectateur impuissant de tout ce qui se passe dans le monde et dans son corps. — Éternité et immutabilité des vérités naturelles. — Les corps particuliers modes du corps en soi. — Les esprits particuliers simples modes de l'esprit universel. — Morale de Geulincx. — L'amour de la raison, principe de toutes les vertus. — Pieux et hardi rationalisme. — Rapports de sa morale avec sa métaphysique. — Cartésiens précurseurs du *Tractatus theologico-politicus*. — Hardiesses rationalistes. — Meyer. — La philosophie posée comme règle de l'interprétation des Écritures. — Balthasar Bekker. — Guerre aux superstitions. — Le principe cartésien, que Dieu seul est cause efficiente, opposé au dogme de la puissance des anges et des démons. — Préparation et enfantement de Spinoza par le cartésianisme hollandais.

Geulincx (1), suivant la même voie, va au delà de Clauberg, comme Clauberg lui-même est allé au delà de Descartes. Par la nature pieuse et presque mystique de son esprit, comme par les tendances de sa métaphysique, il a été le Malebranche de la Hollande. Nous n'avons que peu de détails sur sa vie. Né à Anvers en 1625, il étudia la philosophie et la médecine, et prit le grade de docteur à Louvain. Bientôt il fut maître, dans cette même université, où il avait été élève, et pendant douze ans, il fit des cours avec un

---

(1) Dans les titres mêmes de ses ouvrages, son nom est écrit de différentes manières, Geulincs, Geulinck, Geulinxs, Geulinx et Geulincx. Nous adoptons cette dernière orthographe qui est celle de la 3ᵉ édition des *Saturnalia* de 1669, publiée par lui, l'année même de sa mort.

grand succès. Tout à coup nous le voyons obligé de fuir Louvain, et nous le retrouvons à Leyde, exilé, sans ressources, exposé même à périr de faim ou à mendier, comme le raconte l'éditeur de son *Éthique*, sans la généreuse assistance d'Heidanus (1). Geulincx, dans la préface de sa *Logique*, fait allusion à cette catastrophe, mais sans en dire la cause, et sans entrer dans aucun détail (2). En changeant de pays et d'université, il dut changer de religion, et de catholique il se fit protestant. Faut-il ajouter foi au témoignage, un peu suspect, de l'abbé Paquot qui l'accuse d'avoir été obligé de quitter Louvain pour cause de dettes et de brouilleries avec ses collègues (3)? N'est-il pas plus vraisemblable que son attachement à la philosophie de Descartes, qui pendant quelque temps fut proscrite de l'université de Louvain, que les thèses où il tournait en ridicule l'ancienne philosophie, les moines, les méthodes et les usages de l'université, ont été la principale cause de sa disgrâce? Ayant été autorisé en 1663, par la protection d'Heidanus, à donner des leçons particulières dans l'université de Leyde, il fit preuve du même zèle, et il eut le même succès qu'à Louvain. Absorbé tout entier par l'enseignement de la jeunesse, il ne put achever, ou du

(1) Rem cum paupertate habuit, cumque ea diu luctatus est ; eo usque ut tandem fame pereundum, aut honesto viro mendicandum fuisset, nisi sua liberalitate et munificentia eum sustentasset Heidanus (Praef.).

(2) « Adolescens philosophiam Lovanii duodecim annos palam et sex postremis annis in prima cathedra cum frequentissimo discipulorum affluxu professus. Nuper autem ad virilem ætatem et simul etiam ad academiam vestram (Lugdunum-Batavorum) e naufragio rerum mearum appulsus, nihil remisi de antiquo, eamdem operam etsi privatam et minus quæstuosam navo juventuti vestræ collegia mea frequentanti. » Brucker a eu le tort de prendre à la lettre cette expression de *naufragium*, et de dire dans sa biographie de Geulincx: « Postea naufragium passus cum Lugdunum-Batavorum devenisset. » On voit aussi par ce passage qu'il n'était pas professeur en titre à l'université de Leyde, mais qu'il avait seulement obtenu d'y donner des leçons particulières.

(3) *Mémoires pour servir à l'histoire littéraire des 17 provinces des Pays-Bas*, 18 vol. in-8. Louvain, 1768, par l'abbé Paquot, licencié en théologie de Louvain (Voir le 13e vol., art. Geulincx).

moins il ne put publier lui-même la plupart de ses ouvrages, qui ne parurent qu'après sa mort. Les deux principaux sont sa *Métaphysique* et son *Éthique*, auxquels il faut ajouter une *Logique*, une *Physique* et des notes ou commentaires sur les *Principes* de Descartes. Il mourut, comme Clauberg, jeune encore, en 1669, à l'âge de quarante-quatre ans (1).

Disciple zélé de Descartes, Geulincx aspire à compléter et à développer sa philosophie. Jamais encore aucun cartésien, pas même Clauberg, n'avait fait à l'homme et à la création une application plus rigoureuse du grand principe, que Dieu seul est cause efficiente. L'âme ayant pour essence la pensée, il en tire cette conséquence, que rien ne lui appartient si elle n'en a conscience, et que les seuls effets dont elle soit cause sont ceux dont elle connaît, non seulement l'existence, mais le mode même de production. *Impossibile est ut is faciat qui nescit quomodo fiat* (2). Tel est l'axiome sur lequel se fonde Geulincx pour nier toute action réciproque de l'âme sur le corps, pour les dépouiller l'une et l'autre de toute causalité, et n'en faire que de simples instruments aux mains de Dieu.

Comment supposer que le corps puisse agir sur l'âme? Si, parmi la foule de nos pensées, il en est qui ne

---

(1) Voici la liste de ses ouvrages : *Metaphysica vera et ad mentem peripateticam, juxta manuscriptum jam editum.* Amst., 1691, in-16. Il nous a été impossible de nous procurer la *Metaphysica vera* que nous ne connaissons que par des extraits de Ruardus Andala qui en a fait la critique. — Γνῶθι σεαυτόν *sive Ethica, post tristia auctoris fata.* Amst., 1696. — *Physica vera.* — *Logica fundamentis suis a quibus hactenus collapsa fuerat, restituta.* Amst., 1698, in-12. — *Annotata majora in Principia philosophiæ Renati Cartesii.* Dordraci, 1691, in-4°. — *Saturnalia seu quæstiones quodlibeticæ in utramque partem disputatæ*, 2° édit. Leyde, 1665. Ce dernier ouvrage est un recueil assez insignifiant des thèses qu'il fit soutenir à Louvain.

(2) *Metaph. vera*, p. 26. — Il dit ailleurs, dans le même ouvrage : Si nescis quomodo fiat, id non facis ; et dans l'*Éthique* (tractatus 1, sect. 2): « Qua fronte dicam id me facere, quod, quomodo fiat, nescio ? » et, dans la *Physique*, p. 120, « si moveremus, sciremus utique quo modo moveremus, et hoc profundissime nescimus. »

dépendent pas de nous, et qui semblent venir du dehors, il ne faut pas croire néanmoins que réellement elles dépendent de l'action du corps et des sens. Y a-t-il, en effet, un rapport quelconque entre le corps et le moi, entre le mouvement et la pensée? Qu'y a-t-il dans le corps, sinon la masse et l'étendue? Qu'y a-t-il dans le mouvement, sinon le rapprochement et l'éloignement des parties? Donc nul rapport possible avec le moi simple, indivisible, immatériel. D'ailleurs le feu, auquel on attribue la sensation de la chaleur, sait-il qu'il nous chauffe, l'œil sait-il qu'il voit? Ce ne sont donc pas les causes de la chaleur et de la vision, mais des instruments, dont se sert un être, qui connaît et qui veut, pour agir sur nous.

Mais si le corps est impuissant à produire des changements dans l'âme, l'âme sera-t-elle impuissante à agir sur le corps? Geulincx, à la différence de Clauberg, ôte l'action à l'âme comme au corps. Ce n'est pas nous, en réalité, qui agissons sur le corps et le mettons en mouvement, puisque nous ne savons pas comment nous produisons le mouvement, ni comment le mouvement part du cerveau, pour aller aux nerfs et aux muscles. Si nous n'agissons pas sur notre propre corps, à plus forte raison n'agissons-nous pas sur les autres corps. Il faut donc que notre âme ne soit à l'égard du corps qu'un instrument dont se sert, pour le mouvoir, celui qui sait comment le mouvement se produit.

Dieu qui manie ces deux instruments, les met en harmonie l'un avec l'autre, en quoi, selon Geulincx, il se montre vraiment admirable. Il me fait penser et sentir; or précisément à ce moment même, il produit un mouvement dans les organes, pour que je pense et que je sente, non par ce mouvement, mais à son occasion, non par sa vertu propre, mais par la vertu de Dieu, qui unit entre elles ces deux choses, qui meut mon âme tout autant de fois qu'il meut mes organes, afin que mes sensations soient le signe des mouvements et des actions de mon corps. Nous voulons ces mouvements, voilà tout notre rôle, mais c'est par

Dieu seul qu'ils se produisent à la suite de notre volonté (1). L'éditeur de l'*Éthique* de Geulincx, le pseudonyme Philarète, explique d'ailleurs, dans une note, le sentiment de Geulincx avec une précision qui ne laisse rien à désirer : *Deus has res diversissimas (motum materiæ et arbitrium voluntatis meæ), inter se devinxit, ut cum voluntas vellet, motus talis adesset qualem vellet et contra, cum motus adesset, voluntas vellet sine ulla alterius in alterum causalitate vel influxu.* Pour faire comprendre cette correspondance, il se sert de la comparaison de deux horloges qui s'accordent, quoique indépendantes, parce qu'elles sont également réglées sur le cours du soleil, comparaison que reprendra Leibniz en faveur de son harmonie préétablie (2). Ainsi, en étendant aux rapports de l'âme avec le corps ce que Clauberg n'avait appliqué qu'aux rapports du corps avec l'âme, Geulincx fait un pas de plus dans l'occasionnalisme (3).

Toutefois il ne refuse pas, d'une manière absolue, comme le fera Malebranche, toute action à l'âme humaine. S'il lui refuse tout pouvoir d'agir au dehors, il lui accorde le pouvoir d'agir sur elle-même. Il faut reconnaître, dit-il, que je ne puis faire rien hors de moi : *Nihil me extra me facere, quidquid facio in me hærere, nihil horum quæ ago, ad meum aliudve corpus aut alio quoquam manare.* De tout ce qui se passe hors de nous, et même dans notre propre corps, nous ne sommes que simples et impuissants

---

(1) Deus hic mirabilem se ostendit. Ille me cogitare et sentire facit, et quidem eo momento quo idem ille motum quemdam in organis efficit, ut ego cogitem et sentiam ad motum organorum, non ex motu, non vi ejus, sed virtute Dei qui duo ista conjungit, quique toties movet organa, toties me cogitando commovet, ut sensus isti mihi signa sint aliquid in corpore meo moveri et peragi..... Ego fieri ista percipio et hoc unum valeo ut velim sæpe motus illos et dum volo etiam succedant (*Metaph. vera*, p. 22).

(2) Sicut duobus horologiis rite inter se et ad solis cursum quadratis propter meram dependentiam qua utrumque ab eadem arte et simili industria constitutum est. (*Ethic.*, p. 124, note.)

(3) Voir la thèse de Ruardus Andala intitulée : *Disputatio de unione mentis*, où est combattue la métaphysique de Geulincx.

spectateurs, *nudus et inermis spectator*. Sur cette machine du monde et du corps faire ou refaire, construire ou détruire quoi que ce soit n'est pas en notre pouvoir. Tout cela est l'ouvrage d'un autre (1).

Cette simple vision que nous avons du monde n'a lieu elle-même, d'après Geulincx, que d'une manière miraculeuse. Si nous voyons le monde, ce n'est ni par notre propre action, ni par l'action du monde, mais par l'action seule de Dieu. Ce n'est pas le monde qui se présente à nous, mais Dieu lui-même qui, d'une manière ineffable, incompréhensible, le présente à notre esprit (2). Comme rien de fini ne peut être conçu sans l'infini, notre raison limitée ne se sépare pas de la raison infinie, et nous ne pouvons rien connaître qu'en Dieu. Ainsi, de même qu'on trouve les causes occasionnelles dans Geulincx, de même on y trouve le germe de la vision en Dieu. Mais, à la différence de Malebranche, il n'entreprend pas d'expliquer comment Dieu lui-même présente le monde à notre esprit.

D'ailleurs, comme Wittichius, et comme Malebranche, Geulincx admet des vérités naturelles, éternelles et immuables, en blâmant Descartes et les cartésiens qui les faisaient dépendre d'un décret arbitraire de Dieu. Ceux-là, dit-il, se trompent qui attribuent à Dieu le pouvoir de faire que deux et trois n'égalent pas cinq, et de nous faire voir les choses au rebours, s'il lui plaisait de retourner notre intelligence. Veut-on donner à Dieu ce pouvoir, il faudra dire aussi qu'il a pu faire qu'il n'existe pas, l'impossibilité, dans le second cas, n'étant pas plus grande que dans le premier (3).

(1) Sum igitur speculator hujus machinæ. In ea nihil ego fingo, vel refingo, nec struo quidquam hic, nec destruo. Totum id alterius cujusdam est opus (*Ethic.*, 1 tract., 2 sect.).

(2) Ipsum tamen mundum non posse se mihi spectandum exhibere ; solum Deum mihi exhibere illud spectaculum, idque modo ineffabili incomprehensibili. (Ibid.)

(3) Errant illi qui veritates omnes creatas esse volunt, quique Deo attribuunt eam potestatem, ut si modo alium nobis intellectum dedisset, po-

Mais si Geulincx se rapproche de Malebranche, il ne se rapproche pas moins de Spinoza. En effet tous les corps particuliers ne sont pour lui que des modes du corps en soi, et tous les esprits particuliers des modes de l'esprit universel. Si nous étions, dit-il, des esprits, et non pas seulement des modes de l'esprit, nous serions Dieu. Otez ces modes, que reste-t-il? Dieu (1). Aussi Geulincx, peu de temps après sa mort, fut-il attaqué par Charles Tuyman, ministre de Middelbourg, comme un fauteur de Spinoza.

Afin de combler une lacune de la philosophie de Descartes, Geulincx a fait un traité de morale qu'il a intitulé l'*Éthique*. Il estime, non sans raison, qu'on ne peut considérer comme une vraie morale les trois règles provisoires de conduite, que donne Descartes, au commencement du *Discours sur la Méthode*. Dans la préface, il attaque d'abord ces faux cartésiens qui, pour avoir négligé l'étude de la morale, nient l'existence d'une loi morale, enseignent que toutes choses, que nos actions elles-mêmes sont nécessaires, et tombent dans l'athéisme. Qui sont ces faux cartésiens dont parle ici Geulincx? Sans doute quelques professeurs de physique ou de médecine qui transportaient dans l'ordre moral le grand principe, que tout se fait mécaniquement dans la nature. Rappelons Régius, et aussi Welthuysen, qui a réfuté Hobbes, mais de telle façon qu'on a pu le prendre pour un de ses disciples. Geulincx se propose de montrer comment nous devons agir d'après la vraie philosophie de Descartes unie à la sagesse chrétienne.

La première partie seule de son *Éthique* a paru pendant sa vie, la seconde n'a été publiée qu'après sa mort. La mo-

---

tuisset efficere ut 2 et 3 non essent 5. Sed si hoc Deum posse dicant, necessum quoque est ut dicant, Deum posse efficere ut ipse non sit, quia eamdem impossibilitatem concipio in eo, atque in cæteris veritatibus. (*Metaphysica vera*.)

(1) Sumus igitur modi mentis; si auferas modum, remanet Deus. *Metaph. vera*, part. 2. — Ruardus Andala critique vivement ce passage, *Dissertationum philosophicarum pentas*. Franek., in-4°, 1712. *Dissertat. quarta*.

rale de Geulincx est empreinte d'un esprit de piété, d'humilité et de résignation, conforme à ses principes métaphysiques sur la dépendance des créatures à l'égard du Créateur, et inspiré peut-être aussi par les malheurs de sa vie. Il traite de l'essence de la vertu, de ses propriétés premières, de ses diverses applications, de sa fin et de sa récompense. L'amour de la droite raison, identique avec l'amour de l'ordre, d'où Malebranche, dans son *Traité de Morale*, fait dériver toutes les vertus particulières, voilà le grand principe de la morale de Geulincx : *Virtus est rectæ rationis amor unicus*. De même aussi que Malebranche, on le voit allier à une vive piété un hardi rationalisme. La raison, selon Geulincx, est la loi et l'image de Dieu dans nos esprits ; il n'y a rien de si grand et de si saint qui ne lui soit soumis en quelque façon : *nihil est tam magnum, sublime, sanctum, quod non aliqua ratione rationis examini subjiciatur* (*Tract., cap.* 2). Les vertus cardinales, ou les propriétés essentielles de la vertu, sont la diligence, l'obéissance, la justice et l'humilité. La diligence est le zèle ou l'attention à écouter la voix de la raison. Si la diligence nous rend les auditeurs attentifs de la raison, l'obéissance nous en fait les serviteurs dociles. Cette obéissance à cela seul qui est raisonnable, a pour prix la vraie liberté : *Nemini servit qui rationi servit*. La justice est l'exacte convenance, l'équation de toutes nos actions avec la raison, elle donne le contentement intérieur qui est le fruit du devoir fidèlement accompli. Enfin l'humilité, sur laquelle Geulincx insiste le plus, est comme le couronnement de toutes les autres vertus. L'abandon et le mépris de soi-même en vue de la raison, voilà en quoi consiste l'humilité. Elle nous détache de notre propre personne pour nous élever à Dieu, elle donne la vraie grandeur, d'après cette parole, que celui qui s'abaisse sera élevé. Comment ne serions-nous pas humbles, puisque nous ne pouvons rien? Nous ne pouvons agir si Dieu n'agit en nous, nous ne pouvons mouvoir notre corps si Dieu ne le meut, ni connaître le monde si Dieu ne nous le fait connaître. Puisque nous ne pouvons rien, qu'avons-nous de mieux à faire qu'à abdiquer notre volonté au sein de Dieu ? Là où tu ne peux rien, dit Geulincx, tu n'as rien à vouloir. Tel est le rapport de la morale de Geulincx avec sa métaphysique.

Ainsi les causes occasionnelles, la négation de la réalité des causes secondes, le germe de la vision en Dieu, la transformation de tous les corps et de tous les esprits en purs modes d'une substance étendue et d'une substance pensante universelle se trouvent déjà dans Geulincx, qui est à la fois le précurseur de Malebranche et de Spinoza.

Mais pendant que quelques cartésiens préparent les voies à l'*Éthique* de Spinoza, d'autres les préparent au *Tractatus theologico-politicus*. Tel fut Meyer. L'ouvrage de Meyer, *Philosophia Scripturæ interpres* (1), est un des essais les plus célèbres et les plus hardis qui furent tentés, à cette époque, sous l'influence du cartésianisme, pour soumettre les Écritures à une interprétation rationaliste. Meyer, médecin d'Amsterdam, était un des plus intimes amis de Spinoza dont il reçut le dernier soupir, et édita les œuvres posthumes. Le titre même de son ouvrage en indique clairement l'esprit. Meyer raconte, dans sa préface, qu'il a cherché un remède aux discordes fâcheuses des théologiens, et qu'il a cru le trouver dans la méthode de Descartes, dont il célèbre les avantages avec enthousiasme. Ce que Descartes a fait en philosophie, il veut le faire en théologie, c'est-à-dire, il veut tout rejeter, jusqu'à ce qu'il arrive à un point ferme et inébranlable qui puisse servir de fondement à tous les autres dogmes

(1) *Philosophia Scripturæ interpres, exercitatio paradoxa; tertium edita et appendice Joachimi Camerarii aucta, cum notis variis et præfatione Semleri*, in-8°, 1776. La Haye. La 1re édition est de 1666, c'est-à-dire antérieure au *Tractatus theologico-politicus*. — L'éditeur défend Meyer et se défend lui-même. « La tolérance, dit-il, doit être le propre du christianisme. Faut-il, comme autrefois, anéantir les livres des adversaires ? D'ailleurs, ce livre est bon pour exercer les théologiens. Meyer a pu errer dans son mode d'interprétation, mais n'a pas voulu renverser les fondements de la religion. »

L'ouvrage de Meyer a été traduit en hollandais et en français.

théologiques. Ce premier point d'où il faut partir, selon Meyer, c'est que l'Écriture est la parole infaillible de Dieu; hors de là il n'y a pas de théologie. Mais si le premier point de Meyer est parfaitement orthodoxe, il n'en est pas de même du second, c'est-à-dire, de la règle d'interprétation à laquelle l'Écriture doit être soumise. En effet cette règle infaillible, qu'aucun théologien, selon Meyer, n'a encore trouvée, n'est autre que la philosophie elle-même.

Par philosophie, il n'entend pas les opinions de tel ou tel philosophe, mais cette connaissance certaine que donne la raison exercée, attentive, délivrée de tous les préjugés : *Illarum rerum veram ac indubitato certam notitiam quam ratio ab omni præjudiciorum involucro libera, naturalique intellectus lumine et acumine suffulta, ac studio, sedulitate, exercitatione, experimentis, rerumque usu exculta atque adjuta, ex immotis ac per se cognitis principiis, per legitimas consequentias, apodicticasque demonstrationes, clare ac distincte perceptas, eruit, ac in certissima veritatis luce collocat (cap. 5).* Une telle raison émane de Dieu, ainsi que la philosophie qui en découle et, en conséquence, elle est infaillible. Donc tout ce qui n'est pas en conformité avec elle, n'est pas et ne peut pas être la vérité. Meyer fait les plus hardies applications de ce principe, non-seulement aux passages de l'Écriture où Dieu est représenté avec des formes et des passions humaines, mais à l'interprétation même du dogme de la Trinité et à ces paroles de l'Évangile : Ceci est mon corps. Il veut prouver qu'il n'y a pas contradiction entre les vérités philosophiques et les vérités théologiques ; mais il ne le prouve qu'en changeant les vérités théologiques en des vérités philosophiques. Enfin, parmi les opinions opposées sur le principe d'interprétation des Écritures, il combat surtout celle, qui qui dominait alors dans les églises réformées, à savoir que l'Écriture est elle-même *sui interpres*, sous l'inspiration du Saint-Esprit.

L'ouvrage de Meyer excita les plus vives discussions entre les disciples de Descartes et les ministres du culte réformé, il souleva des orages et compromit, dans un grand nombre d'esprits, la philosophie cartésienne, dont Meyer se vantait d'appliquer fidèlement la méthode et les principes ; enfin il provoqua une foule de réfutations, de prédications et de pamphlets, et accrédita singulièrement l'accusation de socinianisme contre tous ceux qui se disaient cartésiens.

Balthasar Bekker (1) suscita contre lui, comme Meyer, les fureurs des théologiens orthodoxes, en mettant les arguments philosophiques au-dessus de l'autorité de l'Écriture, et la raison au-dessus de la foi. Il avait étudié la philosophie et la théologie de Descartes, d'abord à Franékère, puis à Groningue. Il obtint le grade de docteur dans l'université de Franékère, et une place de prédicateur dans les environs de cette ville. C'est là qu'il publia une défense de la philosophie de Descartes contre les théologiens (2), où il se proposait surtout de faire les parts réciproques de la théologie et de la philosophie, afin d'apaiser et de prévenir les querelles entre ces deux puissances. La philosophie est maîtresse dans l'ordre de la raison, la théologie dans l'ordre de la foi. Mais quelle sera cette philosophie maîtresse dans l'ordre de la raison? Ce sera la philosophie pure de Descartes, telle qu'elle est dans ses propres ouvrages, et non pas telle qu'elle a été dénaturée ou exagérée par quelques-uns de ses disciples. Or, la philosophie pure de Descartes ne contient rien de contraire à la religion. Ne voit-on pas les théologiens les plus considérés, tels qu'Heidanus, Burmanus, Clauberg, Wittichius, etc., se faire gloire d'être ses partisans et ses défenseurs? Bekker s'attache surtout, comme tous les apologistes de Descartes, à justifier le doute méthodique, les doctrines du mouvement de la terre et de l'infinité du monde. Il invite les théologiens à ne pas s'écarter de la

---

(1) Né en 1634 dans la Frise occidentale, mort en 1698.
(2) *De philosophia cartesiana admonitio candida et sincera.* Franekeræ, 1688, petit in-12.

modération et de la charité, à ne pas intervenir dans les débats philosophiques, et il nie hardiment à l'Église le droit d'attenter à la liberté qui est la loi de la philosophie.

Par avance il plaidait ainsi sa propre cause, mais sans réussir à la gagner. Il ne put en effet travailler au triomphe de la raison, et combattre les superstitions populaires, contre lesquelles il prit la plume, à l'occasion de la fameuse comète de 1680, sans encourir quelques persécutions (1). Cependant bientôt, sans se décourager, dans un autre ouvrage plus considérable, et encore plus hardi, il entreprit de ruiner la croyance, universellement répandue, à l'influence des esprits, anges ou démons, et au pouvoir du diable sur la destinée, les actions et les pensées des hommes (2). Il passe d'abord en revue les opinions des anciens et des modernes sur les bons ou les mauvais esprits, sur l'état des âmes après la mort, sur le diable et son pouvoir. Ensuite, il recherche ce qu'il y a de faux et de vrai dans toutes ces opinions, d'après le jugement de la raison. Sans nier l'autorité de l'Écriture, il affirme que c'est à la raison de l'interpréter, et de nous instruire de quelle manière il faut l'entendre, lorsqu'elle ne parle pas naturellement des choses naturelles. Or, selon Bekker, la raison ne nous informe que de l'existence de notre propre esprit et d'esprits semblables aux nôtres chez les autres hommes. On ne rencontre des anges et des démons que dans certains passages de l'Écriture qui, selon Bekker, peuvent s'entendre soit de l'action de Dieu, soit de l'action d'hommes méchants. Donc, comme l'Écriture ne contredit pas formellement le témoignage de la raison, il

---

(1) *Examen des comètes, à l'occasion d'une comète parue en 1681.* — Publié en 1683 en hollandais.

(2) *Le Monde enchanté ou Examen des communs sentiments touchant les esprits, leur nature, leur pouvoir, leur administration et leurs opérations et touchant les effets que les hommes sont capables de produire par leur communication et leur vertu,* 4 vol. in-12, traduit du hollandais en 1694. « Cet écrit, dit Bayle, a donné lieu à tant d'autres, principalement en langue flamande, qu'ils coûtent presque cent francs. » (Lettre à Minutoli. Rotterdam, le 28 août 1692.)

conclut que l'empire des esprits bons ou mauvais est une chimère, et que la croyance à leur pouvoir est contraire à la véritable piété. Quant aux prétendus témoignages tirés de l'expérience, Bekker les traite de faussetés et d'impostures.

En outre à l'existence des anges et des démons il oppose la doctrine cartésienne, que Dieu est la seule vraie cause efficiente. Ce n'est pas un esprit créé et fini, mais Dieu seul qui peut agir sur l'âme et sur le corps de l'homme (1). Postérieur de quelques années au *Tractatus theologico-politicus*, le *Monde enchanté* de Bekker est, avec plus de réserve, animé du même esprit, et témoigne aussi de l'influence exercée par le cartésianisme hollandais sur la théologie.

Ces attaques contre les croyances les plus accréditées au sein de l'Église avaient encore plus de gravité de la part d'un ministre. Aussi Bekker fut-il poursuivi par les magistrats d'Amsterdam, suspendu d'abord, puis révoqué de ses fonctions par un synode. Il eût pu les conserver en se rétractant, mais il s'y refusa et mourut, quelques années après, ferme et inébranlable dans les mêmes sentiments. Il faut donc placer Bekker au premier rang des cartésiens hollandais qui ont tenté de subordonner la théologie à la philosophie et la foi à la raison.

Voilà les précurseurs de Spinoza, et les intermédiaires qui le rattachent à Descartes. Nous avons vu certaines tendances de la métaphysique cartésienne aboutir, en quelques années, jusqu'à leurs conséquences extrêmes. Les causes secondes deviennent des causes occasionnelles, les substances secondes tendent à devenir de simples phénomènes; Clauberg n'accorde pas plus de réalité aux créatures par rapport à Dieu qu'à nos pensées par rapport à notre esprit; Geulincx enseigne que tous les esprits ne sont que des modes d'une substance pensante universelle,

---

(1) Le chapitre *de diabolo* du *Tractatus brevis de Deo et homine ejusque valetudine* de Spinoza, retrouvé et publié par M. Van Vloten, semble un résumé de la doctrine de Bekker.

et tous les corps des modes de l'étendue en soi. D'un autre côté, dans la théologie, la philosophie est posée comme seule règle infaillible de l'interprétation des Écritures. Ainsi, l'histoire du cartésianisme hollandais nous a donné les antécédents de l'*Éthique* et du *Theologico-politicus*, et nous a fait assister, pour ainsi dire, à l'enfantement de Spinoza.

CHAPITRE XV

Spinoza. — Sa vie et sa personne. — Éducation cartésienne. — Rupture avec la synagogue. — Excommunication prononcée contre lui par les rabbins. — Anathèmes de tous les théologiens. — Il gagne sa vie en taillant des verres. — Amour de l'étude et de la retraite. — Sobriété, désintéressement, tolérance. — De ses ouvrages. — *Principes de Descartes exposés sous forme géométrique* et *Cogitata metaphysica*. — Renommée de Spinoza et visiteurs illustres. — Lettres et correspondants. — Mépris pour l'autorité et les anciens. — Pourquoi il n'a pas fait imprimer l'*Éthique*. — Sa mort. — Analyse du *De emendatione intellectus*. — La morale principal but de Spinoza. — Seul vrai bien de l'âme dans l'amour de ce qui ne passe pas. — Effort pour concilier la recherche du vrai bien avec la nécessité universelle. — Connaissance de la nature, union de l'âme avec elle, voilà où nous devons tendre et pousser nos semblables. — Morale par provision. — Réforme de l'entendement. — Quatre modes de perceptions. — Unique mode donnant la vérité et le bonheur. — Idée pure de la raison, point de départ de la méthode de Spinoza. — Certitude des idées claires. — Dédain pour les sceptiques. — Règles pour distinguer les idées vraies des idées feintes, fausses ou douteuses. — Confirmation de la vérité de l'idée claire par la déduction de ce qu'elle enferme. — Conformité de l'ordre de nos déductions avec l'ordre de la nature. — Direction de l'esprit sous la loi de l'être absolument parfait. — Rapport du *De emendatione* avec l'*Éthique*.

De tous les philosophes suscités en Hollande par le mouvement cartésien, il n'en est pas de plus illustre que Spinoza, et qui, tout en se rattachant à Descartes, s'en éloigne davantage par la nouveauté et la hardiesse des doctrines. Quel autre nom, dans toute l'histoire de la philosophie, a été l'objet de jugements plus contraires et plus passionnés, selon la diversité des sectes et des partis! Quel philosophe fut jamais couvert de plus d'imprécations, mais aussi loué avec plus d'enthousiasme! Pour les uns, c'est un monstre d'impiété et d'athéisme, pour les autres, c'est le philosophe par excellence, c'est un saint animé de l'esprit de Dieu. A travers toutes ces contradictions, cherchons la vérité, en substituant une analyse exacte, une critique impartiale aux déclamations, à la passion et à l'esprit de parti. Cette tâche nous est rendue plus facile par les savantes et consciencieuses études qui ont été faites sur la philosophie de Spinoza (1), depuis que nous en avons nous-même parlé pour la première fois (2).

Spinoza naquit à Amsterdam, le 24 novembre 1632, de parents juifs, Portugais d'origine, qui faisaient le négoce. Une peau brune, des cheveux et des sourcils noirs étaient l'indice d'un sang méridional ; sa taille était médiocre, sa physionomie agréable, avec une expression de mélancolie et de recueillement. Ses parents voulurent en faire un rabbin, et l'envoyèrent aux écoles (3). Il eut pour maître un célèbre rabbin, Morteira, qui lui enseigna l'hébreu. A quinze ans, Spinoza discutait les Écritures de manière à embarrasser tous les rabbins de la synagogue. Non content des lettres hébraïques, il s'adressa, pour apprendre le latin, à un médecin appelé Van den Ende, qui tenait école à Amsterdam. En même temps que le latin, Van den Ende enseigna à

---

(1) Nous citerons l'*Histoire de la philosophie du dix-septième siècle*, par M. Damiron, la nouvelle édition de la traduction des *OEuvres de Spinosa*, avec l'excellente Introduction qui la précède, par M. Saisset, 3 vol. in-12, Charpentier, 1861, *Spinoza et le naturalisme contemporain*, par M. Nourrisson, in-12, 1866. Dans nos citations nous nous sommes aidé de la traduction de M. Saisset.

(2) *Histoire et critique de la révolution cartésienne*, in-8º, Paris, 1843.

(3) *Vie de Saint-Évremond*, par Desmaizeaux. Tel est aussi le portrait qu'en fait Leibniz : « Le fameux juif Spinoza avait un teint olivâtre et quelque chose d'espagnol dans son visage; aussi était-il de ce pays-là. » (Édit. Dutens, t. VI, pars 1ª, p. 329.) La meilleure biographie de Spinoza est celle de Colérus. Colérus, pasteur de l'église réformée, a horreur des doctrines de Spinoza, mais néanmoins rend toute justice à sa personne, à ses mœurs, à son caractère, sur lesquels il a recueilli les témoignages les plus sûrs. (Voir cette Vie dans le IIº vol. de l'ouvrage de M. Saisset, et à la suite une autre Vie de Spinoza, par Lucas, médecin de La Haye.)

Spinoza la physique, la géométrie et la philosophie de Descartes (1). Ainsi il fit briller à ses yeux une lumière nouvelle, et lui révéla sa vocation philosophique. On découvrit depuis, dit Colérus, que ce Van den Ende répandait des semences d'athéisme dans l'esprit des jeunes gens auxquels il donnait des leçons (2). Un pareil maître acheva de compromettre Spinoza auprès des siens et d'émanciper son esprit de tous les préjugés de sa secte.

Tout d'abord l'élève de Van den Ende étendant aux Écritures et à l'enseignement des rabbins la grande maxime cartésienne, qu'il ne faut recevoir pour vrai que ce qui est évident, jugea que leurs principes ne pouvaient être admis par un homme de sens. Dès aussi lors il s'abstient de paraître aux cérémonies de la synagogue et fuit le commerce des rabbins. Ceux-ci, alarmés du scandale de cette défection, mirent en œuvre les séductions et les menaces pour le ramener à eux; mais, n'ayant pu réussir à l'ébranler, ils se décidèrent à prononcer contre lui l'excommunication solennelle (3).

(1) « Les Œuvres de Descartes, dit Colérus, étant tombées entre ses mains, il les lut avec avidité, et dans la suite il a souvent déclaré que c'était de là qu'il avait puisé tout ce qu'il savait en philosophie. » (Vie de Spinoza.)

(2) Cette réputation l'obligea à quitter la Hollande et à se réfugier en France, où il fut pendu comme complice de la conspiration du chevalier de Rohan.

(3) Je donne ici le texte retrouvé, traduit du portugais en latin et publié par M. Van Vloten en 1862, à Amsterdam, dans un curieux volume d'Œuvres inédites de Spinoza : « Ad Benedicti de Spinoza
« opera quæ supersunt omnia supplementum continens tractatum hucus-
« que ineditum de Deo et homine, tractulum de iride, epistolas non-
« nullas ineditas et ad eos vitamque philosophi collectanea. — Anathema
« quod edictum est de sanctuario contra Baruch de Espinoza : Consilii
« ecclesiastici domini vobis communicant, quod jam dudum cognoscentes
« malas opiniones operaque mala Baruchii de Espinoza, per varios stu-
« duerunt modos et promissiones eum a malis distrahere viis; cum vero
« nihil in eo remediari potuerint, e contrario autem quotidie magis co-
« gnoscerent horribiles ejus hæreses ab eo actas doctasque, et insolentia,
« quæ operabatur, opera, cumque multos ejus rei fide dignos tenerent
« testes, qui deposuerunt et testati sunt, dicto Espinoza præsente, a qui-
« bus convictus fuit; examine de omnibus habito, in præsentia domino-

« A la bonne heure, répondit Spinoza à celui qui lui en porta la nouvelle, on ne me force à rien que je n'eusse fait de moi-même, si je n'eusse craint le scandale. Mais, puisqu'on le veut de la sorte, j'entre avec joie dans le chemin qui m'est ouvert, et j'ai cette consolation que ma sortie sera plus innocente que celle des Hébreux hors de l'Égypte, quoique ma subsistance ne soit pas mieux assurée que la leur. » Peu de temps après, un juif fanatique le frappa d'un coup de poignard, dont Spinoza fut préservé par son manteau qu'il garda toute sa vie, en souvenir de cet acte de fanatisme et du danger qu'il avait couru. Les rabbins ne pouvaient de leur propre autorité le chasser de la ville, comme de la synagogue, mais à force d'intrigues ils mirent de leur parti les ministres réformés. Ils firent valoir que leur cause était commune, qu'il s'agissait de punir un

« rum sapientium, deliberaverunt, ipsis assentientibus, dictum Espinozam
« anathematizare et sejungere a natione Israelis, uti jam eum in anathema
« ponunt, cum anathemate sequente :

« Judicio angelorum sanctorumque judicio anathematizamus, sejungi-
« mus, maledicimus et execramus Baruch d'Espinoza, assentiente tribu-
« nali ecclesiastico, et consentiente omni ista communitate coram sanctis
« libris, cum sexcentis et tredecim præceptis, quæ in iis scripta sunt,
« cum anathemate quo Josua Jerichontem anathematizavit, cum male-
« dictione qua Elisa pueris maledixit, et cum omnibus maledictionibus
« quæ in libro legis scripta sunt : maledictus sit per diem, et maledictus
« sit per noctem, maledictus sit in dormiendo et maledictus sit in exsur-
« gendo, maledictus sit in exeundo et maledictus sit in intrando : Domi-
« nus nunquam illi ignoscere velit, furorem domini et zelum in hominem
« istum posthac ardere faciat, illique imponat omnes maledictiones, quæ
« scriptæ sunt in libro legis, et destruet nomen ejus infra cœlum, et do-
« minus sejunget eum in malum ab omnibus Israelis tribubus, cum omni-
« bus maledictionibus firmamenti, in libro legis ; et vos domino Deo vestro
« adhærentes vos omnes hodie salvete : — Advertentes quod nemo eum
« alloqui possit oraliter, nemo per scriptum, nemo ei facere possit ullum
« favorem, nemo sub tecto cum illo stare, nemo documentum ullum legere
« ab eo factum vel scriptum. »

Cette pièce sauvage et barbare est datée de 1656.

L'apologie que fit, dit-on, Spinoza en réponse à cet anathème n'existe plus. Il est probable, comme le suppose M. Nourrisson (*Revue contemporaine*, 1er janvier 1866), qu'elle est venue se fondre dans le *Tractatus theologico-politicus*.

blasphémateur de Moïse et des Écritures, et, par les ministres réformés, ils obtinrent des magistrats de la ville un arrêt qui lui interdisait de séjourner plus longtemps à Amsterdam. Cet exil ne fit aucune peine à Spinoza qui, après avoir appris à Amsterdam tout ce qu'il désirait savoir des sciences humaines, n'aspirait plus qu'à une retraite profonde où il pût méditer en paix. Cependant il y laissait, comme nous l'apprend une lettre inédite, publiée par M. Van Vloten, un groupe de jeunes disciples ennemis, comme lui, des superstitions, et déjà inspirés de son esprit et de ses maximes (1).

Sans patrimoine et sans fortune, Spinoza sut n'être pas moins indépendant que Descartes, et éviter, comme lui, l'écueil de l'enseignement public. Conformément au précepte d'anciens docteurs juifs, renouvelé par Rousseau dans l'*Émile*, il avait appris un art mécanique pour gagner, à tout événement, de quoi subsister. Cet art mécanique, qui semble avoir été singulièrement en honneur parmi les cartésiens, à l'exemple du maître (2), était la taille des verres de lunettes d'approche, où il devint tellement habile, qu'on s'adressait à lui de tous côtés pour en acheter, et qu'il put suffire à ses besoins, tout en consacrant la plus grande partie de son temps à la philosophie. Après avoir été banni d'Amsterdam, il habita quelque temps dans le voisinage de Leyde, puis dans celui de La Haye, et enfin dans cette ville même, où il loua une modeste chambre, et passa les cinq dernières années de sa vie.

Arrêtons-nous pour contempler un moment cette vie si retirée et si pure, où il semble que l'esprit soit tout, et que le corps ne tienne point de place. Le bien que nous

---

(1) Lettre de Simon de Vries, de 1663, *Supplementum*, p. 295.

(2) Descartes, comme on le voit par ses lettres, s'était beaucoup occupé de la taille des verres, tantôt y travaillant lui-même, tantôt donnant des instructions à d'habiles ouvriers. Le 10ᵉ Discours de sa *Dioptrique* a pour objet la taille des verres. Ce fut aussi, nous le verrons, un des délassements favoris de Malebranche. C'était un habile opticien, dit Leibniz de Spinoza.

avons dit de Spinoza, le bien que nous en dirons encore, ne saurait être mis en doute, car il nous est attesté par le témoignage d'un ennemi, le pasteur Colérus, qui avait prêché en chaire contre lui, et qui, malgré les louanges, que sa bonne conscience l'oblige à lui donner, n'en croit pas moins devoir le maudire comme un impie et un damné. Ce que Spinoza nous prescrit sur la recherche du vrai bien, dans le début du *de Emendatione intellectus*, lui-même il l'a mis en pratique. Il a rejeté les soucis des choses de ce monde, les agitations que donne la recherche de la gloire, des richesses, des plaisirs et de toutes les choses périssables, pour placer son amour dans quelque chose d'éternel et d'infini qui seul donne à l'âme le calme et le bonheur. C'est la pensée de l'infini, de l'ordre universel et nécessaire des choses qui seule a rempli toute sa vie. Dans cette poursuite, dans cette méditation de ce qui ne passe pas, aucune passion ne semble l'avoir troublé. Jamais il ne se laissa emporter par la joie, ni abattre par la douleur. Son humeur était toujours douce et calme. « Il n'eut point de santé parfaite de toute sa vie, dit un de ses biographes, il avait appris à souffrir dès sa plus tendre jeunesse, aussi jamais n'entendit-on mieux cette science si rare et pourtant si nécessaire. »

Content de gagner au jour le jour, de quoi vivre par son industrie, il ne recherchait pas l'argent et il fit preuve, en plusieurs circonstances, du plus rare désintéressement. Il refusa deux mille florins qu'un de ses amis, Simon de Vries, voulait lui donner, et il ne consentit pas à ce que ce même ami fît son testament en sa faveur, quoiqu'il n'eût que des héritiers éloignés. N'ayant pu lui faire accepter l'héritage de tous ses biens, Simon de Vries chargea ses héritiers naturels de lui faire une pension de 500 florins que Spinoza lui-même voulut réduire à 300. Comme on lui apprenait un jour qu'un de ses débiteurs lui avait fait faillite, il répondit : « Je retrancherai de mon ordinaire pour réparer cette perte, mais à ce prix j'achète la fermeté. »

Il n'avait point de fanatisme ni d'aveugle prévention contre aucune secte religieuse. Loin de détourner de leur religion ceux qui l'entouraient, il les exhortait à la suivre fidèlement, avertissant les enfants de son hôte d'être soumis à leurs parents et d'assister au service divin. Il consolait les gens de la maison dans leurs afflictions et dans leurs maladies, et les engageait à souffrir des maux qui étaient comme un partage que Dieu leur avait assigné. Il avait, dit Colérus, une grande estime pour mon prédécesseur, il en faisait l'éloge et allait même l'entendre prêcher. Un jour, son hôtesse lui ayant demandé s'il croyait qu'elle pût être sauvée dans sa religion, il lui répondit : « Votre religion est bonne, vous ne devez pas en chercher d'autre, ni douter que vous n'y fassiez votre salut, pourvu qu'attachée à la piété, vous meniez une vie calme et tranquille. »

Dans la préface du *Theologico-politicus*, il se félicite de vivre en un pays, où chacun est libre de penser comme il lui plaît, pourvu qu'il ne trouble pas la paix publique. *Liberrima est respublica vestra*, lui écrit un de ses correspondants, *liberrime in ea philosophandum*. » Spinoza ne s'en fit pas faute, et cependant, depuis son exil d'Amsterdam, malgré les violentes attaques dont il fut l'objet, sa tranquillité ne fut pas troublée, sinon une seule fois, mais comme nous le verrons, pour des causes purement politiques. Au sein même de cette retraite profonde, son savoir, sa modestie, son désintéressement le faisaient estimer de toutes les personnes d'esprit qui étaient à La Haye (1). Deux fois, par des offres brillantes, il fut invité à quitter la Hollande, et deux fois il eut la sagesse de ne pas quitter cette patrie de la libre pensée.

Le prince de Condé, avide de la société et de la conversation des hommes extraordinaires, de tous les grands esprits, quelles que fussent leur patrie et leurs doctrines, eût voulu conférer avec lui et l'attirer à Chantilly, comme plus tard il y faisait venir Malebranche et

---

(1) *Vie de Saint-Évremond*, par Desmaizeaux.

Bossuet. Pendant la campagne de Hollande, en 1673, il lui avait donné rendez-vous à Utrecht. Spinoza y vint, mais ne trouva pas le prince de Condé qu'avait appelé ailleurs un ordre du roi. Il fut reçu, au nom du prince, par le maréchal de Luxembourg qui, de sa part, l'invita à venir en France, et lui promit une pension du roi, pourvu qu'il lui dédiât quelque ouvrage. Spinoza refusa, en donnant pour prétexte qu'il n'avait aucun ouvrage dont il pût faire la dédicace. Ce voyage au camp des Français faillit le compromettre plus gravement que le *Tractatus theologico-politicus*. A son retour à La Haye, il y eut une certaine émotion contre lui dans la populace qui l'accusait d'être un espion des ennemis, si bien que son hôte alarmé craignit de voir sa maison pillée. Mais Spinoza l'assura qu'il n'avait rien à craindre à son égard et qu'il lui était aisé de se justifier. « Quoi qu'il en soit, dit-il, aussitôt que la populace fera le moindre bruit à votre porte, je sortirai et irai droit à eux, quand ils devraient me faire le même traitement qu'ils ont fait aux pauvres MM. de Witt. Je suis bon républicain et n'ai jamais eu en vue que la gloire et l'avantage de l'État. »

Condé ne fut pas le seul personnage illustre qui rechercha Spinoza. Sa vie cachée, dit Bayle, n'empêchait pas le vol de son nom et de sa réputation. Il eut l'avantage, dit le médecin Lucas, d'être connu de M. le pensionnaire de Witt qui voulut apprendre de lui les mathématiques et qui lui faisait souvent l'honneur de le consulter sur des matières importantes. Leibniz alla le visiter, et eut plusieurs entretiens avec lui, à son retour de France par l'Angleterre et la Hollande (1). Voici ce que dit le comte de Boulainvilliers parlant du séjour de Spinoza à La Haye : « Il n'y fut

---

(1) Voici sur cette visite une note inédite de Leibniz lui-même, publiée par M. Foucher de Careil. « J'ai passé quelques heures après dîner avec Spinoza. Il me dit qu'il avait été porté le jour des massacres de MM. de Witt, de sortir la nuit et d'afficher quelque part, proche du lieu de ces massacres, un papier où il y aurait : *Ultimi barbarorum*. Mais son hôte lui avait fermé la maison pour l'empêcher de sortir, car il se serait exposé à être déchiré. » (*Leibniz, Descartes et Spinoza*, in-8°, 1863 1er Mémoire, p. 74.)

visité d'abord que d'un petit nombre d'amis qui en usèrent modérément ; mais cet aimable lieu n'étant jamais sans voyageurs qui recherchent ce qui mérite d'être vu, les plus intelligents d'entre eux, de quelque qualité qu'ils fussent, auraient cru perdre leur voyage s'ils ne lui avaient rendu visite (1). » Parmi ces visiteurs, Bayle (2) cite M. d'Hénault, homme d'esprit et d'érudition qui se piquait, dit-il, d'athéisme, et qui avait fait le voyage de la Hollande exprès pour voir Spinoza. A la fin du siècle, Massillon, du haut de la chaire, s'indigne contre le scandale de ces démarches et de ces visites en l'honneur d'un impie (3).

L'année même où Condé lui donnait ce rendez-vous à Utrecht, l'Électeur palatin lui faisait offrir la chaire de professeur ordinaire de philosophie dans l'académie d'Heidelberg, avec le droit de philosopher en toute liberté, sous la seule condition de ne pas troubler la religion

(1) Préface de la *Réfutation des erreurs de Spinoza*.
(2) *Dictionnaire critique*, article sur SPINOZA.
(3) « Pourquoi croyez-vous que ces prétendus incrédules souhaitent si fort de voir des impies véritables, fermes et intrépides dans l'impiété ; qu'ils en cherchent, qu'ils en attirent même des pays étrangers, comme un Spinoza, si le fait est vrai qu'on l'appela en France pour le consulter et pour l'entendre ? C'est que nos incrédules ne sont point fermes dans l'incrédulité, ne trouvant personne qui le soit, et voudraient, pour se rassurer, trouver quelqu'un qui leur parût véritablement affermi dans ce parti affreux... Un Spinoza, ce monstre qui, après avoir embrassé différentes religions, finit par n'en avoir aucune, n'était pas empressé de chercher quelque impie déclaré qui l'affermît dans le parti de l'irréligion et de l'athéisme ; il s'était formé lui-même ce chaos impénétrable d'impiété, cet ouvrage de confusion et de ténèbres, où le seul désir de ne pas croire en Dieu peut soutenir l'ennui et le dégoût de ceux qui le lisent, où, hors l'impiété, tout est inintelligible, et qui, à la honte de l'humanité, serait tombé en naissant dans un oubli éternel et n'aurait jamais trouvé de lecteurs, s'il n'eût attaqué l'Être suprême. Cet impie, dis-je, vivait caché, retiré, tranquille ; il faisait son unique occupation de ses productions ténébreuses, et n'avait besoin pour se rassurer que de lui-même ; mais ceux qui le cherchaient avec tant d'empressement, qui voulaient le voir, l'entendre, le consulter ; ces hommes frivoles et dissolus, c'étaient des insensés qui souhaitaient de devenir impies, etc. »
(Sermon pour la 4ᵉ semaine du carême, *Des doutes sur la religion*.)

établie (1). Cet électeur était le prince Charles-Louis, le frère de la princesse Élisabeth, libre esprit qui voulait faire d'Heidelberg un asile pour la libre pensée. Spinoza préféra néanmoins son repos et sa liberté au dangereux éclat d'un enseignement public. Pour motifs de son refus il allégua, que les soins donnés à l'instruction de la jeunesse l'empêcheraient d'avancer lui-même en philosophie, et qu'il ignorait, d'ailleurs, quelles seraient les limites de cette liberté de philosopher, sous la condition de ne pas troubler la religion établie. Enfin, il ajoutait que ce n'était pas l'espérance d'un sort plus brillant qui déterminait son refus, mais l'amour de la tranquillité : « bien précieux dont je ne crois pouvoir me flatter de jouir qu'à condition de renoncer à toute espèce de leçons publiques (2). »

Spinoza demeura donc dans sa retraite et dans son indépendance, continuant jusqu'au bout à librement philosopher, sans aucun engagement, ni aucune considération de religion ou de politique, et se confirmant toujours de plus en plus dans la vérité de sa doctrine. Il écrit à Albert Burgh qui s'était converti au catholicisme, après avoir été un de ses plus intimes amis et de ses plus ardents sectateurs : « Je n'ai pas la présomption de croire avoir trouvé la meilleure philosophie, mais je suis assuré de posséder la vraie. Comment en suis-je assuré ? si vous me le demandez, je répondrai de la même manière que vous savez que trois angles d'un triangle sont égaux à deux droits. Or, cela suffit à quiconque a la cervelle saine, et ne rêve pas des esprits immondes se plaisant à nous faire prendre des idées fausses pour vraies. » Il s'était également persuadé, par une singulière illusion, que sa philosophie offrait les plus grands avantages pour le bonheur, pour la morale et la piété. C'est avec une indignation éloquente qu'il repousse les accusations d'impiété et d'athéisme et toutes les invectives des intolérants et des fanatiques : « Est-ce que celui-là

---

(1) Édit. Saisset, Lettre 27.
(2) *Ibid.*, Lettre 28.

a dépouillé toute religion, qui reconnaît Dieu comme le souverain bien, qui pense que, comme souverain bien, il faut librement l'aimer, qui fait consister en cet amour le plus haut degré de notre bonheur et de notre liberté, qui place la récompense de la vertu dans la vertu elle-même, comme aussi dans la folie elle-même le châtiment de l'impuissance et de la folie, qui recommande à tout homme d'aimer son prochain et d'obéir aux décrets du souverain (1)? » Avec quelle énergie il répond aux déclamations fanatiques dont cet Albert Burgh, dans la ferveur de sa récente conversion, prétendait l'accabler!

Les *Principes de la philosophie de Descartes* et le *Tractatus theologico-politicus* sont les seuls ouvrages que Spinoza ait publiés pendant sa vie. Ses œuvres posthumes, éditées par Meyer, l'année même de sa mort, contiennent l'*Éthique*, les *Lettres* et deux ouvrages inachevés, le *De Emendatione intellectus* et le *Tractatus politicus*. Ajoutons encore à cette liste le *Tractatus de Deo et homine ejusque valetudine*, qui vient d'être publié en entier par M. Van Vloten, et qui est comme un brouillon de l'*Éthique*. Il ne faut pas non plus oublier une traduction perdue du Pentateuque en flamand, et un abrégé de grammaire hébraïque, par lesquels il voulait sans doute continuer l'œuvre du *Tractatus theologico-politicus*, en mettant à la portée d'un plus grand nombre la discussion des textes sacrés.

L'*Exposition des Principes de la philosophie de Descartes* (2) ne va que jusqu'au commencement de la troisième partie, où devaient être déduites les conséquences des principes généraux de la nature. L'essai de forme géométrique, donné par Descartes lui-même, dans sa réponse aux deuxièmes objections, y est inséré textuellement et a servi

---

(1) Lettre 38.

(2) « Renati Descartes principiorum philosophiæ pars 1 et 2 more geo« metrico demonstratæ per Benedictum Spinozam. Accesserunt ejusdem « cogitata metaphysica, in quibus difficiliores quæ tam in parte metaphy« sices generali quam speciali occurrunt, quæstiones breviter explican« tur. » Amst., 1663.

sans doute de modèle à l'ouvrage entier. Spinoza expose la pensée de Descartes et non la sienne. Déjà en effet, à cette date de 1663, il avait traversé le cartésianisme et esquissé la doctrine de l'*Éthique* dont il communiquait certaines parties à quelques disciples (1). Il avait fait cette exposition pour un élève, auquel il enseignait la philosophie de Descartes, peut-être, comme le conjecture M. Van Vloten, pour Albert Burgh qui vivait alors avec lui. L'ayant publiée à la prière de quelques amis, il voulut que Meyer, qui en fut l'éditeur, avertît dans la préface que ce livre contenait les pensées de Descartes et non les siennes (2). Quoique son dessein fût de faire une exposition exacte et fidèle, il insiste naturellement davantage sur les principes qui lui paraissent favoriser sa propre doctrine et, en certains points, il altère ou il dépasse la pensée de Descartes, pour l'accommoder plus ou moins à son propre sens. Ainsi, dans un scholie de la proposition neuvième de la première partie, il fait dire à Descartes, que Dieu, quoique incorporel, doit cependant être entendu comme contenant en lui toutes les perfections qui sont dans l'étendue. On peut tirer en effet cette conséquence, comme l'ont fait Fénelon et Malebranche, de ce grand principe, qu'il doit y avoir autant de réalité efficiente dans la cause que dans l'effet ; mais Descartes lui-même ne s'est pas expliqué sur ce point. Un corollaire de la douzième proposition affirme que Dieu, créateur de toutes choses, non-seulement ne peut sentir, mais ne peut pas proprement percevoir, ce qui assurément n'est pas dans Descartes.

On voit la même tendance, encore plus marquée, dans

---

(1) Deux lettres inédites, publiées par M. Van Vloten, prouvent que Spinoza, en 1663, avait à Amsterdam un certain nombre de disciples, surtout parmi les juifs, qui formaient une sorte d'assemblée ou de collége, où l'on discutait certaines parties de l'*Éthique*. *Supplementum*, p. 295 et 297.

(2) Après un grand éloge de Descartes, il avertit le public par l'intermédiaire de Meyer, qu'il trouve des erreurs dans sa philosophie : « Quam-
« obrem judicet hic nemo illum aut sua aut tantum ea quæ probat do-
« cere. »

les *Cogitata metaphysica*, qui ont été publiés à la suite de l'*Exposition*, et qui sont comme des éclaircissements sur différents points de la métaphysique cartésienne. Tout en y suivant encore Descartes, Spinoza y laisse apparaître davantage ses propres principes; ainsi déjà, comme plus tard dans l'*Éthique*, il affirme que l'ordre, le bon, le vrai, sont seulement des dénominations extrinsèques des choses qui ne peuvent leur être attribuées que dans la langue des rhétoriciens. Il voulait sans doute préparer insensiblement les esprits à une philosophie plus hardie.

La correspondance de Spinoza, publiée dans ses œuvres posthumes, quoique accrue par des découvertes récentes, n'a ni la même étendue ni la même importance que celle de Descartes. Parmi ses correspondants, moins illustres que ceux de Descartes, les plus connus sont Meyer, l'auteur du *Philosophia Scripturæ interpres*, l'éditeur de ses œuvres posthumes, Oldenburg, secrétaire de la Société royale des sciences de Londres, plus célèbre par ses relations avec les savants et les philosophes, par son zèle à leur servir d'intermédiaire, que par ses propres travaux. Une édition de Spinoza, annotée par Leibniz, nous apprend que plusieurs lettres, qui figuraient avec le signe de l'anonyme, sont de Tschirnaus, l'auteur de l'ouvrage intitulé *Medicina mentis*, un des philosophes et des savants les plus considérables du dix-septième siècle. Tschirnaus a eu des relations assez intimes avec Spinoza qui l'appelle *Tschirnhausius noster* (1).

Quelques lettres ont pour objet les mathématiques, la chimie, l'optique et la taille des verres, mais la plupart traitent de la philosophie ou de l'interprétation des Écritures. La polémique a pour objet, non-seulement les *Cogitata metaphysica* et le *Tractatus theologico-politicus*, mais aussi sur les premières parties de l'*Éthique*, déjà communiquées à l'avance à quelques amis. Comment

---

(1) Sur les rapports de Tschirnaus et de Spinoza, voir *Leibniz, Descartes et Spinoza*, de M. Foucher de Careil. 2ᵉ Mémoire, p. 118, et M. Van Vloten.

la morale peut-elle subsister avec le système de la nécessité universelle? Que deviennent la théologie et la religion avec ce nouveau mode d'interprétation des Écritures? Voilà les points sur lesquels Spinoza est le plus vivement pressé. Parmi ces correspondants, quelques-uns s'indignent, et se récrient d'horreur, tels que Guillaume de Blyenberg et Albert Burgh ; d'autres, tels qu'Oldenburg, d'une humeur plus bienveillante et plus modérée, ne veulent pas apercevoir l'abîme qui les sépare, et semblent toujours espérer quelques explications plus satisfaisantes qui rassurent leur conscience; d'autres enfin, tels que Meyer, se déclarent les partisans de sa doctrine. Dans les Lettres, de même que dans *le Tractatus theologico-politicus*, Spinoza ne rejette pas les Écritures d'une manière absolue, mais il les interprète à sa façon ; il étend même ce hardi système d'interprétation jusqu'à la personne du Christ. Le Christ, écrit-il à Oldenburg, est la plus haute manifestation de la sagesse de Dieu en ce monde (1).

Après la publication du *Théologico-politicus*, Spinoza avait prudemment résolu, à cause de l'orage excité contre lui, de ne plus rien donner au public. Cependant, il fit, en 1675, le voyage d'Amsterdam avec l'intention de livrer à l'impression l'*Éthique*, déjà achevée depuis plusieurs années, dans l'espérance qu'un ouvrage de pure métaphysique n'aurait pas le même retentissement. Mais informé que déjà les théologiens lui tendaient des embûches, et faisaient courir le bruit qu'il allait publier un gros livre pour prouver qu'il n'y a point de Dieu, il revint à La Haye avec son manuscrit. On voit que, s'il était hardi dans la spéculation, il ne manquait pas de prudence dans la conduite de la vie, conformément à ces règles provisoires de conduite qu'il recommande, à l'exemple de Des-

---

(1) « Dico ad salutem non esse omnino necesse Christum secundum car-
« nem noscere, sed de æterno illo filio Dei, hoc est Dei æterna sapientia
« quæ sese in omnibus rebus, et maxime in mente humana, et omnium
« maxime in Christo Jesu manifestavit, longe aliter sentiendum. » Édit.
Paulus, *epist. 21, ad Oldenburgium*.

cartes, dans son *Traité sur la réforme de l'entendement* (1).

D'une constitution très-faible, et attaqué de phthisie, Spinoza ne prolongeait son existence que par le régime le plus sévère; il vivait plusieurs jours avec quelques sous de beurre et de lait, comme l'attestent des comptes de ménage trouvés après sa mort. Il aurait agi contrairement à l'idéal de l'homme libre, tel qu'il le trace dans l'*Éthique*, en se faisant volontairement anachorète. Mais il s'affaiblissait de jour en jour par des veilles et des méditations trop prolongées. Sa seule distraction était de descendre quelques instants causer avec ses hôtes, et d'observer au microscope quelques insectes. Il mourut le 21 février 1677, à l'âge de quarante-quatre ans, sans qu'aucun de ceux qui l'entouraient se fût douté d'une mort aussi proche. Le matin même il était encore venu causer, comme à l'ordinaire, avec les gens de la maison, qui, au retour du sermon, à trois heures, le trouvèrent mort dans son lit. Colerus, qui tient tous ces détails de la bouche de l'hôte de Spinoza, réfute lui-même diverses fables inventées sur sa mort (2).

Tâchons maintenant d'exposer avec fidélité et clarté la philosophie de Spinoza. Comme Descartes, Spinoza ne se fie qu'à sa raison, et il affecte même un dédain plus grand encore de l'autorité et de l'antiquité. Il déclare qu'il n'a aucune estime pour l'autorité de Socrate et de Platon (3).

---

(1) Voici le conseil qu'il donne à ses amis à la fin du *De Deo homine-que* : « At quia conscii quoque estis qualitatis sæculi in quo vivimus, quam maxime vos precor ut curam habeatis circa manifestationem horum aliis. Non dicere volo vos ea omnino vobiscum servare debere, sed tantum si unquam incipiatis illa cuidam patefacere, nullus vobis adsit scopus nisi proximorum vestrorum salus certioribus simul quam evidentissime laboris vestri pretium in eo non vos decepturum. » Publié et traduit du hollandais en latin, par M. Van Vloten, in-12, Amst., 1862.

(2) Voici ce qu'en dit un de ses plus violents adversaires (Sébastien Kortholt), dans la préface de son livre, *De tribus impostoribus* (Hambourg, 1701) : « Impuram animam et extremum spiritum placide efflavit. Qualis obitus an atheo competere possit in disceptationem ab eruditis non ita pridem vocatum est. »

(3) « Non multum apud me auctoritas Platonis, Aristotelis et Socratis valet. » Édit. Paulus, *ep.* 6, t. II, p. 660.

Descartes faisait commencer la philosophie à lui-même, Spinoza ne la fait pas remonter au delà de Descartes. Cependant, de même que Descartes est enchanté d'opposer saint Augustin à ses adversaires, de même Spinoza ne dédaigne pas de citer quelquefois Moïse, d'anciens docteurs juifs, et même des évangélistes et des apôtres, tels que saint Jean et saint Paul, en faveur de sa doctrine. Il place en tête du *Tractatus theologico-politicus* ce texte de saint Jean : *Per hoc cognoscimus quod in Deo manemus, et Deus manet in nobis, quod de Spiritu suo dedit nobis.* Il dit dans une de ses lettres : *Omnia in Deo esse et in Deo moveri cum Paulo affirmo et forte etiam cum omnibus antiquis philosophis, licet alio modo ; et auderem etiam dicere, cum antiquis omnibus Hebræis, quantum ex quibusdam traditionibus, tametsi multis modis adulteratis conjicere licet* (1). Combien de fois aussi Malebranche n'invoquera-t-il pas ce même texte de saint Paul, déjà si cher à Clauberg et à Geulincx !

Le *Traité de la réforme de l'entendement*, malheureusement inachevé (2), est comme le *Discours de la Méthode* de Spinoza. C'est là qu'il expose son dessein, son but, et la route à suivre pour l'atteindre. Le dédain de toute expérience, soit de celle des sens, soit de celle de la conscience, la prétention de faire sortir d'une seule idée vraie, ou définition légitime, conçue par la seule vertu de l'entendement, toute la science de Dieu, de l'homme et de la nature, et de reproduire exactement, dans l'ordre des déductions qu'il en tire, l'ordre même des existences : voilà ce qui caractérise la logique de Spinoza, voilà ce qui nous donne à l'avance la clef de l'*Éthique*.

En lisant les premières pages, il semble que la *Réforme de l'entendement* soit un traité de morale plutôt qu'un traité de logique. En effet, le but de Spinoza, comme celui de Lucrèce, est avant tout de donner aux hommes le repos

---

(1) *Ep.* 21, t. II, p. 509.
(2) « *Tractatus de intellectus emendatione, et de via qua optime in veram rerum cognitionem dirigitur.* »

et le bonheur par la vraie science et par l'intelligence de l'ordre universel. Il identifie le vrai et le bien dans la fin de l'homme, et il tend à la morale par la métaphysique. De là le nom d'*Éthique* qu'il donnera à toute sa philosophie. Hors de la pensée pure, hors de la connaissance et de l'amour de ce qui est éternel, il n'y a, selon Spinoza, ni vrai bien ni vrai contentement pour l'âme humaine. Lui-même il se représente à la recherche de ce vrai bien, et met, pour ainsi dire, son âme en scène, comme Descartes dans le *Discours de la Méthode*. Mais, tandis que Descartes aspire surtout à la paix de l'intelligence et à la certitude, Spinoza semble aspirer davantage à la paix de l'âme et au bonheur. Quels maux ne font pas souffrir à leurs malheureux adorateurs toutes ces choses périssables, volupté, gloire, richesses que poursuit le vulgaire! Ayant reconnu par expérience leur vanité et leur futilité, il a résolu de rechercher, à la place de ces faux biens, un bien véritable qui, à lui seul, puisse remplir l'âme tout entière, et lui donner une félicité continue et souveraine. De la qualité de l'objet où elle place son amour, dépend le bonheur ou le malheur de l'âme. L'amour des choses périssables engendre la tristesse, la jalousie, la haine et les continuelles agitations ; l'amour de quelque chose qui ne passe pas, que nul ne peut nous ravir, l'amour d'une chose éternelle et infinie, donnera seul à l'âme le vrai bien et le bonheur. C'est donc là que nous devons tendre de toutes les forces de notre intelligence et de notre volonté.

Mais quelle est la distinction entre le bien et le mal, entre la perfection et l'imperfection? Comme, d'après Spinoza, tout s'accomplit suivant des lois nécessaires et dans un ordre éternel, il est obligé de convenir qu'au sein de cet ordre éternel tout est également bon et parfait. Aussi il n'hésite pas à dire que, si nous nous faisons l'idée d'un vrai bien, idéal de la vie humaine, c'est seulement par un défaut de notre intelligence. En effet, l'intelligence humaine, impuissante à comprendre cette nécessité universelle, conçoit une nature humaine supérieure à la sienne, et ne voyant rien qui l'empêche d'atteindre à cet idéal, elle cherche les voies qui peuvent l'y conduire, elle estime un vrai bien tout moyen qui mène à ce but. Il n'y a donc rien d'absolu, rien de réel, dans cette nature supérieure, dans ce vrai bien que Spinoza nous propose comme le but de la vie de l'homme. Ce n'est qu'une pure illusion qui se dissiperait, en même temps que l'ignorance où nous sommes de l'ordre universel. Telles sont les conséquences nécessaires d'une doctrine, qui supprime la liberté morale, le bien et le mal absolus, pour tout soumettre à un ordre nécessaire dont toutes choses sont également, et au même titre, les parties intégrantes. Il ne faudra pas perdre de vue cette définition du vrai bien, pour apprécier à leur juste valeur certaines apparences spécieuses de la morale de Spinoza. La connaissance de l'union de l'âme avec la nature, connaissance qui n'exige pas la science de toute la nature, mais seulement de ce qui est relatif à notre union avec elle : voilà en quoi il fait consister cette nature humaine supérieure, qui est l'idéal auquel nous devons aspirer, en y poussant avec nous le plus grand nombre d'individus possible, afin que, dans l'intérêt de notre bonheur, leur intelligence et leurs désirs soient en harmonie avec les nôtres. De là, la nécessité de travailler à fonder une société où chacun soit dans les meilleures conditions possibles pour arriver à ce but. On n'y parviendra qu'en veillant à la philosophie morale, à l'éducation des enfants, aux progrès de la médecine et de la mécanique. Spinoza, de même que Descartes, accorde la plus grande importance au perfectionnement de la médecine, pour les progrès du bonheur, et même de la moralité, et à celui de la mécanique, pour l'épargne du temps et de la peine des hommes. Le bonheur et la perfection de l'homme : voilà la fin unique où doivent tendre toutes les sciences, toutes nos pensées et toutes nos actions; tout ce qui ne s'y rapporte pas, il le tient pour dangereux ou tout au moins inutile.

Cependant, il faut vivre en attendant que ce but soit atteint, et que l'intelligence trouve la bonne voie ; de là l'importance de convenir provisoirement de quelques règles, pour nous guider dans la société des autres hommes. Ces règles provisoires, empruntées, comme celles de Descartes, à la sagesse et à la prudence vulgaire, sont aussi au nombre de trois : 1° mettre nos discours à la portée du vulgaire, et consentir à faire avec lui tout ce qui ne peut nous empêcher d'atteindre notre but; 2° ne prendre de plaisir qu'autant qu'il est nécessaire pour la conservation de notre santé; 3° ne rechercher l'argent qu'autant qu'il est nécessaire pour le soutien de notre vie et de notre santé, et pour nous accommoder avec les mœurs de nos concitoyens, en tant qu'elles ne s'opposent point à notre fin.

Ces règles étant établies, Spinoza s'occupe, de ce qui importe avant tout, c'est-à-dire de la réforme nécessaire pour disposer l'entendement à concevoir les choses de la manière dont elles doivent être conçues, et pour atteindre notre fin. D'abord il passe en revue les divers modes de perception sur la foi desquels il a jusqu'à présent affirmé ou nié toutes choses. Au plus bas degré de la connaissance, il met la perception par ouï-dire, *ex auditu aut ex aliquo signo*, sur la foi de laquelle nous croyons aux choses qui nous sont rapportées et que nous n'avons pas vues. Il n'accorde pas plus de valeur à la perception, *ab experientia vaga*, que nous acquérons à l'aide d'une expérience vague où la raison n'entre pour rien. Telles sont les connaissances acquises par les sens, telle est la croyance que ce qui s'est passé d'une certaine façon continuera de se passer de la même manière. C'est le premier genre de la connaissance, c'est la sphère obscure des sens et de l'imagination, de l'opinion et des préjugés. Ces perceptions ont de la valeur pour la vie et pour la pratique, elles n'en ont pas pour la raison.

Au-dessus de ces deux modes de perception, il y en a un troisième, donné par le raisonnement, où l'on conclut l'essence d'une chose de celle d'une autre, mais non pas d'une manière adéquate, comme lorsque nous concluons que le soleil est plus grand qu'il nous paraît, parce que nous savons que nous voyons les objets plus petits de loin que de près. Enfin au-dessus de ce troisième mode, il en est encore un quatrième, seul valable, seul légitime, selon Spinoza, seul capable de nous conduire à notre fin, celui qui nous découvre l'essence ou la cause immédiate d'une chose, la raison intuitive, l'intuition directe, sans intermédiaire, de l'essence adéquate de l'objet perçu. Ainsi, de l'essence seule de l'âme nous savons, dit-il, qu'elle est unie au corps (1). Ce dernier mode de perception est le seul dont la vertu nous mette en possession de la perfection à laquelle nous aspirons. On voit que Spinoza proscrit non-seulement l'expérience, mais la raison discursive ou le raisonnement lui-même, du moins quand il part de principes dont il n'a pas la pleine et claire intelligence, c'est-à-dire quand il ne va pas de l'idée adéquate de la cause ou du principe à l'idée adéquate des effets ou des conséquences (2). Nous retrouverons dans l'*Éthique* cette théorie de la connaissance, qui n'est pas sans analogie avec les quatre degrés de la connaissance du sixième livre de la *République de Platon*, et même avec les cinq degrés de la sagesse distingués par Descartes dans la préface des *Principes*. Le point de départ de la méthode de Spinoza sera donc une idée pure de la raison, une idée claire ou vraie, conçue par la seule force de l'entendement.

La foi de Spinoza à la vérité des idées est si absolue qu'il n'admet pas que la raison puisse élever un doute sur la conformité d'une idée claire avec son objet. Comment en effet cette conformité n'existerait-elle pas, puisque l'idée,

---

(1) En effet, connaître l'essence de l'âme, c'est savoir, comme nous le verrons dans l'*Éthique*, qu'elle est l'idée du corps, ce qui nous donne immédiatement son union avec le corps.

(2) « Respondeo nos nunquam egere experimento nisi ad illa quæ ex « rei definitione non possunt concludi, ut, exempli gratia, existentia « modorum. » (*Ep.* 28.)

« Mentis oculi quibus res videt observatque sunt ipsæ demonstrationes. » (*Eth.*, lib. V, pr. 23, schol.)

telle qu'il la conçoit, est l'essence objective ou la représentation même de ce qui est formellement contenu dans son objet? Pour Spinoza, idée, essence objective, vérité, sont termes synonymes; la certitude est l'essence objective elle-même, c'est-à-dire la manière dont nous sentons l'essence formelle des objets. Nul, s'il n'a en lui l'idée adéquate ou l'essence objective d'une chose, ne peut savoir ce que c'est que vérité ou certitude. Mais quelle sera la preuve de la vérité? Aucune autre que la vérité elle-même. Spinoza dit très-bien que la vérité se révèle elle-même, qu'elle est son propre signe à elle-même (1). Il ne daigne même pas s'arrêter à réfuter les sceptiques qui le nient et, comme les auteurs de l'*Art de penser*, il les traite de secte de menteurs, de gens qui parlent contre leur conscience, ou bien d'automates destitués de toute intelligence. Pour combattre un tel vice, on ne peut rien espérer, dit-il ironiquement, de la méthode, il s'agit seulement de faire des recherches sur l'obstination et sur les moyens de la guérir. Ainsi la méthode de Spinoza consistera à donner les règles pour distinguer l'idée vraie de toutes les autres perceptions, et pour enseigner à diriger l'esprit sous la loi de l'idée vraie.

Comment donc l'esprit distinguera-t-il l'idée vraie des idées feintes, des idées fausses et des idées douteuses? Spinoza cherche d'abord à montrer que nous ne courons aucun risque de prendre les fictions pour la vérité, lorsque nous comprenons une chose clairement et distinctement. La fiction n'est possible que dans les limites de la connaissance obscure et confuse, que sur les choses composées et contingentes. La faculté de feindre est en raison inverse de celle de comprendre, et avec la conception claire des choses cesse la possibilité même de la fiction. La fiction, d'ailleurs, ne peut s'exercer que sur l'existence ou sur l'essence d'un objet. Or, par rapport à l'existence, on ne peut rien feindre touchant les choses né-

---

(1) « Est enim verum index sui et falsi. » *Ep.* 74, édit. Paulus.

cessaires ou impossibles, ni touchant les vérités éternelles. S'agit-il d'une vérité non éternelle, il suffit de comparer son existence à son essence, et de considérer l'ordre de la nature, pour s'assurer qu'elle n'est pas une fiction. Quant à l'essence des choses, toute fiction sera confuse, parce qu'elle a lieu seulement sur des objets composés, que l'esprit ne considère pas dans leur entier, et dans lesquels il ne distingue pas le connu de l'inconnu. De même, en effet, qu'il ne peut y avoir de fiction sur l'existence des choses éternelles, de même il ne peut y en avoir sur l'essence des choses simples. Les choses simples sont entièrement inconnues, ou entièrement connues, la perception que nous en avons est donc nécessairement claire, et en conséquence elle est nécessairement une vérité et non une fiction. Donc toute fiction est obscure et confuse, tandis que l'idée vraie est claire et distincte; toute fiction a pour objet des essences contingentes et composées, toute idée vraie, au contraire, des essences simples et éternelles.

Même règle pour se préserver des idées fausses qui ne diffèrent des idées feintes que par l'assentiment de l'esprit. La fausseté consiste en ce qu'on affirme une chose d'une autre; les idées simples, en elles-mêmes, ne peuvent donc être fausses, non plus que feintes. Quant aux idées claires elles ne seront jamais fausses, parce qu'elles sont toujours simples, ou susceptibles d'être ramenées à des idées simples. Or, qu'une idée simple ne soit jamais fausse, chacun, selon Spinoza, le comprendra, pourvu qu'il sache ce que c'est que le vrai et le faux. Notre intelligence peut donc, sans scrupule, et sans crainte de se tromper, former à son gré des idées simples.

L'idée douteuse ne se distingue pas moins profondément de l'idée vraie. Spinoza remarque en effet que le doute ne vient pas dans l'esprit de la chose même dont on doute. Si nous n'avions qu'une seule idée, que cette idée fût fausse ou vraie, elle n'engendrerait aucun doute. C'est d'une autre idée, qui n'est pas assez claire et assez distincte, dans ce qu'elle affirme ou nie, par rapport à cette première idée, que le doute naît dans notre âme. Donc l'idée qui nous jette dans le doute ne sera jamais une idée claire et distincte, et la raison ne risque pas plus de confondre l'idée vraie avec l'idée douteuse, qu'avec l'idée feinte ou l'idée fausse.

Mais Spinoza signale deux grandes causes d'erreurs, à savoir, la simultanéité de certaines choses dans l'imagination et dans l'entendement, d'où résulte le mélange de ce qui est confus et de ce qui est clair, et <u>les abstractions</u> par lesquelles on applique à un autre objet ce que l'on a conçu dans son véritable objet. Il insiste, comme la plupart des cartésiens, sur les erreurs qui viennent de l'imagination et du langage, et sur l'importance de distinguer l'imagination de la pure intellection. On s'étonnerait de la sévérité avec laquelle il traite les abstractions, si l'on ne prenait garde que l'être, idée fondamentale de sa philosophie, n'est pas, suivant lui, une abstraction, mais la première et l'unique réalité, saisie par une intuition immédiate, d'où il prétend déduire toutes choses d'une manière adéquate. En résumé, les idées feintes ou fausses ont leur origine dans l'imagination, ou dans des sensations fortuites et isolées qui ne dépendent pas de la puissance de l'entendement, tandis que les idées vraies naissent de la vertu propre de l'entendement. Les idées feintes ou fausses sont confuses et composées, tandis que les idées vraies sont claires, distinctes, simples, ou du moins se résolvent en des éléments simples parfaitement clairs. Les idées feintes ou fausses ont des objets composés et contingents, les idées vraies ont des objets éternels et simples. Si néanmoins quelque doute demeurait encore dans l'esprit sur la valeur d'une idée, Spinoza prescrit d'en déduire par ordre tout ce qui légitimement peut en être déduit; est-elle vraie, on en déduira sans interruption des choses vraies, est-elle fausse, il s'y rencontrera des contradictions qui en découvriront bientôt la fausseté. La suite exacte et régulière, l'enchaînement, l'ordre des idées : voilà, en dernière analyse, le remède contre la confusion des idées, source de toutes nos erreurs, voilà la garantie de la vérité.

Former des pensées à partir d'une idée claire ou d'une définition légitime, deux termes synonymes pour Spinoza, sera donc la voie pour arriver à la vérité. Le propre d'une définition légitime est d'expliquer l'essence intime d'une chose. S'agit-il d'une chose créée, elle doit comprendre sa cause prochaine; s'agit-il d'une chose incréée, elle doit au contraire exclure toute cause et l'expliquer par son être propre. Dans l'un et l'autre cas, la définition doit être telle que toutes les propriétés de l'être défini puissent s'en conclure. Ces déductions et ces conclusions n'ont pas seulement, d'après Spinoza, une valeur logique, mais encore une valeur ontologique, c'est-à-dire, elles expriment fidèlement la vraie nature, l'ordre et l'enchaînement des êtres. En effet, les idées étant les essences objectives des choses, non-seulement elles représentent ce qu'il y a de formel dans les choses, mais encore elles reproduisent leur ordre et leur enchaînement. Le rapport entre leurs essences objectives est le même que le rapport entre les essences formelles des choses, et les idées dans l'esprit sont liées de la même manière que les choses dans la nature. Que faudra-t-il donc pour que l'esprit, dans ses conceptions, reproduise l'image entière de la nature ? Il s'agit tout simplement de trouver et de prendre pour point de départ l'idée première, l'idée la plus parfaite, dont l'essence objective soit la source de toutes les autres idées, et dont l'essence formelle soit la source de tous les autres êtres. Or, l'idée la plus parfaite, le premier objet de l'intuition immédiate, l'idée-mère de toutes les autres, c'est l'idée de l'être le plus parfait, c'est-à-dire celle de Dieu dont, suivant Spinoza, comme suivant Descartes, l'esprit humain a la connaissance innée. La méthode la plus parfaite, conclut Spinoza, sera donc celle qui enseigne à diriger l'esprit sous la loi de l'idée de l'être absolument parfait (1).

(1) Je rappelle que le *De emendatione intellectus* est inachevé. Il s'arrête au commencement de la recherche des moyens par lesquels nous

Aussi, dans l'*Éthique*, accusera-t-il la plupart des philosophes d'avoir interverti l'ordre des idées philosophiques, en plaçant au dernier rang la nature divine qu'ils devaient contempler avant tout le reste, parce qu'elle est la première, selon lui, dans l'ordre de la connaissance, aussi bien que dans celui des choses (2). Nous allons voir maintenant Spinoza faire l'application de cette méthode et prétendre, sans nul recours à l'expérience, par la vertu seule de la raison, reproduire dans ses déductions l'image entière de la nature, en partant de la plus haute et de la plus parfaite des idées, c'est-à-dire de Dieu, pour arriver à l'homme et à la nature.

nous élevons à la première des idées et à la connaissance des choses éternelles. Dans les dernières lignes, Spinoza annonce qu'il va traiter de ce qui constitue la forme de la vérité et des propriétés de l'entendement.

CHAPITRE XVI

De la forme de l'*Éthique*. — Définition de la substance. — Importance de cette définition. — Critiques de Malebranche et de Leibniz. — Unité, infinité, nécessité de la substance. — Tous les êtres de l'univers modes de la substance unique ou de Dieu. — Preuves de l'existence de Dieu. — De l'infinité du nombre des attributs de Dieu. — Différentes sortes d'infinis. — La pensée et l'étude seuls attributs accessibles à notre intelligence. — De l'attribut divin de l'étendue. — Dieu incorporel quoique étendu. — Différence entre l'étendue de Spinoza et celle de Descartes. — De l'attribut divin de la pensée. — De l'objet de la pensée absolue de Dieu en soi. — Pas d'entendement, même infini, en Dieu. — La nature naturante. — La pensée en acte et la conscience n'ont place que dans l'écoulement nécessaire des attributs de Dieu. — La nature naturée. — Appréciation de la doctrine de Spinoza sur la pensée de Dieu. — Pourquoi Spinoza ne met pas la liberté au nombre des attributs de Dieu. — Fausse définition de la liberté. — Rien qui ne soit nécessaire, en Dieu, comme hors de Dieu. — Optimisme de Spinoza. — Guerre à l'anthropomorphisme. — Négation des causes finales. — Prétendue origine de la croyance vulgaire aux causes finales. — Prétendu renversement de l'ordre de la nature par les causes finales. — Résumé des caractères du Dieu de Spinoza et de la nature naturante.

L'*Éthique* ressemble plus à un traité de géométrie qu'au *Discours de la Méthode*, aux *Méditations*, ou même aux *Principes* de Descartes; partout, en effet, on y voit des définitions, des axiomes, des propositions, des démonstrations, des scholies, à la façon des géomètres. La méthode mathématique passait généralement alors pour un modèle à suivre dans toutes les sciences. Hobbes, que Spinoza avait beaucoup étudié, ramenait toute la logique au calcul, Descartes, cédant à la demande des auteurs des secondes objections, avait, comme nous l'avons vu, donné un exemple de cette application de la forme géométrique à une partie de sa métaphysique. Telle fut aussi la forme choisie par Spinoza, d'abord pour l'exposition des *Principes* de Descartes, puis pour celle de sa propre philosophie. Peut-être la doctrine de l'*Éthique* s'y prêtait-elle mieux que celle des *Méditations*, parce qu'elle exclut l'expérience, et aspire à déduire toutes choses d'une idée première donnée par la raison. Néanmoins nous croyons que, malgré tout cet appareil mathématique, la pensée de Spinoza, sans avoir rien gagné en force et en rigueur, a beaucoup perdu en clarté. A travers ce labyrinthe de définitions, d'axiomes, de démonstrations, plus ou moins obscures et quelquefois douteuses, il est souvent difficile de saisir la suite des idées. Nous ne croyons pas qu'on puisse entièrement récuser ce jugement de Leibniz : « Spinoza ne se montre pas toujours un grand maître dans l'art de démontrer... L'esprit de cet auteur paraît être alambiqué et tortueux ; il va rarement par la voie claire et naturelle, il aime les chemins abrupts et les longs circuits; la plupart de ses démonstrations surprennent l'esprit plutôt qu'elles ne l'éclairent... Il joue quelquefois à la démonstration (1). »

Mais d'ailleurs Spinoza lui-même a reconnu les inconvénients de cette méthode, dont il fait franchement l'aveu dans l'appendice de la quatrième partie de l'*Éthique* : « Les principes que j'ai posés, dans cette quatrième partie, sur la manière de bien vivre, ne sont point disposés dans un ordre qui permette de les saisir d'un seul coup d'œil pour les faire sortir plus aisément les uns des autres, j'ai été obligé de les disperser un peu. Il devient donc nécessaire de les réunir ici dans un ordre régulier en ramenant toute cette exposition à un certain nombre de chefs principaux (2). » C'est ainsi que, pour remédier à ce morcellement qui obscurcit sa pensée, Spinoza est obligé d'interrompre le fil de ses démonstrations et de les reprendre,

---

(1) *Réfutation inédite de Spinoza par Leibniz*, publiée par M. Foucher de Careil, in-8°, 1854.

(2) Traduction de M. Saisset. J'avertis que j'emploierai le plus ordinairement cette excellente traduction.

en parlant la langue de tout le monde, pour en mieux faire ressortir la liaison. Il est à regretter qu'il n'ait pas constamment parlé cette langue si claire, si ferme, si énergique qu'on rencontre dans quelques scholies ou appendices, quand il veut bien consentir un moment à abandonner la langue et la méthode des géomètres (1).

Mais la forme géométrique n'est que l'enveloppe extérieure de la pensée de Spinoza ; tâchons de pénétrer jusqu'à cette pensée elle-même, en la dépouillant des formules qui ne font que l'embarrasser et l'obscurcir. L'*Éthique* se divise en cinq parties intitulées, de Dieu, de la nature et de l'origine de l'esprit, des passions, de l'esclavage, et de la liberté de l'homme. L'ordre de ces parties a déjà par lui-même une signification caractéristique. C'est de Dieu que traite d'abord Spinoza, et c'est de Dieu seul qu'il déduit tout le reste, le monde et l'homme. A vrai dire, le vice du système n'est pas dans telle ou telle définition plus ou moins contestable, ni dans telle ou telle démonstration qui ne conclut pas, ou qui ne s'accorde pas avec telle ou telle autre, mais dans la méthode elle-même, c'est-à-dire dans le parti pris de passer par-dessus l'expérience, par-dessus celle de la conscience, comme par-dessus celle des sens, pour tout d'abord se placer au sommet des idées et de l'être d'où, par la raison seule, Spinoza prétend déduire *à priori* l'univers tout entier. Nous avons à faire voir avec quelle habileté de dialectique, avec quelle hardiesse, et avec quel degré, plus ou moins grand, de vraisemblance, Spinoza a poussé cette méthode jusqu'à ses dernières conséquences.

D'abord il pose un certain nombre de définitions, parmi lesquelles la plus importante est celle de la substance : « La substance est ce qui est en soi et ce qui est conçu par soi, c'est-à-dire ce dont le concept peut être formé sans

(1) Nous devons dire cependant que nous préférons encore l'*Éthique*, avec sa forme géométrique, au traité *De Deo et homine* écrit en langue vulgaire et sans nulle forme mathématique, si du moins nous en jugeons par la traduction latine de M. Van Vloten.

avoir besoin du concept d'une autre chose. » Sur cette définition de la substance s'appuie l'édifice entier de l'*Éthique*. Cependant Spinoza ne prend nul souci de la justifier, parce que sans doute elle lui semble universellement admise, et hors de toute contestation, de même que la définition du cercle ou du triangle. Il est vrai que Descartes, et l'École avant lui, avaient défini la substance : « une chose qui existe en telle façon qu'elle n'a besoin que de soi-même pour exister. » Mais ils restreignaient immédiatement cette définition à la substance première, le nom de substance n'étant nullement univoque, suivant la langue scholastique, au regard de Dieu et des créatures. Spinoza, qui supprime cette distinction, s'imagine à tort ne faire que reproduire la définition commune. Sollicité par Mairan de lui montrer le paralogisme de Spinoza, Malebranche, répond très-bien : « Spinoza donne une définition de Dieu qu'on lui pourrait passer en la prenant dans un sens, mais il la prend dans un autre d'où il conclut son erreur fondamentale, ou plutôt dans un sens qui renferme cette erreur; de sorte qu'il suppose ce qu'il doit prouver (1). »

Leibniz, pas plus que Malebranche, ne s'accommode de la définition de Spinoza : « Que signifie être en soi ? Puis, est-ce d'une manière disjonctive, ou cumulativement, qu'il réunit ces deux signes si divers, être en soi et être conçu par soi ? Autrement dit, veut-il que la substance soit, d'une part, ce qui est en soi, et d'autre part ce qui est conçu par soi ? Ou bien voudrait-il que le concours des deux choses fût requis pour constituer la substance ? Alors il faudra démontrer que l'une entraîne nécessairement l'autre et que, quand on a l'être en soi, on est aussi conçu par soi, ce qui paraît contraire à ce résultat, qu'il y a des êtres qui sont en soi, bien qu'ils ne soient pas conçus par soi. Et c'est même ainsi qu'on considère ordinairement les substances (2). »

(1) *Correspondance de Malebranche et de Mairan. Fragments de philosophie moderne*, de M. Cousin, 2ᵉ partie, 1866.
(2) *Nouvelles remarques sur l'Éthique* de Spinoza, publiées par M. Foucher de Careil. Citons encore une lettre de Leibniz à Huygens, du 1ᵉʳ oc-

Comment, en effet, nier tout d'abord qu'il y ait des êtres en soi, lesquels néanmoins ne sont pas des êtres par soi, sans le parti, pris à l'avance, de ne tenir nul compte du témoignage de la conscience sur notre propre existence ?

Grâce à cette définition, Spinoza pourra facilement démontrer, ce qui est la base de tout son système, qu'il n'y a qu'une seule substance nécessaire, infinie, en dehors de laquelle rien ne peut être conçu, ou plutôt il n'aura pas besoin de le démontrer, car cela est enfermé dans la définition elle-même. La raison, suivant lui, repousse l'idée d'une multiplication, d'une pluralité quelconque de substances. Comment en effet concevoir plusieurs substances ? Ou elles auront des attributs divers, ou elles auront des attributs communs. Dans le premier cas, elles n'auront rien de commun (1) et, par conséquent, l'une ne pourra être la cause de l'autre (2). Quant à la seconde hypothèse, elle n'est pas moins inadmissible, selon Spinoza, que la première. Rien en effet, en dehors de l'entendement, ne peut donner prise à une distinction quelconque dans les choses, si ce n'est les attributs des substances et leurs affections. Si ce sont les attributs qui diffèrent, un même attribut n'appartiendrait qu'à une seule substance, et il n'y aurait pas plusieurs substances de même attribut ; si ce sont seulement les affections, la substance étant antérieure aux affections (3), il suivrait qu'abstraction faite des affections, à la considérer en elle-même, rien ne distinguerait une substance des autres substances. Il n'y aurait

---

tobre 1679 : « Je voudrais savoir si vous avez lu le livre de feu M. Spinoza avec attention. Il me semble que ses démonstrations prétendues ne sont pas des plus exactes, par exemple, lorsqu'il dit que Dieu seul est une substance et que les autres choses sont des modes de la nature divine. Il me semble qu'il n'explique pas assez ce que c'est que substance. »

(1) Parce que chacune, d'après la définition, doit être en soi et être conçue par soi, prop. 2 et 3.

(2) Parce que, n'ayant rien de commun, l'une ne peut être conçue par l'autre, pr. 3.

(3) C'est la première proposition de l'*Éthique* qui s'appuie sur les définitions de la substance et de l'attribut.

donc en réalité qu'une seule substance et non plusieurs. Ainsi Spinoza arrive à cette conclusion, que la production d'une substance est impossible (1), et qu'il n'y a pas plusieurs substances.

De cette impossibilité même d'être produite résulte nécessairement l'existence de la substance. En effet, ne pouvant être produite, elle est cause de soi, son essence enveloppe l'existence, ou bien encore, comme dit Spinoza, l'existence appartient à sa nature (2). Cette substance qui existe nécessairement est infinie, puisqu'il faudrait, pour ne pas être infinie, qu'elle fût limitée par une autre substance de même nature, ce qui a été démontré impossible (3).

Donnons maintenant, avec Spinoza, à cette substance nécessaire et infinie le nom de Dieu qui lui appartient. Déjà donc est prouvée l'existence de Dieu. Nier l'existence de Dieu, d'après Spinoza, c'est se mettre en contradiction avec son idée même, car c'est nier que son essence enveloppe l'existence.

Sous une forme plus abrégée et plus concise, cette démonstration est, au fond, identique avec celle que Descartes tire de l'essence même de Dieu (4). Pour la rendre

---

(1) De même qu'à la plupart de ceux qui ont réfuté Spinoza, ces démonstrations ne nous paraissent pas entièrement satisfaisantes. On ne voit pas que le divers et le commun ne puissent s'allier à divers degrés en diverses substances; on voit encore moins comment, à défaut de toute autre distinction, la distinction numérique seule ne peut subsister. Il est à remarquer que Leibniz admet aussi, sous le nom de principe de l'identité des indiscernables, cette impossibilité de deux substances de même nature; mais, au lieu d'en conclure qu'il n'y a qu'une seule substance, il en conclut que chaque monade diffère de toutes les autres et a en elle un principe d'individualité.

(2) Ier livre, prop. 7.

(3) D'après la 2e définition : « Une chose est dite finie en son genre quand elle peut être bornée par une chose de même nature. »

(4) Dans le traité *De Deo et homine*, Spinoza se rapproche beaucoup plus de Descartes pour les preuves de l'existence de Dieu. Il reproduit pour la forme et pour le fond, la preuve tirée de l'essence même de Dieu : « Omne quod clare et distincte intelligimus ad naturam alicujus rei per-

plus facile à concevoir, Spinoza lui adjoint une autre preuve, qu'il appelle *à posteriori*, et qui n'est pas sans analogie avec celle de saint Anselme. Il est clair, dit-il, que pouvoir ne pas exister est de l'imperfection, tandis que pouvoir exister est une perfection. Si donc les êtres finis avaient seuls l'existence, ils seraient, ce qui est absurde, plus parfaits que l'être infini. Donc, ou rien n'existe, ou l'être infini existe nécessairement. Rapprochons cette preuve de ce qu'il dit ailleurs, sous une forme non moins originale : « Si un tel être n'existe pas, jamais il ne pourrait être produit, et ainsi l'esprit pourrait concevoir plus que la nature ne pourrait fournir (1). » Mais la vérité de l'existence de Dieu étant pour Spinoza une intuition immédiate de la raison, n'a pas besoin en réalité de démonstration. Selon Spinoza, comme selon Malebranche, si Dieu est pensé, il faut qu'il soit. Avec le système de l'*Éthique*, la grande difficulté est d'expliquer l'existence de l'homme et du monde, et non de prouver l'existence de Dieu. Mais, avant de chercher à sortir de Dieu, il faut approfondir, avec Spinoza, sa nature et ses attributs.

Dieu, comme déjà nous l'avons vu dans la *Réforme de l'entendement*, n'est pas la plus haute des abstractions, mais la réalité suprême. Or, plus un être a de réalité et plus, selon Spinoza, il a d'attributs, puisque l'attribut, d'après la définition qu'il en donne, est ce que la raison conçoit dans la substance comme consti-

---

« tinere, hoc etiam vere ea de re intelligere possumus. Quod autem « existentia ad Dei naturam pertineat, clare et distincte intelligere pos- « sumus. Ergo, etc. » Il donne ensuite, avec d'assez longs développements, dont quelques-uns lui sont propres, la preuve tirée de l'idée de Dieu que nous avons en nous, tout en soutenant l'excellence et la prééminence de la preuve *à priori*, etc. En effet, dit-il, les choses qu'on démontre *à posteriori* doivent être démontrées par leurs causes extérieures, ce qui est en elles une cause manifeste d'imperfection. Mais Dieu, cause première de toutes choses et de lui-même, se manifeste par lui-même. Ce qu'a dit saint Thomas, que Dieu ne peut être démontré *à priori* n'a donc nulle valeur.

(1) *Réforme de l'entendement*, note.

tuant son essence. De là, non-seulement, avec tous les métaphysiciens, il conclut que les attributs qui expriment l'essence infinie de Dieu doivent être infinis, mais, en outre, que ces attributs infinis sont en nombre infini : « N'est-ce pas la chose la plus claire du monde que tout être se doit concevoir sous un attribut déterminé et que, plus il a de réalité ou d'être, plus il a d'attributs qui expriment la nécessité ou l'éternité et l'infinité de sa nature? Et par conséquent n'est-ce pas aussi une chose très-claire que l'on doit définir l'être absolument infini, l'être à qui appartiennent une infinité d'attributs dont chacun exprime une essence éternelle et infinie (1)? » De là même il déduit qu'il ne peut pas y avoir deux substances existant par elles-mêmes, ou, ce qui revient au même, qu'il n'y a qu'un seul Dieu. Dieu, en effet, ayant tous les attributs, il ne se pourrait pas qu'une autre substance eût un attribut quelconque qui ne fût un attribut de Dieu, et ainsi il y aurait deux substances de même attribut, ce dont Spinoza prétend avoir démontré l'impossibilité (2).

Avouons que cette infinité en nombre des attributs de Dieu ne nous paraît pas une conséquence rigoureusement démontrée de l'infinité de son essence, surtout si l'on considère la définition de l'attribut. L'attribut, en effet, d'après Spinoza, étant ce que la raison conçoit dans la substance

---

(1) Proposit. 10, schol., trad. Saisset. Il faut dire ici que Spinoza distingue plusieurs sortes d'infinis, d'abord l'infini absolu, Dieu qui est infini par la force de sa propre essence, puis l'infini par la force de sa cause, et non de sa propre essence, qui est le propre des attributs infinis de Dieu. Enfin, il y a encore une troisième espèce de choses infinies ou, si l'on veut, dit Spinoza, indéfinies, lesquelles ont des limites, mais dont aucun nombre ne peut égaler les parties, quoiqu'on en connaisse le maximum et le minimum, comme une ligne finie qui comprend un nombre infini de points. Telle est la nature de l'infinité des modes de chaque attribut infini de Dieu. Des infinis de cette dernière classe il n'y a nulle contradiction à dire que l'un est plus grand ou plus petit que l'autre. (Voir la lettre 29 de l'édit. Paulus.)

(2) Proposit. 5.

comme constituant son essence, Leibniz n'est-il pas en droit d'en conclure, tout au contraire, qu'une substance ne devra avoir qu'un attribut, puisqu'un seul attribut exprime toute son essence (1)? L'infinité de l'essence ne pourrait-elle se manifester par une puissance infinie, d'où dériveraient des effets en nombre infini ou, pour emprunter les termes mêmes de la seizième proposition, « une infinité de choses infiniment modifiées, c'est-à-dire tout ce qui peut tomber sous une intelligence infinie ? »

Mais, au sein de ce nombre infini d'attributs, il en est deux seulement, selon Spinoza, la pensée et l'étendue, qu'il nous soit donné de connaître; quant aux autres, l'intelligence humaine est condamnée à une ignorance éternelle. Pourquoi ces deux attributs, qui paraissent si peu compatibles, sont-ils seuls, entre tous, à la portée de notre esprit? C'est que, d'après l'*Éthique*, l'esprit humain, comme on le comprendra mieux dans la suite, n'ayant pas d'autre objet que le corps, ne peut connaître que ce qu'enferme l'idée du corps, ou ce qui se conclut de cette idée. Or l'idée du corps n'exprime aucun autre attribut de Dieu que l'étendue et la pensée. L'idée elle-même que nous en avons, mode de la pensée, a pour cause Dieu, considéré seulement sous l'attribut de la pensée; son idéal, qui est le corps, mode de l'étendue, a pour cause Dieu, considéré seulement sous l'attribut de l'étendue (2). Pensée et étendue : voilà, selon Spinoza, les deux grandes catégories dans lesquelles rentrent tous les êtres de ce monde, voilà aussi les deux seuls attributs de Dieu qu'ils révèlent à notre intelligence.

On peut demander de quelle estime sera digne cette connaissance de Dieu, qui, du nombre infini de ses attributs, ne peut en atteindre que deux seulement. Autant ne vaudrait-il pas reconnaître plus humblement que la connaissance de Dieu est au-dessus de la portée de notre intel-

---

(1) *Réfutat. inéd. de Spinoza.*
(2) *Éth.*, part. 2, prop. 7. — *Ep.* 67 et 68.

ligence? Tel n'est pas le sentiment de Spinoza, qui pense que notre connaissance de Dieu, quoique bornée à ces deux attributs, est néanmoins considérable et de grande valeur. En effet, si nous ne connaissons que deux des attributs de Dieu, nous connaissons d'une manière adéquate son essence éternelle et infinie, nous savons que tout ce qui est vient de lui, est en lui et par lui, connaissance qui est la plus féconde de toutes par rapport à la science et à la morale. Enfin, s'il manque beaucoup à notre connaissance de Dieu, du moins savons-nous ce qui lui manque, et pouvons-nous mesurer l'abîme que nous ne pourrons jamais franchir (1).

Que sont donc ces deux attributs seuls accessibles à notre intelligence? Nous ne reprocherons pas à Spinoza de placer en Dieu le principe d'où découle la réalité matérielle, à côté de celui d'où découle la réalité spirituelle, ni même de se moquer de ceux qui veulent que Dieu soit le principe de la matière, sans qu'il ait rien d'analogue dans sa nature à la substance corporelle. Mais, en adoptant la définition cartésienne de la matière, il accroît singulièrement la difficulté d'en placer le principe dans les attributs de Dieu. D'abord comment comprendre que deux attributs, aussi incompatibles que la pensée et l'étendue, coexistent dans la même essence? Selon Spinoza, cette incompatibilité n'est pas un obstacle à leur union dans l'essence divine, parce que cette union résulte du fait seul d'une coexistence éternelle au sein de l'essence de Dieu, et non pas d'un rapport quelconque de génération et de nature. Mais si Dieu est étendu, comment ne sera-t-il pas corporel, divisible, sujet à tous les accidents et à toutes les modifications de la matière? Il faut être juste envers Spinoza; autant il s'efforce de prouver que l'attribut de l'étendue appartient à Dieu, autant il repousse l'idée d'un Dieu corporel. L'origine des objections contre cet attribut de l'étendue vient, suivant lui,

---

(1) *Éth.*, part. 2, prop. 1, 2, 47.

d'une fausse idée de la divisibilité de la matière. Toute substance a été démontrée indivisible, et cependant on part de cette prétendue divisibilité de l'étendue, pour conclure qu'elle ne peut être infinie et qu'elle est indigne de la nature de Dieu. Les exemples dont on se sert pour prouver qu'elle ne peut être infinie, prouvent bien qu'une quantité infinie ne peut être composée de parties finies, mais non qu'il ne puisse y avoir une quantité infinie. Ainsi, dit Spinoza, le trait que ces adversaires maladroits veulent lancer sur nous, revient sur eux. Que si, de leur absurde supposition, ils persistent à conclure que la substance étendue est finie, ils sont semblables à celui qui, après avoir attribué au cercle les propriétés du carré, en conclurait que le cercle n'a point de centre et point de rayons égaux (1).

Si nous sommes toujours tentés, continue Spinoza, de supposer des divisions réelles au sein de l'étendue, c'est que nous confondons ce mode abstrait et superficiel de l'étendue, que nous donne l'imagination, avec la substance même de l'étendue, telle que l'entendement seul peut la concevoir. L'étendue que nous imaginons est en effet finie et divisible, mais celle que nous concevons est infinie et indivisible. Il ne faut pas prendre la divisibilité apparente des divers modes de la substance pour la divisibilité de la substance elle-même, il ne faut pas confondre l'étendue infinie avec ses modes. La distinction entre ses parties est une distinction modale, et non une distinction réelle. Si l'eau, par exemple, est sujette au changement et à la division, c'est l'eau, en tant qu'eau, en tant que mode de l'étendue, et non pas en tant que substance. Mais, malgré toutes les subtiles distinctions de Spinoza, comment comprendre qu'un mode de l'étendue étant divisible, l'étendue elle-même ne le sera pas, surtout au point de vue de la physique cartésienne, où tout mode de l'étendue n'est que l'étendue elle-même modifiée ?

(1) Prop. 15, schol.

En faveur de l'indivisibilité de l'étendue, il fait intervenir la doctrine cartésienne du plein de l'univers. S'il ne peut y avoir de vide dans la nature, il ne peut y avoir de distinction réelle entre les parties de l'étendue. En effet, dans la supposition d'une distinction réelle, pourquoi une de ces parties ne pourrait-elle pas être anéantie, toutes les autres demeurant dans le même rapport à l'égard les unes des autres, pourquoi le vide ne serait-il pas possible ? Dieu donc est incorporel et indivisible, quoique étendu ; il est même incorporel et indivisible parce qu'il est infiniment étendu. D'autres cartésiens, tels que Fénelon et Malebranche, mettront aussi en Dieu la réalité d'où découle ce qu'il y a de positif dans l'étendue, tout en s'efforçant, avec plus ou moins de succès, comme Spinoza, de ne porter nulle atteinte à son indivisibilité et à son immatérialité. C'est seulement, croyons-nous, en substituant, avec Leibniz, la notion de forces simples à celle de l'étendue inerte, qu'on peut faire découler de l'essence divine, ou de la réalité suprême, la réalité des choses matérielles, et échapper aux difficultés que nous venons de signaler.

Il faut cependant remarquer qu'il n'y a pas identité entre l'étendue de Descartes et l'étendue de Spinoza. L'étendue de Spinoza, attribut de Dieu, a une essence réelle, a une force dont est destituée l'étendue inerte de Descartes. Cette force inhérente à l'étendue est l'essence vivante de Dieu même qui se manifeste, dit Spinoza, dans le corps, par le mouvement, et dans la pensée, par le désir. Aussi, contrairement à Descartes, Spinoza admet-il dans chaque chose une force et une vie par laquelle elle persévère dans son existence (1). En plusieurs passages de ses lettres, il attaque vivement Descartes au sujet de l'inertie de la matière. Il lui paraît difficile, et même impossible, d'expliquer l'existence et la variété des choses, si on conçoit l'étendue comme une masse inerte, et non comme un attribut de Dieu qui exprime son essence éternelle et infi-

---

(1) Voir les définitions des affections et la 39ᵉ proposition de la 4ᵉ partie.

nie (1). La force et la vie, avec l'étendue, sont partout dans le monde de Spinoza, comme dans celui de Leibniz, mais avec la différence que cette force et cette vie sont la force et la vie de Dieu même. Voilà donc comment, selon Spinoza, Dieu est étendu sans être divisible et corporel.

Si l'attribut divin de l'étendue présente dans Spinoza quelques obscurités, celui de la pensée en présente de plus grandes encore. Dieu est la pensée infinie, comme il est l'étendue infinie. Penser, en effet, est une perfection, et plus un être a de perfection, plus il doit penser. Mais, d'après Spinoza, quelle est cette pensée infinie de Dieu (2)? Dieu n'est pas tel ou tel être, il est tout l'être; sa nature absolument infinie exclut les attributs qui distinguent les choses individuelles, elle exclut toute négation, et en conséquence toute détermination. La pensée avec une conscience particulière, avec un objet déterminé ou, en d'autres termes, tout mode de la pensée lui est aussi incompatible que la forme ou la couleur. Il faut donc exclure de son essence tout ce qui ressemble à l'entendement, ou à la volonté, dont Spinoza, comme la plupart des cartésiens, ne fait qu'un mode de l'entendement (3). Entendement et volonté ne sont que des abstractions en dehors des modes qui les constituent, car toute réalité est contenue dans la substance, dans les attributs de Dieu, et dans les modes qui en découlent. L'entendement n'est donc que tel ou tel mode déterminé, ou une suite de modes déterminés de la pensée qui ne peuvent entrer dans l'essence de Dieu (4). En vain le ferait-on infini pour le rendre digne de Dieu, car

---

(1) « Ex extensione ut eam Cartesius concipit, molem scilicet quiescen-
« tem, corporum existentiam demonstrare, non tantum difficile, ut ais,
« sed omnino impossibile est. Materia enim quiescens, quantum in se est,
« in sua quiete perseverabit, nec ad motum concitabitur, nisi a causa po-
« tentiori externa; et hac de causa non dubitavi olim affirmare, rerum
« naturalium principia cartesiana inutilia esse, ne dicam absurda. »
(*Ep.* 72, édit. Paulus.)

(2) *Éthique*, 2ᵉ partie, 1ʳᵉ proposition, schol. 1.
(3) *Éth.*, *de Deo*, prop. 32.
(4) *Éth.*, *de Deo*, prop. 31.

un entendement infini ne sera toujours qu'une succession infinie de modes déterminés, absolument incompatibles avec l'immobilité, avec l'infinité absolue de la pensée divine. Le seul objet de la pensée infinie de Dieu est l'essence infinie de Dieu, l'essence nue, sans ses attributs, dont la connaissance introduirait déjà en lui la distinction et la détermination.

Qu'est-ce donc que la pensée absolue de Dieu en soi dans le système de Spinoza? Une pensée vide de toute idée, une pensée indéterminée, ayant pour unique objet l'être indéterminé, une pensée sans conscience, l'abstraction de la pensée, plutôt que la pensée elle-même. Sans doute elle contient en elle toutes les intelligences et toutes les idées, mais en puissance et non pas en acte. Pour retrouver l'intelligence, la conscience et l'idée, il nous faudra, des hauteurs de l'être en soi, descendre dans la série de ses développements. Persiste-t-on néanmoins à donner à Dieu un entendement, cet entendement n'aura pas plus de ressemblance avec le nôtre que le Chien, signe céleste, et le chien animal aboyant, suivant l'énergique image de Spinoza.

Voici encore d'autres différences entre l'entendement de Dieu et celui de l'homme. Tandis que notre entendement ne fait que suivre, ou accompagner, les choses intelligibles, l'entendement divin, qui en est la cause, les précède ; tandis que notre entendement leur est subordonné, c'est de l'entendement divin que dépend leur vérité ou leur essence formelle, qui n'est ce qu'elle est, que parce qu'elle est en lui objectivement. D'ailleurs, l'entendement divin, qui est à la fois la cause de leur essence et de leur existence, est aussi la cause de l'essence et de l'existence de notre entendement. Il devra donc, selon Spinoza, en différer nécessairement, soit sous le rapport de l'essence, soit sous le rapport de l'existence, en vertu de ce prétendu principe, que ce qui est causé diffère de la cause, précisément en ce qu'il tient de la cause. S'il est vrai, objecterons-nous à Spinoza, que ce qui est causé diffère de la cause précisément par ce qu'il en reçoit, avant qu'il l'ait reçu, la cause lui donnant ce qu'il n'avait pas, il est vrai aussi que, du moment où la cause a agi en lui, il ressemble à la cause, précisément par ce qu'il a reçu de cette cause. Il y aurait, d'ailleurs, à relever ici, comme le fait Meyer lui-même (1), une contradiction avec une proposition antérieure d'après laquelle, deux choses, qui n'ont rien de commun, ne peuvent être cause l'une de l'autre (2). Mais peut-être ne faut-il pas prendre ici Spinoza à la lettre; il a sans doute voulu seulement marquer avec force la différence qui sépare la pensée infinie de Dieu de notre entendement fini, sans supprimer le lien qui les unit. Car comment croire qu'il n'ait admis aucun rapport entre Dieu et ce qui émane de lui?

Mais si Dieu en soi, ou la nature naturante, comme dit Spinoza, n'a ni entendement ni volonté, il n'en est pas de même de Dieu considéré dans l'ordre du développement nécessaire de sa nature. Il faut tenir compte de ces deux points de vue différents pour sainement apprécier la doctrine de Spinoza sur l'intelligence divine. Il est vrai de dire que le Dieu de Spinoza, considéré indépendamment de ses modes est un Dieu sans idée et sans conscience; mais ce même Dieu, dans l'écoulement de ses attributs infinis, non plus comme nature naturante, mais comme nature naturée, va rencontrer en quelque sorte la pensée en acte, l'entendement et la volonté. Non-seulement il aura une connaissance claire de chaque chose, mais chaque chose sera une idée de son entendement infini.

Cependant, outre l'étendue et la pensée, notre faible intelligence ne conçoit-elle pas encore la liberté dans le nombre infini des attributs de Dieu? Soit qu'il s'agisse de Dieu, soit qu'il s'agisse même de l'homme, le nom de liberté se trouve souvent dans l'*Éthique* de Spinoza. Mais la liberté, telle qu'il l'entend, est l'essence même de Dieu ou son ac-

---

(1) *Ep.* 75.
(2) 1er liv., 3e proposition.

tivité infinie, passant par toutes les formes possibles de l'existence, se développant à l'infini, suivant des lois nécessaires, et non un de ses attributs. En effet, être libre, c'est agir d'après les seules lois de sa propre nature, suivant la définition qu'en donne Spinoza, au commencement de l'*Éthique : Ea res libera dicetur quæ ex sola suæ naturæ necessitate existit, et a se sola ad agendum determinatur*. Avec cette définition, non moins arbitraire que celle de la substance, il enlève tout d'abord aux créatures, sans nulle démonstration, jusqu'au nom même de la liberté, et, dans le créateur lui-même, il n'en laisse subsister que le nom. Cette nécessité interne ne ruine-t-elle pas, en effet, la liberté dans son essence même ? Dieu donc, selon Spinoza, est souverainement libre, en ce sens que rien, en dehors de lui, ne contrarie le développement nécessaire des lois de sa nature, mais non pas en ce sens qu'il agisse par choix et par une libre volonté.

Spinoza semble se complaire à nous montrer Dieu et l'homme fatalement enchaînés par les liens de la nécessité. Tout ce que Dieu fait suit nécessairement, dit-il, de sa nature, comme l'égalité des trois angles d'un triangle à deux droits suit de la nature du triangle. Tout ce qui est dans le monde n'a pu être en une autre façon, ni même en un autre ordre. Pour concevoir, qu'en une seule de ses parties, l'univers soit autre qu'il n'est, et que Dieu puisse vouloir autre chose que ce qui est, il faudrait concevoir que lui-même il changeât de nature. Les décrets de Dieu sont de toute éternité, il n'a pas existé avant ces décrets, il ne peut exister sans eux, il ne peut en former d'autres ; toutes choses sont déterminées par la nécessité de la nature divine, dans l'homme comme dans le monde, *nullum datur contingens in rerum natura*. La différence entre le contingent et le nécessaire n'existe pas dans la réalité, mais seulement au regard de l'ignorance où nous sommes de l'essence et de l'ordre universel des choses.

Le monde, résultat du développement nécessaire de la nature divine, doit posséder le plus haut degré de perfection possible (1). Comme Descartes, comme Malebranche et Leibniz, Spinoza est optimiste, avec cette différence essentielle, qu'il fonde l'optimisme, non pas sur la sagesse de Dieu, mais sur la nécessité de sa nature. Ce n'est pas de l'action d'une cause intelligente, mais de l'unité du *substratum* de toutes choses, de l'inhérence de tous les modes à une même substance qu'il fait dériver l'ordre admirable du monde. Si nous croyons y apercevoir des imperfections, c'est que nous avons le tort d'estimer la perfection des choses, d'après notre avantage ou notre agrément, au lieu de les estimer suivant leur nature et leur essence propre. Dieu pouvait-il donc faire l'humanité telle qu'elle ne se conduisît que par la seule raison? La matière, selon Spinoza, n'a pas manqué à Dieu pour tout créer, depuis le dernier jusqu'au premier degré de perfection; les lois de sa nature sont assez vastes pour donner place, dans la réalité, à tout ce qu'une intelligence infinie peut concevoir, donc l'humanité, telle qu'elle est, devait trouver sa place dans l'univers. Ainsi il ne combat la liberté d'indifférence que pour tomber lui-même dans un autre excès. Sans doute les décrets de Dieu sont immuables, mais en vertu de sa sagesse souveraine, et non, comme le veut Spinoza, par une nécessité de sa nature. Une nécessité morale, et non une nécessité aveugle et métaphysique, suivant la doctrine de Malebranche et de Leibniz, fait l'immutabilité des décrets divins.

Dans l'*Éthique*, comme dans le *Tractatus theologico-politicus*, Spinoza déclare la guerre à l'anthropomorphisme. Il abonde en traits pleins de force, d'éloquence et d'ironie contre l'idée d'un Dieu capricieux et fantasque, qui change en ses desseins, qui veut une chose, puis son contraire, qui se repent et se venge, qui s'apaise et s'irrite. Mais ce qu'il regarde comme la plus grossière et la plus dangereuse des superstitions, le plus grand des délires de l'esprit humain, c'est d'imposer aux actions de Dieu un but extérieur

---

(1) *Éth.*, part. 1, p. 33, schol.

à lui-même, une fin quelle qu'elle soit. De même que Dieu ne peut hésiter ou délibérer, de même, selon Spinoza, il ne peut se proposer un but à atteindre, ni un plan à réaliser ; de même qu'il ne peut avoir ni fin, ni principe de son existence, il ne peut avoir ni fin, ni principe de ses actions. Mais d'où vient que cette croyance soit celle de l'immense majorité du genre humain, et que la plupart des hommes persévèrent dans des préjugés et des superstitions qui défigurent la Divinité ? Spinoza attribue aux fausses notions, universellement répandues sur notre propre nature, cette superstition des causes finales. Dans leur ignorance des causes, les hommes s'imaginent être libres, et avoir en toutes leurs actions un motif, qui est leur intérêt propre, voilà pourquoi ils attribuent à Dieu une semblable liberté et de semblables motifs. Il y a des choses autour d'eux qui servent à leur vie et à leur bien-être, comme les yeux pour voir, les dents pour mâcher, etc.; ils en concluent que le monde tout entier a été disposé par Dieu en faveur de l'homme, pour se l'attacher et pour en retirer de la gloire et des hommages. Aussi partout le peuple et les savants ont-ils cherché des causes finales ; mais ils semblent tous, dit Spinoza, n'avoir réussi qu'à démontrer que la nature, les dieux et les hommes délirent également.

Que Dieu serait petit, imprévoyant, malhabile, si l'homme était la fin qu'il se fût proposée ? Comment soutenir les éclatants démentis de l'expérience ? Comment justifier l'existence de tant de fléaux ? Osera-t-on dire qu'ils ont pour but de punir des crimes, quand on les voit, chaque jour, accabler indifféremment l'homme juste et le méchant ? Mais, poursuivis de retraite en retraite, les partisans des causes finales, plutôt que de renoncer à leur système, aiment mieux se réfugier dans l'incompréhensibilité des desseins de Dieu, qui serait la ruine de la science, et qui tiendrait toute vérité cachée au genre humain.

Attaquant ensuite directement les causes finales en elles-mêmes, Spinoza leur reproche de bouleverser l'ordre de la nature, et de porter atteinte à la perfection de Dieu.

L'effet le plus parfait n'est-il pas celui qui procède le plus directement de la source de l'être et de la perfection ? Or, d'après la croyance aux causes finales, ce serait au contraire l'effet le plus rapproché de la fin et, en conséquence, le plus éloigné de la source de l'être, qui serait le plus parfait. Enfin supposer que Dieu agit pour une fin, n'est-ce pas, en dépit de toutes les subtilités des théologiens, supposer qu'il désire nécessairement quelque chose dont il est privé ?

Nous avons déjà condamné l'abus des causes finales; mais nous avons maintenu leur existence dans le plan providentiel de l'univers et leur place légitime dans la science, sans nullement faire de l'homme la fin de l'univers. Spinoza leur reproche à tort de bouleverser l'ordre de la nature et de porter atteinte à la perfection de Dieu. Comment la fin pourrait-elle être estimée plus parfaite que la pensée divine qui la conçoit ? Comment une fin éternellement conçue, et éternellement accomplie dans le plan du monde, pourrait-elle témoigner de quelque défaut dans la nature divine ?

Spinoza termine le premier livre de l'*Éthique* par ces confiantes et audacieuses paroles : « J'ai expliqué par ce qui précède la nature et les propriétés de Dieu (1). »

Ce Dieu de Spinoza est tout l'être, tout l'être à tous ses degrés. En dehors de son essence et de ses attributs, rien ne mérite le nom de substance. Non-seulement tout est par lui et tout est en lui, mais tout est lui. Il est cause efficiente de l'existence et de l'essence de toutes choses, mais cause immanente, c'est-à-dire, qui ne se sépare de l'effet, et en qui l'effet demeure. Le Dieu de Spinoza n'est pas, dit Jacobi, l'Insoph émanant de la Kabbale, c'est un Insoph immanent. Il n'y a en lui ni évolution, ni procès, mais une éternelle immobilité par la plénitude infinie et éternelle de son développement. Cependant, il ne faut pas croire que cette immobilité soit passivité et inertie; c'est,

---

(1) *Éth.*, part. 1, appendix.

au contraire, la vie et l'activité, à leur degré suprême et nécessaire d'expansion, sans aucune possibilité ultérieure de dilatation ou de contraction. Telle est la nature naturante d'où, avec Spinoza, nous passons à la nature naturée, pour nous servir de ses expressions (1). C'est toujours de Dieu qu'il sera question, mais de Dieu, en tant qu'univers, de Dieu en tant qu'homme, de Dieu dans ses modes, et non dans son essence infinie.

(1) On trouve dans la scholastique ces expressions de nature naturante et de nature naturée. Dieu, dit saint Thomas, est appelé par quelques philosophes nature naturante : *Deus a quibusdam dicitur natura naturans.* (*Summa theol.*, pars 2, quæst. 85, art. 6.)

CHAPITRE XVII

De la nature naturée. — Coexistence éternelle et nécessaire de tous les modes avec la substance de Dieu. — Des modes infinis intermédiaires entre les attributs de Dieu et les modes finis. — Les corps, modes de Dieu en tant qu'étendu. — Les corps simples et les corps composés. — Les esprits, modes de Dieu en tant que pensant. — Réciprocation absolue des modes de l'étendue et des modes de la pensée. — Parallélisme de la connexion des idées et de la connexion des choses. — De la nature de l'homme. — L'homme, mode complexe de la pensée et de l'étendue de Dieu. — L'âme, idée ou suite d'idées de la pensée divine. — Le corps, idéat de l'âme. — L'âme, idée du corps. — Harmonie préétablie de l'âme et du corps. — Différence entre l'harmonie préétablie de Leibniz et celle de Spinoza. — Tous les êtres de l'univers animés à des degrés divers. — Différence entre le mécanisme de Spinoza et celui de Descartes. — Des divers modes de l'âme. — Caractère singulier de la psychologie de Spinoza. — Fausse apparence empirique de sa doctrine sur la connaissance. — Divers degrés de connaissance. — Idées adéquates et inadéquates. — Sphère des sens et de l'imagination, ou de la connaissance inadéquate et confuse. — Inadéquation de la connaissance du corps et de la connaissance de l'âme. — Démonstration de la conscience. — Des principales lois de l'imagination et de l'association des idées. — Point d'idées inadéquates en Dieu, quoique toutes nos idées soient des idées de Dieu. — Théorie de l'erreur. — Sphère de la raison, connaissance claire et adéquate. — Voie du raisonnement. — Voie supérieure de l'intuition par où l'âme arrive à contempler en toutes choses l'essence de Dieu. — Négation de la liberté dans l'homme. — Critique de Spinoza contre Descartes. — Différence entre l'action et la passion. — Causes de l'illusion du genre humain au sujet de la liberté. — De la propre illusion de Spinoza sur les conséquences religieuses et morales de sa doctrine.

Spinoza nous avertit que son dessein n'est pas d'expliquer la nature naturée tout entière, c'est-à-dire, toutes les choses, en nombre infini, qui découlent nécessairement des attributs de Dieu, mais celles-là seulement qui peuvent nous conduire à la connaissance de l'esprit humain et de sa béatitude souveraine. Aussi la physique tient-elle une moindre place dans les spéculations de Spinoza que dans celles de Descartes.

Comment donc la nature naturante a-t-elle engendré la nature naturée. Comment, du sein de l'infini, sont nées les choses finies ? Ce problème n'existe pas pour Spinoza qui repousse l'idée, non-seulement de création, mais d'émanation, ou d'une génération quelconque des choses. En effet, dans ce système, les attributs divins, avec tous leurs modes, existent de toute éternité, comme la substance divine elle-même avec tous ses attributs ; or les choses individuelles, étant constituées par ces modes, sont contemporaines de Dieu lui-même. Si Dieu les précède, ce n'est pas par le temps, mais par la nature et par la dignité ; car on ne peut supposer que Dieu ait été sans le monde, à moins de supposer qu'il a été sans ses attributs et sans ses modes.

Mais les modes de la substance divine, quoique coéternels, ne sont pas tous égaux les uns aux autres, et s'il n'y a point d'émanations successives, il y a des degrés divers dans la nature naturée. Entre les modes finis et mobiles qui constituent les êtres particuliers de ce monde, et les attributs de Dieu, Spinoza place, comme un intermédiaire, des modes éternels et infinis (1). Ces modes éternels et infinis sont, pour ainsi dire, le premier degré d'expansion des attributs éternels et infinis de Dieu. Il les partage même en deux classes, les uns qui suivent de la nature absolue de quelque attribut de Dieu, les autres, d'un degré inférieur, qui suivent immédiatement d'une de ces premières modifications éternelles et infinies de quelque attribut de Dieu (2). Quels sont, soit dans l'ordre de la

---

(1) Dans le *De Deo et homine*, il divise en deux la nature naturée : 1° celle qui est générale, et qui consiste dans tous les modes qui dépendent immédiatement de Dieu ; 2° celle qui est particulière, constituée par toutes les choses particulières causées par les modes généraux.

(2) Omnia quæ ex absoluta natura alicujus attributi Dei sequuntur, semper et infinita existere debuerunt. *Eth.*, de Deo, prop. 21.

Quidquid ex aliquo Dei attributo quatenus modificatum est tali mo-

pensée divine, soit dans l'ordre de l'étendue divine, ces modes éternels et infinis qui servent, pour ainsi dire, de lien entre la nature naturante et la nature naturée, et qui rappellent, par leur hiérarchie, l'antique doctrine de l'émanation? C'est un point sur lequel on ne trouve dans Spinoza que quelques indications obscures. Ainsi l'idée de Dieu est le premier mode éternel et infini de l'attribut divin de la pensée. La pensée absolue, pure de toute détermination, sans autre objet que l'essence infinie dépouillée de ses attributs, est le fond et le principe de toutes les idées. Mais son ouvrage, son effet immédiat, son premier-né, pour ainsi dire, est l'idée de Dieu, laquelle, comprenant les attributs de Dieu, comprend à son tour les idées de tous les modes qui en découlent, c'est-à-dire toutes les idées sans exception. Voilà pourquoi Spinoza l'appelle entendement infini, et la place au premier rang de la nature naturée, dans l'ordre de la pensée (1). L'idée de Dieu est donc un mode éternel et infini, du premier degré, c'est-à-dire qui découle de la nature absolue de la pensée. Spinoza n'indique pas, dans cet ordre de la pensée, des modes éternels et infinis du second degré. On peut conjecturer, avec M. Saisset (2), que l'idée particulière de chacun des attributs de Dieu, l'idée de la pensée, ou l'idée de l'étendue, est un de ces modes éternels et infinis qui suivent d'une modification éternelle et infinie de quelque attribut de Dieu, à savoir de l'idée de Dieu.

Quant à l'ordre de l'étendue, Spinoza, non pas dans l'*Éthique*, mais dans une de ses lettres (3), et aussi dans le *de Deo et homine* (4), donne le mouvement et le repos comme

« dificatione quæ et necessario et infinita per idem existit, sequitur, debet quoque et necessario et infinitum existere. » *Ibid.*, prop. 22.

(1) *Éth.*, part. 1, prop. 21.
(2) Introduction à la traduction des *Œuvres de Spinoza*, p. 87.
(3) *Ep.* 66, édit. Paulus.
(4) Consulter sur ces modes infinis un chapitre important du *De Deo et homine*. Il dit, en parlant du mouvement dans la matière et de l'entendement dans la pensée : Quæ dicimus ab omni æternitate fuisse et in omnem æternitatem immutabiliter futura, opus revera tale quale

mode éternel et infini du premier degré, et la face de tout l'univers, qui demeure toujours la même, malgré l'infinité des changements qui s'y produisent, comme mode du second degré. Mais laissons ces modes éternels et infinis, que Spinoza indique à peine dans quelques passages obscurs, pour étudier les modes finis et mobiles, qui constituent l'homme et tous les êtres particuliers de ce monde.

C'est ici qu'on va voir se développer les étranges conséquences qui étaient contenues en germe dans le premier livre de l'*Éthique*. Spinoza en effet prétend faire une théorie de l'âme humaine, sans le secours de l'observation et de la conscience, par la seule voie de la déduction, en partant des définitions qu'il a données de la nature de l'être et de ses attributs. Non-seulement il ne veut rien fonder sur e témoignage de la conscience, mais nous le verrons se condamner à prouver, c'est-à-dire à déduire de ces mêmes définitions, la conscience elle-même. La conscience, qui pour Descartes est le point de départ, n'est pour Spinoza qu'une lointaine et pénible conclusion d'une série de démonstrations longues et compliquées.

Il donne d'abord une explication obscure et embarrassée de la nature des corps et de la nature des âmes, où déjà on peut voir qu'il est plus facile de spéculer sur l'unité de l'être, que de concilier avec cette unité la diversité des êtres de la nature. Les modes d'un attribut quelconque ont pour unique cause, d'après Spinoza, Dieu considéré sous le point de vue de cet attribut. Tous les corps sont des modes de Dieu en tant qu'étendu, et toutes les idées des modes de Dieu en tant que pensant. Sans doute il emprunte à Descartes cette doctrine de l'étendue essence des corps, et de la pensée essence des esprits, mais il ne faut pas perdre de

---

cum auctoris granditate conveniat. Il appelle le mouvement, qui est éternel, infini immuable : Filius, opus, vel effectus immediate a Deo creatus. L'entendement, comme le mouvement, est : Filius, opus, vel immediata Dei creatura est, ab omni æternitate et in omnem æternitatem manens. Ire partie, chap. IX.

vue que, dans l'*Éthique*, cette étendue et cette pensée sont l'étendue et la pensée de Dieu. Tous les corps ont donc une même substance, l'étendue, et ne diffèrent les uns des autres que par leurs modalités. Entre les corps les plus simples, il n'y a pas d'autre différence que le repos ou le degré du mouvement (1). Mais comment y aura-t-il des corps simples et des corps composés dans un système où l'étendue est indivisible, et où le plein de l'univers exclut la possibilité même de toute particule réellement séparée ou séparable? Aussi la simplicité, de même que la composition des corps, n'ont-elles qu'une valeur relative et idéale dans la physique de Spinoza. L'acte simple de la pensée, auquel un corps correspond, voilà en quoi consiste sa simplicité. En effet, l'idée du corps et le corps lui-même ne sont, comme bientôt on l'expliquera plus au long, qu'un seul individu, tantôt conçu sous l'attribut de la pensée, tantôt sous l'attribut de l'étendue; le corps n'est que l'objet de l'idée, et l'idée n'est que la forme du corps. La simplicité d'un corps dépend donc entièrement de la simplicité de son idée (2).

Les corps composés au contraire sont ceux qui correspondent à des modes complexes de la pensée. Formés par des corps de diverses grandeurs et de divers degrés de mouvement, mais comprimés par d'autres qui les entourent, ils sont réunis en un même tout; tous leurs mouvements se communiquent, et sont en harmonie les uns avec les autres. La coercition des corps extérieurs sur les parties qui le composent, ou la correspondance des mouvements de toutes ces parties, voilà ce qui fait toute l'individualité du corps composé (3). Les modifications qui ne troublent pas l'ensemble et la correspondance des parties laissent subsister l'individualité du corps composé. C'est ainsi que, malgré la variété infinie des changements qui s'y opèrent,

---

(1) *Éth.*, part. 2. Axiomes à la suite de la prop. 13.
(2) *Ibid.*, prop. 13.
(3) *Ibid.*, définit. à la suite de la prop. 13.

l'univers demeure toujours le même. D'ailleurs, tous ces changements s'accomplissent suivant un ordre éternel et nécessaire. Considéré isolément, un corps est incapable par lui-même de changer l'état où il se trouve ; chacune de ses modifications dérive d'une modification antérieure, celle-ci d'une autre, et ainsi de suite à l'infini, de telle sorte qu'elles sont comme les anneaux d'une chaîne sans fin. Tels sont les principes du monde des corps.

Mais, dans le système de Spinoza, le monde des esprits est inséparable de celui des corps. On ne peut, sans faire une abstraction, les considérer indépendamment l'un de l'autre. Ces deux mondes en effet se correspondent, s'adaptent exactement l'un à l'autre par toutes leurs faces, se renvoient une mutuelle lumière, et s'expliquent l'un par l'autre. Entre les modes de la substance pensante, qui sont les âmes, et ceux de la substance étendue, qui sont les corps, le plus parfait parallélisme existe, ou plutôt ils ne sont qu'une seule et même substance sous deux attributs différents. Que l'on envisage la nature sous l'attribut de l'étendue, ou sous celui de la pensée, on y verra une exacte correspondance, une absolue réciprocité des modes de ces deux attributs. Chaque idée a son idéat, et chaque idéat a son idée. L'ordre et la connexion des idées sont identiques avec l'ordre et la connexion des choses (1). Tout ce qui, dans l'ordre de la nature, suit formellement de l'étendue infinie de Dieu, suit objectivement de l'idée de Dieu, dans l'ordre de la pensée, au même rang, et avec la même connexion.

Par ces modes correspondants de l'étendue et de la pensée de Dieu, Spinoza prétend expliquer la nature de tous les êtres de ce monde et la nature humaine en particulier. Qu'est-ce que l'homme? Quelque étrange que pourra paraître la réponse de Spinoza à cette question, elle est en un accord parfait avec ses principes. Peu lui importe l'irrésistible témoignage de la conscience, et le *Je pense*,

---

(1) *Éth.*, part. 2, prop. 7.

donc je suis de Descartes. Ne reculant pas devant les plus extrêmes conséquences de sa méthode, il enlève à l'homme toute réalité substantielle, pour n'en faire qu'un mode, ou plutôt une collection de modes de l'unique substance. L'homme n'est pas une substance, selon Spinoza, puisqu'il n'y a qu'une seule substance qui existe nécessairement, et qui est Dieu. Qu'est-ce donc que l'homme ? Rien qu'un mode complexe des attributs de la pensée et de l'étendue. L'idée, qui précède et enveloppe tous les autres modes de la pensée, voilà le premier fondement de l'être de l'âme humaine. Notre âme n'est qu'une idée ou, pour mieux dire, n'est qu'une suite d'idées. Encore ces idées qui sont des modes de la pensée infinie, et, en conséquence, une portion de l'entendement infini de Dieu, ne sont-elles pas réellement les nôtres. Ce n'est pas nous qui pensons, mais Dieu qui pense en nous ; ce n'est pas nous qui avons conscience de nous-mêmes, mais Dieu qui a conscience en nous ; ce n'est pas l'âme qui perçoit telle ou telle chose, mais Dieu, en tant qu'il s'exprime par la nature humaine, et qu'il a telle ou telle idée.

L'idée est le fondement de l'âme humaine, mais elle n'est pas l'homme tout entier, car il n'y a pas d'idée sans idéat. Or l'objet, ou l'idéat de l'idée qui constitue l'âme humaine, c'est le corps, c'est-à-dire, un certain mode de l'étendue en acte. Spinoza prouve, par la connaissance que nous avons de ses affections, que notre corps est l'objet de l'idée essence de notre âme. En vertu de la connexion absolue de tous les modes de ses attributs, Dieu a la connaissance de tout ce qui arrive dans l'objet particulier d'une idée quelconque, en tant qu'il a l'idée de cet objet. Donc, en tant qu'il constitue la nature de l'âme humaine, il a connaissance de tout ce qui arrive dans l'objet de l'idée de l'âme humaine. Supposez que le corps ne soit pas l'objet de l'âme, les idées des affections du corps ne seraient pas en Dieu, en tant qu'il constitue notre âme, et non pas une autre, et l'âme ne percevrait rien de ce qui se passe dans le corps (1). Le corps étant l'objet de l'âme, non-seulement, selon Spinoza, l'âme perçoit ses affections, mais rien ne peut arriver en lui qu'elle ne le perçoive, parce que rien ne peut survenir en Dieu, en tant qu'il est l'étendue de notre corps, qui ne se réfléchisse en Dieu, en tant qu'il est la pensée de notre âme. Aussi Spinoza n'hésite-t-il pas à affirmer que le corps humain n'existe que tel que nous le sentons.

L'âme humaine est donc l'idée du corps humain, idée complexe, réfléchissant nécessairement la complexité du corps composé de plusieurs parties ou individus qui eux-mêmes, à leur tour, sont composés. Mais, au sein de cette complexité d'idées, que devient l'unité, l'individualité de l'âme humaine? La réflexion, dans les diverses idées de l'âme, des rapports constants, de l'harmonie, qui font l'unité et l'individualité du corps, malgré la variété et la complexité de ses parties, voilà en quoi consiste l'unité de l'âme qui ainsi n'est elle-même, comme on le voit, que le reflet d'une fausse unité.

Les mêmes principes, qui expliquent la nature de l'âme et du corps, expliquent aussi le mode de leur union. Ni le corps, selon Spinoza, ne peut déterminer l'âme à la pensée, ni l'âme le corps au mouvement ou au repos (2). Ils sont également dépourvus de tout pouvoir d'action ou de réaction l'un sur l'autre. Quand, par impossible, toute la série des modes de l'étendue serait anéantie, rien ne serait changé à la série des modes de la pensée, et réciproquement. Comme Geulincx, Clauberg, Cordemoy et Malebranche, Spinoza place la raison de leur harmonie en Dieu seul, c'est-à-dire dans la connexion de tous les modes et de tous les degrés de développement des attributs de Dieu.

Rappelons-nous que, selon Spinoza, tout dans l'univers, tout dans l'âme et le corps se suit, s'enchaîne, se correspond, s'adapte et s'harmonise, en vertu d'un ordre néces-

---

(1) *Éth.*, part. 2, prop. 11, 12, 13.
(2) *Éth.*, part. 3, prop. 2.

saire et de l'absolue coïncidence de tous les modes des attributs divins, émanant d'une même source et obéissant à une même loi. Les deux séries des modes de la pensée et de l'étendue représentent les développements de la même essence infinie; ce sont deux chaînes partant d'un même point, et dont tous les anneaux non-seulement se correspondent, mais s'engrènent les uns dans les autres. Entre les modes de l'un et de l'autre attribut divin, entre un cercle existant et l'idée de ce cercle, la connexion est tout aussi intime et nécessaire qu'entre les deux faces d'une seule et même chose. Ce qu'est le corps formellement, l'âme l'est par représentation. L'esprit est nécessairement, dans la forme de la pensée, ce qu'est le corps, dans la forme de l'étendue; l'un est toujours le reflet nécessaire de l'autre. L'âme n'est rien que le corps se pensant, et le corps rien que l'âme s'étendant, a dit Lessing, fidèle interprète de Spinoza. De là leur union, de là leur accord, par le milieu de la substance unique, c'est-à-dire de Dieu, leur sujet commun, indépendamment de toute réciprocité d'action (1). Aussi Spinoza a-t-il dit, comme Malebranche : nous sommes unis plus étroitement avec Dieu qu'avec notre corps. Là sans doute est le germe du principe de l'identité de la nature et de l'esprit, qui doit plus tard se développer et jouer un si grand rôle dans la philosophie allemande.

On voit que cette correspondance merveilleuse des modes de l'étendue et des modes de la pensée ne découle d'aucun plan ou dessein de Dieu, mais du développement nécessaire de son essence et de l'inhérence de tous ces modes à une seule et même substance. Telle est la différence profonde qui sépare cette harmonie préétablie de Spinoza de celle de Leibniz.

De cette connexion nécessaire de tout corps avec son

---

(1) « Quum Deum cognoscimus cognitione saltem æque clara ac ea « qua corpus nostrum cognoscimus, nos arctius cum eo quam cum cor- « pore nostro unitos esse debere corporeque tanquam liberatos. » *De Deo et homine*, pars 2, cap. XIX.

idée, Spinoza conclut que chaque corps a une âme, et que la nature entière est animée. Ici encore il se sépare profondément de Descartes qui, hors de l'âme de l'homme, n'admet que l'étendue inerte et matérielle, même dans les animaux. Spinoza restitue expressément des âmes aux bêtes : *Bruta sentire nequaquam dubitare possumus* (1). Il entreprend même de prouver, pour répondre à certains partisans de l'automatisme, que nous pouvons sans scrupule les immoler pour nos besoins, quoiqu'elles soient animées. Nous en avons le droit, parce que ni leur nature ni leurs passions ne sont conformes aux nôtres, et parce que nous ne sommes pas liés avec elles par notre intérêt, comme avec les autres hommes (2).

Non-seulement Spinoza donne des âmes aux bêtes, mais même aux êtres en apparence inanimés, aux plantes et aux minéraux. Tout, quoique à divers degrés, est animé dans son univers : *Omnia quamvis diversis gradibus animata tamen sunt*. Mais en donnant des âmes à tous les êtres de la nature, Spinoza n'en repousse pas moins les imaginations féeriques de la physique des mystiques du seizième siècle, et, fidèle au mécanisme de Descartes, il soumet l'univers entier aux lois générales du mouvement. Son tort est d'exagérer le mécanisme cartésien, en l'étendant à l'âme humaine elle-même, comme à tout le reste de l'univers.

Ainsi Spinoza, comme Leibniz, rattache l'homme à la nature, leur donnant en commun, à des degrés divers, la pensée, l'animation et la vie. Mais pour lui cette pensée et cette vie, dans l'homme comme dans la nature, ne sont que la pensée et la vie même de Dieu. Dans cette prétendue nature humaine, dont il vient de nous donner la théorie, qu'y a-t-il autre chose que Dieu lui-même? Notre corps est l'étendue de Dieu, notre âme une idée de son entendement infini, toute notre connaissance, notre conscience

---

(1) *Éth.*, part. 3, pr. 57, schol.
(2) *Éth.*, part. 4, pr. 37, schol.

elle-même, n'est que la connaissance et la conscience de Dieu, en tant que les modes de la pensée divine constituent l'âme humaine. Aussi Spinoza, malgré l'intrépidité de son dogmatisme, malgré son peu de souci de l'expérience et du sens commun, manifeste ici la crainte que les lecteurs ne soient arrêtés par mille choses qui leur viendront à la mémoire, il les prie de poursuivre lentement leur chemin et de suspendre leur jugement jusqu'à ce qu'ils aient tout lu (1). Mais c'est bien en vain que, à la prière de Spinoza, nous le suspendrions ; en avançant, nous verrons de nouvelles conséquences, mais non des preuves nouvelles, des principes de son système.

Après la théorie de l'âme et de ses rapports avec le corps, l'*Éthique* décrit les divers modes dont se compose l'âme humaine, en commençant par la connaissance. Nous voici arrivés, par l'ontologie, à la psychologie de Spinoza, psychologie vraiment étrange, tirée tout entière de la nature de Dieu et de ses attributs, et dont la prétention est de ne rien demander à l'observation et à la conscience. D'abord dans l'âme, telle que la conçoit Spinoza, il n'y a que des modes et non des facultés. Comment en effet l'âme, pure collection de modes, serait-elle le sujet d'un pouvoir réel quelconque, c'est-à-dire d'une vraie faculté? Entendement, volonté, sensibilité, sont des termes sans valeur, de pures abstractions ; les modes seuls de la pensée ont quelque réalité. Quels sont ces modes de la pensée? Pour les déterminer, Spinoza n'interroge pas la conscience, mais l'idée de Dieu. C'est en passant par le milieu de la pensée divine, c'est de la seule idée de Dieu, qu'il va déduire les divers degrés ou modes de la connaissance, et la conscience elle-même.

Au premier aspect, on croirait que la théorie de la connaissance de Spinoza est purement empirique, comme celle de Hobbes ou de Gassendi. En effet, d'après sa définition, l'âme n'est que l'idée du corps humain, et les affec-

(1. *Éth.*, part. 2, pr. 13, schol.

tions immédiates du corps sont la matière et le principe de la connaissance tout entière. L'âme n'a pas d'autres idées que les affections du corps ; elle est d'autant plus susceptible de percevoir que le corps est susceptible d'un plus grand nombre de modifications et de changements ; telle est, selon Spinoza, l'unique raison de la diversité qui existe entre les âmes humaines et de la supériorité de l'âme humaine sur toutes les autres âmes de la nature. Mais ce corps, unique objet de l'âme, est un mode de l'étendue divine et enveloppe Dieu lui-même. Voilà ce qui est propre à Spinoza, et voilà comment, malgré ce point de départ empirique, sa théorie de la connaissance va s'élever jusqu'aux plus hautes conceptions de l'idéalisme.

Les quatre degrés de la connaissance, distingués dans la *Réforme de l'entendement*, sont réduits à trois dans l'*Éthique*, où les deux premiers sont réunis en un seul qui est celui des idées particulières, inadéquates et confuses. Spinoza appelle inadéquate une idée qui n'égale pas son objet, et adéquate une idée qui l'égale. Seules les idées adéquates sont parfaitement claires, et seules elles sont absolument vraies. La perception de notre propre corps et des corps étrangers, l'imagination, la mémoire, qui viennent à la suite, la conscience de notre âme elle-même ; voilà la sphère de la connaissance obscure et confuse. L'âme ne connaît le corps que confusément, et seulement par les affections qu'elle en a, quoique l'idée du corps soit en Dieu, en tant qu'il constitue l'âme humaine, parce que le corps humain a besoin de plusieurs autres corps qui l'entretiennent et le régénèrent. Or, les idées de ces corps ne sont pas en Dieu, en tant que constituant l'âme humaine, mais en tant qu'affecté des idées de plusieurs autres choses particulières, voilà pourquoi nous n'avons pas une connaissance adéquate du corps (1). Ceci pourrait, au premier abord, paraître en contradiction avec une proposition antérieure, d'après laquelle rien ne peut

---

(1) *Éth.*, part. 2, prop. 19.

arriver dans le corps humain, sans que l'âme le perçoive. Mais Spinoza distingue entre les parties qui se rapportent à l'essence du corps humain et celles qui ne s'y rapportent pas; ce sont les premières seules que l'âme connaît nécessairement, tandis qu'elle ignore les secondes (1). De là l'inadéquation de la connaissance du corps. Comme toute affection participe à la fois de la nature du corps qui l'éprouve, et de la nature du corps qui la cause, l'âme, en connaissant son propre corps, connaît aussi quelque chose des corps étrangers. Mais cette connaissance est encore plus confuse et plus incomplète que celle de notre propre corps.

Rien de plus clair à l'esprit, selon Descartes, que l'esprit lui-même, rien, au contraire, de plus obscur, selon Spinoza. En effet l'âme, d'après la théorie de l'*Éthique*, ne sachant d'elle-même que les idées qu'elle a des affections du corps, est condamnée à ne jamais se connaître, de même que le corps, que d'une manière confuse et incomplète. Mais comment l'âme a-t-elle conscience d'elle-même? C'est en Dieu que Spinoza va chercher l'explication de la conscience, comme de la connaissance des corps. Sans tenir nul compte de son immédiate et irrésistible évidence, il prétend en donner la démonstration par une déduction des attributs de Dieu. Voici cette bizarre et obscure déduction. L'idée de l'âme humaine est en Dieu qui contient en lui l'idée de tous les modes de l'attribut de la pensée. Mais l'âme ayant été définie l'idée du corps humain, l'idée de l'âme humaine est l'idée de l'idée du corps humain. Or, comme l'ordre des idées est le même que celui des choses, l'idée de l'idée du corps humain doit être unie à son objet, qui est l'âme humaine, comme l'idée de l'âme est unie elle-même à son objet, qui est le corps. L'idée de l'âme et l'âme sont donc une seule et même chose, sous un seul et même attribut, la pensée, et ainsi la conscience est démontrée (2).

1) *Éth.*, part. 2, prop. 24.
(2) *Éth.*, 2ᵉ partie, prop. 20 et 21, schol.

Mais les affections immédiates produites par les corps étrangers ne cessent pas avec la présence de ces corps. Elles persistent, tant que persiste la modification qu'ils ont faite sur notre corps, et jusqu'à ce qu'elles soient exclues par une modification nouvelle. Telle est l'origine de l'imagination et de l'association des idées, dont Spinoza a le mérite d'avoir donné les principales lois. L'association des idées est le fondement même de la mémoire que Spinoza définit : un certain enchaînement d'idées exprimant la nature des choses qui sont en dehors du corps humain, enchaînement qui se produit dans l'âme, suivant l'ordre et l'enchaînement des affections du corps humain (1). Tels sont les divers modes de la pensée que Spinoza désigne par les noms d'expérience vague ou de connaissance du premier genre. Tant que l'âme s'abandonne passivement au cours extérieur de la nature, elle ne peut s'élever au-dessus de cette connaissance confuse, inadéquate et mêlée d'erreur.

Mais si toutes les idées sont des modes de Dieu, les idées inadéquates et fausses de l'entendement humain ne devront-elles pas se retrouver aussi dans la pensée infinie de Dieu, ce qui est incompatible avec la perfection de cette pensée infinie? Spinoza nie cette conséquence en s'appuyant sur ce que l'erreur n'est qu'une simple privation. Ni en Dieu, ni hors de Dieu, dit-il, il n'est possible de concevoir un mode positif quelconque de l'erreur et de la fausseté des idées; l'erreur est une simple privation de connaissance, ce qu'il prouve par quelques exemples. Ainsi les hommes pensent être libres et ne le sont pas. D'où vient cette erreur? Uniquement, d'après Spinoza, de l'ignorance où ils sont des causes qui les poussent à agir. Quand nous contemplons le soleil, il nous semble à deux cents pieds de nous; or, selon l'apparence et l'imagination, il est en effet situé à cette distance, et nous continuons de l'y voir, lors même que l'astronomie nous a instruits de

---

(1) *Éth.*, 2ᵉ part., prop. 18, schol.

sa grandeur et de sa distance réelles. L'erreur est tout entière dans un défaut d'application du raisonnement à l'interprétation de cette distance apparente. Nos idées ne sont donc pas fausses et inadéquates en elles-mêmes, mais seulement au regard de telle ou telle âme particulière, tandis qu'elles sont toutes vraies au regard de Dieu (1). Il n'y a en Dieu d'idées inadéquates, qu'autant qu'on le considère exclusivement sous le point de vue de telle ou telle partie de son développement, par exemple, sous le point de vue de telle ou telle âme particulière; mais, dans son essence infinie, et dans la totalité de ses développements, toutes les idées conviennent avec leur objet, se complètent les unes les autres, toutes sont donc adéquates. L'inadéquation n'est qu'au regard des êtres particuliers ou de Dieu partiellement considéré; en Dieu lui-même il n'y a, et il ne peut y avoir, qu'adéquation, vérité et lumière absolues (2).

Mais l'âme n'est pas nécessairement enfermée dans le cercle de cette connaissance obscure et confuse. Il lui est donné d'en sortir par sa propre vertu, et de convertir en idées claires et adéquates ses idées inadéquates et confuses. Au-dessus de l'opinion et de l'imagination, il y a la raison; au-dessus de la sphère de la connaissance obscure et imparfaite, il y a la sphère de la connaissance claire et parfaite (3). L'imagination nous montre les choses sous le faux jour de la contingence, la raison nous les montre sous le jour vrai de la nécessité et de l'éternité. Or l'âme s'élève à cette sphère supérieure en ramenant à l'unité la diversité de ses perceptions. C'est le propre de toute idée particulière, d'être confuse et inadéquate, parce que les idées de toutes les parties, de toutes les propriétés, de tous les rapports de son objet ne sont pas contenues en Dieu, en tant qu'il constitue l'âme correspondante à cet

---

(1) *Éth.*, part. 2, prop. 35 et schol.
(2) *Éth.*, part. 2, prop. 32.
(3) *Éth.*, part. 2, prop. 40, schol. 2.

objet. Le général et le simple, ce qui est commun à chaque chose, ce qui est également dans le tout et dans la partie, voilà l'objet unique de la connaissance claire et adéquate. Ainsi, pour avoir l'idée adéquate d'une propriété telle que l'étendue, commune à toutes les parties du corps, et existant tout entière en chacune d'elles, il suffira de la connaissance d'une seule de ses parties, laquelle sera nécessairement tout entière en Dieu, en tant qu'il constitue la nature humaine. Que l'âme qui aspire à sortir de la confusion et de l'erreur travaille donc à se détacher du particulier pour s'élever au général. Qu'elle recherche ce qui est commun à toutes choses, et ce qui ne fait l'essence d'aucune en particulier, en un mot, qu'elle consulte, non l'imagination et l'opinion, mais la raison (1).

On arrive de deux manières au général, selon Spinoza, soit par la voie du raisonnement ou des généralisations médiates qui partent de l'observation, soit par l'intuition et par des généralisations immédiates. Ce dernier mode est le troisième et le plus parfait degré de la connaissance. L'âme, qui y est parvenue, voit dans chaque chose particulière, comme par une sorte d'illumination, l'essence adéquate des attributs de Dieu; elle voit dans chaque corps l'étendue divine, dans chaque idée la pensée divine, et dans chacun de ces attributs l'essence infinie de Dieu. En chaque chose elle contemple la substance infinie, et sa connaissance se confond avec celle de l'entendement infini de Dieu lui-même (2). Nous verrons comment, dans la morale de Spinoza, ce plus haut degré de la connaissance est aussi le degré suprême de la vertu et du bonheur.

Ainsi l'âme, quoique n'ayant d'autres affections que celles du corps, peut s'élever à cette hauteur où elle n'a plus d'autre objet de sa pensée que Dieu lui-même, parce que le corps, son unique objet, exprime l'essence de Dieu.

(1) *Éth.*, part. 2, pr. 44, coroll. 2.
(2) *Éth.*, part. 2, pr. 46.

Telle est la théorie de la connaissance déduite par Spinoza des prémisses du premier livre de l'*Éthique*, théorie qui a pour véritable sujet, et pour centre, non pas le moi, mais la pensée infinie de Dieu. Ce n'est pas l'âme humaine qui pense et qui connaît, c'est Dieu seul qui pense et qui connaît en elle ; l'activité par laquelle elle s'élève jusqu'à Dieu, ne se distingue pas de l'activité même de Dieu.

De même que Spinoza a nié la liberté en Dieu, de même il nie la liberté dans l'homme. Pour ces philosophes qui, avec le genre humain, croient à la liberté il n'a que la plus méprisante ironie. Croire que l'âme, mode de la pensée divine, a le pouvoir de faire ou de ne pas faire telle ou telle chose, de parler ou de se taire, c'est, dit-il, rêver les yeux ouverts. Il confond l'entendement et l'idée avec la volition ; vouloir avec affirmer ou nier (1). Quoiqu'il attribue à la volonté la fonction d'affirmer ou de nier, Descartes n'a pas cependant confondu la volonté avec l'entendement. On se rappelle qu'il donne à la volonté plus d'étendue qu'à l'entendement, et qu'il admet le pouvoir sans limites de suspendre le jugement. Spinoza le combat vivement sur l'un et l'autre point. Si, par entendement, on comprend seulement les idées claires, la volonté, c'est-à-dire l'affirmation ou la négation, dépasse en effet l'entendement. Mais si par entendement on comprend toutes les idées, soit claires, soit obscures, la volonté ne peut le dépasser, car jamais on n'affirme, jamais on ne nie que ce dont on a l'idée. Selon Descartes, la volonté peut s'appliquer à une foule d'actes autres que ceux qu'elle exécute ; mais n'en est-il pas de même de la perception ou de toute autre faculté de l'entendement qui peut toujours embrasser une foule d'objets autres que ceux qu'elle embrasse ? Quant au pouvoir de suspendre le jugement, il le traite de pure chimère. Ce qu'on appelle suspendre le jugement c'est, selon Spinoza, s'apercevoir qu'on ne connaît pas une chose d'une manière adéquate ; donc une suspension de jugement n'est qu'une simple perception. Il se rit des

(1) *Éth.*, part. 2, pr. 40.

philosophes qui ont considéré l'homme comme formant un empire à part dans la nature, qui, en sa faveur, ont voulu faire une exception aux lois générales du monde, et ont imaginé, au sein de la nécessité universelle, une petite sphère pour sa liberté et son indépendance. Il n'y a pas deux mondes dans l'univers, celui de la nécessité et celui de la liberté ; il n'y en a qu'un seul, où tout se produit par des lois universelles et nécessaires, dans l'homme, comme dans tout le reste de la nature.

Au regard de l'âme Spinoza distingue, il est vrai, la passion et l'action, mais il fait consister toute la différence entre agir et pâtir dans le plus ou moins de clarté de la connaissance de la cause de notre action. L'âme agit quand elle conçoit clairement ce qui résulte de sa nature, elle pâtit quand elle ne le connaît que confusément. Toutes les actions découlent d'idées adéquates, et toutes les passions d'idées inadéquates, ou plutôt, puisqu'il n'y a dans l'âme que des modes de la pensée, les actions et les passions ne sont que des idées adéquates ou inadéquates. Dans l'action, l'âme est déterminée par la nécessité de sa propre nature, dans la passion par la nécessité de la nature extérieure; mais, dans le premier cas, comme dans le second, elle est toujours nécessairement déterminée.

Pour Spinoza, la foi du genre humain à la liberté n'est donc qu'une illusion. Mais comment expliquer cette illusion universelle? Parmi les causes qui concourent à chacune de nos actions, et qui toutes font partie de la chaîne nécessaire et infinie de causes et d'effets dont le monde se compose, il en est que nous connaissons clairement, et que nous prenons pour les motifs de notre action, il en est d'autres que nous ne connaissons qu'obscurément, et qui n'en ont pas moins exercé sur nous une décisive influence. Or, dans notre ignorance de ces dernières causes, jointe à l'insuffisance de celles qui nous sont connues, nous nous imaginons follement que c'est nous qui, indépendamment des motifs, nous déterminons nous-mêmes par notre propre puissance. De là, selon Spinoza, l'illusion du libre arbitre, illusion d'enfant et d'homme ivre, non moins digne de risée que la pierre qui se persuaderait qu'elle tombe parce qu'il lui plaît de tomber (1). Nous sommes, dit-il, aux mains de Dieu comme l'argile, que le potier pétrit indifféremment pour les plus nobles ou les plus vils usages (2).

Toutes les difficultés inhérentes au panthéisme apparaissent dans cet effort du génie de Spinoza, pour expliquer l'existence réelle des êtres finis et de la nature humaine. Souvent il accuse ses adversaires de se repaître de chimères; mais quelle chimère que l'homme qu'il vient de nous décrire ! Cette prétendue image de l'âme humaine peut-elle soutenir la comparaison avec l'original que nous portons en nous ? Dans cette collection d'idées qui appartiennent à l'entendement infini de Dieu, où donc trouver quelque chose qui ressemble au moi, à son unité, à sa causalité, à cette première et vivante réalité, qui est notre être propre, et notre point d'appui nécessaire pour atteindre toute autre réalité ?

Spinoza ne se fait pas une moindre illusion sur les conséquences morales de sa doctrine. A la fin du second livre de l'*Éthique,* il célèbre, avec une sorte d'enthousiasme, ses merveilleux effets pour la vertu et pour le bonheur. Si nous l'en croyons, elle donne à l'âme la paix et la sérénité, en nous pénétrant de l'idée de notre dépendance absolue à l'égard de Dieu et de la nécessité des choses. Elle place la félicité souveraine dans la connaissance de Dieu, et la récompense de la vertu dans la vertu elle-même, elle nous fait supporter, d'une âme égale,

---

(1) *Ep.* 62. Ainsi Leibniz compare l'homme qui se croit libre à une aiguille aimantée qui s'imaginerait se tourner vers le nord de son propre mouvement.

(2) *Ep.* 33 et *Tractatus politicus,* cap. II. — « Memores esse debemus « quod in Dei potestate sumus, sicut lutum in potestate figuli qui ex ea- « dem massa, alia vasa ad decus, alia ad dedecus facit. » Cette comparaison est tirée de saint Paul : « O homo, tu quis es, qui respondeas Deo ? « Numquid dicit figmentum ei qui se finxit : Quid me fecisti sic ? — An- « non habet potestatem figulus luti, ex eadem massa facere aliud quidem « vas in honorem, aliud in contumeliam? » *Epist. ad Rom.,* IX, 20 et 21.

la bonne et la mauvaise fortune, elle nous purifie de la haine, de l'envie ou du mépris à l'égard des autres, elle nous apprend enfin à nous contenter de ce que nous avons et à secourir les autres. Sans doute Spinoza prend ici les sentiments de son âme pour les conséquences et pour les fruits de sa doctrine. Le système de la nécessité universelle ne peut aboutir qu'à l'indifférence absolue entre le bien et le mal, au désespoir ou à une sombre résignation, et non, comme Spinoza l'imagine, à la piété, à la vertu et au bonheur. Mais c'est surtout dans les livres suivants de l'*Éthique* sur les passions, les obstacles et les secours qu'elles apportent à notre perfectionnement, que nous allons le voir chercher à accréditer sa philosophie comme l'unique voie qui conduit à la vertu et au bonheur.

CHAPITRE XVIII

Des passions. — Quelle méthode leur applique Spinoza. — La passion, pur mode de la pensée. — Principe des passions. — Désir essentiel de l'âme de persévérer dans l'être. — Passions primitives et passions secondaires. — Des lois de la sympathie et de ses effets sur les passions. — Jugement sur la théorie des passions de Spinoza. — De l'esclavage et de la liberté de l'homme par rapport aux passions. — Empire des passions sur l'homme. — Circonstances qui l'augmentent ou le diminuent. — Morale de Spinoza. — Contradictions apparentes. — Rapport de sa morale et de sa métaphysique. — Sens particulier de la règle fondamentale de travailler à se conserver soi-même par tous les moyens possibles. — Précepte d'augmenter et de perfectionner la connaissance. — Règles secondaires pour s'affranchir des passions. — Lien de la logique et de la morale de Spinoza. — Où est pour l'âme la vérité, la paix et le bonheur. — Amour des hommes contenu dans le principe de la conservation de soi-même. — Identité de l'amour de Dieu pour l'homme et de l'amour de l'homme pour Dieu. — Des passions bonnes et des passions mauvaises. — Condamnation de la pitié, de l'humilité et du repentir. — Portrait de l'homme affranchi de l'empire des passions. — Théorie de l'immortalité. — Conditions auxquelles on gagne l'immortalité. — Double illusion de Spinoza sur sa morale. — Ses vraies conséquences. — Des antécédents et des origines du système de Spinoza.

Spinoza applique aux passions la même méthode qu'à Dieu et à l'âme. Il annonce qu'il traitera des passions des hommes, de leurs vices et de leurs folies, de la même façon qu'il traiterait des lignes, des plans et des solides, parce que ce sont des choses non moins naturelles, et non moins réglées que tout le reste par les lois générales de l'univers. Aux philosophes qui ont parlé avant lui des passions, il reproche d'avoir fait de l'homme un empire dans un empire, et de lui avoir attribué tout pouvoir sur elles, de telle sorte que cet être chimérique troublerait l'ordre de l'univers, plutôt qu'il n'en ferait partie. Aussi, quoiqu'ils aient écrit de belles choses sur la manière de bien vivre, aucun, suivant lui, n'a déterminé la vraie nature des passions, ni le pouvoir qu'elles ont sur l'âme, ou que l'âme exerce sur elles (1). De là les plaintes sur notre condition, de là la haine et le mépris des hommes, de là les éloquentes invectives contre l'impuissance de l'âme humaine, comme s'il y avait quelque vice dans la nature, comme si toutes choses ne rentraient pas également dans l'ordre universel, et ne s'y produisaient pas suivant des lois nécessaires.

Une idée confuse, un mode de la pensée, qui représente dans le corps, ou dans quelques-unes de ses parties, une puissance d'exister plus grande ou moindre que celle qu'il avait antérieurement, telle est la définition des passions donnée par Spinoza. Mais quel est le principe des passions? Spinoza a l'avantage sur Descartes de remonter jusqu'au principe même de toutes les passions, et de le placer où il est réellement, non dans le corps ni dans les accidents extérieurs, mais dans l'essence même de l'âme. La source d'où il fait découler toutes les passions, c'est le désir. Mais qu'est-ce que le désir? La puissance divine, l'activité infinie étant le fond de toutes les choses particulières, ces choses ne contiennent rien en elles-mêmes qui soit capable de les détruire, et il n'y a qu'une cause extérieure par où leur destruction puisse arriver et puisse même se concevoir. Donc, selon Spinoza, dans l'âme humaine, dans chaque chose, il y a un effort fondamental et essentiel pour persévérer indéfiniment dans l'être, qui est son essence même (2). Mode émané de la puissance infinie de

---

(1) Voici le jugement qu'il porte sur le *Traité des passions* de Descartes : « Je sais que l'illustre Descartes, bien qu'il ait cru que l'âme a sur ses actions une puissance absolue, s'est attaché à expliquer les passions humaines par leurs causes premières et à montrer la voie par où l'âme peut arriver à un empire absolu sur ses passions, mais, au moins à mon avis, ce grand esprit n'a réussi qu'à montrer son extrême pénétration. » Trad. Saisset.

(2) *Éth.*, part. 4, pr. 4, 5, 6 et 7.

Dieu, sans cesse l'âme agit, sans cesse elle fait effort pour maintenir, et pour développer son être, à l'encontre de toutes les causes extérieures. Cet effort est le désir, *cupiditas*, principe de toutes les passions.

L'âme a donc un désir essentiel de persévérer dans son être. Mais cet être, comme nous l'avons vu, ne consiste que dans les idées, tant adéquates qu'inadéquates, dont elle est la collection, idées qui ne se séparent pas du corps humain, leur idéat. L'affirmation de l'existence du corps étant ce qu'il y a de fondamental dans l'âme humaine, toute idée qui contient la négation du corps est contraire à son essence même. Ainsi cet effort de l'âme pour persévérer dans l'être comprend à la fois le désir d'augmenter ses idées, et l'effort pour maintenir et fortifier le corps, son objet, sans lequel elle ne serait pas. Ce qui augmente ou diminue la puissance du corps, augmente ou diminue en même temps la puissance de penser qui est l'essence de l'âme ; de là l'effort que fait l'âme pour imaginer ce qui augmente la puissance du corps, et pour repousser ce qui la diminue (1).

Tel est le désir, principe de toutes les passions. Spinoza nous montre ensuite comment toutes les passions naissent de l'action des causes extérieures sur ce désir essentiel de l'âme, en empruntant à Descartes un certain nombre de ses définitions. L'âme a-t-elle la conscience que ce désir est satisfait, elle éprouve la joie, qui est la passion que fait naître le passage de l'âme d'une perfection moindre à une perfection plus grande. Le désir essentiel de l'âme est-il contrarié, au lieu d'être satisfait, l'âme, au lieu de la joie, éprouve la tristesse, passion qu'engendre le passage de l'âme d'une perfection plus grande à une perfection moindre. Le désir, la joie, la tristesse, voilà les trois passions primitives d'où naissent toutes les autres (2).

Quelques exemples suffiront à montrer combien sont

(1) *Éth.*, part. 3, pr. 9, 11, 12 et 13.
(2) *Éth.*, 3ᵉ partie, prop. 11, schol.

délicates et exactes les analyses par lesquelles Spinoza ramène toutes les passions à des nuances diverses du désir, de la joie et de la tristesse. L'amour et la haine ne sont pas des passions primitives, mais des passions dérivées de la joie et de la tristesse. Ajoutez à la joie et à la tristesse la connaissance des causes qui les produisent, et vous aurez la haine ou l'amour (1). L'espérance est une joie mal assurée, née de l'image d'une chose présente ou passée dont la réussite est incertaine ; la crainte, par opposition, est une tristesse mal assurée, produite par l'image d'un malheur encore incertain. De part et d'autre, si vous changez le doute en certitude, à la place de l'espérance et de la crainte, vous aurez la sécurité et le désespoir. Le repentir est un sentiment de tristesse accompagné de l'idée d'une action passée que nous nous imaginons avoir librement accomplie. La vanité et la honte sont la joie ou la tristesse causées par l'idée de l'approbation ou du blâme des autres (2). L'envie est la haine qui dispose l'homme à s'attrister du bonheur d'autrui et à se réjouir de son malheur ; la miséricorde, au contraire, est l'amour qui dispose l'homme à se réjouir du bonheur d'autrui et à s'attrister de son malheur. L'humilité est un sentiment de tristesse de l'homme qui contemple son impuissance et sa faiblesse. Spinoza remarque profondément que cette passion est rare, parce que la nature humaine fait effort, autant qu'il est en elle, pour repousser le sentiment qui l'engendre et pour se représenter, non pas ce qui diminue, mais ce qui augmente sa puissance. Les hommes qui passent pour les plus humbles, sont presque toujours en réalité les plus ambitieux et les plus envieux de tous.

Spinoza n'analyse pas moins bien les effets de l'association des idées et de la sympathie sur les passions. Ces lois

---

(1) *Éth.*, 3ᵉ partie, prop. 13, schol.
(2) Voir la définition des passions dans l'appendice de la 3ᵉ partie de l'*Éthique*. Muller, dans sa *Physiologie*, a adopté la théorie des passions de Spinoza.

de la sympathie, si ingénieusement développées par Adam Smith dans sa *Théorie des sentiments moraux*, étaient déjà, avec plus de profondeur, dans *l'Éthique*. Voici comment Spinoza formule le principe de la sympathie : « Nous nous efforçons de faire toutes les choses que nous imaginons être vues avec joie par les hommes, et nous avons de l'aversion pour celles que nous savons devoir exciter leur aversion (1). » Plus vaste encore est le champ de la sympathie. En effet, Spinoza n'a pas moins bien remarqué que tout objet d'une nature analogue à la nôtre nous fait éprouver, jusqu'à un certain point, une impression semblable à celle que nous lui voyons éprouver (2). De là l'effort que nous faisons pour que les autres aiment ce que nous aimons, et haïssent ce que nous haïssons ; de là enfin cette autre proposition, qui nous semble d'une vérité profonde, la joie de la destruction de l'objet le plus détesté, ne va jamais sans quelque mélange de tristesse (3).

Après avoir traité des passions en elles-mêmes, il les considère dans leur rapport avec le bonheur et avec le perfectionnement de l'homme. En quoi consistent l'esclavage et la liberté de l'homme à l'égard des passions, qu'est-ce que le bien et le mal, quelles sont les passions bonnes et les passions mauvaises, quelle est la voie pour arriver au vrai bonheur et à la vie éternelle ? Tel est le sujet des deux derniers livres de *l'Éthique*, intitulés *de Servitute humana* et *de Libertate humana*. Ces deux livres contiennent la morale de Spinoza.

Il ne faut pas se faire illusion sur ce mot de liberté qui est le titre du cinquième et dernier livre de *l'Éthique*. Nous verrons qu'un degré plus ou moins grand de clarté dans la connaissance de la cause des passions, et non l'in-

---

(1) *Éth.*, part. 3, prop. 29.
(2) *Éth.*, part. 3, prop. 27.
(3) La Rochefoucault a dit le contraire, mais, suivant nous, et pour l'honneur de la nature humaine, avec moins de vérité : « Dans l'adversité de nos meilleurs amis, nous trouvons souvent quelque chose qui ne nous déplaît pas. »

tervention du libre arbitre, fait toute la différence entre ce qu'il appelle servitude et liberté. Avant de nous représenter l'empire que l'homme par l'entendement peut exercer sur les passions, Spinoza nous montre d'abord, dans le *de Servitute*, l'empire des passions sur l'homme et la puissance, infiniment supérieure à la nôtre, des causes extérieures qui les produisent en nous. L'homme, simple partie de la nature, dépendante de toutes les autres, ne peut être que la cause partielle, et non adéquate, des changements qui surviennent en lui. De là la nécessité des idées confuses et des passions (1). Pour être exempt de tout désir et de toute passion, il faudrait que l'homme n'eût que des idées adéquates, et qu'il fût infini comme Dieu (2). Donc l'homme, nécessairement soumis aux passions, suit la règle commune de la nature, autant que l'exige l'ordre universel des choses (3). Il n'y a qu'une passion contraire et plus forte, qui puisse combattre et détruire une autre passion (4). La connaissance du bien et du mal ne peut empêcher aucune passion, si ce n'est comme étant elle-même une passion engendrée par la conscience de la joie ou de la tristesse (5). Dans la lutte contre les passions, Spinoza ne voit que la lutte de deux forces fatales, où la plus grande l'emporte nécessairement sur l'autre.

Vient ensuite l'énumération des principales circonstances qui augmentent ou diminuent la force de la passion. Toutes choses égales d'ailleurs, la passion dont l'imagination nous représente l'objet comme présent est plus forte que celle dont elle nous représente l'objet comme passé. L'objet que nous imaginons comme nécessaire excitera en nous une passion plus vive qu'un objet possible

---

(1) *Éth.*, part. 4, pr. 2, 3 et 4.
(2) *Éth.*, part. 5, pr. 17.
(3) *Éth.*, part. 4, prop. 5, corol. 2.
(4) Descartes prescrit aussi de combattre une passion par une autre passion, d'opposer, par exemple, aux passions du corps les passions de l'âme.
(5) *Éth.*, part. 1, prop. 11.

ou contingent, parce que notre imagination ne nous représente rien qui en exclue l'existence. Ainsi une foule de désirs, dont la force est accrue par ces circonstances, l'emporteront sur le désir, en apparence plus puissant, qui naît de la connaissance vraie du bien et du mal, et si cette connaissance regarde l'avenir, elle sera facilement étouffée par le désir d'un bien actuel. Voilà pourquoi les plus mauvaises passions l'emportent si souvent sur la connaissance du bien et du mal, et voilà en quel sens le poëte a eu raison de dire :

> Video meliora proboque,
> Deteriora sequor.

Le témoignage de la conscience universelle en faveur de la liberté se réduit donc, pour Spinoza, à la défaite nécessaire d'une passion plus faible par une passion plus forte. Tel est l'empire des passions, telles sont les causes de l'inconstance des hommes et de leur impuissance à suivre les préceptes de la raison. Quels sont ces préceptes de la raison et quelles passions les favorisent ou les contrarient ?

Nous voici arrivés à la morale de Spinoza. De même que la théorie de la connaissance, suivant le côté par où on la considère, elle semble allier ensemble l'empirisme le plus grossier et l'idéalisme le plus pur. En lisant le dernier livre de l'*Éthique*, tantôt on croirait entendre Hobbes et tantôt Malebranche, tantôt un épicurien et tantôt un auteur presque ascétique. Essayons de rendre compte de ces apparentes contradictions. Pour suivre la raison, selon Spinoza, il n'est pas nécessaire de nous mettre en guerre avec nous-mêmes, parce qu'elle ne nous prescrit rien qui ne soit conforme à notre nature. S'aimer soi-même, chercher ce qui nous est véritablement utile, et faire effort pour conserver notre être, autant qu'il est en nous, en un mot chercher le bien et fuir le mal, voilà tout ce que la raison nous commande. Il définit le bien, comme Hobbes, tout ce que nous savons certainement devoir nous être utile, et le mal, ce qui empêche le bien. Ce qui est avantageux ou contraire à la conservation de notre être, ou, en d'autres termes, ce qui augmente ou diminue notre puissance d'agir, voilà le bien et voilà le mal de l'homme.

Non-seulement la raison prescrit à chacun, selon Spinoza, de se conserver, mais de ne se conserver que pour soi-même, et de se conserver par tous les moyens possibles. Plus un homme travaille à conserver et à développer son être, et plus il est vertueux, car plus il a de puissance et de perfection. Plus, au contraire, il néglige le soin de sa conservation, et plus il est impuissant, car il ne peut le négliger que vaincu par les passions et par l'action des causes extérieures. Cet effort de l'âme pour persévérer dans son être est la vertu suprême. Quelle autre vertu, en effet, est-il possible de concevoir avant celle-là (1) ?

Jusqu'ici la morale de Spinoza paraît exclusivement marquée au coin de l'épicuréisme. Mais lui-même il nous recommande de ne pas nous hâter de voir dans cette maxime, que chacun est tenu de rechercher ce qui lui est utile, un principe d'impiété et non un principe de piété. En effet, par une interprétation plus vaste et plus élevée de l'être, il va lui donner un nouvel aspect, et aboutir à des conséquences que n'eussent désavouées ni Fénelon ni Malebranche. Si Spinoza, en partant des principes de Hobbes, arrive à des conséquences opposées, c'est qu'il n'entend pas de la même manière cet être qu'avant tout il s'agit de conserver. L'être, pour Hobbes, n'est que le corps et la matière, tandis que, pour Spinoza, c'est la pensée, et l'essence de l'âme humaine. Ainsi la conclusion suprême de cette morale, qui a pour principe fondamental la conservation de soi-même pour soi-même, et l'identité du bien avec notre intérêt propre, sera la contemplation et l'amour de Dieu.

En effet, si l'homme est une idée de Dieu, et si la pensée est son essence, pour obéir aux préceptes de la raison, c'est la pensée qu'il doit aimer en lui, c'est la pensée que

---

(1) *Éth.*, part. 4, prop. 22.

tous ses efforts doivent travailler à conserver et à développer. Que faire donc pour conserver et accroître la réalité et la perfection de notre être, sinon conserver et accroître la réalité et la perfection de nos idées, c'est-à-dire, travailler à transformer nos idées inadéquates et confuses, d'où découlent toutes les passions, en des idées claires et adéquates, au sein desquelles seulement l'âme peut trouver la vérité, la perfection, la paix et le bonheur véritables ?

Mais comment l'âme réduira-t-elle les passions au silence pour n'obéir qu'aux préceptes de la raison? Nécessairement soumise aux passions, comment s'en affranchira-t-elle? Dépourvue de toute liberté, à quoi bon lui adresser des préceptes? Sans doute il n'y a pas de vraie morale, pas de mérite et de démérite sans l'élément essentiel de la liberté. Aussi Spinoza n'a-t-il nullement la prétention de donner à ses préceptes un caractère impératif et obligatoire, ni de faire une morale semblable à celle que conçoivent d'autres philosophes, d'accord avec le genre humain. Quelle meilleure preuve en donner que la condamnation du remords et du repentir, devant laquelle, comme nous le verrons, il ne recule pas, pour demeurer jusqu'au bout conséquent avec ses principes (1)? Il ne faut pas légèrement imputer, comme la plupart des historiens, à un si ferme logicien une aussi grossière contradiction. Ces prétendus préceptes de la morale de Spinoza ne sont que des descriptions des différents degrés de perfectionnement auxquels l'homme peut s'élever, mais par des causes qui ne dépendent pas de lui. La puissance de l'âme sur les passions, que Spinoza va décrire, n'est pas moins soumise à la nécessité que la puissance des passions sur l'âme, avec la seule différence, que cette nécessité est interne, au lieu d'être externe.

La connaissance seule, et non la liberté, donne quelque prise à l'âme sur les passions; l'entendement seul est la puissance dont l'homme dispose pour contenir ses mau-

---

(1) Entre autres par Jouffroy dans son *Cours de droit naturel.*

vaises passions (1). Mieux une passion nous est connue, et plus elle est en notre dépendance, et plus l'âme cesse d'être passive. Or, comme toute passion est l'idée d'une affection du corps, et enveloppe, par conséquent, quelque chose de commun et de général, qui peut devenir l'objet d'une idée adéquate, toute passion est susceptible d'être convertie en une idée claire et distincte. Par une connaissance de plus en plus claire de nous-mêmes, nous pouvons arriver ainsi à diminuer en nous l'élément de la passivité. Tel est le but auquel nous devons tendre, tel est l'emploi que nous devons faire, contre le déréglement des passions, de la puissance de notre âme, puissance qui ne consiste qu'à penser et à transformer des idées inadéquates en idées adéquates. Grâce à cette transformation, l'âme sera déterminée à aller, de la passion qui l'affecte, à la pensée d'objets qu'elle perçoit clairement et distinctement, et où elle trouvera le parfait repos.

L'amour, la haine et toutes les autres passions disparaîtront bientôt, ou du moins s'affaibliront, si l'âme, les détachant de leur cause extérieure, les rapporte à des pensées vraies (2). Parmi les remèdes indiqués par Spinoza, nous citerons encore cette recommandation, sur laquelle il insiste plus que sur toutes les autres, de bien pénétrer notre esprit du caractère de nécessité des choses. Plus l'âme conçoit toutes choses comme nécessaires, plus elle a sur ses passions, selon Spinoza, une grande puissance. Combien ne s'adoucit pas la douleur de la perte d'un bien quelconque, quand nous sommes persuadés qu'il n'y avait aucun moyen de le sauver, et combien est moindre notre émotion au regard de tout ce que nous avons jugé naturel et nécessaire (3)! Quant à l'homme qui n'a pas encore cette connaissance accomplie des passions et de la nécessité des choses, il ne

---

(1) *Éth.*, part. 5, prop. 42.
(2) *Éth.*, part. 5, pr. 4, schol.
(3) *Éth.*, part. 5, pr. 6. La soumission à l'ordre universel, la résignation à tout ce qu'il n'est pas en notre pouvoir d'empêcher, est aussi le grand remède proposé par Descartes à la princesse Élisabeth.

peut faire mieux que de déposer dans sa mémoire une règle de conduite dictée par la raison, et d'en pénétrer son imagination, de telle sorte que, par une association nécessaire, elle revienne à l'esprit en même temps que la passion. Ainsi la raison prescrit de vaincre la haine, non par la haine, mais par l'amour et par la générosité ; elle prescrit d'opposer à la crainte le sentiment de la bravoure, qui d'ordinaire est le plus sûr, en même temps que le plus glorieux. Si nous associons fortement ensemble les images et les motifs de ces sentiments opposés, ils pourront produire une passion contraire plus forte, qui triomphera de la haine et la crainte (1).

Sans entrer plus avant dans les détails, on voit que cette grande règle, de travailler à convertir en idées adéquates ses idées inadéquates, est la règle fondamentale de la morale comme de la logique de Spinoza. L'attachement aux objets mobiles et périssables, qui sans cesse lui échappent, et la font passer par toutes les alternatives de la crainte, de l'espérance et du désespoir, voilà la cause de tous les tourments de l'âme. Mais la paix succédera au trouble des passions, si, de ces choses passagères et périssables, elle s'élève, par les idées adéquates, jusqu'aux choses éternelles et impérissables, jusqu'à Dieu lui-même. L'éternité est l'essence même de Dieu enveloppant l'existence nécessaire ; concevoir les choses comme éternelles, c'est donc les concevoir dans leur rapport avec l'essence de Dieu. De là ce remarquable théorème de Spinoza : « Notre âme en tant qu'elle connaît son corps et soi-même, sous le caractère de l'éternité, possède nécessairement la connaissance de Dieu, et sait qu'elle est en Dieu et qu'elle est conçue par Dieu (2). » Que l'âme s'élève jusqu'à ce degré suprême de la connaissance, qu'elle arrive à contempler en toutes choses l'essence éternelle et infinie de Dieu, et cette contemplation sera pour elle une intarissable source de paix et de bon-

---

(1) *Éth.*, part. 5, prop. 10, schol.
(2) *Éth.*, part. 5, pr. 30.

heur. La connaissance de Dieu, sans qui rien ne peut être conçu, et l'amour intellectuel qui accompagne cette connaissance, voilà, selon Spinoza, le but et le bien suprêmes de l'âme humaine. Hors de cet amour elle ne trouvera nulle part la paix parfaite, le bonheur et la liberté (1). Quelle chose pourra désormais apporter en elle le trouble et la tristesse, lorsque toute chose lui rappellera l'essence infinie de Dieu? La douleur même, dit Spinoza, devient de la joie quand nous concevons Dieu comme cause de la douleur. Voilà un langage qu'on prendrait pour celui du mystique chrétien le plus pur, si bientôt, par des maximes d'un genre tout opposé, Spinoza ne se chargeait de détruire lui-même cette illusion.

De même qu'il a fait sortir l'amour de Dieu du principe bien entendu de la conservation de soi-même pour soi-même, de même il en fait sortir aussi l'amour des autres hommes. En suivant la voie qui mène au bien suprême, l'homme travaille au bien des autres, en même temps qu'il travaille à son propre bien. Le vrai bien, sans se diminuer, se partage entre tous, il est commun à tous les hommes, il ne peut exciter ni la jalousie ni l'envie. Notre entendement serait moins parfait, si l'âme était isolée et ne comprenait rien qu'elle-même. Mais, parmi les choses du dehors, nulles ne sont plus utiles et plus désirables que celles qui sont identiques à notre nature. Que deux individus de même nature viennent à se joindre, ils composeront un individu deux fois plus puissant que chacun d'eux en particulier. C'est pourquoi rien n'est plus utile à l'homme que l'homme lui-même, quand il vit selon la raison. Plus chacun recherche ce qui lui est vraiment utile, et plus il sert les autres hommes, parce qu'il agit conformément aux lois de la nature humaine, qui s'accorde nécessairement avec la nature de tous les autres hommes. « Les hommes, dit encore très-bien Spinoza, ne peuvent rien

---

(1) *Éth.*, part. 4, pr. 28, et part. 5, pr. 27. — Voir aussi le commencement du *De Emendatione intellectus*.

souhaiter de mieux pour la conservation de leur être que cet amour de tous en toutes choses, qui fait que toutes les âmes et tous les corps ne forment, pour ainsi dire, qu'une seule âme et qu'un seul corps, de telle façon, que tous s'efforcent de conserver leur propre être et de rechercher en même temps ce qui peut être utile à tous (1). » On voit que cet amour des hommes, en quelques beaux termes qu'en parle Spinoza, est uniquement fondé sur l'utilité que nous en retirons pour la conservation de notre être, et qu'il n'a rien de désintéressé.

L'amour intellectuel de l'âme pour Dieu, selon Spinoza, comme selon Malebranche, est une dérivation de l'amour intellectuel de Dieu pour lui-même. Dieu, en tant qu'il s'aime lui-même, aime aussi les hommes qui sont des modes de ses attributs. L'amour de l'âme pour Dieu est une partie de l'amour infini de Dieu même pour sa perfection infinie, c'est l'amour que Dieu a pour lui-même, en tant qu'il constitue l'âme humaine. L'amour de Dieu pour les hommes, et l'amour des hommes pour Dieu, ne sont qu'une seule et même chose.

Si la pureté et l'élévation de ces conséquences inattendues avaient pu nous faire oublier un moment le vice fondamental de cette morale, nous serions brusquement désillusionnés par les jugements qui suivent sur les passions bonnes ou mauvaises. Spinoza approuve comme bonnes toutes les passions qui naissent de la joie, et condamne comme mauvaises toutes celles qui naissent de la tristesse, quelles que soient d'ailleurs leurs causes, quelles que soient la pureté ou la perversité des motifs, par la raison que les premières favorisent et augmentent la puissance d'action du corps, tandis que les secondes la contrarient et la diminuent. Réglée par la loi de notre véritable intérêt, la joie ne peut jamais être mauvaise, puisqu'elle est le sentiment de notre passage à une perfection plus grande. Il n'y a que la superstition qui de la tristesse veuille faire le bien,

---

(1) *Éth.*, part. 4, prop. 18, schol., pr. 35, 36, 37.

et du bien veuille faire le mal. Comment Dieu prendrait-il plaisir au spectacle de notre faiblesse, et nous ferait-il un mérite des larmes, des sanglots, de la crainte, signes de notre impuissance? Spinoza qui, tout à l'heure, semblait incliner au mysticisme, semble maintenant ici un vrai disciple d'Épicure : « Plus nous avons de joie, dit-il, et plus nous acquérons de perfection... Il est donc d'un homme sage d'user des choses de la vie et d'en jouir autant que possible, pourvu qu'il n'aille pas jusqu'au dégoût, car alors il ne jouit plus. Oui, il est d'un homme sage de réparer ses forces par une nourriture modérée et agréable, de charmer ses sens du parfum et de l'éclat des fleurs, d'orner même ses vêtements, de jouir de la musique, des jeux, des spectacles et de tous les divertissements que chacun peut se donner sans nuire à personne (1). »

Assurément parmi les passions issues de la tristesse, il en est, telles que la haine et les passions qui en dérivent, que Spinoza a raison de condamner comme mauvaises. Mais il ne condamne pas moins la pitié, l'humilité, le repentir. Il repousse la pitié comme mauvaise, parce qu'elle est une sorte de tristesse, et qu'elle ne nous porte à aucun bien que la raison elle-même ne nous pousse à faire avec plus de discernement. Celui donc qui vit selon la raison, s'efforcera, autant qu'il est en lui, de ne pas se laisser toucher par la pitié. Ajoutons cependant, pour ne pas faire la doctrine de Spinoza plus odieuse qu'elle ne l'est en effet, qu'il ne condamne la pitié qu'en celui qui vit suivant la raison, mais qu'il l'approuve au défaut de la raison : « car, si un homme n'est jamais conduit ni par la raison ni par la pitié à venir au secours d'autrui, il n'a plus rien d'humain (2). »

Il traite encore plus mal l'humilité et le repentir que la pitié. Qu'est-ce que l'humilité? Un sentiment de tristesse qui vient du spectacle de notre impuissance. L'homme

(1) *Éth.*, part. 4, prop. 45, schol.
(2) *Éth.*, part. 4, pr. 50.

qui se connaît par la raison, comprend son essence, la puissance par laquelle il est et il agit, et non pas son impuissance. Deux fois misérable et impuissant est celui qui se repent, ose dire Spinoza, d'abord parce qu'il se laisse vaincre par la tristesse, et ensuite, parce qu'il attribue, par ignorance, à son libre arbitre, ce qui est l'effet de la nécessité des lois de la nature (1). Mais, tout en désavouant ces deux sentiments, au nom de la raison, il en reconnaît cependant l'utilité, au regard de ceux qui agissent par la passion et non par la raison. Sans le repentir et la crainte qui l'accompagne, comment les tenir en bride ? « Le vulgaire, dit-il, devient terrible dès qu'il ne craint plus (2). » Il n'en est pas moins vrai qu'il condamne, au nom de son système, des sentiments approuvés par la conscience du genre humain, et qui sont les plus utiles auxiliaires de la raison et de la vertu. Quelle autre preuve faut-il pour montrer que Spinoza a été logicien jusqu'au bout, et qu'il n'a pas rétabli en morale le libre arbitre qu'il a nié en métaphysique ?

Il conclut toute sa morale par un portrait de l'homme libre, en conformité avec ses principes. Celui qui est entraîné par les passions, voilà l'homme faible, malheureux et esclave ; celui qui écoute la voix de la raison, voilà l'homme fort, l'homme heureux et libre. Le premier, qu'il le veuille ou non, agit sans savoir ce qu'il fait, le second n'obéit qu'à lui-même, et ne fait rien, si ce n'est en sachant ce qu'il y a de mieux à faire dans la vie, et ce qu'il doit désirer le plus. L'homme libre, ou celui qui vit suivant la raison, est exempt d'agitation et de crainte, et il ne songe à rien moins qu'à la mort, car il ne songe qu'à vivre, à agir, et à conserver son être, d'après la règle de son intérêt propre. En effet, la sagesse, dit Spinoza, à l'encontre de Platon, est une méditation de la vie, et non de la mort. Cet homme vraiment libre sait également contenir en lui l'audace et la crainte ; il sait

---

(1) *Éth.*, part. 4, pr. 53, 54.
(2) *Éth.*, part. 4, pr. 54, schol.

éviter ou rechercher le combat avec une égale présence d'esprit. Il tâche de se soustraire aux bienfaits des ignorants pour ne pas encourir leur haine, et ne pas se soumettre à leurs désirs aveugles. Toujours il agit de bonne foi ; même pour conserver son être, il n'a pas recours à la perfidie, parce qu'il n'obéit qu'à la raison. En effet si la raison, pour un bien quelconque, lui conseillait la perfidie, elle la conseillerait à tous les hommes, c'est-à-dire, elle leur conseillerait à tous, ce qui est absurde, de n'unir leurs forces que par perfidie, et de n'avoir pas de droit commun. Au milieu de la société, et sous la loi commune, il se sentira plus libre que dans la solitude où il n'obéirait qu'à lui-même, parce qu'il n'obéit pas à la loi par la crainte, mais par la raison. En travaillant à conserver son être suivant la raison, il se trouve agir conformément à la règle de la vie et de l'utilité commune.

Il puise surtout la force et la paix dans cette persuasion, que toutes choses suivent de la nécessité de la nature divine, idée au sein de laquelle l'âme trouve une sérénité parfaite. Que peut désirer la raison, si ce n'est ce qui est conforme à l'ordre nécessaire des choses ? Ainsi la meilleure partie de nous-mêmes se trouve d'accord avec la nature (1). La paix de l'âme par la contemplation de ce qui est éternel et nécessaire, par la connaissance de notre union avec la nature et de la nécessité universelle des choses, voilà donc le but moral auquel Spinoza prétend faire aboutir toute sa doctrine, suivant ce qu'il s'était proposé dans la *Réforme de l'entendement*.

Si tels sont, dans la vie présente, les fruits de la connaissance claire des passions et de la conversion des idées confuses et inadéquates en idées claires et adéquates, ils ne seront pas moins grands par rapport à la vie future. En effet la même voie qui nous conduit à la perfection et au bonheur, nous conduit aussi, selon Spinoza, à l'immortalité. Dans les dernières pages de l'*Éthique*, après avoir terminé ce

---

(1) *Éth.*, part. 4, prop. 67, 68, 69, 70, 71, 72, 73, et appendix.

qui concerne la vie présente, il considère l'âme dans sa durée, indépendamment du corps. Mais que sera l'âme indépendamment du corps, avec lequel elle est en une connexion nécessaire ? Quelle immortalité sera le propre de cette collection de modes, de ce mode complexe qui constitue l'âme humaine? Cependant Spinoza veut qu'il y ait une part d'immortalité pour certaines âmes d'élite, part qu'elles peuvent se donner à elles-mêmes, et faire plus ou moins grande, suivant leurs mérites.

L'âme, il est vrai, ne peut subsister sans son objet qui est le corps, et avec les modes du corps actuel périssent nécessairement l'imagination, la mémoire, et toutes les passions qui en dépendent. Mais dans le corps quelque chose demeure, qui ne périt pas, à savoir l'étendue divine, essence, sujet et principe de tous ses modes. S'il y a quelque chose d'éternel dans le corps, il peut donc y avoir aussi quelque chose d'éternel dans l'âme humaine. En effet cette idée de notre âme, qui exprime l'essence du corps, sous le caractère de l'éternité, est un mode déterminé de la pensée, mode nécessairement éternel, et qui se trouve en Dieu, en tant qu'il constitue l'essence de l'âme humaine. Toutes les pensées qui n'ont pas Dieu pour objet, sont du domaine de la mort, mais toutes celles qui ont Dieu pour objet, sont du domaine de l'éternité. Voilà, selon Spinoza, le fondement de cette portion d'immortalité à laquelle par la raison nous pouvons nous élever, et qui sera d'autant plus grande que nous aurons donné un objet éternel à un plus grand nombre de nos pensées. L'homme peut ainsi arracher à la mort la meilleure partie de lui-même, et ce que notre âme perdra, par la dissolution du corps, peut n'être qu'un néant, en comparaison de ce qu'elle conservera éternellement. Aussi, quoique nous n'ayons aucun souvenir d'avoir existé avant le corps, sentons-nous et éprouvons-nous, selon Spinoza, que nous sommes éternels (1). Malgré le dédain qu'il affecte ordinairement pour les

---

(1) *Éth.*, part. 5, pr. 23, schol.

croyances communes, il invoque ici cependant la croyance générale à l'immortalité : « Examinez, dit-il, l'opinion des hommes, et vous verrez qu'ils ont conscience de l'immortalité de leur âme. » Mais il reproche au vulgaire de confondre cette éternité avec la durée, de se la représenter par l'imagination et par la mémoire, comme si la mémoire et l'imagination pouvaient survivre au corps (1). C'est donc une immortalité sans mémoire, sans conscience, que Spinoza propose à l'homme comme le but et la récompense de ses efforts vers la perfection.

Cette immortalité n'étant qu'au prix de la conception de ce qui est éternel dans le corps humain, tous les hommes n'auront pas la même part d'immortalité. Elle diminuera ou augmentera, selon que l'âme se sera détachée plus ou moins des choses périssables pour les choses éternelles, selon qu'elle aura plus ou moins d'idées inadéquates ou adéquates. Les idées claires et adéquates sont éternelles comme leur objet. Donc, plus l'âme aura d'idées adéquates, et plus elle aura d'idées qui survivront nécessairement au corps, et plus grande aussi sera sa part d'immortalité. Mais l'âme qui l'emportera sur toutes les autres âmes en immortalité dans la vie future, comme en perfection et en bonheur dans la vie présente, sera celle qui, par l'effort suprême de l'entendement et de la vertu, sera parvenue à la contemplation de l'essence immédiate de Dieu en toutes choses. Comme il n'est rien qu'une telle âme ne conçoive sous le caractère de l'éternité, ce qui périra d'elle avec le corps, ne sera d'aucun prix en comparaison de ce qui en survivra après la mort (2).

Si nous nous laissions un moment séduire par la grandeur apparente d'une doctrine qui fait de l'immortalité notre œuvre et notre récompense, qui la met au prix de la

(1) *Éth.*, part. 5, pr. 34, schol.
(2) *Éth.*, part. 5, pr. 38, schol. Spinoza a pu emprunter à Moïse Maimonide cette théorie de l'immortalité facultative. De nos jours, elle a été reproduite par un philosophe spiritualiste de beaucoup de talent, M. Lambert, dans son *Système du monde moral*, in-8°, Paris, 1862.

conception de ce qui est éternel, et à la condition de fixer notre entendement et notre cœur sur ce qui ne passe pas, il suffirait, pour détruire notre illusion, de remarquer qu'à cette immortalité, privilége des grandes âmes, ce qui manque est le sujet même qui puisse en jouir. En effet, d'après Spinoza, la représentation du rapport constant de la proportion des parties du corps fait seule toute l'individualité de l'âme humaine. Avec le corps, cette ombre d'individualité doit donc elle-même nécessairement s'évanouir, et si les idées éternelles survivent, elles survivront sans garder aucune trace de l'entendement particulier dont elles faisaient partie pendant cette vie. Spinoza n'a donc nullement prouvé l'immortalité de l'âme humaine, mais seulement l'existence des idées éternelles au sein de l'entendement divin (1).

Au reste, il semble lui-même ne pas attacher un grand prix à cette prétendue immortalité, puisqu'il ajoute qu'elle n'est d'aucune importance pour la morale et la religion. Peu importe, dit-il, pour la conduite de la vie et pour l'autorité des préceptes de la raison, que l'âme soit mortelle ou immortelle ; la raison ne nous prescrivant que ce qui est le plus conforme à notre intérêt propre, ses préceptes n'ont pas besoin d'être sanctionnés par l'espérance ou par la crainte d'une vie future (2)? Spinoza sait bien que la plupart des hommes se guident par ces motifs, et que s'ils n'étaient retenus par eux, ils s'abandonneraient à toutes les passions; mais ces hommes lui semblent tout aussi dépourvus de bon sens que celui qui, pendant cette vie, se remplirait le corps d'aliments pernicieux et empoisonnés, par cette raison, qu'il ne doit pas jouir d'une bonne nourriture pendant l'éternité.

(1) Leibniz a fait de cette prétendue immortalité la plus juste et la plus incisive critique : « Il est illusoire de dire que les âmes sont immortelles parce que les idées sont éternelles, comme si l'on disait que l'âme d'un globe est éternelle, parce que l'idée du corps sphérique l'est en effet. L'âme n'est point une idée, mais la source d'innombrables idées. » *Réfutat. inédite de Spinoza.*

(2) *Éth.*, part. 5, pr. 41.

Telle est la conclusion suprême de la morale de Spinoza et de l'*Éthique* tout entière. Fondée sur le principe égoïste de la conservation de notre être, nous avons vu cette morale singulière prendre néanmoins tout d'un coup un caractère d'élévation et de spiritualité, en vertu de l'identité de l'être et de la pensée. Mais, sous ces belles apparences, on retrouve toujours le principe égoïste de notre conservation individuelle et de notre utilité propre. Pourquoi faut-il obéir à la raison? Pourquoi faut-il aimer Dieu et les hommes? Uniquement, selon Spinoza, parce que nous y trouvons notre intérêt. D'ailleurs, cette morale ne repose que sur une double illusion; illusion relativement à l'existence d'un vrai bien, illusion relativement au pouvoir de l'âme d'y tendre librement. En réalité, pour Spinoza, il n'y a pas de vrai bien, puisqu'il n'y a pas de distinction absolue du bien et du mal, puisqu'au sein de l'ordre universel des choses, tout est également bon et parfait. N'a-t-il pas dit, dans le *Traité de la réforme de l'entendement*, que si nous concevons un vrai bien, une nature supérieure à la nôtre, un idéal de la nature humaine, c'est seulement en raison de notre ignorance de l'ordre universel et nécessaire des choses, et que si nous croyons pouvoir y atteindre, c'est seulement en raison de notre ignorance des obstacles? Quels sont ces élus qui parviennent à la plus grande part d'immortalité? Ce ne sont pas les hommes de bonne volonté, mais ceux dont le corps est propre au plus grand nombre de fonctions. Du plus ou moins grand nombre de fonctions dont le corps humain est capable, Spinoza fait dépendre la conscience de soi, la connaissance de Dieu et des choses, et en conséquence la vie éternelle (1). En morale comme en métaphysique, l'âme n'est pour lui qu'un automate dont il décrit savamment les ressorts.

Nous voici arrivés au terme de l'exposition de la métaphysique de Spinoza. Avant de passer aux Traités de Spi-

---

(1) *Éth.*, part. 5, pr. 39.

noza sur la théologie et sur la politique, arrêtons-nous ici pour rechercher quels sont les antécédents de cette métaphysique et pour la comparer avec celle de Descartes. Rien, sans doute, au premier abord, ne ressemble moins à Descartes que Spinoza. En passant du *Discours de la Méthode* et des *Méditations* à l'*Éthique*, il semble qu'on entre dans un monde tout nouveau où les formes, non moins que les idées, sont étranges. La méthode de Spinoza est l'antithèse de celle de Descartes; l'un va de Dieu à l'homme, l'autre de l'homme à Dieu. Aussi grande est la différence des méthodes, aussi grande semble celle des doctrines. Où sont les traits communs entre le Dieu de Descartes, ce Dieu souverainement parfait qui pense, qui veut, qui fait toutes choses pour le mieux, par un libre décret de sa volonté, et le Dieu de Spinoza, sans entendement, sans volonté, unique substance, en dehors de laquelle rien ne peut être conçu? Quoi de commun entre cette collection de modes d'attributs de Dieu, qui constitue l'homme de Spinoza, et cette unité réelle, vivante, directement saisie par la conscience, qui est l'essence de l'homme de Descartes?

Aussi nous comprenons très-bien que les cartésiens, et entre autres le cardinal Gerdil (1), aient soutenu, avec la meilleure foi du monde, la thèse de l'incompatibilité des principes de Descartes et de ceux de Spinoza. Mais nous nous sommes étonné de voir M. Cousin adopter ce même sentiment, surtout après avoir d'abord si fortement marqué les rapports du spinozisme et du cartésianisme, après avoir proclamé Spinoza un enfant de Descartes et un frère de Malebranche (2). Aujourd'hui s'appuyant sur de nouvelles recherches, il veut lui donner une autre généalogie afin d'absoudre entièrement Descartes de toute parenté avec ce penseur illustre, mais si mal famé (3). Faudra-t-il

---

(1) C'est le titre d'une des meilleures dissertations du cardinal Gerdil.
(2) Voir les *Fragments de philosophie cartésienne, Rapports du spinozisme et du cartésianisme*, p. 469, et *Correspondance de Malebranche et de Mairan*, pp. 267 et 348, in-12, 1845.
(3) *Histoire générale de la philosophie*, 11ᵉ leçon, 1866.

donc désormais rejeter comme faux ce jugement célèbre de Leibniz dont on a longtemps admiré la vérité et la profondeur : « Spinoza n'a fait que cultiver certaines semences de la philosophie de M. Descartes (1). » Quant à nous, nous persistons à le tenir comme vrai, et nous croyons l'avoir de nouveau justifié en signalant, dans notre exposition de la philosophie de Descartes, ces mauvaises semences mêlées au bon grain. Comment en effet, à travers toutes les dissemblances et toutes les oppositions, quelque grandes qu'elles soient, ne pas reconnaître que cette tendance générale de la métaphysique de Descartes à enlever l'activité aux créatures, au profit du Créateur, favorise le spinozisme ? D'ailleurs, l'histoire tout entière du cartésianisme ne témoigne-t-elle pas de ce mélange de certaines semences spinozistes avec le bon grain de la philosophie de Descartes ? N'avons-nous pas vu le cartésianisme hollandais s'acheminer pour ainsi dire par degrés, en passant par les causes occasionnelles, de Descartes à Clauberg, de Clauberg à Geulincx, et de Geulincx à Spinoza ? Comment nier que Clauberg et Geulincx ne viennent de Descartes, et comment méconnaître les affinités de Clauberg et de Geulincx avec Spinoza ? En France, Malebranche n'est-il donc plus un enfant de Descartes et un frère de Spinoza, un Spinoza chrétien, comme M. Cousin l'avait dit d'abord avec autant de justesse que d'esprit ?

Ici encore nous nous appuyons sur Leibniz qui a si nettement indiqué quelles étaient précisément ces mauvaises semences cultivées par Spinoza. « L'erreur de Spinoza vient de ce qu'il a poussé la suite de la doctrine de Descartes qui ôte la force et l'action aux créatures (2) ? » Et ailleurs : « Celui qui soutient que Dieu est le seul actif pourrait aisément se laisser aller à dire avec un auteur fort décrié que Dieu est l'unique substance (3). »

---

(1) *Lettre à l'abbé Nicaise*, 1697.
(2) Édit. Dutens, II° vol., p. 91.
(3) *Ibid.*, p. 100.

Mais tout en constatant de nouveau l'origine cartésienne de Spinoza, nous ne nions nullement qu'une critique curieuse et érudite ne puisse découvrir certaines analogies intéressantes entre l'*Éthique* et d'autres doctrines, à travers le champ si vaste de l'histoire de la philosophie. Un théologien hollandais, Watcher, plus ou moins suspect d'attachement à Spinoza, avait cru retrouver sa doctrine dans la kabbale. Leibniz, qui a annoté l'ouvrage de Watcher (1), a lui-même fait un rapprochement, plus curieux peut-être qu'exact, entre les Sephiroths de la kabbale, et les modes éternels et infinis de Spinoza. Mais entre les uns et les autres, comme le remarque M. Saisset, il n'y a réellement de commun que l'idée de l'émanation qui n'est pas particulière à la kabbale. Voici d'ailleurs M. Franck, auteur du savant ouvrage sur la kabbale, et juge si compétent en un pareil sujet, qui n'a nullement été frappé de ces analogies, et qui pense que, si les traditions kabbalistiques sont venues jusqu'à Spinoza, elles ont été étouffées par l'influence immédiate et prépondérante du cartésianisme.

A défaut de la kabbale et du cartésianisme, où donc sont les vraies origines de Spinoza ? M. Cousin, abandonnant les kabbalistes, a cru en dernier lieu les découvrir dans Moïse Maimonide, et ses commentateurs de l'école juive hétérodoxe. Il est certain que Spinoza a parfaitement connu Maimonide dont on étudiait certains ouvrages dans les écoles des rabbins. Il le cite d'ailleurs plusieurs fois dans le *Theologico-politicus*. Mais ici encore, tandis que les différences fondamentales sautent aux yeux, les analogies signalées sont bien lointaines, et les rapprochements un peu forcés et subtils, au moins quand il s'agit de l'*Éthique*. Leibniz, qui a parfaitement connu cette source, puisqu'il a annoté le *Guide des égarés*, Leibniz, qui, dans son empressement à recueillir

---

(1) « Animadversiones ad Watcheri librum de recondita Hebræorum « philosophia. » Ces remarques sont la réfutation inédite de Spinoza, publiée par M. Foucher de Careil.

les points communs entre les divers systèmes, avait cru apercevoir quelques éléments kabbalistiques dans l'*Éthique*, ne fait aucune comparaison entre Spinoza et Maimonide (1). On peut voir, d'ailleurs, à quel point diffèrent le Dieu de Spinoza et le Dieu de Maimonide dans les savantes études de M. Franck sur le *Guide des égarés* (2).

Il y a dans Maimonide deux opinions contradictoires, que nous ne nous chargerons pas de concilier, sur la nature divine. Sous l'influence des péripatéticiens arabes, et particulièrement, selon M. Franck, d'Avicenne, il exclut de l'essence de Dieu tous les attributs positifs, et ne lui laisse que des attributs négatifs; il pousse même si loin le scrupule à l'encontre de toute qualification positive qu'il ose à peine lui attribuer même l'existence. Mais Maimonide a aussi une autre doctrine plus orthodoxe, où, conformément à la révélation et à la Bible, il admet la création, la providence, les causes finales. Qu'on choisisse entre ces deux doctrines, et qu'on dise quelle est celle que Spinoza aurait empruntée à Maimonide. Apparemment ce n'est pas la seconde. Sera-ce donc la première? Mais quelle est l'analogie entre le Dieu sans attributs de Maimonide, et le Dieu de Spinoza qui en a un nombre infini, parmi lesquels nous en connaissons deux, l'étendue et la pensée, qui sont des attributs très-positifs (3)? Ainsi le Dieu de Maimonide, soit celui de la philosophie arabe, soit celui qui est plus ou moins en accord avec la Bible, est également en contradiction avec le Dieu de Spinoza.

Il ne faudrait pas même, à notre avis, attribuer à Maimonide une part trop exclusive d'influence sur le *Tracta-*

---

(1) M. Foucher de Careil a publié ces notes : « *Leibnitii Observationes ad Rabbi Mosis Maimonides librum qui inscribitur Doctor perplexorum*, dans un mémoire intitulé : *Leibniz, la Philosophie juive et la Kabbale*, Paris, Durand, 1861.

(2) Voir le chapitre sur Maimonide dans les *Études orientales*, 1 vol. in-8°, Paris, 1861.

(3) Voir le rapport de M. Franck sur *Spinoza et le naturalisme contemporain* de M. Nourrisson dans les *Comptes rendus de l'Académie des sciences morales et politiques*, décembre 1866.

tus theologico-politicus. Sans nullement nier que Spinoza ait emprunté à Maimonide quelques idées sur l'inspiration et sur le prophétisme, nous osons affirmer que le cartésianisme hollandais tout seul pouvait lui en suggérer la pensée fondamentale. En effet, que d'exemples d'exégèse rationaliste, que d'antécédents immédiats du *Tractatus theologico-politicus*, Spinoza ne rencontrait-il pas partout autour de lui, au sein même de l'école cartésienne !

Le lien rompu entre Descartes et Spinoza, il faudra le rompre aussi entre Descartes et Malebranche. Ainsi devient inintelligible la généalogie du cartésianisme français, comme du cartésianisme hollandais.

Sans doute tous les systèmes de même famille, tous les systèmes panthéistes, empiriques, idéalistes, mystiques présentent, à travers les siècles, un certain nombre d'analogies, comme M. Cousin lui-même l'a si bien démontré. Mais est-il d'une bonne méthode, d'aller chercher bien loin de douteuses origines, tandis que d'autres sont si évidentes et si rapprochées? Il y a des analogies entre Condillac et Démocrite ; est-ce à dire qu'il faudra chercher dans Démocrite, et non dans Locke, les origines de la philosophie de Condillac ? Concluons donc que, malgré toutes les oppositions entre le maître et le disciple, Spinoza se rattache à Descartes, et qu'il a été bien réellement suscité, comme nous l'avons dit, par le cartésianisme hollandais. Après Descartes, et bien avant Maimonide, nous aurions encore à placer Hobbes parmi les philosophes qui ont exercé le plus d'influence sur Spinoza. Quelle que soit d'ailleurs la part de responsabilité de Descartes dans les doctrines de l'*Éthique*, il ne perd rien dans notre estime. Quel est le philosophe, fût-ce saint Thomas, ou même Reid, chez lequel ne se rencontre pas quelque principe, quelque tendance dont on puisse tirer, en les isolant, en les poussant à l'excès, de dangereuses conséquences ? Pardonnons à Descartes d'avoir suscité Spinoza, comme nous pardonnons à Platon d'avoir enfanté Plotin.

CHAPITRE XIX

Politique de Spinoza. — Rapport avec Hobbes. — Identité du principe, diversité des conséquences. — Le droit naturel de l'individu et celui de l'État identiques à leur puissance. — L'État intéressé à suivre les préceptes de la raison et à laisser aux citoyens la plus grande liberté possible. — La liberté fin de l'État. — Maux qu'entraîne la contrainte des opinions et des consciences. — Conciliation de la liberté de penser avec la loi divine et la paix de l'État. — But du *Tractatus theologico-politicus*. — Défense de la lumière naturelle contre la superstition. — Caractère de la connaissance prophétique. — Supériorité de la connaissance philosophique. — La piété, et non la science, objet de l'Ecriture. — Essence et articles de foi de la religion universelle. — But secondaire et accessoire des cérémonies. — Négation des miracles. — Du diable. — Tout antagonisme impossible entre la philosophie et la théologie. — Spinoza père des hardiesses de la nouvelle exégèse biblique allemande. — Préjudice porté à la philosophie de Descartes par Spinoza. — Attaques des cartésiens. — Jugements des philosophes français du dix-huitième siècle. — Influence du spinozisme sur la théologie en Hollande. — Alliance avec le quiétisme et le mysticisme. — Sectes religieuses spinozistes. — Leenhof. — Deurhoff. — Van Hattem. — Apologies dissimulées sous forme de réfutations. — Le comte de Boulainvilliers. — Innombrables adversaires de Spinoza. — Défaut, signalé par Leibniz, des réfutations cartésiennes. — Réfutation de Wolf. — Réaction en Allemagne en faveur de Spinoza. — Lessing et Jacobi. — Enthousiasme de Schleiermacher et de Herder. — Influence sur la poésie. — Novalis et Goethe. — Influence sur la philosophie. — Fichte, Hégel, Schelling. — Coup d'œil sur les destinées de la philosophie hollandaise après Spinoza.

La politique de Spinoza est contenue dans le *Tractatus politicus* (1) et dans les derniers chapitres du *Theologico-po-*

---

(1) Voici le titre complet du *Tractatus politicus* : « In quo demonstra- « tur quomodo societas ubi imperium monarchicum locum habet, sicut et « ea ubi optimi imperant, debet institui ne in tyrannidem labatur, et ut « pax, libertasque civium inviolata maneat. »

liticus. Elle découle de sa morale et, par la morale, elle se rattache étroitement à sa métaphysique. De même que dans la théorie de la connaissance et de la morale, Spinoza, dans sa politique, part des principes de Hobbes, sauf à en tirer d'autres conséquences. Si tous les hommes, dit-il, obéissaient à la voix de la raison, c'est-à-dire se guidaient suivant leur intérêt véritable, ils n'auraient besoin ni de lois, ni de gouvernement, pour maintenir entre eux la paix et l'harmonie. Mais les passions, les idées confuses qui les agitent et les aveuglent, les empêchent de suivre la raison. De là des divisions et des guerres continuelles ; de là la lutte du droit naturel de chacun contre le droit naturel de tous. Le droit et la puissance sont identiques en Dieu qui, étant l'essence de toutes choses, a droit sur toutes choses. Cette identité du droit et de la puissance existe donc aussi dans l'individu qui est un mode de Dieu. L'individu a le droit de faire tout ce qu'il peut, sans autres limites que celles de sa puissance. Les passions étant des motifs d'action qui, comme la raison, font partie de la puissance d'un individu, tout individu, hors de la société, agit non moins légitimement suivant les passions que suivant la raison.

Mais dans un tel état, il n'y a point de repos, point liberté, point de sûreté pour personne. Selon Spinoza, comme selon Hobbes, l'état de nature est l'état de guerre, le pire des états, d'où il faut sortir à tout prix. Aussi tous comprennent à la fin le besoin de se réunir, et de former un gouvernement qui assure à chacun le repos, et la liberté de tendre vers la fin de sa nature, et ils se résignent, afin de sauver le reste, à céder une partie de leur droit naturel. Telle est l'origine des sociétés et des gouvernements. Héritier du droit naturel de l'individu, l'état lui-même n'aura pas d'autre mesure de son droit que sa puissance. Il peut opprimer toutes les libertés, violer toutes les lois, rompre tous les pactes, soit à l'égard des citoyens, soit à l'égard des autres gouvernements. Comment blesserait-il la justice, quand lui seul, par sa volonté, décide de ce qui est juste ou injuste ? Il n'y a qu'une faute dont il puisse se rendre coupable, c'est celle de s'affaiblir et de préparer sa ruine. Quant aux citoyens, ils n'ont qu'un devoir, celui de toujours obéir, même à ce qu'ils jugent le plus déraisonnable, conformément au précepte suprême de la raison de se réunir en société, et d'obéir aux ordres de l'état pour sortir à tout prix de l'état de nature.

Spinoza cherche à rassurer les citoyens sur les dangers d'un si monstrueux pouvoir. L'état n'en pourra pas beaucoup abuser, ni longtemps ; son droit en effet périt avec sa puissance, or bientôt sa puissance périt, s'il en use pour prescrire des choses absurdes. On ne pourra pas même dire que dans cet état les citoyens seront esclaves. Celui-là est esclave qui obéit dans l'intérêt du maître, mais non pas celui qui n'obéit que dans son propre intérêt. Enfin, quelque absolu que soit le pouvoir de l'état, le citoyen ne sera jamais tout entier sous sa dépendance. Ne lui échappera-t-il pas toujours par la pensée, par la conscience, par le sentiment, et enfin par tout ce qui échappe à la peine et à la récompense ? Mais ce qui doit rassurer surtout les citoyens, c'est que si l'état a le droit de tout faire, son intérêt lui conseille de ne faire que ce qui est conforme à la raison.

Jusqu'ici Spinoza a fidèlement marché sur les traces de Hobbes, mais il va maintenant s'en écarter, en le tempérant avec Grotius et avec le bon sens, et par la manière dont il entend l'intérêt véritable de l'état. Loin que le despotisme absolu soit son idéal, comme, d'après ce début, on aurait pu le croire, il le déclare la plus mauvaise et la plus dangereuse forme de gouvernement. Laisser aux citoyens la plus grande liberté possible, voilà ce que la raison, selon Spinoza, conseille à l'état, dans l'intérêt de sa puissance et de sa stabilité. La fin même de l'état, c'est la liberté. Assurer la liberté de tous les citoyens, les mettre à l'abri de toutes les inquiétudes, de toutes les vengeances et de toutes les haines, leur donner à tous les moyens d'atteindre le but de la nature, voilà l'usage que l'état doit faire de son droit et de sa puissance.

Mais s'il est nécessaire que le pouvoir d'agir soit remis tout entier et exclusivement aux mains de l'état, il n'en est pas de même du pouvoir de penser, de parler et d'écrire. Spinoza est partisan de la plus grande liberté possible de la presse et d'une liberté religieuse complète. Répression des actes, impunité pour les paroles : voilà sa maxime. Toutefois cette liberté n'ira pas jusqu'à prêcher la révolte, jusqu'à attaquer le pacte social. Chaque citoyen a le droit de proposer des lois nouvelles et des réformes dans l'état, pourvu qu'en attendant il demeure soumis aux lois établies. Spinoza étend aux choses religieuses elles-mêmes cette liberté de discussion. Il donne, il est vrai, aux magistrats seuls le droit de décider ce qui est piété ou impiété, comme ce qui est justice ou injustice ; mais, pour garder ce droit le mieux possible, et conserver la tranquillité de l'état, ils devront permettre à chacun de penser ce qu'il veut et de dire ce qu'il pense. Une telle liberté est l'unique préservatif contre les discordes et les séditions. Il n'y aura donc pas de religion de l'état. Ce n'est pas l'état, ce sont les citoyens de chaque communion qui doivent élever des temples à leurs frais, et entretenir les ministres de leur culte. Sans doute, ces libertés ont des inconvénients, mais quelle chose n'a pas les siens ? Le meilleur état sera celui où, malgré la diversité et la liberté des opinions, chacun vivra en paix. Comme exemple et comme témoignage en faveur de cette liberté, il invoque la Hollande, sa patrie, et la ville d'Amsterdam (1).

En regard de cet heureux pays de liberté, quelle peinture énergique trace Spinoza des maux ordinaires qui suivent la contrainte des opinions et la compression des consciences ! On peut forcer les hommes à se taire, mais non à penser autrement ; par là on encourage la dissimulation et l'hypocrisie. Mais on ne réussit pas même à les forcer de se taire ; plus la violence est grande et plus la

---

(1) Il semble oublier qu'il avait été banni d'Amsterdam après l'excommunication lancée contre lui par les rabbins.

résistance est opiniâtre. En tête, sont les citoyens les plus honnêtes, les plus vertueux, et ainsi la sédition prend le caractère de la générosité et de l'héroïsme. Quoi de plus déplorable que de voir traînés en exil, ou conduits à l'échafaud, des hommes dont tout le crime est d'avoir des opinions qui ne sont pas celles de tout le monde, et de ne pas savoir les dissimuler? Ils meurent avec courage et avec gloire, parce qu'ils n'ont la conscience d'aucune mauvaise action. Leur exemple entraîne les autres, loin de les retenir, et leur sang enfante de nouveaux martyrs.

Après avoir traité du droit naturel et du droit de l'état, de la fin de la société et de tout ce qui est indépendant de la forme de l'état, Spinoza entre dans l'analyse des différentes formes de gouvernement. A une monarchie absolue il préfère une monarchie représentative où le roi soit obligé d'agir suivant l'intérêt général. Dans le plan qu'il trace de cette monarchie représentative, des vues fausses et bizarres, l'oubli du droit et de la justice, se rencontrent trop souvent à côté de quelques vues sages et élevées (1). Ainsi tout le droit des gens se réduit pour lui au droit de la force. Les états, dans leurs rapports les uns avec les autres, sont comme des individus dans l'état naturel ; ils ont le droit d'entreprendre l'un contre l'autre tout ce que leur conseille l'intérêt de leur sécurité ou de leur ambition, de rompre un pacte quelconque, quand il leur plaît, sans aucun souci du droit et de la justice. Le caractère libéral de quelques parties de la politique de Spinoza ne doit pas nous faire illusion sur la fausseté des principes. Ces libertés, dont il plaide parfois si éloquemment la cause, n'ont d'autre fondement que la manière dont il plaît aux gouvernants d'entendre leur intérêt. Ce n'est pas seulement l'intérêt, c'est le devoir des états, comme des individus, d'obéir à la raison et de respecter la liberté. De là pour les

---

(1) Spinoza distingue trois formes de gouvernement de la monarchie, l'aristocratie et la démocratie. Mais le *Tractatus politicus* s'arrête à l'analyse de la forme aristocratique.

citoyens des droits sacrés et imprescriptibles, qui ne dépendent en rien du bon plaisir des gouvernants.

Après avoir montré que la liberté de la pensée se concilie avec la paix et le salut de l'état, il veut montrer qu'elle ne se concilie pas moins bien avec la loi divine et révélée. Tel est le but principal du *Tractatus theologico-politicus* (1). Avant tout Spinoza se propose de combattre la superstition, fille de l'ignorance et de la crainte, de distinguer la parole divine de la parole humaine, la crédulité de la foi, et de remettre en honneur la lumière naturelle, méprisée et maudite par plusieurs, comme la source de toutes les impiétés. Pour la discréditer, on lui oppose une parole prétendue divine, au nom de laquelle on prétend la condamner au silence. De là les controverses qui troublent l'Église et l'état, qui engendrent de toutes parts les haines et les discordes. Les saintes Écritures sont données comme l'organe et comme la preuve de ce principe supérieur à la raison. Spinoza veut donc montrer, par un examen impartial, qu'elles ne contiennent aucune connaissance qui dépasse les limites de la connaissance philosophique. De toutes les tentatives pour prouver la conformité de la raison et de la foi, de toutes les interprétations rationalistes suscitées par le mouvement cartésien, voici la plus profonde et la plus hardie. Cependant, malgré sa hardiesse, cette critique se distingue de la plupart de celles des philosophes incrédules du dix-huitième siècle par le calme, la gravité et même le respect. Tout y est expliqué par les lois fondamentales de l'esprit humain, rien par la fraude et par l'imposture.

Il n'y a rien de surnaturel dans les prophéties, dans l'élection du peuple juif et dans les miracles, il n'y a rien d'essentiel dans les traditions historiques et dans les céré-

---

(1) En voici le titre complet : *Tractatus theologico-politicus, continens dissertationes aliquot quibus attenditur libertatem philosophandi non tantum salva pietate et reipublicæ pace posse concedi, sed eamdem nisi cum pace reipublicæ ipsaque pietate tolli non posse.* Hamburgi, 1670, in-4°, 233 pag.

monies de la loi, les Écritures ne sont qu'un enseignement d'obéissance et de piété, proportionné par les prophètes et les apôtres, à ceux auxquels il était adressé : voilà ce que Spinoza veut démontrer. D'abord il étudie le vrai caractère de la connaissance prophétique. Quels sont ces hommes que les Écritures nous représentent comme des interprètes et des révélateurs des conseils de Dieu ? S'ils sont supérieurs aux autres hommes, c'est par l'imagination, mais non par l'intelligence. Ne voit-on pas, que souvent le don de prophétie tombait en partage à des hommes et à des femmes sans instruction ? Aussi les prophètes représentent-ils toutes choses, et Dieu lui-même, sous des formes corporelles ; ils lui donnent une figure humaine, des mains, des pieds, des oreilles, une gauche et une droite. L'un le voit assis, et l'autre debout ; il en est qui décrivent jusqu'à la forme et à la couleur de son vêtement. Ils lui attribuent non-seulement les formes, mais les passions humaines, telles que la jalousie, la vengeance, la compassion et le repentir. Si on compare les prophètes entre eux, on voit que chacun de ces prétendus organes de Dieu parle selon son caractère, selon ses préjugés et la nature de son imagination. Ceux qui ont une imagination sombre et mélancolique n'aperçoivent, dans leurs sanglantes visions, que guerres et combats. Des triomphes et des fêtes splendides apparaissent, au contraire, à ceux dont l'imagination est plus douce et plus riante. Plus ou moins ignorants, ils font parler Dieu en plus ou moins mauvais langage, ils lui font commettre des erreurs scientifiques plus ou moins grossières (1). Hommes d'imagination, et non de raison, les prophètes peuvent faire autorité pour la morale et la pratique de la vie, mais non pour la connaissance du monde et de Dieu. Autant l'imagination est au-dessous de la raison, autant la connaissance prophétique est au-dessous de la connaissance métaphysique. D'ailleurs, le don de prophétie n'a pas été un don particulier à la race

(1) *Tractatus theologico-politicus*, cap. I et II.

hébraïque ; d'après le témoignage même des Écritures, il y a eu des prophètes chez les Gentils. Ce caractère de généralité achève de prouver que la prophétie est la conséquence d'une loi générale de l'esprit humain, et que Dieu, comme le dit saint Paul, n'est pas seulement le Dieu des Juifs, mais le Dieu de toutes les nations.

Il en est des Écritures en général, comme de la prophétie en particulier. C'est peine perdue que d'y chercher aucune vérité métaphysique, aucune idée claire et adéquate. Spinoza se moque de ces interprètes qui prennent des rêves de leur cerveau, tirés de Platon et d'Aristote, pour les profondeurs métaphysiques des livres sacrés. L'Écriture ne parle jamais qu'une langue appropriée au vulgaire ; elle n'a pas pour but de donner la science aux hommes, mais d'inspirer l'obéissance à Dieu (1). Or, elle enseigne clairement que, pour obéir à Dieu, il faut l'aimer et aimer notre prochain. Les prophéties, les miracles, les mystères, les cérémonies ne sont que des moyens de recommander fortement aux hommes l'obéissance et la vertu.

Connaître de Dieu tout ce qu'il est nécessaire d'en connaître pour obéir à ses décrets, voilà le fondement unique de la vraie religion et de la foi universelle du genre humain. Cette foi ne comprend que ce qui est strictement nécessaire pour produire l'obéissance à Dieu, et ce dont l'ignorance conduit à l'esprit de rébellion. L'obéissance aux décrets de Dieu, la piété, voilà ce qui mesure et constitue cette loi universelle, et non la vérité ou l'erreur des dogmes qui l'accompagnent. Peu importe, selon Spi-

---

(1) Il met aussi en saillie cette opposition de la science et de la théologie au début d'un petit *Traité sur l'arc-en-ciel*, qui a été retrouvé, traduit du hollandais en latin, et publié par M. Van Vloten à la suite du *Tractatus de Deo*, etc. « Tandis que l'arc-en-ciel, dit Spinoza, est pour les théologiens cette auguste marque de l'alliance, les physiciens estiment qu'il est causé, suivant des lois données par Dieu aux choses créées, par la réflexion et la réfraction des rayons du soleil qui tombent sur une multitude innombrable de gouttes d'eau. »

noza, la vérité ou la fausseté des dogmes, pourvu qu'ils portent les esprits à la piété.

Voici les articles de foi de cette religion universelle: 1° Il y a un Dieu, c'est-à-dire un être suprême, souverainement juste et miséricordieux, le modèle de la véritable vie; tel est le premier article de la vraie foi. Celui qui ne sait pas ou ne croit pas que Dieu existe, ne peut ni lui obéir, ni le reconnaître comme juge. 2° Ce Dieu est unique. Rien de plus propre que l'excellence d'un être par-dessus tous les autres à exciter la dévotion, l'admiration et l'amour. 3° Il est présent partout, il voit tout. Si on ne le croyait pas, on douterait de la perfection de sa justice, on ignorerait sa justice même. 4° Il a sur toutes choses un droit et une autorité suprêmes; il n'obéit jamais à une autorité étrangère, il agit toujours en vertu de son bon plaisir absolu. Tous les hommes sont tenus absolument de lui obéir, et lui, il n'est tenu d'obéir à personne. 5° Le culte de Dieu et l'obéissance qu'on lui doit ne consistent que dans la justice et dans la charité. 6° Ceux qui vivent ainsi, obéissent à Dieu et sont sauvés, tandis que ceux qui vivent dans la volupté, sont perdus. 7° Dieu remet leurs péchés à ceux qui se repentent. Si nous n'avions cette foi, comme chacun pèche, chacun tomberait dans le désespoir et nous ne pourrions pas croire à la miséricorde de Dieu.

Ces articles, qui laissent de côté tout ce qui ne tient pas à la substance même de la foi et n'intéresse que la science, sont universels, selon Spinoza, parce qu'ils découlent de la nature même de l'homme. Une telle foi se suffit entièrement à elle-même; elle renferme sa récompense qui est la connaissance et l'amour de Dieu, elle renferme aussi son châtiment qui est la privation de l'amour et de la connaissance de Dieu. Donc elle n'a que faire des cérémonies, de la tradition historique et des miracles. Les cérémonies de la religion hébraïque n'avaient, selon Spinoza, qu'un but secondaire, celui du maintien de l'état politique; les cérémonies de la religion chrétienne ne sont que des signes visibles de l'Église universelle. La tradition historique n'est pas plus essentielle que les cérémonies; son utilité toute relative est de persuader, par des exemples et des récits, ceux qui ne comprendraient rien aux définitions et aux raisonnements, et qui demeureraient, sans son secours, dans l'ignorance des vérités essentielles à la religion.

Quant aux miracles, Spinoza les nie d'une manière absolue. Ce que les anciens ont pris pour des miracles, ce sont des événements dont ils ignoraient les causes. L'ignorance est la mère des miracles. Un vrai miracle serait une perturbation de l'ordre général du monde; il obscurcirait, au lieu de l'éclairer, l'idée de la providence que notre raison conçoit comme la cause de l'ordre du monde. Le monde est régi par des lois générales, et ces lois découlent de l'essence même de Dieu. Tout phénomène est un terme d'une série infinie de causes secondes dont pas un terme ne peut être changé, sans que l'univers tout entier soit bouleversé, et sans qu'en même temps soit changée l'essence de Dieu dont il est l'expression. Il n'y a jamais eu, et il n'y aura jamais un seul vrai miracle. La loi divine, conclut Spinoza, ne consiste donc ni dans les cérémonies, ni dans les traditions, ni dans les miracles; elle subsiste par elle-même, elle découle de la raison humaine, de la science et de la philosophie.

Spinoza a nié le diable comme les miracles. Nous connaissons aujourd'hui par la publication complète du *De Deo et Homine* ce chapitre sur le diable que Mylius déclarait avoir vu dans un manuscrit de Spinoza (1). Voici comment Spinoza argumente contre l'existence du diable. Si le diable est une chose contraire à Dieu et qu'il n'ait rien de Dieu, c'est un pur néant. Suppose-t-on que ce soit une certaine chose pensante qui ne veut absolument aucun

---

(1) *Bibliothèque des anonymes*, p. 941. Paulus, dans la préface du II° vol. des Œuvres de Spinoza, conjure les Hollandais qui auraient dans les mains ce précieux *Supplément de l'Éthique* de le lui communiquer et de n'en pas priver le monde savant. Il est question des diables dans un chapitre fort court, qui est l'avant-dernier du *De Deo et Homine*.

bien, c'est certainement un être très-misérable, et si les prières avaient quelque efficacité, c'est pour lui qu'il faudrait prier. Mais la durée d'un être étant en raison de sa perfection, il est impossible de concevoir l'existence d'une chose si misérable. A quoi bon d'ailleurs imaginer des diables puisque nous avons trouvé les causes naturelles de la haine, de l'envie, de la colère, et de toutes les mauvaises passions?

Tout antagonisme est impossible entre la religion et la philosophie, puisque tout ce que nous savons de Dieu et de ses attributs nous ne pouvons le savoir que par la spéculation métaphysique. La philosophie et la religion n'ont rien à démêler l'une avec l'autre; elles n'ont ni le même but, ni le même objet. La philosophie ne se propose que la recherche de la vérité, et la religion n'a d'autre but que l'enseignement de l'obéissance et de la piété. La théologie n'est pas plus la servante de la raison, que la raison de la théologie (1); chacune est souveraine absolue dans son domaine. La théologie s'appuie, il est vrai, sur des dogmes, mais elle ne les considère que par le côté où ils sont propres à inspirer la piété et l'obéissance. Déterminer avec précision le sens et la vérité qu'ils renferment, est l'œuvre de la raison, seule vraie lumière, en dehors de laquelle il n'y a que songes et ténèbres. Spinoza pense donc avoir démontré, ce qu'il avait avancé en commençant, que la liberté de la pensée, non-seulement se concilie avec la piété, comme avec la paix de l'état, mais encore qu'elle en est l'indispensable condition (2).

Tel est l'ouvrage qui, bien plus que l'*Éthique*, a soulevé contre Spinoza les anathèmes de tous les théologiens, et qui a ouvert les voies à une foule de travaux analogues sur les Écritures. Si Spinoza est le père des systèmes panthéistes qui, un siècle plus tard, ont régné et qui règnent

---

(1) *Tract. theol.-polit.*, cap. xv.
(2) Le *Theologico-politicus* contient en outre des chapitres du plus grand intérêt sur l'interprétation et l'authenticité des Écritures.

encore en Allemagne, il est aussi le père de cette exégèse biblique savante et hardie qui, depuis le commencement de ce siècle, a fait de si grands progrès. Selon le célèbre docteur Paulus, le *Tractatus theologico-politicus* non-seulement en avait prédit, mais même déjà démontré la plupart des résultats. Strauss dit dans sa *Dogmatique* : « Spinoza, le père de la spéculation de notre temps, est aussi le père de l'exégèse biblique (1) »

On croira sans peine que le retentissement de ces doctrines philosophiques et religieuses ne fût nullement favorable à la philosophie de Descartes, ni en Hollande, ni en France. Descartes est-il le père et le complice de Spinoza, ou bien sa philosophie est-elle l'antidote du spinozisme? Descartes est-il l'architecte ou le destructeur de la nouvelle doctrine, *Spinozismi architectus aut eversor*, suivant les titres de divers libelles en sens contraires? Voilà la question qui tout d'abord fut débattue, avec une singulière vivacité, entre les cartésiens hollandais et leurs adversaires. D'ailleurs les deux partis rivalisent, en fait d'injures et d'anathèmes, contre l'auteur maudit; ce sont même les cartésiens qui crient le plus fort pour détourner loin d'eux le soupçon d'avoir quelque chose de commun avec cet homme. Néanmoins les persécutions contre le cartésianisme se raniment, et plusieurs universités renouvellent contre lui d'anciens arrêts ou en fulminent de nouveaux.

Spinoza, pendant près d'un siècle, semble universellement décrié en Hollande, en France et en Allemagne. Les philosophes plus ou moins incrédules du dix-huitième siècle ne le traitent pas mieux que les cartésiens ou les théologiens eux-mêmes. Bayle affecte une sorte d'horreur pour l'*Éthique* et pour le *Tractatus theologico-politicus*. « Le Theologico-politicus, dit-il, est un livre détestable où il fit glisser les semences de l'athéisme qui se voit à découvert dans ses *opera posthuma* (2). » Pour Voltaire, comme pour

---

(1) Voir la Préface de son édition des *OEuvres de Spinoza*.
(2) *Dictionnaire critique*, art. SPINOZA.

Bayle, Spinoza n'est qu'un athée. Il lui reproche, d'avoir érigé l'athéisme en système (1), et soit qu'il parle sérieusement, soit qu'il badine, comme dans la pièce des *Systèmes*, Spinoza est toujours pour lui le chef des athées (2). Comme Bayle et Voltaire, le dix-huitième siècle en France et en Allemagne, confondra le spinozisme avec l'athéisme et le matérialisme. Avant le dix-huitième siècle, nous ne connaissons en France que l'abbé de Lignac qui ait apprécié le système de Spinoza avec plus d'équité : « Spinoza, dit-il, n'était point un athée, comme on le croit communément, mais un spiritualiste outré, il ne reconnaissait que Dieu ; le monde, les créatures matérielles étaient pour lui des songes de la Divinité (3). »

Un auteur si universellement décrié n'a eu, même en Hollande, qu'un très-petit nombre d'admirateurs et de disciples hautement avoués. Nous avons déjà parlé de Meyer, son ami et son éditeur. On peut citer encore Abraham Cuffelaer ou Cuffeler qui a écrit une logique (4) où il entreprend de justifier Spinoza du reproche d'athéisme, et cherche en même temps à présenter ses principales démonstrations avec un nouveau degré de clarté et de rigueur. Mais il y eut des spinozistes qui, moins hardis que Meyer et Cuffeler, travaillèrent à propager ses doctrines, tout en feignant de les réfuter. Ainsi François Cuper, l'auteur des *Secrets de l'athéisme révélés* (5), fut justement accusé

---

(1) Ce jugement est aussi celui de l'*Encyclopédie*.
(2)   Alors un petit juif, au long nez, au teint blême,
        Pauvre, mais satisfait, pensif et retiré,
        Esprit subtil et creux, moins lu que célébré,
        Caché sous le manteau de Descartes son maître,
        Marchant à pas comptés, s'approcha du grand être :
        Pardonnez-moi, dit-il, en lui parlant tout bas,
        Mais je crois, entre nous, que vous n'existez pas.
(3) *Témoignage du sens intime*, 2e part., chap. VIII.
(4) *Specimen artis ratiocinandi naturalis et artificialis ad pantosophiæ principia manuducens*, avec cette épigraphe : Quod volunt fata non tollunt vota. Amst., 1684.
(5) *Arcana atheismi revelata, philosophice et paradoxice refutata examine Tractatus theologico-politici*. Rotterd., 1676, in-4°. Cuper,

d'avoir eu pour but de répandre, plutôt que de renverser la doctrine de Spinoza (1).

Mais si le pur spinozisme, avec ses formes scientifiques, ne fit pas un grand nombre d'adeptes, il y eut un autre spinozisme qui, sous des formes populaires, religieuses et mystiques, pénétra dans les assemblées des fidèles, donna naissance à de véritables sectes et agita les églises hollandaises. Sur les chefs de ces sectes moitié religieuses, moitié philosophiques, sur cette singulière propagande du spinozisme par des ouvrages de piété et par des prédications théologiques, nous trouvons de curieux détails dans le récent ouvrage de M. Van der Linden (2). Si tout ce mouvement spinoziste, malgré son importance, est demeuré jusqu'à présent presque inconnu, en dehors de la Hollande, c'est sans doute parce que les nombreux écrits qui s'y rapportent sont en langue vulgaire. Parmi les principaux promoteurs de ce spinozisme moral et mystique, citons d'abord le pasteur Friedrich Van Leenhof (3) dont

à son tour, fut réfuté par Wolfg. Jager : *Franciscus Cuperus mala fide aut ad minimum frigide atheismum Spinozæ oppugnans*. Tubingue, 1710.

(1) Le même soupçon fut encouru par Aubert de Versé, qui a publié en français une réfutation intitulée : *L'impie convaincu ou Dissertation contre Spinoza, dans laquelle on réfute les fondements de son athéisme. On y trouve non-seulement la réfutation des maximes impies de Spinoza, mais aussi celle des principales hypothèses du cartésianisme, que l'on fait voir être l'origine du spinozisme.* Amst., 1861, in-8° « En effet, selon Aubert de Versé, cet impie n'aurait proposé son athéisme que sous les couleurs et les apparences de la vérité, ou de ce qui passe encore aujourd'hui, dit-il, parmi presque toutes les écoles chrétiennes pour la vérité. En outre, il prétend que le meilleur moyen de le combattre est de lui accorder l'éternité de la matière, parce que la création une fois admise, Spinoza est invincible. » Reinier Leers, libraire hollandais, écrit à Malebranche : « *L'Impie convaincu* est de celui qui a traduit la *Critique du P. Simon* en latin, qui vous traite d'une manière insolente et malhonnête, l'auteur étant un franc coquin. » Blampignon, *Correspondance inédite de Malebranche*, p. 127.

(2) *Spinoza, Seine Lehre und dehren erste Nachwirkungen in Holland*, Gottingen, 1862, in-4° de 214 pag.

(3) Né à Middlebourg, en 1647, pasteur à Zwolle, en 1681, mort en 1712. Il était attaché au coccéianisme.

l'ouvrage, *le Ciel sur la terre* (1), a excité une si vive émotion parmi les théologiens de la Hollande.

Leenhof invite tous les hommes à bannir de leur âme la tristesse, et à goûter dès à présent en ce monde la vraie et solide joie. Mais cette joie se fonde sur la connaissance de la nécessité universelle, et n'est qu'une sorte de quiétisme spinoziste. Toute tristesse, même celle du repentir, est une faute, selon Leenhof, comme selon Spinoza, parce qu'elle va contre l'ordre éternel de Dieu. Il est vrai que les Écritures donnent l'exemple de saints personnages qui ont amèrement pleuré leurs fautes : « Mais, dit Leenhof, ils eussent été plus parfaits s'ils avaient marché comme des enfants de Dieu dans les voies de leur père, réparant leurs fautes avec satisfaction et avec joie. Que nous font les marques du sentiment de la diminution de leur perfection? Que nous font leurs pleurs? Ils auraient été plus parfaits s'ils avaient marché dans la volonté de Dieu sans murmure ni faiblesse, et si, conformément à la raison, ils s'étaient dit : J'ai montré de l'imperfection et de la faiblesse sans que je puisse reprocher à Dieu de m'avoir fait ainsi; je me connais mieux maintenant et, par suite, je suis déjà plus parfait, j'en rends grâces à Dieu, et je prends avec joie la résolution d'être toujours de plus en plus joyeux et d'augmenter ma perfection. » Leenhof dit encore, en un sens non moins spinoziste: « Quand on considère la nécessité des peines dans l'ordre éternel de Dieu, quand on peut se donner une idée adéquate de ce que l'on souffre, les peines ne sont plus des peines, mais des contemplations de l'ordre de la nature qui enferment toujours en elles de la satisfaction. »

On comprend que les théologiens des deux grands partis dans lesquels se divisait l'église de Hollande se soient accordés à voir dans ce livre un dangereux spinozisme. Un

---

(1) En voici le titre complet traduit du hollandais : *Le Ciel sur la terre — ou Description brève et claire de la véritable et solide joie, aussi conforme à la raison qu'à la sainte Écriture, présentée à toute espèce d'hommes et sous toutes les formes.* » 1703.

synode réuni à Alcmaer, en 1708, suspendit Leenhof et l'obligea à se rétracter en signant des *articuli satisfactorii*. Les théologiens les plus considérables prirent la plume pour réfuter les doctrines du *Ciel sur la terre* (1). Leenhof eut aussi un certain nombre de disciples et de défenseurs (2).

Les doctrines spinozistes de Wilhem Deurhoff n'eurent pas moins de retentissement que celles de Leenhof (3). Jusqu'à la fin du dix-huitième siècle il est question dans les actes ecclésiastiques de la Hollande des erreurs du deurhoffianisme. Deurhoff se distingue par l'audace de ses attaques contre l'Eglise et par un certain mélange de rationalisme et de mysticisme. C'est dans Geulincx, d'après Ruardus Andala, qu'il aurait puisé la plupart de ses erreurs, mais il est plus probable qu'il les a puisées directement dans Spinoza, surtout s'il est vrai, comme le rapporte M. Van der Linden, qu'il ait eu en mains une copie de l'*Éthique*, deux ans avant sa publication. Dans son ouvrage des *Principes de la vérité et de la vertu*, qui a paru en 1684, ouvrage critiqué par Ruardus Andala, Deurhoff nie absolument la réalité des causes secondes et pousse jusqu'à ses dernières conséquences cette doctrine de Geulincx, que tous les esprits sont des modes de l'étendue universelle.

(1) Voici les titres de quelques ouvrages contre la doctrine de Leenhof : *Lettres à Leenhof à l'occasion de son livre, le Ciel*, etc., par Taco Hajo de Honert, 1703, in-8°. — *Le Souverain Bien des spinozistes comparé au* CIEL SUR LA TERRE *de Leenhof*, par François Burmann, 1704, in-8°. — *Amicale invitation à Leenhof pour qu'il se purifie de son spinozisme*, par le même, 1705, in-8°.

(2) Les détails de toute cette affaire du leenhofianisme se trouvent dans l'ouvrage suivant : *Historia Spinozismi Leenhofiani publicata in Belgio auctoritate novissime damnati a Gottlob Friderico Jenichen*. Leips., 1707, in-12.

(3) Dans la précédente édition de cette histoire, nous avions placé Deurhoff parmi les précurseurs de Spinoza, en le rattachant à Geulincx, sur la foi de Ruardus Andala. Mais aujourd'hui que nous connaissons un peu mieux ses doctrines, grâce à M. Van der Linden, et que nous savons qu'il a vécu jusqu'en 1717, nous croyons qu'il faut le mettre au nombre, non pas des précurseurs, mais des disciples de Spinoza.

Dieu, le seul être réel, selon Deurhoff, a enfanté le mouvement, en même temps que l'étendue, d'où naissent les corps particuliers qui se meuvent éternellement en un ordre éternel. De même de l'essence de Dieu, sortent toutes les pensées particulières parallèlement aux modes de l'étendue.

Mais Deurhoff, quoiqu'il ne soit pas un théologien, mêle à ses doctrines philosophiques des termes théologiques et des rêves bibliques, qui ne font qu'obscurcir et embrouiller davantage la métaphysique géométrique de Spinoza. Ainsi, suivant lui, Dieu étant l'unique réalité, c'est l'éternelle génération du Fils qui est la création. Le Fils est la sagesse de Dieu, sa pensée, et la pensée est l'immédiate réalité de Dieu. Ce n'est pas le Fils seul, mais la Trinité tout entière qui s'est incarnée. Wittichius, Ruardus Andala, Burmann, Cremer, d'autres encore, ont cru devoir réfuter Deurhoff, par où on peut juger de l'influence de ses ouvrages (1).

Nous avons encore à parler d'une autre secte spinoziste, l'hattémisme, dont l'influence semble avoir été plus profonde et plus durable, et qui a particulièrement agité la province de Seelande. Dans tous les actes ecclésiastiques auxquels a donné lieu la condamnation de cette doctrine, dans la polémique religieuse, si vive et si longue, qui s'est engagée à son sujet, l'hattémisme est toujours confondu avec le spinozisme. Nous allons voir, en effet, quels liens étroits le rattachent aux principes de Spinoza.

Cette secte a reçu son nom du théologien Pontian Van Hattem qui en est le chef. Van Hattem de Berg op Zoom a vécu de 1641 à 1706; il a étudié d'abord à Leyde, puis en France, à Saumur. De retour en Hollande, il fut nommé pasteur à Philipsland en Seelande. Ayant publié un traité spinoziste sur le catéchisme d'Heidelberg, il fut condamné par plusieurs facultés de théologie, et enfin suspendu

---

(1) Il en a publié une édition complète, avec ce titre : *Système surnaturel et scriptural tiré de la connaissance de Dieu, des dons de la grâce et de la sainte Écriture*, 1715, 2 vol. in-4°.

en 1683, ce qui ne l'empêcha pas de propager sa doctrine par des prédications dans des conventicules, par des lettres et des écrits de toutes sortes en langue vulgaire (1). D'après les extraits qu'en donne M. Van der Linden, il prêche à tous les vrais croyants l'anéantissement en Dieu de leur personnalité. Ce qu'il y a d'essentiel dans la foi, c'est, suivant Van Hattem, de se savoir un avec Jésus-Christ, non pas seulement en un sens moral, mais au sens ontologique. Le vrai croyant sait qu'il n'est plus un sujet par lui-même, mais un membre du tout, dont Christ est la tête, car Christ est le fond de toute existence. Ainsi, au lieu de faire de l'homme un mode de l'unique substance, il en fait un mode du Christ. De même aussi le déterminisme géométrique de Spinoza devient chez lui la doctrine religieuse de la prédestination. Partout dans Van Hattem on retrouve Spinoza sous des termes et des formes théologiques.

Nous citerons parmi ses disciples le mystique Jacob Briel (2) et Adrien Booms qui, comme Boehm, exerça la profession de cordonnier (3). Ce spinozisme, qui n'est pas sans quelque analogie avec le quiétisme de Molinos, et qui cherche à se répandre avec le secours de la Bible et de l'Évangile, est assurément un chapitre curieux à ajouter à l'histoire de la philosophie de Descartes et de Spinoza en Hollande.

En France nous n'avons à citer qu'un seul spinoziste,

---

(1) Après sa mort, ses écrits furent réunis et publiés, de 1716 à 1729, en 4 gros volumes intitulés : *Chute de l'idole du monde, ou la Foi des saints triomphant de la doctrine de la justification personnelle, représentée clairement d'après les écrits de Pontian Van Hattem*. Ces écrits provoquèrent un grand nombre de réfutations.

(2) Il était de Leyde, et vécut toute sa vie dans une retraite profonde. Ses œuvres ont été publiées après sa mort en un gros vol. in-4° : *Œuvres du très-illuminé Jacques Bril montrant clairement et à fond la quintessence et la moelle de la théologie*, Amst., 1705.

(3) Booms était de Middlebourg; il mourut en 1728, après avoir été banni de la province de Seelande et exclu de l'Église à cause de son zèle pour l'hattémisme.

le comte de Boulainvilliers, célèbre par ses paradoxes historiques. Mais, comme Cuper et Aubert de Versé, Boulainvilliers n'ose manifester ouvertement ses sentiments et les cache sous le voile d'une *Réfutation des erreurs de Benoît Spinoza*, dont le but transparent est de rendre la doctrine de Spinoza plus accessible à tous, plus claire et plus plausible. Au lieu de suivre la forme géométrique, à l'exemple de Descartes dans les *Méditations*, il imite la démarche d'un philosophe qui pense tout haut, et va en tâtonnant à la recherche de la vérité. Il part du *Je pense, donc je suis*, mais il en retire immédiatement l'idée de l'être universel, et abandonnant Descartes dès les premiers pas, il s'attache à Spinoza. Exciter dans les autres une indignation pareille à la sienne, et engager un plus habile que lui à réfuter ce pernicieux auteur, voilà la raison qu'il donne de ses efforts pour rendre plus populaire la doctrine de Spinoza (1).

Si les disciples avoués sont rares et obscurs, il n'en est pas de même des adversaires. Tous les cartésiens de France et de Hollande, presque sans exception, font la guerre à Spinoza. Si tous n'ont pas fait des réfutations spéciales, à l'exemple de Wittichius, Poiret, Nieuwentyt, Régis, François Lamy, tous l'attaquent directement ou indirectement dans leurs écrits, avec d'autant plus d'ardeur qu'ils ont à défendre la philosophie de Descartes contre l'accusation redoutable de conduire à la philosophie de

(1) « Dans l'espoir de combattre moi-même quelque jour le plus dangereux livre qui ait été écrit contre la religion, ou du moins dans l'espérance d'engager un plus habile métaphysicien que moi à le réfuter, j'ai entrepris de le dépouiller de cette sécheresse mathématique qui en rend la lecture impénétrable, même à la moitié des savants, afin que le système rendu dans une langue commune et réduit à des expressions ordinaires, pût être en état d'exciter une indignation pareille à la mienne, et procurer par ce moyen de véritables ennemis à de si pernicieux principes... J'ai même poussé la sincérité jusqu'à soutenir les sophismes évidents dont son livre contient un grand nombre, par les moyens les plus plausibles que j'ai pu découvrir dans la logique naturelle où je suis instruit, etc. » L'abbé Lenglet-Dufrénoy, sur la foi du titre, a naïvement publié l'ouvrage de Boulainvilliers en compagnie des *Réfutations* sincères et sérieuses de Fénelon et du P. François Lami (1 vol. in-12, Bruxelles, 1730).

Spinoza. Ils sont unanimes à lui reprocher de n'avoir pas démontré, ce qui est le fondement de son système, que l'existence par soi, caractère essentiel de l'existence première, est aussi le caractère essentiel de toute substance. Ne fallait-il pas reconnaître, comme Descartes, que le mot de substance n'est pas univoque au regard de Dieu et des créatures, et que le caractère général de toute substance est d'exister en soi, et non d'exister par soi? Mais le défaut général des réfutations cartésiennes est de ne donner aux substances secondes, qu'elles replacent entre la substance première et les simples phénomènes, ni consistance propre, ni force essentielle. Or, comme nous l'avons montré dans la métaphysique de Descartes, ces substances dépouillées de tout caractère propre de fixité et d'activité, réunies, ou plutôt confondues, par le caractère commun de passivité qui les rend semblables à de simples phénomènes, vont tout naturellement se perdre dans la substance première. Un principe d'individuation, voilà ce qui manque aux réfutations cartésiennes pour maintenir et défendre victorieusement, contre Spinoza, la distinction donnée par Descartes, conformément à l'expérience et au sens commun. A Leibniz revient l'honneur d'avoir complété toutes les réfutations de Spinoza par ce principe d'individuation qui manquait aux cartésiens, par ces forces simples et irréductibles, par ces monades, dont il a fait les éléments de tous les êtres de l'univers. Animées d'une force et d'une activité essentielles, les monades résistent là où succombaient les substances passives de Descartes, et ne se laissent pas plus absorber par la substance première, que confondre avec de simples phénomènes.

Wolf, avec les principes de Leibniz, fit de Spinoza une réfutation détaillée et systématique. Selon Wolf, l'idée d'être fini n'exclut pas celle de substantialité; partout où quelque chose persévère sous un changement, il faut admettre une substance (1). Au jugement de Tennemann,

---

(1) *Theologia naturalis*, t. II, § 671-710.

et de Fichte le fils (1), c'est la plus profonde et la plus complète critique qui jamais ait été faite de Spinoza. Elle parut tellement décisive que l'influence immédiate de Spinoza fut anéantie en Allemagne, où pendant longtemps il demeura oublié.

Aussi y eut-il une sorte de scandale quand Jacobi, à la fin du dix-huitième siècle, dans ses *Lettres à Mendelsohn*, révéla tout à coup que la devise de Lessing était, ἓν καὶ πᾶν, et que, dans ses dernières années, il avait voué un culte secret à Spinoza (2). Adversaire de Spinoza, Jacobi contribue néanmoins à relever sa doctrine, en la défendant contre certains préjugés, en s'appliquant à montrer qu'aucune autre philosophie ne l'égale en force et en rigueur, pour en tirer la condamnation de toute philosophie démonstrative ou fondée sur la raison. D'ailleurs, Jacobi se montre plein d'admiration pour le génie et la personne de Spinoza. « Sois béni, dit-il, dans une de ses lettres sur Spinoza, ô grand et saint Baruch! tu as pu, en méditant sur la nature de l'Etre suprême, t'égarer par les mots; mais la vérité divine était dans ton âme, l'amour de Dieu faisait toute ta vie ! »

Avec un enthousiasme plus grand encore que celui de Jacobi, le théologien Schleiermacher s'écrie : « Sacrifiez avec moi une boucle de cheveux aux mânes de Spinoza saint et proscrit. L'esprit de l'univers le pénétrait, l'infini était son commencement et sa fin, l'universel son unique et éternel amour. Il était plein de religion et de l'Esprit-Saint, voilà pourquoi il est demeuré seul, et sans avoir été jamais égalé, maître dans son art, bien élevé au-dessus de la foule profane, sans disciples et sans droit de cité (3). » C'est ainsi qu'Érasme, dans ses *Colloques*, canonisait et invoquait Socrate et Reuchlin : saint Socrate, saint Reu-

---

(1) *Beiträge zur Charakteristik der neueren Philosophie*, s. 447.
(2) *Ueber die Lehre des Spinoza in Briefen an Hrn Moses Mendelsohn von F.-H. Jacobi*, 1 vol. in-12, Breslau, 1785.
(3) *Ueber die Religion Lehren*, s. 47.

-chelin, priez pour nous (1) ! Herder, en fait d'enthousiasme pour Spinoza, est à l'unisson de Jacobi et de Schleiermacher : « La flamme de toute pensée et de tout sentiment est l'amour. Il est la plus haute raison, comme il est le vouloir le plus divin. Ne voulons-nous pas le croire sur la foi de saint Jean, croyons-le sur la foi de Spinoza bien plus divin encore (2). »

Les poëtes se passionnent aussi pour Spinoza, et puisent dans sa doctrine de hardies et poétiques inspirations. Ils chantent le Dieu nature ; ils animent, ils déifient la nature entière, partout ils sentent son souffle et sa vie. Parmi eux se distingue Novalis, qui a dit de Spinoza, que c'était un homme enivré de Dieu. L'*Éthique* était la lecture favorite de Goethe : « Je me réfugiai, dit-il, dans l'*Éthique*, mon antique asile (3). » Ailleurs il raconte quelle impression profonde a faite sur lui cette lecture : « Le grand esprit qui agit si puissamment sur le mien et qui a exercé une si grande influence sur toutes mes opinions, est celui de Spinoza. Après avoir vainement jeté les yeux autour de moi sur le monde, pour éclaircir l'étrange énigme de mon être moral, je tombai enfin sur l'*Éthique* de cet homme. Ce que je lus dans cet ouvrage ou ce que je crus y lire, je ne puis en rendre compte ; mais j'y trouvai le calme de mes passions, et il me sembla qu'il m'ouvrait une large et libre vue sur le monde sensible et moral. Mais ce qui m'enchaîna surtout, c'est ce désintéressement sans limites qui rayonnait autour de chacune de ses pensées. Cette sérénité de Spinoza qui calmait et égalisait tout, contrastait avec la véhémence de mon âme qui remuait et agitait tout, et sa précision mathématique avec ma manière habituelle d'imaginer et de sentir (4). »

De toutes parts à cette époque, en Allemagne, on le tra-

---

(1) *Apotheosis Capnionis et convivium religiosum.*
(2) Gott, *Einige gespräche über Spinoza's System.* Gotha, 1787.
(3) Voir l'introduction de M. Saisset à la traduction des *Œuvres de Spinoza*, 1re édit.
(4) *Dichtung und Wahreit*, p. 14.

duit, on l'édite. Le docteur Paulùs en donne, en 1802, une édition complète. Tout ce qu'a écrit la plume de Spinoza prend un prix infini ; on s'empresse de publier jusqu'aux notes marginales et aux plus insignifiantes variantes de ses manuscrits.

Mais l'influence de Spinoza est surtout manifeste dans toute la dernière période de la philosophie allemande, à partir de Fichte. Selon un jugement célèbre de Fichte, le système de Spinoza serait l'unique philosophie conséquente, si le droit de s'élever au-dessus du moi était démontré. Mais lui-même qui, par sa doctrine du moi, semble d'abord tellement s'éloigner de Spinoza, s'en approche plus tard, dans la seconde phase de sa pensée philosophique, où il s'élève du moi limité, personnel, conscient de lui-même, à un moi infini et absolu, qui engendre, en se réfractant dans l'existence, le moi et le non-moi (1).

L'empreinte de Spinoza est surtout visible et profonde sur les systèmes de Schelling et de Hégel. Eux-mêmes, d'ailleurs, ont reconnu leur parenté avec lui, et semblent l'avoir pris pour modèle, tout en marquant quelques-unes des différences qui les séparent (2). Mais nous serions en-

---

(1) Voir ma traduction de ses *Leçons sur la vie bienheureuse*, 1 vol. in-8°, Ladrange, 1845.

(2) Schelling caractérise sa propre philosophie, comparée à celle de Spinoza, comme une philosophie dynamique en regard d'une philosophie mécanique. Il lui reproche de n'avoir pas su se délivrer de la notion de chose, comme contenu mort d'accidents et de modes, de n'avoir fait de la substance infinie elle-même qu'une simple chose, au lieu du sujet-objet infini qui sans cesse va s'objectivant, et qui, à chaque fois, revient victorieux sur lui-même, s'élevant à un plus haut degré de subjectivité (*Œuvres philosophiques*, t. I, p. 417). Hégel exprime le même jugement avec plus de force et de précision, en disant qu'il ne diffère de Spinoza que pour avoir posé l'absolu, non pas comme substance, mais comme sujet. Ne s'être pas élevé à la conception de la substance comme sujet ou esprit absolu, tel est, selon Hégel, le défaut capital du système de Spinoza. Absolvant Spinoza du reproche d'athéisme et de panthéisme, il qualifie sa doctrine d'acosmisme, parce qu'elle détruit la réalité du monde comme agrégat de choses finies, et parce qu'elle ne laisse subsister que Dieu. (*Hegel's Geschichte der Philosophie*, Bd. III, p. 373.)

traîné beaucoup trop loin du cartésianime, si nous entreprenions de caractériser ces différences et ces analogies. Qu'il nous suffise d'avoir indiqué à grands traits cet enthousiasme subit de l'Allemagne pensante, à la fin du dix-huitième siècle et au commencement du dix-neuvième, pour une doctrine pendant longtemps oubliée et décriée.

Nous terminons avec Spinoza l'histoire du grand mouvement philosophique suscité en Hollande par Descartes. On a vu que l'influence du spinozisme y avait été plus considérable sur les sectes religieuses que sur la pure philosophie. A la fin du siècle et au siècle suivant, la philosophie hollandaise, grâce à l'esprit du cartésianisme dont elle était pénétrée, a su également se préserver du scepticisme de Bayle et de l'empirisme de Locke qui, tous deux, vinrent se réfugier dans cet asile ouvert à tous les proscrits religieux et politiques du dix-septième siècle. Quand fut apaisée l'ardeur des luttes cartésiennes, vers la fin du dix-septième siècle, quand l'enthousiasme pour Descartes, alimenté par la nouveauté et par la persécution, se fut modéré, et en même temps aussi le fanatisme anticartésien, on la voit incliner vers une sorte d'éclectisme entre Descartes, Locke et Leibniz, éclectisme dont les principaux représentants furent Villemandy, Crouzas, Leclerc, et au dix-huitième siècle, Hemstherhuis. Tous ces philosophes, qui présentent quelques analogies avec les philosophes écossais, défendent la réalité des causes secondes, combattent les causes occasionnelles, le spinozisme, le scepticisme, les excès de l'empirisme, et sont fidèles au spiritualisme de Descartes.

CHAPITRE XX

Tableau général du cartésianisme en France. — Caractères qui le distinguent du cartésianisme hollandais. — Disciples de Descartes dans les congrégations religieuses et le clergé. — Jésuites cartésiens ou amis de Descartes. — Sympathies de l'Oratoire pour la philosophie nouvelle. — Les cartésiens à Port-Royal. — Rapport du cartésianisme et du jansénisme. — Arnauld, Nicole, De Sacy, Quesnel, jansénistes et cartésiens. — Port-Royal accusé par Jurieu de plus d'attachement au cartésianisme qu'au christianisme. — Congrégation des bénédictins. — Descartes recommandé dans le *Traité des études monastiques* de Mabillon. — Bénédictins cartésiens. — Congrégation de Sainte-Geneviève. — Prélats cartésiens. — Cartésiens dans le barreau et la magistrature. — Dans les gens du monde. — Le prince de Condé et autres grands seigneurs protecteurs et amateurs de la philosophie cartésienne. — *Lettres de madame de Sévigné*. — Madame de Grignan et Corbinelli. — Salon de la marquise de Sablé. — La duchesse du Maine cartésienne. — Cartésiens de la petite cour de Sceaux. — Le cartésianisme à la mode parmi les femmes. — Plaisanteries du P. Daniel. — *Les Femmes savantes* de Molière. — Comment le cartésianisme s'est propagé en France. — Réunions scientifiques particulières. — Académie des sciences. — Conférences cartésiennes de Rohault et de Régis. — Diverses tendances des cartésiens français.

Le cartésianisme français se distingue par certains caractères du cartésianisme hollandais. Dans un pays d'états fédérés, où la réforme et les sectes religieuses avaient profondément ébranlé la hiérarchie et l'autorité ecclésiastique, dans des universités gouvernées par les magistrats de la ville et de la province, et indépendantes les unes des autres, le cartésianisme, malgré les censures de quelques facultés, a eu plus de liberté et de hardiesse qu'il ne pouvait en avoir dans un pays d'unité religieuse et politique, comme la France, où toutes les universités étaient également soumises à la même autorité ecclésiastique et aux arrêts du conseil du roi. De là aussi des différences dans la manière dont il s'est propagé dans l'un et l'autre pays.

En Hollande, même avant la mort de son auteur, nous avons vu la philosophie cartésienne se répandre dans les universités, pénétrer dans les chaires de philosophie, de physique, de médecine, de mathématiques et même de théologie. En France elle a fait son chemin par le monde et par les académies, plutôt que par les universités, sévèrement fermées à toutes les nouveautés. Si d'abord elle réussit à s'introduire dans quelques chaires de collége, bientôt elle en fut pour longtemps bannie, et nous verrons les professeurs cartésiens trop obstinés, réduits au silence, suspendus et exilés. C'est seulement au dix-huitième siècle que le cartésianisme français prend place dans les universités et les colléges, dans les *Cursus philosophici ad usum juventutis*, lorsque déjà Locke et Newton lui avaient succédé dans les académies et dans la faveur de l'opinion publique.

Repoussé des écoles, le cartésianisme français se répandit rapidement dans toutes les classes de la société savante, lettrée et polie du dix-septième siècle. Dès la publication des *Méditations métaphysiques*, Descartes, comme le dit Baillet, fit la matière de toutes les conversations savantes dans Paris et dans les provinces. Pendant plus d'un demi-siècle, il n'a pas paru en France un seul livre de philosophie, il n'y a pas eu une seule discussion philosophique, qui n'eût Descartes pour objet, qui ne fût pour ou contre son système. Dans le clergé, dans les congrégations religieuses, dans les académies, dans le barreau, dans la magistrature, dans le monde, dans les châteaux, dans les salons, et même à la cour, partout, nous rencontrons des disciples fervents de la nouvelle philosophie, qui la portent par-dessus les nues, qui travaillent ardemment à la répandre.

Nous en trouvons même parmi les jésuites, avec lesquels Descartes, élève de La Flèche, avait conservé quelques relations amicales dont lui faisaient un crime les ministres réformés de la Hollande. Parmi les jésuites les plus ou moins les favorables à Descartes, citons le Père Charlet, assistant à Rome, qui était son parent, et le P. Dinet, confesseur de Louis XIII, provincial de France, auquel Descartes écrivit cette lettre si vive contre Voétius, et porta plainte contre le P. Bourdin. Il n'eut pas seulement des amis dans la Société, mais quelques sectateurs déclarés, tels que le P. Vatier et le P. Mesland. Le P. Vatier, particulièrement lié avec Descartes, depuis plusieurs années, avait approuvé les *Essais de philosophie*, il se déclarait enchanté des *Méditations* et même de sa première explication de l'eucharistie. Le P. Mesland, plein d'enthousiasme pour Descartes et pour l'union de la raison et de la foi, qui, jeune encore, s'en alla mourir dans des missions lointaines, avait travaillé à soumettre les *Méditations* à une méthode plus scholastique, et plus intelligible aux esprits communs, ce dont Descartes lui témoigna vivement sa reconnaissance. C'est au P. Mesland, et sur ses instances, que Descartes écrivit ces deux lettres, fameuses dans l'histoire du cartésianisme, où il expose sa seconde explication de l'eucharistie (1). Mais bientôt, alarmé des progrès et de l'esprit de la philosophie nouvelle, l'Ordre tout entier, par l'injonction de ses chefs, se prononça en faveur de l'ancienne philosophie, et, comprimant les sympathies isolées de quelques-uns de ses membres, déclara au cartésianisme une guerre non moins vive qu'à l'hérésie de Luther ou de Calvin.

Mais Descartes eut pour lui cette pieuse et libérale congrégation de l'Oratoire qui a rendu en France tant de services aux lettres, aux sciences, à la philosophie et à l'enseignement. Dès l'origine, par ses tendances philosophiques, comme par ses constitutions, l'Oratoire fut opposé aux jésuites. L'idéalisme de saint Augustin que lui avait transmis son fondateur, Pierre Bérulle, l'avait préparé à recevoir celui de Descartes. D'ailleurs, Bérulle lui-même, au dire

(1) *Vie de Descartes*, par Baillet, t. II, liv. VI, chap. viii. — Voir le chapitre suivant.

de Baillet, avait encouragé Descartes dans son projet de réforme philosophique. Si l'Oratoire fut contraint de renoncer à enseigner le cartésianisme, il n'en demeura pas moins fidèle au spiritualisme et à l'idéalisme cartésien, en le dissimulant plus ou moins sous le nom de saint Augustin. Que de défenseurs de la philosophie idéaliste, que de zélés cartésiens nous verrons sortir de l'Oratoire, parmi lesquels s'élève et brille d'un éclat imcomparable l'auteur de la *Recherche de la vérité!*

La philosophie nouvelle eut aussi d'illustres disciples dans la société de Port-Royal qui, comme l'Oratoire, avait été préparée à Descartes par saint Augustin. L'histoire du jansénisme touche par plus d'un point à celle du cartésianisme, et presque toujours nous trouverons l'accusation de jansénisme associée à celle de cartésianisme. Faut-il ne voir dans ce rapprochement qu'une perfide invention des ennemis de l'un et de l'autre, ou bien y a-t-il en effet quelque affinité réelle entre la doctrine de Descartes et celle de Jansénius, si opiniâtrément défendue par Port-Royal ? Il est vrai que, parmi les jansénistes, quelques-uns, plus intolérants, comme Pascal, feront la guerre à la raison et à toute philosophie, pour ne laisser debout que la foi, la grâce efficace et la prédestination. Mais Pascal ne représente pas Port-Royal tout entier. Ses pensées contre Descartes, contre la raison et la philosophie firent scandale parmi la plupart des pieux solitaires. Arnauld et Nicole ne furent pas seuls d'avis qu'on ne pouvait les publier sans les modifier et les adoucir. En effet, un jansénisme moins excessif, laissant une part à la raison et à la science humaine, devait s'accommoder mieux de la philosophie de Descartes que de toute autre philosophie, à cause de ses analogies avec saint Augustin, à cause surtout de la tendance, qui leur est commune, à anéantir l'homme sous la main de Dieu. Les cartésiens font de Dieu l'unique cause efficiente, le seul acteur qui agisse en nous ; les jansénistes donnent tout à la grâce qui opère tout en nous, sans nous ; voilà le point par où se touchent le jansénisme et le cartésianisme ; voilà ce que le P. Boursier nous semble avoir mis hors de toute contestation, dans son livre *De l'action de Dieu sur les créatures.*

A cette tendance commune entre la métaphysique cartésienne et la théologie janséniste, ajoutons la commune persécution que les uns et les autres eurent à souffrir de la part des mêmes adversaires. Les plus violents ennemis de Port-Royal, comme de Descartes, n'étaient-ils pas les jésuites? Ce fut sans doute une des raisons pour lesquelles les jansénistes persécutés se montrèrent en général favorables au parti de Descartes. Les théologiens de Flandre et particulièrement de Louvain, amis ou disciples de Jansénius, se déclarèrent en sa faveur, de même que ceux de France, contre Aristote et ses partisans (1).

D'ailleurs, quel puissant patronage le cartésianisme n'eut-il pas, à Port-Royal, dans Arnauld et Nicole? Arnauld et Nicole sont les plus illustres, mais non pas les seuls qui, dans son sein, unirent plus ou moins à l'amour de saint Augustin l'amour de Descartes. Les *Mémoires* de Fontaine nous montrent les pieux solitaires employant leurs récréations à des discussions et à des expériences cartésiennes, et même disséquant sans pitié des animaux vivants, sur la foi de l'automatisme. Qui fut plus attaché à Port-Royal que le duc de Luynes, le traducteur en français des *Méditations*? Absorbé par la théologie, de Sacy n'était pas très-favorable à l'étude des sciences profanes ni à la philosophie ; cependant il ne peut s'empêcher d'approuver le plus cartésien de tous les écrits d'Arnauld, l'*Examen d'un traité sur l'essence du corps*, qui avait pour auteur un adversaire violent de Descartes, Lemoinne, doyen de Vitré. « Il a lu, dit-il, avec

(1) « Les gens de Port-Royal, qui sont en toutes choses les antipodes des jésuites, ont pris aussi fortement le parti de Descartes... et en effet cette philosophie s'accommode bien mieux avec leurs bons sentiments que celle de l'École. Vous n'ignorez pas avec quelle chaleur les théologiens de Flandre, amis ou disciples de Jansénius, se sont déclarés contre Aristote et ses partisans. » (*Bibliothèque critique attribuée à Richard Simon*, 4 vol. in-12, Bâle, 1709, IVe vol., lettre 12.)

beaucoup de satisfaction l'écrit contre l'anti-cartésien, et il a été bien aise que ce philosophe ait donné occasion à M. Arnauld de traiter plusieurs belles choses. » Il ajoute, il est vrai, qu'étant moins philosophe que Monsieur son oncle, il souhaiterait qu'en défendant la philosophie, il en parlât en théologien (1). De Sacy n'était pas contre Descartes, mais il craignait que sa philosophie ne fit négliger la théologie. En dehors de Port-Royal, le successeur d'Arnauld comme chef du jansénisme, le P. Quesnel, et après lui le P. Boursier, nous fourniront encore une nouvelle preuve de l'alliance naturelle des doctrines de Jansénius avec celles de Descartes. Enfin les sympathies cartésiennes de Port-Royal étaient tellement connues, que Jurieu l'accuse de n'avoir pas moins d'attachement pour le cartésianisme que pour le christianisme lui-même (2). « Janséniste, c'est-à-dire cartésien, » dit madame de Sévigné elle-même, à propos du P. Le Bossu, dans une lettre à sa fille (3). Ainsi nous pouvons placer Port-Royal immédiatement après l'Oratoire parmi les sociétés religieuses qui ont incliné vers la philosophie de Descartes.

Nous trouverons aussi plus d'un cartésien dans la savante congrégation des Bénédictins qui, de même que celle de l'Oratoire, ne fut point ennemie des nouveautés, et qui avait toujours montré fort peu d'attachement pour Aristote et la scholastique : « Ils étaient restés fidèles, dit un d'entre eux, Robert Desgabets, à cette manière noble et platonicienne dont nos pères ont expliqué les mystères de la foi. Ils avaient peu cultivé les subtilités inutiles ou dangereuses, les vains raffinements qui, de la scholastique, passent dans la théologie et l'altèrent (4). » Mabillon, en recommandant dans son *Traité des études monastiques*, l'étude de la philosophie, laisse ouvertement percer ses prédilections pour

(1) Préface historique et critique des *Œuvres philosophiques d'Arnauld*.
(2) *Politique du clergé de France*, p. 107.
(3) Lettre du 16 septembre 1676.
(4) *Notice sur les Œuvres philosophiques du cardinal de Retz*, par Amédée Hennequin, Paris, 1842.

Descartes. Il n'approuve pas qu'on s'en tienne à Aristote ou même à Platon, quoiqu'il mette Platon bien au-dessus d'Aristote : « Un véritable philosophe ne s'arrête, dit-il, ni à l'autorité des auteurs ni à ses préjugés. Il remonte toujours jusqu'à ce qu'il ait trouvé un principe de lumière naturelle et une vérité si claire qu'il ne puisse la révoquer en doute (1). » Ce sont les auteurs cartésiens qui dominent parmi ceux qu'il recommande aux professeurs de philosophie pour en faire des extraits et des lectures dans leurs cours; s'il y donne place à la *Censure* de Huet, ce n'est qu'en compagnie de la *Réponse* de Régis. Desgabets, Le Gallois, François Lamy, esprits libres et indépendants, plus ou moins cartésiens et malebranchistes, étaient aussi de l'ordre des Bénédictins.

L'ordre moins important des Génovéfins se fit aussi remarquer par ses tendances cartésiennes. Huet, dans une de ses lettres, plaisante les Génovéfins, au sujet de leur attachement pour Descartes : « Il y a longtemps, dit-il, que la congrégation de Sainte-Geneviève s'est déclarée cartésienne. Ils ont cru canoniser cette doctrine, depuis qu'ils ont reçu le corps de M. Descartes auprès de sainte Geneviève (2). » A cet ordre appartiennent Pierre Lallemant, qui avait été choisi pour prononcer l'oraison funèbre de Descartes, René Le Bossu qui cherche à concilier la philosophie ancienne avec la nouvelle, dans son *Parallèle des principes de la physique d'Aristote et de celle de Descartes* (3). Chez les Minimes, nous nommerons le P. Mersenne, l'ami intime de Descartes, et le P. Maignan, adversaire de la philosophie de l'École, qui a la prétention de fonder une philosophie originale, mais qui, en plus d'un point, fait des emprunts à Descartes (4).

(1) *Traité des études monastiques*, Paris, 1696, 2 vol. in-12, chap. ix et x. — Il recommande de suivre la métaphysique de M. Cally, qui est cartésienne, quoique accommodée à la forme scholastique.

(2) Lettre du 15 août 1700 au P. Martin, citée par M. Bartholmès dans sa thèse sur Huet.

(3) In-12, 1674.

(4) *Cursus philosophicus Magnani*, 4 vol. in-8°, 1662.

La philosophie de Descartes rencontra aussi des protecteurs et des disciples dans les rangs du clergé séculier, et parmi les prélats les plus renommés par leur piété et leur savoir. Nous avons déjà parlé de Pierre de Bérulle qui fit à Descartes une affaire de conscience de la prompte exécution de son projet de réforme philosophique. Il faut encore mentionner le cardinal d'Estrées qui le réconcilia avec Gassendi, et même le cardinal de Retz qui, sur la fin de sa vie, retiré du monde et de la politique, présidait des conférences cartésiennes dans son château de Commercy, et défendait les vrais principes de Descartes contre les hérésies philosophiques du bénédictin Desgabets. Nous verrons dans quelle mesure deux grands évêques, Fénelon et Bossuet, ont été cartésiens. Nous trouverons encore dans le dix-huitième siècle deux célèbres cardinaux, cartésiens et malebranchistes, Polignac et Gerdil.

Les cartésiens sont nombreux dans la magistrature, comme dans le clergé. Au banquet qui suivit les funérailles de Descartes, les membres du parlement et du barreau sont en majorité. On y remarquait Fleury, alors avocat, qui depuis fut l'abbé Fleury, sous-précepteur des ducs de Bourgogne et d'Anjou; Cordemoy, Clerselier, qui étaient aussi avocats au parlement de Paris; d'Ormesson, Guédreville, Habert de Montmort, maîtres des requêtes. Habert de Montmort, de même que d'Alibert trésorier de France, porta le zèle en faveur de la philosophie nouvelle jusqu'à proposer à Descartes, qui refusa, une partie de sa fortune pour faire des expériences. Il avait entrepris de célébrer sa philosophie dans un poëme latin *De Natura rerum*, imité de Lucrèce. Ce poëme n'a pas été publié, mais Sorbière, qui dit l'avoir lu tout entier, en fait le plus grand éloge. Le chancelier Séguier avait accordé aux œuvres de Descartes un magnifique privilége, ce qui lui vaut les louanges de Clauberg et la dédicace de son *Commentaire des Méditations*. Au dix-huitième siècle, un autre chancelier, plus illustre encore, Daguesseau, professa hautement le cartésianisme, et en fit l'application aux principes de la jurisprudence.

Non-seulement les théologiens, les magistrats, les académiciens, mais aussi les gens du monde et les femmes elles-mêmes se passionnèrent pour cette philosophie *engageante et hardie* (1). On vit la philosophie de Descartes pénétrer dans les châteaux et les salons, de même que dans les cloîtres, la Sorbonne et les académies. A la ville et à la cour, à Paris et dans la province, il y avait des cartésiens. Nul ne pouvait prendre rang parmi les beaux esprits, sans se mêler plus ou moins de philosophie cartésienne. Au premier rang des protecteurs et des amateurs de cartésianisme mettons le prince de Condé. « Ce héros, dit Fontenelle, vivait à Chantilly entouré de gens d'esprit et de savants, comme aurait fait César oisif (2). » Il s'instruisait de la philosophie de Descartes avec Régis, et il ne pouvait, disait-il, « s'empêcher de prendre pour vrai ce qu'il lui expliquait si clairement (3). » Il lisait les ouvrages de Malebranche et d'Arnauld; il retenait trois jours Malebranche à Chantilly pour l'entendre causer de Dieu (4). L'éditeur des *Entretiens de philosophie* de Rohault le loue, en les lui dédiant : « d'avoir accordé l'honneur de sa protection à l'illustre philosophe dont la doctrine est exposée dans cet ouvrage. » Il eut même voulu attirer aussi Spinoza à Chantilly et s'entretenir librement de philosophie avec lui, comme avec Bossuet ou Malebranche.

Des grands seigneurs, tels que les ducs de Nevers et de Vivonne, disputaient Régis au prince de Condé, et l'attiraient dans leurs hôtels pour l'entendre exposer la métaphysique ou la physique de Descartes dans des soirées philosophiques (5). Le marquis de Vardes, beau-père du

---

(1) Expression de La Fontaine, dans la Fable des *Deux Rats*, du *Renard et l'Œuf*.

(2) Éloge de Lémery.

(3) Fontenelle, éloge de Régis.

(4) Voir le 1er chap. du IIe vol. sur la vie et les ouvrages de Malebranche.

(5) Lettre de l'abbé Genest à Régis, à la suite de ses *Principes de philosophie* en vers.

duc de Rohan, l'emmène dans son gouvernement d'Aigues-Mortes, pour étudier avec lui la philosophie de Descartes et, par son testament, charge le duc de Rohan de lui payer une pension. Le château du duc de Luynes était une sorte d'académie cartésienne où on ne s'occupait que du nouveau système du monde de Descartes (1).

Les *Lettres* de madame de Sévigné nous montrent l'agitation produite par le cartésianisme dans les salons et parmi les beaux esprits. Madame de Sévigné se mêle peu de métaphysique; elle n'est pas cartésienne pour son propre compte, mais plutôt pour celui de sa fille qu'elle veut pouvoir entretenir de tout. Toute son ambition est d'en savoir ce qui est nécessaire, non pas pour jouer, mais pour voir jouer. « Corbinelli et La Mousse, écrit-elle à madame de Grignan, parlent assez souvent de votre Père Descartes. Ils ont entrepris de me rendre capable d'entendre ce qu'ils disent, j'en suis ravie, afin de n'être point comme une sotte bête, quand ils vous tiendront ici. Je leur dis que je veux apprendre cette science comme l'hombre, non pas pour jouer, mais pour voir jouer (2). »

Madame de Grignan, selon Corbinelli, savait à miracle la philosophie de Descartes et en parlait divinement (3). C'est Corbinelli, gentilhomme originaire d'Italie, ami, et quelquefois secrétaire de madame de Sévigné, qui avait introduit dans sa maison et dans sa famille la philosophie nouvelle. Plein de vivacité, d'esprit et de verve, partout il défend Descartes de la parole et de la plume ; mais madame

---

(1) Fontaine, *Mémoires pour servir à l'histoire de Port-Royal*, Utrecht, 1736, t. II, p. 59.

— (2) Édition de 1818. Lettre 315.

(3) Madame de Grignan est l'auteur d'un Résumé de la doctrine de Fénelon sur l'amour de Dieu. (T. IX de l'édition des *Lettres de madame de Sévigné*, par M. de Montmerqué.) Descartes condamné, elle écrit qu'elle n'est nullement disposée à abjurer. « Il arrive, dit-elle, des révolutions dans les opinions comme dans les modes, et j'espère que les siennes triompheront un jour et couronneront ma persévérance. » (Éd. des *Lettres de madame de Sévigné* de 1818. Lettre 564 à Bussy.)

de Sévigné et ses amis se plaignent qu'il n'achève et qu'il ne publie rien (1).

Madame de Sévigné écrit à sa fille tout ce qu'elle a vu ou entendu autour d'elle qui puisse intéresser une cartésienne, non sans se permettre quelques légères plaisanteries sur son attachement filial pour Descartes, et sur certains dogmes cartésiens qui choquent son bon sens. Non-seulement, pour l'amour de sa fille, madame de Sévigné aime un peu Descartes, mais même les neveux et nièces du grand philosophe qu'elle rencontre dans le fond de la Bretagne : « Je ris quelquefois de l'amitié que j'ai pour mademoiselle Descartes, je me tourne naturellement de son côté, j'ai toujours des affaires à elle, il me semble qu'elle vous est quelque chose du côté paternel de M. Descartes, et dès là, je tiens un petit morceau de ma fille (2). » Ailleurs, elle raconte qu'elle a assisté à un dîner de beaux esprits, « qui discoururent après dîner fort agréablement sur la philosophie de votre Père Descartes. Cela me divertissait et me faisait souvenir grossièrement de ma chère petite cartésienne que j'étais si aise d'entendre, quoique indigne (3). » Ses lettres sont parsemées d'allusions badines, ou légèrement ironiques, aux doctrines de Descartes : « Je vous aime trop pour que les petits esprits ne se communiquent

---

(1) « Corbinelli répond à Monsieur de Soissons (Huet) pour Descartes, il montre tout ce qu'il fait à madame de Coulanges, qui en est fort contente. Plusieurs cartésiens le prient de continuer, il ne veut pas. Vous le connaissez, il brûle tout ce qu'il a griffonné. » (*Lettres de madame de Sévigné*, édit. de 1818, lettre 1101.)

(2) Édit. de 1818. Lettre 1067. — Fléchier, évêque de Nîmes, dans une lettre de 1705, à madame de Marbeuf, présidente à Rennes, fait cet éloge de mademoiselle Descartes : « Son nom, son esprit, sa vertu, la mettent à couvert de tout oubli, et toutes les fois que je me souviens d'avoir été en Bretagne, je songe que je l'ai vue et que vous y étiez. » Elle faisait des vers qui lui ont valu une place dans le *Parnasse français* de Titon du Tillet. Dans le *Recueil de vers choisis* du P. Bouhours, on trouve une relation édifiante de la mort de Descartes, moitié en prose, moitié en vers, qui est de mademoiselle Descartes.

(3) Édit. de 1818. Lettre 1026.

pas de moi à vous et de vous à moi (1). » — « En attendant, *je pense, donc je suis*, je pense à vous avec tendresse, donc je vous aime (2). » Elle plaisante aussi sur les couleurs que les cartésiens mettaient dans l'âme et non dans les objets : « Enfin, après avoir bien tourné, votre âme est verte (3). » Nous avons déjà dit qu'elle se raillait des bêtes-machines, et qu'elle ne pouvait consentir à croire que sa chienne Marphyse n'eût point d'âme.

Tout autour de madame de Sévigné, aux Rochers en Bretagne, à l'hôtel Carnavalet à Paris, on discutait avec une grande vivacité pour ou contre Descartes. Tantôt c'est l'abbé de la Mousse qui disserte sur les petites parties avec l'évêque de Léon « qui est cartésien à brûler, » tantôt c'est une longue discussion, où Corbinelli intervient par lettres, de son fils et du Père Damaie, en faveur des idées innées, contre M. de Montmoron qui soutient que toutes les idées viennent des sens : « Nous avons eu ici une petite bouffée d'hombre et de reversi. Le lendemain, *altra scena*, M. de Montmoron arrive. Vous savez qu'il a bien de l'esprit ; le Père Damaie qui n'est qu'à vingt lieues d'ici, mon fils qui, comme vous le savez encore, dispute en perfection, les lettres de Corbinelli, les voilà quatre, et moi je suis le but de tous leurs discours, ils me divertissent au dernier point. M. de Montmoron sait votre philosophie et la conteste sur tout. Mon fils soutenait votre Père, le Damaie le soutenait aussi, et les lettres s'y joignaient, mais ce n'est pas trop de trois contre Montmoron. Il disait que nous ne pouvions avoir d'idées que de ce qui avait passé par nos sens. Mon fils disait que nous pensions indépendamment de nos sens :

---

(1) Édit. Montmerqué, t. II, p. 107.

(2) *Ibid.*, t. VI, p. 460.

(3) Éd. 1818. Lettre 581. — C'est peut-être aussi une allusion aux opinions de Desgabets, qui concluait du sentiment de Descartes sur les qualités sensibles, que l'âme même et toutes ses facultés sont le propre objet des sens. « Au moins n'accorderai-je, lui répond un de ses adversaires, que l'âme soit l'objet des sens, que quand j'aurai vu des âmes vertes dont le Révérend Père nous a parlé il y a quelque temps. » (*Fragm. de philos. cartésienne*, par M. Cousin : Le cardinal de Retz cartésien.)

par exemple, nous pensons que nous pensons, voilà grossièrement le sujet de la dispute (1). » En 1680, au moment de la plus grande vivacité de la persécution contre Descartes, madame de Sévigné empêche Corbinelli de se rendre à des assemblées cartésiennes, de peur de se compromettre : « Je n'ai pas voulu qu'il ait été à des assemblées de beaux esprits, parce que je sais qu'il y a des barbets qui rapportent à merveille ce qu'on dit en l'honneur de votre père Descartes (2). » Dans toute la France il y avait alors de ces assemblées, de ces dîners de beaux esprits, dont parle madame de Sévigné, où on discutait avec plus ou moins de profondeur les grandes questions philosophiques mises à la mode par Descartes.

Si, du salon de madame de Sévigné, nous passons à celui de la marquise de Sablé, l'une des femmes les plus spirituelles du dix-septième siècle, chez laquelle M. Cousin nous a si agréablement introduits (3), nous trouvons qu'on y agite les plus graves questions soulevées par la philosophie cartésienne. Est-elle ou n'est-elle pas compatible avec l'eucharistie? Conduit-elle ou ne conduit-elle pas à Spinoza?

Avec la duchesse du Maine, entourée du cardinal de Polignac, de Malézieux, de l'abbé Genest, le cartésianisme régnait à la petite cour de Sceaux. Le traducteur de l'Anti-Lucrèce, Bougainville, dans son épître dédicatoire, compare la duchesse à la reine Christine : « On sait quel est votre attachement pour le cartésianisme. L'histoire de la philosophie moderne ne manquera pas de vous comparer à cette reine philosophe qui fit l'honneur et l'étonnement du siècle passé. Descartes peut se glorifier de vous avoir toutes deux pour disciples. Christine a vu ce grand homme, vous l'avez retrouvé dans le cardinal de Polignac. » Mademoiselle de Launay, dans ses *Mémoires*, dit de cette prin-

(1) Édit. Montmerqué, t. VI, p. 400.
(2) T. VI, p. 182.
(3) Madame de Sablé, *Nouvelles Études sur la société et les femmes illustres du dix-septième siècle*, 2ᵉ éd., in-8°, 1859.

cesse : « Son catéchisme et la philosophie de Descartes sont deux systèmes qu'elle entend également... Elle croit en elle de la même manière qu'en Dieu et en Descartes (1). » Mademoiselle de Launay elle-même, sa confidente, n'était pas moins attachée à Descartes et à Malebranche pour lequel, à ce qu'elle raconte, elle s'était passionnée, dès le couvent, en étudiant la *Recherche de la vérité* (2).

Les femmes cartésiennes abondent au dix-septième siècle. On vit à Toulouse une dame de la ville soutenir publiquement, et avec le plus grand succès, une thèse cartésienne, sous la direction de Régis (3). Mademoiselle Dupré, nièce de Desmaret Saint-Sorlin, savante en grec et en latin et auteur de quelques poésies, avait reçu le surnom de la *Cartésienne*, tant elle mettait d'ardeur à étudier et à défendre Descartes. Mademoiselle de la Vigne, autre femme poëte, n'était pas moins connue pour son cartésianisme. Dans le *Recueil de vers* du P. Bouhours, il y a une pièce où l'ombre de Descartes remercie mademoiselle de la Vigne de son zèle pour sa philosophie, et des disciples qu'elle lui gagne par ses grâces et son esprit (4). En parlant à l'imagination, au cœur, à la piété, Malebranche répandit encore davantage, parmi les femmes, le goût de la philosophie de Descartes. C'est une femme, mademoiselle de Wailly, sa parente, qui présidait chaque semaine à des conférences où se rendaient les plus zélés malebranchistes

---

(1) Ces passages sont extraits d'un portrait de la duchesse du Maine qui avait été supprimé dans les premières éditions des *Mémoires de mademoiselle de Launay*. La Harpe, le premier, l'a signalé et cité dans sa *Correspondance littéraire*.

(2) « Mademoiselle de Silly m'ouvrit un nouveau champ. Elle faisait une espèce d'étude de la philosophie de Descartes. Je me livrai avec un extrême plaisir à cette entreprise. Je lus encore avec elle la *Recherche de la vérité* et me passionnai du système de l'auteur. » *Mémoires*, 3 vol. in-12, Londres, 1755, t. I, p. 19.

(3) *Mémoires du P. Nicéron*, art. Régis.

(4) Voir sur mademoiselle de la Vigne les *Recherches sur la vie et les œuvres d'une précieuse*, par M. Théry. Mémoires lus à la Sorbonne, p. 261, 1867.

pour expliquer et pour défendre les ouvrages de leur maître. Dans les lettres du P. André, il est souvent question de dames malebranchistes.

Parmi toutes les femmes un peu lettrées, la philosophie et le cartésianisme étaient devenus une sorte de mode dont le P. Daniel plaisante dans son *Voyage du monde de Descartes*. Il fait dire par Aristote à Descartes, qu'il n'y a rien de plus commun dans les ruelles que le parallèle de M. d'Ypres et de Molina, d'Aristote et de Descartes, et que la mode d'être philosophe ne serait pas plus durable, parmi les dames françaises, que toutes les autres modes. Au témoignage du P. Daniel, ajoutons celui de Molière. Quelles sont ces femmes savantes qu'il a mises en scène ? Philaminte et Bélise ne s'occupent pas seulement de beau langage, comme les *Précieuses ridicules,* mais de physique et de métaphysique ; elles dissertent sur les tourbillons, sur la substance étendue et sur la substance pensante ; elles traitent le corps de guenille, en dérision de ce spiritualisme outré que les gassendistes attribuaient à Descartes ; en un mot, ces femmes savantes sont évidemment des femmes cartésiennes dont Molière tourne en ridicule les prétentions, le pédantisme et les doctrines.

Le cartésianisme se répandait ainsi parmi les gens du monde, et même parmi les femmes, grâce à d'excellents ouvrages qui résumaient, qui éclaircissaient, et mettaient plus ou moins à la portée de tous, les principes de la philosophie de Descartes. Tandis que les Hollandais publient des *Lectiones*, des *Exercitationes*, des thèses accommodées à la forme scholastique en usage dans les universités, ou de longs commentaires en latin, les cartésiens de France publient en français des expositions, des abrégés clairs et élégants, des entretiens, des dialogues, des méditations, qui ne s'adressent pas seulement aux savants et aux étudiants, mais aux gens du monde. Par la méthode et par la clarté, par l'élégance et par l'élévation, par la grâce et par l'esprit, plusieurs de ces ouvrages doivent avoir place, non-seulement dans l'histoire de la philosophie cartésienne, mais dans celle de notre littérature ; tels sont, par exemple, les *Discours sur le discernement de l'âme et du corps* de Cordemoy, les *Entretiens de physique* de Rohault, le *Système de philosophie* de Régis, l'*Art de penser* de Port-Royal, le *Traité de l'existence de Dieu* de Fénelon, la *Connaissance de Dieu et de soi-même* de Bossuet, la *Recherche de la vérité* de Malebranche, les *Dialogues sur la pluralité des mondes* de Fontenelle. Quelques cartésiens essayèrent même, mais nous devons l'avouer, sans aucun succès, de mettre en vers français la philosophie de Descartes. Citons Le Laboureur, bailly de Montmorency, qui, dans un poëme sur Charlemagne, fait débiter le cartésianisme par un ange (1), et l'abbé Genest qui a mis en rimes, plutôt qu'en vers, les *Principes* de Descartes.

Dans la première partie du dix-septième siècle, de toutes parts commencent à se former des réunions scientifiques particulières qui sont comme les avant-coureurs de l'Académie des sciences, fondée en 1666. L'éditeur des travaux d'une de ces sociétés savantes qui se réunissait, toutes les semaines, chez l'abbé Bourdelot, en mentionne jusqu'à dix ou douze dans Paris seulement (2), vers 1660. Or, toutes ces réunions, fondées plus ou moins en opposition avec l'esprit ancien et avec la science immobile de l'École, étaient en général favorables à Descartes. On y faisait des expériences pour confirmer les principes de sa physique, on y discutait diverses objections contre sa métaphysique. Non contents de ces réunions entre savants, les cartésiens instituèrent des conférences publiques où ils démontraient le cartésianisme aux gens du monde et, pour ainsi dire, à tout venant. Rohault tenait dans sa maison des conférences philosophiques, une fois par semaine, à des heures et à des jours réglés, où chacun pouvait librement assister.

---

(1) Ce poëme a été publié en 1664. Boileau le tourne en ridicule à la fin de sa IX° Épître.

(2) *Conversations académiques de l'académie de M. l'abbé Bourdelot*, publiées par le sieur Le Gallois en forme d'entretiens.

Clerselier nous apprend (1) qu'à ces conférences on voyait des prélats, des abbés, des courtisans, des docteurs, des médecins, des philosophes, des géomètres, des régents, des écoliers, des principaux, des étrangers, des artisans, en un mot des personnes de tout âge, de tout sexe et de toute profession. Baillet donne à Rohault le titre de chef des écoles cartésiennes, ce qui semble indiquer que d'autres cours ou conférences avaient été institués sous sa direction. Régis fut le disciple et le successeur de Rohault. Avant d'être appelé à enseigner le cartésianisme à Paris, il l'avait enseigné en province. Chargé d'une sorte de mission cartésienne dans le midi de la France, il excita, à Montpellier et à Toulouse, un véritable enthousiasme pour la philosophie nouvelle. A son retour à Paris, il ouvrit des conférences publiques, dans la maison de Lémery, qui n'eurent pas un moindre succès que celles de Rohault. Fontenelle, dans son éloge, nous apprend qu'il fallait y venir longtemps à l'avance pour s'assurer d'une place (2).

Mais c'est l'Académie des Sciences qui, en faisant triompher les méthodes nouvelles de Descartes en géométrie, et ses principes de physique, eut la plus grande part au succès définitif de sa philosophie. Descartes est l'auteur de la nouvelle philosophie, dit l'abbé Terrasson, mais elle ne doit son établissement dans le royaume qu'à l'Académie des Sciences (3). « C'est là, dit Mairan, dans son éloge de Petit, qu'il allait retrouver, non le cartésianisme, mais l'esprit de Descartes, l'amour des expériences et toute l'ardeur que ce philosophe fit paraître pour s'en procurer le secours, sa circonspection dans leur choix, sa manière de les expliquer et de raisonner sur les phénomènes de la nature toujours par le seul mécanisme. »

En France, comme en Hollande, ces innombrables cartésiens n'ont pas tous la même physionomie; ils se distin-

---

(1) Préface des Œuvres posthumes de Rohault.
(2) *Philosophie applicable à tous les objets de l'esprit et de la raison*, 1 vol. in-12, Paris, 1755.

guent les uns des autres, soit par leur prédilection pour telle ou telle partie du vaste ensemble des doctrines de Descartes, soit par une tendance plus ou moins idéaliste ou empirique, ou encore selon qu'ils se rattachent plus ou moins à Malebranche. Quelques-uns négligent, ou même repoussent la métaphysique de Descartes, et ne sont guère cartésiens que pour la physique, comme Desgabets ou Fontenelle, tandis que d'autres s'attachent plus à sa métaphysique qu'à sa physique. Quelques-uns, tels qu'Arnauld et Régis, font incliner la doctrine de Descartes vers un certain empirisme ; d'autres, tels surtout que les cartésiens de l'Oratoire, Malebranche en tête, plus ou moins suivis par Fénelon, Bossuet et Nicole, la développent dans un sens opposé, et lui donnent, en la commentant avec saint Augustin, une empreinte d'idéalisme ou de platonisme qu'on ne trouve pas dans Descartes lui-même. Enfin, tandis que les uns ne craignent pas de professer le nom en même temps que les doctrines de leur maître, d'autres, intimidés par les arrêts du conseil du roi contre sa philosophie, par les défenses spéciales des universités ou des ordres religieux dont ils font partie, se contentent de reproduire son esprit et ses doctrines, sans nommer leur véritable maître, ou en les attribuant, par des interprétations plus ou moins forcées, à quelques auteurs anciens et approuvés, à Platon, à saint Augustin, à Aristote lui-même. Racontons maintenant les accusations politiques et religieuses contre lesquelles le cartésianisme eut à se défendre, et les persécutions contre lesquelles il eut à lutter.

CHAPITRE XXI

Accusations politiques et religieuses contre les cartésiens français. — Accusations opposées des ministres hollandais et des théologiens catholiques. — De l'incompatibilité avec l'eucharistie. — Importance de ce débat dans l'histoire du cartésianisme. — Deux difficultés théologiques — Indistinction de la substance et des accidents. — Indistinction du corps et de l'extension locale. — Comment Descartes prétend les résoudre, la première dans la réponse à Arnauld, la seconde dans deux lettres confidentielles au P. Mesland. — Indiscrétion des disciples de Descartes au sujet de ces deux lettres. — Zèle aveugle de Clerselier, de Desgabets et autres, pour les propager et provoquer les discussions des théologiens. — Protestations de quelques cartésiens contre ces dangereuses témérités. — Principales objections des théologiens. — Bossuet et Duguet. — Leibniz et le *Vinculum substantiale*. — Redoublement des accusations d'impiété contre le cartésianisme. — Apologies, protestations des cartésiens en faveur de leur foi et de celle de Descartes. — Certificat de la reine Christine. — Intervention perfide des protestants dans la querelle. — Disgrâces attirées sur le cartésianisme par les essais de philosophie eucharistique. — La doctrine de l'étendue essentielle au premier rang des propositions cartésiennes condamnées.

De même que les cartésiens de Hollande, ceux de France n'eurent pas seulement à se défendre contre des objections philosophiques, mais contre des accusations politiques et religieuses. Dans les deux pays nous retrouvons à peu près les mêmes objections contre le doute méthodique, l'évidence, la distinction de l'âme et du corps, les idées innées, les preuves de l'existence de Dieu, l'essence de l'âme et de la matière, l'infinité de l'univers. Mais les accusations politiques et religieuses varient, suivant les différences du gouvernement et de la religion, en Hollande et en France. En Hollande, on accusait les cartésiens de ne pas être favorables à l'autorité du stathouder; en France, sous un monarque absolu, ils devinrent facilement suspects par la nouveauté de leurs opinions, par leur maxime de l'évidence et leur esprit de libre examen. En Hollande, c'est le coccéianisme; en France, c'est le jansénisme qui est la grande accusation contre les théologiens favorables à Descartes. En Hollande, nous avons vu des théologiens fanatiques comparer Descartes à Vanini, et l'accuser de connivence avec les fils de Loyola; en France, on le compare à Luther et Calvin. En Hollande, c'est au nom de la Bible et du synode de Dordrecht, en France, c'est au nom du concile de Trente que le cartésianisme est accusé d'impiété. Dans les deux pays, les cartésiens furent attaqués au sujet de l'infinité du monde et du mouvement de la terre. Rendons cependant cette justice aux théologiens catholiques qu'ils font moins de bruit contre l'opinion du mouvement de la terre que les théologiens réformés.

La rupture de la vieille alliance entre le péripatétisme et la théologie devait nécessairement inspirer quelques alarmes à des théologiens habitués à regarder Aristote comme le soutien de la foi. Ces alarmes se manifestent surtout au sujet de l'eucharistie. Incompatibilité avec l'eucharistie, telle qu'elle a été définie par le concile de Trente, voilà l'accusation qui, en France et dans les pays catholiques, passa avant toutes les autres et fut la plus dangereuse pour la philosophie cartésienne. Ce n'était pas, d'ailleurs, la première fois qu'on avait fait intervenir la transsubstantiation pour ou contre telle ou telle doctrine philosophique. Au moyen âge, les partisans de l'unité ou de la pluralité des formes dans l'homme avaient aussi cherché à en faire un argument en leur faveur et une arme contre leurs adversaires. Le danger vint pour le cartésianisme de la divulgation imprudente d'explications confidentielles de Descartes, par des disciples plus zélés que sages, qui s'imaginèrent follement fermer la bouche aux théologiens en leur opposant des démonstrations cartésiennes de l'eucharistie, au lieu de se réfugier derrière l'incompréhensibilité du mystère. La vivacité et l'importance de ce débat dans l'histoire de la philosophie de Descartes, la place considérable qu'il occupe dans la plupart des ouvrages philosophiques du dix-septième siècle, les persécutions dont il fut le prétexte contre un certain nombre de cartésiens, et contre la philosophie de Descartes, nous obligent à ne pas le passer sous silence, quoiqu'il soit plutôt du domaine de la théologie que de celui de la philosophie. Mais nous ne toucherons à cette subtile et délicate matière qu'autant qu'il est nécessaire pour l'histoire ; nous raconterons sans discuter ni juger, ou du moins sans porter d'autre jugement que celui de la vanité de toutes les tentatives, soit de l'École, soit des cartésiens pour expliquer la transsubstantiation par des principes de physique (1).

L'Église tient pour article de foi que la substance du pain étant ôtée du pain eucharistique pour faire place au corps de Jésus-Christ, il n'y demeure que les seuls accidents, l'étendue, la figure, la couleur, l'odeur, la saveur et les autres qualités sensibles. La physique scholastique, avec ses formes substantielles distinctes de la matière, avec ses accidents absolus qui se conçoivent indépendamment de leur sujet, avait paru offrir quelques facilités pour l'intelligence de ce mystère, tandis qu'il semblait impossible de le concilier avec la physique cartésienne qui nie les formes substantielles, les accidents absolus, et change toutes les qualités sensibles en de pures modifications de l'étendue. Indistinction de la substance et des accidents, indistinction du corps et de l'extension locale, voilà les deux grandes difficultés qu'un certain nombre de théologiens élevèrent contre le cartésianisme au sujet de l'eucharistie.

(1) En outre des sources directes et des écrits cartésiens ou anticartésiens que nous citerons, on trouve des détails sur cette querelle à la fin du IIIe et dernier volume de la *Théorie des êtres insensibles*, par l'abbé Para du Phanjas, à propos de la question de l'essence de la matière, 3 vol. in-8°, 1779, et dans un ouvrage de l'abbé Ubaghs : *Du dynamisme considéré en lui-même et dans ses rapports avec l'eucharistie*, Louvain, 1852, petit in-8°.

Déjà nous avons vu Descartes s'expliquer sur la première, dans sa réponse aux objections d'Arnauld, et entrer ainsi dans une voie pleine de dangers, pour lui-même, et plus encore pour ses disciples, moins réservés et moins circonspects que le maître. « Il eût bien voulu sans doute, dit Baillet, se dispenser de remuer cette matière de la transsubstantiation, mais, après l'objection d'Arnauld, il ne lui était plus permis de demeurer dans le silence. Il lui fallut s'expliquer, au moins probablement, sur l'extension du corps de Jésus-Christ dans le sacrement, conformément aux principes de l'étendue essentielle, sans avoir recours aux accidents absolus. »

Cependant cette explication, la seule que Descartes ait publiée, n'allait pas au fond même des choses ; car si elle donnait une réponse plus ou moins spécieuse à l'objection de l'indistinction de la substance et des attributs, elle laissait subsister tout entière la difficulté de l'indistinction du corps et de l'extension locale. Longtemps Descartes évita de toucher à ce second point, plus délicat encore que le premier. Mais souvent, dit Baillet, on lui avait entendu répéter, ce qu'il a écrit dans une de ses lettres, que si les hommes étaient plus accoutumés qu'ils ne le sont à sa manière de philosopher, il pourrait leur faire entendre une autre explication qui fermerait la bouche aux impies (1). Un de ceux qui le pressèrent le plus de s'expliquer sur ce sujet, fut le P. Mesland, déjà très-persuadé que l'explication donnée à Arnauld était pour le moins aussi bonne que celle de l'École. Cédant à ses sollicitations, Descartes lui écrivit deux lettres, où il lui proposait cette nouvelle interprétation, mais à la condition, s'il la communiquait à d'autres, de ne pas lui en attribuer l'invention, et de ne la communiquer à personne, s'il ne

---

(1) Liv. VIII, chap. IX. C'est cette première explication qui, avec quelques légers changements, a été reproduite par le P. Maignan dans plusieurs de ses ouvrages, et par Rohault dans ses *Entretiens de philosophie*.

la jugeait pas conforme à ce qui a été déterminé par l'Église (1).

Baillet qui, sans oser absoudre entièrement Descartes, cherche à l'excuser, insiste avec raison sur cette recommandation de Descartes au P. Mesland. « Il eût été, dit-il, le premier à s'accuser de témérité s'il avait jamais eu la pensée de rendre cette explication publique. La crainte que ses ennemis ne pussent abuser de cette explication lui faisait souhaiter qu'elle demeurât supprimée, à moins qu'elle ne fût approuvée par l'Église.... Au lieu de toute cette circonspection, il serait mieux à désirer qu'il eût reconnu de bonne foi et sans détour l'impossibilité morale où seront toujours les philosophes de démontrer la transsubstantiation par les principes de la physique. Mais ce fait n'étant plus du nombre des choses cachées de sa vie, les lois de l'histoire ne m'ont pas permis de le dissimuler. » Quelque fâcheuses qu'aient été les suites, nous sommes, comme Baillet, disposé à l'indulgence pour Descartes, et nous ne le rendrons pas responsable des indiscrétions et des témérités de quelques disciples qui publièrent ce qu'il avait recommandé de tenir secret, et qui donnèrent comme une démonstration géométrique ce qu'il n'avait fait que modestement insinuer comme une simple conjecture.

Peu de temps après cette lettre, le P. Mesland envoyé dans les missions chez les sauvages, peut-être en raison de son goût trop vif pour la philosophie nouvelle, écrivit à Descartes un touchant et éternel adieu (2). Mais sans doute, avant de partir, satisfait de cette explication, sauf quelques difficultés que Descartes tâche de résoudre, dans une seconde lettre, il s'était empressé, avec toute la candeur de sa philosophie et de sa foi, de la communiquer à d'autres, sans se faire scrupule d'en nommer l'auteur. Peut-être Descartes lui-même en fit-il quelques confidences à des amis et des disciples ; ce qu'il y a de certain, c'est

---

(1) *Lettre à un Père Jésuite.* — Édit. Garnier, t. IV, p. 148.
(2) Voir plus bas le commencement de la seconde lettre au P. Mesland.

que ces lettres passèrent entre les mains de Clerselier. Il est vrai qu'à la suite d'une conférence avec l'archevêque de Paris, Clerselier n'osa les insérer dans son édition des lettres de Descartes; mais, ravi de cet accord prétendu entre la physique cartésienne et l'eucharistie, il ne cessa toute sa vie de les divulguer et de les défendre dans des lettres et dans des traités manuscrits.

Un manuscrit de la bibliothèque impériale (1) contient plusieurs mémoires ou dissertations de Clerselier où il s'efforce de rendre plausible l'explication de Descartes, et de répondre aux objections et aux difficultés d'un certain nombre de théologiens (2). Quelques-unes de ces difficultés sont attribuées à Arnauld qui, sans doute, ne goûta pas autant cette seconde explication que la première. Avec ces mémoires on trouve un extrait d'écrits en latin dictés, en 1663, par le bénédictin Desgabets qui se jeta dans cette polémique, avec encore plus d'imprudence et d'ardeur que son ami Clerselier, au nom duquel il prétend parler. Enfin ce même manuscrit contient les deux lettres au P. Mesland, précédées de cette remarque : « Ces deux lettres ont servi de fondement à tout cet ouvrage. Et c'est aussi là-dessus que se sont réglés tous ceux qui depuis ont écrit de cette matière, suivant les pensées de M. Descartes, ensuite de la communication qu'ils ont eue de ces lettres (3). »

Ainsi, diverses copies des lettres au P. Mesland circulaient parmi les cartésiens, qui en tiraient le fond de toutes leurs explications eucharistiques. Baillet les a eues sous les yeux et en cite un fragment. Elles furent longtemps entre les mains de Pourchot, célèbre professeur de philosophie de l'université de Paris, vers la fin du dix-septième et le commencement du dix-huitième siècle, qui

---

(1) Gros in-12, n° 3068.
(2) Ces objections sont de M. Pastel, médecin en Auvergne, de M. Terson, savant ministre converti au catholicisme, du P. Viogué, de Maleval, théologien de Marseille, et d'Honoré Fabri.
(3) L'auteur les suppose écrites en 1645 ou environ.

en a fait passer la substance dans son cours de philosophie (1). Mais Bossuet, les ayant lues, les condamna et recommanda avec instance de ne pas les publier, dans l'intérêt même de la philosophie de Descartes (2).

Elles étaient oubliées depuis longtemps, et on pouvait les croire perdues, quand, pour la première fois, l'abbé Émery les a textuellement publiées dans ses *Pensées sur Descartes* (3), non qu'il en approuve la doctrine, mais parce qu'elle est, dit-il, désormais sans danger, étant déjà divulguée en plus de vingt ouvrages de théologie ou de philosophie. Mais s'il n'ose ouvertement prendre parti en leur faveur, on voit qu'il y incline, par l'indulgence avec laquelle il les traite et par les espérances qu'il en conçoit, avec une naïveté qui rappelle un peu celle de Clerselier et de Desgabets. C'est, dit-il, un système plus hardi et plus complet que la première explication pour faire disparaître les difficultés de la transsubstantiation, quoique reçu moins favorablement par les catholiques. Mais il le croit susceptible de modifications et de perfectionnements qui le rendent avantageux à la foi ; déjà même il lui semble qu'un de ces perfectionnements a été introduit par le géomètre Varignon, grand ami de Malebranche.

Quoi qu'il en soit, voici la substance de l'explication de Descartes. Le mot de corps est équivoque, tantôt on lui fait signifier une quantité déterminée de matière, et tantôt seulement la portion de matière animée par l'âme d'un homme. C'est en ce second sens qu'il faut le prendre dans le sacrement de l'eucharistie. Quelles que soient la quantité ou la figure de la matière, pourvu qu'elle soit unie à la même âme, nous la tenons pour le corps du même homme. Ce point établi, Descartes croit découvrir dans l'assimilation des aliments du corps de l'homme par la

---

(1) *Institutiones philosophicæ*, 5 vol. in-12, edit. quarta, Lugd., 1733. « Pars prima, physic., sect. I, cap. 1. — Quid de corporis physici natura « sentiant philosophi. »

(2) Voir le chap. xii dans le IIe volume.

(3) *Pensées de Descartes sur la religion et la morale*, Paris, 1811, in-8°.

nutrition, l'exemple d'une transsubstantiation sans miracle. Les particules de pain et de vin que nous mangeons se dissolvent dans l'estomac, circulent dans le sang, deviennent parties de notre corps et se transsubstantient naturellement. Cependant, si nous avions la vue assez subtile, nous les verrions dans le sang, les mêmes qu'elles étaient avant et nous pourrions les nommer encore telles, si ce n'est par rapport à l'union qu'elles ont maintenant avec l'âme. Or, de même peut-on penser que tout le miracle de la transsubstantiation consiste en ce que, au lieu que les parties du pain et du vin auraient dû se mêler avec le sang de Jésus-Christ pour qu'elles s'unissent naturellement avec son âme et deviennent son corps, cela se fait par la seule vertu des paroles de la consécration ; et aussi en ce que, au lieu que l'âme de Jésus-Christ ne pourrait naturellement demeurer jointe à chacune de ces parties, à moins qu'elles ne fussent assemblées de manière à former tous les organes nécessaires à la vie, elle demeure jointe à chacune d'elles quand on les sépare (1).

(1) Je pense qu'on sera bien aise de retrouver ici ces deux lettres célèbres qui ne figurent encore dans aucune édition des œuvres ou des lettres de Descartes. Il en existe diverses copies qui présentent quelques légères variantes ; je reproduis le texte du manuscrit de la Bibliothèque impériale. Voici la première :

« Votre lettre du 22 octobre ne m'a été rendue que depuis huit jours, et ce qui est cause que je n'ai pu vous témoigner plus tôt combien je me ressens votre obligé, non pas de ce que vous avez pris la peine de lire et d'examiner mes *Méditations*, car n'ayant point été auparavant connu de vous, je veux croire que ç'aura été la matière seule qui vous y a invité, ni aussi de ce que vous les avez digérées de la façon que vous avez fait ; car je ne suis pas si vain que de penser que vous l'ayez fait à mon sujet, et j'ai assez bonne opinion de mes raisonnements pour croire que vous aurez jugé qu'ils méritaient d'être rendus intelligibles à plusieurs ; à quoi la nouvelle forme que vous leur avez donnée peut beaucoup servir ; mais de ce qu'en les expliquant, vous avez eu soin de les faire paraître dans toute leur force, et d'interpréter à mon avantage plusieurs choses qui auraient pu être perverties ou dissimulées par d'autres, c'est en quoi je reconnais particulièrement votre franchise et vois que vous m'avez voulu favoriser. Je n'ai trouvé pas un mot dans l'écrit qu'il vous a plu de

Telles sont les ingénieuses et dangereuses subtilités que me communiquer auquel je ne souscrive entièrement ; et bien qu'il y ait plusieurs pensées qui ne sont point en mes *Méditations*, ou du moins qui n'y sont pas déduites en même sorte, il n'y en a toutefois aucune que je ne voulusse bien avoir pour mienne. Aussi n'a-ce pas été de ceux qui ont examiné mes écrits comme vous que j'ai parlé dans le *Discours de la Méthode*, quand j'ai dit que je ne reconnaissais pas les pensées qu'ils m'attribuaient, mais seulement de ceux qui les avaient recueillies de mes discours, étant en conversation familière. Quand, à l'occasion du Saint-Sacrement, je parle de la superficie qui est moyenne entre deux corps, à savoir entre le pain (ou bien le corps de Jésus-Christ après la transsubstantiation) et l'air qui l'environne, par ce mot de superficie je n'entends point quelque substance ou nature réelle, qui puisse être détruite par la toute-puissance de Dieu ; mais seulement un mode ou une façon d'être, laquelle ne peut être changée sans le changement de ce en quoi ou par quoi elle existe ; comme il implique contradiction que la figure carrée d'un morceau de cire lui soit ôtée, et que néanmoins aucune des parties de cette cire ne change pas. Or, cette superficie moyenne entre l'air et le pain ne diffère pas réellement de la superficie du pain, ni aussi de celle de l'air qui touche le pain, mais ces trois superficies ne sont en effet qu'une même chose, et diffèrent seulement au regard de notre pensée ; c'est à savoir, quand nous la nommons la superficie du pain, nous entendons que, bien que l'air qui environne ce pain soit changé, elle demeure toujours *eadem numero*, pendant que le pain ne change point, mais que s'il change, elle change aussi ; et quand nous la nommons la superficie de l'air qui environne le pain, nous entendons qu'elle change avec l'air et non avec le pain. Enfin, quand nous la nommons la superficie moyenne entre l'air et le pain, nous entendons qu'elle ne change ni avec l'un ni avec l'autre, mais seulement avec la figure des dimensions qui séparent l'un de l'autre ; si bien qu'en ce sens-là, c'est par cette seule figure qu'elle existe ; car le corps de Jésus-Christ étant mis en la place du pain, et venant d'autre air en la place de celui qui environnait ce pain, la superficie qui est entre cet air et le corps de Jésus-Christ demeure *eadem numero* qui était auparavant entre d'autre air et le pain, parce qu'elle ne prend pas son identité numérique de l'identité des corps dans lesquels elle existe, mais seulement de l'identité ou ressemblance des dimensions ; comme nous pouvons dire que la Loire est la même rivière qui était, il y a dix ans, bien que ce ne soit plus la même eau, et peut-être aussi qu'il n'y ait plus aucune partie de la même terre qui environne cette eau. Pour la façon dont on peut concevoir que le corps de Jésus-Christ est au Saint-Sacrement, je crois que ce n'est pas à moi à l'expliquer, après avoir appris du Concile de Trente qu'il y est, *ea existendi ratione quam verbis exprimere vix possumus* ; lesquels mots j'ai cités à dessein à la fin de ma réponse aux quatrièmes objections, afin de m'exempter d'en dire davantage. Et aussi, parce que n'étant point

mirent au grand jour un certain nombre de cartésiens

théologien de profession, j'avais peur que les choses que j'en pourra[i]
écrire fussent moins bien reçues de moi que d'un autre." Toutefois, puis[que]
que le Concile ne détermine pas que *verbis exprimere non possumu[s]*
mais seulement que *vix possumus*, je me hasarderai ici de vous dire e[n]
confidence une façon qui me semble assez commode et très-utile pou[r]
éviter la calomnie des hérétiques qui nous objectent que nous croyo[ns]
en cela une chose qui est entièrement incompréhensible, et qui impliqu[e]
contradiction ; mais c'est, s'il vous plaît, à condition que, si vous la com[-]
muniquez à d'autres, ce sera sans m'en attribuer l'invention, et mêm[e]
que vous ne la communiquerez à personne, si vous jugez qu'elle ne soi[t]
pas entièrement conforme à ce qui a été déterminé par l'Église. 1° J[e]
considère ce que c'est que le corps d'un homme, et je trouve que ce mo[t]
de corps est fort équivoque, car quand nous parlons d'un corps en gé[-]
néral, nous entendons une partie déterminée de la nature, et ensembl[e]
de la quantité dont l'univers est composé, en sorte qu'on ne saurait ôte[r]
tant soit peu de cette quantité que nous ne jugions incontinent que l[e]
corps est moindre et qu'il n'est plus entier ; ni changer aucune particul[e]
de cette matière, que nous ne pensions que le corps n'est plus par aprè[s]
totalement le même ou *idem numero*. Mais quand nous parlons du corp[s]
d'un homme, nous n'entendons point une partie déterminée de matière[,]
ni qui ait une grandeur déterminée, mais nous entendons seulement l[a]
matière qui est ensemble unie avec l'âme de cet homme, en sorte qu[e]
bien que cette matière change et sa quantité augmente ou diminue[,]
nous croyons toujours que c'est le même corps *idem numero*, pendan[t]
qu'il demeure joint et uni substantiellement à la même âme, et nou[s]
croyons que ce corps est tout entier, pendant qu'il a en soi toutes le[s]
dispositions requises pour conserver cette union ; car il n'y a personn[e]
qui ne croie que nous avons le même corps que nous avons eu dès notr[e]
enfance, bien que leur quantité soit de beaucoup augmentée, et que[,]
selon l'opinion commune des médecins, et sans doute, selon la vérité, i[l]
n'y ait plus en eux aucune partie de la matière qui y était alors, et mêm[e]
qu'ils n'aient plus la même figure, en sorte qu'ils ne sont *eadem numer[o]*
qu'à cause qu'ils sont informés de la même âme. Pour moi qui ai exa[-]
miné la circulation du sang, et qui crois que la nutrition ne se fait qu[e]
par une continuelle expulsion des particules de notre corps qui son[t]
chassées de leur place par d'autres qui y entrent, je ne pense pas qu'il [y]
ait aucune particule de nos membres qui demeure la même *numero* u[n]
seul moment ; encore que notre corps en tant que corps humain soi[t]
toujours le même *numero* pendant qu'il est uni avec la même âme ; e[t]
même en ce sens, il est indivisible ; car si l'on coupe un bras ou un[e]
jambe à un homme, nous pensons bien que son corps est divisé en pre[-]
nant le mot de corps en la première signification, mais non en le pre[-]
nant en la seconde ; et nous ne pensons pas que celui qui a un bras o[u]
une jambe coupée soit moins homme qu'un autre. Enfin quelque matièr[e]

dans l'espoir de rallier les théologiens à la philosophie
que ce soit, et de quelque quantité ou figure qu'elle puisse être, pourvu qu'elle soit unie avec la même âme raisonnable, nous la prenons toujours pour le corps du même homme, et pour son corps tout entier, si elle n'a pas besoin d'être accompagnée d'autre matière pour demeurer jointe à cette âme. De plus, je considère que lorsque nous mangeons du pain et buvons du vin, les petites parties de ce pain et ce vin se dissolvant dans notre estomac, coulent incontinent de là dans nos veines, et par cela seul qu'elles s'y mêlent avec le sang, elles se transsubstantient naturellement et deviennent partie de notre corps, bien que si nous avions la vue assez subtile pour les distinguer d'avec les autres particules du sang, nous verrions qu'elles sont encore les mêmes *numero* qui composaient auparavant le pain et le vin ; en sorte que si nous n'avions point de garde à l'union qu'elles ont avec l'âme, nous les pourrions nommer pain et vin comme devant. Or, cette transsubstantiation se fait sans miracle. Mais, à son exemple, je ne vois point de difficulté à penser que tout le miracle de la transsubstantiation, qui se fait au Saint-Sacrement, consiste en ce qu'au lieu que les particules du pain et du vin auraient dû se mêler avec le sang de Jésus-Christ et s'y disposer en certaines façons particulières, afin que son âme les informât naturellement, elle les informe sans cela par la force des paroles de la consécration ; et au lieu que cette âme de Jésus-Christ ne pourrait demeurer naturellement jointe avec chacune de ces particules de pain et de vin, si ce n'est qu'elles fussent assemblées avec plusieurs autres qui composassent tous les organes du corps humain nécessaires à la vie, elle demeure jointe surnaturellement à chacune d'elles, encore qu'on les sépare. De cette façon, il est aisé à entendre comment le corps de Jésus-Christ n'est qu'une fois en toute l'hostie quand elle n'est point divisée ; et néanmoins qu'il est tout entier en chacune de ses parties quand elle l'est ; parce que toute la matière tant grande ou petite qu'elle soit, qui est ensemble informée de la même âme humaine, est prise pour un corps humain tout entier. Cette explication choquera sans doute d'abord ceux qui sont accoutumés à croire qu'afin que le corps de Jésus-Christ soit en l'eucharistie, il faut que tous ses membres y soient avec la même quantité et figure, et la même matière *numero* dont ils ont été composés quand il est monté au ciel. Mais ils se délivreront aisément de ces difficultés, s'ils considèrent qu'il n'y a rien de cela qui soit déterminé par l'Église, et que tous les membres extérieurs et leur quantité et matière, ne sont point nécessaires à l'intégrité du corps humain, et ne sont en rien utiles et convenables à ce sacrement, où l'âme de Jésus-Christ informe la matière de l'eucharistie, afin d'être reçue par les hommes et de s'unir plus étroitement à eux ; et même cela ne diminue en rien la vénération de ce sacrement. Et enfin, l'on doit considérer qu'il est impossible, et qu'il semble manifestement impliquer contradiction que ses membres y soient ; car ce que nous nommons, par exemple, le bras ou la main d'un

nouvelle. Quelques-uns se bornent à reproduire exactement

homme, est ce qui en a la figure extérieure, et la grandeur et l'usage, en sorte que quoi que ce soit que l'on puisse imaginer en l'hostie, pour la main ou le bras de Jésus-Christ, c'est faire outrage à tous les dictionnaires, et changer entièrement l'usage des mots que de le nommer bras ou main, puisqu'il n'en a ni l'extension, ni la figure, ni l'usage. Je vous aurai obligation si vous m'apprenez votre sentiment touchant cette explication; et je souhaiterais bien aussi d'avoir celui du Révérend Père Vatier; mais le temps ne me permet pas de lui écrire.

Voici maintenant la seconde lettre au P. Mesland, où Descartes répond à quelques difficultés proposées et au touchant adieu pour jamais que le P. Mesland lui avait adressé en partant pour les Missions :

J'ai lu avec beaucoup d'émotion l'adieu pour jamais que vous avez pris la peine de m'écrire; et il m'aurait touché davantage si je n'étais ici en un pays où je vois tous les jours plusieurs personnes qui sont revenues des antipodes. Ces exemples si ordinaires m'empêchent de perdre entièrement l'espérance de vous revoir quelque jour en Europe; et encore que votre dessein de convertir les sauvages soit très-généreux et très-saint, toutefois, parce que je me persuade que pour l'exécuter on a seulement besoin de zèle et de patience, et non pas de beaucoup d'esprit ou de savoir, il me semble que les talents que Dieu vous a donnés, pourraient être employés plus utilement en la conversion de nos athées, qui se piquent de bon esprit et ne veulent se rendre qu'à l'évidence de la raison; ce qui me fait espérer qu'après que vous aurez fait quelque expédition aux lieux où vous allez, et conquis plusieurs milliers d'âmes à Dieu, le même esprit qui vous y conduit aujourd'hui vous ramènera, et je le souhaite de tout mon cœur. Vous trouverez ici de brèves réponses aux objections que vous m'avez fait la faveur de m'envoyer touchant mes *Principes*. Je les aurais faites plus amples, sinon que je crois assurément que la plupart des difficultés qui vous sont venues d'abord en commençant la lecture du livre, s'évanouiront d'elles-mêmes quand vous l'aurez achevé. Celles que vous trouvez en l'explication du Saint-Sacrement, me semblent aussi pouvoir facilement être ôtées; car 1° comme il ne laisse pas d'être vrai de dire que j'ai maintenant le même corps que j'avais, il y a dix ans, bien que la matière dont il est composé soit changée, à cause que l'unité numérique du corps d'un homme ne dépend pas de celle de sa matière, mais de sa forme qui est l'âme. Ainsi ces paroles de Notre-Seigneur n'ont pas laissé d'être véritables, *hoc est corpus meum quod pro vobis tradetur*, et je ne vois pas de quelle autre sorte il eût pu parler, pour signifier la transsubstantiation au sens que je l'ai expliquée. Puis, pour ce qui est de la façon dont le corps de Jésus-Christ aurait été en l'hostie qui aurait été consacrée pendant le temps de sa mort, je ne

ACCUSATIONS DES THÉOLOGIENS.

la substance des lettres au P. Mesland (1), les autres imaginent des perfectionnements, des raccommodements pour mieux les mettre en accord avec le concile de Trente et pour répondre à toutes les objections. Ainsi, pour n'en citer qu'un exemple, le célèbre géomètre Varignon imagina de changer toutes les parties sensibles de l'eucharistie en autant de corpuscules organisés qui, malgré leur petitesse, seraient de vrais corps humains, et tous le même néanmoins, en tant qu'unis à une même âme (2), afin d'éviter le reproche, encouru par l'hypothèse de Descartes, de faire du corps de

---

sache point que l'Église en ait rien déterminé et il faut, ce me semble, bien prendre garde à distinguer les opinions déterminées par l'Église d'avec celles qui sont communément reçues par les docteurs, et fondées sur les principes d'une philosophie mal assurée. Toutefois, quand bien même l'Église aurait déterminé que l'âme de Jésus-Christ n'aurait pas été unie à son corps en l'hostie qui aurait été consacrée au temps de sa mort, il suffit de dire que la matière de cette hostie aurait pour lors été autant disposée à être unie à l'âme de Jésus-Christ, que celle de son corps qui était dans le sépulcre, pour assurer qu'elle aurait été véritablement son corps ; puisque la matière qui était dans le sépulcre n'était alors nommée le corps de Jésus-Christ, qu'à cause des dispositions qu'elle avait à recevoir son âme. Et il suffit aussi de dire que la matière du pain aurait eu les dispositions du corps, sans le sang, et celle du vin les dispositions du sang sans la chair, pour assurer que le corps seul, sans le sang, aurait été alors dans l'hostie, et le sang seul dans le calice. Comme aussi ce qu'on dit que c'est seulement par concomitance que le corps de Jésus-Christ est dans le calice, se peut fort bien entendre en pensant que bien que l'âme de Jésus-Christ soit unie à la matière contenue dans le calice, ainsi qu'à un corps humain tout entier, et par conséquent que cette matière soit véritablement tout le corps de Jésus-Christ, elle ne lui est toutefois unie qu'en vertu des dispositions qu'a le sang à être uni avec l'âme humaine, et non pas en vertu de celles qu'a la chair ; et ainsi je ne vois aucune difficulté en tout cela. Mais néanmoins, je me tiens très-volontiers avec vous aux paroles du Concile, qu'il y est, *ea existendi ratione quam verbis vix exprimere possumus*.

(1) Dans un *Recueil de pièces fugitives sur l'eucharistie* publié à Genève en 1730 par le ministre Vernet, on trouve une explication eucharistique attribuée à Malebranche qui n'est que l'exacte reproduction de celle de Descartes.

(2) *Démonstration de la possibilité de la présence du corps de Jésus-Christ dans l'eucharistie conformément au sentiment des catholiques*. On trouve cette pièce dans les *Pièces fugitives sur l'eucharistie*.

Jésus-Christ un corps de pain et non une vraie chair douée d'organes. Tel est le perfectionnement auquel applaudit le bon abbé Emery, et qui lui en fait espérer d'autres encore. De toutes parts on vit alors, parmi les cartésiens, se produire des essais de philosophie eucharistique. Quelques-uns allèrent jusqu'à prétendre donner, d'après Descartes, une démonstration géométrique du grand mystère (1). C'est en vain que des cartésiens plus sages, tels que Régis, Arnauld, Nicole, Bossuet, protestent contre ces dangereuses nouveautés, et gémissent du préjudice qu'elles portent à la philosophie de Descartes (2). Cependant plus les propagateurs ou les inventeurs de ces prétendues explications s'engagent dans cette voie, plus ils donnent des armes à leurs adversaires, et plus ils provoquent les objections et les accusations des théologiens, loin de les mettre de leur parti. Le grand grief théologique contre l'explication au P. Mesland, c'est qu'elle laissait subsister la substance du pain et du vin, en la faisant seulement animer par l'âme de Jésus-Christ, sans qu'ils fussent changés au vrai corps de Jésus-Christ. A la première explication de Descartes, on avait objecté que ce n'était pas le pain qui se changeait en corps de Jésus-Christ, mais son corps en pain; à la seconde, on objecta que c'était le pain qui devenait le corps de Jésus-Christ, sans aucun changement réel et physique, et par le seul fait de l'union avec Jésus-Christ.

Bossuet prit la plume pour combattre ces singulières applications du cartésianisme à la théologie, dans l'intérêt non-seulement de l'orthodoxie, mais aussi de Descartes et de sa philosophie bien entendue. Il ne voulait pas qu'une

---

(1) *Breve opusculum quo geometrice demonstratur possibilitas præsentiæ corporis Christi.* Il fut réfuté par M. David, ecclésiastique du diocèse de Bayeux. Paris, 1729, in-12.

(2) Voltaire, dans le *Philosophe ignorant*, se moque de ces explications cartésiennes de l'eucharistie : « Celui-là prétend me faire toucher au doigt la transsubstantiation, en me montrant par les lois du mouvement comment un accident peut exister sans sujet, et comment un corps peut être en deux endroits à la fois. Je me bouche les oreilles et je passe plus vite encore. »

philosophie, qui lui était chère et dont il attendait les plus grands avantages pour la religion, portât la peine des témérités de quelques esprits brouillons. S'il n'ose contester l'authenticité des lettres au P. Mesland, du moins déclare-t-il tenir pour suspect tout ce que Descartes n'a pas lui-même publié. En faveur de Descartes, il fait remarquer que cette seconde explication ne cadre pas avec la première, la seule qu'il ait avouée, précisément en ce point essentiel qu'elle laisse subsister la substance du pain et du vin, qu'il s'applique à exclure dans sa réponse à Arnauld, et enfin sans lui-même mettre en avant aucune de ces explications qu'il condamne, il se contente de montrer que la doctrine de Descartes sur la matière est susceptible d'un sens qui ne la rend ni plus ni moins compatible que toute autre doctrine philosophique avec les décisions du concile de Trente (1).

Après Bossuet citons l'abbé Duguet qui, dans un traité théologique plein de force et de bon sens, a combattu ces explications cartésiennes en général fort goûtées dans l'Oratoire (2). Il conjure ses frères de l'Oratoire de se mettre en garde contre une philosophie curieuse et indocile, qui n'est propre qu'à faire perdre la foi, en prétendant tout expliquer, même les mystères. Son objection fondamentale contre les nouveaux systèmes est la même que celle de Bossuet ; en tous il découvre ce défaut essentiel de ne pas conserver la vérité du corps unique de Jésus-Christ crucifié et immolé pour nous : « Il y a, dit-il, une barrière insurmontable contre les nouveaux systèmes, c'est que la chair de Jésus-Christ dans l'eucharistie est la même qui est née de la Vierge, immolée sur la croix, etc. Ainsi se terminent ces malheureuses recherches et ces funestes conciliations de nos redoutables mystères avec une raison que Dieu ne nous a pas donnée pour cet usage. On pose pour fondement de ces recherches et de ces conciliations

---

(1) Voir le chapitre xii du IIe vol.
(2) *Dissertations théologiques et dogmatiques.* Paris, 1727, in-12. — — Voir la seconde dissertation, sur l'eucharistie.

l'idée naturelle qu'on a de l'étendue et de l'essence de la matière, sans se souvenir que nos idées naturelles ne nous représentent pas tout ce qui est possible à Dieu, et qu'elles sont seulement les premiers fondements d'une raison limitée. »

Leibniz, après avoir insinué peu charitablement que Descartes a manqué de franchise, quand il s'est retranché derrière la distinction des vérités de la foi et de la raison, ajoute : « obligé néanmoins de se prononcer un jour touchant l'eucharistie, au lieu d'espèces réelles il introduisit des espèces apparentes, rappelant ainsi une explication que les théologiens s'accordent à rejeter (1). » Mais lui-même a-t-il été plus heureux et plus sage que Descartes, lorsque, prétendant démontrer la possibilité rationnelle de la présence réelle, il a imaginé son *vinculum substantiale* indépendant des substances et de leurs phénomènes, et passant d'une substance corporelle à l'autre, sans que les phénomènes visibles en soient altérés (2).

Par la force de ces objections théologiques, on voit avec quelle imprudence les cartésiens, dans cette polémique, s'exposaient aux coups les plus redoutables de leurs adversaires et allaient, pour ainsi dire, eux-mêmes au-devant de la terrible accusation contre laquelle ils voulaient se défendre. Incompatibilité avec l'eucharistie, conformité avec les sentiments de Luther et de Calvin, voilà l'anathème sous lequel les cartésiens ont failli succomber. Tous leurs plus violents adversaires se précipitent par cette brèche, et, dans une foule de libelles, réclament de l'autorité civile et ecclésiastique l'interdiction du cartésianisme au nom de la foi menacée. A leur tête est le P. Valois. Son livre intitulé : *Les sentiments de Descartes opposés à ceux de l'Église et conformes à ceux de Calvin*, en résume et en provoque une foule d'autres de même

---

(1) *De vera methodo philosophiæ et theologiæ*, edit. Edmann, p. 111.
(2) Voir les lettres au P. Des Bosses.

nature (1). On peut voir, dans le *Recueil de pièces curieuses pour servir à l'histoire du cartésianisme*, publié par Bayle, l'émotion causée par le livre du P. Valois (2). Les cartésiens effrayés redoublent leurs protestations de foi, de piété et de soumission au concile de Trente.

Pour écarter de la philosophie nouvelle tout soupçon d'impiété, on relève, ou même on imagine une foule de circonstances édifiantes de la vie et de la mort de Descartes ; on lui attribue même la conversion de Christine. Quelques cartésiens obtinrent de cette bizarre et peu édifiante princesse un certificat attestant qu'après Dieu, Descartes était l'auteur de sa conversion au catholicisme. Voici ce singulier certificat dont les cartésiens firent grand bruit, et qu'ils placèrent dans la plupart de leurs apologies et de leurs préfaces : « Nous, etc., certifions que le sieur Descartes a beaucoup contribué à notre glorieuse conversion, et que la Providence s'est servie de lui et de notre illustre ami, le sieur Chanut, pour nous en donner les premières lumières, en sorte que sa grâce et sa miséricorde achevèrent

---

(1) *La Philosophie de M. Descartes contraire à la foi catholique*, in-12, Paris, 1682.

(2) L'auteur anonyme donne ce livre comme le complément de celui du P. Valois. Ce recueil est presque tout entier composé de pièces relatives à ce grand débat sur l'eucharistie et au livre du P. Valois : *Défense de la philosophie de Gassendi, par Bernier. — Réponse de M. X. X. à une lettre de ses amis touchant le livre de M. de La Ville*, suivie d'un mémoire sur la *possibilité de la transsubstantiation*. Nous savons aujourd'hui, par les témoignages du P. André et du P. Adry, que l'auteur de cette lettre et de ce mémoire, en faveur de l'explication de Descartes au P. Mesland, est Malebranche lui-même, quoiqu'il ne parle de lui qu'à la troisième personne. Malebranche a répondu directement au P. Valois à la fin de sa 2ᵉ édition du *Traité de la nature et de la grâce*. On voit aussi dans ce recueil de quelle façon les calvinistes intervenaient dans le débat. Une foule de thèses, de dissertations, d'ouvrages en sens contraires ont été publiés sur cette question, parmi lesquels nous citerons : *De irritis conatibus Cartesii aliorumque ad conciliandam cum philosophia transsubstantiationem*, tel est le titre d'une thèse soutenue à Altorf en 1723 ; *Apologie de Charles Lafont pour la philosophie nouvelle sous forme de lettre*, Lyon, 1673 ; et *la Présence réelle de l'homme en plusieurs lieux démontrée possible*, par l'abbé de Lignac.

ensuite de nous faire embrasser les vérités de la religion catholique, apostolique et romaine, que le sieur Descartes a toujours constamment professée, et dans laquelle il est mort avec toutes les marques de la vraie piété que notre religion exige de ceux qui la professent. En foi de quoi nous avons signé les présentes et y avons fait apposer notre sceau royal (1). » Comment oser accuser Descartes de conformité avec Luther ou Calvin, en face de ce royal témoignage et d'une si glorieuse conversion ?

D'un autre côté, les réformés de France et de Hollande travaillaient, non sans succès, à envenimer la querelle, et cherchaient à en tirer parti contre le concile de Trente et la foi catholique. Wittichius, Claude, Jurieu, Bayle, la plupart des ministres, ne manquaient pas de donner raison à Descartes touchant l'essence de la matière, mais en même temps aussi à ses adversaires touchant l'incompatibilité de cette doctrine avec le concile de Trente. Ils proclamaient les cartésiens vainqueurs, comme philosophes, et vaincus, comme catholiques. « Il est clair, dit Bayle, par Descartes, que l'étendue est l'essence de la matière, et il n'est pas moins clair, par le P. Valois, que cette doctrine est incompatible avec la doctrine catholique ; donc il est clair que le concile de Trente a décidé une fausseté quand il a parlé de l'essence réelle (2). » Jurieu s'appuie sur cette incompatibilité vraie ou prétendue, pour élever des doutes sur la foi des théologiens de Port-Royal attachés à Descartes.

Ces essais malheureux de philosophie eucharistique, d'après les principes de Descartes, attirèrent sur leurs auteurs et sur l'école tout entière de fâcheuses disgrâces, et fournirent le principal prétexte d'une véritable persécution contre le cartésianisme. Desgabets, Le Gallois, Cally, Maignan, d'autres encore, furent frappés de censure et contraints à des rétractations. Quoiqu'il se fût borné à développer la première explication de Descartes, Rohault,

---

(1) Baillet, liv. VII, chap. xxiii.
(2) Préface du *Recueil des pièces curieuses pour servir à l'histoire du cartésianisme*.

inquiété jusque sur son lit de mort, fut obligé par son curé à faire publiquement une profession de foi catholique. Au premier rang des propositions cartésiennes condamnées, nous verrons toujours figurer celle de l'étendue essentielle, tandis que, par opposition, les accidents absolus semblent devenir le palladium de la foi.

Si l'on ne connaissait ce débat eucharistique, il serait difficile de comprendre l'importance et la vivacité que prend tout à coup cette question, en apparence inoffensive, de l'essence de la matière. Les théologiens durent s'alarmer de nouveautés dangereuses pour la foi et surtout de cette prétention de faire passer tous les mystères par le crible des principes de la philosophie de Descartes. L'État, de son côté, s'alarma de cet esprit d'innovation et de libre examen qui se répandait partout à la suite du cartésianisme. De là une persécution dont nous allons raconter les principaux incidents.

CHAPITRE XXII

Persécution du cartésianisme en France. — Décret de la congrégation de l'Index. — Réflexions d'Arnauld sur ce décret. — Défense de prononcer l'oraison funèbre de Descartes. — Ordre verbal du roi déclaré en 1671 à l'Université par l'archevêque de Paris. — Le Parlement sollicité de renouveler contre le cartésianisme l'arrêt de 1624. — Arrêt burlesque de Boileau. — Mémoire d'Arnauld en faveur de la liberté philosophique. — Descartes interdit dans les universités de province comme dans celle de Paris. — Université d'Angers. — Lettre du roi au recteur. — Appel au parlement de Paris du supérieur du collége de l'Oratoire. — Arrêt du conseil du roi qui casse l'arrêt du parlement. — Résistance et exil de Bernard Lamy. — Université de Caen. — Curés et professeurs cartésiens exilés. — Censures par les ordres religieux. — Bénédictins. — Congrégation de Sainte-Geneviève. — Formulaire théologique et philosophique imposé à l'Oratoire par les jésuites. — Le P. Quesnel et les Oratoriens de Mons. — Renouvellement à diverses époques, dans l'Université de Paris, des avertissements contre les doctrines nouvelles. — Dénonciation du P. Valois à l'assemblée du clergé. — *Censure* de Huet. — Conférences cartésiennes interdites. — Alarmes des cartésiens. — Impuissance de cette persécution.

Vingt-trois ans après la publication du *Discours de la Méthode*, treize ans après la mort de Descartes, et lorsque tous ses ouvrages étaient depuis longtemps répandus en France et dans toutes les parties de l'Europe, la congrégation de l'Index, avertie par l'exemple de la faculté de Louvain, s'aperçut à son tour du prétendu poison qu'ils contiennent et les condamna avec l'adoucissement chimérique du *donec corrigantur* (1). A en croire Baillet, la congréga-

(1) Voici le texte même de cette condamnation : « Sacræ Indicis congregationis decreto damnati, prohibiti, ac respective suspensi fuerunt infra scripti libri, ubicumque et quocumque idiomate impressi imprimendive. — Nemo cujuscumque gradus et conditionis eos in posterum vel imprimat, vel legat, vel retineat. Si quis interim habuerit inquisitoribus,

tion ne se serait pas avisée de cette condamnation, et n'aurait pas plus touché aux écrits de Descartes, après sa mort que pendant sa vie, sans les intrigues d'un auteur particulier qui sut adroitement faire glisser ses ouvrages dans leur Index (1). Cet auteur particulier, si nous en croyons Arnauld, était un Jésuite, le Père Fabry.

Il est impossible d'attaquer plus vivement qu'Arnauld lui-même cette condamnation, et de relever avec plus de bon sens et d'ironie les contradictions de la congrégation de l'Index. Il ne s'étonne pas, écrit-il à M. du Vaucel (2), de ce qu'on lui mande de Naples, que de jeunes fous sont devenus athées par la lecture des œuvres de Gassendi, qui a employé tout ce qu'il avait d'esprit à détruire ce que Descartes avait trouvé de plus fort pour prouver l'existence de Dieu et l'immortalité de l'âme. « N'y a-t-il pas de quoi admirer cependant le grand jugement de Messieurs les inquisiteurs de Rome et le grand service qu'ils rendent à l'Église par leurs prohibitions ? Ils ont laissé toute liberté à ces jeunes gens de lire l'auteur qui détruit, autant qu'il peut, les preuves les plus solides de l'existence de Dieu et de l'immortalité de l'âme (car il n'y a aucun des ouvrages

---

seu locorum ordinariis, a præsentis decreti notitia tradat, sub pœnis in Indice librorum prohibitorum contentis : libri sunt, Renati Descartes opera sequentia donec corrigantur : *De prima philosophia in qua Dei existentia*, etc. — *Notæ in programma quoddam sub finem anni 1654 in Belgio editum cum hoc titulo : Explicatio mentis humanæ sive de anima rationali, ubi explicatur quid sit et esse possit.* — *Epistola ad Petrum Dinet, societatis Jesu.* — *Epistola ad celeberrimum virum Gisbertum Voetium.* — *Passiones animæ.* — *Ejusdemque auctoris opera philosophica.* — In quorum fidem manu et sigillo Eminent. et Reverend. DD. Cardinalis Ginetti episcopi sabinensis, supradictæ congregationis præfecti, præsens decretum signatum et munitum fuit. Datum Romæ in palatio apostolico Quirinali, die 20 novembris 1663. » Les censeurs romains mirent à l'Index en 1722, sans le *donec corrigantur*, une édition des *Méditations* de Descartes, d'Amsterdam, 1709. Mais les théologiens favorables à Descartes, le P. Rozaven, l'abbé Sisson prétendent que cette édition ne fut condamnée qu'à cause des observations de divers auteurs qui y sont jointes et que ce décret n'aggrave en rien celui de 1663.

(1) Baillet, tome II, p. 529.
(2) Lettre 860, tome III, p. 396 des Œuvres complètes.

de M. Gassendi qui soit dans l'Index), mais il ne leur a pas été permis de lire celui qui les aurait persuadés de ces vérités, pour peu qu'ils eussent l'esprit bien fait. » Même contradiction à propos du placard de Régius, qui soutient que l'âme n'est qu'une modification de la substance corporelle, tandis que Descartes le combat. « Qu'ont fait nos censeurs romains ? Ils n'ont rien dit du placard, et ils en ont mis la réfutation dans l'Index, c'est-à-dire qu'ils ont permis qu'on avalât le poison et défendu qu'on prît l'antidote. Il est vrai que c'est *donec corrigantur*. Mais cela ne se pouvant point faire, parce qu'ils ne disent pas ce qu'il faut corriger, c'est la même chose que si un livre était défendu absolument. »

Ce décret des inquisiteurs de Rome n'avait pas force de loi en France; mais il rendit suspecte la philosophie de Descartes : il donna le signal des défenses et des censures qui s'y succédèrent sans interruption, presque jusqu'à la fin du siècle, de la part du conseil du roi, de l'archevêque de Paris, des universités et de certains ordres religieux. L'interdiction de prononcer l'éloge de Descartes, survenue tout à coup de la part de la cour, au milieu même de la pompe funèbre de Sainte-Geneviève, fut la première marque publique de défiance contre la philosophie nouvelle (1). A cette même époque, tous les candidats aux chaires de philosophie étaient obligés de renier la prétendue nouvelle philosophie et de s'escrimer contre Descartes (2), ce qui n'empê-

(1) M. Quicherat, dans un intéressant article de la *Revue de l'instruction publique* du 15 janvier 1860, ajoute ici une nouvelle preuve de mauvais vouloir contre la mémoire de Descartes : « Nous trouvons, dit-il, un autre triomphe de cette puissante opposition, nous avons vu dans les cartons de la bibliothèque Sainte-Geneviève le projet d'un beau monument à élever à Descartes; mais il ne fut pas permis aux Génovéfins de lui décerner cet honneur, et sa sépulture fut couverte d'une simple pierre.

(2) La chaire de philosophie du collége royal étant devenue vacante en 1669, voici les sujets donnés à traiter oralement à quatre candidats admis à la disputer : *De immortalitate, de motu, de præstantia philosophiæ peripateticæ*, et enfin contre la prétendue nouvelle philosophie de M. Descartes, *qui dictus est magis indulsisse novitati quam veritati*. (Guy Patin, *Lettres*, Paris, 21 octobre 1669.)

che pas qu'elle ne s'introduise dans l'Université, comme le prouve l'ordre verbal du roi, qui lui est déclaré en 1671 par l'archevêque de Paris, François de Harlay : « Le roi ayant appris que certaines opinions que la Faculté de théologie avait censurées autrefois et que le parlement avait défendu d'enseigner ni de publier, se répandent présentement, non-seulement dans l'Université, mais aussi dans le reste de cette ville et dans quelques autres du royaume, soit par des étrangers, soit par des gens du dedans, voulant empêcher le cours de cette opinion qui pourrait porter quelque confusion dans l'explication de nos mystères, poussé de son zèle et de sa piété ordinaire, il m'a commandé de vous dire ses intentions. Le roi vous exhorte, Messieurs, de faire en sorte que l'on n'enseigne point dans les universités d'autre doctrine que celle qui est portée par les règlements et les statuts de l'Université, et que l'on n'en mette rien dans les thèses, et laisse à votre prudence et à votre sage conduite de prendre les voies nécessaires pour cela (1). » Toutes les Facultés, la Faculté de théologie en tête, s'empressent d'obéir et de protester de leur zèle pour la prohibition des opinions nouvelles. La Faculté de médecine ne se montre pas moins zélée que celle de théologie. Consultée, en 1673, par l'Académie de médecine de Reims sur la question de savoir, si on devait discuter une thèse empreinte de cartésianisme, elle fait cette réponse, consignée dans ses actes, qu'il ne faut pas en souffrir la discussion et qu'il faut se soumettre respectueusement à l'arrêt du roi (2).

Non contents de cet ordre verbal, les adversaires du cartésianisme voulurent faire renouveler, par le Parlement, l'arrêt de 1624, dont il a déjà été question dans cette histoire, ou en provoquer un nouveau, portant interdiction absolue

---

(1) J'extrais ce texte et la plupart des autres censures de la philosophie de Descartes d'un petit in-12 (Paris, 1705) intitulé : *Quædam recentiorum philosophorum ac præsertim Cartesii propositiones damnatæ et prohibitæ*. La plupart de ces faits ont été déjà signalés dans un intéressant Mémoire de M. Cousin sur la persécution du cartésianisme dans ses *Fragments d'histoire de la philosophie moderne*, 4ᵉ édit., 1866.

(2) *Quædam recentiorum*, etc.

contre les opinions cartésiennes, sous les peines les plus graves, dans toute l'étendue du royaume. L'Université avait déjà préparé sa requête au Parlement, afin de faire interdire Descartes au profit d'Aristote, et le premier président, Lamoignon, s'entretenant familièrement avec Boileau, avait dit qu'il ne pourrait se dispenser de rendre un arrêt conforme à sa requête. Aussitôt l'auteur des *Satires*, en compagnie de Bernier et de Racine, imagine de tourner à l'avance en ridicule l'arrêt du parlement dans un arrêt burlesque qui fut mis sous les yeux de Lamoignon. Cette spirituelle satire était dirigée, non-seulement contre les philosophes, mais aussi contre les médecins de l'École, qui ne voulaient entendre parler ni du quinquina, ni de la circulation du sang, et contre les adversaires, quels qu'ils fussent, des opinions nouvelles. Donné en faveur des maîtres ès arts, médecins et professeurs de l'Université pour le maintien de la doctrine d'Aristote (1), l'arrêt bur-

(1) *Œuvres de Boileau*, éd. de Saint-Marc, tome III, p. 43. — L'arrêt burlesque, avec l'histoire de sa composition, se trouve aussi dans les *Mémoires sur la vie de Jean Racine*, par son fils. En voici quelques passages : « Vu par la Cour la requête présentée par les régents, maîtres ès arts, docteurs et professeurs de l'Université, tant en leur nom que comme tuteurs et défenseurs de la doctrine de maître Aristote, ancien professeur royal en grec dans le collége du Lycée, et précepteur du feu roi de querelleuse mémoire, Alexandre dit le Grand, acquéreur de l'Asie, Europe, Afrique et autres lieux, contenant que, depuis quelques années, une inconnue, nommée la Raison, aurait entrepris d'entrer par force dans les écoles de ladite Université, et pour cet effet, à l'aide de certains quidams factieux prenant les surnoms factieux de cartésiens, nouveaux philosophes, circulateurs et gassendistes, gens sans aveu, se serait mise en état d'en expulser Aristote, ancien et paisible possesseur desdites écoles... Voulant assujettir ledit Aristote à subir devant elle l'examen de sa doctrine, ce qui serait directement opposé aux lois, us et coutumes de ladite Université, où ledit Aristote aurait toujours été reconnu pour juge sans appel et non comptable de ses opinions... et, non contente de cela, aurait entrepris de diffamer et de bannir des écoles de philosophie les formalités, matérialités, entités, identités, virtualités, eccéités, pétréités, polycarpéités et autres êtres imaginaires, tous enfants et ayant cause de défunt maître Jean Scot leur père, ce qui causerait un préjudice notable, et causerait la totale subversion de la philosophie scholastique dont elles sont tout le mystère, et dont elle tire toute sa subsistance, s'il n'y était

lesque conclut au bannissement à perpétuité de la raison des écoles de l'Université. Sachons gré à Boileau et à Racine de cette piquante raillerie en faveur de Descartes et de la raison. D'après une note de Saint-Marc (1), le président Lamoignon rit beaucoup de l'arrêt burlesque, et avoua à Boileau qu'il l'avait empêché de rendre un autre arrêt qui aurait fait rire tout le monde. Boileau lui-même, à la fin de son *Discours sur l'Ode*, se loue d'avoir heureusement suivi le précepte d'Horace :

> Ridiculum acri
> Fortius ac melius magnas plerumque secat res,

et d'avoir obligé l'Université à supprimer sa requête qui aurait été suivie d'une condamnation du Parlement contre les nouveaux philosophes.

Mais il est permis de croire que l'arrêt burlesque n'en eut pas seul tout l'honneur. Il faut faire la part des sympathies que rencontrait, dans le Parlement, la philosophie de Descartes, et sans doute aussi des excellentes raisons contenues dans un Mémoire qui lui fut adressé, à cette même occasion, avec ce titre : *Plusieurs raisons pour empêcher la censure ou condamnation de la philosophie de Descartes*. Ce qui augmente encore pour nous l'intérêt de ce Mémoire,

par la Cour pourvu... La Cour a maintenu et gardé, maintient et garde Aristote en pleine et paisible possession et jouissance desdites écoles ; ordonne qu'il sera toujours suivi et enseigné par les régents, docteurs, maîtres ès arts et professeurs en ladite Université, sans que pour cela ils soient obligés de le lire ou de savoir sa langue et ses sentiments ; remet les entités, identités, etc., en leur bonne fame... bannit à perpétuité la Raison des écoles de ladite Université, lui fait défense d'y entrer, troubler ni inquiéter ledit Aristote en la possession et jouissance d'icelles, à peine d'être déclarée janséniste et amie des nouveautés. » Madame de Sévigné écrit à sa fille le 20 septembre 1671 : « Je suis fort aise que vous ayez trouvé cette requête jolie ; sans être aussi habile que vous, je l'ai entendue *per discrezione* ; elle m'a paru admirable. »

La requête de l'Université, qui ne parut point, fut aussi tournée en ridicule par Bernier, à l'imitation de l'arrêt burlesque. Cette requête burlesque se trouve dans le *Ménagiana*, tome IV, p. 271, éd. de 1715.

(1) *Œuvres de Boileau*, tome III, p. 43.

c'est que nous savons aujourd'hui, grâce à M. Cousin, qu'il est en effet d'Arnauld, dont à l'avance il nous paraissait digne par la force du style et des pensées (1). Voici les principales raisons d'Arnauld pour empêcher cette condamnation. Ceux qui sollicitent cet arrêt sont des personnes peu connues pour être des amis de la paix, et qui cherchent à renouveler les brouilleries. Il serait impossible en effet qu'un arrêt de ce genre n'en produisît pas, quand ce ne serait pas leur dessein, car il ne changera pas d'un coup l'opinion des hommes qui ne se croient obligés de soumettre leur jugement à l'autorité qu'en matière de foi. L'histoire prouve que, par aucune loi, on ne peut contraindre les hommes à adopter telle philosophie plutôt que telle autre, et que, quand on le tente, on ne fait que commettre l'autorité de l'Église et des magistrats. Arnauld en donne comme preuve le livre curieux de de Launoy, *De varia Aristotelis fortuna*, l'édit de Louis XI, qui paraît aujourd'hui si ridicule, contre les nominaux, et ce fameux édit, de 1624, interdisant, à peine de vie, les opinions nouvelles, lequel n'empêcha pas Gassendi de publier la même année ses *Exercitationes adversus Aristoteleos*. Ce qu'on prétend faire aujourd'hui ne peut qu'être préjudiciable à la religion, en donnant à penser qu'une doctrine très-répandue parmi les catholiques ruine l'eucharistie. Sera-ce donc une raison de ne pas la condamner, si, en effet, elle ne s'accorde pas avec la foi? Que si on exige un accord évident et complet, on ne le trouvera, selon Arnauld, dans aucune philosophie, parce que, dans les bornes de la raison, toute philosophie présentera toujours des difficultés qui sembleront choquer la

---

(1) Saint-Marc, qui l'a inséré dans son édition de Boileau, 1747, t. III, p. 112, le disait sans en donner la preuve : Nous avons, dit M. Cousin, retrouvé ce Mémoire attribué positivement à Arnauld et daté de 1679 dans un manuscrit de la Bibliothèque royale, carton 648 (*Fragments de philosophie cartésienne*, séance d'une société cartésienne), in-12, 1845. Il l'a reproduit en entier dans le fragment sur la persécution du cartésianisme, *Fragments d'histoire de la philosophie moderne*, 1re partie, p. 303, 1866.

foi des mystères. Aristote, de même que Descartes, ne se concilie avec la foi qu'autant qu'on ne s'arrête pas à ces difficultés, et qu'on reconnaisse que la raison naturelle ne peut rien faire concevoir de toutes ces choses, lesquelles nous paraîtraient impossibles, si nous ne considérions la puissance infinie de Dieu qui lui permet de faire ce que notre raison ne saurait comprendre. Hors ce principe, nulle philosophie ne peut s'accorder avec la foi ; avec ce principe, il n'y en a point de raisonnable qu'on n'y puisse accorder. L'arrêt de 1624, qu'il s'agit de renouveler, ne s'applique à la philosophie de Descartes, qu'en tant qu'il oblige à conserver les formes substantielles. Or, les formes substantielles non spirituelles sont abandonnées, ou même combattues, même par les partisans de l'ancienne philosophie, tels que le minime Maignan et les Pères jésuites Rapin et Fabry. Enfin, la dernière raison et la plus convaincante, c'est qu'il n'y a nul inconvénient à laisser les choses comme elles sont depuis tant d'années, et qu'il y en a toujours bien davantage à remuer les sujets de contestations et de disputes, et à donner occasion à ceux qui ne veulent que brouiller.

Mais, quoique le Parlement n'eût pas répondu à l'attente des adversaires de la philosophie nouvelle, la persécution ne s'étendit pas moins de l'Université de Paris aux universités des provinces, qui s'empressèrent de suivre l'exemple de celle de Paris. En 1674, l'Université d'Angers écrit une lettre au Roi pour lui dénoncer les professeurs de la ville comme enseignant la doctrine de Descartes condamnée par le Saint-Siége et par Sa Majesté (1). Ces professeurs cartésiens appartenaient à l'Ora-

(1) *Récit de ce qui s'est passé dans l'Université d'Angers en l'année 1675 au sujet de la philosophie de Descartes condamnée par les ordres du Roi, par Babin, professeur de théologie à la faculté*; 1679, in-4°. Ce récit a été analysé dans un intéressant travail de M. Dumont, intitulé : *l'Oratoire et le Cartésianisme en Anjou* (Mémoires de la société académique d'Angers t. XV et XVI, 1865); avec Bernard et Cocqueri, Villecroze et Pelant sont cités comme les plus fermes et les plus habiles car-

toire qui avait à Angers un de ses plus importants colléges. C'est là qu'André Martin, auteur d'une *Philosophia christiana*, sous le pseudonyme d'Ambrosius Victor, avait, un des premiers, professé le cartésianisme ; c'est là que le professait plus hardiment encore Bernard Lamy, qui lui avait succédé dans la même chaire, après s'être déjà compromis à Saumur pour la même cause. Enfin le principal lui-même, nommé Cocqueri, ne montrait pas moins de zèle pour les opinions nouvelles. Voici la réponse du roi adressée, en 1675, au recteur de l'Université d'Angers : « Nous avons été depuis peu informé que, dans l'Université de notre ville d'Angers, on enseignait les opinions et les sentiments de Descartes et, comme dans la suite, cela pourrait causer à notre royaume quelque désordre, nous vous faisons cette lettre, pour vous mander et ordonner très-expressément d'empêcher et faire défenses de notre part, aux professeurs de ladite Université, de continuer de faire lesdites leçons en quelque sorte et manière que ce soit, tout ainsi qu'a fait par nos ordres en l'Université de Paris le recteur d'icelle, vous assurant que vous ferez chose qui nous sera d'autant plus agréable de vous conformer à notre intention, qu'elle regarde le bien de notre service et celui du public. N'y faites donc pas faute, à peine de désobéissance, car tel est notre bon plaisir (1). »

A la réception de cet ordre, l'Université s'étant réunie décide que la lettre sera mise dans ses archives, que tous les principaux de collége, tous les professeurs de philosophie de l'Oratoire, tous les prieurs des monastères seront convoqués pour les faire souscrire aux conclusions de l'Université, que toutes les thèses et tous les cahiers de philosophie seront soumis à la censure d'une commission de

tésiens dans l'Anjou. Certaines thèses de Villecroze, où le cartésianisme n'était pas assez dissimulé, donnèrent lieu à de vifs débats.

(1) Voir sur André Martin le chap. 1er, et sur Bernard Lamy le chap. XVII du 2e volume.

(2) *Quædam recentiorum philosophorum ac præsertim Cartesii opiniones damnatæ*, etc.

députés de l'Université. Le principal du collége d'Anjou, le P. Cocqueri (1), résiste; il se porte opposant et en appelle au Parlement de Paris contre l'arrêt de l'Université d'Angers. Il ne proteste nullement, comme paraît le croire M. Cousin, contre la condamnation du cartésianisme, mais seulement contre l'obligation imposée aux professeurs de l'Oratoire, de soumettre aux professeurs de l'Université leurs thèses et leurs cahiers, « comme contre une règle insolite et au delà de ce que portait la lettre de cachet de Sa Majesté (2). » Le Parlement fit droit à l'appel du principal de l'Oratoire ; il cassa l'arrêt de l'Université d'Angers et la manda à sa barre. Mais ce succès ne fut pas de longue durée; en condamnant l'Université d'Angers, le Parlement faisait de l'opposition au roi lui-même, par l'ordre duquel elle avait agi. Aussi, le 2 août 1675, intervient un arrêt du Conseil du roi qui met au néant l'opposition de Cocqueri, casse l'arrêt du Parlement, et ordonne de nouveau au recteur d'empêcher qu'il ne soit enseigné aucune opinion fondée sur les principes de Descartes, en même temps qu'aux Pères de l'Oratoire de se soumettre à ce nouveau joug (3). Un arrêt aussi solennel et aussi explicite devait mettre fin à toute résistance ouverte, mais non aux biais, aux équivoques de toute sorte pour éluder la défense du roi.

Ainsi Bernard Lamy avait continué, pendant la querelle

(1) Il entra dans la congrégation en 1645 et mourut en 1711. C'était, dit le P. Cloyseault, un homme de tête, prudent et judicieux, que nos Pères tinrent longtemps supérieur en plusieurs maisons.

(2) Voir la vie de B. Lamy dans les vies de quelques Pères de l'Oratoire par le père Cloyseault. — Archives impériales, carton 220-221.

(3) Cet arrêt est cité par M. Cousin dans son *Mémoire sur la persécution du cartésianisme*. Il est intitulé : Arrêt du Conseil d'État du Roi qui confirme la condamnation du cartésianisme et qui ordonne aux Pères de l'Oratoire de se soumettre aux conclusions de l'Université d'Angers, en conséquence de l'ordre du roi. En voici les conclusions : « Sa Majesté a cassé et casse ensemble tout ce qui s'en est suivi, a déchargé et décharge ledit recteur de ladite Université d'Angers et tous autres de l'assignation à eux donnée audit Parlement de Paris, en conséquence dudit arrêt ; ce faisant Sa dite Majesté a ordonné et ordonne que dans quinzaine du jour de la signification qui sera faite du présent arrêt, tant au supérieur et au

de son ordre avec l'Université, d'enseigner Descartes, sans autre précaution que de dissimuler plus ou moins ses opinions sous le nom et sous la forme de celles d'Aristote, ce qui bientôt lui attire une nouvelle injonction, de la part du recteur et des commissaires, de revenir à la philosophie de l'École et de renoncer à sa doctrine, « laquelle nous, recteur et commissaires ci-après nommés, nous condamnons conjointement comme contraire à la déclaration du roi et conforme à la doctrine dudit Descartes (1). » Il y eut une série interminable, à propos des thèses et des cahiers des oratoriens, d'appels, de contre-appels et de conflits de juridiction qui agitèrent de plus en plus les professeurs et les étudiants d'Angers. La ville était partagée comme en deux camps, et on ne se faisait pas faute de part et d'autre de libelles et de satires.

Pour prévenir les conséquences fâcheuses de l'opiniâtreté de Cocqueri et de Lamy, et pour ramener le calme, les chefs de l'Oratoire interviennent, ils invitent Cocqueri à se soumettre et blâment sévèrement la conduite de Lamy : « S'il n'y allait, disent-ils, que de son honneur et de son repos, on pourrait prendre patience; mais il y va de celui de toute notre congrégation, que nous sommes obligés de conserver selon tout notre pouvoir, et, pour y travailler de la bonne manière, nous vous supplions de ne point souffrir qu'il enseigne les opinions de Descartes, quelque explication qu'il prétende y donner... Nous aimons mieux voir sa classe tout à fait abandonnée de maître et d'écoliers que de souffrir que toute notre congréga-

---

principal du collége d'Anjou qu'à tous autres que besoing sera, ils seront tenus de souscrire à ladite conclusion et délibération, pour être exécutée selon sa forme et teneur, dont le recteur de ladite université certifiera Sadite Majesté, laquelle lui ordonne d'abondant d'empêcher qu'il ne soit enseigné et soutenu aucunes opinions fondées sur les principes de Descartes et fait très-expresses défenses audit Parlement de Paris de passer outre sur ledit appel, etc. — Du 2 août 1675, Versailles. Signé, Daligre. »

(1) Voir la préface de l'ouvrage anonyme, *La philosophie de M. Descartes contraire à la foi catholique*, où sont rapportées les diverses condamnations ou censures dont cette philosophie a été l'objet.

tion soit humiliée dans toute la France par l'opiniâtreté et la rébellion d'un particulier (1). » Enfin, dans son propre intérêt et dans celui de la congrégation, pour empêcher les choses d'aller plus loin, ils se décident à le frapper eux-mêmes, ils le suspendent de sa chaire et l'exilent à Saint-Martin-de-Misère en Dauphiné, « sans qu'il puisse être employé à la régence ni à la prédication (2). » Mais il eut pour successeur dans sa chaire d'Angers le P. Pelant qui lui-même, accusé de cartésianisme et de jansénisme, fut exilé, en 1677, à Brives-la-Gaillarde. Pendant près d'un demi-siècle encore les pères oratoriens d'Angers eurent à lutter contre ces accusations de cartésianisme et de jansénisme (3).

L'université de Caen, qui, selon Bayle, était, pour la philosophie, une des plus florissantes du royaume, après celle de Paris, se prononce bientôt après, comme celle d'Angers, contre Descartes. Un décret de la Faculté de théologie, de 1677, interdit l'accès d'aucun grade dans la Faculté à quiconque est entaché de cartésianisme, et défend à tous ceux qui déjà en font partie de l'enseigner de vive voix ou par écrit, sous peine de perdre leurs priviléges et leurs degrés (4). A Caen, de même qu'à Angers, il y eut, à la suite de ces arrêts, des suspensions, des exils contre ceux qui continuèrent à montrer de l'attachement pour Descartes. Plusieurs professeurs de l'Université, et même des curés de la ville, furent exilés ou obligés de se rétracter, poursuivis par la double accusation de cartésia-

---

(1) *La philosophie de M. Descartes*, etc.
(2) Nous reviendrons sur Bernard Lamy dans l'histoire de la philosophie de Malebranche.
(3) Parmi les professeurs cartésiens de l'Oratoire d'Angers, nous citerons encore le P. Prestet, élève et disciple de Malebranche, et le P. Reipean, qui se succédèrent dans la chaire de mathématiques.
(4) Declaramus principia philosophiæ Renati Descartes saniori theologorum doctrinæ contraria nobis videri, et perpetuo decreto statuimus neminem eorum qui illa sustinere aut defendere voluerint, ad ullum hujus sacræ Facultatis gradum esse deinceps admittendum, etc. (*Quædam recentiorum*, etc.)

nisme et de jansénisme (1). Nous citerons Cally, ancien recteur de l'Université, professeur d'éloquence, curé d'une des paroisses de la ville, qui fut censuré par l'évêque de Bayeux, obligé à une amende honorable et exilé pour une explication cartésienne de l'eucharistie (2).

De même que les universités, la plupart des ordres religieux enseignants, et surtout les plus suspects de cartésianisme, prononcèrent, pour détourner l'orage, des censures et des interdictions contre la philosophie de Descartes. En 1675, les Pères bénédictins de la congrégation de Saint-Maur décident que les Pères visiteurs avertiront ceux de leurs confrères qui se destinent à l'enseignement de la théologie ou de la philosophie : « qu'ils doivent suivre, dans leurs avis et explications, les propositions qui ont été dressées par ordre du chapitre général et pareillement qu'ils se doivent abstenir d'enseigner les nouvelles opinions touchant l'essence des corps, qu'elles mettent dans l'extension actuelle, et les accidents qu'elles ne distinguent point réellement de la matière, et autres qui pourraient avoir connexion avec les dogmes de la foi, et que s'ils ne veulent se soumettre à ces conditions, on jettera les yeux sur d'autres pour remplir cet emploi (3). » Même condamnation de la part des chanoines de la congrégation de Sainte-Geneviève, dont l'assemblée générale de 1678 défend à tous les professeurs de théologie d'enseigner aucune doctrine suspecte des sentiments particuliers de Jansénius, et pareillement aux professeurs de philosophie d'enseigner les opinions de Descartes (4).

Plus soupçonnée que toutes les autres de pencher à la

---

(1) « On vient de m'écrire que M. Cally, curé de Saint-Martin de Caen, M. Malouin, curé de Saint-Étienne de la même ville, et celui de Saint-Sauveur ont été relégués, le premier à Montdidier, le deuxième à Moulins, le troisième à Pontorson, et que c'est à cause du cartésianisme et du jansénisme. » (Bayle, *Rép. des lettres*. Janvier 1687.)

(2) Voir sur Cally le chap. XXIV du 1ᵉʳ volume.

(3) *Quædam recentiorum philosophorum*, etc.

(4) *Quædam recentiorum*, etc.

fois vers le jansénisme et le cartésianisme, la congrégation de l'Oratoire dut faire plus encore pour détourner l'orage qui la menaçait et sauver ses colléges. En vain avait-elle abandonné ceux des siens qui s'étaient compromis pour Descartes ; en vain, en 1675, dans un ordre à ses colléges, avait-elle interdit d'une manière absolue le cartésianisme, « lequel pourrait occasionner quelque désordre dans le royaume, ce que le roi veut prévenir pour le bien de son service. » L'archevêque de Paris et les jésuites, ses implacables adversaires, exigèrent encore d'elle cette suprême humiliation, d'accepter de leurs mains, et de voter en assemblée générale, un formulaire théologique et philosophique par lequel ils reniaient solennellement leurs décisions antérieures, leur drapeau philosophique et religieux pour passer sous le joug des auteurs et des doctrines des jésuites. En effet, intimidée par la menace d'une ruine complète, l'assemblée générale de l'Oratoire de 1678 adopte un concordat avec les jésuites dans lequel, contrairement à l'esprit de son institution et à une décision de l'assemblée précédente, elle efface de ses statuts la préférence pour saint Augustin et saint Thomas, sous le prétexte menteur de rendre à quelques particuliers une liberté qu'ils ne cherchaient pas, et en même temps elle enjoint de regarder avec estime et respect ceux qui se seront attachés à des sentiments contraires, c'est-à-dire Molina et ses disciples. Si la congrégation de l'Oratoire est contrainte d'abandonner saint Augustin, à plus forte raison de renoncer à Descartes. Ce même formulaire prescrit en effet de ne pas s'éloigner de la physique d'Aristote, et d'enseigner : 1° que l'extension actuelle et extérieure n'est point de l'essence de la matière; 2° qu'en chaque corps naturel il y a une forme substantielle réellement distinguée de la matière ; 3° qu'il y a des accidents réels et absolus inhérents à leur sujet, réellement distingués de toute autre substance, et qui peuvent être surnaturellement sans aucun sujet ; 4° que l'âme est réellement présente et unie à tout le corps et à toutes les parties du corps ; 5° que la pensée et la connaissance ne sont pas de l'essence de l'âme raisonnable ; 6° qu'il n'y a aucune répugnance que Dieu puisse produire plusieurs modes en même temps ; 7° que le vide n'est pas impossible. Enfin on s'engageait encore à abréger la morale, à en traiter en philosophes et non en théologiens (1). La cour exigea que ce formulaire fût transcrit sur les livres de visite de chaque maison, et signé par tous ceux qui les composaient.

Plutôt que de renier leurs prédilections théologiques ou philosophiques, et de subir un joug si honteux de la part des jésuites, plusieurs des membres les plus distingués de l'Oratoire aimèrent mieux sortir de la congrégation (2). Tels furent les PP. Duguet et Quesnel, qui quittèrent en même temps la France et allèrent rejoindre Arnauld à Bruxelles. « Pourquoi, dit Quesnel, m'engagerais-je à renoncer à la raison, à l'évidence, à ma liberté, si je trouve les opinions de Descartes meilleures que les autres en philosophie ? » Sous son influence, les Oratoriens de Mons refusèrent aussi de signer le formulaire, disant dans leur protestation : « Nous voulons être libres ; s'il se trouve des régents pour enseigner à ces conditions, qu'ils en usent comme ils l'entendront. Mais obliger des prêtres, appliqués à tout autre chose, d'asservir leur liberté et leur raison sous un joug si ridicule, c'est déshonorer la raison humaine et la dignité de l'état sacerdotal (3). » C'est à ces dures conditions que l'Oratoire put continuer d'exister et de garder ses colléges.

Il paraît que les ordres du roi n'avaient pas suffi pour préserver entièrement l'université de Paris de la contagion des doctrines nouvelles. Du moins y voyons-nous encore plus tard, à différentes reprises, se renouveler les avertis-

---

(1) Voir ce Concordat dans le *Recueil* de Bayle, avec les remarques dont il est accompagné.
(2) Voir la Notice sur Sainte-Marthe, supérieur de l'Oratoire, à la suite de la *Vie du cardinal de Bérulle*, par le P. Tabaraud.
(3) *Querelles littéraires*, 4 vol. in-12; Paris, 1761, par Irailh. Les Oratoriens et les Jésuites, 4° vol.

sements et les décisions pour le maintien des anciennes doctrines. Ainsi, en 1691, le recteur et les professeurs de philosophie de l'Académie de Paris se réunissent, d'après un nouvel ordre du roi, qui leur est encore communiqué par l'archevêque de Paris, pour condamner plusieurs propositions prétendues extraites des écrits de quelques professeurs de l'Université, « lesquelles Sa Majesté désire n'être pas soutenues dans les écoles. » Voici, parmi ces propositions condamnées, celles qui se rapportent à la philosophie et à Descartes : « se défaire de toutes sortes de préjugés et douter de tout avant que de s'assurer d'aucune connaissance ; — ne pas se mettre en peine, en philosophie, des conséquences fâcheuses qu'un sentiment peut avoir pour la foi, quand même il paraîtrait incompatible avec elle ; — la matière des corps n'est rien autre chose que leur étendue ; — il faut rejeter toutes les raisons dont les théologiens et les philosophes se sont servis pour démontrer qu'il y a un Dieu, etc. (1). »

La société de Sorbonne ayant appris que quelques-uns des professeurs de philosophie qui aspiraient à faire partie de ses membres sacrifiaient Aristote aux opinions nouvelles, décide aussi, cette même année, qu'il sera enjoint, surtout à ceux qui enseignent dans des colléges placés sous sa dépendance, de renoncer désormais aux nouveautés et de revenir à Aristote. Enfin, en 1704 et 1705, sur l'injonction du cardinal de Noailles, pour rétablir la paix entre les théologiens et les philosophes, et surtout pour mettre un terme aux querelles sur l'eucharistie, le recteur convoque les professeurs de philosophie de l'Université, les rappelle à la stricte exécution de la volonté du roi touchant les propositions censurées en 1691, et les fait s'engager par écrit à ne les admettre sous aucune forme dans leur enseignement (2).

Il était naturel que la Société des jésuites veillât à ne pas

---

(1) *Quædam recentiorum philosophorum, etc.*
(2) Ibid.

laisser pénétrer chez elle cette même philosophie dont elle poursuivait avec tant d'acharnement la ruine chez les autres. En 1766, un ordre du général Tamburini interdit l'enseignement de trente propositions qui enferment les principes de Descartes, et enjoint à tout membre de la Société, non-seulement de ne pas suivre sa doctrine, mais de faire preuve de zèle contre elle.

Ces condamnations et ces censures mettaient de dangereuses armes aux mains des adversaires du cartésianisme, dont quelques-uns étaient particulièrement redoutables par la renommée de leur science, par leur rang dans l'Église et par la violence de leur zèle en faveur de la foi. Ils réclamaient à grands cris des mesures générales d'inquisition et d'intimidation contre les cartésiens, non-seulement contre ceux des universités et des congrégations, mais aussi contre ceux du monde, comme coupables de flagrante hérésie. Le jésuite Valois dénonce à l'assemblée générale du clergé de France Descartes et ses sectateurs comme fauteurs de Calvin, Huet publie la *Censure de la philosophie cartésienne*. Nous avons vu par un passage des lettres de madame de Sévigné que, pendant quelque temps, il y eut un certain danger à se prononcer trop hautement, même dans le monde, en faveur de Descartes. Les conférences cartésiennes furent interdites, et le privilége refusé aux livres qui s'annonçaient explicitement comme des expositions, ou des défenses de la philosophie de Descartes. Nous pouvons citer l'exemple de Régis. L'éclat de ses conférences, dit Fontenelle dans son *Éloge*, leur devint funeste. L'archevêque de Paris lui donna un ordre de les suspendre, déguisé sous forme de prière et de conseil, et l'impression de son grand ouvrage sur la philosophie de Descartes fut traversée pendant dix ans. Régis ne put obtenir de le faire paraître qu'en 1690, à la condition d'effacer du titre le nom de Descartes (1). Malebranche aussi ne pouvait obtenir de privi-

---

(1) Voir sur Régis le chap. xxiv du 1er volume.

léges pour ses ouvrages et les faisait publier à l'étranger.

Cette période de 1675 à 1690 est celle de la plus grande vivacité de cette persécution contre le cartésianisme. C'est alors que tous les cartésiens, comme dit Bayle, furent dans l'alarme et craignirent de se voir exposés à la signature d'un formulaire, sous peine d'être excommuniés comme hérétiques (1). Mais heureusement les formulaires ne sortirent pas de l'enceinte des universités et des cloîtres. Descartes avait trop de partisans dans le clergé, même parmi les évêques, pour qu'il fût fait droit à la requête du P. Valois, et la persécution n'alla pas plus loin. Il est même juste de remarquer qu'en général elle ne prit un caractère de violence contre les personnes que lorsque l'accusation de cartésianisme vint se joindre à celle de jansénisme (2). Empêcher ou entraver pendant quelque temps l'enseignement de la philosophie nouvelle dans les écoles, supprimer le nom de Descartes dans des livres qui demeuraient tout remplis néanmoins de son esprit et de sa doctrine ; voilà quel fut l'unique résultat de cette espèce de persécution. Aussi avec quelques précautions et quelques réserves, il fut toujours possible d'écrire en faveur de Descartes, et le cartésianisme n'en continua pas moins ses progrès dans toutes les classes de la société et dans toutes les branches de la pensée humaine. Nous pouvons sur ce point, en France comme en Hollande, invoquer les témoignages et les plaintes de ses adversaires.

Un des plus zélés défenseurs de la philosophie de l'École, le P. Vincent, s'en plaint amèrement. Il gémit de ce que, en dépit de tous les obstacles, les cartésiens ne cessent de répandre leur doctrine, d'une manière plus perni-

---

(1) Préface du *Recueil de pièces*, etc.
(2) En 1709, la censure fit encore déchirer une vignette gravée par Picard, où Descartes était représenté en tête de tous les autres philosophes. On lisait au bas : La vérité cherchée par les philosophes. On y voyait dans l'éloignement la Vérité que la Philosophie montre à Descartes, son favori. (*Correspond. inédite de Montfaucon et de Mabillon*, publiée par M. Valéry en 1846, 3ᵉ vol., p. 196.)

cieuse encore que ne le serait l'enseignement dans les écoles, par une foule de livres en langue vulgaire, sans nom d'auteur. Ils répandent ainsi, dit-il, dans toutes les classes, parmi les femmes, les enfants, les adultes, une doctrine qui, dans les écoles, ne s'adresserait qu'à un petit nombre et aux hommes seuls (1). Ajoutons à ce témoignage celui du P. Daniel. Voici les nouvelles philosophiques qu'apportent à Descartes les voyageurs venus pour visiter le monde qu'il construit dans le troisième ciel : « Si nous en jugeons par les livres, soit de philosophie, soit de médecine, qui nous viennent d'Angleterre, de Hollande et d'Allemagne, le cartésianisme a fait de grands progrès dans tous ces quartiers-là. On n'imprime quasi plus de cours de philosophie selon la méthode de l'École, et presque tous les ouvrages de cette espèce, qui paraissent maintenant en France, sont des traités de physique qui supposent les principes de la nouvelle philosophie. Les livres qui traitent de l'universel, des degrés métaphysiques, de l'être de raison, font aujourd'hui peur aux libraires, ils ne veulent plus s'en charger et tâchent de se défaire de ce qu'ils en ont de reste, à quelque prix que ce soit, comme les marchands font des étoffes dont la mode est passée. Toutes ces questions, autrefois si fameuses et qui avaient, depuis près de deux cents ans, fait gémir tant de presses et occupé tant d'imprimeurs, ne se traitent plus que dans les écoles des professeurs publics (2). »

L'enseignement même des écoles, en dépit de toutes les prohibitions, se modifiait insensiblement, sous l'irrésistible ascendant de la philosophie nouvelle et l'empire de

---

(1) Verum his non obstantibus (adeo facile irrepit in hominum animos pravæ doctrinæ novitas !) non cessant cartistæ illam docere pejori methodo quam si publicas de ea scholas instituerent, varios scilicet vulgari idiomate edendo libros, suppresso auctoris nomine. Sic enim evulgant ad omne hominum genus, pueros, adultos, viros, fœminas, doctrinam illam quæ in scholis ad paucos solosque viros extenditur (*Discussio peripatetica*, in-12, 1077. Sub finem).

(2) *Voyage du monde de Descartes.*

l'opinion publique. Plus d'un professeur péripatéticien, criant bien haut contre le cartésianisme, introduisait dans son enseignement, surtout pour la physique, des principes cartésiens qu'il mettait sur le compte d'Aristote, pour en enlever la gloire à Descartes. Plus d'un professeur cartésien, pour enseigner Descartes sans danger, prétendait aussi, de son côté, le retrouver presque tout entier dans Aristote. Cela fait dire plaisamment au P. Daniel, qu'avant peu, moyennant quelques concessions, on verra M. Descartes devenir péripatéticien et Aristote cartésien. Malebranche se moque de ce travers dans la *Recherche de la vérité :* « Si l'on découvre quelque vérité, il faut encore à présent qu'Aristote l'ait vue, ou si Aristote y est contraire, la découverte sera fausse. Il y a peu d'impertinences qu'on ne lui fasse dire, et il y a peu de nouvelles découvertes qui ne se trouvent énigmatiquement dans quelque recoin de ses livres. » C'est ainsi que le cartésianisme pénétrait non-seulement dans le monde, mais peu à peu et insensiblement dans les écoles, en dissimulant plus ou moins son véritable nom, ou même en prenant le masque d'Aristote. Mais c'est seulement au dix-huitième siècle qu'il s'introduira à visage découvert, dans l'enseignement, et triomphera tout à fait du vieil élément scholastique (1).

(1) Un jésuite, le P. d'Avrigny, écrit en 1725 : « Des universités entières l'ont proscrit, et la proscription n'a servi qu'à lui faire jeter de plus profondes racines. Il a été censuré par l'Inquisition, et le décret ne lui a pas ôté un seul de ses sectateurs, du moins en deçà des monts. » *Mémoires* pour servir à l'histoire universelle de l'Europe de 1600 à 1716.

CHAPITRE XXIII

Influence du cartésianisme sur le dix-septième siècle. — Révolution dans les sciences physiques. — Influence morale et littéraire. — La Bruyère. — La Fontaine. — L'*Art poétique* de Boileau et le *Discours de la Méthode*. — De l'absence du sentiment de la nature chez les poëtes du dix-septième siècle. — La nature et le mécanisme de Descartes. — L'homme et le cœur humain, principaux objets de la littérature du siècle de Louis XIV. — La politique et la foi mises à l'écart, à l'exemple de Descartes. — Mépris des anciens. — La querelle des anciens et des modernes dans son rapport avec le cartésianisme. — Mépris de Descartes et de Malebranche pour les orateurs et les poëtes anciens. — Le mépris de l'antiquité, condition de l'idée du progrès. — Les partisans des modernes sont cartésiens. — Démonstration par Perrault, par Fontenelle et par Terrasson de la doctrine de la perfectibilité. — Développement de cette doctrine au sein du cartésianisme qui l'a transmise à la philosophie du dix-huitième siècle. — Influence de Descartes sur l'ordre, la méthode et le goût dans les ouvrages de l'esprit.

En dépit de toutes les résistances, le cartésianisme a triomphé ; il s'est emparé du grand siècle tout entier, il a pénétré de son esprit, non-seulement la philosophie, mais les sciences et les lettres elles-mêmes. Par ses méthodes nouvelles, Descartes a donné aux mathématiques la plus merveilleuse impulsion ; il a renouvelé la physique, comme la métaphysique, en la débarrassant de ces entités mystérieuses dont la science du moyen âge et de la renaissance avait peuplé la nature entière. Nous avons vu comment il a transformé ce monde féerique et fantastique de l'ancienne physique en une grande mécanique, où tout s'explique par la figure et par le mouvement des parties de l'étendue, où tout se produit par quelques lois générales du mouvement. Quelles que soient les erreurs de Descartes, nous ne devons pas craindre de redire que le mécanisme, caractère essentiel de sa physique, n'en subsiste pas moins qu'il éclaire la nature entière d'une nouvelle lumière, et qu'il donne la clef de l'explication de tous les phénomènes matériels de l'univers. Toutes les sciences de la nature, la médecine comme l'astronomie, ressentent l'heureuse influence de cette grande révolution opérée par Descartes dans la physique.

Mais, quoi qu'il ait fait pour les sciences mathématiques et physiques, nous estimons qu'il a fait plus encore pour la métaphysique, pour le spiritualisme et la morale. Nous avons dit que l'athéisme, le matérialisme, le scepticisme, étaient les systèmes à la mode au commencement du dix-septième siècle, et avaient en quelque sorte façonné à leur image une littérature licencieuse, libertine et impie. Le remède vint de la philosophie de Descartes ; par elle furent remises en lumière les vérités obscurcies de l'âme distincte du corps, de l'âme simple et immortelle, de l'existence de Dieu et de la Providence, que les esprits forts tournaient en ridicule et battaient en brèche avec les armes d'une fausse et dangereuse philosophie. Nous verrons à quel haut prix Bossuet, Fénelon, et surtout Arnauld, appréciaient les services rendus par Descartes à ces vérités essentielles de la morale et de la religion.

Comparez la littérature de la seconde moitié du dix-septième siècle avec celle du commencement. Quel contraste ! Ici l'impiété, la licence, le ton et les maximes de l'épicuréisme, de l'athéisme ou du pyrrhonisme ; là, au contraire, un caractère profondément moral et religieux. D'où est venu à la littérature du grand siècle cet esprit nouveau, sinon de la nouvelle philosophie ? Avec Descartes, elle place la dignité et l'essence même de l'homme dans la pensée, elle croit à une âme spirituelle, à un Dieu démontré par la nature, mais surtout par l'âme elle-même, à un Dieu partout agissant, seule vraie cause efficiente, et qui tient l'homme dans sa main. De là ses plus nobles, ses plus éloquentes inspirations. Les grands écrivains du siècle de Louis XIV sont des admirateurs, non-seulement du génie, mais de la méthode de Descartes, et n'ont pas d'autre philosophie que la sienne. Nous ne parlerons ici, ni de Pascal, ni de Bossuet, ni d'Arnauld, ni de Fénelon, ni de Nicole, qui auront une place à part dans la suite de cette histoire. Il s'agit seulement de signaler l'esprit philosophique et de recueillir les témoignages d'écrivains qui appartiennent plutôt à l'histoire des lettres qu'à celle de la philosophie de Descartes. Voici comment Pellisson, quoiqu'il ne soit qu'à demi cartésien, juge Descartes : « Ses pensées en métaphysique sont sublimes et s'accordent dignement aux plus hautes vérités de la religion chrétienne. Sa *Méthode* si bien écrite, dont j'ai été amoureux en mon enfance, me semble encore aujourd'hui un chef-d'œuvre de jugement et de bon sens. Où trouverait-on plus d'esprit et d'invention qu'en tout ce qu'il a imaginé sur ce beau mais difficile problème du monde, que Dieu a exposé à nos yeux et abandonné à nos disputes (1) ? »

Dans son admiration pour Descartes, La Bruyère s'écrie : « Que deviendront les Fauconnet ? Iront-ils aussi loin dans la postérité que Descartes né Français et mort en Suède (2)? » Il ne se contente pas d'admirer Descartes, partout il se montre pénétré de son esprit et de ses maximes, il défend l'âme et Dieu par les arguments cartésiens contre les esprits forts et les athées. Il peut bien croire que les bêtes n'ont pas d'âme, mais comment douter de l'existence de la sienne ? « Je ne sais point si le chien choisit, s'il affectionne, s'il craint, s'il imagine, s'il pense ; quand donc l'on me dit que toutes ces choses ne sont en lui ni passions, ni sentiment, mais l'effet naturel et nécessaire de la disposition de sa machine préparée par les divers arrangements des parties de la matière, je puis au moins acquiescer à cette doctrine ; mais je pense et je suis certain que je pense ; or quelle proportion y a-t-il de tel ou tel arrangement des parties de la matière, c'est-à-dire d'une étendue selon toutes ses dimen-

---

(1) Lettre à Leibniz, Paris, 28 octobre 1691, à la suite de la *Tolérance des religions*, Paris, in-12, 1692.

(2) Chap. des Biens de la fortune.

sions, qui est longue, large et profonde, et qui est divisible dans tous ces sens, avec ce qui pense (1)? »

S'il prouve Dieu à Lucile « par le miracle de la création visible, » il le prouve aussi comme Descartes, par notre propre existence et par l'idée que nous en avons : « je pense, donc Dieu existe, car ce qui pense en moi, je ne le dois pas à moi-même, parce qu'il n'a pas plus dépendu de moi de me le donner une première fois, qu'il dépend encore de moi de me le conserver un seul instant ; je ne le dois point à un être qui soit au-dessous de moi, et qui soit matière, puisqu'il est impossible que la matière soit au-dessus de ce qui pense, je le dois donc à un être qui est au-dessus de moi et qui n'est point matière ; et c'est Dieu. » Remplie de l'idée de Dieu, l'âme, selon La Bruyère, ne peut périr : « Je ne conçois point qu'une âme que Dieu a voulu remplir de l'idée de son être infini, et souverainement parfait, doit être anéantie (2). » Tout ce chapitre des Esprits forts est le plus éloquent plaidoyer, emprunté à Descartes, en faveur de la spiritualité de l'âme, de l'existence de Dieu, de la vie à venir et de la liberté.

Enfin il loue la belle règle de l'évidence en demandant qu'on l'applique aussi aux jugements sur les personnes. « La règle de Descartes qui ne veut pas qu'on décide sur les moindres vérités avant qu'elles soient connues clairement et distinctement, est assez belle et assez juste pour devoir s'étendre au jugement qu'on fait des personnes (3).

Tout en protestant contre l'automatisme, La Fontaine, — interprète de l'admiration commune, célèbre en vers magnifiques le chef de cette nouvelle philosophie *engageante* et *hardie*,

> Descartes, ce mortel dont on eût fait un dieu
> Chez les païens et qui tient le milieu
> Entre l'homme et l'esprit, comme entre l'huître et l'homme
> Le tient tel de nos gens, franche bête de somme.

(1) Chap. des Esprits forts.
(2) Ibid.
(3) Chap. des Jugements.

N'est-ce pas la pure doctrine de Descartes sur l'homme qu'il oppose à la façon dont les animaux agissent?

>Nous agissons tout autrement,
>La volonté nous détermine,
>Non l'objet ni l'instinct. Je parle, je chemine,
>Je sens en moi certain agent;
>Tout obéit dans ma machine
>A ce principe intelligent.
>Il est distinct du corps, se conçoit nettement,
>Se conçoit mieux que le corps même;
>De tous nos mouvements c'est l'arbitre suprême;
>Mais comment le corps l'entend-il?
>C'est là le point. Je vois l'outil
>Obéir à la main; mais la main, qui la guide?
>Eh! qui guide les cieux dans leur course rapide? etc.

C'est une page des *Méditations* traduite en beaux vers.

Par l'Arrêt burlesque, Boileau et Racine ont témoigné hautement de leurs sympathies pour la philosophie menacée de Descartes. Boileau était d'ailleurs, comme dit l'abbé Terrasson, un protecteur déclaré de la nouvelle philosophie (1). Ne reconnaît-on pas l'esprit du cartésianisme dans ses préceptes pour ramener la poésie au bon sens et à la raison? Il semble qu'il n'ait fait que mettre en beaux vers les bons et sévères préceptes de rhétorique donnés par les auteurs de l'*Art de penser* et par Malebranche. Avant Boileau, Arnauld et Nicole ne disent-ils pas, en bonne prose, que rien n'est beau que le vrai, et Malebranche, que tout doit tendre au bon sens, que les bons écrits doivent emprunter tout leur luxe et leur prix de l'amour de la raison et de la vertu (2)? Boileau, dans l'*Art poétique*, s'est inspiré de ces règles de bon sens, de cet esprit de méthode, de ces excellents préceptes de logique que partout le cartésianisme avait mis en honneur, dans les lettres

---

(1) *Philosophie applicable à tous les objets de l'esprit et de la raison*, in-12, 1754, 2ᵉ partie.

(2) Voir, dans la *Logique de Port-Royal*, le chapitre des Mauvais Raisonnements dans la vie civile, et, dans la *Recherche de la vérité*, le 2ᵉ livre sur les Erreurs de l'imagination.

comme dans les sciences. L'*Art poétique* a été, pour ainsi dire, le *Discours de la Méthode* de la littérature et de la poésie.

Racine avait sans doute puisé à Port-Royal, et dans l'enseignement de Nicole, ces sympathies cartésiennes manifestées par sa collaboration à l'Arrêt burlesque. A son tour il les communique à son fils Louis Racine, cartésien déclaré. « Descartes, dit Louis Racine, dans un jugement sur le siècle de Louis XIV, suivant l'ordre des temps et des génies, doit être mis à la tête de la nombreuse liste de ceux qui ont procuré à la France ce siècle si admiré (1). »

Jusque dans la poésie elle-même on peut trouver certaines marques de l'influence de l'esprit cartésien. On a souvent reproché aux poètes du siècle de Louis XIV de n'avoir pas le sentiment de la nature; et il faut en effet avouer qu'en général ils semblent assez médiocrement émus par les beautés de la nature, quoique ni la sensibilité ni l'imagination n'aient assurément manqué à Corneille et à Racine. Ne serait-ce pas l'influence du cartésianisme qui affaiblissait en eux ce sentiment, en ôtant à la nature l'âme et la vie, pour n'en faire qu'une grande mécanique (2)? Les poètes du siècle de Louis XIV n'ont vu la nature, à ce qu'il semble, qu'au travers de ce mécanisme de Descartes. De là le peu de place qu'elle tient dans leurs conceptions; de là enfin cette sécheresse avec laquelle ils la décrivent, quand il y a nécessité de la faire intervenir.

A l'exemple de Descartes, c'est dans l'homme seul que la littérature du dix-septième siècle concentre la vie et le sentiment, de même que la pensée. La pensée et le cœur de l'homme, ses sentiments, ses passions, ses rapports et sa dépendance à l'égard de Dieu, voilà la grande et inépuisable matière qu'elle a traitée avec un éclat, avec une supériorité incomparables.

(1) Louis Racine a composé deux épîtres en l'honneur de l'automatisme.
(2) C'est là ce que signifient sans doute ces paroles plus ou moins authentiques de Boileau rapportées par J.-B. Rousseau : « J'ai souvent ouï dire à M. Despréaux que la philosophie de Descartes avait coupé la gorge à la poésie. » Lettre de J.-B. Rousseau à Brossette le 14 juillet 1715.

Ne semble-t-il pas encore qu'elle suive l'exemple de Descartes et les prescriptions du *Discours de la Méthode*, en mettant à l'écart la politique et la religion, en évitant jusqu'à l'apparence de toute prétention à régenter l'État ou l'Église ? Sans doute, dans une certaine mesure, elle n'était pas libre de faire autrement ; cependant elle aurait pu, sans se compromettre, si elle y avait eu quelque penchant, se préoccuper davantage des grands événements et de certaines réformes qu'elle voyait s'accomplir. Mais, comme Descartes, elle bâtit en un fonds qui est tout à elle, et la seule réforme qu'elle ait en vue est celle de la pensée ou du cœur. L'homme qu'elle étudie n'est pas l'homme en société, ni sous tel ou tel gouvernement, c'est l'homme en lui-même, l'homme de tous les temps et de tous les lieux.

Si la littérature du dix-septième siècle est réservée à l'égard de la politique, plus encore l'est-elle à l'égard de la foi et de la théologie. Elle observe, plus scrupuleusement peut-être que la philosophie, la distinction des vérités de la raison et de la foi ; mais autant, dans l'ordre de la foi, elle se montre respectueuse et soumise, autant, dans celui de la science et de la raison, elle est libre et indépendante. A la suite de Descartes, elle pousse cette indépendance jusqu'à un injuste mépris des anciens. A part quelques grands écrivains qui prirent toujours les anciens pour modèles dans l'éloquence et dans la poésie, tout en leur préférant les modernes pour la philosophie et la physique, il y eut des hommes de beaucoup d'esprit, mais de peu de goût, qui étendirent aux orateurs et aux poëtes, et jusque sur Homère, leur mépris d'Aristote et de la scholastique. Tels furent la plupart des partisans des modernes dans la fameuse querelle des anciens et des modernes.

C'est ici le lieu d'en montrer le rapport avec le cartésianisme, et de mettre en lumière l'origine toute cartésienne de la doctrine moderne de la perfectibilité. Déjà, dans Descartes et Malebranche, on trouve la trace de ce dédain, non-seulement pour les philosophes, mais pour les orateurs et les poëtes de l'antiquité, qui a si fort discrédité les Perrault et les Lamotte. Nous avons vu Descartes hautement professer son peu d'estime du grec et du latin; nous verrons Malebranche pousser le dédain de Rome et d'Athènes, des langues, de l'histoire et de la poésie, jusqu'à dire, que ce serait un bien petit malheur, si le feu venait à brûler, non-seulement tous les philosophes, mais encore tous les poëtes anciens (1). Parle-t-il d'Homère, ce n'est guère plus révérencieusement que Perrault ou Lamotte. « Homère, qui, dit-il, loue son héros d'être vite à la course, eût pu s'apercevoir, s'il eût voulu, que c'est la louange que l'on doit donner aux chevaux et aux chiens de chasse. »

Ayons de l'indulgence pour ce défaut de sentiment et de goût du cartésianisme qui fut la suite, à peu près inévitable, de la réaction contre l'autorité des anciens en philosophie, en même temps que la condition du développement de la doctrine de la perfectibilité (2). Il était bien difficile que l'antiquité tout entière ne ressentît pas, plus ou moins, le contre-coup de la chute d'Aristote, et que les défenseurs de la supériorité des modernes ne fussent pas un peu semblables, suivant la comparaison de La Bruyère, à ces enfants drus et forts d'un bon lait qu'ils ont sucé, qui battent leur nourrice.

Mais, avec ce mépris de l'antiquité, nous trouvons déjà dans Descartes, et surtout dans Malebranche, le sentiment d'un progrès nécessaire de l'humanité par la suite des temps. Si Descartes répond à Gassendi, qu'il ne s'inquiète pas de savoir s'il y a eu des hommes avant lui, il s'inquiète beaucoup de ceux qui viendront après, et il ose prédire une amélioration indéfinie du physique et du moral de l'homme par le progrès des sciences. De même que Bacon, il a dit qu'il ne faut pas attribuer quelque chose aux anciens à cause de leur anti-

---

(1) Voir le premier chapitre du deuxième volume.
(2) Voir le chap. IV de la *Querelle des anciens et des modernes*, par Hippolyte Rigault, in-8, 1856.

quité, que c'est nous qui sommes les vrais anciens, parce que le monde est aujourd'hui plus ancien, et que nous avons une plus grande expérience des choses (1). « Les arts et les sciences, dit Corneille, ne sont jamais à leur période, les anciens n'ont pas tout su (2). » Cette même pensée est admirablement développée par Pascal, dans la préface de son *Traité sur le vide*. Tel est aussi le sentiment de Malebranche qui défend et recommande la nouveauté en philosophie, parce que la raison veut que nous jugions les anciens plus ignorants que les modernes : « Au temps où nous vivons le monde est plus âgé de deux mille ans, il a plus d'expérience, doit être plus éclairé, c'est la vieillesse et l'expérience du monde qui font découvrir la vérité (3). »

La même pensée est dans presque tous les cartésiens. Avec quelle vigueur Arnauld ne réfute-t-il pas la thèse du progrès de la corruption et de l'aveuglement qu'un théologien anticartésien opposait à la philosophie nouvelle ! « C'est, dit-il, un paradoxe ridicule de s'imaginer que les plus anciens aient toujours été les plus savants, par cette raison que le nombre des siècles augmente la corruption générale de la nature humaine et avec elle l'aveuglement de la raison naturelle. Si cela était, il faudrait qu'il y eût, avant le déluge de plus habiles médecins, de plus savants géomètres qu'Hippocrate, Archimède et Ptolémée. N'est-il donc pas visible, au contraire, que les sciences humaines se perfectionnent par le temps ? Je ne daigne pas m'étendre là-dessus... Mais ce sont plutôt ces grands hommes de l'antiquité païenne qui ne sont nullement comparables, au regard des sciences naturelles, desquelles seules il s'agit ici, aux grands hommes de ces derniers temps... C'est

---

(1) Baillet cite cette pensée de Descartes en latin et d'après des fragments manuscrits : « Non est quod antiquis multum tribuamus propter antiquitatem, sed nos potius iis seniores dicendi. Jam enim senior est mundus quam tunc, majoremque habemus rerum experientiam. » *Vie de Descartes*, liv. VIII, chap. x.
(2) Préface de Clitandre.
(3) *Recherche de la vérité*, 2e livre.

donc parler en l'air et par une prévention tout à fait déraisonnable que de prétendre que les philosophes modernes ne sont pas comparables à ceux de l'antiquité (1). »

Comme Arnauld, Nicole croit au perfectionnement de la raison humaine. Après avoir fait remarquer, pour combattre le sentiment de l'éternité du monde, que toutes les inventions des hommes sentent la nouveauté et désavouent l'éternité, et qu'il n'y a point d'historien qui remonte au delà de quatre mille ans, il ajoute : « On voit depuis ce temps un progrès perpétuel du monde pareil à celui d'un homme qui sort de l'enfance et qui passe par les autres ans d'âges (2). » Bossuet lui-même croit à ce progrès perpétuel : « Après six mille observations, l'esprit humain n'est pas épuisé, et il trouve encore, afin qu'il connaisse qu'il peut trouver jusqu'à l'infini, et que la seule paresse peut donner des bornes à ses connaissances et à ses inventions (3). » La Bruyère présente la même pensée sous la forme la plus piquante et la plus originale : « Si le monde dure seulement cent millions d'années, il est encore dans toute sa fraîcheur et ne fait presque que de commencer ; nous-mêmes nous touchons aux premiers hommes et aux patriarches, et qui pourra ne pas nous confondre avec eux dans des siècles si reculés ? Mais si l'on juge par le passé de l'avenir, quelles choses nouvelles sont inconnues dans les arts, dans les sciences et dans la nature, et j'ose dire dans l'histoire ! Quelles découvertes ne fera-t-on point ! Quelles différentes révolutions ne doivent pas arriver sur toute la face de la terre, dans les états et les empires ! Quelle ignorance est la nôtre, et quelle légère expérience est celle de cinq ou six mille ans (4) » !

Ainsi, comme contempteurs de l'antiquité, comme

---

(1) *Examen d'un traité de l'essence des corps*, tome XXXVIII des Œuvres complètes.
(2) *Connaissance de Dieu et de soi-même*, chap. 5.
(3) *Discours contenant en abrégé les preuves de l'existence de Dieu et de l'immortalité de l'âme.*
(4) Chapitre des Jugements.

défenseurs de la supériorité des modernes sur les anciens, Perrault, La Motte, Fontenelle, Terrasson, relèvent de Descartes et de son école; ainsi la querelle des anciens et des modernes fut excitée par l'esprit même du cartésianisme (1). Je ne m'attache qu'au côté sérieux et philosophique de cette querelle ; je ne m'arrêterai pas au défaut de goût, de sentiment poétique et d'érudition, tant de fois et si justement reproché aux partisans des modernes. Comme contempteurs d'Homère, comme détracteurs aveugles et ridicules des chefs-d'œuvre d'Athènes et de Rome, je les abandonne de bon cœur à La Fontaine, à Boileau, Racine, La Bruyère, et même à madame Dacier ; mais, au milieu de toutes leurs erreurs et de tous leurs ridicules, il y a une grande vérité, celle de la perfectibilité, dont ils sont les interprètes, dont les premiers ils cherchent la formule et la démonstration, et dont nous revendiquons l'honneur pour la philosophie de Descartes.

Charles Perrault qui, le premier, entre hardiment en lice en faveur de la supériorité des modernes sur les anciens, dans les lettres et les beaux-arts, comme dans la physique et les mathématiques, est, sauf quelques réserves, un disciple de Descartes. Le cartésianisme lui-même est un des arguments dont il se sert en faveur de la perfectibilité. Il regarde comme démontrée l'incomparable supériorité de Descartes sur Aristote et sur tous les philosophes anciens. S'il critique quelques principes de sa métaphysique et surtout l'automatisme, qui lui paraît, dit-il, de trop dure digestion, il est entièrement cartésien pour la physique, et il déclare ne pas comprendre qu'on puisse expliquer les phénomènes

(1) Rien de plus faux que cette assertion de M. Pierre Leroux : « La France, après avoir ouvert la route du rationalisme solitaire ou de la psychologie, avec Descartes, s'en est retirée pour en prendre une autre, celle de la philosophie de la perfectibilité. » Ce que nous venons de dire prouve suffisamment que sur ce point la philosophie du dix-huitième siècle n'a eu qu'à suivre les traces du cartésianisme. M. Jean Raynaud a dit de même sans plus de vérité : « Le dix-huitième siècle a su prendre la théorie de la perfectibilité. » (*Ciel et terre*).

autrement que d'une manière mécanique (1). Il développe heureusement (2) la comparaison, déjà ancienne, de la vie de l'humanité avec celle de l'individu qui croît et se perfectionne à mesure qu'il avance en âge : « Figurons-nous que la nature humaine n'est qu'un seul homme, cet homme aurait été enfant dans l'enfance du monde, adolescent dans son adolescence, homme parfait dans la force de son âge. Nos premiers pères ne doivent-ils donc pas être regardés comme les enfants et nous comme les vieillards et les véritables anciens du monde ? » L'habitude qu'ont les enfants de voir que leurs pères et leurs grands-pères ont plus de science qu'eux les persuade que leurs bisaïeuls en avaient encore bien davantage. C'est ainsi, suivant l'ingénieuse explication de Perrault, qu'insensiblement on attache à l'âge l'idée d'une science, d'une capacité d'autant plus grande qu'on remonte à des temps plus reculés. Cependant si l'avantage des pères sur les enfants consiste uniquement dans l'expérience, n'est-il pas évident que celle des hommes qui viennent les derniers au monde doit être plus grande que celle des hommes qui les ont devancés (2) ? N'ont-ils pas recueilli la succession de leurs prédécesseurs, en y ajoutant de nouvelles acquisitions par leur travail et leur étude ?

Perrault ne se borne pas à affirmer l'existence de cette loi de perfectionnement de l'humanité, il entreprend de la démontrer par un parallèle des sciences, des arts mécaniques et de l'industrie, des mœurs, des beaux-arts, des lettres et de la poésie, chez les anciens et chez les modernes. Otez la poésie, l'éloquence et les beaux-arts, Perrault, en tout le reste, n'a pas de peine à prouver la prééminence des modernes sur les anciens. Nous lui donnerions même encore raison, s'il se fût borné à prétendre que la nature a pu bien produire, dans notre temps, d'aussi beaux génies que dans l'antiquité, et que les orateurs et les poëtes mo-

---

(1) Voir le 5e Dialogue du *Parallèle des anciens et des modernes*.
(2) 1er Dialogue.

dernes peuvent égaler les anciens, au lieu de prétendre, comme il le fait, qu'ils les surpassent nécessairement, par cela seul qu'ils sont venus après eux. Le mérite de Perrault et des partisans des modernes est d'avoir compris que l'humanité avance en se perfectionnant ; leur tort est d'avoir confondu ce qui nécessairement se perfectionne, en s'ajoutant et s'accumulant par la suite des temps, comme les idées et les découvertes scientifiques, avec l'inspiration individuelle et intransmissible du poëte et de l'artiste.

Le partisan le plus spirituel des modernes, Fontenelle, ne mérite pas tout à fait le même reproche que Perrault. Il a sur lui le double avantage de mieux formuler la loi du progrès, et de ne pas prétendre y soumettre les beaux-arts et la poésie de la même manière que les sciences et l'industrie. Fontenelle est intervenu dans la querelle par un petit écrit intitulé : *Digression sur les anciens et les modernes*, dont voici quelques citations : « Un savant de ce siècle-ci contient dix fois un savant du siècle d'Auguste... Un bon esprit cultivé est, pour ainsi dire, composé de tous les esprits des siècles précédents, ce n'est qu'un même esprit qui s'est cultivé pendant tout ce temps. Ainsi cet homme, qui a vécu depuis le commencement jusqu'à présent, a eu son enfance, où il ne s'est occupé que des besoins les plus pressants de la vie, sa jeunesse, où il a assez bien réussi aux choses d'imagination, telles que la poésie et l'éloquence, et où même il a commencé à raisonner, mais avec moins de solidité que de feu; il est maintenant dans l'âge de la virilité, où il raisonne avec plus de force et de lumière que jamais. »

Mais cette comparaison de la vie de l'humanité avec celle de l'individu n'est vraie qu'avec une restriction qui n'échappe pas à Fontenelle. « Il est fâcheux de ne pouvoir pousser jusqu'au bout une comparaison qui est en si beau train, mais je suis obligé d'avouer que cet homme n'aura point de vieillesse, il sera toujours aussi capable des choses auxquelles la jeunesse était propre, et il le sera de plus en plus de celles qui conviennent à l'âge de la virilité, c'est-à-dire, pour quitter l'allégorie, que les hommes ne dégénéreront jamais, et que les vues saines de tous les bons esprits qui se succéderont, s'ajouteront toujours les unes aux autres. » Cependant, les modernes, ajoute-t-il, ne peuvent toujours enchérir sur les anciens que dans les choses d'une nature à le permettre, dans les sciences, par exemple, et non dans l'éloquence et la poésie : « Il n'a pas fallu beaucoup d'expérience pour atteindre la perfection dans l'éloquence et la poésie, qui n'exigent qu'un petit nombre de vues et qui dépendent surtout de la vivacité de l'imagination. Les modernes peuvent donc se flatter d'y égaler, mais non d'y surpasser les anciens, tandis que dans les mathématiques ou dans la physique il est évident qu'héritiers de tous leurs prédécesseurs, les derniers mathématiciens ou physiciens seront plus habiles. » « Si l'on examinait, dit-il, historiquement le chemin que les sciences ont fait déjà, en un si petit espace de temps, malgré tant de préjugés et d'obstacles de toute sorte, on serait étonné de la grandeur et de la rapidité de leurs progrès, et on en verrait même de toutes nouvelles sortir du néant, et peut-être laisserait-on aller trop loin ses espérances pour l'avenir (1). » C'est à l'école du cartésianisme c'est dans son esprit et dans sa méthode, dans le sentiment de la grandeur de ses découvertes, que Fontenelle, comme Perrault, avait puisé ses vues si nettes et si précises sur la loi du perfectionnement successif de l'humanité (2).

L'abbé Jean Terrasson qui, avec Perrault, Fontenelle et Lamotte, est un des plus célèbres partisans des modernes, confond, comme Perrault, les destinées de la science et celles de la poésie, mais il démontre non moins bien que Fontenelle, la loi de la perfectibilité. Il considère les progrès de l'esprit humain comme aussi nécessaires que la croissance des arbres et des plantes, et comme s'accomplissant en vertu d'une loi naturelle exactement semblable

---

(1) Préface de l'*Histoire de l'Académie*.
(2) Voir le chapitre sur Fontenelle dans le 2ᵉ volume.

à celle qui fait croître un homme particulier en expérience et en sagesse, depuis son enfance jusqu'à sa vieillesse (1). « L'hypothèse des progrès de l'esprit humain, par le secours du temps et des expériences, est comme une hypothèse de raison de nécessité, de mouvement local, qui peut être suspendue, mais qui reviendra toujours. » Terrasson loue Perrault, Fontenelle et Lamotte d'avoir bien senti que les modernes sont supérieurs aux anciens, mais il leur reproche de ne pas avoir assez marqué que cette supériorité est un effet naturel et nécessaire de la constitution de l'esprit humain, et d'avoir traité la question en observateurs et en historiens plutôt qu'en philosophes (2).

La philosophie de Terrasson est le cartésianisme qu'il associe étroitement à cette vue de la perfectibilité, comme un progrès préparé par les philosophies antérieures et qui, à son tour, doit en préparer d'autres. « Newton, dit-il très-bien, n'a point détruit Descartes, et Descartes n'a point même détruit les anciens philosophes dans ce qu'ils pouvaient avoir de bon ; ce sont les hommes sans philosophie, et qui n'admettent pas les progrès de l'esprit humain par la suite des siècles, qui ont voulu détruire Descartes par Aristote, et qui veulent aujourd'hui détruire Descartes par Newton (3). » Ainsi Perrault, Fontenelle, Terrasson, descendent de Descartes et devancent Turgot et Condorcet ; ainsi le mépris pour l'antiquité, hautement professé par Descartes et les principaux cartésiens, en passant de la philosophie dans les lettres, engendre la querelle des anciens et des modernes, au sein de laquelle se précise, se développe et se démontre la loi de la perfectibilité. Il faut donc en rapporter le principal honneur à l'école de Descartes, et non à la philosophie du dix-huitième siècle.

Descartes a exercé une influence salutaire, non-seulement sur le fond, mais sur la forme et la langue de la litté-

---

(1) Préface de la *Dissertation critique sur Homère*.
(2) *La philosophie applicable à tous les objets de la raison.*
(3) *La philosophie applicable*, etc.

rature du dix-septième siècle. C'est de lui que datent les progrès du goût, de l'ordre, de la précision, de la méthode, dans tous les ouvrages de l'esprit, sans exception. Les modèles qu'il en a donnés lui-même et, après lui, ses principaux disciples, ont eu l'influence la plus décisive sur tous les genres de littérature (1). C'est un éloge que s'accordent à lui donner des juges excellents et des critiques contemporains. Selon Fontenelle, les modernes l'emportent sur les anciens, surtout pour l'art de raisonner; or, c'est à Descartes qu'il attribue cette nouvelle méthode de raisonner plus estimable, dit-il, que sa philosophie elle-même. « Grâce à elle, il règne non-seulement dans nos bons ouvrages de métaphysique et de physique, mais dans ceux de religion, de morale, de critique, une précision et une justesse qui jusqu'à présent n'avaient été guère connues (2). » Selon l'abbé Terrasson : « Le raisonnement littéraire n'est sorti de l'enfance qu'à partir de Descartes. » « Nous devons, dit-il encore, à sa philosophie l'exclusion des préjugés, le goût du vrai, le fil du raisonnement qui règnent dans les bons écrits modernes depuis l'établissement des trois académies (3)? » Cette influence de la philosophie de Descartes est parfaitement appréciée dans un passage de l'*Éloge* de Gaillard qui mérite d'être cité : « Qui peut dire jusqu'où s'est étendue cette heureuse influence? Elle ne s'est point bornée à la philosophie. Il s'est fait dans les esprits une révolution générale. La raison et la méthode ont pénétré dans tous les genres. C'est depuis Descartes que les ouvrages sont bien faits, que les objets sont présentés dans l'ordre qui leur convient, dans le jour qui les embellit, que l'érudition est sobre, que le bel esprit est décent, que le style est précis, que le génie est sage, que le goût est pur, que tous les arts

---

(1) « J'ai toujours remarqué que les disciples de Descartes écrivent avec plus d'ordre et de clarté. » (Bernard Lamy, *Entretiens sur les sciences*, 7ᵉ Entretien.)

(2) *Digression sur les anciens et les modernes.*

(3) *La philosophie applicable à tous les objets de l'esprit et de la raison.*

peignent la nature et se rapprochent de la vérité. C'est cet amour du simple et du vrai dont Descartes a donné l'exemple qui a préparé ce siècle admirable de Louis XIV (1). »

Telle est la grande place que tient la philosophie de Descartes dans la société du dix-septième siècle ; tel est le tableau abrégé et incomplet des services qu'elle a rendus non-seulement à la métaphysique, mais à la morale, aux sciences et aux lettres, telle est la salutaire révolution qu'elle a opérée dans les esprits.

(1) Cet éloge a partagé avec celui de Thomas le prix de l'Académie française, quoique généralement il lui soit inférieur.

CHAPITRE XXIV

Deux périodes dans l'histoire du cartésianisme. — Première période des disciples immédiats de Descartes. — Le P. Mersenne. — Clerselier. — Services rendus par Clerselier à la philosophie de Descartes. — Jacques du Roure. — Le P. Poisson commentateur et défenseur de la philosophie de Descartes. — Rohault. — Ses conférences cartésiennes. — Succès de son *Traité de physique*. — Ses *Entretiens de philosophie*. — Son explication eucharistique. — De La Forge, médecin et physiologiste. — Théorie de l'union de l'âme et du corps. — Cordemoy, — doctrine des causes occasionnelles. — Scepticisme sur le monde extérieur. — Régis. — Mission cartésienne dans le midi de la France. — Conférences à Paris. — Régis recherché des grands et du prince de Condé. — Tendance empirique en morale et en métaphysique. — Idées innées dépendantes des sens. — De la communication de l'âme et du corps. — Éternité et infinité du monde. — Optimisme. — Accord de la foi et de la raison. — Théologiens cartésiens. — Cally. — La philosophie de Descartes accommodée aux formes de l'École. — Explication cartésienne de l'eucharistie. — Censure de l'évêque de Bayeux. — Intervention de Bossuet. — Robert Desgabets, bénédictin. — Influence de son empirisme sur Régis. — Attaques contre la spiritualité de l'âme. — Doctrine de l'indéfectibilité des substances. — Sa *Critique de la Critique de la Recherche de la vérité*. — Essai de philosophie eucharistique. — Le cardinal de Retz cartésien. — Conférences philosophiques du château de Commercy. — Descartes défendu par le cardinal contre Desgabets. — Caractères généraux des cartésiens de cette première période.

Nous distinguerons deux périodes dans l'histoire du cartésianisme français, l'une qui va de Descartes à Malebranche, et l'autre qui va de Malebranche jusqu'à la fin du dix-huitième siècle. A la première appartiennent les disciples immédiats de Descartes, antérieurs à Malebranche, ou qui du moins n'ont pas subi son influence, et reproduisent la doctrine du maître sans aucun alliage de saint Augustin et de Platon. La seconde, marquée de l'empreinte du génic et des doctrines de Malebranche, se distingue de la première par une sorte d'idéalisme augustinien ou platonicien.

Parmi les cartésiens de la première période, il semble que d'abord il faille nommer le P. Mersenne, que Baillet appelle l'homme de M. Descartes, l'ancien de ses amis et de ses sectateurs. Mais si Mersenne a été un ami fidèle de Descartes, il n'en a été qu'un sectateur, quoi qu'en dise Baillet, très-douteux et très-infidèle. Déjà professeur de philosophie à Nevers dans un couvent de son ordre, en 1614, il relève du seizième plutôt que du dix-septième siècle et, malgré sa liaison avec Descartes, il demeura, jusqu'à la fin, dans la confusion et le chaos philosophique qui a précédé le *Discours de la Méthode* (1). Sans doute il admire Descartes, mais il n'admire guère moins Hobbes et Gassendi, et il place le *De cive* à côté du *Discours de la Méthode*. A son fanatisme théologique il allie une singulière tolérance à l'égard des systèmes les plus opposés en philosophie. Il semble, d'ailleurs, ne s'être définitivement arrêté à aucun, et Leibniz reproche avec raison au P. Daniel de se montrer assez mal informé, en faisant du P. Mersenne le cartésien par excellence, dans son *Voyage du monde de Descartes* (2).

Il n'en est pas de même de Clerselier qui fut après lui le correspondant de Descartes à Paris. Avocat au Parlement, d'une noble et riche famille, Clerselier se dé-

---

(1) Qu'on en juge par le seul titre de son ouvrage sur la Genèse : *Quæstiones in Genesim celeberrimæ, etc., opus theologis, philosophis, medicis, jurisconsultis, mathematicis, musicis vero et catoptricis præsertim utile*, 1 vol. in-fol. Paris, 1623. Il est aussi auteur de *Cogitata physico-mathematica*, Paris, 1674, in-4, qui sont, dit Montucla, un océan d'observations de toute espèce, parmi lesquelles il y en a un grand nombre d'assez puériles.

(2) « Le P. Mersenne n'était pas tant cartésien qu'il s'imagine. Ce Père se partageait entre Roberval, Fermat, Gassendi, Descartes, Hobbes ; et il ne se souciait pas d'entrer avant dans leurs dogmes et leurs contestations ; mais il était officieux envers tous et les encourageait à merveille. » (*Lettre à Remond de Montmort*, édit. Erdm., p. 701.)

voua tout entier au triomphe de la nouvelle philosophie. « Il a tant travaillé, dit le P. Valois, pour ramasser tout ce qui s'est pu trouver des écrits de M. Descartes, et pour les faire imprimer; il en soutient les sentiments avec tant d'ardeur; il s'intéresse si fort pour en étendre la secte, pour y conserver ceux qui y sont déjà, pour y faire entrer ceux qui n'y sont pas encore, et pour engager ceux qui ont plus d'esprit et de capacité à l'appuyer par des livres nouveaux, qu'on peut dire qu'il est comme l'âme du parti, et qu'on lui rend par conséquent justice quand on le met au premier rang (1). »

Nul cartésien, sans excepter même les théologiens, n'a eu plus à cœur de défendre la philosophie de Descartes contre tout soupçon d'impiété et d'hérésie. Tel est le principal but de tout ce qu'il a écrit sur Descartes, des préfaces des trois volumes des Lettres de Descartes (2), et de la préface des œuvres posthumes de Rohault. Non-seulement il défend le cartésianisme contre les attaques des théologiens, mais il veut démontrer qu'il résulte une foule d'avantages de la philosophie nouvelle pour la foi orthodoxe. De là le zèle inconsidéré et malheureux qu'il déploya pour la propagation de l'explication eucharistique des lettres au P. Mesland.

Ce qu'il était dans ses écrits, il l'était dans sa vie qui aurait pu être donnée comme un exemple de l'accord de la philosophie de Descartes et de la foi, tant il était d'une exacte et rigide dévotion. « Je ne crois pas dit Bayle, dans les *Nouvelles de la République des Lettres*, qu'il y eût aucun bourgeois de Paris qui allât plus souvent à la messe que le bon M. Clerselier. » Il a édité, avec Louis de La Forge, les *Traités de l'Homme et de la formation du fœtus;* il a traduit en français les *Objections contre les Méditations;* il a revu et corrigé la traduction française des *Principes* par l'abbé

---

(1) *Sentiments de M. Descartes opposés à la doctrine de l'Église*, p. 65. 1 vol. in-12. Paris, 1680.

(2) En 3 vol. in-4, le 1ᵉʳ volume est de 1657, le 2ᵉ de 1666, le 3ᵉ de 1667.

Picot. Enfin, c'est à lui que nous sommes redevables de cette collection des Lettres de Descartes, si précieuse pour les sciences et pour la philosophie. Jusque dans les alliances de sa famille, Clerselier eut en vue l'intérêt de la philosophie cartésienne. Sa sœur était mariée à un ami de Descartes, Chanut ambassadeur en Suède ; et sans tenir compte de l'opposition de sa famille, il voulut donner sa fille à Rohault, malgré la différence de la fortune et de la naissance, comme au premier et au plus habile des cartésiens (1).

Il faut mentionner, après Clerselier, Jacques du Roure comme un des premiers auteurs cartésiens en France. Nous ne savons rien de sa vie, si ce n'est que Clauberg, pendant son voyage en France, fut en relation avec lui. Du Roure a publié une lettre adressée à Clauberg, dans laquelle était cette phrase, qui fit scandale, et fut vivement relevée par quelques adversaires de Descartes : « Ceux qui suivent Descartes peuvent sans envie laisser aux autres le titre de péripatéticiens, d'épicuriens, de stoïciens, pour prendre celui de philosophes raisonnables. » En 1654, il fit paraître une *Philosophie tirée des anciens et des nouveaux auteurs* (2). Le titre n'a d'autre but que de faire passer la philosophie nouvelle à l'aide d'une alliance prétendue avec la philosophie ancienne, car tout est en faveur de Descartes et non d'Aristote. En tête il place cette citation de Clauberg : « Après les livres divins, il n'en est point que j'estime davantage que ceux de l'illustre Descartes. » Dans un discours préliminaire, adressé à ceux qui étudient la philosophie de Descartes, il loue surtout cette philosophie de ne reposer que sur l'évidence. Puis viennent d'autres discours généraux sur la métaphysique, la théologie naturelle et la logique des péripatéticiens. La

---

(1) Clerselier est né en 1614 et mort en 1684. Voir ce que dit Baillet de sa personne et de sa famille, liv. VII, chap. VIII.

(2) *La philosophie divisée en toutes ses parties, établie sur des principes évidents, et expliquée en tables et par discours, tirés des anciens et des nouveaux auteurs et principalement des péripatéticiens*, gros in-12. Paris, 1654.

logique de Descartes est exposée dans un traité à part où sont rassemblés tous les préceptes, relatifs à la méthode, répandus dans les divers ouvrages de Descartes, et principalement dans le *Discours de la Méthode*. Dispositions pour l'étude des sciences, règles pour les apprendre, moyens pour s'y avancer ; telles sont les trois classes dans lesquelles il les divise. Il ne fait d'ailleurs que donner des extraits de Descartes, et il ne mérite guère d'être mentionné que comme un des premiers cartésiens français qui aient écrit en faveur de la philosophie nouvelle.

Pour la science de Descartes, nous mettons au-dessus de Clerselier et de du Roure le P. Poisson de l'Oratoire qui fut aussi un des premiers à répandre les doctrines cartésiennes en France et dans son Ordre. Mathématicien et philosophe, il propagea également la physique et la métaphysique nouvelles (1). En 1668, il publia une traduction française du *Traité de la Mécanique* de Descartes, suivi de l'*Abrégé de musique* avec des éclaircissements (2), et trois années plus tard, un commentaire exact et judicieux du *Discours de la Méthode* (3). Il insiste sur les trois premières parties, mais il renvoie la quatrième, avec la métaphysique, au commentaire général qu'il se proposait de faire de toutes les œuvres de Descartes, et auquel il renonça, par crainte de compromettre davantage sa congrégation inquiétée et suspecte à cause de son attachement à la philosophie cartésienne. Pour la même raison, sans doute, il résista aux instances de la reine de Suède et de Clerselier, qui l'invitaient à écrire la vie de Descartes, et mettaient à sa disposition les matériaux nécessaires. Cependant, à l'occasion

(1) Entré à l'Oratoire en 1660, à l'âge de 23 ans, le P. Poisson mourut en 1710 à Lyon, dans la maison de l'Oratoire.

(2) Paris, 1668, in-4. M. Garnier, dans son édition des Œuvres philosophiques de Descartes, a publié un fragment de la traduction de l'*Abrégé de musique*.

(3) *Commentaire ou Remarques sur la méthode de Descartes*, Vendôme, — 1671, in-8. Il donne d'abord un extrait de la méthode de Descartes, puis le commentaire ; ce sont des observations divisées par chapitres sur les principaux points de cette méthode.

de la défense portée par le roi contre la philosophie de Descartes, il écrivit, de même qu'Arnauld, une dissertation, demeurée inédite, pour prouver que cette défense était sujette à beaucoup d'inconvénients (1). D'un autre côté, non moins zélé à repousser tout ce qui pouvait compromettre la philosophie de Descartes, il condamne les explications cartésiennes de l'eucharistie (2).

Rohault ne trompa pas les espérances que son beau-père Clerselier avait fondées sur lui pour l'avancement et le triomphe du cartésianisme en France (3). En reprochant, non sans quelque injustice, aux disciples de Descartes leur stérilité et leur attachement servile à la doctrine du maître, Leibniz fait une exception honorable en faveur de Rohault (4). Rohault s'attacha surtout à la physique, où son goût naturel le portait. « La nature, dit Clerselier, par un avantage tout singulier, lui avait donné un esprit tout à fait mécanique, fort propre à inventer et à imaginer toute sorte d'arts et de machines, et avec cela des mains artistes et adroites pour exécuter tout ce que son imagination pouvait lui représenter (5). » Il inventait et il faisait une foule d'expériences, par où il s'acquit la plus grande réputation. Les jeunes gens de première qualité venaient lui demander des leçons. On lui avait mis entre les mains, dès leur bas âge, MM. les princes de Conti, et il était destiné à être le précepteur du Dauphin, pour les mathématiques et la philosophie, aussitôt que le cours de ses études l'aurait conduit jusque-là. Des professeurs eux-mêmes, dit encore Clerselier, n'ont point eu honte d'abandonner leurs chaires pour

(1) Voir dans la *Biographie universelle* l'article du P. Poisson, par le P. Tabaraud.
(2) Dans la liste des manuscrits de Desgabets on trouve : *Objections proposées contre l'opinion de M. Descartes touchant le Saint-Sacrement*, par le P. Poisson.
(3) Né en 1620 à Amiens, fils d'un marchand.
(4) Lettre à Nicaise. *Fragments philosophiques de M. Cousin*, 2e vol.
(5) Préface de Clerselier aux Œuvres posthumes de Rohault, 1 vol. in-4. Paris, 1682. Ces œuvres ne contiennent que quelques traités de mathématiques.

devenir ses disciples. Bien plus, sa réputation s'étant étendue en pays étranger, il lui en venait de toutes parts, et en si grand nombre qu'il ne pouvait plus suffire à tous. Toutefois, il a tiré sa plus grande gloire des conférences publiques qu'il faisait tous les mercredis dans sa maison. On y voyait accourir des personnes de toutes les qualités et de toutes les conditions, des prélats, des abbés, des courtisans, des médecins, des philosophes, des écoliers et des régents, des provinciaux, des étrangers et même des dames qui étaient placées au premier rang (1). »

Voici, d'après Clerselier, la méthode que Rohault suivait dans ces conférences. Il expliquait l'une après l'autre toutes les questions de physique, en commençant par l'établissement de ses principes, et descendant à la preuve des effets les plus particuliers et les plus rares. D'abord il faisait un discours d'une heure, après quoi la dispute était ouverte à tout le monde, et il répondait à toutes les objections avec une admirable netteté. Son ouvrage le plus célèbre est le *Traité de physique* dont le succès fut immense, non-seulement en France, mais à l'étranger. « Nos libraires, dit Clerselier, tâchent partout de le contrefaire; dans les pays étrangers il s'imprime publiquement, et déjà on l'a traduit en plusieurs langues. » En Angleterre il fut annoté par Antoine Legrand, traduit en latin et en anglais par Samuel Clarke (2), et jusqu'à Newton, il fut un livre classique dans plusieurs universités.

Quoique Rohault soit avant tout un physicien, il a traité aussi de la métaphysique dans un petit ouvrage intitulé, *Entretiens de philosophie* (3), dont le but principal est de mettre ses principes, et ceux de Descartes, à l'abri des condamnations civiles et ecclésiastiques qui les menaçaient.

---

(1) Préface de Clerselier au second volume des *Lettres de Descartes*.
(2) *Jacobi Rohaulti physica latine vertit, recensuit, adnotationibus ex illustrissimi Isnaci Newtoni philosophia maximam partem haustis, amplificavit et ornavit Samuel Clarke*. Il a joint aussi à cette traduction des notes d'Antoine Legrand. En peu de temps elle a eu six éditions.
(3) Paris, 1671, petit in-12.

Pour apaiser les partisans de l'École et d'Aristote, il veut prouver l'accord de Descartes avec eux, et la similitude de leurs principes fondamentaux en physique, à quoi il ne parvient qu'en altérant profondément le vrai sens du péripatétisme. Puis, pour désarmer les théologiens, il veut démontrer la conformité des principes de Descartes avec la foi en général et, en particulier, avec le concile de Trente, touchant la transsubstantiation. Rohault a son explication particulière de l'eucharistie, qui n'est pas tout à fait celle de Descartes. Si les qualités sensibles sont de pures modifications de l'âme, il suit, dit-il, que les accidents du pain et du vin ne sont pas dans les choses, mais seulement en nous, et qu'ils sont non-seulement séparables, mais séparés. Or, avons-nous quelque difficulté à concevoir que Dieu puisse faire, par lui-même, dans nos sens les mêmes impressions qu'y faisaient le pain et le vin, s'ils n'avaient pas été changés (1)? Ainsi donc le cartésianisme, selon Rohault, nous fait concevoir clairement la possibilité de cette séparation, tandis que la philosophie de l'École ne peut faire plus que d'établir qu'on ne saurait prouver positivement que c'est impossible. Remarquons que Rohault ne touche ici qu'à la difficulté de l'indistinction des accidents et de la substance, et non à celle de l'indistinction du corps et de l'extension locale qui a soulevé les plus grands orages contre la philosophie de Descartes. Enfin, Rohault produit, en faveur du cartésianisme, le fameux certificat de la reine Christine.

Néanmoins, sous le rapport de la foi, il devint ou demeura suspect, et fut même inquiété dans les derniers temps de sa vie. Son beau-père Clerselier rapporte que son curé, quoique assuré de sa foi, s'étant plusieurs fois entretenu avec lui sur ce mystère, se crut obligé, lorsqu'il lui porta le saint viatique, pour avoir des témoins qui pussent,

---

(1) Rohault appuie cette explication de l'autorité du P. Maignan. Il ignorait sans doute que le P. Maignan fut obligé de se rétracter dans le chapitre général de son Ordre ; peut-être aussi cette rétractation est-elle un peu postérieure.

comme lui, en répondre, de l'interroger, en présence de toute la compagnie qui assistait à cette triste cérémonie, sur les principaux articles de notre croyance. Rohault mourut en 1672, et son cœur fut enterré à Sainte-Geneviève, avec les os de Descartes (1). La grande réputation dont il a joui jusqu'à la fin du dix-septième siècle, nous es attestée, non-seulement par le témoignage de Leibniz, mais par celui des adversaires du cartésianisme, tels que le Père Valois et le Père Lagrange de l'Oratoire qui, avec plus ou moins de sincérité, affectent de le mettre au-dessus de Descartes lui-même. Voici l'éloge qu'en fait le Père Lagrange : « Outre qu'il a beaucoup plus de netteté d'esprit que Descartes et qu'il est plus méthodique, il a tellement ajouté à sa doctrine et expliqué si amplement les plus belles questions de physique, sur lesquelles Descartes n'a dit que très-peu de choses, que ce serait commettre une injustice de ne le pas plus estimer que son maître (2). »

Si Rohault est le physicien par excellence du cartésianisme français, Louis Delaforge en est le physiologiste. Né à Paris, au commencement du dix-septième siècle, il connut Descartes, et il eut même l'honneur d'être de ses amis. Médecin à Saumur, on le voit, quoique catholique, protéger et accueillir tous les cartésiens protestants, tels que Gousset et Chouet, qui venaient étudier ou enseigner dans cette université, la plus célèbre qu'eussent alors les protestants français. Après avoir été le collaborateur de Clerselier, dans la publication posthume du *Traité de l'Homme de Descartes*, il fit paraître, en 1666, son grand ouvrage sur l'âme hu-

---

(1) Voici l'épitaphe que lui fit Liénard, médecin de la Faculté de Paris, doyen en 1680, son disciple et son ami, héritier de ses papiers et de sa bibliothèque, grand cartésien et ami de Molière.

> Quos unum doctrina facit, compingit in unum,
> Doctaque Cartesii ossa hoc marmor corque Rohaldi.
> Has tanti exuvias hominis Lienardus ad aras
> Appendit fidi officiis cumulatus amici.

(2) *Les Principes de la philosophie contre les nouveaux philosophes.* Paris, 1675, in-12.

maine (1). Dans une longue préface, il cherche à montrer les points de ressemblance entre la doctrine de Descartes et celle de saint Augustin, afin d'autoriser l'une par l'autre. L'esprit, d'abord dans sa nature, puis dans ses facultés, et enfin dans ses rapports avec le corps, voilà l'ordre et les divisions de son ouvrage. Comme Descartes, il met dans la seule pensée l'essence de l'esprit de l'homme, d'où il tire son immatérialité et son immortalité. Mais à la différence de Descartes, il se permet quelques conjectures sur la nature de cette immortalité, et il attribue à l'âme, dans une autre vie, toutes les choses qui suivent nécessairement de son essence, quand on la considère en elle-même, et indépendamment de son union avec le corps. Par idées innées il entend, comme Descartes, des idées que l'esprit a naturellement la faculté de former, de la même façon que l'on dit que la goutte et la gravelle sont naturelles à certaines familles, quand les personnes apportent des dispositions prochaines à ces maladies.

Il combat, avec vivacité et avec esprit, les espèces corporelles, réelles, intentionnelles, que les péripatéticiens confondaient avec les idées elles-mêmes, ou du moins employaient pour expliquer la perception. C'est métamorphoser l'âme en un petit ange logé dans le cerveau et occupé à contempler les espèces qui lui viennent des objets, comme autant de divers petits tableaux qui lui représentent tout ce qui se passe au dehors, à la manière à peu près d'un homme qui regarde dans un miroir. Les espèces corporelles ne sont pas autre chose, selon Delaforge, que le changement apporté par les objets au mouvement du cours des esprits qui sortent de la glande pinéale, et qui sont l'occasion à propos de laquelle telle ou telle pensée naît dans notre esprit (2).

Vient ensuite la question de l'union et des rapports de

(1) *Traité de l'âme humaine, de ses facultés et fonctions et de son union avec le corps, d'après les principes de Descartes*, 1 vol. in-4, Paris, 1666. La même année, il fut traduit en latin par Flayder.

(2) Chap. x, *Des espèces corporelles et des idées ou notions intellectuelles.*

l'âme et du corps à laquelle il a donné de nouveaux développements (1). Il distingue deux causes de l'alliance entre les pensées de l'âme et les mouvements du corps, d'abord une cause générale, la volonté divine, et ensuite une cause particulière, la volonté humaine. Dieu seul est la cause générale de cette alliance de l'âme avec le corps, alliance dont on ne saurait trouver la raison ni dans l'âme ni dans le corps. Cette association, constante chez tous les hommes, entre les mouvements du corps et les idées de l'esprit, a été établie par Dieu aussitôt que le corps a pu donner à l'esprit occasion d'avoir quelque pensée, et aussitôt que l'esprit a pu exécuter quelque mouvement dans le corps. Mais, à côté de cette cause générale et prochaine, Delaforge fait encore une place à la volonté de l'âme. Dieu n'est cause efficiente et prochaine que de ces rapports de l'âme et du corps qui ne dépendent pas de l'âme. L'âme étant une chose pensante, selon Delaforge, elle ne peut être cause que de ce dont elle a conscience. Quant aux mouvements corporels qui dépendent d'actes volontaires de l'esprit, ils ont pour cause directe et efficiente la volonté humaine. Ainsi il admet des rapports involontaires entre l'âme et le corps dépendant directement de Dieu, et des rapports volontaires dont la volonté est la cause directe et efficiente. On ne peut donc, avec quelques historiens, considérer Delaforge comme le premier auteur de la doctrine des causes occasionnelles en France, puisqu'il laisse à la volonté une certaine part de réalité efficiente (2).

Le premier qui, parmi les cartésiens de France, enleva

(1) Chap. XIV, XV, XVI.
(2) Le cartésien hollandais Jacques Gousset attribue à Delaforge d'être l'inventeur du sentiment des causes occasionnelles. « Delaforge, dit-il, avait âge d'homme, était catholique, et exerçait la médecine à Saumur; j'étais jeune, puritain et étudiant en théologie, néanmoins nous liâmes amitié. C'était environ en 1658 que m'étant venu voir, il m'entretint, la première fois, de son sentiment sur ce qu'un être demeure dans le même état où il est jusqu'à ce qu'il en soit retiré ou chassé par une cause extérieure. » (*Causarum primæ et secundarum realis operatio*, etc. Lewarden, 1716.)

à l'âme humaine le pouvoir de diriger le mouvement, de même que celui de le produire, ne fut pas Delaforge, mais Géraud de Cordemoy, conseiller du roi et membre de l'Académie française (1). Avocat au barreau de Paris, il publia un discours cartésien, sur la distinction de l'âme et du corps, qui lui valut d'être placé par Bossuet auprès du Dauphin en qualité de lecteur ordinaire. Il a composé pour le jeune prince, son élève, quelques ouvrages historiques dont nous n'avons pas à nous occuper. En philosophie, il n'a écrit que six discours publiés sous le titre de *Discernement de l'âme et du corps* (2). Les quatre premiers traitent des corps, de la matière, du mouvement des machines artificielles et des machines naturelles, de la première cause du mouvement; les deux derniers, de l'union de l'âme et du corps, de leur action réciproque, de leur distinction, de leurs opérations et des effets de leur distinction. En toutes ces questions, Cordemoy se montre excellent cartésien; il ne se sépare de Descartes qu'au sujet de la divisibilité à l'infini de la matière, pour admettre des substances indivisibles principes des corps(3).

Dans le troisième discours, il cherche à prouver que les machines artificielles et les machines naturelles ont la même cause de mouvement, c'est-à-dire que, dans les unes comme dans les autres, tout s'explique par un pur mécanisme.

---

(1) Né à Paris au commencement du dix-septième siècle, d'une ancienne famille d'Auvergne.

(2) Paris, 1666, 1 vol. in-12. Une troisième édition a été publiée en 1690 en 2 vol. in-12, sous le titre de *Dissertations philosophiques sur le discernement du corps et de l'âme*. Dans le second volume sont contenues deux dissertations nouvelles, l'une sur la parole, l'autre sur le système de Descartes.

(3) « J'ai reconnu que l'on ne saurait concevoir les corps que comme des substances indivisibles et que l'on ne saurait concevoir la matière que comme un amas de ces mêmes substances. » (1er *Disc. des corps et de la matière*.) Leibniz signale en plusieurs endroits cette infidélité de Cordemoy aux principes de Descartes : « S'il n'y a point de véritables unités substantielles, il n'y aurait rien de substantiel et de réel dans la collection. C'était ce qui avait forcé M. Cordemoy à abandonner Descartes en embrassant la doctrine des atomes de Démocrite pour trouver une véritable unité. » *Système nouveau de la nature*, Erdm., p. 126.

Dans le quatrième, il montre qu'un corps n'en peut mouvoir un autre et que c'est quelque esprit qui seul peut le faire mouvoir. Mais quel est cet esprit ? Ce n'est pas le nôtre, ce n'est pas notre propre volonté. Le mouvement a lieu indépendamment de notre volonté; nous pourrions troubler l'ordre du monde, en augmentant le mouvement qui s'y trouve, s'il dépendait de notre volonté d'en produire. Enfin, si nos volontés pouvaient produire des mouvements, elles les conserveraient; or nous savons, par expérience, qu'elles ne peuvent conserver celui dont elles souhaitent le plus ardemment la durée. « Donc, dit-il, s'il reste quelque lieu de dire que l'âme meuve le corps, c'est au même sens qu'on peut dire qu'un corps meut un corps. Car, comme on dit qu'un corps en meut un autre, lorsqu'à cause de leur rencontre, il arrive que ce qui mouvait déjà ce corps vient à le mouvoir du côté vers lequel cette âme veut qu'il soit mû. On peut dire qu'une âme meut un corps, lorsqu'à cause qu'elle le souhaite, il arrive que ce qui mouvait déjà ce corps, vient à le mouvoir du côté vers lequel cette âme veut qu'il soit mû, et il faut avouer que c'est une façon commode de s'expliquer, dans l'ordinaire, que de dire qu'une âme meut un corps et qu'un corps en meut un autre, parce que, comme on ne cherche pas toujours l'origine des choses, il est souvent plus raisonnable, suivant ce qui a déjà été remarqué, d'alléguer l'occasion que la cause d'un tel effet. »

Cordemoy est encore plus explicite dans le cinquième discours, de l'*Union de l'âme et du corps :* « A considérer la chose exactement, il me semble qu'on ne doit pas trouver l'action des esprits sur le corps plus inconcevable que celle des corps sur les esprits, car nous reconnaissons que, si nos âmes ne peuvent mouvoir nos corps, les corps ne peuvent aussi mouvoir d'autres corps; et comme on doit reconnaître que la rencontre de deux corps est une occasion à la puissance qui mouvait le premier de mouvoir le second, on ne doit point avoir de peine à concevoir que notre volonté soit une occasion à la puissance qui meut déjà un corps d'en diriger le mouvement vers un certain côté répondant à cette pensée. » Ainsi, selon Cordemoy, la volonté n'est qu'une occasion, non-seulement de la production, mais de la direction du mouvement, de même que la rencontre de deux corps n'est qu'une occasion à la puissance qui mouvait le premier de mouvoir le second. La seule puissance capable de produire le mouvement, est aussi la seule capable de le diriger, et cette puissance est Dieu, seule vraie cause efficiente. Il dit encore ailleurs : « Il est aussi impossible à nos âmes d'avoir de nouvelles exceptions sans Dieu, qu'il est impossible au corps d'avoir de nouveaux mouvements sans lui (1). » Voilà donc déjà tout entière la doctrine des causes occasionnelles. Malebranche sans doute lui a donné de nouveaux développements, mais c'est Cordemoy qui, le premier en France, a tiré cette conséquence des principes de Descartes.

Pour le discernement de l'âme et du corps, il soutient, en bon cartésien, que l'existence de l'âme est plus assurée que celle du corps : « Rien n'est, dit-il, plus clair à l'esprit que l'esprit lui-même. » Quant au corps, non-seulement, comme Descartes, il le tient comme moins certain que l'esprit, mais il pense, devançant encore ici Malebranche, que la foi seule peut nous assurer de son existence : « Pour le corps, je dirai que j'en ai un, parce qu'encore que cela ne me soit pas évident par la lumière naturelle, il me suffit de la foi pour m'empêcher d'en douter (2). »

---

(1) A la suite des *Discours sur le discernement de l'âme et du corps* est le *Discours physique sur la parole*. Après avoir proposé les moyens de se connaître, il propose dans cet autre discours le moyen de connaître les autres, qui est la parole, il cherche à prouver, d'après Descartes, que la parole est le seul signe auquel nous puissions reconnaître l'existence d'âmes raisonnables dans des âmes autres que nous. Il distingue le langage naturel qui exprime la passion des signes d'institution par lesquels l'âme exprime tout ce qu'elle conçoit, et il discerne ce qui dans la parole est la part de l'âme d'avec ce qui est la part du corps.

(2) Pour achever l'énumération des œuvres cartésiennes de Cordemoy, mentionnons encore la *Lettre au P. Cossart* où il veut montrer que le système de M. Descartes et son opinion touchant les bêtes n'ont rien de

Sylvain Régis a plus fait encore que Rohault pour la philosophie de Descartes qu'il a enseignée, avec un succès extraordinaire, non-seulement à Paris, mais dans différentes provinces de la France. Il a travaillé à en coordonner systématiquement toutes les parties dans un vaste ensemble; il l'a défendue, avec un rare bon sens et avec une inébranlable fermeté, contre tous les excès et contre toutes les attaques, contre Malebranche, contre Spinoza et contre Huet.

Régis est né en 1632, dans le comté d'Agénois. Après de brillantes études à Cahors, chez les jésuites, il vint étudier la théologie à Paris; mais bientôt il l'abandonna pour la philosophie de Descartes, à laquelle il se livra avec ardeur, sous la conduite de Rohault, dont il suivait les conférences publiques (1). En 1665, il reçut de Rohault et de la société cartésienne de Paris la mission d'enseigner la philosophie nouvelle à Toulouse. Par son éloquence, par la force et la clarté de ses doctrines, il charma les habitants de cette ville. On vit accourir à ses leçons, comme à celles de Rohault à Paris, des savants, des ecclésiastiques, des magistrats, des dames même, avides de s'initier, sous cet excellent maître, à la nouvelle philosophie : mais rien ne prouve mieux le succès de Régis à Toulouse que le fait rapporté par Fontenelle : « Messieurs de Toulouse, touchés des instructions et des lumières que M. Régis leur avait apportées, lui firent une pension sur leur Hôtel-de-Ville, événement presque incroyable dans nos mœurs et qui semble appartenir à l'ancienne Grèce (2). »

Le marquis de Vardes, alors exilé en Languedoc, l'ayant entendu, le sollicita de venir avec lui dans son gouvernement d'Aigues-Mortes. Mais ce n'est pas sans peine qu'il put l'enlever aux magistrats de la ville qui auraient voulu fixer dans leurs murs l'éloquent cartésien. Grâce à Régis, le courtisan disgracié put se consoler de son exil avec la

---

dangereux, et que tout ce qu'il en a écrit semble être tiré du premier chapitre de la *Genèse*.

(1) Voir l'*Éloge de Régis*, par Fontenelle, et les *Mémoires de Niceron*.
(2) Ibid.

philosophie de Descartes. Régis l'ayant accompagné à Montpellier, en 1671, y enseigna publiquement le cartésianisme, dans des conférences qui eurent le même éclat que celles de Toulouse.

Après avoir été comme l'apôtre du cartésianisme dans le midi de la France, il revint à Paris où il continua les conférences de Rohault. L'empressement à les suivre fut si grand que, pour s'assurer d'une place, il fallait venir longtemps à l'avance. Mais l'éclat de ces leçons, dit Fontenelle, leur devint bientôt funeste. C'était en effet le temps des plus grandes défiances et des plus sévères prohibitions contre le cartésianisme, et l'archevêque de Paris donna à Régis un ordre, déguisé sous forme de conseil et de prière, de suspendre ses conférences. Forcé de renoncer à l'enseignement de la philosophie de Descartes, il travailla à en donner une exposition systématique et complète. Mais ce n'est qu'au bout de dix ans, avec les plus grandes difficultés, qu'il obtint, en 1690, la permission de l'imprimer, à la condition d'effacer du titre le nom de Descartes (1). Dans les deux années suivantes, Régis fit paraître une réfutation de la *Censure* de Huet (2) et une réponse aux *Réflexions critiques* de Duhamel (3). Enfin, en 1704, il publia un dernier ouvrage, suivi d'une réfutation de Spinoza, sur le texte, si souvent traité par les cartésiens, de l'accord de la raison et de la foi (4).

Régis jouit, pendant toute sa vie, d'une grande célébrité; il fut recherché du prince de Condé qui se plaisait, comme déjà nous l'avons raconté, à s'entretenir avec lui, et qui disait qu'il ne pouvait s'empêcher de prendre pour vrai ce

(1) *Système de philosophie, contenant la logique, la métaphysique, la physique et la morale.* Paris, 1690, 3 vol. in-4. Dans l'édit. d'Amsterdam, on a ajouté, *suivant les principes de Descartes*.

(2) *Réponse au livre qui a pour titre :* Censura philosophiæ cartesianæ, 1 vol. in-12. Paris, 1691.

(3) *Réponse aux Réflexions critiques de M. Duhamel sur le système cartésien de la philosophie de M. Régis*, in-12. Paris, 1692.

(4) *Usage de la raison et de la foi, ou l'Accord de la raison et de la foi*, 1 vol. in-4. Paris, 1704.

qu'il lui expliquait si nettement. Il y avait des soirées philosophiques chez les plus grands seigneurs de la cour, où on se faisait une fête de l'entendre. L'abbé Genest nous l'apprend dans une lettre à Régis : « Je rappelle souvent en ma mémoire ces agréables soirées, où j'étais si content de vous entendre philosopher en présence de M. le duc de Nevers, de M. le duc de Vivonne, et de votre cher ami et le mien, le président de Donneville (1). »

En 1699, Régis avait été admis, en même temps que Malebranche, à l'Académie des sciences ; mais déjà vieux et souffrant, il ne prit qu'une faible part à ses travaux. Il mourut, en 1707, chez le duc de Rohan, qui lui avait donné un appartement dans son hôtel, indépendamment de la pension qu'il lui payait de la part de son beau-père, le marquis de Vardes, initié par Régis à la philosophie de Descartes (2).

La prétention de Régis est de tout embrasser, de tout expliquer, sauf la religion et la politique, dans son *Système de philosophie*, comme l'annonce cette épigraphe : *De omnibus quæ fiunt, salvis quæ sunt Dei et Cæsaris*. Il divise son ouvrage en quatre parties, la logique, la métaphysique, la physique et la morale. En physique et en physiologie, il suit fidèlement Descartes, sauf qu'il est partisan de la préexistence des germes comme Malebranche (3). En morale il semble incliner du côté de Gassendi, ou même de Hobbes, plutôt que de Descartes. Il pose, il est vrai, pour fondement de la morale des lois gravées par Dieu

---

(1) Lettre à Régis, imprimée à la suite des *Principes de philosophie*, in-8. Paris, 1716.

(2) Le P. André, dans sa *Vie de Malbranche*, retrouvée par l'abbé Blampignon, ne juge pas très-favorablement Régis, peut-être à cause des discussions qu'il eut avec Malebranche : « Il était, dit-il, d'un esprit facile, d'une mémoire heureuse, d'une imagination assez nette et d'une pénétration médiocre ; avec cela il avait un assez grand talent de parole par où il brilla dans les conférences qu'il fit après Rohault. »

(3) « La génération, dit-il, ne fait que les rendre plus propres à croître d'une manière plus sensible » *Syst. de philosophie*, t. III, liv. VIII.

même dans l'âme de l'homme, mais ces lois ne sont autres que celles de l'amour-propre éclairé (1).

En politique, il pense, comme Hobbes, qu'aucun état ne peut subsister sans le pouvoir absolu d'un seul, que le souverain, affranchi de tout contrôle, tient en ses mains le glaive de la justice et de la guerre, et a même le droit de régler la religion et le culte. Dans la métaphysique Régis tend à interpréter quelques doctrines de Descartes en un sens empirique. Cette tendance est plus manifeste encore dans son dernier ouvrage, l'*Usage de la raison et de la foi* (2) que dans le *Cours de Philosophie*, ce qu'il faut, sans doute, attribuer à une réaction de plus en plus vive contre la philosophie de Malebranche, dont il ne cesse de combattre, directement ou indirectement, la plupart des doctrines, et surtout la vision en Dieu.

Nous nous bornerons à signaler les principaux points où Régis nous semble, sinon altérer, au moins expliquer et développer en un sens qui lui est propre, la doctrine du maître. Selon Descartes, l'âme se connaît mieux que le corps; selon Régis, le corps n'est pas moins clair que l'âme et nous les connaissons tous les deux avec la même évidence. De même que nous ne pouvons concevoir un mode spirituel sans concevoir en même temps l'existence de l'âme, de même nous ne pouvons concevoir un mode corporel sans concevoir l'existence du corps. Si tout mode spirituel nous fait connaître la nature de l'âme, qui est précisément cela même sans quoi nous ne pouvons concevoir ce mode spirituel, il en est ainsi de tout mode

(1) C'est ce qui fait dire au P. André dans la *Vie de Malbranche* : « Sa morale est horrible. »

(2) Dans le premier livre, il traite de la raison humaine et de l'usage qu'on doit en faire dans l'ordre de la nature, touchant les preuves de l'existence de Dieu et les questions de la physique et de la métaphysique qui ont rapport à la foi; dans le deuxième livre, de la foi divine, de sa certitude, de son usage, dans l'ordre de la grâce, pour défendre la religion catholique ; dans le troisième, il traite des mystères, dans le quatrième, de l'amour de Dieu, qui est une suite du bon usage de la raison et de la foi.

corporel : la nature du corps n'est-elle pas, en effet, cela même sans quoi nous ne pouvons apercevoir le mode corporel que nous apercevons (1)?

Régis ne nie pas l'existence des idées innées, mais il les fait dépendre des sens. L'âme, selon Régis, n'a point d'idées innées, si par là on entend des idées créées avec l'âme et indépendantes du corps. Toutes les idées de l'âme viennent de son union avec le corps ; pas une n'est créée avec l'âme toute seule. Des idées produites avec nous et inséparables de nous, voilà ce qu'il entend par idées innées. Telles sont, dit-il, les idées de Dieu, de l'âme et du corps, qui sont constamment en nous, qui sont essentielles à l'homme, et que nous possédons parce que c'est notre nature de les posséder (2). Mais si l'idée de Dieu n'est qu'une modalité de l'âme, comment cette modalité finie représentera-t-elle l'infini? Elle le représente, selon Régis, comme l'être le plus parfait que nous puissions concevoir. Mais cet être, le plus parfait que nous puissions concevoir, est-il réellement infini, ou seulement indéfini, voilà sur quoi Régis semble éviter de s'expliquer.

Les idées innées sont produites avec l'âme, elles y sont continuellement présentes, telle est l'unique différence qui, d'après Régis, comme d'après Descartes, les distingue des idées générales formées par une abstraction des choses particulières, et dont les sens sont l'origine. Mais s'il ne leur donne pas les sens pour origine, il les met dans leur dépendance en attribuant leur existence continue dans l'âme à l'impression continue du corps sur l'âme. A la différence de Descartes, il ne les sépare pas de l'idée d'étendue qui elle-même est la suite nécessaire de l'union de l'âme avec le corps (3). Il se déclare d'ailleurs hautement en faveur de ces deux maximes, que les universaux n'ont d'existence que dans l'esprit, et que rien n'est dans l'entendement qui n'ait passé par les sens, sans excepter

---

(1) *Usage de la raison et de la foi*, liv. I, part. 2, chap. vi.
(2) Ibid., liv. I.
(3) *Cours entier de philosophie*, liv. II, part. 1, chap. iii.

l'idée de Dieu. Il s'appuie sur ces paroles de saint Paul : « Ce sont les choses sensibles qui font que l'âme rentre en elle-même pour y contempler l'idée de Dieu, c'est-à-dire, pour se rendre plus attentive à cette idée (1). »

Laissons, d'ailleurs, Régis lui-même résumer sa doctrine sur les idées innées : « C'est donc sans fondement que les philosophes modernes assurent qu'il y a des choses dans l'entendement qui n'ont pas passé par les sens, puisqu'il n'y a rien, non-seulement dans l'entendement, mais même dans l'âme, qui n'ait passé par les sens médiatement ou immédiatement. Je n'en excepte pas même les idées innées, car il faut remarquer que les idées innées ne diffèrent pas des idées acquises en ce que celles-ci dépendent des sens, et que les autres n'en dépendent pas, mais en ce que les idées innées sont continuellement dans l'âme et que les idées acquises n'y sont que successivement ; par exemple, je ne vois que successivement les figures particulières, dont les idées sont acquises, parce que l'idée de l'une ne renferme pas l'idée de l'autre, au lieu que j'aperçois continuellement l'étendue, parce qu'elle est enfermée dans l'idée de chaque figure particulière. » Ainsi Régis, sur la question des idées, nous semble s'éloigner de Descartes pour se rapprocher de Gassendi (2).

Mais il se montre plus fidèle à l'esprit de la philosophie de Descartes par une tendance marquée à faire de Dieu l'unique cause efficiente, et à dépouiller les causes secondes, avec l'âme elle-même, de toute vraie causalité. Voici en effet comment il explique l'action réciproque de l'âme et du corps et la correspondance de leurs phénomènes : « Je sais, dit-il, par expérience que toutes les pensées de l'âme dépendent des mouvements du corps, donc les mouve-

---

(1) *Usage de la raison et de la foi*, liv. I, part. 2, chap. III.

(2) Plusieurs cartésiens ont combattu l'empirisme de Régis, le P. André dans sa *Vie de Malebranche*, l'abbé Genest, dans une lettre, à la suite de ses *Principes de philosophie en vers*, Paris, in-8, 1718 ; Lelevel, disciple de Malebranche, dans *la Vraie et la Fausse Métaphysique*. Rotterdam, 1694, in-12.

ments du corps produisent les pensées de l'âme ; mais ils ne peuvent les produire en qualité de cause première, puisqu'ils n'ont pas en eux-mêmes leur raison d'agir, ils les produisent donc en qualité de causes secondes. Or, les causes secondes n'agissent que par la vertu de la cause première, qui est Dieu, et Dieu n'agit que par sa volonté. Donc les mouvements du corps n'agissent sur l'âme que par la volonté de Dieu, en tant qu'il a résolu de produire certaines pensées dans l'âme, toutes les fois que les objets extérieurs produisent certains mouvements dans le corps..... Quand je considère encore que le corps et l'esprit n'agissent l'un sur l'autre que par l'action même de Dieu, je suis obligé de reconnaître que les causes secondes n'ont pas de causalité propre, et que tout ce qu'elles peuvent contribuer à la production des effets, c'est d'être comme les instruments dont Dieu se sert pour modifier l'action par laquelle il produit ces effets (1). »

Régis ne fait pas même, comme Delaforge, une exception en faveur des mouvements et des actes volontaires. Il nie en effet que la volonté soit une cause véritable et il rapporte à Dieu directement tous les actes que nous avons coutume de rapporter à nous-mêmes. « Je sais bien qu'on regarde communément l'âme comme une chose qui se détermine elle-même, mais cette action ou efficacité de l'âme n'est appuyée que sur les préjugés des sens qui font qu'on attribue à l'âme et, en général, à toutes les causes secondes de véritables actions, bien qu'elles n'en puissent produire aucunes qui soient telles; car, pour produire de véritables actions, il faut agir de soi-même et par soi-même, c'est-à-dire par sa propre vertu, et il est certain qu'il n'y a que Dieu qui puisse agir de la sorte. D'où il s'ensuit qu'il n'y a que Dieu qui soit une cause véritablement efficiente, et que toutes les autres causes ne sont que des instruments qui agissent par la vertu de Dieu (2). »

---

(1) *Cours de philosophie*, liv. I, part. 2, chap. v.
(2) Ibid.

Néanmoins il diffère de Cordemoy et de Malebranche, parce que, comme Descartes, il laisse à l'âme le pouvoir de diriger le mouvement et de concourir à l'action, en déterminant celui que Dieu produit en nous. Il se fait même le défenseur des causes secondes qu'il semblait avoir sacrifiées, et l'adversaire des causes occasionnelles auxquelles il semblait aboutir. Selon Régis, les causes secondes ne seraient pas simplement des causes occasionnelles au regard de Dieu, mais, suivant son expression, des causes instrumentales, c'est-à-dire, qu'elles ne sont pas seulement déterminées à agir par une cause principale, mais qu'aussi elles modifient elles-mêmes l'action de la cause principale qui est Dieu (1).

Quelques points méritent aussi d'être signalés dans la théologie naturelle de Régis. A la différence de Descartes et de la plupart des cartésiens, il n'identifie pas la conservation des êtres avec la création continuée : « La création n'est autre chose que l'action indivisible de Dieu, par laquelle il produit l'être absolu des substances, qui est telle que non-seulement on ne lui donne aucune succession, mais on ne la conçoit pas même comme un commencement indivisible d'une action successive. Quant à la conservation, prise au vrai sens, elle n'est autre chose que l'action de Dieu qui se termine, non pas à l'être de la substance considérée absolument, mais aux modes qui diversifient la substance par le mouvement. »

Dans sa réfutation de Huet, Régis n'hésite pas à se prononcer contre la création *ex nihilo* et contre l'idée d'un monde limité, soit dans le temps, soit dans l'espace : « Les cartésiens croient qu'il n'y a rien de moins raisonnable que de dire que l'être a été créé du néant, car c'est proprement dire que le néant est l'origine de l'être, ce qui répugne plus que de dire que les ténèbres sont le principe et l'origine de lumière. » Ni la matière n'a été tirée du néant, ni elle n'a commencé dans le temps. Cependant il est faux

---

(1) *Usage de la raison et de la foi*, liv. I, chap. ii.

de dire qu'elle soit éternelle, parce que cela seul est éternel qui existe en lui-même et par lui-même. Ce monde, sans commencement dans le temps, est aussi sans limites dans l'espace. Selon Régis, Descartes a entendu par le mot indéfini que le monde n'a point de bornes, et partant qu'il est véritablement infini; d'ailleurs quand il se sert du mot indéfini, c'est, dit-il, en général au regard de quelque partie de l'univers et non de l'univers tout entier (1).

Sur la question de la liberté de Dieu et de la providence, qui était alors si vivement agitée, Régis est l'interprète fidèle de la doctrine que nous avons attribuée à Descartes. Il admet la liberté d'indifférence en Dieu, en ce sens seulement que Dieu a la propriété d'agir au dehors, sans être ni déterminé, ni contraint par une cause extérieure. Mais si Dieu n'est déterminé à agir par aucune cause extérieure, ce n'est pas à dire qu'il ne soit très-déterminé à agir par lui-même et par sa propre volonté. L'indifférence de la liberté humaine, tout opposée à celle de Dieu, est incompatible avec sa perfection. L'indifférence de Dieu est extrinsèque, l'indifférence de la liberté de l'homme est intrinsèque.

Quant à la providence, Régis se prononce à la fois contre le système des volontés générales et contre celui des volontés particulières. Les unes et les autres lui semblent également incompatibles avec la perfection infinie de Dieu. Si on entend par le système des volontés générales, que Dieu ne veut les choses que par rapport au général, comme un roi qui n'a pas le loisir d'aviser aux détails, c'est supposer en lui une certaine impuissance; si on entend au contraire que les volontés divines sont de soi indéterminées, et que Dieu ne veut aucune chose, sans y être déterminé par quelque occasion ou par quelque agent particulier, c'est porter atteinte à la simplicité et à l'actualité divines. Il démontre ensuite, par des arguments que nous retrouverons dans

---

(1) *Réponse au livre qui a pour titre :* Censura philosophiæ cartesianæ. 1 vol. in-12. Paris, 1691.

Malebranche, l'inconvenance des volontés particulières qui font agir Dieu comme s'il ne pouvait rien régler ni prévoir. De cette double critique il conclut, que la seule volonté qui convienne à Dieu, est une volonté simple, éternelle, immuable, laquelle embrasse indivisiblement, et par un seul acte, tout ce qui est et tout ce qui sera, les choses les plus diverses et les plus opposées, la pluie et le beau temps, la santé et la maladie, etc. (1). Ainsi Régis exclut les volontés particulières pour leur substituer une volonté générale simple, immuable, qui ne diffère pas réellement des volontés générales de Malebranche, malgré la critique qu'il en fait.

Par cette volonté générale et immuable Dieu produit le meilleur. Régis a donné quelques développements à l'optimisme de Descartes dans un chapitre de sa métaphysique intitulé : *Les facultés que Dieu a données à l'homme sont les plus excellentes qu'elles puissent être suivant l'ordre général de la nature* (2). « A ne considérer que la puissance de Dieu et la nature de l'homme en elles-mêmes, il est très-facile de concevoir que Dieu a pu rendre l'homme plus parfait qu'il n'est ; mais si l'on veut considérer l'homme non en lui-même et séparément du reste des créatures, mais comme un membre de l'univers et une partie qui est soumise aux lois générales du mouvement, on sera obligé de reconnaître que l'homme est aussi parfait qu'il a pu être. » Le mal même qui est dans le monde contribue, selon Régis, à la beauté et à la perfection de l'ensemble. S'il y a des choses qui passent pour imparfaites, ce n'est pas à l'égard du monde, mais à l'égard des parties du monde.

Quant aux rapports de la raison et de la foi, Régis estime leurs objets si disproportionnés qu'il est impossible d'expliquer les uns par les autres. La raison est infaillible dans l'ordre de la nature, la foi dans l'ordre de la grâce. Mais si

---

(1) *Usage de la raison et de la foi*, liv. I.
(2) *Cours de philosophie*, liv. II, part. 2, chap. 29.

elles ne peuvent s'expliquer l'une par l'autre, elles ne peuvent non plus se contredire. Jamais il ne faut sacrifier la raison à la foi, ni la foi à la raison, parce que la raison et la foi ne peuvent rien avoir d'opposé, parce que la contradiction qui paraît entre elles n'est jamais qu'apparente. Un chrétien doit rendre compte de sa foi, mais non pas des mystères. Régis blâme donc les tentatives des scholastiques et des philosophes modernes, entre autres de Desgabets, pour expliquer le mystère de l'eucharistie par les principes des sciences naturelles. En général, l'essai de conciliation de Régis entre la raison et la foi, se recommande par beaucoup de modération et de sagesse, mais ne se distingue ni par la hardiesse de quelques cartésiens hollandais, ni par l'originalité et la profondeur de Malebranche ou de Leibniz.

A la suite de cet ouvrage est la *Réfutation de l'opinion de Spinoza touchant l'existence et la nature de Dieu*. Régis se borne à la critique des définitions, des axiomes et des propositions qui se rapportent à l'existence de Dieu, d'où dépend, en effet, tout le reste du système. Il soutient contre Spinoza qu'exister en soi, et non exister par soi, est le caractère commun de toute substance. Spinoza ne fait que confirmer, dit Régis, tout ce que nous avons démontré de la nature et de l'existence de Dieu, à savoir, que Dieu est une pensée parfaite, une, infinie, éternelle, etc., mais il n'a nullement prouvé qu'il n'y a dans la nature qu'une seule substance qui est Dieu. Pour plus de détails, il renvoie à l'*Athéisme renversé* de François Lamy. Régis est aussi l'auteur de la plus ferme et de la meilleure réfutation de la *Censure* de Huet, dont il sera question dans un autre chapitre (1).

Je passe de Régis à deux théologiens, Cally et Desgabets, dont les noms se retrouvent dans la plupart des ouvrages, des disputes et des censures de cette première période du cartésianisme. Cally, professeur de philosophie et d'élo-

(1) Chap. xxviii du 1ᵉʳ volume. Nous parlerons de la polémique de Régis contre Malebranche dans le chap. x du 2ᵉ volume.

quence à l'université de Caen, est un des théologiens qui montrèrent en France le plus d'attachement pour la philosophie nouvelle. D'ardent péripatéticien qu'il avait été d'abord, il devint cartésien non moins ardent. Ce qu'il y a de plus curieux dans la conversion philosophique de Cally, c'est qu'elle fut opérée par son ami Huet, d'abord partisan zélé de Descartes, et qui avait même tenu dans sa maison des conférences cartésiennes. Lorsque Huet eut passé dans les rangs des adversaires de Descartes et publié la *Censure*, Cally rompit avec lui.

De même qu'Antoine Legrand, Cally a voulu faire pénétrer la philosophie de Descartes dans les écoles en lui donnant une forme scholastique. Tel est le but d'un grand ouvrage de philosophie, dédié à Bossuet, et intitulé : *Universæ philosophiæ institutio* (1). Mabillon, dans son *Traité des études monastiques*, recommande aux professeurs de philosophie de s'attacher de préférence à cet ouvrage de Cally. Cally divise la philosophie en cinq parties, logique, science générale, physique, théologie naturelle et théologie morale. En logique, il suit l'*Art de penser* auquel il emprunte la réfutation de la maxime, que toutes nos idées viennent des sens. Il demeure fidèle à Descartes et combat Malebranche sur la question de la nature des idées qu'il définit : de vraies images des choses telles qu'elles sont, *vera imago materiæ sibi subjectæ*. Mais on peut lui reprocher d'intervertir les principes de la méthode de Descartes, lorsqu'il place, dans les règles de la connaissance de la vérité, la véracité divine avant l'évidence. Dans le second livre, sur la science générale, Cally, comme Descartes, fait dépendre les essences de la volonté de Dieu ; comme Descartes aussi, il place l'essence de la matière dans la seule étendue, et repousse les formes substantielles avec les accidents absolus (2).

(1) 2 vol. in-4°, Caen, 1695. Dagoumer, professeur de l'Université de Paris, dit que Cally, le premier, accommoda la philosophie de Descartes à l'usage des écoles.

(2) Il n'a pas traité les trois dernières divisions indiquées au début

Il a cherché à démontrer la compatibilité de cette doctrine avec la transsubstantiation dans un ouvrage intitulé : *Durand commenté, ou l'Accord de la théologie avec la philosophie touchant la transsubstantiation de l'eucharistie* (1). Sous prétexte de commenter Durand qui, à en croire Cally, aurait donné de l'eucharistie une explication analogue à celle de Descartes, il expose et défend la doctrine des lettres au P. Mesland. Il eut même l'imprudence de provoquer contre lui tous les théologiens de l'École en osant rétorquer les accusations du P. Valois. Le P. Valois avait accusé les cartésiens qui nient les accidents absolus d'avoir des sentiments conformes à ceux de Luther et de Calvin. A son tour, Cally accuse la doctrine des accidents absolus d'être opposée à celle de l'Église et conforme aux erreurs de Luther sur le sujet de l'eucharistie ; de là une censure de l'évêque de Bayeux, le 30 mars 1701, et une condamnation à faire une rétractation publique. Quelques années auparavant, Cally, accusé de cartésianisme et de jansénisme, avait été privé de sa chaire à l'université, de la cure d'une paroisse de la ville, et pendant quelque temps relégué à Montdidier (2). Huet, dans ses *Mémoires*, fait allusion à ces persécutions de son ancien ami et, dans sa haine récente contre le cartésianisme, il semble y applaudir (3). tandis que Bossuet, au contraire,

de son ouvrage, la physique, la théologie naturelle et la théologie morale, parce que ce qu'il en a donné, dit-il, dans l'École ne lui paraît pas assez travaillé pour être rendu public.

(1) Cologne, 1700.

(2) « On vient de m'écrire que M. Cally, curé de Saint-Martin de Caen, M. Malouin, curé de Saint-Étienne de la même ville et celui de Saint-Sauveur ont été relégués, le premier à Montdidier, le deuxième à Moulins, le troisième à Pontorson, et que c'est à cause du cartésianisme et du jansénisme. » Bayle, *République des Lettres*, janvier, 1687.

(3) Après avoir raconté la conversion de Cally au cartésianisme, il ajoute : « Tamque vehementi ad eam studio exarsit, ut tradita a se tot annos præcepta et dogmata palam ejuraret, nec aliud quidquam creparet, vel in publicis lectionibus, vel in privatis colloquiis quam Cartesium. Quod et tam inconsiderate, tamque licenter ab eo factum est, ut cum rerum sacrarum attingeret doctrinam, minime temperaret sibi quin eam

intervient pour les adoucir. Consulté par l'évêque de Bayeux sur le livre de Cally, tout en condamnant la doctrine, il lui recommande de traiter avec bénignité la personne de ce bon et digne curé qui se soumet par avance à sa censure, et lui envoie en même temps un modèle de jugement, où il évite toute allusion à la doctrine de Descartes (1).

Par la témérité de ses innovations en philosophie et en théologie, Dom Robert Desgabets excita des oppositions encore plus vives parmi les théologiens et les philosophes (2). Robert Desgabets, né en Lorraine, d'une famille noble, entra jeune encore, en 1636, dans l'ordre des bénédictins. Supérieur, visiteur, définiteur, il remplit les principaux emplois de l'Ordre, et dans tous il se signala par son zèle pour les études, par son amour des libres discussions, et par son opposition à la philosophie de l'École qui, d'ailleurs, n'était pas en grand honneur chez les bénédictins. Envoyé à Paris, par la congrégation, en qualité de procureur général, il s'y lia avec tous les principaux cartésiens, avec Clerselier, Régis, Rohault, le P. Poisson et Malebranche, dont il prit la défense contre l'abbé Foucher, dans le seul ouvrage qu'il ait fait imprimer (3). Mais il a laissé sur la théologie et la philosophie un grand nombre de manuscrits conservés à la bibliothèque d'Épinal. Curieux de toutes les doctrines et de toutes les expériences nouvelles, il en imagina et en fit lui-même

---

quoque cartesianis commentis corrumperet. Atque id ipsi demum noxæ et dedecori fuit. » *Comment.*, p. 387.

(1) Lettre 247, tome XI, p. 249, éd. Lefèvre.

(2) Voir pour Desgabets, une notice d'Amédée Hennequin, sur les Œuvres philosophiques du cardinal de Retz, d'après les manuscrits de la bibliothèque d'Épinal, Paris, 1842; et dans les *Fragments de philosophie cartésienne* de M. Cousin, in-12, Paris, 1845, ou dans les *Fragments d'histoire de la philosophie moderne* de 1866, les deux Mémoires sur une séance d'une société cartésienne et sur le cardinal de Retz, cartésien. — Desgabets est mort en 1678.

(3) *Critique de la critique de la Recherche de la vérité, où l'on découvre le chemin qui conduit aux connaissances solides pour servir de réponse à la lettre d'un académicien.* Paris, 1675, in-12.

un certain nombre, parmi lesquelles celle de la transfusion du sang dont, le premier, il paraît avoir eu l'idée.

Mais si Desgabets est un cartésien, c'est un cartésien fort peu orthodoxe qui semble avoir voulu embrasser, dans une sorte d'éclectisme, Descartes et Gassendi. Après avoir de bonne heure adopté la philosophie nouvelle, bientôt il s'en sépara sur une foule de points essentiels en métaphysique, et ne lui demeura guère fidèle qu'en physique. L'activité et la hardiesse de son esprit, la vivacité de son imagination, ses innovations hasardeuses en philosophie et en théologie lui valurent une assez grande réputation et même lui firent quelques disciples, dans son ordre et dans le monde. Régis l'appelle, non sans beaucoup d'exagération, un des plus grands métaphysiciens du siècle (1). Une lettre de Dom Claude Paquin, jointe aux manuscrits de Desgabets, nous apprend que Régis avait été très-lié avec lui, et avait beaucoup profité de ses lumières et de sa méthode (2). Peut-être Desgabets a-t-il contribué à développer la tendance empirique que nous avons remarquée dans Régis.

Mais tandis que Régis cherche à ne pas s'éloigner de la doctrine de Descartes, Desgabets, au contraire, fait ouvertement la guerre au spiritualisme, et reprend pour son compte la plupart des objections de Gassendi. Ce qu'il aime surtout dans Descartes : « c'est une méthode géométrique qui instruit sans disputer, qui apprend à retrancher les subtilités inutiles ou dangereuses, les vains raffinements qui, de la scholastique, passent dans la théologie et l'altèrent (3). » Mais il reproche à Descartes de cesser trop souvent d'être cartésien par infidélité à ses propres principes.

Desgabets semble avoir pour principal but de ruiner les fondements de la distinction de l'âme et du corps, et d'ac-

---

(1) *Usage de la foi et de la raison*, liv. III, chap. xvii.
(2) Notice de M. Amédée Hennequin.
(3) Ibid.

cumuler les doutes et les nuages sur la spiritualité de l'âme. Tout ce que Gassendi avait objecté à Descartes pour prouver que l'âme est dans la dépendance absolue du corps, il le reproduit, sinon avec plus de force, du moins avec de nouvelles subtilités. Descartes a attribué la durée à nos pensées; Desgabets en tire un argument en faveur de la matérialité de l'âme. En effet, selon Desgabets, la durée qui signifie succession, mouvement, est une appartenance et dépendance du corps, elle est quelque chose de matériel, d'où il suit que nous n'avons jamais aucune pensée que dépendamment du corps. Il est aussi clair que notre pensée commence, se continue et finit qu'il est clair que nous pensons ; nous pouvons mesurer notre pensée à l'horloge comme le drap à l'aune, donc chacune de nos pensées porte évidemment avec elle la dépendance qu'elle a du corps, et nous ne pouvons en connaître une seule sans savoir en même temps qu'elle a une succession, un mouvement des parties, c'est-à-dire qu'elle est inséparable du corporel. Le tort de Descartes est d'avoir ignoré que la durée est la même chose que le mouvement. Il en est résulté, selon Desgabets, que, de tous les hommes, il est celui qui a davantage corporifié les esprits, tout en prétendant séparer l'âme du corps, parce qu'il a le plus insisté sur la durée des substances.

La doctrine de Descartes sur les qualités sensibles, lui fournit encore un autre argument contre la spiritualité. Si les qualités sensibles appartiennent à l'âme, non au corps, comme l'a démontré Descartes, ne suit-il pas, selon Desgabets, que l'âme doit être un objet des sens? Dieu lui-même est aussi le propre objet des sens, d'après Desgabets : « Le nom d'objet des sens pris à la rigueur, Dieu même, les choses spirituelles, et surtout l'âme, et toutes nos pensées sont le propre objet des sens. Le doute et toute pensée humaine doit aussi passer pour une chose sensible, parce que, tout ainsi que l'homme est composé d'âme et de corps, toute pensée est composée de mouvement et de passion ou d'action de l'âme. »

Mais en enlevant à l'âme la spiritualité, il prétendait lui laisser l'immortalité qu'il fondait sur une doctrine qui lui était chère, et dont il faisait grand bruit, l'indéfectibilité des substances. Tous les philosophes et les théologiens, Descartes lui-même, ont supposé que les créatures peuvent être anéanties purement et simplement. Mais, selon Desgabets, les substances n'ont qu'un point indivisible et simple d'existence, où il n'y a rien à retrancher, rien à ajouter, d'où il suit qu'elles sont indéfectibles (1). Au regard de Dieu, qui n'a pas d'instant divisible dans sa volonté, et qui crée en une seule fois ce qui paraît successif à l'esprit humain, il serait contradictoire d'anéantir une substance, car ce serait au même moment vouloir et ne pas vouloir, faire et ne pas faire. Il semble, comme le démontre très-bien le cardinal de Retz, que Desgabets ne peut échapper à cette conséquence, que toutes les substances sont éternelles et nécessaires. On comprend donc que madame de Sévigné, très au courant des opinions et des discussions de Desgabets par Corbinelli et par le cardinal de Retz, reprenne sa fille qui appelle Desgabets un éplucheur d'écrevisses par dégoût, sans doute, de ses subtilités et de son attirail scholastique : « Vous appelez Dom Robert un éplucheur d'écrevisses. Seigneur Dieu ! s'il introduisait tout ce que vous dites, plus de jugement dernier ! Dieu auteur du bien et du mal (2) ! plus de crime ! appelleriez-vous cela éplucher des écrevisses (3) ? »

On s'étonnera sans doute de rencontrer Desgabets, qui nous a paru plus près de Gassendi que de Descartes, parmi les défenseurs de Malebranche et de la *Recherche de la vé-*

---

(1) Parmi ses ouvrages manuscrits, il y a un traité spécial sur l'*Indéfectibilité des substances*.

(2) Ceci est une allusion à une autre opinion de Desgabets, sur la convertibilité de toutes les négations en affirmations, à laquelle on pouvait imputer cette conséquence que le péché n'était plus une pure privation, mais une réalité dont Dieu était l'auteur. (Voir dans le Mémoire déjà cité de M. Cousin ce qui est relatif à cette obscure discussion.)

(3) 1677, Lettre 591. — Édit. de 1818.

rité. Mais ce qu'il attaque dans l'abbé Foucher, qui en avait fait la critique (1), c'est surtout le scepticisme, et ce qu'il défend dans Malebranche, c'est le dogmatisme. Il faut, dit-il, aider l'auteur de la *Recherche* à bâtir quelque chose de solide, et non pas chercher à ébranler toutes les découvertes de nos jours, que l'on doit regarder comme très-propres à donner enfin un heureux commencement à la découverte de la vérité. Il oppose au scepticisme ces connaissances solides et ces ouvertures réelles qui conduisent à une science fort claire et particulière des corps. Parmi ces connaissances solides il place au premier rang les principes, aujourd'hui, dit-il, démontrés, que les qualités sensibles n'appartiennent qu'à l'âme, et que tout, dans le corps, se fait par le mouvement et la figure des parties. En réponse aux doutes de Foucher touchant la conformité des idées avec leurs objets, il insiste avec beaucoup de force, et avec un bon sens, qu'il n'a pas toujours, sur la certitude et l'infaillibilité de toutes les opérations premières et simples de la faculté de connaître. Mais, par un excès opposé à celui des sceptiques, non content d'avoir établi qu'il y a des connaissances claires et indubitables, il prétend que toutes le sont également, que toutes les choses auxquelles nous pensons, et dont nous parlons, existent réellement hors de l'entendement, et telles que nous les connaissons. On le voit, en effet, dans ses discussions avec le cardinal de Retz, soutenir intrépidement que tout ce qui est connu existe, tel qu'il est connu, sans tenir nul compte de la distinction entre l'existence objective, au sens cartésien, et l'existence en soi.

Mais, d'ailleurs, il se tourne du côté de Foucher contre Malebranche pour combattre l'intellection pure, en tant qu'opération indépendante des sens, source unique d'où il fait dériver toutes nos idées, même les plus spirituelles. Quant à l'assertion, que nous voyons toutes choses en Dieu, c'est, suivant Desgabets, un effet de la

---

(1) Voir le chap. xx du 2ᵉ volume.

piété de l'auteur plutôt que la suite de quelque principe bien clair : « Cette manière d'expliquer nos pensées, dit-il encore, paraît toute mystique, et on a beaucoup de peine à y trouver de la solidité. Mais le livre de la *Recherche* contient tant de belles choses, il est écrit avec tant de soin, que, quand l'occasion se présente, on ne saurait rien faire de plus utile au public, ni qui doive être plus agréable à son illustre auteur que d'éclaircir certaines choses où il a peut-être laissé quelque obscurité. »

Desgabets se signala, et se compromit par ses hardiesses et ses nouveautés en théologie, plus encore que par ses doctrines philosophiques. Nul ne remua plus témérairement la matière de l'eucharistie et ne mit plus de zèle à divulguer et à défendre les lettres au P. Mesland. Il se jette au cœur de cette polémique, il se fait le second de Clerselier, répond à sa place aux objections qui lui sont adressées, et compose une foule d'écrits, demeurés manuscrits, sur cette délicate question (1). Il fut blâmé par Régis (2), et bien plus encore par Arnauld, Bossuet et Nicole. La congrégation s'en émut, ses supérieurs l'interrogèrent et l'obligèrent à s'expliquer. Il le fit catholiquement, et dissipa tous les ombrages par une prompte et entière soumission (3). Au même temps, Dom Gallois, dans la branche des bénédictins de Saint-Maur, excitait pour le même motif de semblables alarmes, et était aussi obligé de se rétracter.

Desgabets nous conduit au cardinal de Retz. Plus connu jusqu'à présent dans l'histoire de nos troubles civils que dans celle de notre philosophie, d'après de récentes et curieuses découvertes, le grand agitateur de la fronde, l'adversaire intrépide de Mazarin, mérite aussi d'avoir une place

---

(1) Voir le manuscrit déjà cité de la Bibliothèque impériale, qui contient deux écrits de Desgabets, en réponse à des objections adressées à Clerselier ; voir les titres des diverses pièces du manuscrit d'Épinal, cités par M. Cousin.

(2) *Usage de la raison et de la foi*, liv. III, chap. xvii.

(3) *Vie de Nicole*, par l'abbé Goujet.

dans l'histoire de la philosophie de Descartes. Rentré en France en 1675, le cardinal vécut retiré dans son château de Commercy où il se voua à l'étude et à la retraite. Il serait même entré comme moine dans l'abbaye bénédictine de Saint-Michel, située aux environs de Commercy, si le pape ne s'y fût opposé. Là, jusqu'à sa mort, en 1679, et sans autre interruption qu'un voyage à Rome pour le conclave de 1676, il s'occupa très-sérieusement d'études philosophiques. Madame de Sévigné, son amie, s'inquiète de l'ardeur avec laquelle il s'y applique, et écrit à sa fille : « Hors le quart d'heure qu'il donne du pain à ses truites, M. de Retz passe le reste avec Dom Robert dans les dissertations et les distinctions de métaphysique qui le font mourir. » A l'imitation des abbayes de bénédictins, dans le voisinage desquelles il vivait, le cardinal avait établi dans son château de Commercy une sorte d'académie et des discussions régulières de philosophie où nous voyons Desgabets, alors supérieur de l'abbaye du Breuil, située dans un faubourg de Commercy, jouer le principal rôle. D'autres bénédictins qui, sans autre renseignement, sont désignés comme cartésiens, y prennent part. Le cardinal préside à ces discussions ; tantôt il les résume, tantôt il parle en son propre nom (1). On y voit intervenir Corbinelli, ami de madame de Sévigné et parent du cardinal, qui vint passer quelque temps à Commercy, et y fit l'analyse d'un traité de Desgabets sur l'indéfectibilité des substances et de ses principales doctrines (2). Le cardinal invite sagement Desgabets à se défendre avec application de la pente à s'imaginer que ce qui est le plus outré dans les sciences est le plus vrai, et il lui reproche, d'une manière piquante, de travailler à mettre le corporel dans la doctrine de Descartes plutôt que d'en tirer l'esprit.

(1) Les dissertations et traités du cardinal de Retz furent recueillis par Dom Hennezon, son ami et prieur de Saint-Michel. On les trouve dans le manuscrit d'Épinal, avec les Œuvres de Desgabets.

(2) Cette analyse est intitulée : *Propositions touchant la dépendance que Dom Robert prétend que l'âme a du corps.*

Dans cette discussion l'ancien chef de la fronde se montre, sinon grand métaphysicien, au moins dialecticien sévère, cartésien ferme et sensé. Soit qu'il s'agisse du doute méthodique, traité par Desgabets de chimère, soit qu'il faille défendre contre de subtiles attaques les preuves de la spiritualité, il rétablit avec exactitude le vrai sens de la doctrine de Descartes.

Pour matérialiser nos pensées, Desgabets imagine de faire la durée matérielle et d'attribuer ce sentiment à Descartes. Mais le cardinal, avec les textes en main, prouve que jamais Descartes n'a entendu par la durée quelque chose qui fût distinct de l'existence même des choses, que la durée, en dehors des choses, n'est pour lui qu'une façon de penser, une abstraction, qu'il applique la succession aux modes de la substance, et non à la substance elle-même, et que jamais il n'a confondu la succession avec l'étendue. Quelle chaleureuse défense de Descartes, et quelle juste indignation contre les étranges interprétations par lesquelles Desgabets dénature sa doctrine ! « Y a-t-il un philosophe qui ait mieux distingué l'esprit d'avec le corps, et les modes spirituels d'avec les modes corporels, que Descartes l'a fait, qui ait mieux entendu que lui que l'esprit est indivisible et par conséquent qu'il a tout son être ensemble? Il a enseigné clairement que la durée de son esprit n'était distinguée de son essence et de sa substance que par la pensée, que c'était non pas un mode, mais un attribut en elle, parce qu'elle s'y trouve toujours de la même façon. Et au préjudice de cela, Dom Robert veut que M. Descartes donne à nos pensées intrinsèquement et par essence tous les modes corporels, qu'il y reconnaisse une véritable durée avec distinction des parties, et que ce qu'il appelle durée de l'esprit soit une véritable et réelle succession des parties de l'esprit qui cessent d'être et se renouvellent continuellement, etc. »

Cependant le cardinal de Retz n'est cartésien qu'avec quelques réserves; il évite même de se prononcer en faveur de la doctrine du mouvement de la terre, condamnée par

Rome, et néanmoins vivement soutenue par Desgabets. C'est le cardinal qui défend Descartes en métaphysique, c'est Desgabets qui le défend en physique.

Tels sont les cartésiens les plus remarquables de cette première période de l'histoire du cartésianisme. En général, ils se bornent à reproduire exactement la doctrine de Descartes ou, s'ils la modifient, c'est dans un sens empirique plutôt qu'idéaliste. Si quelques-uns sont les contemporains de Malebranche, tous lui sont antérieurs par leur développement philosophique et échappent à son influence. Le cartésianisme français n'a pas encore reçu le souffle platonicien de l'Oratoire et de Malebranche, ni enfanté ses plus illustres représentants.

CHAPITRE XXV

Adversaires de la philosophie de Descartes. — Comment on peut les diviser. — Pascal. — Son éducation philosophique. — Ses rapports avec Descartes. — Descartes justifié de son jugement sur le traité des sections coniques. — Expérience du Puy-de-Dôme. — Influence de l'esprit et de la méthode de Descartes sur Pascal avant sa conversion. — Sa foi dans les progrès de la science et de la raison. — Ses protestations contre l'intervention de l'autorité dans le domaine de la science. — Vues sur la nature et sur l'homme analogues à celles de Descartes. — Mécanisme et automatisme. — L'essence de l'homme dans la pensée. — Pascal après sa conversion. — Opposition à la philosophie de Descartes. — Grief étrange contre sa physique. — Accusation d'avoir voulu se passer de Dieu. — La règle des partis substituée aux preuves physiques et métaphysiques de l'existence de Dieu. — *Le pyrrhonisme est le vrai.* — Toutes les conséquences du pyrrhonisme dans les *Pensées*. — De la polémique contemporaine touchant le scepticisme de Pascal. — Explication des contradictions qui se rencontrent dans les *Pensées*. — De la nature du scepticisme de Pascal.

En regard des disciples de Descartes en France nous allons maintenant placer les principaux adversaires qu'ils eurent à combattre. Nous partagerons ces adversaires en deux classes, suivant qu'ils appartiennent à la première ou à la seconde des deux grandes périodes que nous avons distinguées dans l'histoire du cartésianisme, selon qu'ils sont antérieurs ou postérieurs à Malebranche, selon enfin qu'ils combattent Descartes seul ou Descartes et Malebranche. Dans ce chapitre, et dans les chapitres suivants, il sera question des premiers, auxquels on peut donner plus particulièrement le nom d'anti-cartésiens, pour les distinguer des anti-Malebranchistes dont nous ne parlerons qu'après l'exposition des doctrines de Malebranche. Ces anti-cartésiens se divisent eux-mêmes en plusieurs classes. Les uns sont les représentants et les défenseurs de l'ancienne philosophie, les autres relèvent de Gassendi, les autres enfin, et ce sont les plus redoutables, attaquent surtout la philosophie nouvelle au nom de la théologie et du concile de Trente.

A considérer la renommée et le génie, c'est Pascal qu'il faut mettre au premier rang des adversaires de Descartes, à partir du jour où la pensée de la grâce et du salut s'étant emparée exclusivement de son âme, il devint l'ennemi de la raison elle-même et de toute philosophie. Pour apprécier Pascal comme philosophe, nous avions déjà les deux belles préfaces du rapport de M. Cousin à l'Académie française sur la nécessité d'une nouvelle édition des pensées de Pascal (1), nous avions l'étude si pénétrante de M. Havet, avec ce perpétuel commentaire, qui ne vaut pas moins pour la critique philosophique que pour la critique littéraire (2); nous avons en outre aujourd'hui ces éloquentes leçons de M. Saisset, malheureusement les dernières et inachevées, qui eurent un si grand retentissement à la Sorbonne (3). Notre prétention n'est pas d'ajouter quelque chose de nouveau à ce qu'ils ont dit sur Pascal, mais seulement de mettre le mieux possible à profit ce qu'ils ont dit avant nous. Nous n'avons, d'ailleurs, à considérer ici Pascal que dans ses rapports avec Descartes.

Pascal était jeune (4), mais déjà son esprit, d'une si prodigieuse précocité, était en grande partie formé, quand la philosophie de Descartes commença à se répandre. Encore enfant, sous la direction de son père, Etienne Pascal, il s'était donné aux mathématiques et à la physique où le portait

---

(1) Œuvres de M. Cousin, 4ᵉ série, Littérature, tome 1ᵉʳ, in-12, 1849.

(2) *Pensées de Pascal*, publiées avec leur texte authentique par M. Havet, 2ᵉ éd., 2 vol. in-8, 1866.

(3) Ces leçons auxquelles Saisset n'eut pas le temps de mettre la dernière main, ont été recueillies et publiées par son frère M. Amédée Saisset dans un ouvrage posthume : *Le Scepticisme, Énésidème, Pascal et Kant*, in-8, chez Didier, 1864.

(4) Il est né en 1623.

sa vocation naturelle. En dehors des mathématiques, son auteur favori était Montaigne dont on retrouve partout la trace si profonde dans ses *Pensées*. On sait qu'à seize ans il fit paraître le fameux *Essai touchant les sections coniques*. Le Père Mersenne s'empressa de le transmettre à Descartes comme une merveille qui faisait l'admiration de tous les vieux mathématiciens (1). Descartes répondit : « J'ai reçu aussi l'*Essai touchant les coniques* du fils de M. Pascal, et, avant que d'en avoir lu la moitié, j'ai jugé qu'il avait appris de M. des Argues; ce qui m'a été confirmé incontinent après par la confession qu'il en fit lui-même (2). »

Cette lettre publiée par Clerselier, en 1659, ne donna lieu à aucune réclamation de la part de Pascal qui vivait encore. Mais, après la mort de Pascal, le Pailleur, Roberval et d'autres amis de sa famille et de messieurs de Port-Royal, se plaignirent du jugement de Descartes, comme injuste à l'égard d'un enfant de génie, et comme entaché d'une sorte de jalousie. Telle fut même la vivacité de ces réclamations que Clerselier crut devoir en tenir compte, dans une seconde édition, par une note où il renonçait à défendre le jugement de Descartes et se bornait à mettre hors de cause sa bonne foi (3).

Cependant Descartes ne s'était nullement trompé,

---

(1) Baillet, liv. V, chap. v.

(2) Édit. Cousin, tom. VIII, p. 214. Cet essai tiré à un fort petit nombre d'exemplaires, n'avait pas six pages d'impression in-8, et contenait seulement l'énoncé de 5 ou 6 propositions que Pascal se faisait fort de démontrer. — Des Argues, grand mathématicien, ami de Descartes, très-lié avec les Pascal et habitué de la maison, s'était beaucoup occupé à cette époque des sections coniques. De là la conjecture de Descartes, parfaitement fondée, comme nous allons le voir.

(3) « Des personnes qui croient le bien savoir disent que cela est faux. Cela peut être faux, mais je ne doute pas que Descartes ne dise vrai, car il n'était pas homme à controuver des mensonges. » Baillet, de même que Clerselier, n'entreprend de défendre que la bonne foi de Descartes : « M. Descartes dont toutes les vues, toutes les pensées et toutes les études ne tendaient qu'à la recherche de la vérité et qui aimait mieux s'interdire la parole que d'y employer la dissimulation ou la fausse complaisance, avait mandé sans artifice la chose comme il la croyait. » Liv. V, chap. v.

comme le prouvait ce qu'avait écrit Pascal lui-même dans le passage suivant du *Traité des coniques* : « Nous démontrerons aussi cette propriété, dont le premier inventeur est M. des Argues, un des grands esprits de ce temps et des plus versés aux mathématiques et, entre autres, aux coniques... dont les écrits sur cette matière, quoique en petit nombre, en ont donné un ample témoignage à ceux qui en ont voulu recevoir l'intelligence, et veux bien avouer que je dois le peu que j'ai trouvé sur cette matière à ses écrits et que j'ai tâché d'imiter autant qu'il m'a été possible sa méthode sur ce sujet, etc. (1). » La rareté du petit écrit de Pascal, dont il ne restait plus de traces que dans les œuvres des amis de des Argues, peut seule expliquer le doute où demeurent Clerselier et les amis de Descartes sur la vérité même du fait affirmé dans la lettre au Père Mersenne. Quoi qu'il en soit, grâce à M. Piobert, qui a retrouvé ce passage décisif, voilà Descartes justifié du reproche, trop souvent reproduit, d'avoir avancé un fait faux pour rabaisser le génie de Pascal.

Ce débat au sujet du *Traité des sections coniques* s'est passé entre les amis de Descartes et ceux de Pascal, mais la célèbre expérience du Puy-de-Dôme, en 1648, par laquelle Pascal acheva de démontrer le fait de la pression de l'air, avait mis directement aux prises l'amour-propre des deux philosophes. Descartes en effet prétendit que, cette même année, il lui en avait donné l'idée dans une entrevue aux Minimes, problablement chez le Père Mersenne. Pascal persiste néanmoins à omettre le nom de Descartes et à rapporter à Torricelli l'honneur de la pensée première de cette décisive expérience. Baillet donne tort à Pascal et

---

(1) Ce passage extrait des *Sections coniques* et rapporté par A. Bosse, disciple et ami de des Argues dans son *Traité des pratiques géométrales*, Paris, 1665, a été mis en lumière par M. Piobert, de l'Académie des sciences, dans un mémoire auquel j'emprunte cette justification de Descartes. (*Extrait des comptes rendus de l'Académie des sciences*, t. LIV, séance du 31 mars 1862, relations des savants entre eux avant la création de l'Académie des sciences en 1666 par M. Piobert.)

lui reproche d'avoir dissimulé l'obligation qu'en cette circonstance il avait à Descartes (1). Mais en l'absence de tout témoignage décisif, c'est une question que nous ne pouvons nous permettre de trancher (2).

Cette rivalité scientifique jointe à un entourage d'ennemis de Descartes, en tête desquels était Roberval, ne dut pas prédisposer Pascal à accueillir avec beaucoup de faveur les principes de la nouvelle philosophie. Néanmoins il n'a pas pu se soustraire entièrement à leur influence, au moins avant que la grâce janséniste eût achevé de le détacher tout à fait de la science et de la philosophie. Certains opuscules ou fragments qui datent d'une époque antérieure à sa conversion, lorsqu'il était encore occupé tout entier de mathématiques et de physique, sont tout pénétrés de l'esprit et de la méthode de Descartes. Tels sont les deux fragments publiés par Bossut, l'un intitulé, *Réflexions sur la géométrie en général*, l'autre, *Art de persuader*, qui, tous deux, d'après la *Logique de Port-Royal*, faisaient partie d'un même traité sur l'*Esprit géométrique* (3). Pascal y fait consister l'idéal de la méthode, conformément aux règles de Descartes, à tout définir et à tout démontrer, sauf ce qui est évident par soi-même. Mais il semble encore plus cartésien, et il accorde davantage encore aux droits de la raison, dans un fragment du *Traité du vide*, écrit quelques années auparavant. Là, après avoir mis à part les matières de religion où règne

(1) Liv. VII, chap. XVII.

(2) M. Sainte-Beuve conclut le débat relatif à cette expérience par cette juste appréciation de l'humeur des deux adversaires : « Descartes fut un peu âpre à la revendiquer et Pascal un peu roide à la retenir. » (*Hist. de Port-Royal*, t. II, p. 471.)

(3) P. 440 de l'édition Havet. Selon M. Havet, ce morceau serait de 1655. C'est là que Pascal élève si haut le je pense, donc je suis au-dessus du, *si fallor sum*, de saint Augustin (voir le chap. III de notre 1er vol.), p. 430 de la même édition. Bossut avait mis ce fragment en tête de son édition des *Pensées* en l'intitulant : *De l'autorité en matière de philosophie*. Selon la conjecture de M. Cousin, ce morceau serait de 1647 à 1652, c'est-à-dire avant l'époque de la seconde conversion de Pascal.

l'autorité, il proteste contre les partisans de la tradition en philosophie, et il plaide éloquemment la cause de la souveraineté absolue de la raison dans le domaine de la science : « Il faut, dit-il, relever le courage de ces gens timides qui n'osent rien inventer en physique et confondre l'insolence de ces téméraires qui produisent des nouveautés en théologie. »

Quelle n'est pas sa foi dans les progrès de la science et de la raison! Tout le monde connaît cette belle comparaison de la suite des hommes: « Avec un même homme qui subsiste toujours et qui apprend continuellement ; d'où l'on voit avec combien d'injustice nous respectons l'antiquité dans ses philosophes; car comme la vieillesse est l'âge le plus distant de l'enfance, qui ne voit que la vieillesse dans cet homme universel ne doit pas être cherchée dans les temps proches de sa naissance, mais dans ceux qui sont les plus éloignés? Ceux que nous appelons anciens, étaient véritablement nouveaux en toutes choses et formaient l'enfance des hommes proprement; et comme nous avons joint à leurs connaissances l'expérience des siècles qui les ont suivis, c'est en nous que l'on peut trouver cette antiquité que nous révérons dans les autres (1). » Rappelons encore l'éloquente protestation des *Provinciales* contre la condamnation de Galilée et contre l'intervention de l'autorité, là où la raison seule doit décider : « Ce fut aussi en vain que vous obtîntes contre Galilée un décret de Rome qui condamnait son opinion touchant le mouvement de la terre. Ce ne sera pas cela qui prouvera qu'elle est en repos. » Et, à propos de la condamnation des antipodes par le pape Zacharie, il ajoute: « Le roi d'Espagne s'en est bien trouvé d'en avoir plutôt cru ce Christophe Colomb qui en venait, que le jugement de ce pape qui n'y avait jamais été (2). » Qui donc parle ici? Est-ce le même Pascal qui dans les *Pensées* s'efforcera d'abaisser,

---

(1) Édit. Havet, p. 436.
(2) *Provinciales*, 18e lettre.

d'humilier la raison, et laissera tomber sur elle ces dédaigneuses paroles : « Qu'elle est sotte! »

Toutefois dans les *Pensées* elles-mêmes on découvre plus d'une trace de cartésianisme, soit en physique, soit en métaphysique. En physique, Pascal est ouvertement pour l'infinité du monde, il est partisan du mécanisme en général et de l'automatisme. Le monde est, dit-il, « une sphère infinie dont le centre est partout, la circonférence nulle part. » Quelle plus vive et plus saisissante image de cette étendue sans bornes qui est l'essence de l'univers cartésien? Pascal est aussi d'accord avec Descartes contre l'horreur du vide, contre les sympathies prêtées à la nature, pour tout ramener aux lois générales du mouvement et au mécanisme. Qu'il se moque, par allusion à Descartes, de ces titres trop fastueux de *Principes des choses*, *Principes de la philosophie*, où se complaît, suivant lui, l'orgueil des philosophes, il n'envisage pas moins la nature tout entière du même point de vue que l'auteur des *Principes de la philosophie*. Rien n'en témoigne mieux que cette page des *Pensées* où il approuve, en les résumant d'une manière à la fois si vive et si pittoresque, les plus hardies et les plus originales doctrines de la physique cartésienne : « Quand on dit que le chaud n'est que le mouvement de quelques globules, et la lumière le *conatus recedendi* que nous sentons, cela nous étonne. Quoi! que le plaisir ne soit autre chose que le ballet des esprits? Nous en avons conçu une si différente idée! Et ces sentiments nous semblent si éloignés de ces autres que nous disons être les mêmes que ceux que nous leur comparons! Le sentiment du feu, cette chaleur qui nous affecte d'une manière tout autre que l'attouchement, la réception du son et de la lumière, tout cela nous semble mystérieux, et cependant tout cela est grossier comme un coup de pierre (1). »

Le tour est à Pascal, le fond appartient à Descartes;

---

(1) Édit. Havet, art. 25, 10, p. 360.

l'explication de la chaleur, de la lumière, du son, du plaisir, la force centrifuge, deux livres entiers des *Principes* sont ici ramassés en quelques lignes. Mais Pascal n'admet pas seulement le mécanisme en général, le mécanisme appliqué à l'explication des phénomènes de la nature inanimée, il est en outre partisan de l'automatisme, qui est le mécanisme transporté jusqu'au sein de la nature vivante. Peut-être ne suffirait-il pas pour le prouver du passage suivant des *Pensées*, car on peut ne laisser aux bêtes que l'instinct, sans cependant les réduire à n'être que des machines : « Si un animal, dit-il, faisait par esprit ce qu'il fait par instinct, et s'il parlait par esprit ce qu'il parle par instinct, pour la chasse et pour avertir ses camarades que la proie est trouvée ou perdue, il parlerait bien aussi pour des choses où il a plus d'affection, comme pour dire : Rongez cette corde qui me blesse et où je ne puis atteindre (1). » Mais sa sœur, madame Périer, nous apprend : « qu'il était du sentiment de Descartes sur l'automate (2). » Il faut, il est vrai, ajouter, d'après le même témoignage, qu'il ne pouvait souffrir la matière subtile.

Comment aussi ne pas reconnaître l'inspiration de la métaphysique de Descartes dans ces lignes admirables sur la distinction de l'âme et du corps, sur l'essence de l'homme et sur sa dignité ? « Je puis bien concevoir un homme sans mains, sans pieds, je le concevrais même sans tête, si l'expérience ne m'apprenait que c'est par là qu'il pense. C'est donc la pensée qui fait l'être de l'homme et sans quoi on ne peut le concevoir. Qu'est-ce qui sent du plaisir en nous? Est-ce la main? Est-ce le bras? Est-ce la chair? Est-ce le sang? On verra qu'il faut que ce soit quelque chose d'immatériel (3). » Tout le monde connaît la

---

(1) Éd. Havet, art. 25, 11.
(2) *Vie de Blaise Pascal*, par madame Périer.
(3) Édit. Havet, art. 1ᵉʳ, p. 18. M. Havet rapproche cette pensée d'un passage presque identique d'un dialogue posthume de Descartes, sur la *Recherche de la vérité par les lumières naturelles*, publié en latin, en 1701, et traduit en français par M. Cousin : « Il m'a été nécessaire, pour

belle comparaison du roseau pensant avec l'univers qui l'écrase, mais qui ne pense pas, pour nous faire sentir que toute notre dignité consiste en la seule pensée. Voici encore une preuve de l'existence de Dieu dont le fond est emprunté à Descartes : « Je sens que je peux n'avoir point été ; car le moi consiste dans ma pensée; donc moi qui pense n'aurais point été, si ma mère eût été tuée avant que j'eusse été animé. Donc je ne suis pas un être nécessaire. Je ne suis pas aussi éternel, ni infini; mais je vois bien qu'il y a dans la nature un être nécessaire, éternel et infini. »

Voilà bien des traits essentiels auxquels il est impossible de ne pas reconnaître un esprit plus ou moins imbu des principes de Descartes. Mais maintenant, pour achever le portrait de Pascal, il nous faut montrer en lui l'adversaire de Descartes, le contempteur de la raison et de la philosophie. A mesure que la piété et le jansénisme ont fait des progrès dans son âme, il s'est peu à peu détaché de Descartes jusqu'à sacrifier entièrement la philosophie et la raison à l'autorité et à la foi. La contradiction si manifeste qui existe entre divers passages des *Pensées* s'explique très-probablement par la diversité des époques auxquelles Pascal les a jetées sur le papier. Celui qui, dans le fragment du *Traité du vide*, se montrait tout à l'heure si plein de foi dans les progrès de la science, semble maintenant vouloir détourner l'homme de toutes les investigations sur la nature, en prenant pour prétexte la disproportion où nous sommes avec elle : « Manque d'avoir contemplé cet infini, les hommes se sont portés témérairement à la recherche de la nature, comme s'ils avaient quelque proportion avec elle (1). » Mais voici un reproche plus direct contre la physique de Descartes : « Il faut dire en gros, cela se fait par figure et par

---

me considérer simplement tel que je me sais être, de rejeter toutes ces parties ou tous ces membres qui constituent la machine humaine, c'est-à-dire, il a fallu que je me considérasse sans bras, sans jambes, sans tête, en un mot sans corps, etc. » (*OEuvres de Descartes*, édit. Cousin, XIe vol., p. 364).

(1) Édit. Havet, 1er article.

mouvement, car cela est vrai; mais de dire quels, et composer la machine, cela est ridicule, car cela est inutile et incertain et pénible. » Et c'est là qu'il dit aussi : « Et quand cela serait vrai, nous n'estimons pas que toute la philosophie vaille une heure de peine (1). » Accorder à Descartes que tout se fait par figure et par mouvement, c'est assurément lui accorder beaucoup, car c'est le principe même de toute sa physique. Mais comment le blâmer d'en avoir fait l'application aux phénomènes, comment dire que cela est ridicule et vain, à moins de prétendre qu'il faille s'en tenir dans la physique à des hypothèses générales, sans les vérifier par l'expérience, et sans en descendre pour l'explication des faits? N'est-ce donc pas condamner la physique tout entière, y compris la fameuse expérience sur le vide?

Passons à une accusation plus grave, et non moins mal fondée. Pascal ne pouvait souffrir, rapporte Marguerite Périer, dans ses *Mémoires*, sa manière d'expliquer la formation de toutes choses, et il disait très-souvent : « Je ne puis pardonner à Descartes; il aurait bien voulu dans toute sa philosophie pouvoir se passer de Dieu, mais il n'a pu s'empêcher de lui faire donner une chiquenaude pour mettre le monde en mouvement (2). » On s'étonne d'une pareille accusation contre une philosophie qui tend à faire de Dieu l'unique cause efficiente, qui identifie la conservation avec la création continuée, et qui a la prétention de déduire de la perfection infinie de Dieu les principes fondamentaux de la physique et de la mécanique. Il faut répondre à Pascal avec Arnauld : « Toute la physique des cartésiens est tellement appuyée sur l'existence de Dieu, qui en est, pour ainsi dire, comme la clef de voûte, que la supposition du contraire est le renversement de tout leur système (3). » Ne peut-on aussi opposer à Pascal ce que dit Malebran-

---

(1) Édit. Havet, art. 24, p. 355.
(2) Ibid., art. 24, p. 355.
(3) *Examen du Traité de l'essence des corps*, tome XXXVIII des Œuvres complètes.

che : « Descartes ayant prouvé qu'il n'y a que Dieu qui donne le mouvement à la matière, et que le mouvement produit dans tous les corps toutes les différentes formes dont ils sont revêtus, c'en était assez pour ôter aux libertins tout prétexte de tirer aucun avantage de son système (1). » Enfin, si nous en croyons Nicole, Pascal aurait été si fort éloigné des principes de Descartes sur la matière et l'espace qu'il avait coutume de les donner comme exemple d'une rêverie qui ne pouvait être approuvée que par entêtement (2).

Pascal n'est pas devenu moins sévère et moins injuste pour la métaphysique de Descartes. Il ne lui sait aucun gré, à la différence d'Arnauld, de Bossuet et de Fénelon, d'avoir si solidement établi la vérité essentielle de la spiritualité de l'âme, quoique lui-même, comme nous l'avons vu, il en ait emprunté la démonstration aux *Méditations*. Pas davantage il n'estime ses raisonnements en faveur de l'existence de Dieu. Voici, sans nul doute, à l'adresse de Descartes, ce qu'il pense des preuves métaphysiques : « Elles sont si éloignées du raisonnement des hommes et si impliquées qu'elles frappent peu. Quand cela servirait à quelques-uns, ce ne serait que pendant l'instant qu'ils voient cette démonstration; mais, une heure après, ils craignent de s'être trompés (3). » Est-ce donc en faveur des preuves physiques que Pascal écarte ainsi les preuves métaphysiques? Mais plus mal encore traite-t-il les preuves tirées de la nature, du cours de la lune ou des planètes, comme n'étant propres qu'à exciter le mépris dans l'esprit des incrédules : « Dire aux personnes destituées de foi et de grâce qu'ils n'ont qu'à voir la moindre des choses qui les environnent et qu'ils verront Dieu à découvert et leur donner pour toute preuve de ce grand et important sujet le cours de la lune ou des planètes, et prétendre avoir

---

(1) *Lettres de Nicole*, tome 1er, lettre 83, 2 vol. in-12, Lille, 1718.
(2) *Recherche de la vérité*, 6e livre, 2e partie, chap. IV.
(3) Édition Havet, art. 10, p. 157.

achevé sa preuve avec un tel discours, c'est leur donner sujet de croire que les preuves de notre religion sont bien faibles, et je vois par raison et par expérience que rien n'est plus propre à en faire naître le mépris (1). »

Par où donc la raison s'élèvera-t-elle jusqu'à Dieu? En dépit de tous ses efforts, selon Pascal, elle ne peut y atteindre par ses propres forces. S'il y a un Dieu, il est pour nous infiniment incompréhensible, et nous sommes incapables de connaître ni ce qu'il est, ni même s'il est (2). La raison connaît-elle ses forces et ses limites, elle rejette Dieu que la seule lumière de la foi peut nous révéler. C'est là ce que Pascal exprime avec une singulière hardiesse : « Athéisme, marque de force et d'esprit, mais jusqu'à un certain point (3). » Comment donc amener à Dieu celui qui n'a pas encore la foi, et quel sera le point commun du raisonnement entre le croyant et l'incrédule ? Ici paraît, avec une audace plus grande encore, le scepticisme de Pascal. A défaut de toute autre preuve, tirée de la nature ou de la raison, c'est au calcul des probabilités qu'il va demander un argument en faveur de l'existence de Dieu. Laissant de côté la vérité, qui nous est inaccessible, il veut montrer que nous avons un plus grand intérêt à parier pour qu'à parier contre l'existence de Dieu. Dieu est ou n'est pas, il est en jeu, il est à pile ou face. De quel côté faut-il parier? car s'abstenir et ne pas jouer est impossible. Par une longue et minutieuse application de la règle des partis, et avec un luxe de termes techniques, dont l'emploi en pareille matière ressemble à une sorte de profanation, il prouve qu'il y a plus d'avantage à parier pour que contre. Voilà ce que met Pascal à la place de ces preuves, tirées de l'ordre de l'univers dont

(1) Édit. Havet, art. 22, p. 268.
(2) Ibid., art. 10, p. 145.
(3) Ibid., art. 24, p. 355. On sait, par M. Cousin, comment les éditeurs de Port-Royal, peu édifiés de cette pensée, l'avaient dénaturée, en changeant une lettre, et mettant *manque* au lieu de *marque* qui est dans le manuscrit.

il se moque, et des arguments métaphysiques de Descartes ou de saint Anselme ; voilà comment, en devenant l'adversaire de l'auteur des *Méditations*, il devient en même temps l'adversaire de la philosophie et de la raison, et le défenseur du scepticisme au profit de la foi.

Ce scepticisme, déjà suffisamment manifeste malgré les atténuations, les altérations, ou les suppressions des éditeurs de Port-Royal, est devenu plus évident encore dans le véritable texte restauré par M. Cousin. Non-seulement Pascal a dit : « Nous n'estimons pas que la philosophie vaille une heure de peine (1) ; » et encore, « que se moquer de la philosophie c'est vraiment philosopher (2) ; » mais il a écrit ces mots si tristement significatifs, et prudemment effacés par Port-Royal : « Le pyrrhonisme est le vrai (3). » Quelle est, d'ailleurs, la conséquence du pyrrhonisme, non pas seulement dans la spéculation, mais même en morale, devant laquelle ait reculé Pascal, dans son désir de terrasser la raison et de ne laisser debout que la grâce et la foi. Tout ce qu'a dit Montaigne contre l'existence d'une justice absolue, Pascal le reprend pour son propre compte, et le grave en traits ineffaçables par l'énergie des tours et des images.

Il est vrai qu'à côté de ces pensées franchement sceptiques, il n'est pas impossible d'en trouver un certain nombre qui présentent un autre caractère, et où Pascal, faisant une part à la raison, soutient seulement la thèse de l'insuffisance, et non celle de l'impuissance absolue de la philosophie sans la foi. De là cette polémique qui de nos jours, s'est engagée au sujet du scepticisme de Pascal. Plusieurs, et entre autres un protestant, M. Vinet (4), et un catholique, l'abbé Flottes (5), ont entrepris de justifier Pascal de ce pyrrhonisme que M. Cousin, en rétablissant le texte

---

(1) Édit Havet, art. 24, p. 356.
(2) Ibid., art. 7, p. 115.
(3) Ibid., art. 24, 1, p. 291.
(4) Études sur Blaise Pascal, 1847, in-8.
(5) Études sur Pascal, 1815, in-8.

vrai des *Pensées*, a mis en une si grande lumière. Mais les citations sur lesquelles ils s'appuient sont en petit nombre, et ne représentent nullement la doctrine dominante, et surtout la doctrine dernière de Pascal. Elles appartiennent probablement à une autre période de sa vie, et elles ne prouvent rien, sinon qu'il n'a pas pensé toujours de la même manière, et qu'avant d'être sceptique, au nom de la foi, il a été plus ou moins longtemps attaché, comme nous l'avons dit, à la raison et à la philosophie. D'ailleurs, comme le remarque M. Saisset, est-il possible de demeurer ferme, et sans se contredire, dans la thèse de l'impuissance absolue de la raison, quand d'un côté, comme Pascal, on combat les jésuites et l'autorité, quand de l'autre, on veut raisonner contre les libertins et les impies?

Mais il faut pour dissiper ou prévenir tous les malentendus, qui ont tenu une trop grande place dans cette polémique, ne laisser subsister ici aucune équivoque. Le scepticisme que nous attribuons à Pascal ne concerne que la raison, et loin d'aller contre la foi, il doit en assurer le triomphe, du moins d'après le plan de Pascal et des *Pensées*.

Tels ont donc été les rapports de Pascal et de Descartes. D'abord nous avons vu Pascal animé de l'esprit même du *Discours de la Méthode*, plein de foi dans les progrès de la science et de la raison, et adoptant quelques-unes des principales vues de Descartes sur la nature et l'homme, puis, nous l'avons vu, sous l'influence de plus en plus grande de la grâce janséniste, rejetant toute philosophie, faisant la guerre à Descartes ouvertement, et s'efforçant d'établir le pyrrhonisme au profit de la foi.

CHAPITRE XXVI

Adversaires péripatéticiens de la philosophie de Descartes. — Le P. Vincent. — Apologie des formes substantielles par le P. Lagrange — Jean-Baptiste Duhamel, premier secrétaire de l'Académie des sciences. — Duhamel, professeur de l'Université de Paris. — Adversaires gassendistes. — Guy Patin. — De la Chambre, médecin de Louis XIV. — Bernier — Sa réponse au P. Valois, en faveur de Gassendi. — Lettre à Chapelle datée de Chiraz en Perse. — Sorbière. — Rôle qu'il a joué entre Descartes et Gassendi. — Ses divers jugements sur l'un et sur l'autre. — Molière, élève de Gassendi. — Traduction de Lucrèce. — Traces diverses de la philosophie de Gassendi dans ses comédies — Railleries contre l'École. — Pancrace — le maître de philosophie du *bourgeois gentilhomme*. — Thomas Diafoirus. — Railleries contre Descartes. — Marphurius et le doute méthodique. — Les *Femmes savantes* cartésiennes. — Ironie contre le spiritualisme de Descartes. — Rapprochement entre la morale du *Misanthrope* et celle de Gassendi. — Coup d'œil général sur la philosophie de Gassendi au dix-septième siècle.

Les adversaires qui ont combattu la philosophie nouvelle, au nom de la philosophie de l'École sont les plus nombreux, mais en général les plus obscurs. On en pourrait compter presque autant que de régents de philosophie dans la plupart des universités et des colléges. Ils prennent la défense des subtilités de la logique contre les dédains des cartésiens, ils opposent aux idées innées le *nihil est in intellectu quod non prius fuerit in sensu*, ils combattent surtout avec acharnement pour les formes substantielles. Citons seulement ceux qui, en défendant l'ancienne philosophie, ont cherché à rajeunir, par de nouvelles explications, et par un certain éclectisme, le péripatétisme des écoles. Nous nommerons d'abord le P. Vincent, professeur de philosophie à Toulouse, supérieur de la congrégation de la Doctrine chrétienne, auteur de plusieurs savants commentaires sur la philosophie péripatéticienne, et d'une critique de la philosophie de Descartes au point de vue péripatéticien (1).

Le P. Vincent, dans sa préface, déclare que, comme théologien, comme orthodoxe, comme Français, il condamne Descartes parce qu'il a été condamné par les trois grands tribunaux de la Sorbonne, du Parlement et de Rome (2). Examinant ensuite les uns après les autres les articles de la première partie des *Principes*, il attaque le doute méthodique, il repousse la preuve de l'existence de Dieu par l'idée de l'infini; mais il a surtout à cœur de démontrer l'incompatibilité avec la foi de l'étendue essentielle, de l'infinité du monde et du mouvement de la terre. Enfin il gémit amèrement des progrès de Descartes, en dépit de toutes les censures et de toutes les condamnations.

Quoique l'Oratoire soit en général cartésien, nous y trouvons un partisan très-zélé de l'ancienne philosophie, le P. Lagrange, qui a pris la défense de ces pauvres formes substantielles, déjà tombées en un si grand discrédit. Le P. Lagrange est l'auteur d'un ouvrage intitulé : *Les Principes de la philosophie contre les nouveaux philosophes, Descartes, Rohault, Regius, Gassendi, le P. Maignan* (3). Son dessein est de défendre la philosophie enseignée, depuis cinq cents ans, dans les universités, et les principes fondés sur le consentement universel des philosophes de l'École. Il applaudit au décret du roi qui en a interdit l'enseignement dans toutes les universités du royaume. Comment Descartes a-t-il eu l'audace de dédier à la Sorbonne ses *Méditations*, si dangereuses pour la foi? L'éternité de la matière, l'infinité du monde, la négation de l'eucharistie, l'in-

---

(1) *Discussio peripatetica in qua philosophiæ cartesianæ principia per singula fere capita seu articulos dilucide examinantur*, in-12, 1677, — Tolosæ.

(2) Sans doute il prétend appliquer à la philosophie de Descartes l'arrêt du Parlement de 1624.

(3) Paris, 1675, in-12.

tervention de Dieu supprimée dans l'arrangement du monde, sont les conséquences de sa philosophie. La préface en signale les vices généraux; quant à l'ouvrage lui-même, il n'a pour objet que la justification des formes substantielles (1). Le P. Lagrange ne peut pardonner à ses confrères les péripatéticiens de n'avoir pas encore prouvé la fausseté des principes de Descartes, depuis vingt ans qu'ils font tant de bruit dans le monde, et de n'avoir pas mieux défendu l'existence des formes substantielles et des formes accidentelles.

Une exposition très-claire des principes fondamentaux de la physique péripatéticienne, dans leur opposition avec la physique de Descartes et de Gassendi, voilà ce qui fait l'intérêt et le mérite historique de son ouvrage. Le P. Lagrange soutient, d'après l'École, que la figure est un être entièrement distingué de la matière. Le feu diffère de l'eau, non pas seulement, comme le disent les cartésiens, par la situation de ses parties, mais par une entité qui lui est propre, entièrement distincte de la matière. Quand un corps change d'état, il n'y a pas seulement changement dans les parties, il y a une forme qui est chassée par une autre. En outre des entités premières ou des formes substantielles, qui font la différence essentielle des corps naturels, les péripatéticiens en admettent d'autres aussi pour leurs moindres changements, et pour toutes les qualités sensibles qu'ils appellent formes accidentelles, à la différence des premières. Ainsi la dureté, la chaleur, la lumière, sont des êtres tout différents des corps dans lesquels ils se trouvent. Le mouvement, comme le prouve Aristote, est différent du corps mobile. Dans l'ordre moral, la science et la vertu sont également des entités qui tantôt s'ajoutent à l'âme et tantôt s'en séparent.

(1) « Quand je n'aurais pas eu dessein de prouver les principes de la philosophie commune contre les nouveaux philosophes, je n'aurais pas laissé de commencer la philosophie que j'ai intention de donner tout entière au public, si Dieu me donne la santé, par ce traité des formes accidentelles. » (Préface.)

Descartes et Gassendi, qui diffèrent en tout le reste, s'accordent en ce point, qu'ils prétendent expliquer tous ces changements par la différence de la figure et des mouvements des parties de la matière. Mais s'ils paraissent se tirer d'affaire avec leurs corpuscules de toutes formes, quand il s'agit d'une chose matérielle, il n'en est plus de même, selon le P. Lagrange, lorsqu'il s'agit d'une qualité spirituelle où il n'y a ni mouvement ni parties, comme la science, la vertu, les idées qui sont des êtres spirituels. Nulle part ailleurs peut-être n'est mieux mise en évidence l'opposition fondamentale des principes de l'ancienne et de la nouvelle physique. Le P. Lagrange a encore attaqué la physique de Descartes dans un autre ouvrage où il cherche à prouver, non-seulement par l'Écriture, mais encore par les mathématiques, la fausseté de la doctrine du mouvement de la terre et du système de Copernic (1).

Il est assez difficile de déterminer à quelle catégorie des adversaires de Descartes appartient J.-B. Duhamel, premier secrétaire de l'Académie des sciences (2). Ce n'est ni un disciple de Gassendi, ni un péripatéticien de l'École, mais un éclectique qui cherche à concilier Platon avec Aristote, la philosophie ancienne avec la philosophie moderne, pour en former une nouvelle philosophie à l'usage des écoles. Tel est le but de deux ouvrages, l'un intitulé, *De consensu veteris et novæ philosophiæ* (3), l'autre, *Philosophia vetus et nova ad usum scholæ accommodata* (4). Ce dernier ouvrage, composé à la recommandation de Colbert, eut un grand succès et de nom-

(1) *Traité des éléments et des météores contre les nouveaux philosophes, Descartes, Rohault, Gassendi, le P. Maignan.* Paris, 1679, in-8.
(2) Né à Vire, en 1624, entré à l'Oratoire, à l'âge de dix-neuf ans, Duhamel en sortit au bout de dix ans, pour être curé de Neuilly-sur-Marne. Il s'était attiré la vénération et l'amour de tous ses paroissiens. Nommé par Colbert secrétaire de l'Académie des sciences, en 1666, chaque année, pendant toute sa vie, il alla leur faire une visite (*Éloge* de Fontenelle).
(3) Paris, 1663, in-4.
(4) Paris, 1678, 4 vol. in-12. — *De mente humana*, Paris, 1673, in-12.

breuses éditions. C'est, dit Fontenelle, un assemblage aussi heureux qu'il puisse être des idées anciennes et des idées nouvelles. Duhamel a aussi composé plusieurs traités de physique, sous forme de dialogues (1). Il y met en scène trois personnages, Théophile, grand zélateur des anciens, Ménandre, cartésien passionné, et Simplicius, indifférent entre tous les partis et cherchant partout le meilleur. « On lui reprocha, dit Fontenelle, d'avoir été peu favorable au grand Descartes, si digne du respect de tous les philosophes, même de ceux qui ne le suivent pas. Duhamel répondit que Théophile, entêté de l'antiquité, incapable de goûter aucun moderne, se montrait seul, peu respectueux envers ce grand philosophe, et que jamais Simplicius n'en avait mal parlé. Il disait vrai ; mais c'était au fond Simplicius qui faisait parler Théophile. »

Il ne faut pas confondre ce Duhamel avec un autre Duhamel, professeur émérite de l'Université, auteur de *Réflexions critiques contre le système de Régis*, où sont ramassés les arguments mis en usage par presque tous les adversaires de Descartes (2).

Jetons maintenant un coup d'œil sur les gassendistes. Avec les philosophes de l'École, ils soutiennent le principe, qu'il n'y a rien dans l'entendement qui n'ait passé par le sens ; avec les cartésiens, ils ont en commun l'amour de la liberté philosophique et la haine du joug de l'École. Comme leur maître Gassendi, ils font la guerre au spiritualisme de Descartes, et s'ils n'osent professer ouvertement le matérialisme, ils l'insinuent assez clairement. La plupart sont des médecins. Mettons au premier rang le

---

(1) *Astronomia physica*, 1659, in-4. — *De meteoris et fossilibus*, 1652, Paris, in-4. Il fit en latin l'histoire de l'Académie depuis 1666 jusqu'à 1696.

(2) *Réflexions critiques sur le système cartésien de la philosophie de M. Régis*, Paris, 1692, in-12. — Ce même Duhamel est l'auteur d'un cours de philosophie intitulé : *Philosophia universalis, sive commentarius in universam Aristotelis philosophiam, ad usum scholarum comparatam*, 5 vol. in-12. Paris, 1705.

célèbre Guy Patin, grand ami et admirateur de Gassendi. Ses lettres sont remplies d'éloges de la personne et de la philosophie *du bon M. Gassendi*. Voici en quels termes il annonce sa mort : « Notre bon homme, M. Gassendi, est mort le dimanche 24 octobre, âgé de soixante-cinq ans; voilà une grande perte pour la république des bonnes lettres. J'aimerais mieux que dix cardinaux de Rome fussent morts, etc. (1). » Par contre il est opposé à Descartes et à la prétendue nouvelle philosophie, et il se moque de l'abbé-médecin Bourdelot, pour avoir dit qu'il n'y a jamais eu de philosophe pareil à M. Descartes. En annonçant la mort de Plempius, professeur en médecine de Louvain, que déjà nous avons signalé comme un des plus violents adversaires de la philosophie de Descartes, il s'écrie : « Adieu la bonne doctrine en ce pays-là! Descartes et les chimistes ignorants tâchent de tout gâter, tant en philosophie qu'en bonne médecine (2). »

Guy Patin n'a pas moins d'estime pour de la Chambre, médecin de Louis XIV, « un des premiers, dit il, et des plus éminents de l'Académie française, en raison de sa doctrine, qui n'était pas commune (3). »

Cette doctrine, si vantée par Guy Patin, est celle de Gassendi. De la Chambre ne dit pas que l'âme soit divisible et matérielle, mais il prétend qu'elle est étendue d'une certaine façon et qu'elle se meut réellement (4). C'est de la Chambre que Cordemoy combat, sans le nommer, dans ses *Dissertations sur le discernement de l'âme et du corps*, dont le but est de dissiper cette confusion de ce qui est essentiel au corps avec ce qui est essentiel à l'âme. De la Chambre a aussi composé deux ouvrages contre Descartes en faveur de l'intelligence des bêtes (5).

---

(1) Lettre du 1er novembre 1656, Paris.
(2) Lettre de janvier 1672, Paris.
(3) Lettre du 10 octobre 1669, Paris. C'est l'année où mourut de la Chambre.
(4) *Art de connaître l'homme*, 1653. — *Système de l'âme*, 1664.
(5) *Discours de la haine et de l'amitié qui se trouvent entre les animaux.*

Bernier, élève et ami de Gassendi, abréviateur de sa philosophie (1), mais plus célèbre encore comme voyageur que comme philosophe, est intervenu, à son retour de la cour du Grand-Mogol, dans les querelles du cartésianisme au sujet de l'eucharistie, par un petit écrit intitulé : *Éclaircissements sur le livre de M. Delaville* (2). Les attaques du P. Valois contre les nouveaux philosophes, au sujet de l'incompatibilité de leurs doctrines avec l'eucharistie, s'adressaient aussi aux disciples de Gassendi qui, comme les cartésiens, rejetaient les formes substantielles. Mais, selon Bernier, Gassendi a placé l'essence de la matière dans la solidité et l'impénétrabilité qui sont les fondements de l'étendue, et non dans l'étendue elle-même, comme les cartésiens. Il reproche donc au P. Valois de confondre ensemble les disciples de Gassendi et ceux de Descartes, quoique l'opinion des premiers soit beaucoup moins tranchée que celle des seconds. Ensuite, par un parallèle peu exact et fort compromettant pour le cartésianisme, il entreprend de prouver que le gassendisme s'accommode mieux avec l'Église et le concile de Trente. « Il consent, dit ironiquement Bayle, qu'on fasse des cartésiens tout ce qu'on voudra, et se déclare fort vertement contre quelques-unes de leurs doctrines, pour mieux faire sa paix ; du reste, ayant autant de raison de craindre qu'on ne l'accusât d'hérésie au sujet de la transsubstantiation, il fait ce qu'il peut pour bien faire connaître son innocence. »

Mais Bernier a le tort de chercher à prouver son innocence aux dépens des cartésiens, d'autant que lui-même abandonne Gassendi pour se rapprocher de Descartes en un des points les plus suspects aux théologiens, dans le débat sur

---

Paris, 1667, in-8. — *Traité de la connaissance des animaux*. Paris, 1662, in-4.

(1) *Abrégé de la philosophie de Gassendi*. Lyon, 1684, 7 vol. in-12. La 1re édition est de 1678.

(2) Cette réponse au P. Valois se trouve dans la 2e édition de l'*Abrégé de la philosophie de Gassendi*, 3e vol , Lyon, 1684, et dans le *Recueil de pièces pour servir à l'histoire du cartésianisme*, par Bayle.

l'eucharistie. En effet, au lieu d'admettre, comme Gassendi, un espace et un temps absolus, qui subsistent indépendamment des choses, où toutes les choses sont contenues et se succèdent, il identifie, de même que Descartes, l'espace avec le corps et le temps avec la succession des phénomènes (1).

Bernier se distingue encore de Gassendi lui-même, et surtout de quelques-uns de ses disciples, par son opposition au matérialisme et par un attachement, qui paraît sincère, au spiritualisme. Du fond de la Perse, dans une longue lettre, datée de Chiraz, il réfute les arguments matérialistes d'Épicure et de Lucrèce et s'efforce de convertir son ami Chapelle à de meilleures doctrines. On croirait entendre un disciple de Descartes, plutôt qu'un disciple de Gassendi, tant il démontre avec force l'impossibilité d'expliquer l'intelligence par le mouvement des particules, tant il élève l'âme au-dessus de la matière! « Nous devons, dit-il en terminant, prendre une plus haute idée de nous-mêmes et ne pas faire notre âme de si basse étoffe que ces grands philosophes trop corporels en ce point ; nous devons croire pour certain que nous sommes infiniment plus nobles et plus parfaits qu'ils ne veulent, et soutenir hardiment que.

---

(1) *Doutes sur quelques-uns des principaux chapitres de l'abrégé de l'histoire de la philosophie de Gassendi*, Paris, 1682, in-12. Bernier, né en 1625 et mort en 1688, écrivit ces *Doutes* dans sa vieillesse. Sur bien des points qu'il avait crus autrefois démontrés, il incline, dit-il, à une sorte de scepticisme et sur quelques autres il a changé de sentiment. Voici, d'ailleurs, ce qu'il dit lui-même dans la préface : « Ces doutes sont non pas sur le fond de cette philosophie, car je ne crois pas qu'on puisse raisonnablement philosopher sur un autre système que celui des atomes et du vide, mais sur de certaines matières qui ne laissent pas d'être fort considérables, tels que sont l'espace, le lieu, le mouvement, le temps, l'éternité et quelques autres. Au reste, que ces doutes soient bien ou mal fondés, vous en jugerez. Ce petit livre vous servira toujours à deux choses : l'une, à vous faire voir la pauvreté de toutes les philosophies (il y a plus de trente ans que je philosophe très-persuadé de certaines choses ; et voilà cependant que je commence à en douter); l'autre, à donner comme une idée générale de la philosophie de Gassendi, laquelle, après tout, me semble la plus raisonnable de toutes, la plus simple, la plus sensible et la plus aisée. »

si bien nous ne pouvons savoir au vrai ce que nous sommes, du moins savons-nous très-bien et très-assurément ce que nous ne sommes pas; que nous ne sommes pas ainsi entièrement de la boue et de la fange, comme ils prétendent (1). »

Nous n'avons pas la même estime pour la doctrine et pour le caractère de Samuel Sorbière qui travailla, comme nous l'avons dit, à envenimer les rapports de Descartes et de Gassendi, et qui paraît se distinguer surtout par une pente plus prononcée vers le scepticisme (2). Comme de la Chambre et Bernier, Sorbière est un médecin; de protestant il se fit catholique, mais il n'en demeura pas moins suspect d'irréligion, de socinianisme et d'impiété. Il se montra, d'ailleurs, si empressé à exploiter sa conversion auprès de Mazarin et du pape, qu'elle parut à plusieurs d'une sincérité douteuse (3). Ce personnage peu estimable de la république des lettres réussit à se faire une certaine réputation en se glissant auprès des savants, en publiant ce qu'il avait retenu de leurs conversations, ou même en divulguant, sans loyauté, ce qu'il avait surpris dans leur intimité. Il se mêlait à leurs discussions et à leurs querelles, non pour les apaiser, mais pour les exciter, sans avoir l'excuse de la bonhomie du P. Mersenne et de son sincère amour pour la vérité. Pendant un séjour de plusieurs années en Hollande, il fut auprès de Descartes comme l'espion de Gassendi. C'est lui qui excita Gassendi à répliquer par les *Instantiæ* à la réponse de Descartes, et qui les publia en Hollande avec les premières ob-

---

(1) M. de Sainte-Beuve a cité et justement apprécié, comme il convient, cette curieuse lettre dans son article sur Chapelle et Bachaumont. *Causeries du lundi*, t. XI.

(2) Né en 1615, dans le diocèse d'Uzès, mort en 1670.

(3) Voici ce que dit Guy-Patin de cette conversion : « J'ai reçu la nouvelle que notre ancien ami M. Sorbière, directeur du collége d'Orange a tourné la jaquette en se faisant catholique; c'est lui-même qui me l'a mandé et qu'il s'en allait à Rome d'où il m'écrirait. Voilà des miracles de nos jours, mais qui sont plutôt politiques et économiques que métaphysiques. » *Lettres*, Paris, 1653.

jections et la réponse de Descartes, sous le titre de *Disquisitio metaphysica*, en y joignant une préface désobligeante pour Descartes. Bernier disait, dans sa vieillesse, qu'il ne connaissait que Sorbière qui eût été meilleur gassendiste que lui. Sorbière a écrit une vie de Gassendi qui est en tête de l'édition des œuvres complètes de ce philosophe, publiées à Lyon quelques années après sa mort.

Voici divers jugements de Sorbière sur Descartes et Gassendi, rapportés dans le *Sorberiana* : « J'ai grande envie de devenir cartésien, et le bon P. Mersenne m'a réprimé souventes fois de ce que je ne l'étais pas encore. Mais que veut-il que je fasse ? Il faut à spéculer si hautement trop d'élévation d'âme pour ma pesanteur et ma paresse (1). » Il a peine à comprendre comment l'univers entier n'est pas gassendiste : « On s'étonnera peut-être quelque jour que dix ans après la publication d'un tel ouvrage (*Syntagma philosophicum* de Gassendi), il s'est trouvé des gens qui ont embrassé une autre philosophie. C'est une chose étrange que, depuis qu'on a trouvé l'usage du pain, il y ait eu des hommes qui aient mangé du gland. » La trop grande érudition littéraire, scientifique et philosophique de Gassendi est une des raisons qu'il donne du peu de succès de ses ouvrages, comparés à ceux de Descartes. « Si la manière de philosopher de M. Gassendi, admirée de tout le monde, ne fait pas plus de bruit, je pense que cela vient de sa trop grande littérature qui a mis de plus grands intervalles qu'il ne fallait entre ses raisonnements, ce qui en a dissipé la force et caché la liaison, au lieu que les autres philosophes ont toujours suivi leur pointe, et tellement ébranlé ceux qu'ils ont entraînés à leur cadence qu'il leur a fallu danser en dépit qu'ils en eussent (2). » Baillet se moque, non sans raison, de la comparaison bizarre qu'imagine Sorbière de Descartes et de Gassendi avec Montrose

---

(1) *Sorberiana*, art. CARTÉSIEN. Tolose, 1694, 1 vol. in-12.
(2) Ibid., art. GASSENDI.

et Xénophon. Montrose, le général écossais royaliste, envahissant impétueusement l'Angleterre, mais bientôt obligé de retourner dans ses montagnes, c'est Descartes; Xénophon avançant lentement, mais sûrement, et arrivant à son but à travers tous les obstacles, c'est Gassendi.

Après Gassendi, les héros de Sorbière étaient Montaigne et Charron, dont il ne pouvait souffrir qu'on parlât mal. Le scepticisme, comme chez le maître, s'alliait en lui à l'empirisme. Membre assidu de l'académie pour la recherche des causes naturelles qui se réunissait chez de Montmort, il y fit un certain nombre de discours sceptiques sur le peu de connaissance que nous avons des choses naturelles. Enfin, une traduction française du *De Cive* (1) achève de mettre en tout leur jour les tendances philosophiques de Sorbière. Passons maintenant au plus illustre des disciples de Gassendi, à Molière.

De tous les grands écrivains du siècle de Louis XIV, Molière est peut-être le seul qui ne soit pas pénétré de l'esprit cartésien. Il faisait ses études à Paris, au collége de Clermont, sous les jésuites, quand Gassendi, frappé de sa vive intelligence, l'adjoignit à deux autres élèves, Chapelle et Bernier, auxquels il donnait des leçons particulières. Tous trois, dit M. Sainte-Beuve, profitèrent diversement des leçons du philosophe, mais ils en restèrent marqués (2). Une traduction en vers de Lucrèce, ouvrage de sa jeunesse, semble attester l'influence sur son esprit de l'enseignement du restaurateur de la philosophie d'Epicure. On sait que, découragé par la perte de quelques feuilles, Molière jeta malheureusement au feu cette traduction dont il ne nous reste rien que quelques vers élégants du *Misanthrope*, sur

---

(1) *Éléments philosophiques du citoyen*, découverts par Thomas Hobbes, traduits en français par un de ses amis. Amst., 1649, in-8. Il prend la précaution de mettre en tête un discours apologétique où il tâche de se justifier de traduire un livre dont les principes sont dangereux.

(2) Article déjà cité sur Chapelle et Bachaumont.

l'illusion qui fait voir aux amants tout en beau dans l'objet aimé (1).

On trouve dans Molière, dit Sorbière, les traits d'une belle philosophie. Il va sans dire que, pour Sorbière, cette belle philosophie ne peut être que celle de Gassendi. Il paraît en effet difficile de ne pas reconnaître dans quelques comédies de Molière des traces des tendances philosophiques du chanoine de Digne. Comme Gassendi, il combat à la fois, à sa façon, l'École et Descartes. Il se moque de la scholastique en homme qui la connaît, et jette le ridicule sur ces péripatéticiens fanatiques qui appelaient à grands cris au secours d'Aristote les magistrats et les lois ; mais il se moque aussi du doute méthodique et du spiritualisme de Descartes.

Pancrace, dans le *Mariage forcé*, le maître de philosophie, dans le *Bourgeois gentilhomme*, donnent à rire aux dépens de la philosophie de l'École. Quoi de plus comique que la fureur de Pancrace contre le misérable qui a osé dire la forme, au lieu de la figure d'un chapeau, et contre les magistrats qui tolèrent un pareil scandale ? « Ah ! seigneur Sganarelle, tout est renversé aujourd'hui, et le monde est tombé dans une corruption générale. Une licence épouvantable règne partout, et les magistrats, qui sont établis pour maintenir l'ordre dans un état, devraient mourir de honte en souffrant un scandale aussi intolérable

---

(1) Acte II, scène v.

> Et l'on voit les amants vanter toujours leur choix,
> Jamais leur passion n'y voit rien de blâmable,
> Et dans l'objet aimé tout leur devient aimable.
> Ils comptent les défauts pour des perfections
> Et savent y donner de favorables noms.
> La pâle est au jasmin en blancheur comparable,
> La noire à faire peur une brune adorable,
> La maigre a de la taille et de la liberté,
> La grasse est dans son port pleine de majesté, etc.

Ces vers sont une imitation d'un passage du IV° chant de *Lucrèce*, v. 1146.

que celui dont je veux parler.... N'est-ce pas une chose horrible, une chose qui crie vengeance au ciel que d'endurer qu'on dise publiquement la forme d'un chapeau ? Je soutiens qu'il faut dire la figure d'un chapeau, et non pas la forme. » A qui Molière en veut-il par cette burlesque déclamation de Pancrace contre les magistrats qui souffrent un pareil scandale, sinon à ces péripatéticiens fanatiques qui invoquaient à grands cris le trône et l'autel, les arrêts du conseil du roi et du parlement en faveur d'Aristote ? Que d'autres Pancraces, depuis Molière, n'avons-nous pas entendus (1) !

Molière se plaît aussi à tourner en ridicule les distinctions et les subtilités de cette philosophie scholastique, dont il paraît avoir fait quelque étude, à en juger par toutes ces questions dont il étourdit Sganarelle : « Vous voulez peut-être savoir, dit Pancrace à Sganarelle, si la substance et l'accident sont termes synonymes ou équivoques à l'égard de l'être ? si la logique est un art ou une science, si elle a pour objet les trois opérations ou la troisième seulement, s'il y a dix catégories ou s'il n'y en a qu'une, si la conclusion est de l'essence du syllogisme, si l'essence du bien est mise dans l'appétibilité ou dans la convenance, si le bien se réciproque avec la fin, si la fin nous peut émouvoir par son être réel ou par son être intentionnel. »

Le maître de philosophie du *Bourgeois gentilhomme* ne nous semble pas moins expert que Pancrace en fait de philosophie scholastique. Que veut-il en effet enseigner à M. Jourdain : « la logique qui traite des trois opérations de l'esprit qui sont la première, la seconde et la troisième. La première est de bien concevoir par le moyen des universaux, la seconde de bien juger par le moyen des catégories, et la troisième de bien tirer une conséquence par

---

(1) Brucker dit que Molière a voulu représenter Rohault par le personnage de Pancrace ; mais il n'y a aucun rapport entre le péripatétisme ridicule de Pancrace et le cartésianisme de Rohault.

le moyen des figures barbara, celarent, Darii, etc. » Si toute cette leçon de philosophie, si fastueusement annoncée, se réduit à apprendre à M. Jourdain qu'il fait de la prose sans le savoir, et ce qu'il fait avec ses lèvres, quand il dit *u*, n'est-ce pas en dérision du vide et de la futilité de l'enseignement scholastique ? « L'opium fait dormir parce qu'il a une vertu dormitive, » est un trait du *Malade imaginaire* contre la physique de l'École et contre les formes substantielles : ce qu'estime le plus Diafoirus en son fils, « c'est qu'il s'attache aveuglément aux opinions de nos anciens et que jamais il n'a voulu comprendre ni écouter les raisons et les expériences des prétendues découvertes de notre siècle touchant la circulation du sang et autres opinions de même farine. » Voilà qui regarde sans doute encore les partisans de l'École, et leur respect aveugle pour l'antiquité. Voyons maintenant les traits lancés par Molière contre la métaphysique de Descartes.

Après Pancrace, dans le *Mariage forcé*, voici venir Marphurius dont le risible scepticisme nous semble une parodie du doute méthodique de Descartes mal interprété, en même temps peut-être qu'une réminiscence de Rabelais. A Sganarelle qui lui demande conseil pour une petite affaire, et qui dit être venu pour cela, Marphurius fait ainsi la leçon : «Changez, s'il vous plaît, cette façon de parler. Notre philosophie ordonne de ne point énoncer de proposition décisive, de parler de tout avec incertitude, de suspendre toujours notre jugement ; et par cette raison vous ne devez pas dire : je suis venu, mais il me semble que je suis venu... Il vous apparaît que vous êtes là, mais il n'est pas assuré que cela soit. » Ce scepticisme obstiné cède cependant aux coups de bâton de Sganarelle. Le philosophe ainsi réfuté pousse les hauts cris, et se plaint des coups qu'il a reçus ; mais Sganarelle à son tour le reprend et lui enseigne qu'il ne faut pas dire : « Je vous ai battu, mais il vous semble que je vous ai battu. » Ne dirait-on pas que les plaisanteries du P. Bourdin contre le doute méthodique ont été transportées sur la scène et mises en action?

Dans les *Femmes savantes*, Molière semble s'être inspiré de l'ironie de Gassendi contre le spiritualisme de Descartes. Convenons que si Philaminte est un peu perdue dans le monde de l'esprit, le bonhomme Chrysale l'est un peu dans celui de la matière. Selon Philaminte :

> Le corps, cette guenille, est-il d'une importance,
> D'un prix à mériter seulement qu'on y pense ?

Mais, selon Chrysale :

> Mon corps, c'est moi-même, et j'en veux prendre soin ;
> Guenille, si l'on veut, ma guenille m'est chère.

N'est-ce pas l'antithèse ironique, ô esprit, ô chair, que se renvoient Gassendi et Descartes ? Même antithèse dans la description du parfait amour par Armande et dans la réponse de Clitandre. Selon Armande, on doit, dans le parfait amour, tenir la pensée

> Du commerce des sens nette et débarrassée.
> Ce n'est qu'à l'esprit seul que vont tous les transports
> Et l'on ne s'aperçoit jamais qu'on ait un corps.

Cette âme qui ne s'aperçoit pas qu'elle ait un corps, cette âme pour qui le corps est comme s'il n'existait pas, voilà aussi le sujet fécond de plaisanteries de moins bon goût, de la part des jésuites, et surtout du P. Daniel et de Huet, contre le spiritualisme cartésien. Mais Clitandre n'est nullement, on le sait, de l'avis d'Armande :

> Pour moi, par malheur, je m'aperçois, Madame,
> Que j'ai, ne vous déplaise, un corps tout comme une âme ;
> Je sens qu'il y tient trop pour le laisser à part.
> De ces détachements je ne connais point l'art,
> Le Ciel m'a dénié cette philosophie
> Et mon âme et mon corps marchent de compagnie.

Les petits corps, les tourbillons de la matière subtile dans la bouche de Trissotin et des *Femmes savantes*, ne sont-ils pas des plaisanteries contre la physique de Descartes (1)?

Nous serons moins sévères que Rousseau pour le *Misanthrope*. Non, après avoir fait la guerre aux autres ridicules, Molière, comme il le dit, n'a pas voulu s'attaquer au ridicule de la vertu (2). Il veut nous faire rire des travers d'un homme vertueux, et non de la vertu elle-même; mais n'oppose-t-il pas à ces travers une certaine sagesse où on reconnaît, à plus d'un trait, la morale de la prudence et de l'intérêt, c'est-à-dire, la morale de Gassendi? Sans doute, il place haut le caractère d'Alceste ; mais qui osera dire qu'il ne veuille montrer les inconvénients dans le monde d'une franchise à toute épreuve et d'une trop grande rigidité morale? D'ailleurs, le sage de la pièce est Philinte, et non pas Alceste. Si Alceste est un peu bourru contre les vers d'Oronte, que dire de Philinte, qui pense comme Alceste, et qui ne tarit pas en protestations d'admiration et d'enthousiasme, tout en assurant qu'il ne flatte point ?

> Je suis déjà charmé de ce petit morceau...
> Ah ! qu'en termes galants ces choses-là sont mises !...
> La chute en est jolie, amoureuse, admirable...
> Je n'ai jamais ouï de vers si bien tournés.

Qui a raison, dans la scène des portraits, de Philinte applaudissant aux traits malins de l'esprit de Célimène ou d'Alceste qui s'indigne? Alceste a-t-il donc tort aussi de ne vouloir qu'aucun juge soit par lui visité, et de s'en fier à son bon droit, à l'équité? Sans doute il faut savoir bon gré à Molière de le faire parler avec tant de chaleur et d'éloquence contre la brigue et la fourberie :

---

(1) Grimarest, dans ses *Additions à la Vie de Molière*, raconte, mais sans en donner aucune preuve, que Molière aurait fini par abandonner la physique de Gassendi pour celle de Descartes. Dans l'anecdote du bateau d'Auteuil, Molière défend contre Chapelle la physique de Descartes, et ne trouve à louer dans Gassendi que la morale.

(2) *Lettre sur les spectacles.*

> Je veux qu'on soit sincère et qu'en homme d'honneur
> On ne lâche aucun mot qui ne vienne du cœur.
> . . . . Ce me sont de mortelles blessures
> De voir qu'avec le vice on garde des mesures.

Mais ne semble-t-il donc pas donner la préférence aux maximes opposées de Philinte ?

> Je veux que l'on soit sage avec sobriété...
> Je prends tout doucement les hommes comme ils sont...
> J'accoutume mon âme à souffrir ce qu'ils font...
> Oui, je vois ces défauts dont votre âme murmure,
> Comme vices unis à l'humaine nature ;
> Et mon esprit enfin n'est pas plus offensé
> De voir un homme fourbe, injuste, intéressé,
> Que de voir des vautours affamés de carnage,
> Des singes malfaisants et des loups pleins de rage.

Donc, selon Philinte, il serait naturel à l'homme d'être injuste, fourbe, intéressé ; le sage ne doit pas en murmurer ; et s'il faut être sage, il ne faut l'être qu'avec sobriété. Qu'est-ce que cette sobriété dans la sagesse, sinon la prudence, mère de toutes les vertus, dans la doctrine morale de Gassendi ? Telle est, dans les comédies de Molière, la trace philosophique des leçons reçues en compagnie de Bernier et de Chapelle.

La philosophie d'Épicure et de Gassendi, au milieu même du dix-septième siècle, et en face du cartésianisme triomphant, a eu un certain nombre d'autres disciples plus célèbres par leur amour des plaisirs que par celui de la sagesse, plus propres à décrier qu'à accréditer la philosophie de leur maître, à cause du libertinage de leurs opinions et de leurs mœurs. Tel fut, par exemple, Chapelle, ce joyeux et spirituel convive qui, le dernier à table, enseignait, le verre en main, la philosophie d'Épicure au maître d'hôtel et aux laquais. Tel fut aussi Cyrano de Bergerac, autre élève de Gassendi, qui s'acquit une certaine renommée par sa turbulence, ses coups d'épée, sa verve et, comme dit Boileau, « par sa burlesque audace. » Citons encore Saint-Évremont, Bachaumond, Desbarreaux, l'abbé de Chaulieu, le marquis de la Fare, les salons de Ninon de l'Enclos et la société du Temple où la philosophie d'Épicure était professée et pratiquée (1). Effacée par l'éclat et les succès du cartésianisme, impuissante contre l'ascendant et la force de ses doctrines, la philosophie de Gassendi n'a eu qu'un rôle obscur au dix-septième siècle. Mais, dans le siècle suivant, sous une autre forme, placée sous le patronage de Bacon et de Locke, pour la méthode et pour la métaphysique, sous celui de Newton, pour la physique, cette même philosophie prenant, pour ainsi dire, sa revanche, éclipsera à son tour le cartésianisme et lui succédera dans l'empire des intelligences.

(1) Voir dans l'*Encyclopédie* l'article ÉPICURÉISME, par Diderot.

CHAPITRE XXVII

De la polémique des jésuites contre le cartésianisme. — Caractères généraux de leur philosophie, empirisme et scepticisme. — Gassendi préféré à Descartes. — Guerre aux idées innées. — Critique par le P. Tournemine du *Traité de l'existence de Dieu* de Fénelon. — Le spiritualisme de Descartes tourné en ridicule. — *Voyage du monde de Descartes*, par le P. Daniel. — *Nouveaux Mémoires de Huet pour servir à l'histoire du cartésianisme.* — Conjectures du P. Tournemine sur l'union de l'âme et du corps. — Obscurité, selon les jésuites, des idées de l'âme et de Dieu. — Dédain des preuves métaphysiques de l'existence de Dieu. — Dieu conçu comme un être très-particulier. — Toute participation supprimée entre la créature et le Créateur. — Le P. Dutertre. — *Athei detecti* du P. Hardouin. — Persécutions contre le P. André. — Interdiction à tout membre de la Société de défendre le système de Descartes, même comme simple hypothèse. — Le cartésianisme accusé de complicité avec Calvin et Jansénius. — Dénonciation par le P. Valois de la conformité des sentiments de Descartes avec ceux de Calvin. — Polémique excitée par le livre du P. Valois. — Accusation de jansénisme. — Saint Augustin maltraité par les auteurs jésuites. — Rapport entre les paradoxes historiques du P. Hardouin, et la polémique philosophique et théologique des jésuites. — Les jésuites défenseurs du libre arbitre. — Éloge de la physique de Descartes par quelques jésuites plus modérés. — Le P. Rapin. — Le P. Tournemine. — Le P. Regnault. — Le P. Buffier. — *Traité des vérités premières*, plus empreint de l'esprit de Locke que de celui de Descartes. — Éloges de Descartes par les PP. Guénard et du Bandory. — Repentir tardif d'avoir donné les mains au sensualisme et au scepticisme contre le spiritualisme cartésien. — Grave inconséquence des jésuites en philosophie.

Déjà, au premier rang des adversaires de Descartes, nous avons rencontré les jésuites. Par l'importance de leur rôle dans les luttes et dans les persécutions du cartésianisme, par leur rivalité avec la congrégation de l'Oratoire, ils méritent une place à part dans cette histoire.

Voyons avec quelle philosophie et avec quels arguments ils ont si vivement combattu la philosophie cartésienne. En vain Descartes s'était-il flatté de les concilier à sa doctrine à force d'égards et même de flatteries ; il réussit à conserver avec quelques-uns d'entre eux des liaisons d'estime et d'amitié personnelle, mais non à conquérir la Compagnie elle-même. Plus ancienne que l'Oratoire, elle était aussi de plus longue date et plus profondément engagée avec la philosophie de l'École, dans laquelle un grand nombre de ses membres s'étaient signalés par la subtilité de leur dialectique et par de savants commentaires sur Aristote. D'ailleurs, en déclarant la guerre à la philosophie nouvelle, elle se montrait fidèle à son esprit, fidèle à sa mission de défendre le passé et la tradition contre les nouveautés, plus ou moins suspectes, de l'esprit moderne.

L'empirisme, puisé soit dans Aristote, soit dans Gassendi, et plus ou moins mêlé de scepticisme, voilà le caractère le plus général que présente la philosophie des jésuites, dans son opposition à celle de Descartes et de l'Oratoire. Ce caractère s'est déjà révélé à nous par les attaques du P. Bourdin contre les preuves de la distinction de l'âme et du corps, et par le formulaire imposé à l'Oratoire. Contre les idées innées et la vision en Dieu, les jésuites se portèrent les défenseurs de la vieille maxime, rajeunie par Gassendi, qu'il n'y a rien dans l'entendement qui n'ait passé par le sens. Entre Descartes et Gassendi, entre le plus grand défenseur et le plus dangereux adversaire du spiritualisme, ils n'hésitent pas, et toutes leurs préférences, hautement avouées, sont pour le restaurateur de la philosophie d'Épicure. « Gassendi, dit le P. Daniel, était un homme qui avait autant d'esprit que M. Descartes, une bien plus grande étendue de science et beaucoup moins d'entêtement ; il paraît être un peu pyrrhonien en métaphysique, ce qui, à mon avis, ne sied pas mal à un philosophe (1). » Le même P. Daniel prête ce propos à

---

(1) *Voyage du monde de Descartes.*

Colbert qu'on dissuadait de faire apprendre à son fils l'ancienne philosophie, sous prétexte qu'elle ne contient que fadaises et chimères : « On m'a dit aussi qu'il y a bien des fadaises et des chimères dans la nouvelle ; ainsi, folie ancienne, folie nouvelle, je crois qu'ayant à choisir, il faut préférer l'ancienne à la nouvelle. » Ces paroles sceptiques, auxquelles il applaudit de tout son cœur, servent de conclusion à son *Voyage du monde de Descartes*.

Avoir appris combien ce qu'on sait le mieux est mêlé d'obscurité et d'incertitude, voilà, selon le P. Rapin, le plus grand fruit qu'on puisse tirer de la philosophie (1). Ce ton sceptique est celui de tous les beaux esprits et philosophes de la Compagnie. Ils ne trouvent nulle clarté, ni dans l'idée de l'âme, ni dans celle de Dieu, auxquelles quelques-uns, comme le P. Dutertre, ajoutent même celle de corps (2). Que reste-t-il donc qui ne soit du domaine des ténèbres et de l'incertitude? Ils inclinent au probabilisme en métaphysique, comme leurs casuistes au probabilisme en morale, ou plutôt leur probabilisme en morale n'est qu'une conséquence de leur probabilisme en métaphysique. Nous verrons Huet, l'hôte, l'ami des jésuites, pousser cette tendance, déjà marquée dans la *Censure de la philosophie de Descartes* jusqu'au plus outré pyrrhonisme dans le *Traité de la faiblesse de l'esprit humain*, qui fit un si grand scandale, et dont un jésuite seul, le P. Baltus, osa faire l'apologie. Par les intrigues des jésuites à Rome, Descartes est mis à l'index, tandis que Gassendi est épargné. Le philosophe qui n'avait travaillé qu'à établir profondément dans les esprits la spiritualité et la Divinité est condamné, tandis que celui-là est approuvé qui n'avait eu d'autre but, à ce qu'il semble, que de les obscurcir et de les ébranler. Suivant la remarque d'Arnauld, le poison était permis, mais non le contre-poison.

(1) *Œuvres diverses*, 3 vol. in-12. La Haye, 1725.
(2) *Réfutation de Malebranche*, 1re partie, 4 vol. in-12. Paris, 1715. — Observations sur la profession de foi du P. André. (*Introduction à ses Œuvres philosophiques*, par M. Cousin.)

Jusque dans leurs appréciations du mérite relatif des divers ouvrages de Descartes, on peut reconnaître les inclinations philosophiques des jésuites. Les *Passions de l'âme*, tel est, selon le P. Daniel et Huet, le meilleur, ou le moins mauvais, des ouvrages de Descartes, sans doute parce que la physiologie tend à y absorber la psychologie, tandis que tous deux s'accordent à mettre au dernier rang les *Méditations*, où sont démontrées la spiritualité de l'âme et l'existence de Dieu. Idées innées, idée de l'infini, vérités éternelles, raison universelle et divine, toutes les traces de Dieu en notre intelligence, voilà ce qui semble plus particulièrement antipathique aux philosophes de la Compagnie. Ils s'obstinent à n'y voir que rêves et chimères, folie et fanatisme. Nous ne voulons pas dire assurément que jamais ils n'aient raison dans leurs critiques contre l'idéalisme, et surtout contre la vision en Dieu de Malebranche. A la suite d'Arnauld, souvent ils rencontrent juste dans leurs attaques et leurs railleries; mais ils ne savent combattre les excès de Malebranche qu'en tombant eux-mêmes dans toutes les erreurs de l'empirisme. Avec quelle chaleur Huet, dans la *Censure*, ne défend-il pas le grand principe de la philosophie de la sensation ! On croirait entendre Épicure ou Gassendi. Dans sa réfutation officielle de Malebranche, le P. Dutertre, comme Locke, prétend ramener toutes les idées à la sensation et à la réflexion. Plusieurs font à Descartes le reproche de penser comme Épicure sur la formation du monde (1); ne peut-on donc leur renvoyer l'accusation, plus grave et mieux fondée, de penser comme Épicure sur l'âme humaine?

Un des membres les plus distingués et les plus savants de la Compagnie, le P. Tournemine, dans la préface qu'il mit en tête de la première partie du *Traité de l'Existence de Dieu*, publiée à l'insu de Fénelon, ne loue que la dé-

---

(1) *Lettre d'un philosophe à un cartésien de ses amis*, petit in-12. Paris, 1672. Cette lettre, signée des initiales P. R., est du P. Rapin, comme le conjecturait M. Cousin; cette conjecture est confirmée par un passage du Mémoire d'Arnauld au Parlement de Paris.

monstration tirée de l'art de la nature, et blâme, au moins d'une manière indirecte, les preuves tirées des idées intellectuelles ou vérités absolues de la raison. N'osant pas attaquer ouvertement Fénelon, il imagine de dire qu'il n'a pas voulu les proposer comme des preuves universelles et propres à tout le monde, mais comme des preuves particulières respectives, des arguments *ad hominem*, fondés sur les principes reçus par les adversaires qu'il combat. Ce sont, dit-il, des démonstrations pour les cartésiens et les malebranchistes, que l'auteur n'a pas dû oublier. On conçoit que Fénelon n'ait pas été très-satisfait d'une introduction qui dénaturait le vrai sens de sa philosophie. Non-seulement il croit d'une manière absolue à la vérité de ces preuves, mais, en véritable cartésien et malebranchiste, il déclare les mettre bien au-dessus des preuves physiques. Chose étrange ! ces principes de l'idéalisme, enseignés non-seulement par Descartes et Malebranche, mais par les plus grands et les plus vénérés philosophes des temps anciens et des temps modernes, par Platon, saint Augustin, saint Anselme, par les Pères les plus illustres de l'Eglise, et par les plus grands théologiens, ces principes, qui passent pour le fondement de la certitude, de la morale et de la religion, n'ont jamais rencontré, même au dix-huitième siècle, d'adversaires plus vifs et de railleurs plus acharnés que les jésuites.

Ministres d'une religion pour qui la séparation de l'âme et du corps, après cette vie, est un dogme fondamental, ils auraient dû, au moins à ce qu'il semble, accueillir avec empressement, dans l'intérêt de la foi, le spiritualisme cartésien. Et quand il aurait eu quelque chose d'excessif, était-ce donc à eux d'en faire un si grand crime à Descartes, et n'eût-il pas mieux valu réserver leurs sarcasmes contre une philosophie qui, au lieu de trop séparer l'âme et le corps, tendait à les confondre? Ne pouvaient-ils donc pas chercher ailleurs quelque autre matière à plaisanter et à rire ? Mais, loin qu'ils aient cette sagesse, tout au contraire, on dirait qu'avant tout ils ont à cœur de tourner en ridicule la distinction cartésienne de l'âme et du corps, et d'ébranler la démonstration sur laquelle elle repose, où ils s'obstinent à ne voir qu'un paralogisme. A la façon dont ils renouent eux-mêmes les liens entre l'âme et le corps, ils semblent vouloir les faire indissolubles.

Gassendi, pour se moquer du spiritualisme de Descartes, avait feint d'avoir affaire à un homme sans corps. Il s'adresse à lui, comme à un pur esprit : O esprit, *o mens*, ce qui lui attire cette dure et méritée réplique. O chair, *o caro*. Les jésuites se plaisent à développer, à reproduire sous toutes les formes, à mettre même en action cette ironie de Gassendi. Des âmes qui, en vertu des merveilleuses recettes de Descartes, prennent, dès cette vie, congé de leurs corps, et y rentrent quand il leur plaît, voilà le fond de leurs romans et de leurs satires contre le cartésianisme, voilà la fable imaginée par le P. Daniel dans son *Voyage du monde de Descartes* (1). Pour savoir à quoi s'en tenir sur ce monde, objet des rapports les plus contradictoires, son héros va trouver un vieillard ancien ami de Descartes, qui lui confie que le grand philosophe n'est pas mort, mais que les médecins de Stockholm ont enterré son corps, pendant que son âme l'avait quitté pour une courte absence, et qu'il tient de lui-même ce secret merveilleux de mettre momentanément l'âme en liberté du corps, même pendant cette vie. Comme il n'est rien de tel que de voir de ses propres yeux, il lui propose d'en user. Les voilà donc tous deux qui mettent leurs corps de côté, et qui s'envolent dans les espaces vers l'âme de Descartes occupée, dans le troisième ciel, à construire un monde avec la matière infinie conformément à ses principes.

Nous ne contestons pas que, dans ce *Voyage du monde de*

---

(1) Né à Rouen, en 1649, mort à Paris, en 1728. Il a publié, en 1690, le *Voyage du monde de Descartes* ; en 1693, *Lettres d'un péripatéticien à l'auteur d'un voyage de Descartes, touchant la connaissance des bêtes*, et, en 1724, un *Traité de la nature du mouvement dans lequel il attaque les causes occasionnelles*. Ces ouvrages se trouvent dans le premier volume de ses œuvres théologiques et philosophiques. 3 vol. in-4º, Paris, 1724.

Descartes, il n'y ait de l'esprit, certaines critiques justes, et même une sorte de modération relative, puisque le P. Daniel n'approuve pas qu'on accuse Descartes d'athéisme ; mais la plupart des sarcasmes et des principes trahissent évidemment l'esprit et les tendances de Gassendi. On retrouve des fictions et des plaisanteries analogues, avec moins d'esprit et de modération, dans les *Nouveaux Mémoires pour servir à l'histoire du cartésianisme*, dont Huet est l'auteur (1). Mais Huet, comme nous le verrons plus tard, se compromet encore davantage par son zèle à faire valoir tous les arguments du matérialisme, sans autre précaution que de les mettre dans la bouche d'un disciple imaginaire d'Épicure.

Il n'est pas un jésuite qui pardonne à Descartes d'avoir mis la clarté et la certitude de l'âme au-dessus de celle du corps. De toutes les opinions philosophiques, qu'emprunte à Malebranche le P. André, il en est une seule, celle de l'obscurité de la connaissance de l'âme, qu'approuvent ses supérieurs ; mais ils le blâment de n'avoir pas étendu cette obscurité jusqu'à la connaissance de Dieu (2).

Leur théologie rationnelle est marquée du même caractère d'empirisme que leurs doctrines sur l'âme humaine. Tout ce que Gassendi avait objecté à Descartes contre l'idée de l'infini, ils le répètent et le prennent pour leur propre compte. Comme la démonstration de la distinction de

(1) Puisque nous en sommes aux romans contre la philosophie de Descartes, nous citerons encore, l'*Histoire de la conjuration faite à Stockholm contre la philosophie de M. Descartes*. C'est une satire et une fiction, quelquefois assez ingénieuse, contre la philosophie de Descartes. Les conjurés sont les accidents réels, les qualités sensibles, les formes substantielles si maltraitées par Descartes. Ils s'en vengent en décidant unanimement sa mort, et la chaleur, chargée d'exécuter la sentence, excite un transport dans son cerveau, dont il meurt. On a attribué ce badinage au P. Daniel ; mais, d'après l'abbé Trublet (*Mémoires sur Fontenelle*), il est d'un M. Gervais de Montpellier, d'abord protestant, puis ensuite prêtre catholique.

(2) Voir la deuxième partie de la *Réfutation du P. Dutertre*, et les remarques de la Compagnie sur la profession de foi du P. André dans l'Introduction de M. Cousin à ses œuvres. Il sera plus spécialement question du P. Dutertre dans le second volume.

l'âme et du corps, les preuves cartésiennes de l'existence de Dieu ne sont pour eux que paralogismes et chimères. Ils ne font grâce qu'aux preuves physiques. Le P. Rapin reproche à Descartes d'avoir négligé ces preuves, et d'avoir ainsi plutôt prouvé la beauté de son esprit que l'existence de Dieu. Les philosophes de la Compagnie ne peuvent supporter qu'on fasse de Dieu l'être des êtres, la vérité, l'ordre, le bien en soi, et, dans leur superficielle métaphysique, ils ne craignent pas de rompre toute espèce de lien entre Dieu et la créature. Dutertre et Hardouin soutiennent, contre Malebranche, que Dieu est un être tout particulier, très-singulier, quoique doué d'une vertu infinie. Selon le P. Dutertre, chaque être particulier ne participe pas plus à l'être divin qu'à l'être d'aucune autre créature.

Pour le P. Hardouin quiconque fait de Dieu l'être universe, l'être des êtres, est un athée. Aussi dénonce-t-il comme des athées Descartes et Malebranche, et bien d'autres que nul assurément avant lui n'avait soupçonnés d'athéisme. Cependant il veut bien, par un sentiment d'équité, prévenir qu'il ne nomme pas ainsi celui seulement qui nie l'existence de Dieu pour s'abandonner à tous les vices, mais tous ceux qui, sans reconnaître aucune vraie divinité, font néanmoins profession de régler leur vie et leurs mœurs sur la règle de la vertu et de la loi naturelle qu'ils prennent pour Dieu. A la preuve par l'infini Hardouin reproche de ne donner que le genre suprême de l'être, *ens in genere, id est omne genus entis,* au lieu du vrai Dieu singulier, personnel. Quel athée, selon Hardouin, ne s'accommoderait de cette démonstration, d'où l'on ne peut faire sortir que l'universel, d'abord dans le chaos, puis dans la forme actuelle du monde? Il ne faut donc pas s'étonner de rencontrer, dans ses *Athei detecti* (1), non-seulement Descartes et Malebranche, mais Arnauld et Pascal; il faudrait plutôt, au contraire, s'étonner de n'y pas voir saint Augustin lui-même, en tête d'un certain

---

(1) *Operia varia,* in-fol. Amst., 1733.

nombre de Pères de l'Église, manifestement coupables des mêmes doctrines. Le P. Hardouin ne manque pas d'applaudir aux *Instances* de Gassendi contre Descartes (1).

Ces tendances philosophiques de la Société se sont tristement révélées dans la longue persécution qu'elle fit supporter à un des siens, le P. André, pour cause d'attachement à l'idéalisme de Platon ou de saint Augustin, et aux doctrines de Descartes et de Malebranche. C'est là que se montre en tout son jour la philosophie officielle de l'Ordre, soit dans les réponses des supérieurs à ses éloquentes et courageuses apologies de Malebranche et de Descartes, soit dans le Formulaire philosophique qu'on l'oblige à signer et à dicter à ses élèves. Combien chèrement le P. André n'expia-t-il pas le contraste de son idéalisme avec l'empirisme de son Ordre, et quelle fatalité l'avait jeté, animé de l'esprit de l'Oratoire, dans les rangs des Jésuites !

Dans leur emportement contre la philosophie nouvelle, les supérieurs du P. André traitent Malebranche de fanatique, de visionnaire, de fou, et assimilent Descartes à Calvin. « Vous ne pouvez ignorer, écrit le P. Guimond provincial à André, en 1704, que le P. général et les supérieurs la défendent (la doctrine de Descartes), que la Compagnie prétend que non-seulement on ne l'approuve point, mais encore qu'on la combatte, ainsi qu'on combattait celle de Calvin avant le Concile. Comprenez, je vous prie, que dire que vous les estimez et qu'ils ont des opinions raisonnables, c'est comme qui dirait : j'ai de l'estime pour Calvin et il a des opinions très-raisonnables. On est résolu de ne point souffrir dans la Compagnie non-seulement ceux qui suivent ces auteurs ou qui les louent, mais ceux qui ne les blâment pas et n'ont pas de zèle contre leur doctrine. » En effet, le général Michel-Ange Tamburini (2) venait d'interdire à tout membre de la Société d'enseigner trente propositions où se trouvent compris la plupart des

---

(1) Cartesium olim sane non segniter castigabat Petrus Gassendi. *Athei detecti*, art Cartesius.

(2) Élu en 1706, mort en 1730.

principes de Descartes et de Malebranche, et de soutenir, même comme une simple hypothèse, le système de Descartes (1).

Mais si les jésuites ne dédaignent pas d'employer contre Descartes des armes philosophiques, ils n'ont garde de n'y pas joindre les armes religieuses. Ils espèrent avoir meilleur compte du cartésianisme par l'accusation de complicité avec Calvin et Jansénius, que par la discussion philosophique. Sans cesse ils reviennent à l'argument de l'incompatibilité avec la foi, et surtout avec l'eucharistie, comparant Descartes à Calvin, comme Voétius le comparait à Vanini. Entre tous se signale le P. Valois qui, en 1680, sous le pseudonyme de Delaville, adresse à tous les évêques de France un ouvrage (2) où il dénonce solennellement Descartes, comme fauteur du calvinisme, et les somme en quelque sorte, par l'exemple du roi, de proscrire sa doctrine : « Messeigneurs, je cite devant vous M. Descartes et ses plus fameux sectateurs; je les accuse d'être d'accord avec Calvin et les calvinistes sur des principes de philosophie contraires à la doctrine de l'Église, etc. » Le P. Valois veut démontrer l'incompatibilité des principes de Descartes avec l'eucharistie. D'abord, dans la première partie (3), il expose et rétablit contre ceux qui, pour échapper à l'orage, voudraient plus ou moins la dissimuler, la vraie doctrine de Descartes et de

---

(1) Voici quelques-unes de ces propositions qu'il est interdit de soutenir à tout membre de la Société : « Mens humana de omnibus dubitare potest ac debet, præterquam quod cogitet adeoque existat. — Essentia materiæ consistit in extensione externa. — Mundi extensio indefinita est in seipsa. — Solus Deus est qui movere possit corpora. — Belluæ sunt mera automata. — Mens apprehendendo nullatenus agit, sed est facultas mere passiva. — Nullæ sunt formæ substantiales corporeæ a materia distinctæ. — Nulla sunt accidentia absoluta. — Systema Cartesii defendi potest tanquam hypothesis. »

(2) *Sentiments de M. Descartes touchant l'essence et les propriétés des corps opposés à la doctrine de l'Église et conformes aux erreurs de Calvin sur le sujet de l'eucharistie.* Paris, 1680, in-12.

(3) L'ouvrage est divisé en 3 parties.

ses disciples sur la matière. Selon Descartes, la matière consiste dans l'étendue, et il n'y a rien dans le corps que la pure étendue; les parties de la substance corporelle sont absolument impénétrables, un corps ne peut jamais être réduit à un plus petit espace que celui qu'il occupe naturellement. C'est ainsi que les adversaires de Descartes ont toujours interprété sa doctrine, c'est ainsi qu'elle a été exposée par ses disciples les plus accrédités, tels que Clerselier, Delaforge, Rohault, Cally, Antoine-le-Grand et Malebranche (1). Or, dans la seconde partie, le P. Valois démontre que cette définition de la matière est inconciliable avec la doctrine du concile de Trente sur l'eucharistie, et il réfute les arguments par lesquels les cartésiens ont essayé de prouver le contraire. Enfin, dans la troisième partie, il prétend montrer l'identité de ces principes avec ceux de Calvin. Calvin, selon le P. Valois, se serait fondé précisément sur cette notion de la matière pour nier que Jésus-Christ est dans l'eucharistie, comme l'entend l'Église romaine. Dès lors il devint à la mode parmi les jésuites d'associer ensemble, comme le fait le P. Guimond, les noms de Descartes et de Calvin, comme aussi de Jansénius, afin d'attirer les mêmes rigueurs sur les partisans des uns et des autres (2).

Le livre du P. Valois excita entre les cartésiens et leurs adversaires, entre les protestants et les catholiques, une vive polémique, dans laquelle intervinrent Arnauld, Malebranche et Bayle en faveur de Descartes, Bernier en faveur de Gassendi (3). Arnauld repousse avec indignation

(1) Il dit de Malebranche : « Manifestement cartésien en plusieurs choses, mais particulièrement sur le point de l'essence de la matière. »

(2) A côté de l'ouvrage du P. Valois, nous en citerons un autre intitulé : *La philosophie de M. Descartes contraire à la foi catholique*, petit in-12, Paris, 1682. — L'auteur qui garde l'anonyme se propose de compléter la Réfutation du P. Valois. L'ouvrage tout entier a pour objet l'essence de la matière et les accidents réels dans leurs rapports avec l'eucharistie.

(3) *Dissertation de Bayle* : « Où on défend contre les péripatéticiens les raisons par lesquelles quelques cartésiens ont prouvé que l'essence du corps consiste dans l'étendue. (Dans les œuvres diverses, 5 vol. in-fol.,

l'accusation du P. Valois. Il lui reproche : « de porter lui-même à la foi un bien plus grand préjudice, en ce que, ne se contentant pas de ce que l'Église nous oblige de croire de ce mystère, il nous voudrait faire passer pour de nouveaux articles de foi ce qui n'a été défini dans aucun concile; et ce qui ne peut se prouver ni par l'Écriture ni par la tradition (1). » Il dit encore : « C'est donner un grand avantage aux hérétiques qui prennent occasion de faire croire qu'il y a un grand nombre de catholiques qui sont calvinistes dans le cœur, quoiqu'ils ne l'osent pas dire (2). » En effet, comme déjà nous l'avons dit, Bayle, Poiret, Wittichius, un grand nombre de ministres protestants, et surtout Jurieu, prennent acte de cette prétendue démonstration pour accuser de mauvaise foi Arnauld et les théologiens cartésiens qui écrivent en faveur de la transsubstantiation.

Les jésuites ne manièrent pas d'une façon moins dangereuse et moins perfide, l'accusation de jansénisme, à laquelle ils réussirent à donner plus de créance, et par laquelle ils accablèrent ceux qu'ils n'auraient pu perdre avec la seule accusation de cartésianisme. Ils les associèrent toujours l'une avec l'autre pour abattre plus sûrement et pour humilier l'Oratoire. Voici le début solennel des *Athei detecti* du P. Hardouin : « Afin de tout mettre en œuvre contre la foi et de la détruire, s'il était possible, l'enfer a imaginé de donner pour auxiliaire à la théologie nouvelle, c'est-à-dire au jansénisme, la philosophie nouvelle complice de tous ses desseins. »

La Haye, 1731.) *Éclaircissement sur le livre de M. Delaville*, par M. Bernier. — *Défense de l'auteur de la Recherche de la vérité contre l'accusation du sieur Delaville*. Rotterdam, 1684, à la suite de la deuxième édition *De la nature et de la grâce*. — Réponse de M... à un de ses amis touchant un livre qui a pour titre : *Sentiments*, etc. (dans le recueil, publié par Bayle, de pièces curieuses concernant la philosophie de Descartes).

(1) *Apologie pour les catholiques*, t. II, chap. v.
(2) Lettre 415, t. II, des *Œuvres complètes*, p. 245.
(3) *Esprit de M. Arnauld*, t. II, p. 132. (2 vol. in-12, Deventer, 1684.

La haine des jésuites contre la philosophie de Descartes s'étend plus ou moins sur les grands philosophes, sur les grands théologiens, et même sur les Pères de l'Église, qui se rattachent à la tradition idéaliste, et dont les cartésiens invoquaient l'autorité. Ils font remonter leurs attaques jusqu'à Platon, et ils n'épargnent pas saint Augustin lui-même. Dans tous leurs parallèles d'Aristote de Platon, c'est Platon qui est sacrifié à Aristote. Le P. Hardouin traite Platon d'athée, ou tout au moins de polythée (1). Le P. Baltus croit devoir écrire un livre pour purger du crime de platonisme tous les pères de l'Église et saint Augustin lui-même. D'autres jésuites, au lieu de chercher à justifier saint Augustin, se prévalent au contraire de ses doctrines platoniciennes pour discuter et ébranler, avec une certaine hardiesse, son antique autorité dans l'Église. Voici comment en parle la Compagnie dans le manifeste philosophique qu'elle impose au P. André : « Véritablement on est obligé d'avouer qu'il a inséré dans ses ouvrages un peu trop de platonisme qu'il avait étudié avant sa conversion. » Dans la réfutation de Malebranche, composée par ordre de la Compagnie, le P. Dutertre est encore moins révérencieux. Sur la question de la nature de la vérité, il reproche à saint Augustin de se sentir du pur platonisme, et de la théurgie de Porphyre, touchant les moyens de rendre l'âme capable de la connaître. Cependant, après avoir de la sorte réprimandé saint Augustin, le P. Dutertre veut bien admettre en sa faveur quelques circonstances atténuantes, par considération des temps dans lesquels il vivait, où, dit-il, les noms de sagesse et de philosophie étaient si fort à la mode. La mauvaise humeur du P. Hardouin contre saint Augustin est encore moins réservée dans les articles des *Athei detecti* consacrés à Jansénius et à Ambrosius Victor. Volontiers s'en débarrasserait-il en le déclarant tout entier apocryphe ou, tout au moins, le *De libero arbitrio*. Il n'ose pousser jusque-là l'audace de son

---

(1) Voir le *Platon expliqué* dans les *Opera varia*.

érudition si étrangement paradoxale et sceptique. Mais par la façon dont il révoque en doute l'authenticité de toute l'antiquité profane, il ébranle indirectement celle de saint Augustin et de tous les Pères qui ne sont pas en harmonie avec la philosophie et la théologie des jésuites, et qui auraient mérité, eux aussi, une place dans ses *Athei detecti*, pour avoir fait de Dieu l'être des êtres, l'ordre, la raison, la vérité suprême.

Quelle plus étrange imagination que d'attribuer les principaux ouvrages profanes, ou même ecclésiastiques, de l'antiquité et des premiers siècles de l'Église, à une société de faussaires, d'impies et d'athées du treizième siècle qui les auraient fabriqués pour autoriser la doctrine, que Dieu est la vérité, c'est-à-dire, n'est pas une substance, et pour entraîner le monde dans l'athéisme! Quelle singulière érudition, vainement employée au service de cette thèse qui réduit au néant tous les auteurs sacrés et profanes de l'antiquité! Il suffit de dire que le P. Hardouin prétend prouver que l'*Énéide* est l'œuvre, non pas de Virgile, mais d'un moine du treizième siècle, pour donner une idée de la bizarrerie et de l'audace de ses paradoxes.

Cependant, au travers de toutes ces bizarreries, le P. Hardouin avait un but sérieux. Il pensait, sans doute, venir en aide aux tendances aux doctrines de sa Compagnie, et en finir hardiment, et d'un seul coup, avec tous les témoignages des docteurs de l'Église, sans cesse allégués par les adversaires de ses doctrines philosophiques et théologiques. C'était un remède héroïque; malheureusement il pouvait être tourné contre les Écritures elles-mêmes et contre les fondements de la foi. Les jésuites s'en alarmèrent; ils désavouèrent le P. Hardouin et le forcèrent à se rétracter, non pas au sujet des *Athées découverts*, mais au sujet de ses paradoxes historiques (1). Tel est le lien entre le système du P. Hardouin et la polémique que soutenaient les jé-

---

(1) *Bibliothèque choisie* de Leclerc. Amsterdam, 1709, 18ᵉ vol. En 1709, il fut obligé de souscrire à la déclaration que fit la Société contre ses Œuvres choisies imprimées à Amsterdam. Mais on voit, par la date de

suites contre les partisans de saint Augustin, de Descartes et de Malebranche.

Soyons justes cependant à l'égard des Jésuites, et, tout en signalant leurs tendances empiriques et sceptiques, ne leur refusons pas l'éloge d'avoir été les défenseurs du libre arbitre, dans l'ordre de la nature, comme dans celui de la grâce, et de n'avoir cessé de soutenir la réalité et l'efficacité des causes secondes contre les causes occasionnelles, ou contre le principe que Dieu seul agit en nous.

D'ailleurs, tous les membres de la Compagnie n'imitent pas les emportements et les violences du P. Dutertre ou du P. Hardouin ; quelques-uns même osent dire un peu de bien de la philosophie de Descartes, mais de sa physique, plutôt que de sa métaphysique. Assurément le ton des Pères Rapin, Tournemine, Regnault, Buffier, n'est pas celui des Dutertre, des Guimond, des Valois, des Hardouin. Ils rendent hommage au génie de Descartes et de Malebranche, tout en demeurant fidèles à l'esprit de leur Ordre. Le P. Rapin loue Descartes comme un des génies les plus extraordinaires qui aient paru dans ces derniers temps : « Sa physique est une des plus subtiles et des plus accomplies des physiques modernes, remplie d'idées curieuses et de belles imaginations, et, quand on y pense bien, on y trouve un corps de doctrines plus réglé que dans Galilée et les Anglais. » Mais il le loue pour sa physique et non pour sa métaphysique. D'ailleurs, au ton généralement léger et sceptique du P. Rapin, à la préférence donnée à Aristote sur Platon, dans le parallèle qu'il a institué entre ces deux philosophes (1), on reconnaît bien en lui un philosophe de la Société des jésuites.

Dans ses *Conjectures sur l'union de l'âme et du corps*, le P. Tournemine ne parle de Malebranche qu'avec estime et respect, au lieu de le traiter de visionnaire et de fou, comme

quelques-unes des pièces dont se composent les Œuvres diverses publiées après sa mort, qu'il n'avait pas renoncé à son système.

(1) *Comparaison de Platon et d'Aristote, les sentiments des Pères sur leurs doctrines.* Paris, 1671, in-12.

la plupart de ses confrères, quoiqu'il le blâme de prétendre nous faire voir les corps en Dieu, et Dieu lui-même intuitivement par la raison. « Quelque respect que j'aie, dit-il, pour l'excellent philosophe qui a donné cours à cette opinion, il me pardonnera si je ne puis croire que, dès cette vie, nous voyions Dieu intuitivement et les corps en Dieu. » L'esprit de parti reparaît, par un autre côté, dans le P. Tournemine, quand il s'en prend à Arnauld d'avoir contribué au succès de cette doctrine, pour l'avoir, dit-il, combattue plutôt par des injures que par des raisons. S'il y a des injures dans la polémique d'Arnauld, il y a aussi des raisons, et assurément aucun jésuite n'a fait une plus forte réfutation de la vision en Dieu. Remarquons ici que Malebranche, pendant le fort de sa polémique contre Arnauld, leur plus grand ennemi, et alors qu'il se posait comme l'adversaire du jansénisme, rencontra quelques sympathies chez les jésuites.

Si le P. Tournemine ne peut se résoudre à croire que nous voyions Dieu en lui-même, il admet que nous le voyons en nous. La première idée qu'a l'âme est, dit-il, celle de sa substance, laquelle renferme celle de Dieu, comme l'idée de l'effet celle de la cause, d'où il suit que l'idée de l'âme et de Dieu, perfection suprême, est l'objet de la première connaissance de l'âme, inséparable de l'âme elle-même. Les cartésiens, dit-il, ont eu raison d'appeler cette idée innée, quoiqu'ils prouvent assez mal qu'elle le soit (2). Ainsi le P. Tournemine commence-t-il à faire brèche au grand principe, qu'il n'y a rien dans l'entendement qui n'ait passé par le sens.

Parmi les jésuites qui ont le mieux parlé de Descartes, il faut citer le P. Regnault, auteur d'une physique en dialogues et d'un autre ouvrage sur l'*Origine ancienne de la physique nouvelle*, où il cherche à montrer toutes les semences de la physique de Descartes éparses dans la physique ancienne, non pas, comme quelques autres, pour déprécier

---

(1) *Mémoires de Trévoux*, mai et juin 1713.

ses découvertes, mais pour lui rallier les partisans d'Aristote et de l'antiquité. « Mais Descartes lie, enchaîne, perfectionne, établit sur les lois de la nature et rapporte à des principes de physique ce qui se trouve imparfait, épars et sans preuves chez les anciens. Qu'il ait tiré ou non de leurs ouvrages les diverses parties de son monde, les réunir, les disposer, les ranger, les assortir, faire de ces matériaux épars et brutes un édifice selon les règles, où les règles soient du moins gardées selon quelque vraisemblance, d'une masse de matière homogène et, sur trois ou quatre lois du mouvement, construire un monde en idée dont la construction successive et détaillée, offre à l'esprit et à l'imagination non-seulement les phénomènes que nous voyons, mais les causes et les ressorts dont l'action invisible donne ce spectacle à l'univers, c'est un trait qui marque beaucoup de pénétration, une grande étendue d'esprit, une imagination belle et hardie, en un mot un génie. » Voilà sans doute un bel éloge de Descartes, mais de Descartes comme physicien, et non comme métaphysicien.

A la différence du P. Regnault, le P. Buffier, célèbre par son *Traité des vérités premières*, s'est plus occupé de la science de l'esprit que de celle de la nature. Le titre seul de son ouvrage suffit à indiquer que le P. Buffier, comme le P. Tournemine, sera quelque peu infidèle au fameux *nihil est in intellectu quod non prius fuerit in sensu*. On y trouve non-seulement un sentiment d'équité et de bienveillance à l'égard de Descartes, mais aussi quelques emprunts à sa philosophie. Dès les premières pages, le P. Buffier loue Descartes d'être l'auteur d'une manière de philosopher méthodique, dont l'usage s'est établi à son occasion, ou à son exemple, et à laquelle on est encore plus redevable que ne le pensent quelques-uns de ses partisans, puisque sa méthode sert quelquefois à le combattre lui-même. Il le loue encore d'avoir marqué, mieux que personne avant lui, la différence des deux substances de l'âme et du corps. Nous voilà sans doute bien loin de Daniel, de Dutertre, de Guimond, de tous ceux de l'Ordre qui avaient tourné en ridicule, ou accusé de paralogisme, la démonstration cartésienne de la spiritualité de l'âme, nous voilà bien loin surtout du langage des persécuteurs du P. André. En reconnaissant l'existence de vérités premières qui ne nous viennent pas par les sens, et qui constituent le sens commun de l'humanité, le P. Buffier, quoiqu'il en ait assez mal déterminé la nature, les caractères, le nombre et l'origine, se rapproche plus encore de la philosophie de Descartes, et fait manifestement des emprunts à la doctrine des idées innées.

Néanmoins la philosophie du P. Buffier relève de Locke, plus encore que de Descartes. S'il a des éloges pour le *Discours de la Méthode,* il en a de plus grand pour l'*Essai sur l'Entendement humain.* Chez lui, la tendresse pour Locke a succédé à la tendresse de ses prédécesseurs pour Gassendi. Ni Voltaire, l'introducteur de Locke en France, ni Condillac, le principal interprète de sa doctrine, n'ont jamais prodigué de plus grands éloges au philosophe anglais. « La métaphysique de M. Locke, dit Buffier dans le *Traité des Vérités premières*, a fait revenir une grande partie de l'Europe de systèmes, dont le fondement particulier est qu'on ne voit pas clair dans les principes communs, tandis qu'on voit encore moins clair dans ceux qu'on y prétend substituer. » Il dit encore, dans ses *Remarques sur divers traités de métaphysique :* « Il est le premier de ce temps-ci qui ait entrepris de démêler les opérations de l'esprit humain immédiatement d'après la nature, sans se laisser conduire à des opinions appuyées plutôt sur des systèmes que sur des réalités, en quoi sa philosophie semble être par rapport à celle de Descartes et de Malebranche ce qu'est l'histoire par rapport aux romans. » Histoire et roman, telle est aussi, selon Voltaire, la différence entre la philosophie de Descartes et celle de Locke.

Comme Locke, le P. Buffier laisse de côté les grands problèmes ontologiques agités par le cartésianisme pour s'en tenir à une observation un peu superficielle de l'esprit humain ; comme Locke, il soutient que l'âme ne pense pas toujours et qu'elle n'a pas la pensée pour essence. Plus manifestement encore se montre-t-il un disciple du philosophe anglais lorsqu'il confond l'idée de l'infini avec un nombre auquel on peut toujours ajouter, c'est-à-dire, avec l'idée de l'indéfini, et lorsqu'il rejette l'innéité de l'idée de Dieu, la preuve de l'existence de Dieu par l'idée de l'infini, pour n'admettre comme légitime que celle qui se tire de la considération de l'ordre du monde. On trouve, d'ailleurs, quelques traces d'empirisme jusque dans la morale du P. Buffier : « Le bon ou la bonté, dit-il, n'est autre chose que ce qui nous rend heureux ou ce qui y contribue (1). » Il place ensuite ce qui fait louer généralement et si naturellement la vertu, « dans l'idée de bonheur, que nous y trouvons comme attachée et qui nous la rend désirable (2). »

Ainsi, malgré des emprunts à Descartes, malgré l'estime qu'il fait de son génie et de sa méthode, on reconnaît en ui l'héritier de ceux qui ont pris le parti d'Aristote, de saint Thomas et de Gassendi, contre Platon, saint Augustin et Descartes. D'ailleurs, quoique devenus plus tolérants et moins injustes à l'égard de la philosophie de Descartes, vers le milieu du dix-huitième siècle, les jésuites n'avaient nullement abandonné leurs anciennes doctrines philosophiques. Ils attaquaient, dans leur *Journal de Trévoux*, la *Connaissance de Dieu et de soi-même* de Bossuet, et ils louaient avec enthousiasme l'*Essai sur l'origine de nos connaissances* de Condillac : « Voilà, s'écrie le rédacteur du journal, un ouvrage de métaphysique et de la métaphysique la plus sublime (3). »

N'oublions pas cependant qu'un des leurs, le P. Guénard, en 1755, dans un discours sur l'esprit philosophique qui remporta le prix de l'Académie française, a loué admirablement Descartes. On connaît ces pages, d'une rare éloquence, où le P. Guénard représente Descartes secouant le joug du

(1) *Traité des vérités premières*, liv. II, chap. xv.
(2) *Dissertation sur l'origine et la nature du droit et de l'équité.* (Cours de sciences, in-fol. Paris, 1732.)
(3) *Journal de Trévoux*, mai, 1747.

prince de l'École, et enseignant aux hommes que, pour être philosophe, il ne suffit pas de croire, mais qu'il faut penser, où il le loue de ne consulter que les idées claires et distinctes, au lieu des morts et des dieux de l'École, et d'avoir osé, malgré les cris et la fureur de l'ignorance, frayer des routes nouvelles à la raison captive. A la même époque, le P. Porée et le P. du Baudory, successeur du P. Porée dans la chaire de réthorique du collége de Louis-le-Grand, célébraient en latin, dans d'ingénieux et élégants discours, le génie de Descartes (1). Mais il faut voir dans ces éloges la libre expression d'une admiration individuelle pour le génie de Descartes, plutôt qu'une conversion tardive de la Compagnie à l'idéalisme. En présence des débordements de la philosophie sensualiste, à la veille de leur expulsion, les plus éclairés s'avisaient enfin, quoique un peu tard, qu'ils avaient eu tort de donner si chaudement les mains à Gassendi et à Locke contre Descartes et que, dans l'intérêt de la foi, il valait mieux, comme l'avaient pensé Arnauld et Bossuet, avoir affaire à la philosophie cartésienne qu'à celle de Locke et de Condillac.

L'incompatibilité avec la foi, tel avait été le plus grand argument des jésuites contre la philosophie de Descartes. Mais avec quelle force ne pourrait-on pas retourner le même argument contre cette philosophie empirique et sceptique qu'ils n'ont cessé de caresser et de défendre, en opposition à Descartes? Qu'est-ce à dire? Faut-il donc croire que tout un grand ordre religieux, s'est attaché à ces principes, en s'avouant leur incompatibilité avec la foi et leurs vraies conséquences? Assurément les jésuites sont à l'abri

---

(1) Dans un discours, *de credulitate in doctrinis*, le P. Porée disait : Quis ingenii sagacitate acrior quam ille recentioris philosophiæ parens, Cartesius qui tam diu tritos sapientium vestigiis calles, deserere ausus, ipse dux, magister et architectus nova edidit mundi elementa. (Recueil des discours du P. Porée). Le P. Baudory, dans un discours, de novis systematum inventoribus, s'écrie : Unde calor ille repentinus qui tota passim in Europa non ita pridem exarsit, et illas præsertim disciplinas quæ in rerum naturalium disquisitione versantur, suis afflavit ignibus ? Surrexit nimirum magnus ille vorticum fabricator, etc.

d'un semblable soupçon (1). Leur sincérité ne saurait être suspecte, quand ils déclarent croire, comme chrétiens, ce qu'ils ne nient pas, mais ce qu'ils ébranlent ou affaiblissent comme philosophes. Soyons d'ailleurs indulgents pour les systèmes philosophiques soutenus par les théologiens, afin qu'eux-mêmes ils évitent la faute des jésuites du dix-septième siècle et ne se hâtent pas de condamner les nôtres. Que celui qui parmi eux n'a jamais été accusé d'erreur, que celui qui n'a jamais émis un principe dont nul raisonneur subtil ne puisse tirer quelque conséquence suspecte, que celui-là jette le premier la pierre aux philosophes.

Mais, pour achever l'histoire de cette polémique, nous avons encore à parler de Huet, l'un des plus célèbres et des plus dangereux adversaires de la philosophie de Descartes.

(1) Les jésuites d'aujourd'hui, peut-être par antipathie contre les doctrines de Lamennais, semblent beaucoup moins hostiles à Descartes; nous pouvons citer en témoignage, les *Doctrines philosophiques* du P. Rozaven, les *Prælectiones theologicæ* de Perrone, t. II, p. 1295, édit. Migne. Dans l'introduction de son *compendium*, Perrone dit que la méthode de Descartes bien comprise n'a rien de condamnable.

CHAPITRE XXVIII

Huet d'abord cartésien. — Conférences cartésiennes à Caen. — Le mépris des cartésiens pour l'érudition, principale cause de la défection de Huet. — *Censure de la philosophie cartésienne.* — Inconvenance du ton. — Double tendance à l'empirisme et au scepticisme. — Descartes blâmé de n'avoir pas persévéré dans le doute par où il débute. — Attaques contre le *Cogito, ergo sum* et contre la règle de l'évidence. — — Objections contre les preuves de la distinction de l'âme et du corps. — Toutes les idées viennent des sens. — Critique des preuves métaphysiques de l'existence de Dieu. — Critique des principes de l'univers matériel. — Parallèle des vices et des mérites de Descartes. — Contradiction de Huet relevée par Régis. — Descartes accusé d'orgueil et de mauvaise foi. — Ignorance feinte du maître pour paraître neuf en tout ce qu'il dit. — Ignorance réelle des disciples. — Retour à la barbarie. — Retentissement du livre de Huet dans tous les pays de l'Europe. — Nombreuses éditions et réfutations de la *Censure*. — Réponse de Régis. — Réplique de Huet dans la préface de la quatrième édition. — *Nouveaux mémoires pour servir à l'histoire du cartésianisme*, pamphlet indigne de Huet. — Le *Traité de la faiblesse de l'esprit humain.* — Jugement sévère d'Arnauld sur Huet. — Jugement général sur la polémique des adversaires de Descartes.

On ne peut pas séparer Huet des Jésuites. Pendant toute sa vie, il a été ou leur protégé, ou leur protecteur, ou leur pensionnaire (1). Cet ardent et dangereux adversaire du cartésianisme a cependant commencé par être cartésien,

---

(1) Huet (Pierre-Daniel), né à Caen, en 1630. En 1670, il est adjoint comme sous-précepteur à Bossuet, pour l'éducation du grand Dauphin. Il fut reçu membre de l'Académie française, en 1674, et, en 1685, nommé à l'évêché de Soissons, qu'il échangea contre celui d'Avranches. En 1700, il donna sa démission afin de se livrer tout entier à son goût pour les lettres, et se retira à Paris, chez les Jésuites, où il mourut en 1721.

comme lui-même il nous l'apprend dans ses *Mémoires sur sa vie*. Son âme jeune encore s'était, dit-il, éprise d'enthousiasme pour cette nouvelle manière de philosopher, et pour l'admirable facilité avec laquelle, de quelques principes bien simples, elle semblait déduire l'explication du monde entier (1). Non-seulement il était attaché à Descartes, mais il travailla à répandre sa doctrine ; il tint même à Caen des conférences cartésiennes où Cally se convertit à la philosophie nouvelle. Déjà nous avons raconté la persécution que Cally eut à subir, pour cause d'attachement au cartésianisme, persécution à laquelle Huet semble applaudir, quoique Cally fût son ancien ami, et quoique lui-même il fût coupable de l'avoir attiré à Descartes.

Comment, à l'amour de Descartes, a succédé cette haine si vive qui est devenue, avec le goût de l'érudition, la passion de toute sa vie ? Dans la *Censure*, Huet prétend faire honneur de ce changement à l'influence du duc de Montausier (2). Sans doute les jésuites y eurent la main, non moins que Montausier, mais rien ne paraît avoir plus contribué à éloigner Huet des cartésiens que leur mépris, hautement affiché pour l'étude des langues, de l'antiquité, de l'histoire, auxquelles il avait consacré sa vie et d'où il tirait toute sa renommée. Ce sentiment perce avec amertume dans la plupart de ses ouvrages. Dans une lettre à Perrault, il traite les cartésiens de cabales d'apédeutes, de gens ignorants et illettrés qui, sentant leur incapacité, ont entrepris de s'en faire un mérite, de ridiculiser

---

(1) Nec facile dixerim quantam admirabilitatem fecerit nova hæc philosophandi ratio in animo juvenili et veterum sectarum rudi ; cum ex simplicissimis et facillimis principiis deprompta viderem speciosa miracula, et velut sponte exortam mundi hujus compagem, totamque rerum naturam. Ac per multos certe annos arctissime devinctum me tenuit cartesianæ factionis studium. (Commentarius de rebus ad eum pertinentibus. Amst., 1708, in-12, p. 35.)

(2) Coactus impulsu summi viri Montausieri cujus magna erat imprimis apud me et gravis auctoritas. (Censura philosophiæ cartesianæ, 4ᵉ ed., 1694, Antecessio.)

l'érudition et de traiter la science de pédanterie (1). Il ne peut supporter, dit-il ailleurs, ces philosophes répétant partout qu'ils préfèrent ceux qui cultivent leur raison à ceux qui ne font que cultiver leur mémoire, et qui exigent qu'on travaille plutôt à se connaître qu'à connaître ce qui s'est passé dans les siècles reculés (2).

Armé de la double autorité d'évêque et de savant, Huet se flatta de terrasser le cartésianisme par la *Censure* (3). Dans la *Demonstration évangélique*, il n'avait fait la guerre qu'à Spinoza et au *Theologico-politicus* (4); ici il attaque toute la philosophie cartésienne. Empirisme et scepticisme, voilà le double caractère de cette *Censure*, comme de tous les ouvrages écrits par les jésuites contre Descartes. Huet s'efforce d'abord de démontrer, en torturant l'histoire de la philosophie, qu'il n'y a rien de nouveau dans Descartes, et qu'il a emprunté aux anciens tout ce qui a quelque valeur dans sa métaphysique et sa physique. Il termine par le parallèle de ses défauts et de ses qualités; ce sont les deux parties les plus originales de la *Censure*. Quant aux objections purement philosophiques, il les a toutes empruntées à Sextus Empiricus ou à Gassendi. L'ouvrage est dédié au duc de Montausier qui, si nous en croyons Huet, s'indignait fort des progrès d'une doctrine défendue par le roi. C'est, dit-il, l'exemple des Pères qui lui a mis la plume à la main dans l'intérêt de la foi menacée, et qui l'encourage dans cette lutte contre un contempteur téméraire de la sagesse chrétienne et antique, et contre des écrivains barbares, qui commencent comme Pyrrhon, pour finir comme Platon. A défaut de l'autorité des docteurs

---

(1) *Huetiana*, Décadence des lettres, in-12. Paris, 1722.
(2) *Nouveaux mémoires pour servir à l'histoire du cartésianisme*.
(3) *Censura philosophiæ cartesianæ*, in-12, 1689.
(4) Il dit dans la préface qu'elle avait été composée pour combattre Spinoza : « Quand je l'ai trouvé sur mon chemin je ne l'ai pas épargné ce sot et ce méchant homme qui méritait d'être chargé de chaînes et battu de verges, vinculis et virgis. »

de l'École, et principalement de saint Thomas, à défaut des arguments de Sextus Empiricus et de Gassendi, ce sont les décisions de l'Eglise, et les condamnations ecclésiastiques que Huet oppose à Descartes. Le ton de sa polémique est sans convenance et sans gravité. C'est un mélange de subtilité scholastique, de satire, d'ironie et de grossière insolence. Il n'y a rien, selon la *Censure*, dans la philosophie de Descartes, qui ne soit digne de mépris et de risée, ou qui ne soit un tissu de contradictions.

La *Censure* se divise en huit chapitres, où les principaux points examinés sont : le doute méthodique, le *je pense, donc je suis*, la nature de l'esprit humain, l'origine des idées, les preuves de l'existence de Dieu, les principes de l'univers matériel. Le doute par lequel Descartes débute, voilà la seule chose que Huet trouve bonne dans toute sa philosophie; mais il lui reproche de n'avoir pas fini comme il a débuté, de n'avoir pas établi la loi de douter, la seule que comporte la faiblesse de l'esprit humain, et de n'aller plus que d'erreur en erreur, du moment qu'il se sépare des sceptiques. Ainsi Huet annonce-t-il déjà, dans la *Censure*, ce scepticisme absolu, dont il doit faire hautement profession plus tard dans le *Traité de la faiblesse de l'esprit humain*. Comme le P. Bourdin, il conteste à Descartes la légitimité de toutes les voies par où il prétend sortir de ce doute où il aurait dû s'enfermer. Dans le *je pense, donc je suis*, malgré toutes les explications de Descartes, il s'obtine à voir un syllogisme et un cercle vicieux. D'ailleurs, Dieu, en cela comme en tout le reste, ne peut-il donc pas nous tromper? Par l'hypothèse de son Dieu malin et trompeur, Descartes n'a-t-il pas donné au scepticisme une force nouvelle? Huet ne manque pas d'en tirer parti contre la règle de l'évidence. Que de choses qui nous trompent, que d'idées vraies qui sont obscures et d'idées fausses qui sont claires! Dieu qui, de l'aveu de Descartes, a pu faire que deux et deux ne fussent pas égaux à quatre, n'a-t-il donc pu faire que l'évidence fût trompeuse? Ainsi accumule-t-il une foule de subtilités contre le critérium de l'évidence pour arriver à cette conclusion, qu'il fallait détruire le doute par une foi soumise, et non par la raison.

Dans le troisième chapitre, il attaque les preuves de la distinction de l'âme et du corps. D'abord, il est vrai, il loue Descartes du soin qu'il a apporté à prouver la spiritualité de l'âme et l'existence de Dieu, mais il l'accuse d'avoir plutôt affaibli que fortifié ces dogmes par ses raisons, si, d'ailleurs, ils n'étaient pas certains par la foi. Avec la seule précaution de ne pas parler en son nom et de mettre en scène un épicurien, il semble prendre à tâche de rendre plausibles toutes les plus méchantes raisons que faisaient valoir les matérialistes pour donner à croire que l'âme est corporelle, et qu'elle n'est distinguée de ce que nous appelons notre corps, que comme un corps plus subtil d'un corps plus grossier. Il est aussi difficile, malgré cette prudente fiction, de ne pas croire que Huet lui-même qui parle ici contre Descartes, que de ne voir, dans les objections de Gassendi contre les *Méditations*, qu'un pur exercice de dialectique et non l'expression de ses propres sentiments (1). De ce que nous concevons l'âme sans le corps, il ne résulte nullement, selon Huet, comme selon Gassendi, qu'ils soient réellement distincts. Si Descartes pense, comme il le dit, tout en feignant qu'il n'a point de corps, c'est que son corps néanmoins subsiste, car on ne peut penser sans corps. Comme Gassendi et les jésuites, Huet ne peut pardonner à Descartes d'avoir dit que l'âme est plus claire que le corps, et d'avoir fait de l'homme un pur esprit. Enfin, comme eux aussi, il combat les idées innées, qu'il l'accuse d'avoir dérobées à Platon, en les altérant, et il soutient qu'il n'y a pas d'autres idées dans l'âme que celles qui ont passé par les sens.

(1) Dans le *Traité sur la faiblesse de l'esprit humain*, Huet allègue, pour se justifier de renouveler le pyrrhonisme, l'exemple de Gassendi, « qui, portant le caractère de prêtre, a fait renaître la secte d'Épicure, abolie depuis tant d'années, et a mérité l'approbation de plusieurs personnes doctes et pieuses. »

Quant à la preuve de l'existence de Dieu par l'idée de l'infini, il n'y voit qu'un jeu d'esprit et non une démonstration. L'idée de l'infini, idée imparfaite, obscure, confuse, se forme, selon Huet, par l'abstraction des limites, par la généralisation et l'amplification des vertus que nous remarquons, soit en nous, soit dans les autres. Tout ce qu'elle a de réalité objective dépend uniquement de notre esprit. Il se complait dans le *verè tu es Deus absconditus* d'Isaïe et dans les maximes des anciens sages sur les ténèbres qui enveloppent la connaissance de Dieu. Les preuves tirées de la contemplation de l'univers, du consentement des peuples, telles qu'elles ont été données par les Écritures, par les Pères de l'Église, par les anciens philosophes, sont les seules légitimes. S'il y avait une idée innée de Dieu, dit Huet d'après Gassendi, tous les philosophes de tous les âges et lui-même n'en auraient-ils pas eu la même idée que Descartes? Enfin, comme Gassendi, il déclare, qu'il lui est impossible de concevoir Dieu, sans lui attribuer quelques bornes.

En dernier lieu viennent les critiques contre les principes de l'univers matériel. Huet prétend que Descartes renverse la foi par sa définition de la matière, incompatible avec l'eucharistie, et par sa doctrine de l'infinité du monde, vainement dissimulée sous le terme équivoque d'indéfini. Enfin il accuse toute cette philosophie mécanique de porter à l'impiété, parce qu'au lieu de la renfermer dans ses véritables limites, les cartésiens l'étendent au monde moral, au péché et à la grâce. Cependant il veut bien reconnaître que si Descartes a attaqué la foi, c'est à son insu, et il lui donne même quelques éloges pour le soin qu'il a pris de ne porter aucune atteinte à la religion chrétienne en ce qui concerne Dieu et l'âme.

Le huitième et le dernier chapitre, consacré à une revue générale, et à une sorte de parallèle des vices et des mérites de Descartes et de sa philosophie, est le plus intéressant de la *Censure*. Dans le tableau des mérites, par où Huet commence, le sentiment de la vérité lui arrache un éloge de

Descartes qui, comme le remarque Régis, est en contradiction avec la plupart de ses critiques. « Il est impossible, dit Régis, que l'auteur y soit tombé par mégarde. J'aime mieux croire que, quand il a blâmé M. Descartes et sa doctrine, il était poussé par quelque passion d'intérêt ou d'honneur, laquelle ayant cessé pendant qu'il a composé cet article, lui a laissé la liberté de suivre les mouvements propres de sa conscience, qui lui ont fait faire cet éloge si juste et si magnifique de M. Descartes (1). » En effet, non-seulement Huet déclare, qu'il tient Descartes pour un homme grand et éminent, ce que ne peut nier, dit-il, quiconque a quelque sens et quelque pudeur, mais il le met au-dessus de tous les philosophes anciens et modernes pour l'étendue et la profondeur de son génie, pour l'admirable enchaînement et la clarté de ses principes, et pour la rigueur de sa méthode (2).

Mais, après l'éloge, vient la critique. Descartes a été orgueilleux et glorieux à l'excès, *intemperanter ostentator et gloriosus* ; c'est là, selon Huet, son vice capital. De là cette confiance excessive en ses propres opinions, qui lui fait considérer, même les plus problématiques, à l'égal de

(1) *Réponse au livre qui a pour titre* : Censura philosophiæ cartesianæ. Paris, 1691, 1 vol. in-12.

(2) Quel plus irrésistible et plus éclatant témoignage en faveur de Descartes que cet éloge de Huet ! Il faut le citer tout entier : « De eo quid sentiam si quis ex me quærat, iterum dicam magnum fuisse et excellentem virum : quod qui negaverit, carebit is utique vel usu rerum, vel pudore. Fuit enim ad penetrandas res a natura reconditas ingenio acri et perarguto ; adjuncta erat eximia vis quæ nec obrueretur multitudine rerum nec meditationis continuatione frangeretur ; tum et ingens capacitas et amplitudo quidquid libuisset facile complectens. Eximia ad hæc perspicuitas, cum percipiendis rebus, tum disserendis. His instructus præsidiis animum ad mathematicas primum artes magna cum laude et ad philosophiæ deinde studia contulit ; cujus animadversis vitiis, cum instaurandam suscepisset, repudiatis primum præjudicatis opinionibus, a paucissimis et clarissimis principiis exorsus, universam naturam explicare instituit, quod fuit summo philosopho dignum. Rationis ordinem tenet et connexionem rerum. In maxima copia brevis est ; in summa brevitate et subtilitate dilucidus. Quibus postremis laudibus eum vel veterum, vel recentiorum philosophorum æquiparat nemo. Cap. 8.

vérités géométriques, et des dogmes révélés. De là cette conviction, qu'on ne peut arriver à Dieu et à la spiritualité de l'âme par une autre voie que celle qu'il a tracée. De là enfin l'impatience de toute contradiction, même de la part de ses amis. Il lui reproche de n'avoir pas eu une habileté suffisante en dialectique, et, ce qui est plus grave, d'avoir manqué de franchise et de bonne foi. N'a-t-il pas cherché à s'accommoder à la foi, aux temps et aux personnes plutôt qu'à ce qu'il croyait la vérité? Ne le voit-on pas biaiser dans la question du mouvement de la terre et de l'infinité du monde? Ce qu'il choisit n'est pas le vrai, mais le parti le plus sûr.

Un autre grief de Huet contre Descartes, c'est l'ignorance qu'il affecte, et l'érudition qu'il dissimule, afin de paraître neuf en tout ce qu'il dit. Combien cet orgueil convient peu à Descartes qui, en réalité, selon Huet, n'a rien inventé de nouveau? En effet il prétend prouver que l'auteur des *Méditations* a emprunté tous ses principes de métaphysique et de physique à quelque philosophe antérieur. Il aurait pris le doute méthodique, le critérium de l'évidence et les règles générales de la méthode à Aristote et à saint Augustin, la distinction de l'âme et du corps à Platon, à Épicure et aux autres philosophes dogmatiques; à saint Augustin, à Claudien Mamert, à saint Anselme il aurait dérobé la preuve de l'existence de Dieu; à Protagoras et aux Cyrénaïques le principe, que nous ne pouvons rien savoir de certain sur ce qui est hors de nous, mais seulement sur nos propres perceptions. Avant lui, Gomès Pereira, et même Diogène chez les anciens, avaient inventé l'automatisme. C'est aux philosophes arabes qu'il devrait l'axiome, que tout ce qui peut être pensé peut être, à l'école d'Ionie le plein de l'univers, et à Bacon la proscription des causes finales du domaine de la physique. Dès l'antiquité, Anaxagore, Démocrite, Épicure n'avaient-ils pas distribué la matière première en tourbillons, et imaginé tout ce qu'il nous raconte sur l'origine du monde. Dans Roger Bacon, Antonio Dominis et Snellius il aurait pillé la dioptrique et l'optique. L'infinité du monde, les tourbillons, la distinction des astres en terres et en soleils ne sont que les dépouilles de Bruno. Huet n'a nul scrupule de grandir et d'exalter Bruno pour faire de Descartes un plagiaire. De tous ces rapprochements avec les anciens et les modernes, il conclut que l'opinion, si répandue, de la nouveauté de la doctrine de Descartes, d'où lui vient la plus grande partie de son succès, n'est qu'un vain préjugé. Il est inutile de nous arrêter à relever ce qu'il y a de faux et de superficiel dans tous ces efforts d'érudition pour prouver, que le génie le plus créateur qui peut-être ait jamais existé, n'a fait que piller les anciens et les modernes. Huet ne réussit pas mieux à démontrer que le cartésianisme était partout avant Descartes, qu'il n'a réussi à prouver ailleurs que le christianisme était partout avant Jésus-Christ.

Mais l'ignorance, simulée par le maître, devient, selon Huet, trop réelle chez les disciples qu'il accuse de vouloir nous ramener à la barbarie. Quel n'est pas, s'écrie-t-il indigné, leur mépris pour l'astronomie, l'histoire et les langues ? A peine souffrent-ils qu'on écrive autrement qu'en langue vulgaire; ou tout au moins ils ne tolèrent qu'un latin simple et grossier qui leur permette de se dispenser d'interprète. Un d'entre eux n'a-t-il pas osé écrire que ce serait un bien petit malheur si le feu détruisait tous les poëtes et tous les philosophes païens (1) ! Ces traits semblent particulièrement dirigés contre l'auteur de la *Recherche de la vérité*, plus grand contempteur de l'érudition et des anciens que Descartes lui-même. Eh quoi, s'écrie-t-il, parce que nous ne sommes pas ignorants,

(1) Huet fait sans doute ici allusion au passage suivant de la *Recherche de la vérité* : « Il y a assez d'autres sciences qu'ils peuvent (les personnes de piété) hardiment mépriser. Qu'ils condamnent au feu les poëtes et les philosophes païens, les rabbins, quelques historiens, et un grand nombre d'auteurs qui font la gloire et l'érudition de quelques savants, on ne s'en mettra guère en peine, mais qu'ils ne condamnent pas la connaissance de la nature et de l'homme, etc. » (Quatrième livre, chap. 6.)

serons-nous donc le jouet des cartésiens : *jam ergo ludibrium debemus cartesianis, quod docti sumus!* C'est ainsi qu'à la fin de la *Censure*, Huet nous révèle naïvement la blessure faite à son amour-propre d'érudit, et un des grands secrets de son animosité contre les cartésiens.

La *Censure*, exaltée et propagée par tous les ennemis de Descartes, eut un grand retentissement, non-seulement en France, mais dans toute l'Europe, et fut traduite dans presque toutes les langues. Si elle fut admirée par les uns, elle ne fut pas moins vivement attaquée par les autres. Huet raconte, dans son *Commentaire*, quel orage elle excita contre lui parmi les cartésiens de France, de Hollande et d'Allemagne. Il se plaint de la violence avec laquelle il a été attaqué dans tous ces pays, en vers et en prose, dans des leçons et dans des livres; il se plaint aussi des amis qui l'ont abandonné, tels que Cally et Bossuet, préférant, dit-il renoncer à leur ami plutôt qu'à leur système (1). Les réfutations ne manquèrent pas ; en moins d'une année, nulle part les cartésiens n'avaient laissé sans réponse les accusations de l'évêque d'Avranches. De toutes ces réfutations la meilleure est celle de Régis (2), modèle, dit Fontenelle, de tout ce qu'on pourrait faire à l'avenir pour la même cause.

Régis réfute la *Censure* article par article, combat les faux principes, relève les erreurs de détail, rectifie les

---

(1) Préface de la quatrième édition de la *Censure*, 1694. On verra plus tard l'accueil que Bossuet fit à la *Censure* dans le chap. xi du 2° volume.

(2) *Philosophiæ cartesianæ adversus Censuram Huetii vindicatio*, par Petermann. Leipsick, 1690, 1 vol. in-4°. — Joh Eberh Schwelingii *Exercitationes cathedrariæ in Huetii Censuram philosophiæ cartesianæ*. Bremæ, 1690, in-8°. — Joh. Schotani *Exetasis Censuræ huetianæ*. Franequeræ, 1691, in-8°. — *Thèses de Volder, professeur de philosophie à Leyde contre la Censure de Huet*, in-8°. Amst., 1695. — *De viribus mentis humanæ contra Huetium*, par Egger. Bern., 1735, in-8. — *Trattato delle forze dell' intendimento umano*, par Muratori. Ven, 1735, in 8°. — *Huetius, von der schwacheit des menschlichen verstandes*, par Grosse. Francf., 1724, n-8°. — Ces trois dernières réfutations s'adressent au *Traité de la faiblesse de l'esprit humain*, publié en 1723, plutôt qu'à la *Censure*.

fausses interprétations. Huet avait avancé que le doute est le fondement de la philosophie de Descartes. Le doute, réplique très-bien Régis, n'en est pas le fondement, mais, ce qui est bien différent, le point de départ. Son fondement, c'est le *je pense, donc je suis,* qui n'est nullement un syllogisme, comme Huet affecte de le croire, mais une aperception immédiate de la conscience. Il justifie la règle de l'évidence contre toutes les subtilités et contre tous les sophismes de Huet ; il ne justifie pas moins bien Descartes lui-même contre tous les reproches de mauvaise foi et d'obscurité calculée. Il est impossible, selon Régis, de se tromper sur son véritable sentiment, soit au sujet du mouvement de la terre, soit au sujet de l'infinité du monde. Si Descartes se sert du mot d'indéfini, c'est lorsqu'il considère seulement quelque partie de l'univers ; mais il ne craint pas d'affirmer que l'univers lui-même est sans bornes.

Quant à l'érudition déployée par Huet pour ôter le mérite de la nouveauté aux principes de Descartes, Régis fait parfaitement voir que son illustre adversaire se contente d'analogies tout à fait extérieures, et ne daigne pas pénétrer dans l'esprit véritable, ni du cartésianisme, ni des systèmes qu'il lui compare. Enfin il dédaigne de répondre aux personnalités contre Descartes, et il les écarte du débat : « Comme cela ne regarde point le fond de la doctrine de M. Descartes, laquelle seule nous avons entrepris de défendre, nous n'y répondrons pas du tout. »

Malgré un ton général d'urbanité, la réponse de Régis contient quelques passages un peu durs pour l'évêque d'Avranches. « Les philosophes, dit la *Censure*, n'ont jamais ignoré qu'il faut de l'attention pour connaître clairement les choses. Nous en avons aussi et nous examinons la philosophie de Descartes avec beaucoup d'application et de rigueur, et nous en retirons ce fruit qu'elle mérite d'être traitée de ridicule. » Régis répond : « que l'attention seule ne suffit pas toujours pour découvrir la vérité et que de plus il faut une certaine dose d'intelligence dont l'auteur a peut-être manqué. » Madame de Sévigné dit comme

Régis : « On prétend qu'il n'entend pas ce qu'il improuve. » Elle rapporte aussi quelques propos de salon, d'après lesquels Huet n'aurait fait une guerre ouverte à Descartes que pour plaire à M. de Montausier (2). Huet fut piqué au vif par la réponse de Régis, comme on le voit dans la préface de la quatrième édition, où il se plaint amèrement du ton de son adversaire. Il semble même le dénoncer aux magistrats, en disant que cette réponse est plus digne de leur vindicte que d'une réfutation (3). Toutefois il entreprend de réfuter les objections de Régis contre le premier chapitre de la *Censure*.

De plus en plus envenimé contre les cartésiens, Huet les attaqua de nouveau, en 1698, dans un pamphlet peu digne de lui, intitulé, *Nouveaux Mémoires pour servir à l'histoire du cartésianisme* (4). Il suppose que Descartes n'est pas mort en Suède, mais que, dégoûté de la reine Christine et de la qualité onéreuse d'oracle du genre humain, il a fait semblant de mourir, pour se retirer *incognito* dans la Laponie. Cependant, comme il lui est impossible de renoncer au désir de parler et de faire parler de soi, il a formé un auditoire de jeunes Lapons qui admirent avec opiniâtreté ses rares secrets et ses coups de maître. Dans cette mauvaise satire, Huet donne à Descartes le langage d'un niais, d'un intrigant, d'un fanfaron. Il imagine un entretien avec Chanut, où Descartes lui-même se moque de ses propres disciples, rit de leur simplicité et confesse tous les torts que lui attribue la *Censure*. Répondons à Huet avec

---

(1) *Réponse au livre qui a pour titre* : Censura, etc. Paris, 1691, in-12.
(2) Lettres, 15 juin 1689.
(3) Tolerassem...... si nec præter omnem urbanitatis atque etiam humanitatis morem, ea in me jactasset quæ magistratus potius animadversione quam nostra responsione digna essent.
(4) Amst., 1698, petit in-12. Il est ironiquement dédié au prince des cartésiens, c'est-à-dire, sans doute à Régis. Il parut sans nom d'auteur. Mais Huet lui-même se l'attribue dans ses *Mémoires*, où il dit qu'il inventa une espèce de roman burlesque dans lequel il exposait à la risée des lecteurs raisonnables les folies de la secte cartésienne et de Descartes lui-même.

d'Alembert : « Il a beau faire, on ne réussit point à rendre ridicule un homme tel que Descartes, et s'il fallait absolument que dans cette occasion le ridicule restât à quelqu'un, ce ne serait pas à Descartes (1). » C'est à regret qu'on voit Leibniz prendre parti pour Huet même, et lui proposer de lui communiquer plusieurs choses curieuses pour enrichir la *Censure*, en accompagnant sa lettre d'un petit écrit où il répond à la réfutation de Régis (2). Était-ce pour complaire aux puissants du jour, ou bien par jalousie contre Descartes ?

Nous sommes préparés à entendre, mais nous n'avons pas encore entendu le dernier mot de Huet. Partout, dans ses ouvrages de philosophie et de théologie, il insinue le scepticisme enté sur l'empirisme, comme le plus sûr système, et le plus avantageux pour la foi, mais nulle part il n'avait fait une profession ouverte et une exposition systématique du scepticisme, jusqu'au *Traité de la faiblesse de l'esprit humain*, ou *De imbecillitate mentis humanæ*, son ouvrage de prédilection, auquel il travailla pendant trente ans, et qu'il ne cessa de retoucher jusqu'à sa mort. Pour lui donner plus de publicité, il l'avait écrit en français, contre son habitude, puis il en avait fait une traduction latine. Cependant il n'osa pas le publier, de peur, dit son ami d'Olivet, de s'exposer au ressentiment du vulgaire de la république des Lettres. L'ouvrage ne parut donc qu'après sa mort, en 1723, par les soins de l'abbé d'Olivet.

Cette espèce de testament philosophique fit une vive sensation, et une sorte de scandale, parmi les philosophes et même parmi les théologiens. Le jésuite Baltus seul osa le défendre ouvertement, tout en cherchant cependant à en atténuer la portée. Mais comme nous n'avons à considérer Huet que comme adversaire de Descartes, nous laisserons de côté le *Traité de la faiblesse humaine* avec la *Démonstra-*

---

(1) *Éloge de Huet.*
(2) *Fragments philosophiques de M. Cousin*, t. II, troisième édit. Correspondance de Leibniz et de Nicaise.

tion évangélique et les *Questions d'Aulnay*, qui ne se rapportent qu'indirectement à la polémique contre le cartésianisme (1).

La *Censure* elle-même, qui contenait en germe le *Traité de la faiblesse de l'esprit humain*, fut désapprouvée par tout ce qu'il y avait de plus considérable dans l'Église. Arnauld en a porté ce sévère jugement : « Je ne sais ce qu'on peut trouver de bon dans le livre de M. Huet, si ce n'est le latin, car je n'ai jamais vu de si chétif livre pour ce qui est de la justesse d'esprit et de la solidité du raisonnement. C'est renverser la religion que d'outrer le pyrrhonisme autant qu'il le fait; car la foi est fondée sur la révélation, dont nous devons être assurés par la connaissance de certains faits: S'il n'y a donc point de faits humains qui ne soient incertains, il n'y a rien sur quoi la foi puisse être appuyée. Or, que peut tenir pour certain et pour évident celui qui soutient que cette proposition, *Je pense, donc je suis*, n'est pas évidente, et qui préfère les sceptiques à M. Descartes, en ce que ce dernier ayant commencé à douter de tout ce qui pouvait

---

(1) Huet en fait de scepticisme n'a pas la franchise de Pascal. Voici à ce propos le piquant et spirituel portrait qu'en a fait M. Saisset : « Ce n'est pas l'Alceste, c'est le Philinte du scepticisme théologique. Il insinue le scepticisme plutôt qu'il ne le professe. Il le verse à petites gouttes. D'abord il en dépose quelques germes dans sa *Démonstration évangélique*. Puis il détache le masque dans les *Questions d'Aulnay*. Il ne se montre à visage découvert que dans son *Traité philosophique de la faiblesse de l'esprit humain*. Je dis à visage découvert et j'ai tort. Ce genre d'esprits a toujours un masque. Huet admet qu'il y a des vraisemblances à défaut de vérités. Il admet même des clartés et des certitudes ; mais des clartés qui ne sont pas tout à fait claires et des certitudes qui ne sont pas tout à fait certaines, un peu à la manière de ces grâces suffisantes qui ne suffisent pas. Il donne d'une main et retire de l'autre. A cette marche oblique, doucereuse, gracieuse, accommodante, ne reconnaît-on pas..... qu'allais-je dire ? l'habile et insinuante compagnie de Jésus ? On me dira : Huet n'était pas jésuite. C'est vrai ; mais il logeait chez eux ; il était leur ami, leur hôte. Il passa chez les jésuites de la rue Saint-Antoine les 20 dernières années de sa vie, et leur légua sa bibliothèque. Il avait pris l'air de la maison. » *Le scepticisme*, p. 244 in-8°, Didier, 1865.

ne pas paraître parfaitement clair, a cessé de douter quand il est venu faire cette réflexion sur lui-même ; *cogito, ergo sum ;* au lieu, dit M. Huet, que les sceptiques ne se sont point arrêtés là, et qu'ils ont prétendu que cela même était incertain et pouvait être faux, ce qui a été regardé par saint Augustin aussi bien que par M. Descartes, comme la plus grande de toutes les absurdités, parce qu'il n'y a rien certainement dont nous puissions moins douter que de cela. Il y a cent autres arguments dans le livre de M. Huet, mais celui-là est le plus grossier de tous, etc. (1). »

Telles sont les armes employées par les jésuites et par Huet dans cette guerre contre le cartésianisme, et telle est la condamnation portée par Arnauld contre leurs doctrines et leur tactique. L'objection théologique la plus vive, la plus pressante, et la plus dangereuse, est celle de l'incompatibilité avec la foi et particulièrement avec l'eucharistie. Mais, parmi les objections purement philosophiques, il n'en est pas une seule vraiment nouvelle et que déjà nous n'ayons rencontrée dans la polémique contre les *Méditations.* Aussi avons-nous pu négliger les détails

---

(1) Lettre 847 à M. Du Vaucel, t. III des *Œuvres complètes*, p. 424. — Dans une autre lettre, déjà citée, où il attaque les inquisiteurs de Rome qui ont mis Descartes à l'index et épargné Gassendi, il ajoute : « C'est pourquoi ils n'auront garde d'y mettre le livre de M. Huet contre M. Descartes, où il veut, d'une part que cette proposition ne soit pas claire et évidemment vraie, *cogito, ergo sum*, et il fait valoir de l'autre, autant qu'il peut, toutes les méchantes raisons des épicuriens pour faire croire que notre âme est corporelle, et qu'elle n'est distinguée de ce que nous appelons notre corps que comme un corps plus subtil d'un corps plus grossier. Mais ils pourront bien, pour agir conséquemment, mettre à leur index la réponse que M. Régis vient de faire à M. Huet pour soutenir les démonstrations de M. Descartes contre les sophistiqueries de son adversaire. » (Lettre 830 à M. Du Vaucel, t. III, p. 396.) — Il n'approuve pas plus son système théologique que son système philosophique. « Je ne saurais croire, écrit-il encore à M. Du Vaucel, que vous jugiez aussi bien que moi, après l'avoir lu, que si l'extrait de ce livre est fidèle (de concordia rationis et fidei), il est difficile d'en faire un qui soit plus impie et plus capable de persuader aux jeunes libertins, qu'il faut avoir une religion, mais qu'elles sont toutes bonnes, et que le paganisme même peut entrer en comparaison avec le christianisme. (Lettre 835, t. III, p. 404.)

pour considérer seulement l'esprit général de cette pieuse ligue contre Descartes.

Nous allons voir maintenant le cartésianisme, sous l'influence de Malebranche, développer davantage quelques-unes de ses tendances métaphysiques, se rapprocher de saint Augustin, et, par saint Augustin, de Platon, faire un nouvel effort pour s'accommoder avec la théologie, provoquer de nouvelles discussions, et partager les cartésiens eux-mêmes en deux camps opposés.

FIN DU PREMIER VOLUME.

TABLE DES MATIÈRES

Chapitre premier. — Coup d'œil sur l'état de la philosophie antérieurement à Descartes. — Influence de la renaissance des lettres sur la réforme philosophique. — Les opinions de l'école et les textes originaux. — Lutte entre Aristote et Platon. — Lutte entre les divers commentateurs d'Aristote. — Hardiesse des purs péripatéticiens. — Pomponat. — Incompatibilité démontrée d'Aristote et de l'Église. — Aristote attaqué au nom de la foi. — Patricius. — Préjudice porté à la scholastique par le cicéronianisme. — Comparaison entre la réforme philosophique et la réforme religieuse. — Premiers essais d'une philosophie indépendante. — Excès de l'idéalisme et de l'empirisme. — Ramus. — Bruno. — Vanini. — Campanella. — Visions du mysticisme. — Progrès du scepticisme. — Montaigne. — Charron. — Sanchez. — Lamothe-Levayer. — Du rôle de Bacon. — Bacon comparé à Descartes. — Portrait des philosophes de la renaissance. — Ruines laissées par le seizième siècle. — État des esprits au commencement du dix-septième siècle. — Libertinage, scepticisme, athéisme de la littérature. — Mission de Descartes. 1

Chapitre II. — Diverses considérations sur la vie de Descartes et sur son entreprise philosophique. — Histoire de son esprit d'après le *Discours de la Méthode*. — Ses études à La Flèche. — Dégoût de toutes les sciences, sauf les mathématiques. — Abandon des livres et des maîtres pour étudier dans le grand livre du monde. — Voyages et campagnes. — Projet, conçu au milieu des camps, d'une réforme philosophique. — Résolution de se dépouiller de toutes les opinions précédemment reçues. — Morale par provision. — Motifs de sa retraite en Hollande. — Réforme générale de la philosophie. Audace dans la pensée. — Mépris de l'histoire et du passé transmis à ses disciples. — De l'ignorance feinte ou réelle de Descartes. — Prudence dans la conduite. — Protestations réitérées contre toute pensée de réforme politique ou religieuse. — Distinction des vérités de la raison et de la foi. — Avances inutiles aux jésuites. — Essai d'une exposition populaire de sa métaphysique. — *Discours de la Méthode* écrit en français. — Descartes écrivain. — Ses écrits en français et ses écrits en latin. — Pourquoi il a cédé aux sollicitations de la reine Christine. — Sa mort à Stockholm. — Translation de ses restes à Paris. — Honneurs rendus à sa mémoire. — Enthousiasme de ses disciples.. 29

Chapitre III. — Exposition de la philosophie de Descartes. — Ordre à suivre donné par le *Discours de la Méthode*. — Définition de la philosophie.

— But pratique de la philosophie. — Rapprochement entre Descartes et Bacon. — Les quatre règles de sa logique. — Défense de la troisième règle. — Ce qu'il emprunte aux mathématiques pour constituer la vraie méthode. — Mathématique universelle. — Recherche d'un fondement fixe et inébranlable de la certitude et de la science. — Scepticisme provisoire, ou doute méthodique. — Raisons de douter ordinaires des sceptiques. — Supposition d'un être puissant et trompeur. — Découverte d'une vérité inébranlable à tout scepticisme. *Je pense, donc je suis.* — Descartes et saint Augustin. — But et caractère du doute de Descartes méconnus par ses adversaires. — Le *je pense, donc je suis*, inspection immédiate de l'esprit sans aucun syllogisme. — Spiritualité de l'âme. — La pensée essence de l'âme. — L'âme pense toujours. — Connaissance de l'âme plus claire et plus certaine que celle du corps. — Du spiritualisme de Descartes. — Descartes, père de la science de l'esprit humain. — Du signe de toute vérité. — Règle de l'évidence. — — L'existence d'un être souverainement parfait, garantie et fondement de l'évidence. — Du cercle vicieux reproché à Descartes. — Dieu et le vrai inséparables.. 61

Chapitre IV. — Comment nous connaissons Dieu sans sortir de nous-mêmes. — Sentiment de notre imperfection lié avec l'idée d'une perfection souveraine. — L'existence de Dieu enfermée dans son idée. — Clarté de l'idée de l'infini. — Antériorité sur l'idée du fini. — Le fini négation de l'infini. — Diverses formes données par Descartes à cette preuve de l'existence de Dieu. — Forme plus sensible et plus populaire. — Forme plus scholastique. — Rapprochement avec saint Anselme. — Critique de la démonstration de l'existence de Dieu par un syllogisme. — Règle posée par Descartes pour déterminer les attributs de Dieu. — La liberté de Dieu. — Comment l'entend Descartes. — A-t-il réellement mis en Dieu cette indifférence dont il fait le plus bas degré de la liberté dans l'homme ? — Incompatibilité de la liberté d'indifférence avec l'optimisme de Descartes. — Des attributs de créateur et de conservateur. — Création continuée. — Du mode d'action de la Providence. — Généralité de ses voies. — Élévation de Descartes à Dieu.............. 86

Chapitre V. — Des divers modes de la pensée. — 1° Les idées. — Idées innées. — Les idées innées, et l'idée même de Dieu, purs modes de la pensée. — Caractères qui les distinguent des autres idées. — Point de classification des idées innées. — Énumération vague et incertaine. — Rien de platonicien ou d'augustinien dans la théorie de Descartes. — Les idées adventices et le monde extérieur. — En quel sens Descartes a mis les qualités sensibles dans l'âme. — Conformité de sa théorie avec les derniers résultats des sciences modernes. — Argument de la véracité divine en faveur de l'existence du monde extérieur. — De l'ordre suivi par Descartes dans la démonstration de l'existence de l'âme, de Dieu et du monde. — 2° Les volontés. — Le jugement attribué à la volonté. *Omnis peccans est ignorans.* — De la cause de l'erreur. — 3° Les affections ou les passions. — *Traité des passions.* — Des causes et des objets des passions. — Passions primitives et passions secondaires. — Descartes moraliste. — Utilité et bon usage des passions. — Conseils pour les combattre. — Morale de Descartes. — Éclectisme entre Épicure et Zénon. — La béatitude dans la vertu et par la vertu...... 105

TABLE DES MATIÈRES.   611

Chapitre VI. — De la nature des substances créées et de leurs rapports avec Dieu. — Retour sur l'essence de l'âme. — Pourquoi Descartes ne démontre pas l'immortalité de l'âme. — De l'union de l'âme avec le corps. — L'homme de Descartes n'est pas un esprit pur. — Siége de l'âme dans le cerveau. — — La glande pinéale. — Correspondance des divers états de l'âme et du cerveau. Tendance aux causes occasionnelles. — Combien peu Descartes, selon Leibniz, était éloigné de l'harmonie préétablie. — Comparaison de l'essence de l'âme et de celle du corps. — Attributs fondamentaux qui les distinguent. — Caractère commun de passivité qui les rapproche. — Semences de spinozisme dans la philosophie de Descartes. — Définition de la substance. — Comment Descartes distingue la substance première des substances secondes, et les substances secondes des simples phénomènes. — Nécessité du continuel concours de Dieu pour la conservation des créatures. — Comment Descartes entend ce concours. — Création-continuée. — Importance de cette théorie dans la philosophie cartésienne. — Conséquences de la création continuée par rapport à la liberté et à la réalité des créatures. — Des arguments de Descartes en faveur de la création continuée. — Principale source des erreurs du cartésianisme. — Descartes corrigé par Leibniz.................. 131

Chapitre VII. — Les bêtes machines. — Reflexions sur la question de la nature des bêtes et leurs rapports avec l'homme. — Tendance des philosophes empiriques, anciens et modernes, à mettre la bête au niveau de l'homme. — Montaigne, Charron, Gassendi. — Excès contraire de Descartes. — Hors l'âme humaine point d'âme, point de principes de vie. — L'animal pur mécanisme. — L'École et le sens commun contre l'automatisme. — Sentiment d'Aristote. — Objections et réponses. — Descartes a-t-il inventé l'automatisme, ou l'a-t-il emprunté, soit aux anciens, soit à Gomez Pereira ? — Raisons morales et théologiques des cartésiens en faveur de l'automatisme. — Prétendu danger, pour l'immortalité de l'âme humaine et pour la Providence divine, d'accorder une âme à l'animal. — Automatisme, en théorie et en pratique, de Malebranche. — Cruautés cartésiennes de Port-Royal sur les animaux. — Plaisanteries du P. Daniel contre l'automatisme. — Dissidences au sein même de l'école cartésienne sur l'automatisme. — Embarras de l'École pour donner à l'animal une âme qui ne soit ni esprit ni corps. — Protestations de madame de Sévigné et de La Fontaine contre l'automatisme. — Écrits innombrables pour ou contre. — Rétorsion par les sceptiques et les matérialistes des prétendues utilités morales et théologiques de l'automatisme. — Bayle et Lamettrie. — Lien de l'automatisme avec la métaphysique de Descartes. — Nécessité d'accorder une âme aux bêtes. — Limites de l'intelligence des bêtes. — Supériorité et excellence des facultés de l'âme humaine. — De l'immortalité métaphysique et de l'immortalité morale. — Leibniz renoue la chaîne des êtres brisée par Descartes................. 157

Chapitre VIII. — Principes métaphysiques de la physique de Descartes. — Le monde de Descartes. — La perfection infinie de Dieu fondement de sa physique et de sa mécanique. — Ridicule présomption de l'homme rapportant à lui la création tout entière. — Proscription des causes finales du domaine de la physique. — Descartes justifié contre Leibniz. — De l'usage et de l'abus des causes finales. — Différence entre Descartes et Hobbes. — Proscription des formes substantielles et accidentelles. — Principes intelligibles à tous substitués aux entités mystérieuses et aux qualités occultes. — Descartes ne demande, pour faire le monde, que de la matière et du mouvement. — La matière est la simple extension. — Point de distinction entre l'espace et la matière, entre le temps et la succession des choses. — Plein de l'univers. — De la possibilité de l'origine du mouvement dans le plein. — L'univers indéfini. — Différence que fait Descartes entre l'univers indéfini et l'univers infini. — Le monde a-t-il commencé et finira-t-il? — Divisibilité à l'infini de la matière. — Trois éléments ou formes principales de la matière. — De la cause première et des causes secondes du mouvement. — Invariabilité de la quantité du mouvement. — Trois grandes lois du mouvement.. 171

CHAPITRE IX. — De l'hypothèse des tourbillons. — Formation des tourbillons. — Mouvements de la matière, et figures qu'elle prend, au sein de chaque tourbillon. — Matière subtile. — Deux explications différentes de la formation des planètes. — De la révolution des planètes sur elles-mêmes et autour du soleil. — Des comètes. — Admirable machine de l'univers. — Hypothèse d'une infinité d'êtres intelligents répandus dans l'infinité de l'étendue. — Application à la terre des lois générales du monde. — Du mouvement de la terre. — Biais imaginé par Descartes pour échapper à la censure des théologiens. — Explication de la pesanteur par la force centrifuge des tourbillons. — Du flux et du reflux. — De la lumière. — Découverte des lois de la réfraction. — De la chaleur. — Seules actions requises par Descartes pour l'explication de tous les phénomènes. — Omission des corps organisés dans les *Principes*. — Physiologie de Descartes. — *Traités de l'homme et du fœtus*. — Explication mécanique des phénomènes de l'organisation et de la vie. — Médecins cartésiens. — École iatromécanique. — Services qu'elle a rendus à la médecine. — Caractère général de la physique de Descartes. — Le mécanisme cause immédiate de tous les phénomènes de la nature. — Jugement sur la physique de Descartes. — Descartes injustement sacrifié à Newton. — Les tourbillons jugés par Voltaire et d'Alembert. — Retour de la science actuelle aux vues mécaniques de Descartes.......................... 195

CHAPITRE X. — Objections contre les *Méditations* et réponses de Descartes. — Objections de Catérus contre les preuves de l'existence de Dieu. — Les idées ne sont que des opérations de l'esprit. — Point de cause des idées en dehors de l'esprit. — Équivoque de l'expression d'être par soi. — Comment l'entend Descartes. — Pourquoi il ne s'est pas servi des choses sensibles pour démontrer Dieu. — Tendance empirique des auteurs des secondes objections. — Pourquoi Descartes a jugé inutile le complément de la possibilité dans la démonstration de l'existence de Dieu. — Mauvaise humeur contre les objections tirées de la Bible. — Exemple de la méthode géométrique appliquée aux *Méditations*. — Inconvénients de cette méthode en métaphysique signalés par Descartes lui-même. — Objections bienveillantes d'Arnauld. — Principales difficultés d'Arnauld comme philosophe et comme théologien. — De la distinction de l'âme et du corps. — Du sens de l'expression d'être par soi. — Du danger de la règle de l'évidence. — De l'incompatibilité avec l'eucharistie du sentiment de Descartes sur la matière. — Concessions de Descartes sur les détails et sur les expressions. — Tentative pour concilier avec l'eucharistie l'indistinction de la substance et des accidents. — Arnauld sa-

TABLE DES MATIÈRES. 613

tisfait. — Deux nouvelles lettres d'Arnauld à Descartes. — Refus de Descartes de s'expliquer sur l'indistinction de la matière et de l'extension locale par rapport à l'eucharistie. — Hobbes. — Objections sèches et écourtées. — Matérialisme tranchant. — Répulsion de Descartes contre cet adversaire. — Jugement sur le *De cive*.. 217

CHAPITRE XI. — Objections de Gassendi. — Opposition à Descartes en physique et en métaphysique. — Ton de la polémique de Gassendi. — Légère ironie dont Descartes est blessé. — Reproche à Descartes de n'avoir rien prouvé sur la nature de la chose qui pense. — Arguments divers en faveur de la matérialité de l'âme. — Les sens source de toutes nos idées. — Rien de plus obscur pour l'âme que l'âme elle-même. — Critique de la preuve de l'existence de Dieu par l'idée de l'infini. — Réponse de Descartes. — Ironie contre ironie. — Défense de la spiritualité de l'âme et de l'idée de l'infini. — Réfutation de la maxime que toutes nos idées viennent des sens. — Défense de la création continuée. — Irritation de Gassendi contre Descartes. — Ses *Instances*. — Nouvelle réponse de Descartes. — Réconciliation de Descartes avec Gassendi. — *Sixièmes objections*. — De la liberté d'indifférence dans l'homme et dans Dieu. — *Septièmes objections*. — Le P. Bourdin. — Débats antérieurs de Descartes avec lui. — Ton grossièrement ironique du P. Bourdin. — Travestissement du doute méthodique. — Attaques contre les arguments en faveur de la spiritualité. — Emportement de Descartes contre ses bouffonneries. — Dernières objections par Hyperaspistes. — Conséquences de la création continuée. — Confusion de la volonté et de l'entendement. — De l'exclusion des causes finales. — Objections de Morus. — Discussion sur la nature de la matière et sur l'infinité du monde. — Jugement général sur cette polémique.. 235

CHAPITRE XII. — Histoire de la philosophie de Descartes dans les Pays-Bas. — Succès et lutte du cartésianisme en Hollande, du vivant de Descartes. — Disciples formés par Descartes lui-même. — La princesse Élisabeth. — Ses relations avec Descartes. — Son abbaye de Herforden. — La reine Christine de Suède. — Constantin Huygens, Cornelius Van Hooglande, amis de Descartes. — Deux professeurs cartésiens à Utrecht, en 1648, Réneri et Régius. — Amitié de Descartes pour Régius. — Imprudence de Régius. — Portrait de Voétius, le plus grand ennemi de Descartes en Hollande. — Condamnation de Régius et de la philosophie de Descartes. — Pamphlet de Schoockius dicté par Voétius. — Lettre de Descartes à Voétius. — Fureurs et intrigues de Voétius. — Descartes cité à comparaître comme coupable d'athéisme et de calomnie. — Intervention de l'ambassadeur de France et du prince d'Orange. — Schoockius cité par Descartes comme calomniateur. — Confusion de Voétius. — Schisme de Régius. — Régius désavoué et réfuté par Descartes. — Querelle de Descartes avec l'université de Leyde et satisfaction qu'il obtient. — Des progrès de sa philosophie après sa mort. — Revue générale du cartésianisme dans les universités hollandaises. — Professeurs cartésiens à Utrecht. — Lambert Welthuysen. — Professeurs cartésiens à Leyde. — De Raey, Heereboord, Heidanus, Volder. — Université de Groningue, Tobie André. — Université de Franékère, Ruardus Andala. — École illustre de Bréda. — Université catholique de Louvain. — Censures contre Descartes.

Dénonciation du nonce apostolique. — L'université de Louvain cartésienne et janséniste.. 254

CHAPITRE XIII. — Suite du tableau général du cartésianisme en Hollande. — Caractères divers des cartésiens hollandais. — Ouvrages innombrables, thèses, commentaires, expositions, apologies, poésies en faveur de Descartes.— Encyclopédie cartésienne, Étienne Chauvin. — Des voétiens et de leurs intrigues. — Descartes comparé à Démocrite et à Ignace de Loyola. — Accusations de scepticisme, d'athéisme, d'incompatibilité avec la Bible.— Question du mouvement de la terre. — Tendance des cartésiens hollandais à soumettre l'Écriture et la théologie à la raison. — Les théologiens dissidents font cause commune avec le cartésianisme. — Coccéius et sa secte. — Le coccéianisme et le cartésianisme associés ensemble. — Alarmes et attaques des théologiens orthodoxes. — Décrets des synodes et des universités. — Leur impuissance. — Triomphe du cartésianisme. — Études sur les principaux cartésiens de la Hollande. — Wittichius. — Son influence et son autorité dans le parti cartésien.— Zélé défenseur de l'accord de la foi et de la raison. — Luttes qu'il eut à soutenir. — Ses divers ouvrages. — Réfutation de Spinoza.— Clauberg. — Ses maîtres cartésiens. — Ses commentaires et ses apologies de Descartes. — Nouvelles conséquences des principes de Descartes sur l'union de l'âme et du corps, et les rapports des créatures avec le Créateur. — Premier pas vers les causes occasionnelles. — Tendance à ne faire des créatures que de simples phénomènes......... 279

CHAPITRE XIV. — Geulincx. — Sa vie. — Obligé de quitter l'université catholique de Louvain pour se réfugier à l'université protestante de Leyde. — Causes de sa disgrâce. — Geulincx précurseur de Malebranche.— Dieu seul véritable cause. — Négation de toute action réciproque entre l'âme et le corps. — Le corps et l'âme instruments que Dieu met en harmonie l'un avec l'autre.— Doctrine des causes occasionnelles. — L'homme, spectateur impuissant de tout ce qui se passe dans le monde et dans son corps. — Éternité et immutabilité des vérités naturelles. — Les corps particuliers modes du corps en soi. — Les esprits particuliers simples modes de l'esprit universel. — Morale de Geulincx. — L'amour de la raison principe de toutes les vertus. — Pieux et hardi rationalisme. — Rapports de sa morale avec sa métaphysique.— Cartésiens précurseurs du *Tractatus theologico-politicus*. — Hardiesses rationalistes.— Meyer. — La philosophie posée comme règle de l'interprétation des Écritures. — Balthasar Bekker. — Guerre aux superstitions. — Le principe cartésien, que Dieu seul est cause efficiente, opposé au dogme de la puissance des anges et des démons. — Préparation et enfantement de Spinoza par le cartésianisme hollandais................ 301

CHAPITRE XV. — Spinoza. — Sa vie et sa personne. — Éducation cartésienne. — Rupture avec la synagogue. — Excommunication prononcée contre lui par les rabbins. — Anathèmes de tous les théologiens. — Il gagne sa vie en taillant des verres. — Amour de l'étude et de la retraite. — Sobriété, désintéressement, tolérance.— De ses ouvrages. — *Principes de Descartes exposés sous forme géométrique* et *Cogitata metaphysica*.— Renommée de Spinoza. — Visiteurs illustres. —Lettres et correspondants. — Mépris pour l'autorité et les anciens. — Pourquoi il n'a pas fait imprimer l'*Éthique*. —

TABLE DES MATIÈRES.

Sa mort. — Analyse du *De emendatione intellectus*. — La morale principal but de Spinoza. — Seul vrai bien de l'âme dans l'amour de ce qui ne passe pas. — Effort pour concilier la recherche du vrai bien avec la nécessité universelle. — Connaissance de la nature et union de l'âme avec elle, voilà où nous devons tendre et pousser nos semblables. — Morale par provision. — Réforme de l'entendement. — Quatre modes de perceptions. — Unique mode donnant la vérité et le bonheur. — Idée pure de la raison point de départ de la méthode de Spinoza. — Certitude des idées claires. — Dédain pour les sceptiques. — Règles pour distinguer les idées vraies des idées feintes, fausses ou douteuses. — Confirmation de la vérité de l'idée claire par la déduction de ce qu'elle enferme. — Conformité de l'ordre de nos déductions avec l'ordre de la nature. — Direction de l'esprit sous la loi de l'être absolument parfait. Rapport du *De emendatione* avec l'*Éthique*.............. 315

CHAPITRE XVI. — De la forme de l'*Éthique*. — Définition de la substance. — Importance de cette définition. — Critiques de Malebranche et de Leibniz. — Unité, infinité, nécessité de la substance. — Tous les êtres de l'univers modes de la subtance unique ou de Dieu. — Preuves de l'existence de Dieu. — De l'infinité du nombre des attributs de Dieu. — Différentes sortes d'infinis. — La pensée et l'étendue seuls attributs accessibles à notre intelligence. — De l'attribut divin de l'étendue. — Dieu incorporel quoique étendu. — Différence entre l'étendue de Spinoza et celle de Descartes. — De l'attribut divin de la pensée. — De l'objet de la pensée absolue de Dieu en soi. — Pas d'entendement, même infini, en Dieu. — La nature naturante. — La pensée en acte et la conscience n'ont place que dans l'écoulement nécessaire des attributs de Dieu. — La nature naturée. — Appréciation de la doctrine de Spinoza sur la pensée de Dieu. — Pourquoi Spinoza ne met pas la liberté au nombre des attributs de Dieu. — Fausse définition de la liberté. — Rien qui ne soit nécessaire, en Dieu, comme hors de Dieu. — Optimisme de Spinoza. — Guerre à l'anthropomorphisme. — Négation des causes finales. — Prétendue origine de la croyance vulgaire aux causes finales. — Prétendu renversement de l'ordre de la nature par les causes finales. — Résumé des caractères du Dieu de Spinoza et de la nature naturante....................................... 340

CHAPITRE XVII. — De la nature naturée. — Coexistence éternelle et nécessaire de tous les modes avec la substance de Dieu. — Des modes infinis intermédiaires entre les attributs de Dieu et les modes finis. — Les corps modes de Dieu en tant qu'étendu. — Les corps simples et les corps composés. — Les esprits modes de Dieu en tant que pensant. — Réciprocation absolue des modes de l'étendue et des modes de la pensée. — Parallélisme de la connexion des idées et de la connexion des choses. — De la nature de l'homme. — L'homme mode complexe de la pensée et de l'étendue de Dieu. — L'âme idée ou suite d'idées de la pensée divine. — Le corps idéal de l'âme. — L'âme idée du corps. — Harmonie préétablie de l'âme et du corps. — Différence entre l'harmonie préétablie de Leibniz et celle de Spinoza. — Tous les êtres de l'univers animés à des degrés divers. — Différence entre le mécanisme de Spinoza et celui de Descartes. — Des divers modes de l'âme. — Caractère singulier de la psychologie de Spinoza. — Fausse apparence empirique de sa doctrine sur la connaissance. — Divers degrés de connaissance. — Idées adéquates et inadéquates. — Sphère des sens et de l'imagination ou de la connaissance inadéquate et confuse. — Inadéquation de la connaissance du corps et de la connaissance de l'âme. — Démonstration de la conscience. — Des principales lois de l'imagination et de l'association des idées. — Point d'idées inadéquates en Dieu, quoique toutes nos idées soient des idées de Dieu. — Théorie de l'erreur. — Sphère de la raison, connaissance claire et adéquate. — Voie du raisonnement. — Voie supérieure de l'intuition par où l'âme arrive à contempler en toutes choses l'essence de Dieu. — Négation de la liberté dans l'homme. — Critique de Spinoza contre Descartes. — Différence entre l'action et la passion. — Causes de l'illusion du genre humain au sujet de la liberté. — De la propre illusion de Spinoza sur les conséquences religieuses et morales de sa doctrine.................. 360

CHAPITRE XVIII. — Des passions. — Quelle méthode leur applique Spinoza. — La passion, pur mode de la pensée. — Principe des passions. — Désir essentiel de l'âme de persévérer dans l'être. — Passions primitives et passions secondaires. — Des lois de la sympathie et de ses effets sur les passions. — Jugements sur la théorie des passions de Spinoza. — De l'esclavage et de la liberté de l'homme par rapport aux passions. — Empire des passions sur l'homme. — Circonstances qui l'augmentent ou le diminuent. — Morale de Spinoza. — Contradictions apparentes. — Rapport de sa morale et de sa métaphysique. — Sens particulier de la règle fondamentale de travailler à se conserver soi-même par tous les moyens possibles. — Précepte d'augmenter et de perfectionner la connaissance. — Règles secondaires pour s'affranchir des passions. — Lien de la logique et de la morale de Spinoza. — Où est pour l'âme la vérité, la paix et le bonheur. — Amour des hommes contenu dans le principe de la conservation de soi-même. — Identité de l'amour de Dieu pour l'homme et de l'amour de l'homme pour Dieu. — Des passions bonnes et des passions mauvaises. — Condamnation de la pitié, de l'humilité et du repentir. — Portrait de l'homme affranchi de l'empire des passions. — Théorie de l'immortalité. — Conditions auxquelles on gagne l'immortalité. — Double illusion de Spinoza sur sa morale. — Ses vraies conséquences. — Des antécédents et des origines du système de Spinoza........ 380

CHAPITRE XIX. — Politique de Spinoza. — Rapport avec Hobbes. — Identité du principe, diversité des conséquences. — Le droit naturel de l'individu et celui de l'État identiques à leur puissance. — L'État intéressé à suivre les préceptes de la raison et à laisser aux citoyens la plus grande liberté possible. — La liberté fin de l'État. — Maux qu'entraîne la contrainte des opinions et des consciences. — Conciliation de la liberté de penser avec la loi divine et la paix de l'État. — But du *Tractatus theologico-politicus*. — Défense de la lumière naturelle contre la superstition. — Caractère de la connaissance prophétique. — Supériorité de la connaissance philosophique. — La piété, et non la science, objet de l'Écriture. — Essence et articles de foi de la religion universelle. — But secondaire et accessoire des cérémonies. — Négation des miracles. — Du diable. — Tout antagonisme impossible entre la philosophie et la théologie. — Spinoza et la nouvelle exégèse biblique allemande. — Préjudice porté à la philosophie de Descartes par Spinoza. — Attaques des cartésiens. — Jugement des philosophes français du dix-huitième siècle. — Influence du spinozisme sur la théologie en Hollande. — Alliance avec le quiétisme et le mysticisme. — Sectes religieuses spinozistes. — Leenhof. — Deurhoff. — Van Hattem. — Apologies dissimulées sous forme de réfutations. — Le comte de Boulainvilliers. — Défaut, signalé par Leibniz, des réfutations cartésiennes. — Réfutation de Wolf. — Réaction en Allemagne en faveur de Spinoza. — Lessing et Jacobi — Enthousiasme de Schleiermacher et de Herder. — Influence sur la poésie. — Novalis et Goethe. — Influence sur la philosophie. — Fichte, Hegel, Schelling. — Coup d'œil sur les destinées de la philosophie hollandaise après Spinoza.. 403

Chapitre XX. — Tableau général du cartésianisme en France. — Caractères qui le distinguent du cartésianisme hollandais. — Disciples de Descartes dans les congrégations religieuses et le clergé. — Jésuites cartésiens ou amis de Descartes. — Sympathies de l'Oratoire pour la philosophie nouvelle. — Les cartésiens à Port-Royal. — Rapport du cartésianisme et du jansénisme. — Arnauld, Nicole, De Sacy, Quesnel, jansénistes et cartésiens. — Port-Royal accusé par Jurieu de plus d'attachement au cartésianisme qu'au christianisme. — Congrégation des bénédictins. — Descartes recommandé dans le *Traité des études monastiques* de Mabillon. — Bénédictins cartésiens. — Congrégation de Sainte-Geneviève. — Prélats cartésiens. — Cartésiens dans le barreau et la magistrature. — Dans les gens du monde. — Le prince de Condé et autres grands seigneurs protecteurs et amateurs de la philosophie cartésienne. — Lettres de madame de Sévigné. — Madame de Grignan et Corbinelli. — Salon de la marquise de Sablé. — La duchesse du Maine cartésienne. — Cartésiens de la petite cour de Sceaux. — Le cartésianisme à la mode parmi les femmes. — Plaisanteries du P. Daniel. — *Les Femmes savantes* de Molière. — Comment le cartésianisme s'est propagé en France. — Réunions scientifiques particulières. — Académie des sciences. — Conférences cartésiennes de Rohault et de Régis. — Diverses tendances des cartésiens français.. 429

Chapitre XXI. — Accusations politiques et religieuses contre les cartésiens français. — Accusations opposées des ministres hollandais et des théologiens catholiques. — De l'incompatibilité avec l'eucharistie. — Importance de ce débat dans l'histoire du cartésianisme. — Deux difficultés théologiques. — Indistinction de la substance et des accidents. — Indistinction du corps et de l'extension locale. — Comment Descartes prétend les résoudre dans la réponse à Arnauld et dans deux lettres confidentielles au P. Mesland. — Indiscrétion des disciples de Descartes au sujet de ces deux lettres. — Zèle aveugle de Clerselier, de Desgabets et autres, pour les propager. — Protestations de quelques cartésiens contre ces dangereuses témérités — Principales objections des théologiens. — Bossuet et Duguet. — Leibniz et le *Vinculum substantiale*. — Redoublement des accusations d'impiété contre le cartésianisme. — Apologies, protestations des cartésiens en faveur de leur foi et de celle de Descartes. — Certificat de la reine Christine. — Intervention perfide des protestants dans la querelle. — Disgrâces attirées sur le cartésianisme par les essais de philosophie eucharistique. — La doctrine de l'étendue essentielle au premier rang des propositions cartésiennes condamnées.. 447

Chapitre XXII. — Persécution du cartésianisme en France. — Décret de la congrégation de l'Index. — Réflexions d'Arnauld sur ce décret. — Défense de prononcer l'oraison funèbre de Descartes. — Ordre verbal du roi déclaré en 1671 à l'Université par l'archevêque de Paris. — Le Parlement sollicité de renouveler contre le cartésianisme l'arrêt de 1624. — Arrêt burlesque de Boileau. — Mémoire d'Arnauld en faveur de la liberté philosophique. — Descartes interdit dans les universités de province comme dans celle de Paris. — Université d'Angers. — Lettre du roi au recteur. — Appel au parlement de Paris du supérieur du collège de l'Oratoire. — Arrêt du conseil du roi qui casse l'arrêt du parlement. — Résistance et exil de Bernard Lamy. — Université de Caen. — Curés et professeurs cartésiens exilés. — Censures par les ordres religieux. — Bénédictins. — Congrégation de Sainte-Geneviève. — Formulaire théologique et philosophique imposé à l'Oratoire par les jésuites. — Le P. Quesnel et les oratoriens de Mons. — Renouvellement à diverses époques, dans l'Université de Paris, des avertissements contre les doctrines nouvelles. — Dénonciation du P. Valois à l'assemblée du clergé. — *Censure* de Huet. — Conférences cartésiennes interdites. — Alarmes des cartésiens. — Impuissance de cette persécution...... 466

Chapitre XXIII. — Influence du cartésianisme sur le dix-septième siècle. — Révolution dans les sciences physiques. — Influence morale et littéraire. — La Bruyère. — La Fontaine. — L'*Art poétique* de Boileau et le *Discours de la Méthode*. — De l'absence du sentiment de la nature chez les poëtes du dix-septième siècle. — La nature vue à travers le mécanisme de Descartes. — L'homme et le cœur humain principaux objets de la littérature du siècle de Louis XIV. — La politique et la foi mises à l'écart, à l'exemple de Descartes. — Mépris des anciens. — La querelle des anciens et des modernes dans son rapport avec le cartésianisme. — Mépris de Descartes et de Malebranche pour les orateurs et les poëtes anciens. — Le mépris de l'antiquité et l'idée du progrès. — Les partisans des modernes tous cartésiens. — Démonstration par Perrault, par Fontenelle et par Terrasson de la doctrine de la perfectibilité. — Développement de cette doctrine au sein du cartésianisme qui l'a transmise à la philosophie du dix-huitième siècle. — Influence de Descartes sur l'ordre, la méthode et le goût dans les ouvrages de l'esprit.. 486

Chapitre XXIV. — Deux périodes dans l'histoire du cartésianisme. — Première période des disciples immédiats de Descartes. — Le P. Mersenne. — Clerselier. — Services rendus par Clerselier à la philosophie de Descartes. — Jacques du Roure. — Le P. Poisson commentateur et défenseur de la philosophie de Descartes. — Rohault. — Ses conférences cartésiennes. — Succès de son *Traité de physique*. — Ses *Entretiens de philosophie*. — Son explication eucharistique. — Delaforge, médecin et physiologiste. — Théorie de l'union de l'âme et du corps. — Cordemoy. — Doctrine des causes occasionnelles. — Scepticisme sur le monde extérieur. — Régis. — Mission cartésienne dans le midi de la France. — Conférences à Paris. — Régis recherché des grands et du prince de Condé. — Tendance empirique en morale et en métaphysique. — Idées innées dépendantes des sens. — De la communication de l'âme et du corps. — Éternité et infinité du monde. — Optimisme. — Accord de la foi et de la raison. — Théologiens cartésiens. — Cally. — La philosophie de Descartes accommodée aux formes de l'École. — Explication cartésienne de l'eucharistie. — Censure de l'évêque de Bayeux. —

Intervention de Bossuet. — Robert Desgabets bénédictin. — Influence de son empirisme sur Régis. — Attaques contre la spiritualité de l'âme. — Doctrine de l'indéfectibilité des substances. — Sa *Critique de la Critique de la Recherche de la vérité*. — Essai de philosophie eucharistique. — Le cardinal de Retz cartésien. — Conférences philosophiques du château de Commercy. — Descartes défendu par le cardinal contre Desgabets. — Caractères généraux des cartésiens de cette première période.................. 503

CHAPITRE XXV. — Adversaires de la philosophie de Descartes. — Comment on peut les diviser. — Pascal. — Son éducation philosophique. — Ses rapports avec Descartes. — Descartes justifié de son jugement sur le traité des sections coniques. — Expérience du Puy-de-Dôme. — Influence de l'esprit et de la méthode de Descartes sur Pascal avant sa conversion. — Sa foi dans les progrès de la science et de la raison. — Ses protestations contre l'intervention de l'autorité dans le domaine de la science. — Vues sur la nature et sur l'homme analogues à celles de Descartes. — Mécanisme et automatisme. — L'essence de l'homme dans la pensée. — Pascal après sa conversion. — Opposition à la philosophie de Descartes. — Grief étrange contre sa physique. — Accusation d'avoir voulu se passer de Dieu. — La règle des partis substituée aux preuves physiques et métaphysiques de l'existence de Dieu. — *Le pyrrhonisme est le vrai*. — Toutes les conséquences du pyrrhonisme dans les *Pensées*. — De la polémique contemporaine touchant le scepticisme de Pascal. — Explication des contradictions qui se rencontrent dans les *Pensées*. — De la nature du scepticisme de Pascal.................. 539

CHAPITRE XXVI. — Adversaires péripatéticiens de la philosophie de Descartes. — Le P. Vincent. — Apologie des formes substantielles par le P. Lagrange. — Jean-Baptiste Duhamel, premier secrétaire de l'Académie des sciences. — Duhamel, professeur de l'Université de Paris. — Adversaires gassendistes. — Guy Patin. — De la Chambre médecin de Louis XIV. — Bernier. — Sa réponse au P. Valois en faveur de Gassendi. — Lettre à Chapelle datée de Chiraz en Perse. — Sorbière. — Rôle qu'il a joué entre Descartes et Gassendi. — Ses divers jugements sur l'un et sur l'autre. — Molière, élève de Gassendi. — Traduction de Lucrèce. — Traces diverses de la philosophie de Gassendi dans ses comédies. — Railleries contre l'École. — Pancrace — le maître de philosophie du *Bourgeois gentilhomme*. — Thomas Diafoirus. — Railleries contre Descartes. — Marphurius et le doute méthodique. — *Les Femmes savantes* cartésiennes. — Ironie contre le spiritualisme de Descartes. — Rapprochement entre la morale du *Misanthrope* et celle de Gassendi. — Coup d'œil général sur la philosophie de Gassendi au dix-septième siècle........ 553

CHAPITRE XXVII. — De la polémique des jésuites contre le cartésianisme. — Caractères généraux de leur philosophie, empirisme et scepticisme. — Gassendi préféré à Descartes. — Guerre aux idées innées. — Critique par le P. Tournemine du *Traité de l'existence de Dieu* de Fénelon. — Le spiritualisme de Descartes tourné en ridicule. — *Voyage du monde de Descartes*, par le P. Daniel. — *Nouveaux Mémoires de Huet pour servir à l'histoire du cartésianisme*. — Conjectures du P. Tournemine sur l'union de l'âme et du corps. — Obscurité, selon les jésuites, des idées de l'âme et de Dieu. — Dédain des preuves métaphysiques de l'existence de Dieu. — Dieu conçu comme un être très-particulier. — Toute participation supprimée entre la créature et le Créateur. — Le P. Dutertre. — *Athei detecti* du P. Hardouin. — Persécutions contre le P. André. — Interdiction à tout membre de la Société de défendre le système de Descartes, même comme simple hypothèse. — Le cartésianisme accusé de complicité avec Calvin et Jansénius. — Dénonciation par le P. Valois de la conformité des sentiments de Descartes avec ceux de Calvin. — Polémique excitée par le livre du P. Valois. — Accusation de jansénisme. — Saint Augustin maltraité par les auteurs jésuites. — Rapport entre les paradoxes historiques du P. Hardouin et la polémique philosophique et théologique des jésuites. — Les jésuites défenseurs du libre arbitre. — Éloge de la physique de Descartes par quelques jésuites plus modérés. — Le P. Rapin. — Le P. Tournemine. — Le P. Regnault. — Le P. Buffier. — *Traité des vérités premières*, plus empreint de l'esprit de Locke que de celui de Descartes. — Éloges de Descartes par les PP. Guénard et du Baudory. — Repentir tardif d'avoir donné les mains au sensualisme et au scepticisme contre le spiritualisme cartésien. — Grave inconséquence des jésuites en philosophie.. 571

CHAPITRE XXVIII. — Huet d'abord cartésien. — Conférences cartésiennes à Caen. — Le mépris des cartésiens pour l'érudition principale cause de la défection de Huet. — *Censure de la philosophie cartésienne*. — Inconvenance du ton. — Double tendance à l'empirisme et au scepticisme. — Descartes blâmé de n'avoir pas persévéré dans le doute par où il débute. — Attaques contre le *Cogito, ergo sum* et contre la règle de l'évidence. — Objections contre les preuves de la distinction de l'âme et du corps. — Toutes les idées viennent des sens. — Critique des preuves métaphysiques de l'existence de Dieu. — Critique des principes de l'univers matériel. — Parallèle des vices et des mérites de Descartes. — Contradiction de Huet relevée par Régis. — Descartes accusé d'orgueil et de mauvaise foi. — Ignorance feinte du maître pour paraître neuf en tout ce qu'il dit. — Ignorance réelle des disciples. — Retour à la barbarie. — Retentissement du livre de Huet dans tous les pays de l'Europe. — Nombreuses éditions et réfutation de la *Censure*. — Réponse de Régis. — Descartes vengé des fausses interprétations, des accusations et des injures de Huet. — Réplique de Huet dans la préface de la quatrième édition. — *Nouveaux Mémoires pour servir à l'histoire du cartésianisme*, pamphlet indigne de Huet. — Le *Traité de la faiblesse de l'esprit humain*. — Jugement sévère d'Arnauld sur Huet. — Jugement général sur la polémique des adversaires de Descartes........................... 592

FIN DE LA TABLE DU TOME PREMIER.

www.ingramcontent.com/pod-product-compliance
Lightning Source LLC
Chambersburg PA
CBHW051324230426
43668CB00010B/1134